DEMOCRACIA, HUMANISMO E JURISDIÇÃO CONSTITUCIONAL

ESTUDOS EM HOMENAGEM AO MINISTRO RICARDO LEWANDOWSKI

DENNYS ALBUQUERQUE RODRIGUES
EDUARDO BARRETO CEZAR
MARCELO PIMENTEL DE OLIVEIRA
Coordenadores

Prefácio
Marcus Vinicius Furtado Coêlho

DEMOCRACIA, HUMANISMO E JURISDIÇÃO CONSTITUCIONAL

ESTUDOS EM HOMENAGEM AO MINISTRO RICARDO LEWANDOWSKI

Belo Horizonte

FÓRUM
CONHECIMENTO JURÍDICO

2022

© 2022 Editora Fórum Ltda.

É proibida a reprodução total ou parcial desta obra, por qualquer meio eletrônico, inclusive por processos xerográficos, sem autorização expressa do Editor.

Conselho Editorial

Adilson Abreu Dallari
Alécia Paolucci Nogueira Bicalho
Alexandre Coutinho Pagliarini
André Ramos Tavares
Carlos Ayres Britto
Carlos Mário da Silva Velloso
Cármen Lúcia Antunes Rocha
Cesar Augusto Guimarães Pereira
Clovis Beznos
Cristiana Fortini
Dinorá Adelaide Musetti Grotti
Diogo de Figueiredo Moreira Neto (*in memoriam*)
Egon Bockmann Moreira
Emerson Gabardo
Fabrício Motta
Fernando Rossi
Flávio Henrique Unes Pereira

Floriano de Azevedo Marques Neto
Gustavo Justino de Oliveira
Inês Virgínia Prado Soares
Jorge Ulisses Jacoby Fernandes
Juarez Freitas
Luciano Ferraz
Lúcio Delfino
Marcia Carla Pereira Ribeiro
Márcio Cammarosano
Marcos Ehrhardt Jr.
Maria Sylvia Zanella Di Pietro
Ney José de Freitas
Oswaldo Othon de Pontes Saraiva Filho
Paulo Modesto
Romeu Felipe Bacellar Filho
Sérgio Guerra
Walber de Moura Agra

CONHECIMENTO JURÍDICO

Luís Cláudio Rodrigues Ferreira
Presidente e Editor

Coordenação editorial: Leonardo Eustáquio Siqueira Araújo
Aline Sobreira de Oliveira

Rua Paulo Ribeiro Bastos, 211 – Jardim Atlântico – CEP 31710-430
Belo Horizonte – Minas Gerais – Tel.: (31) 2121.4900
www.editoraforum.com.br – editoraforum@editoraforum.com.br

Técnica. Empenho. Zelo. Esses foram alguns dos cuidados aplicados na edição desta obra. No entanto, podem ocorrer erros de impressão, digitação ou mesmo restar alguma dúvida conceitual. Caso se constate algo assim, solicitamos a gentileza de nos comunicar através do *e-mail* editorial@editoraforum.com.br para que possamos esclarecer, no que couber. A sua contribuição é muito importante para mantermos a excelência editorial. A Editora Fórum agradece a sua contribuição.

Dados Internacionais de Catalogação na Publicação (CIP) de acordo com ISBD

D383	Democracia, humanismo e jurisdição Constitucional: estudos em homenagem ao Ministro Ricardo Lewandowski / coordenado por Dennys Albuquerque Rodrigues, Eduardo Barreto Cezar, Marcelo Pimentel de Oliveira. - Belo Horizonte : Fórum, 2022. 465 p. ; 14,5cm x 21,5cm. Inclui bibliografia. ISBN: 978-65-5518-402-0 1. Direito Constitucional. 2. Teoria Geral do Estado. 3. Direitos humanos. 4. Direito Público. I. Rodrigues, Dennys Albuquerque. II. Cezar, Eduardo Barreto. III. Oliveira, Marcelo Pimentel de. IV. Título.
2022-1507	CDD 342 CDU 342

Elaborado por Odilio Hilario Moreira Junior - CRB-8/9949

Informação bibliográfica deste livro, conforme a NBR 6023:2018 da Associação Brasileira de Normas Técnicas (ABNT):

RODRIGUES, Dennys Albuquerque; CEZAR, Eduardo Barreto; OLIVEIRA, Marcelo Pimentel de. (coord.). *Democracia, humanismo e jurisdição Constitucional*: estudos em homenagem ao Ministro Ricardo Lewandowski. Belo Horizonte: Fórum, 2022. 465 p. ISBN 978-65-5518-402-0.

SUMÁRIO

PREFÁCIO
Marcus Vinicius Furtado Coêlho 13

EFETIVIDADE À GARANTIA DOS DIREITOS HUMANOS DO ENCARCERADO
ANA MARIA ALVARENGA MAMEDE NEVES,
MARCELO PIMENTEL DE OLIVEIRA 21
    Referências 31

O CONSELHO NACIONAL DE JUSTIÇA COMO ÓRGÃO FORMULADOR DA POLÍTICA JUDICIÁRIA NACIONAL
BRUNO RONCHETTI DE CASTRO,
RENATA AGUIAR FERREIRA MONFARDINI 33
1   Introdução 33
2   As competências outorgadas ao CNJ 34
3   A proeminência da função de controle 36
4   O redirecionamento da atuação do CNJ 40
4.1   Políticas de acesso à justiça 42
4.2   Políticas voltadas à concretização de direitos 47
4.3   Políticas direcionadas ao capital humano do Poder Judiciário 52
5   A consolidação do Conselho como órgão central de gestão do Poder Judiciário 54
6   Conclusão 56
    Referências 57

APOSTILA DA HAIA NO BRASIL: EVOLUÇÃO SEM PRECEDENTES
FABRÍCIO BITTENCOURT DA CRUZ,
FABYANO ALBERTO STALSCHMIDT PRESTES 61
    Introdução 61
1   A Convenção da Apostila da Haia 62
2   Legalização e apostilamento de documentos 64

3	Protagonismo do Conselho Nacional de Justiça	66
4	Sistema SEI-Apostila	68
5	A apostila brasileira	71
	Considerações finais	75
	Referências	76
	Anexo	79

CONTRIBUIÇÕES DE FINS ESPECÍFICOS E SEU REGIME JURÍDICO NA CONSTITUIÇÃO FEDERAL DE 1988
CARLOS EDUARDO DELGADO, MARCELO GUERRA MARTINS 81

1	Introdução	81
2	O tributo (gênero) e suas espécies	82
2.1	Impostos	84
2.2	Taxas	85
2.3	Contribuições de melhoria	86
2.4	Empréstimos compulsórios	87
2.5	Contribuições de fins específicos	88
3	As contribuições de fins específicos	89
3.1	Contribuições sociais	93
3.2	Contribuições de intervenção no domínio econômico – CIDEs	94
3.3	Contribuições de interesse das categorias profissionais ou econômicas	97
3.4	Contribuições recepcionadas pela Constituição Federal de 1988 e outras correlatas	99
3.5	Contribuição para o financiamento da iluminação pública – COSIP	100
5	Conclusões	104
	Referências	105

MINISTRO RICARDO LEWANDOWSKI E A PROTEÇÃO DA REGRA DA LEGALIDADE ESTRITA
DAVI DE PAIVA COSTA TANGERINO 107

1	Introdução	107
2	Breve nota sobre a ADO nº 26	108
3	Estudo de caso: a criminalização do ICMS próprio pela via do Judiciário	109

A INTERVENÇÃO FEDERAL EM TEMPOS DE CRISE
DENNYS ALBUQUERQUE RODRIGUES, MARCOS SOARES 117
    O Estado Federal e os seus meios de defesa 118
    Do uso efetivo da intervenção federal em tempos de crise 120
    Da natureza da decisão interventiva 123
    Da impossibilidade de supressão da intervenção federal
    por meio de emenda constitucional 125
    Conclusão 127
    Referências 127

A LEI DO *IMPEACHMENT* NO BRASIL: DE 1950 PARA OS DIAS ATUAIS, UM ESTOQUE AUTORITÁRIO EM NOSSA DEMOCRACIA
FABIANE PEREIRA DE OLIVEIRA 129
1   Introdução 129
2   Sistemas autoritários: atributos e entulhos 131
3   A Lei nº 1.079/1950: momento histórico de
      pós-autoritarismo e a ideologia parlamentarista 136
4   Breve panorama da Lei e seus dispositivos 140
5   A aplicação da Lei em contexto pós-88 e a hermenêutica do STF 143
6   Os entulhos ainda remanescentes 148
7   Conclusão 150
      Referências 152

O PROCESSO LEGISLATIVO E A DIALÉTICA: A NECESSIDADE DE CONSTRUÇÃO DE CONSENSOS AMEAÇADA POR ALTERAÇÕES DO REGIMENTO INTERNO DA CÂMARA DOS DEPUTADOS
LUIZ GUSTAVO BAMBINI DE ASSIS 155
    Referências 170

O PAPEL DO JUIZ NO PROCESSO COLETIVO: LIÇÕES EXTRAÍDAS DA ATUAÇÃO DO MINISTRO RICARDO LEWANDOWSKI NO *HABEAS CORPUS* Nº 143.641/SP
HELENA CAMPOS REFOSCO 175
I   Introdução 175
II   A condução do HC nº 143.641/SP 177
III O magistrado no processo coletivo 183
IV Considerações finais 192
      Referências 193

"AUDIÊNCIAS DE CUSTÓDIA" NA ENCRUZILHADA
PROCESSUAL: PARA ONDE VAMOS?
LUÍS GERALDO S. LANFREDI, MÁRIO HENRIQUE DITTICIO............195

NEPOTISMO
LARISSA ARUTIM ADAMO..209

LIMITAÇÕES DA ANÁLISE ECONÔMICA DO DIREITO – POR
UMA VISÃO PLURAL DA TEORIA E DA PRÁTICA JURÍDICA
LÍLIAN M. CINTRA DE MELO...221
1   Introdução 221
2   Origens da AED: utilitarismo, realismo e formalismo jurídico 226
3   A fase pragmatista da AED 232
4   Conclusão 233
    Referências 234

O JUIZ E A IMPRENSA
LUIZ FELIPE DE CASRILEVITZ REBUELTA NEVES.....................237

FATORES REAIS DE PODER E AS CONSTITUIÇÕES PARALELAS
DO BRASIL
MANOEL CARLOS DE ALMEIDA NETO......................................259
    Referências 283

DIÁLOGO CONSTITUCIONAL E JUDICIÁRIO:
A FASE ADULTA DO STF NA ATUALIDADE
MARCO AURÉLIO SAMPAIO..285
1   Introdução 285
2   Separação de poderes e diálogo constitucional........................287
3   O STF como *veto player* no *diálogo constitucional* via controle de
    constitucionalidade na sua fase adulta...................................292
4   Conclusão 300
    Referências 302

A CONSOLIDAÇÃO DAS POLÍTICAS AFIRMATIVAS DE
ACESSO À UNIVERSIDADE A PARTIR DO JULGAMENTO DA
ADPF Nº 186/DF, DE RELATORIA DO MINISTRO RICARDO
LEWANDOWSKI
MARCOS DUQUE GADELHO JÚNIOR 305
    Introdução 305
1   A interpretação e aplicação do Direito e a sua "moldura normativa" de acesso plural à comunidade acadêmica a partir do julgamento da ADPF nº 186/DF 309
2   Breves considerações normativas e o diálogo permanente com a função jurisdicional 315
3   Conclusão 318
    Referências 319

ANUALIDADE ELEITORAL: UMA REGRA QUE NÃO PODE SER
IMPOSTA COMO ÓBICE À EFETIVIDADE E AO EXERCÍCIO DE
DIREITOS FUNDAMENTAIS
MARILDA SILVEIRA 321
    Introdução 321
1   A regra da anualidade pode constituir óbice à incidência de norma ou execução de política que protege ou incentiva direitos fundamentais? 322
2   Paridade não é favor: os dados da desigualdade e a fundamentalidade dos direitos políticos – anualidade na ação afirmativa corretiva 323
3   A regra da anualidade: divergências sobre o conceito de processo eleitoral e jurisprudência do Supremo Tribunal Federal 328
    Conclusão 338

SISTEMA PROPORCIONAL BRASILEIRO E VACÂNCIA: A
DECISÃO SINGULAR DO MIN. RICARDO LEWANDOWSKI QUE
FIRMOU AS BALIZAS PARA O RESGATE DA JURISPRUDÊNCIA
HISTÓRICA DO SUPREMO TRIBUNAL FEDERAL
MURILO SALMITO NOLETO,
ALFREDO RENAN DIMAS DE OLIVEIRA 341

O JUÍZO DE ADMISSIBILIDADE DA ACUSAÇÃO: A SUPERAÇÃO DO *IN DUBIO PRO SOCIETATE*
OCTAVIO AUGUSTO DA SILVA ORZARI 355

1. Introdução 355
2. O juízo de admissibilidade da acusação 356
3. A norma constitucional da presunção de inocência 358
4. O juízo de admissibilidade da acusação no júri 359
5. O juízo de admissibilidade na ação de improbidade administrativa: incremento da Lei nº 14.230/2021 363
6. A etapa do juízo de admissibilidade no procedimento comum ordinário penal 366
7. Considerações finais 368

Referências 368

A COVID-19 E A REVALORIZAÇÃO DO FEDERALISMO BRASILEIRO
PAULO RONALDO CEO DE CARVALHO 371

Conclusão 388

Referências 389

A GARANTIA DO DEVIDO PROCESSO LEGAL SUBSTANTIVO EM MATÉRIA PENAL À LUZ DA SÚMULA VINCULANTE Nº 14 E DO *FAIR TRIAL* – O DEVER DE *FULL DISCLOSER* DA ACUSAÇÃO E A DOUTRINA DE BRADY (*BRADY'S RULE*)
PAULO CESAR BATISTA DOS SANTOS 391

Referências 407

O *CERTIORARI* BRASILEIRO E O SISTEMA DE REGRA DO PRECEDENTE: O CAMINHO DO SUPREMO TRIBUNAL FEDERAL BRASILEIRO PARA ADMINISTRAR SUA PRÓPRIA PAUTA
PAULO MACEDO GARCIA NETO 411

Introdução 412

Panorama histórico: do Tribunal de Cassação (e do *Conseil d'État*) ao reexame judicial (1889) 416

Ausência do *stare decisis* e a regra dos precedentes 420

A repercussão geral 423

O conceito vazio 423

Quais eram os mecanismos de filtragem antes da repercussão geral?....................425
A repercussão geral na prática....................425
O voto do Relator para acatar ou negar o pedido de repercussão geral....................427
A rejeição da repercussão geral ou inadmissibilidade por ausência de repercussão geral....................428
O painel digital e uma externalidade positiva imprevista da repercussão geral: uma outra roupagem (ou a roupagem brasileira) do *stare decisis*?....................430
Conclusão....................430
Referências....................431

O *"BUEN VIVIR"* LATINO: PRIMEIROS LINEAMENTOS PARA A FUNCIONALIDADE DO *SUMAK KAWSAY* NA CONSTITUIÇÃO BRASILEIRA
VÍCTOR GABRIEL RODRÍGUEZ....................435

1 Sobre o homenageado....................435
2 O *sumak kawsay*....................437
3 Civilização europeia e civilização latina....................438
4 *Buen vivir* e Constituição....................440
5 A força semântica da locução....................443
6 A dimensão espiritual....................445
7 A integração latino-americana....................449
8 Conclusões....................450

JUÍZO DE CINDIBILIDADE DA COLABORAÇÃO PREMIADA
**WALTER GODOY DOS SANTOS JUNIOR,
EDUARDO BARRETO CEZAR**....................453
Referências....................460

SOBRE OS AUTORES....................461

PREFÁCIO

DEMOCRACIA, HUMANISMO E JUSTIÇA CONSTITUCIONAL

Um humanista é reconhecido não pelas belas palavras que professa, mas pela atitude coerente e dedicada a outorgar, a todos e a qualquer um, igual nível de dignidade e respeito. Ricardo Lewandowski, não apenas como o pensador e catedrático que é, professa seu humanismo, antes de tudo, em sua atuação cotidiana como magistrado do mais alto Tribunal do país.

Sua trajetória e decisões carregam consigo a marca de um homem necessário ao seu tempo. Inserto numa triste quadra histórica em que se clamam por retrocessos nos direitos e garantias fundamentais e se multiplicam ataques às instituições democráticas, Lewandowski faz coro aos grandes constitucionalistas ao declarar que, "fora da constituição, não há salvação!".[1] Em situações de crise, afirma ele, "é preciso observar princípios, guardar coerência, agir com desassombro, sem perder a serenidade e, sobretudo, mostrar-se solidário para com os semelhantes".[2]

É em tempos de crise que as garantias constitucionais e a defesa do Estado Democrático de Direito se fazem ainda mais imprescindíveis. Com a altivez que lhe é costumeira, o magistrado, jurista e professor Ricardo Lewandowski tem dado sua contribuição ímpar nessa seara.

---

[1] Artigo publicado no jornal Folha de São Paulo. Disponível em: https://www1.folha.uol.com.br/paywall/login.shtml?https://www1.folha.uol.com.br/opiniao/2017/05/1883768-fora-da-constituicao-nao-ha-salvacao.shtml.
[2] *Idem*.

Em seus dezesseis anos como ministro do Supremo Tribunal Federal, tem protagonizado julgamentos históricos e de grande relevância nacional. Dos incontáveis processos que relatou, destacam-se o que concluiu pela proibição do nepotismo no serviço público, pela constitucionalidade das cotas raciais nas universidades federais, pela competência do Poder Judiciário no controle de políticas públicas, para determinar reformas nos presídios, a fim de garantir a incolumidade física e moral dos detentos.

Também é de sua relatoria o primeiro *Habeas Corpus* coletivo aceito no STF, que assegurou o direito à prisão domiciliar a mulheres gestantes, puérperas e mães de crianças até 12 anos ou responsáveis pelos cuidados de pessoas com deficiência.

À frente do Conselho Nacional de Justiça (2014-2016), encampou, como uma das pautas prioritárias, a implantação das audiências de custódia, tendo apresentado o programa na Comissão Interamericana de Direitos Humanos, o qual foi reconhecido pela Organização das Nações Unidas como única medida adotada pelo Brasil para reduzir a superlotação em presídios.

Ainda, sem qualquer pretensão de exaurimento, destaca-se o julgamento da ADI nº 1.969, em que se discutiu a liberdade de manifestação na Praça dos Três Poderes, que resultou na declaração da inconstitucionalidade de decreto que proibia a realização de manifestação pública. A decisão consignou que a liberdade de reunião e de associação para fins lícitos constitui uma das mais importantes conquistas da civilização, enquanto fundamento das modernas democracias políticas.

A obra que se vai ler é uma justa homenagem a este grande constitucionalista, que tanto enobrece a Suprema Corte brasileira. Trata-se de coletânea de artigos da lavra de professores, juristas e profissionais do Direito que auxiliaram ou auxiliam o homenageado em sua grave e nobre missão constitucional frente ao mais alto Tribunal do país. Os textos a seguir abrangem os mais variados temas e áreas da ciência jurídica.

Abordando a temática da efetividade à garantia dos direitos humanos do encarcerado, o artigo de Ana Maria Alvarenga Mamede Neves e Marcelo Pimentel de Oliveira apresenta denso escorço histórico e teórico acerca do tema. Analisa, ainda, decisões do Supremo Tribunal Federal nas quais houve decisiva participação do Ministro Ricardo Lewandowski e que contribuíram para assegurar a dignidade da pessoa humana da população encarcerada, bem como o processo de implantação das audiências de custódia.

O artigo de Bruno Ronchetti de Castro e Renata Aguiar Ferreira Monfardini discute a transformação do papel do CNJ no sistema de justiça brasileiro, passando de órgão fiscalizador da legalidade dos atos administrativos praticados por membros do Judiciário à posição de órgão formulador da Política Judiciária Nacional. Atribui esse importante redirecionamento da atuação do órgão à gestão de Ricardo Lewandowski como presidente do CNJ, a partir da implementação de um planejamento efetivamente estratégico e da institucionalização de políticas nacionais estruturantes.

Também analisando a atuação do CNJ sob a presidência do homenageado, o trabalho de Fabrício Bittencourt da Cruz e Fabyano Alberto Stalschmidt Prestes destaca o papel eficiente do órgão na regulação da Convenção da Apostila da Haia no Brasil, ressaltando o objetivo de abolir a exigência da legalização de documentos públicos estrangeiros, facilitando a circulação desses documentos em todo o mundo.

No âmbito do Direito Tributário, o estudo da lavra de Carlos Eduardo Delgado e Marcelo Guerra Martins trata das contribuições de fins específicos e seu regime jurídico na Constituição de 1988. Abordam, especialmente, a COSIP (contribuição para financiamento da iluminação pública), objeto de julgamento pelo STF, no RE nº 573.675, relatado pelo Ministro Ricardo Lewandowski. Submetido à sistemática da repercussão geral, o caso encerrou a celeuma em torno da constitucionalidade do regime jurídico instituído pelo art. 149-A da Constituição, pacificando doutrina e jurisprudência sobre o tema e conferindo segurança jurídica ao ordenamento.

Já no campo do Direito Penal, interessantes reflexões são tecidas pelo trabalho do professor Davi de Paiva Costa Tangerino, ao abordar o que denominou de retrocesso nas garantias penais, notadamente quanto à proteção à legalidade estrita. Analisa, para tanto, a Ação Direta de Inconstitucionalidade por Omissão nº 26, cujo objeto era a omissão legislativa em criminalizar a LBTG-fobia, e o Recurso Ordinário em *Habeas Corpus* nº 163.334, que tratou da tipicidade do inadimplemento sistemático de ICMS próprio. Casos em que o Ministro Lewandowski ficara vencido, ao lado da Constituição Federal, destaca o articulista.

O artigo elaborado por Dennys Albuquerque Rodrigues e Marcos Soares aborda tema pertinente e atual, qual seja, o instituto da intervenção federal como instrumento fundamental para a preservação do pacto federativo, analisando sua natureza jurídica, requisitos e características. O trabalho observa, com razão, que em regimes democráticos os atos de natureza excepcional, como a intervenção federal, somente devem ser utilizados ante o esgotamento das demais vias legais e constitucionais ordinárias para a defesa do Estado e da ordem pública.

Em profunda apreciação acerca da lei do *impeachment*, Fabiane Oliveira brinda os leitores com análises acerca do contexto histórico e político da aprovação da Lei nº 1.079/1950, caracterizado pelo pós-autoritarismo do Estado Novo e pela ideologia parlamentarista. Expõe o teor da lei, bem como analisa sua aplicação pelo STF após a Constituição de 1988, destacando, criticamente, o que chamou de "entulhos" ainda presentes na legislação, como tipos penais abrangentes, os amplos poderes atribuídos ao Presidente da Câmara, como o juízo preliminar de admissibilidade da denúncia e a legitimidade ativa universal para esse tipo de processo, sem qualquer responsabilização pelo seu uso abusivo.

Ao apreciar decisão histórica aqui já comentada, referente ao *habeas corpus* coletivo em favor de mulheres encarceradas, o artigo produzido por Helena Campos Refosco lança luzes acerca do papel do juiz no processo coletivo, tema ainda pouco explorado na literatura brasileira. A partir da análise da condução do Ministro Lewandowski no caso, a autora faz um levantamento dos procedimentos estratégicos a serem tomados pelos magistrados em casos semelhantes, como por exemplo a reunião de dados essenciais para a tomada de decisões, a adequação do polo ativo para garantir representação institucional dos interesses da coletividade, a reorganização dos atores visando a assegurar maior legitimidade à decisão, entre outros.

O trabalho apresentado por Luís Geraldo S. Lanfredi e Mário Henrique Ditticio atualiza a discussão acerca das audiências de custódia, avaliando suas repercussões, desde a sua instituição pelo CNJ, sob a batuta do Ministro Lewandowski até os dias atuais. Apresenta os percalços processuais, institucionais e sistêmicos, das audiências de custódia como "política pública judiciária".

Na esteira das análises da profícua atuação do ministro em casos emblemáticos julgados pelo STF, o artigo de Larissa Adamo analisa diversos pronunciamentos do magistrado acerca do nepotismo, bem como a histórica aprovação da Súmula Vinculante nº 13.

Em análise crítica ao movimento do Direito e Economia, o estudo apresentado por Lílian Cintra de Melo aborda a disciplina, do ponto de vista epistemológico, em homenagem ao posicionamento externado pelo Ministro Enrique Ricardo Lewandowski em recentes julgados do Supremo Tribunal Federal, que contribuíram para trazer maior clareza sobre a aplicação da Análise Econômica do Direito – AED ao justificar que a hermenêutica jurídica não deve se limitar aos argumentos utilitaristas e pragmatistas, fundamentados no binômio eficiência e justiça.

O artigo apresentado por Luiz Felipe de Casrilevitz Rebuelta Neves aborda a relação de respeito mútuo entre o eminente homenageado e a imprensa. Destaca relevantes decisões da lavra do ministro que asseguraram o direito à liberdade de imprensa e à livre manifestação, bem como a intrínseca relação desses direitos com a garantia do regime democrático e da pluralidade de ideias, informações e opiniões.

Luiz Gustavo Bambini de Assis traz rico relato sobre o processo legislativo e a dificuldade de consensos entre os partidos em virtude de alterações promovidas no Regimento Interno da Câmara dos Deputados.

Em seu texto, Manoel Carlos de Almeida Neto investiga o impacto dos fatores reais de poder em todos os 14 (quatorze) textos constitucionais que vigoraram no Brasil, com supremacia, promulgados ou outorgados por um poder constituinte de fato ou de direito, e como essa profusão de Constituições põe em risco a nossa democracia, tendo em conta a colisão permanente entre a Constituição escrita e aquela que ele denomina Constituição Material Paralela não escrita.

Acerca do diálogo constitucional entre os três Poderes da República, o trabalho de Marco Aurélio Sampaio analisa o papel de centralidade desempenhado pelo Judiciário nas grandes questões de relevância nacional. Avalia o diálogo constitucional decorrente desse quadro, destacando que esse diálogo, ao contrário de se encerrar no Judiciário, encontra nele palco forte e definidor de rumo para muitas situações de evolução dos direitos fundamentais.

Em seu ensaio, Marcos Duque Gadelho Júnior promove uma reflexão sobre a relevância do julgamento realizado na Arguição de Descumprimento de Preceito Fundamental 186/DF, de relatoria do Ministro Ricardo Lewandowski, para a implementação de políticas públicas plurais e diversificadas, mais precisamente em relação às ações afirmativas concernentes a um ambiente acadêmico mais representativo do corpo social, com incontáveis indícios de novos benefícios educacionais.

O estudo da autoria de Marilda Silveira aborda a pertinente discussão acerca das políticas afirmativas de paridade de gênero nas eleições. O artigo discute a regra da anualidade e sua impossibilidade de constituir óbice à incidência de norma ou execução de política que protege ou incentiva direitos fundamentais.

Murilo Salmito Noleto e Alfredo Renan Dimas de Oliveira contribuem com a obra a partir do relevante artigo intitulado "Sistema Proporcional Brasileiro e Vacância: a decisão singular do Min. Ricardo Lewandowski que firmou as balizas para o resgate da jurisprudência histórica do Supremo Tribunal Federal", no qual avaliam a discussão que se travou quanto à suplência de parlamentar afastado integrante de coligação: se o suplente deveria ser parlamentar do mesmo partido ou o suplente da coligação.

Acerca das garantias processuais penais, o artigo de autoria de Octavio Augusto da Silva Orzari avalia a jurisprudência que utiliza o chamado *in dubio pro societate*, tanto no procedimento especial do júri quanto no procedimento ordinário, tecendo importante análise acerca do princípio da presunção de inocência, ou *in dubio pro reo*, norma constitucional que deve ser concretizada com a máxima efetividade.

Ressaltando a atuação do ministro e do STF no contexto da pandemia de covid-19, o trabalho de Paulo Ronaldo Ceo de Carvalho analisa a relevante decisão do Tribunal que garantiu aos entes subnacionais, em conjunto com a União, a efetiva atuação no combate ao coronavírus.

Ainda sobre o tema das garantias constitucionais na seara penal, tem-se o trabalho de Paulo Cesar Batista dos Santos, o qual aborda a garantia do devido processo legal substantivo em matéria penal à luz da Súmula Vinculante nº 14 e do *fair trial*.

Em sequência, o trabalho de Paulo Macedo Garcia Neto analisa como o Supremo Tribunal Federal reformulou a jurisdição constitucional após a Emenda Constitucional nº 45/2004, a fim de administrar sua própria pauta de processos. Consoante aduz o autor, essa emenda constitucional conferiu ao STF o poder de definir seu volume de processos ("Repercussão Geral") e estabelecer regras com base nos seus precedentes (Regra do Precedente / Súmula Vinculante).

Víctor Gabriel Rodríguez traz temática inovadora ao abordar a funcionalidade e aplicabilidade do "buen vivir" latino-americano na Constituição brasileira. O autor apresenta uma visão do instituto, apresentando algumas de suas debilidades sempre no intuito de encontrar soluções antropológicas e jurídicas que nos auxiliem no enfrentamento do atual colapso ambiental.

Por fim, o estudo elaborado por Walter Godoy dos Santos Junior e Eduardo Barreto Cezar apresenta a decisão paradigmática exarada pelo ministro homenageado quando da análise do pedido de homologação de colaboração premiada deduzido pelo Ministério Público Federal, nos autos da Petição (PET) 7.265/DF. Conforme destacam, "naquela oportunidade, de forma inédita na Suprema Corte, o Ministro Ricardo Lewandowski realizou o juízo de cindibilidade da colaboração premiada em apreço, com fundamento na Constituição da República e nas leis de regência, estabelecendo verdadeiro norte para as decisões que se seguiram sobre a matéria".

A pluralidade e a densidade dos temas abordados refletem a sapiência, competência e firmeza de caráter do ora homenageado, seja no exercício de suas funções no mais alto Tribunal do país, seja no nobre desempenho das atividades de docência. Sem dúvida, um magistrado vocacionado à defesa dos mais elevados valores constitucionais, da garantia dos direitos fundamentais e da justiça social.

Ao término da leitura, vem à mente a conhecida declaração do ensaísta francês Joseph Joubert: "a palavra empolga e o exemplo ensina". Nas páginas seguintes, o leitor encontrará ambos: as palavras, por meio de seus brilhantes votos e ensinamentos acadêmicos aqui rememorados, mas, sobremaneira, o exemplo inspirador do Professor e Ministro Ricardo Lewandowski.

Marcus Vinicius Furtado Coêlho
Doutorando em Direito Processual pela Universidade de Salamanca na Espanha. Foi Procurador-Geral do Estado do Piauí, professor da Escola Superior da Magistratura, Escola Superior do Ministério Público do Estado do Piauí, Escolas de Advocacia dos Estados de Piauí, São Paulo, Distrito Federal e Escola Judiciária Eleitoral e membro da banca examinadora da pós-graduação da Universidade de Brasília (UnB). Atualmente é professor convidado pela Escola Nacional de Advocacia e do Instituto Brasileiro de Direito Processual.

EFETIVIDADE À GARANTIA DOS DIREITOS HUMANOS DO ENCARCERADO

ANA MARIA ALVARENGA MAMEDE NEVES

MARCELO PIMENTEL DE OLIVEIRA

Objetivo deste artigo é homenagear o Ministro Ricardo Lewandowski, ressaltando a importância da sua atuação, bem como de toda a Suprema Corte brasileira, na efetivação dos direitos humanos das pessoas privadas de liberdade. Para cumprir tal desiderato, iremos, inicialmente, apresentar um escorço histórico e teórico do tema. Posteriormente, examinaremos decisões do Supremo Tribunal Federal que contaram com a participação decisiva do Ministro Ricardo Lewandowski e que contribuíram para a garantia da dignidade da pessoa humana que está encarcerada, bem como iniciativa pioneira do CNJ – sob a presidência do Ministro – de implementar as audiências de custódia em nosso país. Ao final, traremos as conclusões, bem como breve relato pessoal de nossa vivência ao lado do Ministro.

A instituição da prisão surgiu do anseio social na busca por punir o indivíduo transgressor das determinações do Estado e, por meio desta privação de liberdade, manter o bem-estar e harmonia da sociedade. Essa constrição, na maioria das vezes, tinha como objetivo garantir a sobrevivência do infrator até o seu julgamento.

Após a queda do Império Romano e a invasão dos povos bárbaros, surgem as primeiras legislações erigidas na idade média (séculos X e XV), baseadas na pena corpórea. A vingança privada, também chamada de vingança de sangue, natural e instintiva, caracterizava-se pela falta de limites e proporcionalidade na aplicação da pena, em que a retribuição ao mal causado deveria ser proporcional à ofensa, não restringindo apenas ao infrator o castigo, mas também a seus familiares. Exemplo desta prática é o *Talião* nas leis antigas, como o Código de Hamurabi, que tinha como princípio o "olho por olho, dente por dente".[1]

Durante o Iluminismo (século XVIII), as penas passam a ser mais humanizadas, pois a sociedade espera a mitigação entre suplício e pena.[2] A punição assume um objetivo utilitário, deixando para trás, por consequência, a fundamentação teológica, dando origem à teoria relativa da pena, buscando um caráter preventivo e não mais retributivo.[3]

No período clássico (século XIX), com inspiração no Código Napoleônico, um dos marcos de extinção da desumanidade penal, quase toda a Europa e América criam os seus códigos penais e aplicam a punição de forma mais racional. A partir de então, os direitos humanos são os balizadores para a elaboração e cumprimento dessas legislações, visando a humanização e legalidade na aplicação das penas, desvinculando-se das formas cruéis de punição.

As revoluções liberais, notadamente a Revolução Francesa (1789) e a Declaração de Direitos da Virgínia (1976), efetivaram direitos que serviram de base para a criação de leis penais e aplicação das punições de forma racional. Exemplo dessa busca pela aplicação legal da pena surge no ordenamento jurídico, dentre outros, na obrigatoriedade de observar o texto legal e o que nele está previsto, porque "A lei só deve estabelecer penas estrita e evidentemente necessárias e ninguém pode ser punido senão por força de uma lei estabelecida e promulgada antes do delito e legalmente aplicada".[4]

---

[1] O Código de Hamurabi, datado do século XXIII a.C., é o mais conhecido exemplo de regras baseadas no princípio do Talião: raciocínio punitivo em que se busca a aflição do causador de um mal de maneira próxima ao agravo por ele causado. A máxima "olho por olho, dente por dente" ilustra esta maneira de racionalizar o castigo. Esteve presente em sociedades primitivas, tais como a babilônica e tribos de hebreus. Previa o Código de Hamurabi, por exemplo: "Quem quebrasse os membros de outrem deveria sofrer o mesmo em seu próprio corpo. Quando um homem castigava a filha de outro e ela morria disso, sua própria filha seria castigada tanto, até que também sucumbisse. O construtor que erigisse uma casa de modo tal que seu desabamento ocasionasse a morte do comprador deveria pagar com a vida" (MARQUES, 2000, p. 5).

[2] FOUCAULT, Michel. *Vigiar e punir*: nascimento da prisão; trad. de Raquel Ramalhete. Petrópolis: Vozes, 1987.

[3] DI BECCARIA, Cesare Marchese. *Dos Delitos e das penas*, trad. Paulo M. Oliveira. Rio de Janeiro: Nova Fronteira, 2011.

[4] Art. 8º da Declaração dos Direitos Humanos e do Cidadão da França. FRANÇA. Senado Francês. Declaração dos Direitos dos Homens e do Cidadão. Disponível em: https://www.senat.fr/lng/pt/declaration_droits_homme.html. Acesso em: dez 2021.

Nesse sentido, ao lecionar sobre os direitos humanos, Ricardo Lewandowski[5] ensina que:

> Essas ideias, potencializadas pelas revoluções burguesas contra o Absolutismo, encontraram expressão em importantes documentos, como a *Bill of Rights* inglesa, assinada em 1689, a *Déclarationdes Droits de l'Homme et du Citoyen* francesa, aprovada em 1789, e os dez primeiros *Amendments* à Constituição americana, ratificados em 1971. Tais documentos objetivavam proteger o indivíduo contra o Estado, assegurando-lhe os chamados direitos civis e políticos.

A partir das evoluções do Movimento Iluminista, com a salvaguarda dos valores humanos e da razão de ideias, as sociedades contemporâneas criaram princípios e leis, com a finalidade de limitar a atuação do Estado, que representassem o povo, assegurassem os seus direitos e deveres, bem como o coletivo.

Assim, surgiu a teoria garantista que recaía na proteção dos direitos da pessoa humana, como o direito à vida, liberdade, igualdade, segurança e propriedade, defendida por Luigi Ferrajoli, jurista e professor italiano, autor da obra *Teoria do Garantismo Penal* (1989). Na análise do autor, a teoria é um instrumento de proteção dos direitos fundamentais e às garantias processuais, com o objetivo de proteger os indivíduos e réus, restringindo e impedindo as arbitrariedades judiciais.

Após a Segunda Guerra Mundial, diante das graves violações dos direitos humanos, surge no Brasil a necessidade de humanizar as penas e a relação Estado *versus* preso. Assim, ocorreram as alterações no Código Penal de 1940. Também foram firmados vários Tratados de Direitos Humanos, tendo o Estado brasileiro como signatário.

O movimento garantista no Brasil consolidou-se nos anos 80, com a edição da nova Constituição Federal de 1988, denominada Constituição Cidadã, pelo constituinte Ulisses Guimarães, Presidente do Congresso Nacional à época.

Segundo a acepção de Fischer acerca desse movimento, confira-se:

> Estabelecidos então novos marcos teóricos sociais, políticos e também jurídicos, a partir da metade da década de 1990 começaram a surgir manifestações doutrinárias mais enfáticas fazendo coro à necessidade

---

[5] LEWANDOWSKI, Ricardo. *Proteção dos direitos humanos na ordem interna e internacional*. Rio de Janeiro: Forense, 1984.

de aplicação, também no Brasil, da *doutrina de garantias*. Em síntese inicial, não mais poderiam ser aplicáveis inúmeros dispositivos legais e entendimentos jurisprudenciais que se apresentassem completamente incompatíveis com as *garantias* fundamentais dos cidadãos e que estivessem estampadas numa Constituição democrática. Essa era a preocupação central, mas não única, segundo cremos e interpretamos.

O *garantismo* penal *não* é simplesmente legalismo, pois a teoria está calcada numa visão teórica de um direito próprio de um Estado Social e Democrático.[6]

Embora o Código Penal brasileiro de 1940 enfatizasse um sistema de punições preocupado apenas com a prática do delito, não havia responsabilidade por parte do Estado com o detento. Em 1984, foi instituída a Lei nº 7.210, segundo a qual o Estado passa a tutelar o condenado, legitimando a pena por meio de *direitos e garantias*.

A evolução dos direitos e garantias dos presos foi marcada de forma inovadora na Constituição de 1988, com a tutela dos direitos civis, políticos e sociais, não estando limitados àqueles previstos nas Cartas Magnas anteriores, conforme preceitua o seu art. 5º, §2º, que reconhece outros direitos e garantias fundamentais decorrentes de princípios, leis ou tratados internacionais.[7]

Além dos direitos e garantias fundamentais, a Constituição Federal assegura: (i) que não haverá as penas "de morte, perpétua, cruel, de trabalho forçado e de banimento" (XLVII); (ii) o direito do cumprimento da pena imposta "em estabelecimentos distintos, de acordo com a natureza do delito, a idade e o sexo do apenado" (XLVIII); (iii) o "respeito à integridade física e moral do preso" (XLIX); e (iv) "às presidiárias serão asseguradas condições para que possam permanecer com seus filhos durante o período de amamentação" (L).

Como anteriormente explicitado, outra norma jurídica de destaque na evolução do direito da pessoa encarcerada é a Lei nº 7.210, de 11 de julho de 1984, denominada Lei de Execução Penal (LEP), que alterou o Código Penal de 1940, dando ao cumprimento da pena um

---

[6] FISCHER, Douglas. O que é garantismo penal (integral)? *In*: *Garantismo Penal Integral*: Questões penais e processuais, criminalidade moderna e aplicação do modelo garantista no Brasil. Salvador: Juspodivm, 2010, p. 25.

[7] DEMARCHI, Lizandra Pereira. *Os direitos fundamentais do cidadão preso*: uma questão de dignidade e de responsabilidade social. Disponível em: https://lfg.jusbrasil.com.br/noticias/106771/os-direitos-fundamentais-do-cidadao-preso-uma-questao-de-dignidade-e-de-responsabilidade-social-lizandra-pereira-demarchi. Acesso em: dez. 2021.

caráter mais humanizado e racional, a fim de garantir as condições necessárias para a ressocialização. E, ainda, adotou penas alternativas à prisão, além de reintroduzir no Brasil o sistema dias-multa.[8]

A maioria das discussões sobre o *garantismo funda-se no sistema carcerário e na função da pena no Brasil*. Por esse viés, entendeu-se que a pena deve ter a função de recuperar o indivíduo infrator e possibilitar seu retorno e reinserção à sociedade.

Um dos maiores desafios sociais e econômicos enfrentados pela sociedade brasileira moderna é a precariedade do sistema carcerário, especialmente ligada à falta de estrutura, de segurança e à ineficiência da ressocialização. O Estado falha em vários aspectos, principalmente no atraso dos julgamentos e na garantia da integridade dos presos.

Atualmente cresce de forma significativa o número de detentos nas prisões brasileiras, resultando na superlotação nos presídios e nas rebeliões que há muito já acontecem por falta de organização e investimentos do Estado.[9]

A LEP foi editada com o intuito de organizar os regimes e os estabelecimentos prisionais. O campo de atuação desse normativo jurídico é vasto, tendo em vista que regula todos os aspectos da execução da pena, como as autorizações de saída, a remição, o monitoramento eletrônico, assim como as penas alternativas contidas na Lei nº 9.714/1998.

Não obstante o déficit de vagas para o cumprimento de pena nos regimes fechado e semiaberto, a progressão de regime busca reafirmar o caráter preventivo da pena. Essa finalidade preventiva refere-se ao próprio condenado. É a chamada "prevenção especial", ou seja, pune-se para que o criminoso não volte a cometer crimes. Na leitura de Platão: "[q]uem aspira castigar de modo razoável, não deve fazê-lo pelo injusto já realizado [...], senão em atenção ao futuro, para que adiante nem o mesmo delinquente volte a cometê-lo, nem os demais, que veem como se castiga".[10]

---

[8] BITTENCOURT, Cezar Roberto. *Tratado de direito penal*: parte geral I. 5. ed. São Paulo: Saraiva, 2010.

[9] COELHO, Marcus Vinícius Furtado. O estado de coisas inconstitucional no sistema penitenciário e o papel do Supremo Tribunal Federal nos processos estruturais. *In*: ASSOCIAÇÃO DOS MAGISTRADOS BRASILEIROS; SALOMÃO, Luís Felipe *et al.* (coord.). *Sistema penal contemporâneo*. Belo Horizonte: Fórum, 2021, p. 565-578.

[10] JESCHEK, Hans-Heinrich. *Tratado de Derecho Penal*: parte general. Granada: Comares, 1993.

O Supremo Tribunal Federal (STF) editou as Súmulas nºs 56[11] e 719,[12] que visam à garantia do cumprimento da pena no regime imposto pelo Estado-Juiz, determina que o apenado não permaneça em regime prisional mais gravoso e que deve ser idôneo o fundamento para imposição de regime mais gravoso que a pena aplicada. Ademais, recorrentes decisões da Suprema Corte asseguram a progressão de regime, condicionada apenas ao cumprimento de requisitos já estabelecidos na LEP.

Apesar de toda evolução normativa, a discussão sobre o combate ao desrespeito generalizado nos presídios brasileiros – relativo aos direitos humanos e à dignidade da pessoa humana – está sempre presente nas pautas de julgamento do STF. Em 2015, no julgamento da Ação de Descumprimento de Preceito Fundamental nº 347/DF,[13] a Suprema Corte reconheceu e consagrou a teoria do *estado de coisas inconstitucional – ECI*[14] do sistema penitenciário brasileiro, por constatar "violação massiva e persistente de direitos fundamentais, decorrente de falhas estruturais e falência de políticas públicas, cuja modificação estava a depender de medidas abrangentes de natureza normativa, administrativa e orçamentária".[15]

O ECI também influenciou decisão do Superior Tribunal de Justiça – STJ, como destaca Coelho:[16]

> Em recentíssima decisão do Superior Tribunal de Justiça, o estado de coisas inconstitucional, reconhecido pelo STF nos autos da ADPF nº 347, foi invocado pela Terceira Seção do STJ para reforçar a necessidade de

---

[11] SÚMULA 56 - A falta de estabelecimento penal adequado não autoriza a manutenção do condenado em regime prisional mais gravoso, devendo-se observar, nessa hipótese, os parâmetros fixados no RE 641.320/RS.

[12] SÚMULA 719 - A imposição do regime de cumprimento mais severo do que a pena aplicada permitir exige motivação idônea.

[13] STF. ADPF nº 347 MC/DF. Plenário. Rel. Min. Marco Aurélio, Plenário, julg. 9.9.2015.

[14] O *"estado das coisas inconstitucional – ECI"* trata-se de um quadro de violação generalizada e sistêmica de direitos fundamentais, causado pela inércia e ou incapacidade reiterada e persistente das autoridades públicas em modificar a conjuntura, de modo que apenas transformações estruturais da atuação do Poder Público e a atuação de uma pluralidade de autoridades podem alterar a situação inconstitucional. PENELLO, Líbero. *O Estado de coisas inconstitucional* – um novo conceito. Disponível em: https://direitoreal.com.br/artigos/o-estado-de-coisas-inconstitucional-um-novo-conceito. Acesso em: dez. 2021.

[15] ABRAHAN, Marcus. O papel do judiciário na determinação de políticas públicas em favor da população carcerária. *In*: ASSOCIAÇÃO DOS MAGISTRADOS BRASILEIROS; SALOMÃO, Luís Felipe *et al*. (coord.). *Sistema penal contemporâneo*. Belo Horizonte: Fórum, 2021, p. 291-303.

[16] COELHO, 2021, p. 571.

imediata execução das recomendações apresentadas a nível nacional e internacional, 'que preconizam a máxima excepcionalidade das novas ordens de prisão preventiva, inclusive com a fixação de medias alternativas à prisão, como medida de contenção da pandemia mundial causada pelo coronavírus (covid-19)' (HC nº 568.693/ES.[17] Terceira Seção. Rel. Min. Sebastião Reis Júnior. DJ: 16/10/2021).[18]

Ainda no julgamento da ADPF nº 347, o Supremo Tribunal Federal determinou a implantação das audiências de custódia em todo o país, no prazo máximo de noventa dias, a partir da data do julgamento. O Projeto Audiência de Custódia foi elaborado pelo Conselho Nacional de Justiça – CNJ, sob a presidência do Ministro Ricardo Lewandowski, para dar efetividade a pactos e tratados internacionais assinados pelo Brasil, como o Pacto Internacional de Direitos Civis e Políticos e a Convenção Interamericana de Direitos Humanos – Pacto de San José da Costa Rica.

O Projeto Audiência de Custódia[19] prevê a apresentação das pessoas presas em flagrante ao juiz, a quem caberá decidir pela necessidade ou não da prisão do cidadão. O magistrado pode determinar liberdade provisória ou medidas cautelares, como o monitoramento por tornozeleira eletrônica. O principal objetivo do projeto era a redução do número de presos provisórios (ainda não julgados), que correspondia, à época, a aproximadamente 41% da população carcerária nacional.

A iniciativa previa, ainda, a estruturação de centrais de alternativas penais, de monitoramento eletrônico, de serviços e assistência social, bem como câmaras de mediação penal, que seriam responsáveis por apresentar ao juiz opções ao encarceramento provisório.

O Ministro Ricardo Lewandowski, enquanto esteve à frente da Presidência do STF e do CNJ, atuou para promover a reconciliação com o compromisso histórico de proteção aos direitos humanos por meio da jurisdição. No período de 2014 a 2016, o CNJ protagonizou

---

[17] O HC nº 598.693/ES concedeu *habeas corpus* coletivo para todos os presos, neste contexto social de pandemia de covid-19, que tiveram a liberdade provisória condicionada ao pagamento de fiança. O HC coletivo foi impetrado pela Defensoria Pública do Espírito Santo, contudo, os efeitos da decisão foram estendidos para todo o território nacional. COELHO, Marcus Vinícius Furtado. O estado de coisas inconstitucional no sistema penitenciário e o papel do Supremo Tribunal Federal nos processos estruturais. *In*: ASSOCIAÇÃO DOS MAGISTRADOS BRASILEIROS. *Sistema penal contemporâneo*. Belo Horizonte: Fórum, 2021. p. 565-578.

[18] STJ. HC nº 568.693. Terceira Seção. Rel. Min. Sebastião Reis Júnior. *Dj*: 16.10.2020.

[19] Disponível em: https://www.cnj.jus.br/sistema-carcerario/audiencia-de-custodia/. Acesso em: dez. 2021.

diversas ações visando fomentar políticas públicas comprometidas com a conscientização e a capacitação dos operadores e intérpretes do Direito, no tocante à proteção dos direitos humanos. Como membro da Suprema Corte brasileira, o Ministro exerce a jurisdição julgando ações em defesa das garantias e dos direitos do cidadão, fundadas nos princípios constitucionais e nos direitos humanos, que mudaram e continuam mudando o rumo do direito do preso no Brasil.

E, ainda, entre os posicionamentos externados pelo Ministro Ricardo Lewandowski, colacionamos, a seguir, julgados de sua relatoria que reafirmam a necessidade da efetividade das legislações pátrias e internacionais na constante busca pelo tratamento digno e humano à pessoa encarcerada.

As condições dos presídios brasileiros têm sido tema de constantes discussões no âmbito do STF. Ao apreciar o Recurso Especial nº 592.581/RS, Tema 220 da Repercussão Geral, que diz: "Competência do Poder Judiciário para determinar ao Poder Executivo a realização de obras em estabelecimentos prisionais com o objetivo de assegurar a observância de direitos fundamentais dos presos", o Ministro Ricardo Lewandowski, relator do feito, reafirma que a pena tem função ressocializadora, ou seja, busca introduzir ao convívio social os egressos do sistema penitenciário. Enfatizou que a carência de vagas faz com que esses cidadãos permaneçam amontoados em ambientes absolutamente insalubres, obstaculizando a ressocialização da pessoa encarcerada.

No julgamento do RE nº 592.581/RS, Lewandowski discorreu sobre os "mutirões carcerários", realizados em 2008 pelo Conselho Nacional de Justiça – CNJ, com o objetivo de inspecionar os presídios brasileiros. Com o resultado apresentado por essa força-tarefa, o Ministro chamou os presídios brasileiros de "Inferno de Dante",[20] por estarem, em sua maioria, tomados por lixo, fezes e ratos, além das péssimas condições das instalações.[21]

Esclarece o relator que, nesse cenário de horror, as penitenciárias brasileiras se desvirtuam da função ressocializadora, pois contribuem para o crescimento do sentimento de descaso e, por consequência, de

---

[20] O Inferno é a primeira parte da "Divina Comédia" de Dante Alighieri, sendo as outras duas o Purgatório e o Paraíso. A viagem de Dante é uma alegoria através do que é essencialmente o conceito medieval de Inferno, guiada pelo poeta romano Virgílio. Disponível em: https://pt.wikipedia.org/wiki/Inferno_(Divina_Com%C3%A9dia). Acesso em: dez. 2021.

[21] Disponível em: http://www.vepema.com.br/novosite/wa_files/realtrio-es-cnj.pdf. Acesso em: dez. 2021.

violência dentro e fora dos presídios. Ademais, as facções criminosas, enraizadas em todos os cárceres do Brasil, aproveitam-se dessa revolta para recrutar, ainda mais cedo, os jovens e suas famílias.

Enfatiza que a pessoa presa não está enclausurada sozinha, embora somente ela cumpra pena, mas leva também os seus familiares a viverem sobre a limitação de espaço, carinho, convívio e do crescimento familiar, repassando, assim, o trauma do encarceramento aos que deste "Inferno de Dante" ouvirão falar. Assim, o postulado da dignidade da pessoa humana, nas palavras de José Afonso da Silva, "não é apenas um princípio da ordem jurídica, mas o é também da ordem política, social, econômica e cultural. Daí sua natureza de valor supremo, porque está na base de toda a vida nacional".[22]

Constata que esse direito não vem sendo observado em relação às pessoas encarceradas no Brasil, apesar de existir uma legislação que visa promover o mínimo de condições para o cumprimento da constrição imposta. O que se vê, em pleno século XXI, é o real desrespeito aos direitos mínimos garantidores à dignidade da pessoa humana, com ambientes carcerários considerados masmorras prisionais.

Porém, esses direitos não são observados em relação às pessoas encarceradas no Brasil, apesar de existir uma legislação que visa promover o mínimo de condições para o cumprimento da constrição imposta. O que se vê em pleno século XXI é o real desrespeito aos direitos mínimos garantidores à dignidade da pessoa humana, com ambientes carcerários considerados masmorras prisionais.

Sustenta, ademais, que não cabe ao Poder Judiciário implementar políticas públicas em caráter abrangente, mas "intervir, de ofício, em todas as situações em que direitos fundamentais se vejam em perigo", e assim garantir ao jurisdicionado a inviolabilidade de direitos, seja por ato comissivo ou omissivo do poder Estatal. Atos calcados, na maioria das vezes, no argumento da reserva do possível ou do princípio da separação dos poderes.

Assim, no julgamento do RE nº 592.581/RS, apreciando o Tema 220 da repercussão geral, nos termos do voto do relator, Ministro Ricardo Lewandowski, o Supremo Tribunal Federal assenta a seguinte tese:

---

[22] SILVA, José Afonso da. *Comentário contextual à constituição*. 6. ed. São Paulo: Malheiros, 2009. p. 38.

[é] lícito ao Judiciário impor à Administração Pública obrigação de fazer, consistente na promoção de medidas ou na execução de obras emergenciais em estabelecimentos prisionais para dar efetividade ao postulado da dignidade da pessoa humana e assegurar aos detentos o respeito à sua integridade física e moral, nos termos do que preceitua o art. 5º, XLIX, da Constituição Federal, não sendo oponível à decisão o argumento da reserva do possível nem o princípio da separação dos poderes.[23]

Decisões como a citada são marcos fundamentais na efetivação dos direitos constitucionais da pessoa presa.

Digna de nota, ainda, foi a decisão da Segunda Turma do Supremo Tribunal Federal, de relatoria do Ministro Ricardo Lewandowski, que garantiu que gestantes e mães de crianças menores de doze anos, desde que não tenham cometido crime com violência ou grave ameaça, e estejam encarceradas, sejam colocadas em prisão domiciliar, a fim de garantir o direito dos infantes ao convício social e ao desenvolvimento intelectual.[24]

Em conclusão, constata-se que há, no sistema prisional brasileiro, uma situação de violação generalizada dos direitos fundamentais dos custodiados, no que diz respeito à dignidade, higidez física e integridade psíquica, submetidos a tratamentos degradantes, ultrajantes e indignos.

Em suas recentes decisões, o STF reafirma o seu papel preponderante de atuação não apenas de um órgão, mas sim de uma pluralidade de autoridades ao admitir a existência do "estado das coisas inconstitucional". A Suprema Corte Brasileira entende ser imprescindível a atuação do Judiciário, conferindo-lhe o dever de vigilância e proteção específicas e atribui ao Estado, como Poder Público, a posição de garante em relação aos detentos com o dever de assegurar condições dignas e de reparar os danos, inclusive os morais, causados ao preso submetido à situação degradante.

Diante dos julgados da Suprema Corte brasileira, extrai-se a leitura de que o Estado é responsável pela integridade do preso e que devem ser asseguradas a ele condições dignas.

Especial ênfase merece a ADPF nº 347/DF, referência importante de processo estrutural em curso no STF. Um fruto relevante deste

---

[23] STF. RE 592.581/RS. Plenário. Rel. Min. Ricardo Lewandowski, julg 9.9.2015.
[24] STF. HC 143.641. 2ª Turma. Rel. Min. Ricardo Lewandowski, julg. 20.02.2018.

julgamento, e que contou com o decisivo empenho do Ministro Ricardo Lewandowski, foi a implementação da audiência de custódia em todo o Brasil. Este é um exemplo da atuação coerente, justa e republicana do Ministro, que, no exercício da judicatura, sempre lutou pelo fim da opressão do Estado e contra a aplicação automática da lei penal e do encarceramento, contribuindo para que o Poder Judiciário não permita o retrocesso de direitos e garantias fundamentais conquistados no decorrer da história.

Ao longo dos anos, temos tido a honra e o privilégio de atuar como chefe de Gabinete (Ana Maria) e assessor (Marcelo) do Ministro Ricardo Lewandowski no Supremo Tribunal Federal. Pudemos constatar que a humanidade que ele revela ao lutar pela garantia da dignidade da pessoa presa é a mesma que o leva a exercer de forma tão inspiradora a liderança da sua equipe de trabalho. Ao lado do Ministro Ricardo Lewandowski, temos vivenciado um grande aprendizado: de garantismo, de humanidade e também de amor ao Direito.

Referências

ABRAHAN, Marcus. O papel do judiciário na determinação de políticas públicas em favor da população carcerária. *In*: ASSOCIAÇÃO DOS MAGISTRADOS BRASILEIROS; SALOMÃO, Luís Felipe *et al.* (coord.). *Sistema penal contemporâneo*. Belo Horizonte: Fórum, 2021, p. 291-303.

DI BECCARIA, Cesare Marchese. *Dos delitos e das penas*, trad. Paulo M. Oliveira. Rio de Janeiro: Nova Fronteira, 2011.

BITTENCOURT, Cezar Roberto. *Tratado de direito penal*: parte geral I. 5. ed. São Paulo: Saraiva, 2010.

BRASIL. Conselho Nacional de Justiça. *Audiências de Custódia*. Disponível em: https://www.cnj.jus.br/sistema-carcerario/audiencia-de-custodia/. Acesso em: dez. 2021.

BRASIL. Tribunal de Justiça do Distrito Federal e Territórios. *Estatística do Núcleo de Audiência de Custódia – NAC*. Disponível em: https://www.tjdft.jus.br/estatisticas/produtividade/produtividade-nucleo-de-audiencias-de-custodia/copy2_of_ano-2019/estatistica-nac-setembro-2021-nuest.pdf. Acesso em: dez. 2021.

BRASIL. Supremo Tribunal Federal. *HC 143.641/SP*. Rel. Min. Ricardo Lewandowski. 2ª Turma, julg. 20.2.2018, Dje 22.2.2018.

BRASIL. Supremo Tribunal Federal. *Súmula 719*. Plenário, aprovação em 24.9.2003, DJ 9.10.2003.

BRASIL. Supremo Tribunal Federal. *Súmula Vinculante nº 56*. Plenário, aprovação enunciado publicado DJe 8 ago. 2016.

BRASIL. Supremo Tribunal Federal. *Recurso Extraordinário 592.581/RS*, Rel. Min. Ricardo Lewandowski. Plenário, julg. 9.9.2015, DJe 1º.2.2016.

COELHO, Marcus Vinícius Furtado. O estado de coisas inconstitucional no sistema penitenciário e o papel do Supremo Tribunal Federal nos processos estruturais. *In*: ASSOCIAÇÃO DOS MAGISTRADOS BRASILEIROS; SALOMÃO, Luís Felipe *et al.* (coord.). *Sistema penal contemporâneo*. Belo Horizonte: Fórum, 2021, p. 565-578.

DEMARCHI, Lizandra Pereira. *Os direitos fundamentais do cidadão preso*: uma questão de dignidade e de responsabilidade social. Disponível em: https://lfg.jusbrasil.com.br/noticias/106771/os-direitos-fundamentais-do-cidadao-preso-uma-questao-de-dignidade-e-de-responsabilidade-social-lizandra-pereira-demarchi. Acesso em: dez. 2021.

FRANÇA. Senado Francês. *Declaração dos Direitos dos Homens e do Cidadão*. Disponível em: https://www.senat.fr/lng/pt/declaration_droits_homme.html. Acesso em: dez. 2021.

FOUCAULT, Michel. *Vigiar e punir*: nascimento da prisão; trad. de Raquel Ramalhete. Petrópolis: Vozes, 1987.

FISCHER, Douglas. O que é garantismo penal (integral)? *In: GARANTISMO PENAL INTEGRAL*: Questões penais e processuais, criminalidade moderna e aplicação do modelo garantista no Brasil. Salvador: Juspodivm, 2010, p. 25.

IGNACIO, Julia. *O que é garantismo penal*. Disponível em: https://www.politize.com.br/garantismo-penal/. Acesso em: dez. 2021.

JESCHEK, Hans-Heinrich. *Tratado de Derecho Penal*: parte general. Granada: Comares, 1993.

LEWANDOWSKI, Ricardo. *Proteção dos direitos humanos na ordem interna e internacional*. Rio de Janeiro: Forense, 1984.

MARQUES, Oswaldo Henrique Duek. *Fundamentos da pena*. São Paulo: Juarez de Oliveira, 2000.

ONU. *Declaração Universal dos Direitos Humanos, de 1948*. Disponível em: https://www.ohchr.org/EN/UDHR/Pages/Language.aspx?LangID=por. Acesso em: dez. 2021.

PENELLO, Líbero. *O Estado de coisas inconstitucional* – um novo conceito. Disponível em: https://direitoreal.com.br/artigos/o-estado-de-coisas-inconstitucional-um-novo-conceito. Acesso em: dez. 2021.

SILVA, José Afonso da. *Comentário contextual à constituição*. 6. ed. São Paulo: Malheiros, 2009.

Informação bibliográfica deste texto, conforme a NBR 6023:2018 da Associação Brasileira de Normas Técnicas (ABNT):

NEVES, Ana Maria Alvarenga Mamede; OLIVEIRA, Marcelo Pimentel de. Efetividade à garantia dos direitos humanos do encarcerado. *In*: RODRIGUES, Dennys Albuquerque; CEZAR, Eduardo Barreto; OLIVEIRA, Marcelo Pimentel de (coord.). *Democracia, humanismo e jurisdição constitucional*: estudos em homenagem ao Ministro Ricardo Lewandowski. Belo Horizonte: Fórum, 2022. p. 21-32. ISBN 978-65-5518-402-0.

O CONSELHO NACIONAL DE JUSTIÇA COMO ÓRGÃO FORMULADOR DA POLÍTICA JUDICIÁRIA NACIONAL

BRUNO RONCHETTI DE CASTRO

RENATA AGUIAR FERREIRA MONFARDINI

1 Introdução

Protagonista de um tardio processo democrático e legítimo acautelador de direitos consagrados pela Constituição Federal de 1988, o Poder Judiciário passou a receber reclamos por uma melhor entrega da prestação jurisdicional.[1] Com efeito, entre os anseios decorrentes da nova ordem constitucional, estavam a busca por maior eficiência, celeridade e transparência das instituições judiciárias, além da salvaguarda do extenso e complexo rol de direitos introduzidos pela Lei Maior.

E foi diante desse cenário que a Emenda Constitucional nº 45/2004 emergiu como instrumento destinado a alterar a realidade da máquina judiciária. Ao promover a denominada Reforma do Judiciário, a EC nº 45/2004 não só instituiu modificações de grande amplitude na estrutura e competência dos órgãos judiciários já existentes, como

---

[1] SANTOS, Boaventura de Sousa. *Para uma revolução democrática da justiça*. São Paulo: Cortez, 2007. p. 11-12.

também previu a criação do Conselho Nacional de Justiça (CNJ) como um dos pilares dessa almejada mudança, atribuindo ao órgão o posto de cúpula administrativa e disciplinar do Poder Judiciário nacional.

Reconhecido, portanto, como lídimo integrante do Judiciário,[2] o CNJ concentrou suas ações no exercício dos poderes fiscalizador e correcional, com atuação voltada ao controle da legalidade dos atos administrativos praticados por membros ou órgãos do Poder Judiciário,[3] bem como ao controle ético-disciplinar dos magistrados.[4]

Verificado, contudo, que boa parte das deficiências identificadas no sistema judicial brasileiro também decorria da existência de visões e práticas fragmentadas empreendidas por "estruturas burocráticas dispersas",[5] que não detinham uma administração central, com atividades de política judiciária e de gestão administrativa, tornou-se imperioso o redirecionamento dessa atuação.

Conquanto relevantes, era preciso muito mais que corrigir possíveis desvios de conduta e controlar atos supostamente eivados de vícios. A transformação esperada exigia, em verdade, uma mudança substancial e qualitativa: consolidar o CNJ como órgão formulador da política judiciária nacional.

A contribuição decisiva para esse importante redirecionamento da atuação do órgão adveio, então, com a gestão do Ministro Ricardo Lewandowski na Presidência do CNJ (2014-2016), por meio da implementação de um planejamento efetivamente estratégico e a institucionalização de políticas nacionais estruturantes, sólidas e robustas, viés que, por se provar tão exitoso, consolidou-se como a principal linha diretiva do órgão, conforme será demonstrado ao longo do presente trabalho.

2 As competências outorgadas ao CNJ

Conferida ao CNJ a natureza de órgão do Poder Judiciário, com dimensão nacional e estatura constitucional (art. 92, I-A, CRFB), fez-se necessário atribuir-lhe competências que se mostrassem hábeis a atender

---

[2] STF, ADI nº 3.367/DF, Tribunal Pleno, rel. min. Cezar Peluso, j. 13.4.2005.
[3] BRASIL. Conselho Nacional de Justiça. *CNJ em Números 2018*. Brasília: CNJ, 2018, p. 61-68. Disponível em: https://www.cnj.jus.br/wp-content/uploads/2018/08/620bf616dfc0d62e45e52345afd3260a.pdf. Acesso em: 11 set. 2021.
[4] *Ibidem*, p. 74-78.
[5] STF, ADI nº 3.367/DF, Tribunal Pleno, rel. min. Cezar Peluso, j. 13.4.2005.

antigas reivindicações "da sociedade pela instituição de um órgão superior, capaz de formular diagnósticos, tecer críticas construtivas e elaborar programas que, nos limites de suas responsabilidades constitucionais, de[sse] respostas dinâmicas e eficazes aos múltiplos problemas comuns verificados no âmbito do Judiciário".[6]

Assim, coube ao art. 103-B, §4º, da Constituição Federal listar as atribuições do novel Conselho, que, além de possuir em sua composição membros externos à magistratura (art. 103-B, *caput* e incisos I a XIII, CF/88), foi concebido para dispor unicamente de funções administrativas, sem qualquer competência jurisdicional.

Nessa perspectiva, por integrar o Poder que se considerava deter o menor aparato de controle e de fiscalização oriundos da sociedade e de outros Poderes,[7] foi concedida ao CNJ a função de controle da atividade administrativa e financeira do Poder Judiciário, bem como do cumprimento dos deveres funcionais dos juízes (103-B, §4º, *caput*, CF/88).

Não obstante, dado que o Conselho também foi concebido com o intuito de preservar a independência e imparcialidade das funções jurisdicionais, incumbiu-se ao órgão o dever de zelar pela autonomia do Poder Judiciário e pelo cumprimento do Estatuto da Magistratura, podendo, para tanto, expedir atos regulamentares (art. 103-B, §4º, I, CF/88), que, conforme assentou a Suprema Corte (ADC nº 12/DF), têm natureza primária, por retirarem seu fundamento de validade da própria Constituição Federal.

Já a relevância do CNJ no cenário de retomada da legitimidade do Judiciário ficou evidenciada pelas funções de zelar pelo cumprimento do art. 37 da Lei Maior e de apreciar, de ofício ou mediante provocação, a legalidade dos atos administrativos praticados por membros e órgãos daquele Poder (art. 103-B, §4º, II, CF/88).

As funções de natureza disciplinar (art. 103-B, §4º, III, IV, V, CF/88), voltadas precipuamente à responsabilização de magistrados, foram materializadas, por seu turno, nas atribuições de receber e conhecer das reclamações; avocar processos disciplinares em curso; determinar a remoção, a disponibilidade ou a aposentadoria com subsídios ou proventos proporcionais ao tempo de serviço e aplicar outras sanções administrativas; representar ao Ministério Público, no

---

[6] *Ibidem*.
[7] SADEK, Maria Tereza A. Judiciário: mudanças e reformas. *Estudos Avançados*, São Paulo, v. 18, n. 51, p. 93, ago. 2004.

caso de certos crimes, bem como rever os processos disciplinares de juízes e membros de tribunais julgados há menos de um ano.

De outro lado, a garantia da transparência e o levantamento de dados destinados ao aprimoramento da organização judiciária e do acesso à justiça foram consubstanciados nas funções de elaborar relatórios e estatísticas, constantes do art. 103-B, §4º, VI e VII, da CF/88.

À vista de toda essa gama de competências e do exercício dessas complexas atribuições pelo CNJ, é possível afirmar que o órgão tem envidado esforços no cumprimento das nobres funções que lhe foram outorgadas pela Constituição Federal e obtido consideráveis resultados de desempenho, seja no aperfeiçoamento da prestação jurisdicional ou no aprimoramento estrutural do próprio Poder Judiciário.

Constata-se, porém, que o processo de amadurecimento do Conselho e as diretrizes traçadas por cada gestão, renovada a cada dois anos, tiveram relevo decisivo na definição de quais dessas funções deveriam preponderar na expressão da identidade do órgão.

3 A proeminência da função de controle

A busca por se firmar como o agente da mudança e aplacar o apelo social somada à necessidade de se conformar ao contexto dos mandamentos constitucionais e das balizas estabelecidas pelo Supremo Tribunal Federal (STF) fizeram com que os primeiros anos do Conselho fossem marcados pelo exercício precípuo da atividade censória de juízes e tribunais.

Com efeito, ainda que tenham sido lançadas algumas diretivas no sentido do cumprimento da função de planejamento estratégico, foram as ações voltadas a quesitos estruturais, éticos, disciplinares e fiscalizatórios do Judiciário que prevaleceram em seu momento primevo.

Conforme destaca Ribeiro,[8] as instituições judiciárias até chegaram a receber do CNJ a indicação de novos rumos a serem perfilhados, mas a atuação do órgão foi direcionada, sobretudo, à adoção de medidas moralizadoras, à fixação de parâmetros nacionais e à superação de limitações verificadas no âmbito das corregedorias locais:

---

[8] RIBEIRO, Antônio de Pádua. Palavras de despedida do Conselho Nacional de Justiça. Brasília, 2007. Disponível em: http://bdjur.stj.jus.br//dspace/handle/2011/9798. Acesso em: 15 set. 2021.

Disse a que veio. Conseguiu, no âmbito da Justiça, abolir o nepotismo; fixar teto para os salários, extirpando os marajás; moralizar os concursos públicos, a promoção e remoção de magistrados; coibir os desvios de conduta dos prestadores dos serviços judiciários e indicar rumos importantes a serem seguidos no sentido da implantação do processo virtual, do estímulo à conciliação, da padronização e interligação dos sistemas eletrônicos, da elaboração de estatísticas confiáveis.

Os números atinentes ao Conselho também não deixam dúvidas de que o interesse inicial da sociedade seguia o mesmo viés de controle empreendido pelo órgão. Basta verificar o volume de feitos de natureza disciplinar que tramitaram no CNJ desde 2007:

> Nesse período de onze anos [2007 a 2017], do total de 69.543 processos tramitados no Conselho Nacional de Justiça, 54.077 (77,8%) referem-se a processos correcionais. Entre os tipos de processo, predominam as representações por excesso de prazo contra magistrados (48,5%), seguidas dos pedidos de providências de competência da Corregedoria (30,3%) e as reclamações disciplinares (19,5%).[9] (grifos acrescidos).

A própria doutrina chegou a exortar essa atuação correcional, ao consignar que o CNJ veio disciplinar a magistratura e coibir deficiências das corregedorias que teriam atraído, "não sem inteira procedência, críticas ao corporativismo que deixava impunes ilícitos funcionais graves ou os cercava de punições mais retóricas do que práticas, afetando, com isso, a credibilidade na instituição e a própria, efetiva ou aparente, lisura e razoável prestação jurisdicional".[10]

Logo, com toda essa aquiescência e o reconhecimento do trabalho que vinha sendo desenvolvido, o enfoque fiscalizatório e a atuação verticalizada do Conselho foram sendo mantidos no decorrer do tempo e passaram, inclusive, a exorbitar a competência do órgão, a ponto de ensejarem a contenção pela Suprema Corte:

> Assim, voltando à hipótese dos autos, *verifico que, ao determinar a modificação do texto da lei estadual, estabelecendo prazo para tanto, o CNJ imiscuiu-se em questões afetas a outros Poderes, notadamente à Assembleia*

---

[9] BRASIL. Conselho Nacional de Justiça. *CNJ em Números 2018*. Brasília: CNJ, 2018, p. 74-78. Disponível em: https://www.cnj.jus.br/wp-content/uploads/2018/08/620bf616dfc0d62e45e52345afd3260a.pdf. Acesso em: 11 set. 2021.

[10] SAMPAIO, José Adércio Leite. *O Conselho Nacional de Justiça e a independência do Judiciário*. Belo Horizonte: Del Rey, 2007. p. 177.

Legislativa do Estado de Pernambuco e ao Executivo local, que não se vinculam aos termos das deliberações do Conselho.

Ademais, ao realizar o exame de compatibilidade da norma local com a Constituição Federal, houve usurpação da competência desta Corte relativa ao controle de constitucionalidade. [...]

Isso posto, concedo a ordem, para anular a decisão proferida pelo Conselho Nacional de Justiça no Pedido de Providências 200910000039583 (art. 205 do RISTF).[11] (grifos acrescidos)

Referido controle avançou, até mesmo, sobre a função de gestão estratégica do órgão. De fato, ao se promover um levantamento dos atos do Conselho referentes ao planejamento estratégico do Poder Judiciário, vê-se que os primeiros contornos da matéria foram introduzidos pela Resolução CNJ nº 49/2007, que, embora não disciplinasse o planejamento em si, nem apresentasse quaisquer diretrizes norteadoras dessa estratégia, já determinava aos tribunais a criação de uma unidade administrativa responsável pela elaboração de plano de gestão estratégica.

Posteriormente, sobreveio a Resolução CNJ nº 70/2009, que até progrediu em relação ao tema, ao instituir o Plano Estratégico Nacional, com objetivos, metas e indicadores destinados ao aprimoramento da Justiça. Todavia, conquanto aprovado pelos tribunais,[12] cuidou-se de planejamento construído unilateralmente pelo CNJ e que, além de trazer metas de caráter cogente, impunha aos órgãos do Poder Judiciário, à exceção da Suprema Corte, a obrigação de elaborar seus próprios planejamentos e de alinhá-los à estratégia nacional, tarefa árdua e complexa, como pondera Giacobbo:

> O processo de desenvolvimento e implementação do Planejamento Estratégico em organizações públicas é bastante árduo e complexo, leva tempo e exige muita negociação, participação, barganha, habilidade e determinação na sua condução. [...] Não basta aplicar as técnicas para resolver os problemas, é preciso efetivamente trabalhar as dimensões burocrática, política e comportamental presentes na organização.[13]

---

[11] STF, MS 28.500/PE, Monocrática, rel. min. Ricardo Lewandowski, j. 17.7.2014.
[12] Disponível em: https://www.cnj.jus.br/gestao-e-planejamento/metas-2009/. Acesso em: 18 set. 2021.
[13] GIACOBBO, Mauro. O Desafio da Implementação do Planejamento Estratégico nas Organizações Públicas. *Revista do Tribunal de Contas da União*, Brasília: TCU, v. 28, n.74, p. 88, out./dez. 1997.

Reconhecida, porém, a necessidade de se instituir um plano mais próximo da realidade de cada segmento de justiça, foi editada a Resolução CNJ nº 198/2014, que estabeleceu a Estratégia Nacional do Poder Judiciário para o sexênio 2015/2020 e fixou macrodesafios para o Judiciário. Contudo, mesmo contando com a participação de alguns representantes dos tribunais (Rede de Governança Colaborativa do Poder Judiciário), ainda se tratava de auxílio técnico no processo de construção da estratégia.[14]

Constata-se, portanto, que o relevante destaque do CNJ no cenário nacional acabava por encobrir adversidades que não sustentariam a estratégia adotada pelo órgão a longo prazo, notadamente porque o excesso de controle passou a evidenciar certa estagnação no próprio aprimoramento do sistema de justiça.

É o que avulta, por exemplo, quando se observa que esse rigor fiscalizatório acabou por implicar o desgaste dos principais executores das mudanças e alicerces da prestação jurisdicional: os magistrados e servidores.

Diante da fixação de metas demasiadamente verticalizadas, do volume de trabalho e da falta de estrutura das unidades judiciárias, os distúrbios de ordens física e psíquica em magistrados e servidores revelaram-se cada vez mais presentes,[15] impactando no exercício da jurisdição. Situação, entretanto, deveras contraditória, visto que, além do nítido efeito negativo para os jurisdicionados, vinha em detrimento de agentes públicos que não eram desfavoráveis à reforma do sistema de justiça, consoante aponta Sadek,

> Magistrados, Promotores e Procuradores da República têm se mostrado sensíveis à existência de uma crise na justiça. [...] *muitos juízes têm se mostrado críticos da instituição e sensíveis a propostas de mudança, mesmo que afetem diretamente interesses corporativos e tradicionais.*[16] (grifos acrescidos)

---

[14] Disponível em: https://www.cnj.jus.br/gestao-estrategica-e-planejamento/estrategia-nacional-do-poder-judiciario-2021-2026/processo-de-formulacao/o-papel-da-rede-de-governanca-colaborativa/. Acesso em: 22 set. 2021.

[15] BRASIL. Conselho Nacional de Justiça. *Saúde de Magistrados e Servidores*: Resolução CNJ 207/2015. Brasília: CNJ, 2017, p. 20. Disponível em: https://www.cnj.jus.br/wp-content/uploads/conteudo/arquivo/2017/11/b69b2e5851acc6bf76b025d36ee79236.pdf. Acesso em: 22 set. 2021.

[16] SADEK, Maria Tereza A. Judiciário: mudanças e reformas. *Estudos Avançados*, v. 18, n. 51, p. 84 e 89, ago. 2004.

Além disso, ainda havia direitos que, apesar de proclamados, não recebiam a devida tutela do Poder Judiciário, como, *v.g.*, aqueles inerentes à população carcerária, reconhecidamente sujeita a condições precárias que impõem aos presos "uma pena que ultrapassa a mera privação da liberdade prevista na sentença, porquanto acresce a ela um sofrimento físico, psicológico e moral, o qual, além de atentar contra toda a noção que se possa ter de respeito à dignidade humana, retira da sanção qualquer potencial de ressocialização".[17]

Era, pois, premente a mudança de rumo. A realidade evidenciada reclamava a instituição de novas estratégias de atuação, bem como a formulação e implementação de políticas públicas judiciárias que fossem efetivas, que se mostrassem capazes de subsistir ao longo das gestões do Conselho e que pudessem alterar o horizonte do órgão.

4   O redirecionamento da atuação do CNJ

Diante das conquistas alcançadas pelo CNJ em seus dez primeiros anos de existência e das consideráveis mudanças empreendidas pelo órgão no âmbito do Poder Judiciário, o rumo mais esperado para o Conselho era o de continuar seguindo o modelo institucional já existente.

Cabia considerar, contudo, que, como bem salienta o Ministro Ricardo Lewandowski,[18] conduzir o planejamento estratégico de um órgão não significa apenas identificar o objetivo pretendido e direcionar as ações para a consecução desse desígnio, é preciso promover, sobretudo:

> [...] um constante monitoramento das consequências de cada ação de modo a permitir uma pronta correção de rumo, mediante um permanente processo de retroalimentação, conhecido por feedback. Para tanto, os resultados parciais e globais devem ser mensuráveis, permitindo uma avaliação objetiva dos resultados. Claro que para definir objetivos a partir de uma perspectiva "macro" é preciso saber, com precisão, onde é que se quer chegar, ou seja, qual o *design* do futuro. (grifo acrescido)

---

[17] STF, RE 59.2581/RS, Tribunal Pleno, rel. min. Ricardo Lewandowski, j. 13.8.2015.
[18] LEWANDOWSKI, Enrique Ricardo. Planejamento estratégico do Poder Judiciário. *Revista Justiça & Cidadania*, Rio de Janeiro, n. 135, p. 18, nov. 2011.

Nessa senda, não se podia negar que, a despeito dos avanços obtidos pelo órgão, remanesciam àquele tempo empecilhos ao acesso à justiça, direitos ainda não alcançados pela tutela judiciária e deficiências nos órgãos jurisdicionais que obstavam a concretização das medidas idealizadas pelo poder constituinte reformador (EC nº 45/2004) e dos próprios preceitos da Lei Maior.

Emergia, assim, a responsabilidade de decidir entre manter o padrão de gestão vigente e, de certa forma, aclamado ou redefinir as ações do Conselho e adotar um novo paradigma de atuação. A opção eleita pelo Ministro Ricardo Lewandowski foi deflagrar a mudança e implementar, por meio do CNJ, verdadeira justiça social, a partir de programas estruturantes conduzidos pelo Poder Judiciário.

Após tomar posse na Presidência do CNJ, em setembro de 2014, o Ministro não só anunciou que seria priorizada a celeridade nos julgamentos nos tribunais brasileiros e no próprio Conselho,[19] como também estabeleceu diretrizes que passariam a nortear as ações do órgão durante a sua gestão (2014-2016), trazendo, entre elas, o compromisso de "fortalecer a atuação do Conselho Nacional de Justiça no âmbito do planejamento estratégico e da análise e solução de problemas que afetam o Judiciário" (Portaria CNJ nº 16/2015).

Já que o controle irrestrito não se sustentava mais internamente e a estratégia até então adotada deixou de entregar o resultado esperado, considerou que o CNJ precisava assumir uma atuação capaz de garantir, a um só tempo, o cumprimento dos mandamentos constitucionais e a consolidação do órgão como formulador de abrangentes políticas internas com necessários e ansiados resultados para os usuários externos, os jurisdicionados.

E assim o foi. Ao se examinar os dados do CNJ em Números[20] relativos à gestão 2014-2016, vê-se que as ações do Conselho não descuraram da competência de controle, uma vez que o número de processos baixados pela Presidência (216 feitos) foi superior ao de feitos recebidos (198 feitos).

A mesma atenção foi dirigida aos processos voltados ao controle administrativo e financeiro do Judiciário, que atingiram índices ímpares de feitos baixados quando comparados à demanda:

---

[19] Disponível em: https://www.cnj.jus.br/eficiencia-e-celeridade-devem-pautar-o-judiciario-disse-lewandowski-em-sua-primeira-sessao-no-cnj/. Acesso em: 22 set. 2021.
[20] BRASIL. Conselho Nacional de Justiça. *CNJ em Números 2018*. Brasília: CNJ, 2018, p. 42. Disponível em: https://www.cnj.jus.br/wp-content/uploads/2018/08/620bf616dfc0d62e45e52345afd3260a.pdf. Acesso em: 24 set. 2021.

Em geral, o total de processos baixados esteve abaixo do total de casos novos, contribuindo para o aumento do estoque.

Em apenas três anos da série o total de baixados foi superior à demanda: 2010, 2015 e 2016.

[...]

O índice de atendimento à demanda denota a capacidade do órgão de dar vazão ao montante de processos ingressados quando atinge pelo menos 100%. Isso ocorreu em apenas três anos: 2010, 2015 e 2016.[21] (grifos acrescidos).

Mas o grande e principal redirecionamento do órgão veio mesmo com a dimensão conferida ao planejamento e gestão do Poder Judiciário. Da análise das ações e atos normativos do Conselho relativos ao período de sua gestão, constata-se a instituição de políticas judiciárias em áreas estratégicas, direcionadas ao acesso à justiça, à concretização de direitos e à atenção ao capital humano do Poder Judiciário, que, dada a relevância de seus arcabouços, foram mantidas e incentivadas pelas gestões subsequentes do CNJ, como modelo paradigmático de administração judiciária, mudando definitivamente o prisma de atuação do órgão.

4.1 Políticas de acesso à justiça

Como "a titularidade de direitos é destituída de sentido na ausência de mecanismos para a sua efetiva reivindicação",[22] a implementação de mudanças estruturais e qualitativas voltadas à garantia do acesso à justiça se mostrava necessária e exigia a devida atenção do Conselho.

Assim, observa-se que foram concebidas e aprimoradas políticas que buscaram assegurar não só o acesso formal ao Poder Judiciário, mas também o direito a uma tutela jurisdicional célere e efetiva, como, *v.g.*, aquelas referentes ao fortalecimento da autocomposição de litígios, da justiça restaurativa e da atenção prioritária ao primeiro grau de jurisdição; à expansão do processo judicial eletrônico; à instituição do plenário virtual; à garantia da transparência e do acesso à informação; à adoção de ferramenta de gestão; bem como à padronização do sistema de precedentes, conforme se expõe brevemente a seguir.

---

[21] *Ibidem*, p. 62 e 63.
[22] CAPPELLETTI, Mauro; GARTH, Bryant. *Acesso à justiça*. Tradução: Ellen Gracie Northfleet. Porto Alegre: Sérgio Antônio Fabris, 1988, p. 11.

Autocomposição de litígios

A cultura da excessiva judicialização de conflitos também ensejava a devida diligência do CNJ, em razão de seu impacto negativo na eficiência e legitimidade do sistema de justiça.

Segundo dados da pesquisa Panorama do Acesso à Justiça no Brasil,[23] realizada em 2011, o Judiciário tinha sido a solução eleita por 87,4% dos conflitos trabalhistas, 81% das contendas familiares, 77% dos conflitos referentes a terras ou moradia e 74% das desavenças envolvendo impostos ou tributação.

Logo, ciente dessas adversidades, entre as diretrizes da Presidência do Ministro Ricardo Lewandowski não deixou de figurar o estímulo à autocomposição de litígios, mormente porque, como assevera o próprio Ministro, na "Constituição tem vários momentos em que o cidadão participa da gestão da coisa pública, e o fato de o próprio cidadão ajudar a resolver os seus problemas é um grande passo, não apenas na celeridade e efetividade da prestação jurisdicional, mas também no aprofundamento da cidadania".[24]

A opção definida, portanto, para o incentivo à política de tratamento adequado dos conflitos de interesses, regida pela já vigente Resolução CNJ nº 125/2010, foi a entrega de instrumentos capazes de assegurar a concretização dos preceitos da norma.

Entre esses instrumentos, estão a criação do Sistema de Mediação e Conciliação Digital,[25] que possibilitou a aproximação *on-line* das partes envolvidas em um conflito e a solução desse litígio de modo mais célere, econômico e sem demandar o Judiciário, bem como o Cadastro Nacional de Mediadores Judiciais e Conciliadores, previsto no art. 167 do Código de Processo Civil.

A edição da Resolução CNJ nº 225/2016 também seguiu o mesmo propósito, ao dispor sobre a Política Nacional de Justiça Restaurativa. Referido ato teve a finalidade de promover uma mudança no panorama do sistema de justiça criminal e infantojuvenil, mediante a adoção de

---

[23] BRASIL. Conselho Nacional de Justiça. *Panorama do Acesso à Justiça no Brasil, 2004 a 2009*. Brasília: CNJ, julho 2011, p. 9. Disponível em: https://www.cnj.jus.br/wp-content/uploads/2011/02/69f08fa6be2b411e6566b84bdc1d4b5a.pdf. Acesso em: 27 set. 2021.

[24] Disponível em: https://www.tjap.jus.br/portal/publicacoes/noticias/4408-ministro-lewandowski-destaca-papel-do-judici%C3%A1rio-como-agente-da-pacifica%C3%A7%C3%A3o-nacional.html. Acesso em: 3 out. 2021.

[25] Disponível em: https://www.cnj.jus.br/cnj-lanca-sistema-de-mediacao-digital-para-solucionar-conflitos-da-populacao/. Acesso em: 3 out. 2021.

meios consensuais de pacificação da disputa, e de efetivar princípios e direitos constitucionais, como a dignidade da pessoa humana, o acesso à justiça e o exercício da cidadania.

A importância das medidas adotadas fica ainda mais evidente quando se constata que os incentivos às formas alternativas de solução de conflitos permanecem sendo pauta prioritária do Conselho e seus resultados vêm contribuindo, substancialmente, para a redução da taxa de congestionamento dos feitos e do ajuizamento de novas demandas.[26]

Atenção prioritária ao primeiro grau de jurisdição

O histórico de maior sobrecarga de trabalho, de menor orçamento e de quantitativo inferior de servidores,[27] quando comparados aos do segundo grau, evidenciava que não seria possível promover o aprimoramento do Poder Judiciário sem que se tivesse o devido cuidado com o primeiro grau de jurisdição.

Nessa esteira, constata-se que o fortalecimento da política introduzida pelas Resoluções CNJ nºs 194 e 195/2014 se tornou uma das prioridades da gestão do Ministro Ricardo Lewandowski, pois era preciso estruturar os serviços judiciários da primeira instância, para que se pudesse assegurar aos cidadãos as tão aspiradas celeridade e eficácia da tutela jurisdicional.

Desse modo, além da ênfase conferida às atividades do comitê gestor da política de priorização na gestão e implementação dessa política, foi editada a Resolução CNJ nº 219/2016, que estabeleceu parâmetros para equalizar a força de trabalho entre primeiro e segundo graus.

Referida norma, que segue vigente, continua servindo como baliza para a distribuição de cargos nos âmbitos dos tribunais e sendo acompanhada pelo Conselho como forma de fomentar a atenção ao primeiro grau de jurisdição.[28]

---

[26] Disponível em: https://www.cnj.jus.br/conciliacao-envolve-cidadao-na-solucao-de-conflitos/. Acesso em: 3 out. 2021.

[27] Disponível em: https://www.cnj.jus.br/programas-e-acoes/priorizacao-do-1o-grau/. Acesso em: 28 set. 2021.

[28] Disponível em: https://www.cnj.jus.br/InfojurisI2/Jurisprudencia.seam?jurisprudenciaId Juris=51825&indiceListaJurisprudencia=0&tipoPesquisa=LUCENE&firstResult=0. Acesso em: 2 out. 2021.

Processo Judicial Eletrônico (PJe)

A existência de diferentes sistemas processuais no âmbito dos tribunais brasileiros representava, sem dúvida, um dos maiores problemas enfrentados por advogados e jurisdicionados no acesso à jurisdição. O receio em relação às funcionalidades do Processo Judicial Eletrônico (PJe) e a incerteza quanto à observância das peculiaridades de cada ramo de justiça também eram motivos de justificada resistência dos próprios órgãos judiciários na adoção do sistema.

Dessa forma, à luz da já vigente Resolução CNJ nº 185/2013, que instituiu o PJe como sistema nacional de processamento de informações e prática de atos processuais, foram promovidas, entre outras, ações destinadas à expansão do sistema pelos órgãos judiciários; criada a versão 2.0, considerada mais atualizada, eficiente e com acessibilidade; bem como possibilitado o acesso por meio de outras plataformas, como celular e *tablet*, que proporcionaram agilidade e mobilidade na assinatura de documentos; além do lançamento do Escritório Digital, aclamado *software* desenvolvido pelo CNJ em parceria com o Conselho Federal da OAB para permitir o acesso dos advogados aos diferentes sistemas processuais dos tribunais brasileiros.

O processo de evolução do sistema também deixou de ter o caráter impositivo que vinha sendo empregado e passou a ser feito de forma colaborativa com os tribunais, atendendo às peculiaridades de cada segmento de justiça.[29] Medidas que, certamente, possibilitaram a expansão pretendida e foram de grande importância para o exercício da jurisdição.

Tanto é assim que o estímulo à adoção do PJe prosseguiu nas gestões seguintes e, embora o sistema tenha sido objeto de alterações conceituais e evolutivas, permanece como a principal ferramenta de tramitação processual do Judiciário.[30]

Plenário virtual

Outra medida de notável relevo foi a adoção do plenário virtual ainda em 2015 (Emenda Regimental nº 2/2015). Além de conferir celeridade e ampla publicidade aos julgamentos do Conselho, a proposta

---

[29] Disponível em: https://www.cnj.jus.br/cnj-lanca-maratona-pje-para-testar-versao-2-0/. Acesso em: 26 set. 2021.

[30] Disponível em: https://www.cnj.jus.br/aprovada-resolucao-que-cria-plataforma-digital-do-poder-judiciario/. Acesso em: 26 set. 2021.

inovadora evidenciou o alinhamento do Judiciário ao uso inteligente da tecnologia da informação e permitiu a devida consonância entre as ações do CNJ e os preceitos do Código de Processo Civil.

O modelo também serviu como referência para os tribunais e, associado à realização das audiências virtuais, tornou-se instrumento de inegável garantia do exercício da jurisdição durante a pandemia da covid-19[31] e da própria continuidade e agilidade dos julgamentos do CNJ nesse mesmo período.[32]

Transparência e acesso à informação

Sem olvidar que o exercício da função pública impõe ao Poder Judiciário a obrigação de prestar constas (*accountability*) e que os direitos de cidadania e democracia participativa são corolários do dever de transparência dos órgãos e entidades públicas, também foi dedicada atenção especial à fixação de regras e procedimentos garantidores do acesso à informação.

Referidos regramentos vieram com a Resolução CNJ nº 215/2015, que dispôs sobre o acesso à informação e a aplicação da Lei nº 12.527/2011 (LAI) no âmbito do Poder Judiciário, de modo a garantir uniformidade no tratamento conferido à matéria e a efetivação desses direitos e deveres.

Posteriormente atualizados, os comandos constantes da referida norma seguem vigentes, promovendo a publicidade necessária ao controle social da gestão pública.

Ferramenta QlikView

A aquisição de ferramenta que permite a criação de painéis dinâmicos e interativos, com informações necessárias a análises gerenciais ágeis, eficientes e assertivas também foi um grande passo para a tomada de decisões orientadas ao aprimoramento do Poder Judiciário.

Ao possibilitar o acompanhamento e controle de dados atualizados provenientes de diversos sistemas do Judiciário, a ferramenta *QlikView*[33] passou a assegurar ao CNJ o exercício precípuo de sua

---

[31] Disponível em: https://www.cnj.jus.br/recomendacao-incentiva-regras-locais-para-atendimento-virtual-na-justica/. Acesso em: 2 out. 2021.
[32] Disponível em: https://www.cnj.jus.br/pandemia-cnj-julgou-mais-de-90-processos-em-48-sessoes-virtuais-extraordinarias/. Acesso em: 2 out. 2021.
[33] Disponível em: https://paineis.cnj.jus.br/QvAJAXZfc/opendoc.htm?document=qvw_l%2FPainelCNJ.qvw&anonymous=true&document=qvw_l%5Cpainelcnj.qvw&lang=pt-BR&host=QVS%40neodimio03&anonymous=true. Acesso em: 2 out. 2021.

função de gestão e a proporcionar aos cidadãos informações detalhadas acerca das estatísticas oficiais do sistema de justiça, do módulo de produtividade mensal e das demandas repetitivas.

Atualmente, também disponibiliza dados sobre o plano de logística sustentável do Judiciário e o monitoramento da Política Judiciária Nacional de Enfrentamento à Violência contra as Mulheres.

Sistema de precedentes

Inegável que o sistema de precedentes introduzido pelo Código de Processo Civil (Lei nº 13.105/2015) representou um grande avanço para o Poder Judiciário, porquanto buscou garantir que a entrega da prestação jurisdicional ocorresse em linha com a segurança jurídica, a isonomia e a razoável duração do processo.

Era preciso, todavia, uniformizar os procedimentos administrativos referentes à operacionalização dos institutos integrantes desse novo sistema. Sendo assim, durante a gestão do Ministro Ricardo Lewandowski, foi editada a Resolução CNJ nº 235/2016, que, em conformidade com a legislação processual civil, dispôs sobre a padronização dos procedimentos da repercussão geral, dos casos repetitivos e do incidente de assunção de competência, modelo paradigmático de tratamento adequado dos litígios.

Além disso, cuidou a norma de instituir, no âmbito do CNJ, um banco nacional de dados com informações da repercussão geral, dos casos repetitivos e dos incidentes de assunção de competência da Suprema Corte, dos Tribunais Superiores, dos Tribunais Regionais Federais e do Trabalho, bem como dos Tribunais de Justiça dos Estados e do Distrito Federal.

Dada a relevância e contemporaneidade das informações constantes desse banco, seus dados permanecem acessíveis a todos, por meio da já referida ferramenta *Qlikview*, garantindo-se, assim, a mais ampla publicidade das informações judiciais.

4.2 Políticas voltadas à concretização de direitos

O escopo das políticas judiciárias introduzidas pela gestão do Ministro Ricardo Lewandowski também não deixou de contemplar medidas tendentes a reconhecer e valorizar direitos em sentido amplo que careciam da tutela do Judiciário, como, por exemplo, aqueles atinentes à população carcerária, aos negros, às pessoas com deficiência e aos próprios direitos de cidadania, resumidamente elencados adiante.

Audiências de custódia

Consoante destacado pelo Ministro, o problema carcerário sempre foi algo de grande preocupação, pois, além de historicamente negligenciado, não se podia desconsiderar "a triste realidade de 600 mil encarcerados no país, a quarta população de presos no mundo, com 40% de presos provisórios, ou seja, 240 mil pessoas que estão sob custódia do Estado e jamais viram um juiz".[34]

Tampouco se podia ignorar a existência de regras internalizadas pelo Brasil que não eram observadas, como aquelas constantes do Pacto Internacional sobre Direitos Civis e Políticos de 1966 (art. 9º, item 3) e da Convenção Americana sobre Direitos Humanos de 1969 (art. 7º, item 5), que asseguram o direito de apresentação da pessoa custodiada pelo Estado à presença do juiz.

Nesse passo, à luz de tais regramentos e do entendimento firmado pelo STF na Ação Direta de Inconstitucionalidade nº 5.240/SP e na Medida Cautelar na Arguição de Descumprimento de Preceito Fundamental nº 347/DF, o CNJ envidou esforços na edição da Resolução CNJ nº 213/2015, que disciplinou a audiência de custódia, em âmbito nacional, determinando a apresentação de toda pessoa presa à autoridade judicial no prazo de 24 horas.

Cuidava-se, pois, de medida destinada a garantir a atuação do Judiciário no processo de reversão da realidade verificada, por meio do controle da legalidade do ato de prisão, da avaliação da indispensabilidade e adequação da prisão cautelar e do enfrentamento da superpopulação carcerária.

A originalidade do projeto e a necessidade de modificação da prática habitualmente adotada demandaram não só a edição da norma, mas o devido empenho na expansão das audiências de custódia pelos tribunais, tarefa que ficou a cargo do Departamento de Monitoramento e Fiscalização do Sistema Carcerário e Execução das Medidas Socioeducativas do CNJ (DMF).

O que se constata, a partir da implementação da medida, é que, desde "fevereiro de 2015, foram realizadas 758 mil audiências de custódia em todo o país, com o envolvimento de pelo menos 3 mil

---

[34] Disponível em: https://www.cnj.jus.br/ministro-lewandowski-destaca-avancos-do-poder-judiciario/. Acesso em: 3 out. 2021.

magistrados, contribuindo para a redução de 10% na taxa de presos provisórios no país identificada pelo Executivo Federal no período".[35] Ademais, desde janeiro de 2019, essa expansão tornou-se um dos temas da parceria firmada entre o CNJ e o Programa das Nações Unidas para o Desenvolvimento (PNUD).

Aprimoramento do sistema prisional

Conforme consignado, a realidade do sistema prisional brasileiro demandava a busca por novos modelos e estratégias de atuação. Ao contrário do que se imaginava, a mera imposição de metas pelo CNJ não seria capaz de sanar as dificuldades estruturais e culturais que impediam o alcance de resultados concretos e efetivos em prol da população carcerária.

Diante da quantidade de feitos e das peculiaridades de cada unidade judiciária, fazia-se necessária uma atuação integrada entre o CNJ e os tribunais, porquanto "as condições escandalosamente degradantes em que se acham os presos em nosso País, não apenas revelam situação incompatível com diversos preceitos da Carta Magna, em especial os contidos nos arts. 1º, III, e 5º, XLIX",[36] como demandam o dever constitucional do Judiciário de assegurar aos custodiados a devida proteção de seus direitos.

Desse modo, além da implementação das audiências de custódia, foi editada a Resolução CNJ nº 214/2015, que reviu as competências dos Grupos de Monitoramento e Fiscalização (GMF), para estabelecer que essas unidades funcionariam como apoios regionais, "em absoluto alinhamento e comunhão de esforços com o DMF", na fiscalização e monitoramento de sistemas e "na entrada e a saída de presos do sistema carcerário".

A necessidade da colaboração desses grupos no aperfeiçoamento do Judiciário tornou-se tão essencial que as competências foram recentemente alteradas (Resolução CNJ nº 368/2021), para garantir a completude de suas atribuições no âmbito criminal, de execução penal e socioeducativo.

Buscando, ainda, garantir o aperfeiçoamento da gestão judiciária do processo de execução, foi editada pelo Conselho a Resolução CNJ nº 223/2016, que institui o Sistema Eletrônico de Execução Unificado

---

[35] Disponível em: https://www.cnj.jus.br/sistema-carcerario/audiencia-de-custodia/. Acesso em: 3 out. 2021.
[36] STF, RE nº 59.2581/RS, Tribunal Pleno, rel. min. Ricardo Lewandowski, j. 13.8.2015.

(SEEU), com o objetivo de dar o devido cumprimento à Lei de Execução Penal (Lei nº 7.210/1984), assegurando direitos e fornecendo dados capazes de fomentar políticas públicas para todo o sistema de justiça criminal.

Conquanto substituída pela Resolução CNJ nº 280/2019, a política e o aludido sistema eletrônicos não foram descontinuados, ao contrário, fortaleceram-se com o propósito de estabelecer, entre outras diretivas, prazo para que todos os processos de execução penal dos tribunais passassem a tramitar pelo SEEU.

Reserva de vagas aos negros

Não era, entretanto, apenas a população carcerária que exigia a adoção de políticas garantidoras de direitos. Mostrava-se premente que os órgãos do Poder Judiciário também materializassem ações afirmativas em seus arcabouços normativos, como a política de cotas com base em critérios étnico-raciais, inaugurada pela Lei nº 12.990/2014.

Já não era sem tempo de o sistema de justiça orientar suas ações no sentido de contribuir para a reparação histórica e a superação do racismo existente na sociedade brasileira, com o emprego de meios que assegurassem a inclusão de servidores e magistrados negros em seus quadros.

Partindo dessas premissas, foi então editada a Resolução CNJ nº 203/2015, que dispôs "sobre a reserva aos negros, no âmbito do Poder Judiciário, de 20% (vinte por cento) das vagas oferecidas nos concursos públicos para provimento de cargos efetivos e de ingresso na magistratura".

Referida ação, de evidente relevância, permanece produzindo resultados positivos, já que é responsável pelo aumento do percentual de servidores e magistrados negros no Judiciário:

> Para fins de comparação, *o percentual de magistrados(as) e servidores(as) negros(as) que ingressaram no cargo antes de 2013 e 2015, era de 12%; e entre 2016 e 2018 subiu para 20%; o que evidencia o efeito da Resolução n. 203/2015 e também as diferenças de percentuais em razão da própria metodologia adotada, que conforme já mencionado, deixa de ser baseado em pesquisa por adesão e autodeclaração para apuração dos registros funcionais*[37] (grifos acrescidos)

---

[37] BRASIL. Conselho Nacional de Justiça. *Pesquisa sobre negros e negras no Poder Judiciário*. Brasília: CNJ, 2021.p. 56. Disponível em: https://www.cnj.jus.br/wp-content/uploads/2021/09/rela-negros-negras-no-poder-judiciario-150921.pdf. Acesso em: 2 out. 2021.

Acessibilidade

A garantia da oferta de oportunidades e de proteção das pessoas com deficiência também mereceu especial atenção do Ministro, já que, para além de imprescindível, não podia o Poder responsável por tutelar direitos comprometer a isonomia preconizada pela Lei Maior e deixar de dar cumprimento à Convenção Internacional sobre os Direitos das Pessoas com Deficiência.

À vista disso, durante a gestão do Ministro Ricardo Lewandowski, foi incorporada às ações do CNJ a política destinada a promover o pleno exercício dos direitos de pessoas com deficiência, por meio da edição da Resolução CNJ nº 230/2016.

Embora substituída pela Resolução CNJ nº 401/2021, para a renovação das diretrizes, a política de promoção da acessibilidade e a inclusão de pessoas com deficiência no âmbito do Poder Judiciário, inaugurada em 2016, segue categórica.

Sustentabilidade

Tendo em conta que a adoção de ações voltadas à garantia da sustentabilidade, no âmbito do Poder Judiciário, também se afigurava de extrema relevância, foi editada a Resolução CNJ nº 201/2015, que dispôs sobre unidades socioambientais nos órgãos judiciários e o respectivo plano de logística sustentável.

Ao promover o uso racional de recursos naturais e bens públicos, aprimorar a qualidade do gasto público e assegurar um ambiente de trabalho saudável, acessível e inclusivo, a norma introduziu balizas de elevada magnitude na gestão organizacional do Judiciário, sendo suas premissas mantidas como legítimas e renovadas na Resolução CNJ nº 400/2021, que, atualmente, regulamenta a matéria.

Convenção da Apostila

A simplificação de procedimentos que asseguram o exercício de direitos foi igualmente contemplada na gestão do Ministro.

Tal medida pode ser verificada, por exemplo, na Resolução CNJ nº 228/2016, que regulamentou a aplicação da Convenção sobre a Eliminação da Exigência de Legalização de Documentos Públicos Estrangeiros no âmbito Judiciário (Convenção da Apostila).

Ao conferir celeridade e eficiência aos procedimentos, a aludida norma desburocratizou o processo de legalização para o reconhecimento mútuo de documentos brasileiros no exterior (certificados, procurações, certidões notariais, documentação escolar etc.), que poderão ser utilizados nos 112 países signatários da Convenção da Apostila, assim como de documentos estrangeiros destinados ao Brasil.

4.3 Políticas direcionadas ao capital humano do Poder Judiciário

Como já salientado, o capital humano do Poder Judiciário também demandava a devida atenção. Por figurarem como os verdadeiros responsáveis pela concretização dos aprimoramentos pretendidos no sistema de justiça, os magistrados e servidores eram peças fundamentais que não poderiam ser tidos como meros executores das políticas delineadas pelo Conselho.

Além da convicção de que a excessiva imposição de metas poderia levar ao comprometimento da saúde desses agentes públicos, o Censo do Poder Judiciário, realizado em 2013[38] pelo Departamento de Pesquisas Judiciárias do CNJ, também evidenciou que, dos 10.796 magistrados que responderam à consulta, apenas 36,2% se considerava satisfeito com a sua qualidade de vida/saúde no trabalho e 55,2% com as condições de trabalho e instalações físicas.

Já entre os servidores consultados (170.746), somente 39,8% considerava-se satisfeito com a preocupação que seu tribunal/conselho tinha em relação à sua a qualidade de vida/saúde no trabalho.

Por tais razões, "envidar esforços para a permanente valorização dos magistrados e dos servidores do Poder Judiciário" também foi contemplada como uma das diretrizes da gestão da Presidência do CNJ para o biênio 2015-2016.

Atenção integral à saúde física e mental

Um dos primeiros atos no sentido dessa valorização foi a inclusão da garantia da atenção integral à saúde física e mental de magistrados e servidores como mais uma das políticas regentes do Poder Judiciário (Resolução CNJ nº 207/2015). Com a previsão de programas, projetos e ações destinados à promoção de ambientes de trabalho seguros e

---

[38] BRASIL. Conselho Nacional de Justiça. *Censo do Poder Judiciário*. Brasília: CNJ, 2014, p. 66 e 167. Disponível em: https://www.cnj.jus.br/wp-content/uploads/2011/02/CensoJudiciario. final.pdf. Acesso em: 27 set. 2021.

saudáveis, a política continua orientando a atuação dos tribunais e do próprio Conselho.

Regulamentação do teletrabalho

Houve, ainda, a regulamentação do teletrabalho, por meio da Resolução CNJ nº 227/2016, que, ao identificar àquele tempo vantagens e benefícios tanto para a Administração quanto para o servidor e os jurisdicionados, acabou por servir de baliza para a continuidade dos trabalhos realizados no período da pandemia da covid-19.

Política nacional de gestão de pessoas

A implementação da política nacional de gestão de pessoas seguiu o mesmo veio. Regida pela Resolução CNJ nº 240/2016, erigiu com o intuito de garantir que a força de trabalho do Poder Judiciário dispusesse de qualidade de vida e ao mesmo tempo fosse capacitada, qualificada, valorizada e comprometida com o desempenho de suas funções.

Assim como as demais, tornou-se uma das pautas permanentes do Judiciário.

Gestão participativa e democrática

Não eram, todavia, somente a qualidade de vida e saúde existentes que traziam certa insatisfação a magistrados e servidores. O Censo do Poder Judiciário de 2013 revelou que, embora 76,9% dos magistrados reconhecessem que o CNJ contribui para a melhoria da gestão e modernização da máquina judiciária, pouquíssimos participavam do planejamento estratégico (6,7%), das decisões referentes à gestão de pessoas (5,0%) e da gestão orçamentária (4,1%) do tribunal em que atuam.

Ou seja, conquanto instados a cumprir as metas traçadas pelo CNJ e implementadas pelos tribunais, os magistrados não eram ouvidos, nem consultados sobre essas metas ou sobre a realidade vivenciada no exercício da jurisdição.

Assim, sem olvidar da importância de uma gestão pautada pela participação de todos os envolvidos na melhoria permanente do Poder Judiciário e guiado pela intenção de "manter permanente interlocução com os juízes de todos os graus de jurisdição e com os tribunais do País" (Portaria CNJ nº 16/2015), o Ministro Ricardo Lewandowski fez mudar esse cenário.

Ao instituir princípios de gestão participativa e democrática na elaboração das metas nacionais do Poder Judiciário e de suas políticas judiciárias (Resolução CNJ nº 221/2016), buscou permitir que os atores que vivenciavam no seu dia a dia o funcionamento do Judiciário (magistrados e servidores) fossem incluídos no processo decisório de seus órgãos e garantir que os tribunais tivessem mais espaços de diálogo e participação na gestão:

> Não faz muito tempo, estávamos todos apartados, tribunais superiores de um lado, regionais e estaduais de outro, juízes de primeiro grau mais afastados ainda, mas agora novos horizontes se abrem e nossa coesão se torna maior e nossa interlocução mais aberta.[39]

Tratava-se, portanto, do caminho de partida para o desenvolvimento de uma gestão estratégica mais compatível com a realidade de cada ramo de justiça, bem como para a formulação e execução das políticas judiciárias factíveis, efetivas e genuinamente direcionadas ao aprimoramento da prestação jurisdicional.

5 A consolidação do Conselho como órgão central de gestão do Poder Judiciário

Comprometido com o aperfeiçoamento do Poder Judiciário e com a importância da atuação colaborativa entre os órgãos judiciários, o Ministro Ricardo Lewandowski deflagrou verdadeiro processo de redirecionamento da atuação do CNJ e, ao fazê-lo, alterou a realidade do próprio Judiciário, em benefício de todo o sistema de Justiça e dos próprios jurisdicionados:

> Pretendemos, mais, redirecionar a atuação do Conselho Nacional de Justiça, resgatando a sua concepção original de órgão central de planejamento estratégico, fazendo com que passe a atuar a partir de uma visão sistêmica dos problemas que afetam o Judiciário, sem prejuízo de sua competência correcional supletiva.[40]

---

[39] Disponível em: https://www.cnj.jus.br/ministro-lewandowski-destaca-avancos-do-poder-judiciario/. Acesso em: 3 out. 2021.

[40] TOFFOLI, José Antonio Dias. *Conselho Nacional de Justiça*: 15 anos. Brasília: CNJ, 2020, p. 66. Disponível em: https://www.cnj.jus.br/wp-content/uploads/2020/08/WEB_LIVRO_CNJ15ANOS-1.pdf. Acesso em: 2 out. 2021.

Basta dirigir um breve olhar para o rumo atualmente trilhado pelo Conselho, que logo se vê que seu projeto de transformação foi extremamente necessário e profícuo.

Decerto, ao se observar as ações empreendidas pelo CNJ, verifica-se que essa nova tônica do órgão – de dar ênfase ao planejamento estratégico e de consolidar o desenvolvimento de políticas judiciárias nacionais como função precípua – perpetua-se até hoje, pois, além de garantirem a continuidade das políticas lançadas pelo Ministro Lewandowski, as gestões que o sucederam seguiram dando primazia ao planejamento e gestão, com o fomento de novas políticas.

É o que se extrai, por exemplo, dos discursos dos Presidentes do Conselho, que não deixaram de evidenciar que o novo modelo de atuação foi mesmo abraçado pelas gestões posteriores:

> O Conselho Nacional de Justiça é um agente da transformação. Ele é o gestor do Poder Judiciário Nacional. Organiza, planeja, coordena, indica caminhos, horizontes e metas no aperfeiçoamento e na modernização da gestão dos tribunais.[41]
>
> Nossa visão é construir um Judiciário que seja cada vez mais eficiente, inovador e transparente e, para tanto, contaremos com ferramentas de governança e o apoio da tecnologia.[42]

Tal posicionamento também fica evidente quando se identifica o empenho empregado pelas gestões subsequentes na concepção de novas políticas de relevo para a sociedade, como a de enfrentamento à violência contra as mulheres pelo Poder Judiciário (Resolução CNJ nº 254/2018), a criação do observatório nacional sobre questões ambientais, econômicas e sociais de alta complexidade e grande impacto e repercussão (Portaria CNJ/CNMP 1/2019) e a implementação do "Juízo 100% Digital" (Resolução CNJ nº 345/2020).

Constata-se, ainda, que é tamanho o interesse por ajustar o órgão a essa novel perspectiva que a própria estrutura do Conselho foi alterada em 2018 (Portaria CNJ nº 122/2018), para albergar em seu organograma a Secretaria Especial de Programas, Pesquisas e Gestão Estratégica (SEP), que assumiu o encargo de prestar apoio e assessoramento técnico nas

---

[41] TOFFOLI, José Antonio Dias. *Conselho Nacional de Justiça: 15 anos*. Brasília: CNJ, 2020, p. 66. Disponível em: https://www.cnj.jus.br/wp-content/uploads/2020/08/WEB_LIVRO_CNJ15ANOS-1.pdf. Acesso em: 2 out. 2021.

[42] Disponível em: https://www.cnj.jus.br/judiciario-eficiente-inovador-e-transparente-fux-apresenta-eixos-da-gestao-no-cnj/. Acesso em: 3 out. 2021

atividades relacionadas aos programas e projetos institucionais, às pesquisas judiciárias e à gestão estratégica:

> A criação da SEP foi mais um importante passo dado na gestão do CNJ, ao priorizar e aprimorar as atividades de pesquisas, gestão de dados, com diagnósticos mais precisos, gestão estratégica do Poder Judiciário e do CNJ, gestão de projetos, fomento à capacitação, todas essas imprescindíveis para desenvolvimento e acompanhamento das políticas judiciárias implementadas pelo CNJ.[43]

A "necessidade de fortalecer a atuação do CNJ por meio da democratização da gestão de projetos" (Resolução CNJ nº 296/2019) também fez com que o órgão deixasse de ter apenas quatro comissões permanentes, ambiente em que são debatidas as políticas e projetos, e passasse a dispor de 13 comissões em diferentes áreas de interesse do Poder Judiciário.

Logo, a despeito da importância do exercício da função de controle pelo CNJ, é inegável que as conquistas decorrentes da atuação holística, democrática, coordenada e efetivamente voltadas ao aprimoramento da prestação jurisdicional revelam que a direção eleita pelo Ministro Ricardo Lewandowski, no sentido de priorizar a gestão do Judiciário e as políticas judiciárias nacionais, foi não apenas acertada, mas, de fato, imprescindível para a funcionalidade do órgão.

6 Conclusão

Concebido no bojo da reforma do Poder Judiciário, o Conselho Nacional de Justiça teve suas competências delineadas em um momento em que se reclamava por uma melhor efetividade da Justiça, maior transparência no sistema judicial, incremento da eficiência da administração judiciária, bem como pela instituição de novos instrumentos de fiscalização e controle.

Surgia, assim, no seio do próprio Judiciário, um órgão de estatura constitucional, mas com competências administrativas, que passava a ser o responsável pelo controle da atuação administrativa e financeira dos tribunais e do cumprimento dos deveres funcionais dos juízes,

---

[43] TOFFOLI, José Antonio Dias. *Conselho Nacional de Justiça*: 15 anos. Brasília: CNJ, 2020, p. 32. Disponível em: https://www.cnj.jus.br/wp-content/uploads/2020/08/WEB_LIVRO_CNJ15ANOS-1.pdf. Acesso em: 2 out. 2021.

bem como a ter a incumbência de zelar pela autonomia do Judiciário, pelo cumprimento do Estatuto da Magistratura e pela observância do art. 37 da Constituição Federal.

A pretensão, entretanto, de logo se estabelecer como o grande propulsor da mudança da máquina judiciária implicou a adoção de um viés exacerbado de controle, verificado inclusive na função de gestão, que acabou por causar reflexos negativos para os responsáveis pela consecução da estratégia e para o próprio aprimoramento da prestação jurisdicional.

A redefinição de rumo do CNJ se tornou, portanto, premente e veio à tona na gestão do Ministro Ricardo Lewandowski, com a priorização da função de planejamento estratégico e a instituição de políticas sólidas voltadas ao acesso à justiça, à concretização de direitos e ao capital humano do Judiciário.

Era, pois, o início de uma nova era do Conselho que, em vez de manter a verticalização de ações endereçadas aos tribunais, passou a promover uma atuação mais próxima dos órgãos judiciários, mais factível e primada por políticas destinadas a efetivar os comandos da Lei Maior, sem olvidar daqueles que servem de suporte para o implemento dessas ações.

E, como foi possível observar, não se tratou de uma mera diretriz isolada de gestão. Tal redirecionamento foi capaz de garantir não apenas um grande envolvimento dos atores da Justiça, como exitosas entregas para os jurisdicionados, modelo que permaneceu nas gestões seguintes e mudou a configuração do CNJ, ora reconhecido como lídimo órgão central de gestão e formulador de políticas judiciárias nacionais.

É preciso ressaltar, contudo, que, conquanto permaneça como função precípua do CNJ, o exercício dessa competência deve ser levado a efeito com moderação, a fim de evitar que o excesso de normatização e regulamentações de toda a ordem acarretem a disfuncionalidade do órgão e do próprio Poder Judiciário.

Referências

BRASIL. Conselho Nacional de Justiça. *Censo do Poder Judiciário*. Brasília: CNJ, 2014. Disponível em: https://www.cnj.jus.br/wp-content/uploads/2011/02/CensoJudiciario.final.pdf. Acesso em: 27 set. 2021.

BRASIL. Conselho Nacional de Justiça. *CNJ em Números 2018*. Brasília: CNJ, 2018. Disponível em: https://www.cnj.jus.br/wp-content/uploads/2018/08/620bf616dfc0d62e45e52345afd3260a.pdf. Acesso em: 11 set. 2021.

BRASIL. Conselho Nacional de Justiça. *Panorama do Acesso* à *Justiça no Brasil, 2004 a 2009*. Brasília: CNJ, julho 2011. Disponível em: https://www.cnj.jus.br/wp-content/uploads/20 11/02/69f08fa6be2b411e6566b84bdc1d4b5a.pdf. Acesso em 27 set. 2021.

BRASIL. Conselho Nacional de Justiça. *Pesquisa sobre negros e negras no Poder Judiciário*. Brasília: CNJ, 2021. Disponível em: https://www.cnj.jus.br/wp-content/uploads/2021/09/rela-negros-negras-no-poder-judiciario-150921.pdf. Acesso em: 2 out. 2021.

BRASIL. Conselho Nacional de Justiça. *Saúde de Magistrados e Servidores*: Resolução CNJ 207/2015. Brasília: CNJ, 2017. Disponível em: https://www.cnj.jus.br/wp-content/uploads/conteudo/arquivo/2017/11/b69b2e5851acc6bf76b025d36ee79236.pdf. Acesso em: 22 set. 2021.

BRASIL. Supremo Tribunal Federal. ADI 3.367/DF, Tribunal Pleno, rel. min. Cezar Peluso, j. 13.4.2005.

BRASIL. Supremo Tribunal Federal. MS 28.500/PE, Monocrática, rel. min. Ricardo Lewandowski, j. 17.7.2014.

BRASIL. Supremo Tribunal Federal. RE 59.2581/RS, Tribunal Pleno, rel. min. Ricardo Lewandowski, j. 13.8.2015.

CAPPELLETTI, Mauro; GARTH, Bryant. *Acesso à justiça*. Tradução: Ellen Gracie Northfleet. Porto Alegre: Sérgio Antônio Fabris, 1988.

GIACOBBO, Mauro. O Desafio da Implementação do Planejamento Estratégico nas Organizações Públicas. *Revista do Tribunal de Contas da União*, Brasília: TCU, v. 28, n. 74, p. 88, out./dez. 1997.

LEWANDOWSKI, Enrique Ricardo. Planejamento estratégico do Poder Judiciário. *Revista Justiça & Cidadania*, Rio de Janeiro, n. 135, p. 18, nov. 2011.

RIBEIRO, Antônio de Pádua. Palavras de despedida do Conselho Nacional de Justiça. Brasília, 2007. Disponível em: http://bdjur.stj.jus.br//dspace/handle/2011/9798. Acesso em: 15 set. 2021.

SADEK, Maria Tereza A. Judiciário: mudanças e reformas. *Estudos Avançados*, São Paulo, v. 18, n. 51, p. 93, ago. 2004.

SAMPAIO, José Adércio Leite. *O Conselho Nacional de Justiça e a independência do Judiciário*. Belo Horizonte: Del Rey, 2007.

SANTOS, Boaventura de Sousa. *Para uma revolução democrática da justiça*. São Paulo: Cortez, 2007.

TOFFOLI, José Antonio Dias. *Conselho Nacional de Justiça*: 15 anos. Brasília: CNJ, 2020. Disponível em: https://www.cnj.jus.br/wp-content/uploads/2020/08/WEB_LIVRO_CNJ15ANOS-1.pdf. Acesso em: 2 out. 2021.

Informação bibliográfica deste texto, conforme a NBR 6023:2018 da Associação Brasileira de Normas Técnicas (ABNT):

CASTRO, Bruno Ronchetti de; MONFARDINI, Renata Aguiar Ferreira. O Conselho Nacional de Justiça como órgão formulador da política judiciária nacional. *In*: RODRIGUES, Dennys Albuquerque; CEZAR, Eduardo Barreto; OLIVEIRA, Marcelo Pimentel de (coord.). *Democracia, humanismo e jurisdição constitucional*: estudos em homenagem ao Ministro Ricardo Lewandowski. Belo Horizonte: Fórum, 2022. p. 33-59. ISBN 978-65-5518-402-0.

APOSTILA DA HAIA NO BRASIL: EVOLUÇÃO SEM PRECEDENTES

FABRÍCIO BITTENCOURT DA CRUZ
FABYANO ALBERTO STALSCHMIDT PRESTES

Introdução

Este artigo tem por objetivo elucidar a forma como o Conselho Nacional de Justiça, na qualidade de ponto focal para a regulação da Convenção da Apostila no Brasil, bem como para atestar a autenticidade das apostilas emitidas por autoridades brasileiras, atuou de forma eficiente, sob a Presidência do Ministro Ricardo Lewandowski, para o cumprimento dos compromissos assumidos pela República Federativa no Brasil no âmbito da Convenção Relativa à Supressão da Exigência da Legalização dos Atos Públicos Estrangeiros, conhecida por Convenção da Apostila da Haia.

Após explorar as linhas gerais da referida convenção, especialmente no que diz respeito ao objetivo de abolir a exigência da legalização de documentos públicos estrangeiros, facilitando a circulação desses documentos em todo o mundo, são comparados os modelos de apostilamento e legalização de documentos, com ênfase em suas principais características.

Aborda-se o destacado papel do Conselho Nacional de Justiça como ponto focal para regulação da Convenção da Apostila no Brasil na célere e eficiente implantação do serviço de apostilamento no País, especialmente no que diz respeito à regulamentação originária por intermédio da Resolução nº 228, de 22 de junho de 2016.

Na sequência são apontadas as premissas fundamentais identificadas para o sistema eletrônico de apostilamento e os motivos pelos quais foi desenvolvido o Sistema SEI-Apostila, criado originariamente não apenas para viabilizar a emissão eletrônica de apostilas de forma confiável e auditável, mas especialmente por proporcionar a segurança inerente ao serviço de apostilamento, considerada a perspectiva internacional de aferição de autenticidade das apostilas emitidas em solo brasileiro.

Por fim são abordadas as características da apostila brasileira, concebida de modo a aliar a máxima segurança, tanto do ponto de vista digital quanto da perspectiva física. Um modelo híbrido emitido originariamente no SEI-Apostila, com Código QR para consulta de veracidade, impressa em papel seguro produzido pela Casa da Moeda, adesivada ao documento apostilado, assinada e carimbada pela autoridade responsável no ato de apostilamento.

1 A Convenção da Apostila da Haia

A Convenção Relativa à Supressão da Exigência da Legalização dos Atos Públicos Estrangeiros, conhecida por Convenção da Apostila da Haia, foi aprovada na Nona Sessão da Conferência da Haia em 26 de outubro 1960 e assinada em 5 de outubro de 1961 com o propósito de abolir a exigência da legalização de documentos públicos estrangeiros, facilitando a circulação desses documentos em todo o mundo.[1]

A referida convenção suprime procedimentos para a legalização de documentos públicos estrangeiros, simplificando o método de verificação da autenticidade desses documentos, porquanto a única formalidade a ser exigida para atestar a autenticidade da assinatura, a função ou cargo exercido pelo signatário do documento e, quando cabível, a autenticidade do selo ou carimbo aposto no documento, é a emissão da apostila.

---

[1] CRUZ, Fabrício Bittencourt da; PRESTES, Fabyano Alberto Stalschmidt (org.). *Manual da Apostila*: um manual para a operação prática da Apostila / Hague Conference on Private International Law. Tradução: Marcelo Conforto de Alencar Moreira, Marina Brazil Bonani, Rogério Gonçalves de Oliveira, Thaísa Carla Melo. 1. ed. Brasília: CNJ, 2016, p. 12-13.

A Convenção da Apostila entrou em vigor em 21 de janeiro de 1965, 60 dias após o depósito do terceiro instrumento de ratificação. Os primeiros signatários a aderirem à Convenção da Apostila da Haia foram Áustria, Bélgica, Dinamarca, Finlândia, França, Alemanha, Grécia, Itália, Japão, Luxemburgo, Países Baixos, Noruega, Portugal, Espanha, Suécia, Suíça, Iugoslávia, Islândia, Irlanda, Liechtenstein e Turquia.[2]

Considerada a possibilidade de adesão, constante do art. 10, atualmente 121 países constituem a rede de nações contratantes da referida convenção.[3]

Ainda que a República Federativa do Brasil figure entre as nações signatárias desde 5 de outubro de 1961, o depósito do instrumento de ratificação ocorreu apenas em 2 de dezembro de 2015,[4] porquanto o Congresso Nacional, no exercício da competência exclusiva para resolver definitivamente sobre tratados, acordos ou atos internacionais (CF, art. 49, I), aprovou o ingresso brasileiro em 6 de julho de 2015 (Decreto Legislativo nº 148/2015).[5]

A adesão da República Federativa do Brasil à Convenção da Apostila da Haia, segundo o constante do art. 12 daquele tratado internacional, produziria efeitos no âmbito das relações entre o Estado aderente e os Estados Contratantes em 6 meses contados da data em que notificada a ratificação.[6]

Em poucas palavras: a implementação do serviço de apostilamento no Brasil teria de ser realizada em 180 dias contados a partir de 2 de dezembro de 2015.

Foram então iniciados ajustes inter-institucionais, liderados pelo Ministério das Relações Exteriores, para a supressão do procedimento

---

[2] CRUZ, Fabrício Bittencourt da; PRESTES, Fabyano Alberto Stalschmidt (org.). *Manual da Apostila*: um manual para a operação prática da Apostila / Hague Conference on Private International Law. Tradução: Marcelo Conforto de Alencar Moreira, Marina Brazil Bonani, Rogério Gonçalves de Oliveira, Thaísa Carla Melo. 1. ed. Brasília: CNJ, 2016, p. 22.

[3] Convenção Relativa à Supressão da Exigência da Legalização dos Actos Públicos Estrangeiros. *Assinaturas e ratificações*. Disponível em: https://www.hcch.net/pt/instruments/conventions/status-table/?cid=41. Acesso em: 14 jan. 2022.

[4] Convenção Relativa à Supressão da Exigência da Legalização dos Actos Públicos Estrangeiros. *Assinaturas e ratificações*. Disponível em: https://www.hcch.net/pt/instruments/conventions/status-table/?cid=41. Acesso em: 14 jan. 2022.

[5] BRASIL. Congresso Nacional. *Decreto Legislativo nº 148, de 6 de julho de 2015*. Disponível em: https://legis.senado.leg.br/norma/570270. Acesso em: 16 jan. 2022.

[6] A Convenção da Apostila foi promulgada pelo Decreto nº 8.660, de 29 de janeiro de 2016. Disponível em: http://www.planalto.gov.br/ccivil_03/_ato2015-2018/2016/decreto/d8660.htm. Acesso em: 15 jan. 2022.

de legalização de documentos em relação a documentos públicos a serem apresentados nos países signatários da Convenção da Apostila da Haia.

2 Legalização e apostilamento de documentos

A legalização diplomática ou consular no Brasil consiste em procedimento que demanda da parte interessada uma série de diligências, em diversos órgãos, muitas vezes em mais de um Estado-membro, para enfim tornar seus documentos públicos aptos a produzir efeitos além das fronteiras brasileiras.

Um jovem acadêmico residente no interior do Estado do Amapá, interessado em cursar mestrado em instituição na Itália, por exemplo, para ter a legalidade de seu diploma de graduação reconhecida na instituição italiana de destino, precisava ir até um cartório local para solicitar o reconhecimento de firma no diploma e encaminhar esse documento para legalização em um dos Escritórios de Representação do Ministério das Relações Exteriores localizados nas capitais dos seguintes Estados: Rio de Janeiro, São Paulo, Minas Gerais, Rio Grande do Sul, Paraná, Pernambuco, Bahia e Amazonas.[7]

Considerando que a legalização consiste "exclusivamente" na conferência da assinatura dos notários e escreventes,[8] o jovem acadêmico precisava por fim dirigir-se a um dos consulados italianos para reconhecimento, pelas autoridades daquele País, do procedimento de legalização realizado.

Só então o diploma poderia ser considerado legítimo em solo italiano.

Ademais, caso o jovem tivesse interesse em aplicar para processos seletivos de outras universidades, sediadas na Espanha e na Nova Zelândia, por exemplo, ele teria que realizar três procedimentos de legalização, com desfechos independentes nos consulados de cada um desses países.

---

[7] BRASIL. Ministério das Relações Exteriores. *Legalizar documentos emitidos no Brasil para validade em países que não são parte da Convenção da Apostila da Haia*. Disponível em: https://www.gov.br/mre/pt-br/assuntos/portal-consular/legalizacao-de-documentos/legalizacao-de-documentos/legalizar-documentos-emitidos-no-brasil-para-validade-em-paises-que-nao-sao-parte-da-convencao-da-apostila-de-haia. Acesso em: 14 jan. 2022.

[8] BRASIL. Ministério das Relações Exteriores. *Legalizar documentos emitidos no Brasil para validade em países que não são parte da Convenção da Apostila da Haia*. Disponível em: https://www.gov.br/mre/pt-br/assuntos/portal-consular/legalizacao-de-documentos/legalizacao-de-documentos/legalizar-documentos-emitidos-no-brasil-para-validade-em-paises-que-nao-sao-parte-da-convencao-da-apostila-de-haia. Acesso em: 14 jan. 2022.

Esse ainda é um serviço prestado pelo Ministério das Relações Exteriores para a legalização de documentos emitidos no Brasil com o objetivo de validade em países não integrantes da Convenção da Apostila da Haia e também para legalizar documentos emitidos no estrangeiro por países que são parte da Convenção da Apostila da Haia com o propósito de validade no Brasil.[9]

Já em relação aos 120 países que, juntamente com a República Federativa do Brasil, aderiram à Convenção Relativa à Supressão da Exigência da Legalização dos Actos Públicos Estrangeiros (Convenção da Apostila),[10] a legalização não é necessária, tendo sido sucedida pelo Apostilamento.

Afinal, a apostila substitui o processo de legalização de documentos. Apostilar consiste no "ato de completar uma Apostila e anexá-la ao documento público subjacente para autenticar a sua origem".[11]

A mais impactante vantagem do apostilamento em relação ao processo de legalização consiste na circunstância de que, uma vez apostilados, os documentos públicos têm sua validade reconhecida por todos os Estados que são partes na Convenção da Apostila, facilitando sobremaneira a circulação desses documentos em consideráveis porções do planeta.

Outro benefício impactante é a celeridade, já que as várias etapas típicas do procedimento de legalização são desnecessárias quando se trata de apostilamento, ato único por essência.

No caso brasileiro, existe ainda outro importante benefício: a descentralização do serviço de apostilamento comparada com a centralidade do processo de legalização, já que o apostilamento vem sendo prestado por boa parte da rede de cartórios.

De fato, cartórios e tabelionatos em todos os Estados da federação, segundo lista divulgada e atualizada permanentemente pelo Conselho

---

[9] BRASIL. Ministério das Relações Exteriores. *Legalizar documentos emitidos no estrangeiro por países que não são parte da Convenção da Apostila da Haia para validade no Brasil.* Disponível em: https://www.gov.br/mre/pt-br/assuntos/portal-consular/legalizacao-de-documentos/legalizacao-de-documentos/legalizar-documentos-emitidos-no-estrangeiro-por-paises-que-nao-fazem-parte-da-convencao-da-apostila-da-haia-para-validade-no-brasil. Acesso em: 14 jan. 2022.

[10] Convenção Relativa à Supressão da Exigência da Legalização dos Actos Públicos Estrangeiros. *Assinaturas e ratificações.* Disponível em: https://www.hcch.net/pt/instruments/conventions/status-table/?cid=41. Acesso em: 14 jan. 2022.

[11] CRUZ, Fabrício Bittencourt da; PRESTES, Fabyano Alberto Stalschmidt (org.). *Manual da Apostila*: um manual para a operação prática da Apostila / Hague Conference on Private International Law. Tradução: Marcelo Conforto de Alencar Moreira, Marina Brazil Bonani, Rogério Gonçalves de Oliveira, Thaísa Carla Melo. 1. ed. Brasília: CNJ, 2016, p. 20.

Nacional de Justiça, estão autorizados a realizar o apostilamento. A relação evidencia diversas serventias atuantes no interior dos Estados, evidenciando não se tratar de serviço prestado apenas no âmbito das capitais.[12]

Atualmente, quando o cidadão dirige-se a uma unidade da rede de cartórios no intuito de portar um documento público com validade no território de qualquer dos outros 120 países signatários da Convenção da Apostila, basta solicitar o serviço de apostilamento. O próprio cartorário responsável pelo reconhecimento da assinatura no documento universitário detém hoje a atribuição para o apostilamento.

3 Protagonismo do Conselho Nacional de Justiça

Nas tratativas conduzidas pelo Ministério das Relações Exteriores evidenciou-se que o Conselho Nacional de Justiça passaria a exercer um papel central no contexto do apostilamento de documentos.

Isto porque, consideradas as experiências de outras nações que já apostilavam documentos públicos, a descentralização era elemento-chave para o efetivo sucesso do serviço de apostilamento sob as perspectivas de eficiência, celeridade e racionalidade de custos.

A capilaridade da rede cartorial em todo o território brasileiro indicava ser adequado que o serviço de apostilamento fosse prestado pelos cartórios.

Afinal, a centralidade do procedimento de legalização de documentos a cargo do Ministério das Relações Exteriores acarreta consideráveis dificuldades operacionais, além de custos elevados para o cidadão que pretenda portar documentos legalizados com validade no exterior.

Considerada a competência do Poder Judiciário de fiscalizar os serviços notariais e de registro (CF, art. 236, §31), e a competência do Plenário do CNJ para o controle da atuação administrativa e financeira do Poder Judiciário, definiu-se que o CNJ atuaria como ponto focal para a regulação da Convenção da Apostila no Brasil, bem como para atestar a autenticidade das apostilas emitidas por autoridades brasileiras.

---

[12] BRASIL. Conselho Nacional de Justiça. *Cartórios autorizados*. Disponível em: https://www.cnj.jus.br/poder-judiciario/relacoes-internacionais/apostila-da-haia/cartorios-autorizados/. Acesso em: 14 jan. 2022.

A definição ocorreu através de tratativas diretas entre o Ministro Ricardo Lewandowski, Presidente do CNJ, e o Ministro das Relações Exteriores, tendo sido noticiada à Conferência da Haia de Direito Internacional Privado pela embaixada brasileira na Haia através da Nota Verbal nº 148/2015.[13]

O Plenário do CNJ, no uso de suas atribuições constitucionais e legais, editou a Resolução nº 228, de 22 de junho de 2016, regulamentando o apostilamento no âmbito do Poder Judiciário, contemplando os critérios e requisitos relativos ao padrão de apostila, os requisitos de segurança, os mecanismos de aferição de autenticidade das apostilas emitidas e a adoção originária do Sistema SEI-Apostila como ferramenta para a emissão eletrônica para o armazenamento seguro e audibilidade de todas as apostilas emitidas.

A Resolução CNJ nº 228 também regulamenta os critérios para cadastro e autorização dos cartórios aptos à emissão das apostilas, contendo determinação originária expressa para que, em atenção aos compromissos da República Federativa do Brasil perante a Conferência da Haia, houvesse emissão obrigatória de apostilas em todas as capitais do País a partir de 14 de agosto de 2016.[14]

No âmbito do CNJ também foi idealizado o sistema eletrônico de apostilamento, a partir da adaptação do Sistema SEI, desenvolvido pelo Tribunal Regional Federal da Quarta Região, bem como concebida a apostila brasileira, única no mundo a contemplar diversos requisitos de segurança físicos e digitais.

O CNJ também providenciou o rápido e eficiente treinamento de toda a rede de cartórios no que diz respeito ao uso do Sistema Eletrônico de Apostilamento (SEI-Apostila), bem como quanto ao procedimento de emissão e impressão das apostilas em atenção a todos os requisitos de segurança, confiabilidade e aferição de autenticidade.[15]

Foi através de atuação do próprio Conselho Nacional de Justiça, em conjunto com o Ministério das Relações Exteriores, que a

---

[13] "In this regard, the National Council of Justice, an agency of the Brazilian Judiciary responsible for controlling its administrative processes, will be the Brazilian focal point for the regulation of the Convention by the Federative Republic of Brazil, as well as for attesting the authenticity of certificates issued by Brazilian authorities" (Anexo I).

[14] Art. 19 da Resolução CNJ nº 228, de 22 de junho de 2016. Disponível em: https://atos.cnj.jus.br/files/resolucao_228_22062016_25032019134809.pdf. Acesso em: 16 jan. 2022.

[15] Em termos metodológicos, após a apresentação do sistema no VII Fórum de Integração Jurídica: direito notarial e de registro, a estratégia consistiu em focar os treinamentos nas capitais dos Estados de São Paulo e Rio de Janeiro, considerada a magnitude populacional e a extensão da rede de cartórios em ambos os Estados.

comunidade estrangeira teve, pela vez primeira, contato com o Sistema SEI-Apostila e com os aspectos essenciais da Resolução nº 228/2016. Em 29 de junho de 2016 representantes diplomáticos de 50 países conheceram, em apresentação no Palácio Itamaraty, como funcionaria "o novo protocolo de legalização de documentos brasileiros a serem utilizados no exterior, conforme determina a Convenção da Apostila da Haia".[16]

4 Sistema SEI-Apostila

Em 12 de novembro de 2015 o Ministro Ricardo Lewandowski instituiu Grupo de Trabalho para o desenvolvimento de Sistema Eletrônico e realização de estudos para aplicação da Apostila da Haia no âmbito do Poder Judiciário.[17]

O grupo, integrado pelo Secretário-Geral do CNJ Fabrício Bittencourt da Cruz, pelo Diretor-Geral do CNJ Fabyano Alberto Stalschmidt Prestes, pelo Acessor-Chefe de Assuntos Internacionais do Supremo Tribunal Federal Fernando Wanderley Cavalcanti Júnior e pelo Juiz Auxiliar da Presidência do CNJ Bráulio Gabriel Gusmão dispunha de 120 dias para desenvolver o sistema eletrônico de apostilamento e para apresentar proposta de regulamentação do serviço de apostilamento no âmbito do Poder Judiciário.[18]

O Grupo de Trabalho focou em três linhas de atuação: desenvolvimento de sistema eletrônico para o apostilamento, estipulação dos requisitos da apostila brasileira e análise dos requisitos normativos elementares para o funcionamento do serviço de apostilamento no Brasil através da rede de cartórios e sob a regulamentação do CNJ.

Quanto ao sistema, foram definidas as seguintes premissas fundamentais: usabilidade, confiabilidade, controle e auditoria.

A velocidade de implementação do sistema também foi considerada essencial pelo grupo, ante a necessidade de o serviço de apostilamento estar sendo efetivamente prestado em 2 de junho de 2016,

---

[16] BRASIL. Conselho Nacional de Justiça. *CNJ e MRE apresentam SEI Apostila para comunidade estrangeira*. Disponível em: https://cnj.jusbrasil.com.br/noticias/359812402/cnj-e-mre-apresentam-sei-apostila-para-comunidade-estrangeira. Acesso em: 16 jan. 2022.

[17] BRASIL. CNJ. Presidência. *Portaria 155, de 12 de novembro de 2015*. Disponível em: https://atos.cnj.jus.br/atos/detalhar/2205. Acesso em: 15 jan. 2022.

[18] BRASIL. CNJ. Presidência. *Portaria 155, de 12 de novembro de 2015*. Disponível em: https://atos.cnj.jus.br/atos/detalhar/2205. Acesso em: 15 jan. 2022.

exatos seis meses após ratificada a adesão do Brasil à Convenção da Apostila da Haia, segundo o constante do art. 12 daquele tratado internacional.

Adaptar sistema existente para a emissão de apostilas em meio eletrônico seria uma alternativa com maiores chances de sucesso do que desenvolver um novo sistema. Além dos custos de desenvolvimento, não havia tempo hábil para testes de usabilidade. Isso sem falar nos riscos inerentes à indispensável confiabilidade internacional desde a emissão da primeira apostila.

Entre vários sistemas existentes, o grupo entendeu que o Sistema Eletrônico de Informações (SEI), desenvolvido pela equipe de Tecnologia da Informação do Tribunal Regional Federal da 4ª Região e implantado naquela corte desde 2009, poderia ser a base ideal para o intuito de apostilamento eletrônico.[19]

O SEI foi criado para gerenciar eletronicamente o conhecimento e a memória institucional, "[...] eliminando-se a tramitação de procedimentos em meio físico, promover a celeridade dos processos de trabalho, valorizar a coerência das decisões administrativas e favorecer a gestão dos recursos humanos".[20]

O uso desse sistema reduziu "[...] drasticamente o tempo de realização das atividades administrativas, com organização e enxugamento dos fluxos de trabalho, além de promover a atualização das informações administrativas em tempo real".[21]

Na ocasião, o SEI já havia transcendido o uso administrativo interno daquela corte. Vários tribunais do país o haviam adotado para a gestão de processos administrativos, prática que não destoava de órgãos da Administração Direta Federal. De fato, em 2014 já se noticiava a adoção do SEI em mais 40 órgãos dos três Poderes.[22]

---

[19] BRASIL. TRF4. Notícias. *Experiência do TRF4 com sistema eletrônico de informações é exemplo de sucesso em evento de gestão corporativa*. Disponível em: https://www.trf4.jus.br/trf4/controlador.php?acao=noticia_visualizar&id_noticia=9164. Acesso em: 16 jan. 2022.

[20] BRASIL TRF4. Modernização. *Sistema Eletrônico de Informações – SEI*. Disponível em: https://www.trf4.jus.br/trf4/controlador.php?acao=pagina_visualizar&id_pagina=740. Acesso em: 15 jan. 2022.

[21] BRASIL TRF4. Modernização. *Sistema Eletrônico de Informações – SEI*. Disponível em: https://www.trf4.jus.br/trf4/controlador.php?acao=pagina_visualizar&id_pagina=740. Acesso em: 15 jan. 2022.

[22] BRASIL. TRF4. Notícias. *SEI: sistema do TRF4 adotado em mais de 40 órgãos dos três Poderes reúne representantes em Porto Alegre*. Disponível em: https://www.trf4.jus.br/trf4/controlador.php?acao=noticia_visualizar&id_noticia=10667 Acesso em: 15 jan. 2022.

Na ótica do grupo de trabalho o sistema SEI revelava excelente usabilidade, permitia a auditoria de todos os documentos e tinha sua confiabilidade atestada na prática.[23]

No que pertine à velocidade de implementação para o serviço de apostilamento eletrônico de documentos, a equipe de Tecnologia da Informação do TRF4 noticiou a necessidade de ajustes na programação, informando que o SEI adaptado ao apostilamento teria plena viabilidade operacional em 2 meses.

O Desembargador Luiz Fernando Wolk Penteado, Presidente do TRF4, autorizou a adaptação do sistema pela equipe de TI daquela corte, tendo daí surgido o Sistema Eletrônico de Informação e Apostilamento (SEI Apostila), objeto do Acordo de Cooperação Técnica 5/2016, por intermédio do qual aquela corte cedeu ao CNJ o direito de uso do SEI "para a utilização nas atividades necessárias ao apostilamento de documentos".[24]

Na ocasião da cerimônia de assinatura do referido convênio o Ministro Lewandowski, Presidente do CNJ, destacou que, "Apesar dos distintos ramos em que nos dividimos, a magistratura brasileira é uma e, nesta crise, a magistratura está de pé, apresentando projetos, programas e propostas tendo como horizonte a modernização, especialmente no campo da tecnologia e informática".[25]

O SEI-Apostila foi alocado em nuvem. Por isso, não houve necessidade de compra e instalação de sistemas específicos ou *downloads*, bastando acessar o site do CNJ para fazer o apostilamento.

Além do SEI-Apostila, o TRF4 disponibilizou tutorial de uso do sistema para toda a rede de cartórios, agilizando consideravelmente o aprendizado nas serventias que passaram a realizar o apostilamento.[26]

---

[23] A confiabilidade continuou a ser reconhecida em relação ao SEI. Em termos contextuais, em outubro de 2020 o SEI já estava em uso por mais de 400 entidades públicas, incluídos órgãos dos três Poderes, evidenciando o acerto na escolha desse sistema para servir como base o SEI-Apostila. BRASIL. TRF4. Notícias. *TRF4 assina cess*ão de uso do SEI com seis instituiç*ões*. Disponível em: https://www.trf4.jus.br/trf4/controlador.php?acao=noticia_visualizar&id_noticia=15524 Acesso em: 15 jan. 2022.

[24] BRASIL. CNJ; TRF4. *Acordo de Cooperação Técnica 5/2016*. Disponível em: https://www.cnj.jus.br/wp-content/uploads/2016/07/3dbaef7a416c2b58c8887974fb23f32b.pdf. Acesso em: 16 jan. 2022.

[25] LEWANDOWSKI. Ricardo. *TRF4 cede sistemas eletrônicos de gestão para CNJ*. Disponível em: https://www.trf4.jus.br/trf4/controlador.php?acao=noticia_visualizar&id_noticia=11965. Acesso em: 15 jan. 2022.

[26] SANTANNA, Patrícia Valentina Ribeiro. *Vídeo SEI Apostilamento*. Disponível em: https://goo.gl/lyMGsU Acesso em: 14 jan. 2022.

O sistema foi primeiramente apresentado aos Conselheiros do CNJ no contexto da deliberação em Plenário do texto que viria a se tornar, após aprovação unânime, a Resolução CNJ nº 228/2016.[27]

Dois anos após a implementação do SEI-Apostila, noticiou-se o sucesso no apostilamento de quase três milhões de documentos públicos no Brasil,[28] o que representava cerca de 125.000 apostilamentos por mês, quantitativo significativamente maior do que a média de 83.000 legalizações de documentos que vinham sendo realizadas no Ministério das Relações Exteriores.[29]

O sucesso deve-se em grande parte à descentralização do serviço de apostilamento na rede de cartórios, à facilidade de uso, à confiabilidade do SEI-Apostila e também à eficiência nos que diz respeito à emissão da apostila.[30]

5 A apostila brasileira

A Apostila da Convenção da Haia consiste em um certificado utilizado em âmbito internacional como facilitador de transações comerciais e jurídicas, por consolidar, em certificado único, toda a informação necessária para conferir validade a um documento público em outro país signatário do tratado em epígrafe.

Considerando a informatização do processo judicial,[31] o uso de diversos sistemas eletrônicos focados em processos administrativos, a exemplo do SEI, bem como a Infraestrutura de Chaves Públicas Brasileira (ICP-Brasil),[32] o Grupo de Trabalho instituído pelo Ministro

---

[27] CRUZ, Fabrício Bittencourt da; GARCIA, Patrícia Valentina Ribeiro Santanna. *Apresentação do Sistema SEI Apostila ao Plenário do CNJ.* Brasília, CNJ, 2016.

[28] CNJ: *Apostila da Haia: quase três milhões de documentos em dois anos.* Disponível em: https://www.anoreg.org.br/site/2018/08/14/cnj-apostila-da-haia-quase-tres-milhoes-de-documentos-em-dois-anos/. Acesso em: 14 jan. 2022.

[29] OLHAR JURÍDICO. Notícias. *Legalizar documentos usados no exterior levará 10 minutos com Apostila da Haia.* Disponível em: https://www.olharjuridico.com.br/noticias/exibir.asp?id=33088&noticia=legalizar-documentos-usados-no-exterior-levara-10-minutos-com-apostila-da-haia. Acesso em: 15 jan. 2022.

[30] OLHAR JURÍDICO. Notícias. *Legalizar documentos usados no exterior levará 10 minutos com Apostila da Haia.* Disponível em: https://www.olharjuridico.com.br/noticias/exibir.asp?id=33088&noticia=legalizar-documentos-usados-no-exterior-levara-10-minutos-com-apostila-da-haia. Acesso em: 15 jan. 2022.

[31] Autorizada pela Lei nº 11.419, de 19 de dezembro de 2006. Disponível em: http://www.planalto.gov.br/ccivil_03/_ato2004-2006/2006/lei/l11419.htm. Acesso em: 15 jan. 2022.

[32] Instituída pela Medida Provisória nº 2.200-2, de 24 de agosto de 2001, para garantir a autenticidade, a integridade e a validade jurídica de documentos em forma eletrônica, das aplicações de suporte e das aplicações habilitadas que utilizem certificados digitais, bem como a realização de transações eletrônicas seguras. Disponível em: http://www.planalto.gov.br/ccivil_03/mpv/antigas_2001/2200-2.htm. Acesso em: 16 jan. 2022.

Ricardo Lewandowski[33] para o desenvolvimento de Sistema Eletrônico e realização de estudos para aplicação da Apostila da Haia entendeu pertinente a emissão de apostila puramente eletrônica, isto é, sem aposição de assinatura física por ocasião do apostilamento.[34]

Ocorre que, em contato com a Secretaria-Geral da Conferência da Haia de Direito Internacional Privado, percebeu-se ser a assinatura física indispensável, especialmente sob o ponto de vista da confiabilidade documental internacional, já que muitos países signatários da Convenção da Apostila não são adeptos à assinatura eletrônica.

Sendo assim, a apostila brasileira foi concebida de modo a aliar a máxima segurança, tanto do ponto de vista digital quanto da perspectiva física.

A segurança digital foi garantida através do uso SEI-Apostila para emissão através de assinatura eletrônica após *login* e senha apenas das pessoas previamente autorizadas pelo CNJ para a emissão da apostila.[35] Agregou-se ao modelo brasileiro a emissão de apostila com o respectivo Código QR,[36] viabilizando que qualquer pessoa, na posse da versão impressa, pudesse aferir sua autenticidade pela comparação com a versão virtual hospedada no SEI-Apostila.

Para garantia de segurança e confiabilidade na versão física, definiu-se que a apostila seria impressa em papel seguro emitido pela Casa da Moeda,[37] colada com adesivo destrutível[38] ao documento

---

[33] BRASIL. CNJ. Presidência. Portaria nº 155, de 12 de novembro de 2015. Disponível em: https://atos.cnj.jus.br/atos/detalhar/2205. Acesso em: 15 jan. 2022.

[34] CRUZ, Fabrício Bittencourt da; GUSMÃO, Bráulio; CAVALCANTI JÚNIOR, Fernando. Wanderley; PRESTES, Fabyano Alberto Stalschmidt. *Grupo de Trabalho para Desenvolvimento de sistema eletrônico e realização de estudos para aplicação da Convenção da Apostila da Haia no âmbito do Poder Judiciário*. CNJ: 2015.

[35] "A emissão de apostila dar-se-á, obrigatoriamente, em meio eletrônico, por intermédio do SEI Apostila, cujo acesso ocorrerá por meio de certificado digital", nos termos do art. 8º, §1º da Resolução CNJ 228, de 22 de junho de 2016, em sua redação original. Disponível em: https://atos.cnj.jus.br/files/resolucao_228_22062016_25032019134809.pdf. Acesso em: 16 jan. 2022.

[36] "A QR code is a pattern of black and white squares that can be read by a smart phone, allowing the phone user to get more information about something. QR code is an abbreviation for 'Quick Response code'". Collins English Dictionary. *Definition of 'QR code'*. Disponível em: https://www.collinsdictionary.com/dictionary/english/qr-code. Acesso em: 16 jan. 2022.

[37] "A emissão de apostila dar-se-á, obrigatoriamente, em meio eletrônico, por intermédio do SEI Apostila, cujo acesso ocorrerá por meio de certificado digital", nos termos do art. 8º, §1º, da Resolução CNJ 228, de 22 de junho de 2016, em sua redação original. Disponível em: https://atos.cnj.jus.br/files/resolucao_228_22062016_25032019134809.pdf. Acesso em: 16 jan. 2022.

[38] A questão elementar no uso do adesivo destrutível é que, uma vez destacada a apostila do respectivo documento apostilado, é impossível realizar nova colagem com o mesmo adesivo.

apostilado, carimbada e assinada pela autoridade responsável pelo apostilamento.[39]

Em essência, a apostila brasileira é híbrida: emitida originariamente no SEI-Apostila, com Código QR para consulta de veracidade, impressa em papel seguro produzido pela Casa da Moeda, adesivada ao documento apostilado e assinada pela autoridade responsável pelo apostilamento.

Com essas características tem-se a certeza sobre a autenticidade do apostilamento.

A apostila brasileira, além do formato padronizado, seguindo o modelo estipulado pelo CNJ no Anexo I da Resolução nº 228/2016, e dos requisitos de segurança, contempla instruções específicas:

---

[39] "[...] a apostila deverá ser impressa em papel seguro fornecido pela Casa da Moeda do Brasil e de acordo com o Anexo III desta Resolução, aposta ao documento ao qual faz referência, carimbada (conforme Anexo II desta Resolução) e rubricada em campo próprio pela autoridade competente", nos termos do art. 8º, §3º, da Resolução CNJ nº 228, de 22 de junho de 2016, em sua redação original. Disponível em: https://atos.cnj.jus.br/files/resolucao_228_22062016_25032019134809.pdf. Acesso em: 16 jan. 2022.

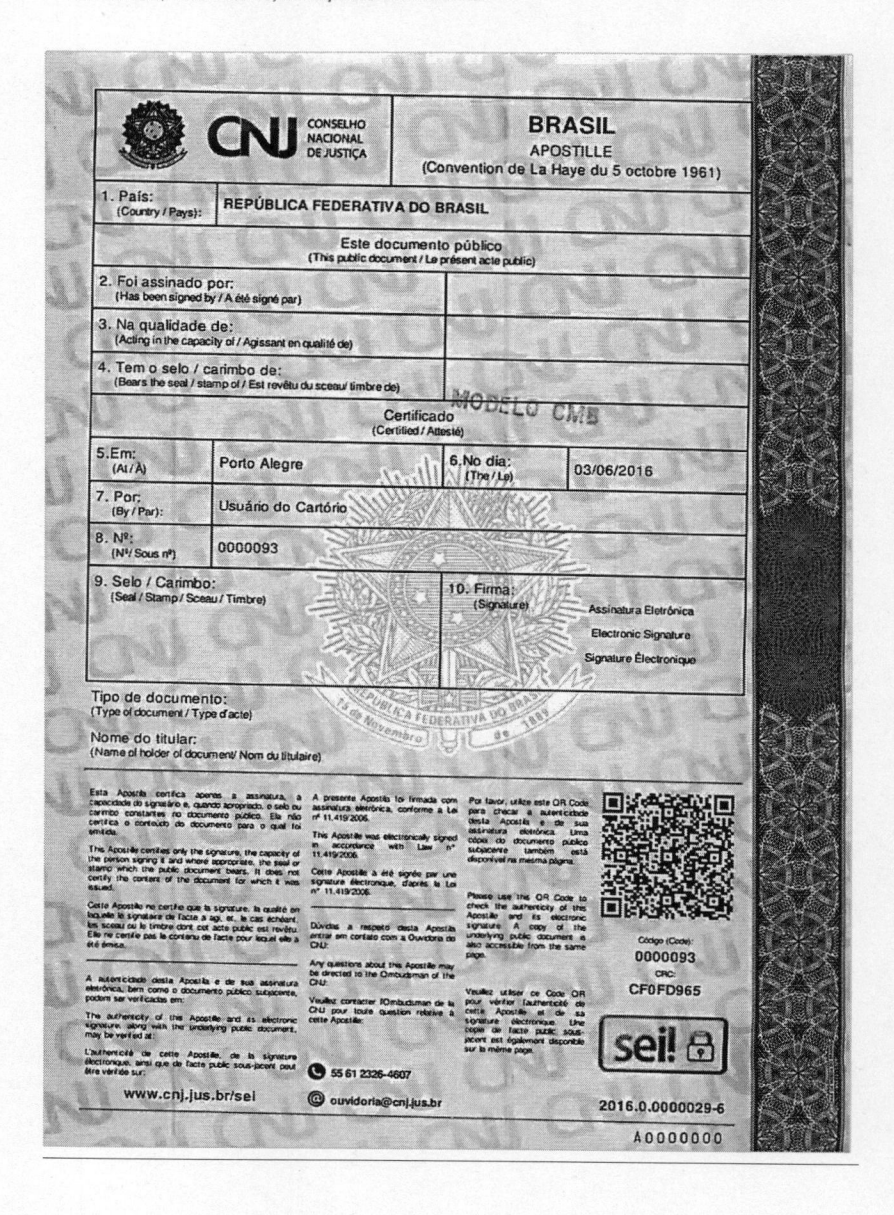

BRASIL
APOSTILLE
(Convention de La Haye du 5 octobre 1961)

1. País: (Country / Pays):	REPÚBLICA FEDERATIVA DO BRASIL

Este documento público
(This public document / Le présent acte public)

2. Foi assinado por: (Has been signed by / A été signé par)	
3. Na qualidade de: (Acting in the capacity of / Agissant en qualité de)	
4. Tem o selo / carimbo de: (Bears the seal / stamp of / Est revêtu du sceau/ timbre de)	Certificado (Certified / Attesté)
5. Em: (At / À)	Porto Alegre
6. No dia: (The / Le)	03/06/2016
7. Por: (By / Par)	Usuário do Cartório
8. Nº: (Nº / Sous nº)	0000093
9. Selo / Carimbo: (Seal / Stamp / Sceau / Timbre)	10. Firma: (Signature) Assinatura Eletrônica / Electronic Signature / Signature Électronique

Tipo de documento:
(Type of document / Type d'acte)

Nome do titular:
(Name of holder of document / Nom du titulaire)

www.cnj.jus.br/sei

55 61 2326-4607

ouvidoria@cnj.jus.br

Código (Code):
0000093
CRC
CF0FD965

2016.0.0000029-6

A0000000

Além da verificação deste certificado fixado no documento apostilado, também é possível visualizar, através do Código QR, a apostila digitalizada e armazenada no SEI-Apostila, garantindo ao visualizador a verificação de autenticidade.[40]

O primeiro documento apostilado no Brasil foi o Diploma de Doutorado em Direito do Estado do Ministro Ricardo Lewandowski. O procedimento ocorreu no 17º Tabelionato de Notas de São Paulo em 15.8.2016, quando da cerimônia de implementação do SEI-Apostila.[41]

Considerações finais

O apostilamento eletrônico de documentos no Brasil, no contexto da Convenção Relativa à Supressão da Exigência da Legalização dos Atos Públicos Estrangeiros, conhecida por Convenção da Apostila da Haia, constitui evolução sem precedentes quando comparada com o sistema de legalização de documentos.

Essa evolução foi possível graças à eficiente atuação do Conselho Nacional de Justiça não apenas ao regulamentar o apostilamento no âmbito do Poder Judiciário através da Resolução nº 228, de 22 de junho de 2016, mas especialmente por proporcionar a emissão de apostilas seguras, confiáveis e plenamente acessíveis em todos os rincões do País.

A eficiência do CNJ, em parceria com o TRF4, também foi decisiva quanto ao desenvolvimento do SEI-Apostila, *case* de sucesso na emissão de mais de 3 milhões de apostilas, bem como no treinamento da rede de cartórios para o início de prestação do serviço no prazo estipulado na Convenção Relativa à Supressão da Exigência da Legalização dos Atos Públicos Estrangeiros.

Os impactos positivos da adoção da apostila, tendo o CNJ como ponto focal tanto para regulação da Convenção da Apostila no Brasil como para atestar a autenticidade das apostilas emitidas por autoridades brasileiras, transcendem as perspectivas de agilidade, confiabilidade e desburocratização.

---

[40] "As apostilas emitidas deverão conter mecanismo que permita a verificação eletrônica de existência e de autenticidade, assim como conexão com o documento apostilado", nos termos do art. 8º, §4º, da Resolução CNJ nº 228, de 22 de junho de 2016. Disponível em: https://atos.cnj.jus.br/files/resolucao_228_22062016_25032019134809.pdf. Acesso em: 16 jan. 2022.

[41] *Ministro Ricardo Lewandowski inaugura Apostila da Haia em Cartórios em evento em São Paulo*. Disponível em: https://www.anoreg.org.br/site/2016/08/15/ministro-ricardo-lewandowski-inaugura-apostila-da-haia-em-cartorios-em-evento-em-sao-paulo/. Acesso em: 14 jan. 2022.

Para o Ministro Lewandowski na cerimônia de implementação do SEI-Apostila: "Além de facilitar a vida do cidadão brasileiro, nós diminuímos sensivelmente o chamado custo Brasil. Imaginemos nós que alguém que queira fazer um negócio com uma empresa estrangeira, em vez de esperar meses e talvez até anos, e depender de centenas de intervenções burocráticas tanto de um país quanto do outro, agora com um único ato no cartório pode autenticá-lo".[42]

Referências

ANOREG. Notícias. *Ministro Ricardo Lewandowski inaugura Apostila da Haia em Cartórios em evento em São Paulo*. Disponível em: https://www.anoreg.org.br/site/2016/08/15/ministro-ricardo-lewandowski-inaugura-apostila-da-haia-em-cartorios-em-evento-em-sao-paulo/. Acesso em: 14 jan. 2022.

BRASIL. Congresso Nacional. *Decreto Legislativo nº 148, de 6 de julho de 2015*. Disponível em: https://legis.senado.leg.br/norma/570270. Acesso em: 16 jan. 2022.

BRASIL. Conselho Nacional de Justiça. *Cartórios autorizados*. Disponível em: https://www.cnj.jus.br/poder-judiciario/relacoes-internacionais/apostila-da-haia/cartorios-autorizados/. Acesso em: 14 jan. 2022.

BRASIL. Conselho Nacional de Justiça. Notícias. *CNJ: Apostila da Haia: quase três milhões de documentos em dois anos*. Disponível em: https://www.anoreg.org.br/site/2018/08/14/cnj-apostila-da-haia-quase-tres-milhoes-de-documentos-em-dois-anos/. Acesso em: 14 jan. 2022.

BRASIL. Conselho Nacional de Justiça. Notícias. *CNJ e MRE apresentam SEI Apostila para comunidade estrangeira*. Disponível em: https://cnj.jusbrasil.com.br/noticias/359812402/cnj-e-mre-apresentam-sei-apostila-para-comunidade-estrangeira. Acesso em: 16 jan. 2022.

BRASIL. Conselho Nacional de Justiça. Plenário. *Resolução 228, de 22 de junho de 2016*. Disponível em: https://atos.cnj.jus.br/files/resolucao_228_22062016_25032019134809.pdf. Acesso em: 16 jan. 2022.

BRASIL. Conselho Nacional de Justiça. Presidência. *Portaria 155, de 12 de novembro de 2015*. Disponível em: https://atos.cnj.jus.br/atos/detalhar/2205. Acesso em: 15 jan. 2022.

BRASIL. Conselho Nacional de Justiça; Tribunal Regional Federal da Quarta Região. *Acordo de Cooperação Técnica 5/2016*. Disponível em: https://www.cnj.jus.br/wp-content/uploads/2016/07/3dbaef7a416c2b58c8887974fb23f32b.pdf. Acesso em: 16 jan. 2022.

---

[42] Ministro Ricardo Lewandowski inaugura Apostila da Haia em Cartórios em evento em São Paulo. Disponível em: https://www.anoreg.org.br/site/2016/08/15/ministro-ricardo-lewandowski-inaugura-apostila-da-haia-em-cartorios-em-evento-em-sao-paulo/. Acesso em: 14 jan. 2022.

BRASIL. Presidência da República. Decreto nº 8.660, de 29 de janeiro de 2016. Disponível em: http://www.planalto.gov.br/ccivil_03/_ato2015-2018/2016/decreto/d8660.htm. Acesso em: 15 jan. 2022.

BRASIL. Lei nº 11.419, de 19 de dezembro de 2006. Disponível em: http://www.planalto.gov.br/ccivil_03/_ato2004-2006/2006/lei/l11419.htm. Acesso em: 15 jan. 2022.

BRASIL. Medida Provisória nº 2.200-2, de 24 de agosto de 2001. Disponível em: http://www.planalto.gov.br/ccivil_03/mpv/antigas_2001/2200-2.htm. Acesso em: 16 jan. 2022.

BRASIL. Ministério das Relações Exteriores. *Legalizar documentos emitidos no Brasil para validade em países que não são parte da Convenção da Apostila da Haia*. Disponível em: https://www.gov.br/mre/pt-br/assuntos/portal-consular/legalizacao-de-documentos/legalizacao-de-documentos/legalizar-documentos-emitidos-no-brasil-para-validade-em-paises-que-nao-sao-parte-da-convencao-da-apostila-de-haia. Acesso em: 14 jan. 2022.

BRASIL. Ministério das Relações Exteriores. *Legalizar documentos emitidos no estrangeiro por países que não são parte da Convenção da Apostila da Haia para validade no Brasil*. Disponível em: https://www.gov.br/mre/pt-br/assuntos/portal-consular/legalizacao-de-documentos/legalizacao-de-documentos/legalizar-documentos-emitidos-no-estrangeiro-por-paises-que-nao-fazem-parte-da-convencao-da-apostila-da-haia-para-validade-no-brasil. Acesso em: 14 jan. 2022.

BRASIL Tribunal Regional Federal da Quarta Região. Modernização. *Sistema Eletrônico de Informações – SEI*. Disponível em: https://www.trf4.jus.br/trf4/controlador.php?acao=pagina_visualizar&id_pagina=740. Acesso em: 15 jan. 2022.

BRASIL. Tribunal Regional Federal da Quarta Região. Notícias. *Experiência do TRF4 com sistema eletrônico de informações é exemplo de sucesso em evento de gestão corporativa*. Disponível em: https://www.trf4.jus.br/trf4/controlador.php?acao=noticia_visualizar&id_noticia=9164. Acesso em: 16 jan. 2022.

BRASIL. Tribunal Regional Federal da Quarta Região. Notícias. *SEI: sistema do TRF4 adotado em mais de 40 órgãos dos três Poderes reúne representantes em Porto Alegre*. Disponível em: https://www.trf4.jus.br/trf4/controlador.php?acao=noticia_visualizar&id_noticia=10667. Acesso em: 15 jan. 2022.

BRASIL. Tribunal Regional Federal da Quarta Região. Notícias. *TRF4 assina cessão de uso do SEI com seis instituições*. Disponível em: https://www.trf4.jus.br/trf4/controlador.php?acao=noticia_visualizar&id_noticia=15524. Acesso em: 15 jan. 2022.

COLLINS ENGLISH DICTIONARY. *Definition of 'QR code'*. Disponível em: https://www.collinsdictionary.com/dictionary/english/qr-code. Acesso em: 16 jan. 2022.

CRUZ, Fabrício Bittencourt da. *Convenção da Apostila da Haia e Resolução CNJ 228: o papel da rede de cartórios no Brasil*. Palestra. VII Fórum de Integração Jurídica. Brasília, Senado Federal, 2016.

CRUZ, Fabrício Bittencourt da; GUSMÃO, Bráulio; CAVALCANTI JÚNIOR, Fernando Wanderley; PRESTES, Fabyano Alberto Stalschmidt. *Grupo de Trabalho para Desenvolvimento de sistema eletrônico e realização de estudos para aplicação da Convenção da Apostila da Haia no âmbito do Poder Judiciário*. CNJ: 2015.

CRUZ, Fabrício Bittencourt da; PRESTES, Fabyano Alberto Stalschmidt (org.). *Manual da Apostila*: um manual para a operação prática da Apostila / Hague Conference on Private International Law. Tradução: Marcelo Conforto de Alencar Moreira, Marina Brazil Bonani, Rogério Gonçalves de Oliveira, Thaísa Carla Melo. 1. ed. Brasília: CNJ, 2016.

CRUZ, Fabrício Bittencourt da; GARCIA, Patrícia Valentina Ribeiro Santanna. *Apresentação do Sistema SEI-Apostila ao Plenário do CNJ*. Palestra. Brasília, CNJ. 2016.

GARCIA, Patrícia Valentina Ribeiro Santanna. *Vídeo SEI Apostilamento*. Disponível em: https://goo.gl/lyMGsU. Acesso em: 14 jan. 2022.

HAGUE CONFERENCE ON PRIVATE INTERNATIONAL LAW. Convenção Relativa à Supressão da Exigência da Legalização dos Actos Públicos Estrangeiros. *Assinaturas e ratificações*. Disponível em: https://www.hcch.net/pt/instruments/conventions/status-table/?cid=41. Acesso em: 14 jan. 2022.

LEWANDOWSKI, Ricardo. *TRF4 cede sistemas eletrônicos de gestão para CNJ*. Disponível em: https://www.trf4.jus.br/trf4/controlador.php?acao=noticia_visualizar&id_noticia=11965. Acesso em: 15 jan. 2022.

OLHAR JURÍDICO. Notícias. *Legalizar documentos usados no exterior levará 10 minutos com Apostila da Haia*. Disponível em: https://www.olharjuridico.com.br/noticias/exibir.asp?id=33088&noticia=legalizar-documentos-usados-no-exterior-levara-10-minutos-com-apostila-da-haia. Acesso em: 15 jan. 2022.

ANEXO

EMBASSY OF THE FEDERATIVE REPUBLIC OF BRAZIL

N. 148/15

The Embassy of the Federative Republic of Brazil presents its compliments to the Ministry of Foreign Affairs of the Kingdom of the Netherlands (DWH/LC), and has the honor to convey herewith, in accordance with Article 12 of the Convention Abolishing The Requirement Of Legalisation For Foreign Public Documents ("the Convention"), signed in The Hague on October 5, 1961, the Instrument of Accession of the Federative Republic of Brazil to the Convention.

Pursuant to Article 6 of the Convention, the Government of the Federative Republic of Brazil states that, according to the applicable Brazilian legislation, the Judiciary is responsible for supervising and regulating notarial activities in Brazil. Therefore, legal, notarial and registration authorities will have competence to issue certificates by the Brazilian Government.

In this regard, the National Council of Justice, an agency of the Brazilian Judiciary responsible for controlling its administrative processes, will be the Brazilian focal point for the regulation of the Convention by the Federative Republic of Brazil, as well as for attesting the authenticity of certificates issued by Brazilian authorities. The authentication mechanism will be included in the certificate.

The Government of the Federative Republic of Brazil further states that Brazil's accession to the Convention does not imply the recognition of sovereign rights over territories to which the Convention's application has been or will be extended under the terms of Article 13.

The Embassy of the Federative Republic of Brazil kindly requests the Ministry of Foreign Affairs of the Kingdom of the Netherlands to be informed of the target date on which Brazil's accession will take effect regarding those Contracting States which do not raise objections, pursuant to Article 15, paragraph "d", of the Convention.

The Embassy avails itself of the opportunity to renew to the Ministry the assurances of its highest consideration.

The Hague, December 2, 2015.

Informação bibliográfica deste texto, conforme a NBR 6023:2018 da Associação Brasileira de Normas Técnicas (ABNT):

CRUZ, Fabrício Bittencourt da; PRESTES, Fabyano Alberto Stalschmidt. Apostila da Haia no Brasil: evolução sem precedentes. *In*: RODRIGUES, Dennys Albuquerque; CEZAR, Eduardo Barreto; OLIVEIRA, Marcelo Pimentel de (coord.). *Democracia, humanismo e jurisdição constitucional*: estudos em homenagem ao Ministro Ricardo Lewandowski. Belo Horizonte: Fórum, 2022. p. 61-80. ISBN 978-65-5518-402-0.

CONTRIBUIÇÕES DE FINS ESPECÍFICOS E SEU REGIME JURÍDICO NA CONSTITUIÇÃO FEDERAL DE 1988

CARLOS EDUARDO DELGADO

MARCELO GUERRA MARTINS

1   Introdução

Um dos grandes desafios do Direito Tributário nas últimas décadas foi a identificação da natureza jurídica das contribuições de fins específicos: se espécie autônoma de tributo ao lado dos impostos, taxas e contribuições de melhoria ou não. Enquanto a doutrina mais tradicional não via existente essa autonomia, aos poucos, principalmente após a Constituição de 1988, foram surgindo pensamentos que consideravam tais exações como verdadeiras espécies tributárias, sendo possível afirmar que, atualmente, essa corrente é a que prevalece.

Sob tal enfoque, o presente artigo trata das contribuições de fins específicos e seu regime jurídico na Constituição de 1988. O texto encontra-se dividido nos seguintes itens: 2 - O tributo (gênero) e suas espécies, onde se faz uma breve explanação a respeito das cinco espécies de tributo existentes no sistema brasileiro, de maneira a caracterizar as referidas contribuições como entidades autônomas e independentes das demais; e 3 - As contribuições de fins específicos e suas subespécies (sociais, de intervenção no domínio econômico, de interesse das categorias profissionais ou econômicas, as recepcionadas pela Constituição de 1988 e a contribuição para financiar as despesas municipais com a iluminação pública), seguindo-se as conclusões e a bibliografia.

No que tange ao item 3, é conferido destaque especial à COSIP (contribuição para a iluminação pública), de titularidade dos Municípios e do Distrito Federal, prevista na Constituição de 1988 por meio da Emenda Constitucional nº 39, de 19 de dezembro de 2002, que inseriu o art. 149-A. Após divergências doutrinárias e jurisprudenciais a respeito da sua constitucionalidade, a novel exação foi objeto de julgamento pelo Supremo Tribunal Federal no RE nº 573.675, da relatoria do Ministro Ricardo Lewandowski, cujo voto é descrito e analisado no presente artigo. Submetido à sistemática da repercussão geral (art. 543-B do CPC de 1973), ao considerar constitucional o regime jurídico instituído pelo art. 149-A da CF/88, encerraram-se as discussões a respeito.

Quanto à metodologia, o presente artigo se constitui num estudo bibliográfico (doutrina) e de jurisprudência, numa abordagem de índole qualitativa, com conclusões tiradas primordialmente por meio da indução.

2 O tributo (gênero) e suas espécies

O conceito legal de tributo se encontra no art. 3º do Código Tributário Nacional. Com efeito, nos termos daquele preceito: "Art. 3º Tributo é toda prestação pecuniária compulsória, em moeda ou cujo valor nela se possa exprimir, que não constitua sanção de ato ilícito, instituída em lei e cobrada mediante atividade administrativa plenamente vinculada". A doutrina, de modo uniforme, engloba e aprimora esse conceito. Nessa banda, segundo Amaro (2004, p. 25), tributo é considerado como "prestação pecuniária não sancionatória de ato ilícito, instituída em lei e devida ao Estado ou a entidades não estatais de interesse público". Com efeito, na lição de Costa (2004, p. 19), o tributo implica

> uma relação jurídica mediante a qual o credor ou sujeito ativo – no caso, o Fisco – pode exigir do devedor – o sujeito passivo ou contribuinte – uma prestação em dinheiro. É uma obrigação *ex lege*, vale dizer, nasce pela simples realização do fato descrito na hipótese de incidência prevista em lei, sendo, portanto, compulsória. Não possui caráter sancionatório – o que o distingue da multa, outra prestação pecuniária compulsória.

Por fim, a sua exigência se dá mediante atividade administrativa plenamente vinculada, o que significa que não há discricionariedade para o administrador tributário na ação estatal de exigir tributos.

Disso se conclui que toda e qualquer prestação que possua as características expressas no referido art. 3º do CTN deve ser considerada como um tributo. O contrário igualmente é verdadeiro, ou seja, na ausência de uma dessas características, não se terá um tributo, mas obrigação de outra ordem (*v.g.* multas em geral, obrigações contratuais, dever de indenizar o dano, etc.).

Com base no art. 145 da Constituição Federal, alguns autores[1] reconhecem como verdadeiras espécies de tributo apenas os impostos, as taxas e as contribuições de melhoria. Segundo essa linha doutrinária, os empréstimos compulsórios (CF/88, art. 148) e as contribuições de fins específicos (CF/88, art. 149 e outros) estariam englobados numas das três categorias citadas, tudo a depender do modo de apresentação da hipótese de incidência (ou fato gerador para alguns).

Noutro giro, parte expressiva da doutrina[2] considera os compulsórios e as contribuições finalísticas como verdadeiras espécies de tributo. Daí que, para essa corrente, que, aliás, consideramos mais precisa e amoldada aos termos e disposições constitucionais, são cinco as espécies tributárias no Direito pátrio:

1) impostos (CF/88, art. 145, I);
2) taxas (CF/88, art. 145, II);
3) contribuições de melhoria (CF/88, art. 145, III);
4) empréstimos compulsórios (CF/88, art. 148, I e II) e
5) contribuições de fins específicos, que, por sua vez, podem ser: 5.1) sociais (CF/88, arts. 149 e 195); 5.2) de intervenção no domínio econômico (CF/88, art. 149); 5.3) de interesse das categorias profissionais ou econômicas (CF/88, art. 149); 5.4) expressamente recepcionadas pelo poder constituinte originário (CF/88, arts. 212, §5º; 239; 240, 62 do ADCT, etc.) e 5.4) COSIP – destinadas ao financiamento da iluminação pública (CF/88, art. 149-A).

---

[1] Nesse sentido: CARAZZA (1996, p. 226); CARVALHO (2004, p. 44) e COELHO (2000, p. 395 e seg.).

[2] Destacam-se: AMARO, (2004, p. 84); BORGES (2002, p. 260); CASSONE (2000, p. 69); GRECO (2000, p. 101); HARADA (2004, p. 315); MARQUES (2000, p. 247); MELO (1996, p. 88); SCHOUERI (2012, p. 159).

Antes de abordarmos as espécies de tributos referidas, é importante consignar ser irrelevante o nome que o legislador dá ao tributo. A sua verdadeira natureza jurídica, conforme adverte a doutrina, é dada pela análise da respectiva hipótese de incidência.[3] Aliás, neste sentido são os ditames do art. 4º do CTN.[4] Então, mesmo que a lei denomine determinado tributo de taxa, poder ser que, na verdade, se trate de um imposto (disfarçado e, nesse caso, inconstitucional), tudo a depender de como a hipótese de incidência tenha sido edificada.

Todavia, para os empréstimos compulsórios e as contribuições de fins específicos, além da estrutura da hipótese de incidência, deverá ser observada a finalidade ou objetivo do tributo, isto é, quais atividades de índole estatal a exação busca financiar. Trata-se, em suma, de uma exceção à regra do art. 4º do CTN e tem por base a própria Constituição de 1988, norma de hierarquia inegavelmente superior ao referido art. 4º. Evidentemente, esse raciocínio não é aceito por aqueles que não consideram os compulsórios e as contribuições como espécies autônomas de tributo. Voltaremos a esse tópico adiante.

2.1 Impostos

Segundo preceitua o art. 16 do CTN: "Imposto é o tributo cuja obrigação tem por fato gerador uma situação independente de qualquer atividade estatal específica, relativa ao contribuinte". Assim, o imposto é devido em razão da ocorrência de um fato ou situação descritos na lei (*v.g.* importar mercadoria, auferir renda, comprar um imóvel, prestar serviço, receber herança ou doação, etc.), não implicando qualquer ação específica da Administração Pública em face do contribuinte. A obrigação tributária surge apenas e tão somente porque o fato/situação previsto em lei se concretizou no mundo real. Por tal característica, os impostos são denominados de tributos não vinculados (MACHADO, 2002, p. 67).

As receitas provenientes dos impostos possuem destinação "geral", ou seja, são direcionadas ao financiamento de atividades de interesse de toda a coletividade, nas quais não é possível identificar um

---

[3] Nesse sentido: ATALIBA (1997, p. 115/116); CARVALHO (2004, p. 29/30); CARAZZA (1996, p. 317/318) e COELHO (2000, p. 400 e seg.).

[4] Conforme este dispositivo: "Art. 4º A natureza jurídica e específica do tributo é determinada pelo fato gerador da respectiva obrigação, sendo irrelevantes para qualificá-la: I – a denominação e demais características formais adotadas pela lei; II – a destinação legal do produto de sua arrecadação".

beneficiário específico (*v.g.* defesa nacional, segurança pública, limpeza urbana, remuneração dos servidores, manutenção de parques públicos, etc.). As exceções a essa regra constam do inciso IV do art. 167 da CF/88, com a redação dada pela Emenda nº 42, de 19 de dezembro de 2003, cuja redação predispõe ser vedada a

> vinculação de receita de impostos a órgão, fundo ou despesa, ressalvadas a repartição do produto da arrecadação dos impostos a que se referem os arts. 158 e 159, a destinação de recursos para as ações e serviços públicos de saúde, para manutenção e desenvolvimento do ensino e para realização de atividades da administração tributária, como determinado, respectivamente, pelos arts. 198, §2º, 212 e 37, XXII, e a prestação de garantias às operações de crédito por antecipação de receita, previstas no art. 165, §8º, bem como o disposto no §4º deste artigo.

Considerando a função de suprir despesas de interesse geral, o contribuinte do imposto não possui direito de exigir alguma contraprestação ou retorno específico por parte da Administração Pública (COELHO, 2000, p. 398 e seg.). Então, por exemplo, o fato de alguém, na qualidade de proprietário de imóvel, recolher anualmente o IPTU (Imposto sobre a Propriedade Urbana), não faz nascer o direito de as quantias recolhidas serem aplicadas em obras públicas de melhoria da região onde o imóvel esteja localizado.

2.2 Taxas

Ao contrário dos impostos, as taxas são tributos cobrados com base numa atividade realizada pela Administração Pública em relação à pessoa do contribuinte. Esta atividade poderá ser o exercício do poder de polícia[5] ou a prestação de serviços públicos.[6] Por tal motivo,

---

[5] O poder de polícia pode ser definido como "a faculdade de que dispõe a Administração Pública para condicionar e restringir o uso e gozo de bens, atividades e direitos individuais, em benefício da coletividade ou do próprio Estado. Em linguagem menos técnica, podemos dizer que o *poder de polícia* é o mecanismo de frenagem de que dispõe a Administração Pública para conter os abusos do direito individual. Por esse mecanismo, que faz parte de toda Administração, o Estado detém a atividade dos particulares que se revelar contrária, nociva ou inconveniente ao bem-estar social, ao desenvolvimento e à segurança nacional" (MEIRELLES, 1996, p. 115).

[6] Serviço público pode ser entendido como "a prestação consistente no oferecimento, *aos administrados em geral*, de *utilidades ou comodidades materiais* (como água, luz, gás, telefone, transporte coletivo etc.) que *o Estado assume como próprias*, por serem reputadas imprescindíveis, necessárias ou apenas correspondentes a conveniências básicas da sociedade,

a doutrina denomina as taxas de tributos vinculados (MACHADO, 2002, p. 67). Com efeito, segundo o art. 145, II, da CF/88, é possível a instituição de "taxas, em razão do exercício do poder de polícia ou pela utilização, efetiva ou potencial, de serviços públicos específicos e divisíveis, prestados ao contribuinte ou postos a sua disposição".

A efetiva utilização do serviço pelo sujeito passivo não é essencial, bastando que este seja colocado à sua disposição (CF/88, art. 145, II e CTN, art. 79). Então, caso o serviço esteja posto à disposição do contribuinte, mas este prefira não o utilizar (*v.g.* extração água de poço artesiano e não da rede pública, produção de energia elétrica em geradores, etc.), poderá ocorrer a cobrança da chamada taxa mínima, que, por sua vez, deve corresponder ao custo mínimo para a oferta e manutenção do serviço. Assim, o contribuinte, ainda que não queira se utilizar do serviço, estará sujeito ao tributo (taxa mínima) pelo simples fato de a Administração Pública colocar e possibilitar a utilização.

Prosseguindo, é de rigor que o serviço, além de público, seja específico e divisível, isso é, possa ser usufruído direta e especificamente pelo contribuinte (CF/88, art. 145, II, e CTN, art. 77), como, por exemplo, o fornecimento de água, a coleta de esgoto e de lixo, energia elétrica, gás encanado, telefonia, etc. Portanto, não podem ser objeto de cobrança de taxa os serviços gerais, ou seja, aqueles em que não é possível identificar um beneficiário específico, tais como a defesa nacional, a segurança pública, a limpeza e conservação das vias de tráfego, etc.

Por fim, a teor do §2º do art. 145 da CF/88: "As taxas não poderão ter base de cálculo própria de impostos". Nessa linha, enquanto os impostos podem ter por base a medida ou grandeza econômica representada no fato gerador (*v.g.* o valor da propriedade, o montante da renda auferida em certo período, o preço pago pela mercadoria, o valor da herança recebida, etc.), a base de cálculo das taxas deve corresponder, em síntese, ao custo da atividade desenvolvida, seja o exercício do poder de polícia, seja o préstimo de serviços públicos.

2.3 Contribuições de melhoria

As contribuições de melhoria são tributos devidos em razão de obras públicas, nos moldes do art. 145, III, da CF/88 e 81 do CTN.

---

em dado tempo histórico. Aliás, é por isso que as presta *sob regime de Direito Público*, diretamente ou através de alguém por ele qualificado para tanto" (BANDEIRA DE MELLO, 1998, p. 435).

Objetiva-se com esse tributo retornar à Administração Pública a parcela do patrimônio individual que restou valorizado em razão de determinada obra pública, aumento de valor esse ocorrido sem que o contribuinte tenha perpetrado qualquer ato ou suportado quaisquer ônus.

Trata-se, em última análise, de aplicar o princípio geral de Direito que proíbe o enriquecimento sem causa. Assim, por exemplo, se do asfaltamento de determinada rua ou avenida os imóveis situados nas vizinhanças se valorizarem, a pessoa política que realizou a obra poderá tributar a respectiva valorização imobiliária a título de contribuição de melhoria.

A contribuição não pode ser cobrada caso não ocorra valorização imobiliária, sendo certo que a simples realização da obra pública não dá ensejo à instituição desse tributo. É que, conforme pondera Amaro (2004, p. 46), "a valorização é a medida da melhoria. À vista do engate necessário entre melhoria e valorização, onde esta inexistir descabe, a nosso ver, a contribuição. O tributo não se legitima pela simples realização da obra".

Os limites financeiros para a contribuição de melhoria, conforme determina o art. 81 do CTN, são: para a Administração, o custo total da obra; para o contribuinte, o acréscimo de valor que da obra resultar para cada imóvel beneficiado. As contribuições de melhoria, na mesma linha das taxas, são tributos vinculados, ou seja, necessariamente implicam uma ação estatal específica relativa ao contribuinte, no caso, a própria obra pública.

2.4 Empréstimos compulsórios

Segundo o art. 148 da CF/88, o empréstimo compulsório somente pode ser instituído mediante lei complementar quando ocorrer as seguintes situações: 1) despesas extraordinárias decorrentes de calamidade pública, guerra externa ou sua iminência. Nesta primeira hipótese, sua exigência dá-se desde logo, sem observância do princípio da anterioridade tributária (art. 150, III, "b", da CF/88); 2) investimento público de caráter urgente e de relevante interesse nacional, sendo que neste caso é obrigatório observar a anterioridade.

É importante anotar que nos compulsórios a hipótese de incidência não será a calamidade pública, a guerra externa ou sua iminência ou mesmo a necessidade de investimento público de caráter urgente e de relevante interesse nacional. Estes são pressupostos fáticos que, uma vez presentes, autorizam que o legislador, via lei complementar, institua o compulsório, dispondo sobre a respectiva hipótese de incidência de forma pormenorizada.[7]

Sob a égide da Constituição de 1988 não foi instituído qualquer empréstimo compulsório. Antes, todavia, sim. Na década de 1980, por exemplo, foram instituídos compulsórios sobre a compra de combustíveis, aquisição de carros novos, passagens aéreas internacionais e moedas estrangeiras.

Vê-se, outrossim, que a estrutura dos empréstimos compulsórios se assemelha com a dos impostos, ao menos no que tange à formulação da hipótese de incidência, ressaltando-se, ainda, que essas exações, no mesmo caminho dos impostos, são tributos não vinculados, isto é, não implicam a necessidade de ocorrer uma ação estatal específica relativa ao contribuinte.

Existem diferenças fulcrais, contudo. Primeiro, o empréstimo compulsório deve ser restituído no prazo e na forma determinada pela lei que o instituir, o que não ocorre relativamente aos impostos e demais tributos. Segundo, o produto de sua arrecadação necessariamente tem destino fixo e delimitado, sendo essencial que os recursos arrecadados sejam direcionados à neutralização das situações que ensejaram a implantação do tributo.

2.5 Contribuições de fins específicos

Por fim, considerando o ordenamento jurídico pátrio, a última espécie de tributo são as chamadas contribuições de fins específicos ou, como preferem alguns, contribuições parafiscais, jamais devendo haver confusão com as já mencionadas contribuições de melhoria. Sendo objeto primordial do presente artigo, tais exações serão tratadas em tópico exclusivo, a seguir.

---

[7] Enfatiza Carrazza (1996, p. 310) que: "as despesas extraordinárias (apenas da União e não das demais pessoas políticas), decorrentes de calamidade pública, guerra externa ou sua iminência e os casos de investimentos públicos de caráter urgente e de relevante interesse nacional não podem tipificar a *hipótese de incidência* de qualquer empréstimo compulsório. São, sim, os pressupostos necessários à criação ou aumento, por meio de lei complementar, deste tributo".

3 As contribuições de fins específicos

Em termos históricos, a figura das contribuições de fins específicos, como fonte de recursos destinados a financiar uma atividade ou intervenção estatal determinada, surgiu nas primeiras décadas do século passado, quando começou a entrar em cena a concepção da necessidade de o Estado atuar em áreas outras (*v.g.* educação, saúde, assistência social, fomento à atividade econômica, etc.) que não as tradicionalmente concebidas para sua presença (*v.g.* defesa nacional, manutenção da ordem pública, emissão e administração da moeda). Aqui, segundo narra Lewandowski (2005, p. 174):

> A crescente pressão das massas forçou o Estado a abandonar a posição de mero expectador passivo dos conflitos sociais, na qual havia se colocado pelos ideólogos liberais, obrigando-o a atuar na busca de soluções para os problemas da comunidade. Renunciando à sua postura abstencionista, o Estado passou a adotar uma atitude positiva, conferindo ao indivíduo, enquanto membro da coletividade, os denominados direitos econômicos, sociais e culturais, de segunda geração.[8]

Conforme já mencionado, há autores que não consideram as contribuições de fins específicos como uma espécie autônoma de tributo. De fato, se for levada em conta, como critério único, apenas a questão da vinculação (ou não) a uma atividade estatal específica em relação ao contribuinte, toda e qualquer contribuição se revelará como sendo um imposto ou uma taxa.[9] Para outros, aos quais nos filiamos, a finalidade ou objetivo de um tributo é relevante e deve ser considerada nessa identificação, daí ser possível falar em contribuições de fins específicos

---

[8] Tenha-se em mente, contudo, que mesmo o Estado liberal não era absolutamente impenetrável às intervenções econômicas pontuais. Aduz Gabardo (2003, p. 119) que: "A intervenção do estado fez-se presente mesmo no regime liberal do século XIX. Todavia, foi no século XX que o intervencionismo cresceu de forma radical, tendo em vista a necessidade de correção das imperfeições do liberalismo". Não é uma transição ou ruptura imediata com o modelo liberal até então vigente. De fato, conforme Bercovici (2002, p. 119) ela: "se dá aos poucos, com o Estado liberal, ao longo do tempo, emendando-se, contradizendo-se, mudando seus parâmetros". Destarte, começa-se a conceber não apenas a possibilidade, mas a necessidade de o Estado interferir no processo econômico por meio de normas jurídicas especialmente editadas para tal desiderato, inclusive por meio da instituição de tributos como as contribuições de fins específicos.

[9] Nesse sentido, conforme Ataliba (1997, p. 167), "importa ficar claro, inequívoco e inquestionável que a circunstância de um tributo ser batizado de "contribuição parafiscal" não implica necessariamente natureza específica de contribuição (art. 4º do CTN), nem permite que se posterguem as exigências constitucionais que disciplinam e limitam a tributação".

(o mesmo valendo para os empréstimos compulsórios) como entidade tributária autônoma.

Aliás, em décadas passadas, sob a vigência de Constituições anteriores, chegou-se a defender que as ditas contribuições sequer teriam natureza tributária, ou seja, seriam meras obrigações compulsórias em face da Administração Pública. Após a Constituição de 1988, entretanto, restou sepultado tal entendimento, dado o regime inequivocamente tributário impingido pela Carta Magna a tais exações. Nessa banda, segundo Ataliba (1997, p. 165/168):

> Contribuição parafiscal parece ser fórmula mágica – como que um "abre-te-Sésamo" – que derroga os princípios constitucionais, arreda os direitos fundamentais, paralisa o regime tributário e exclui qualquer consideração jurídica. Quem a invoca, como num "passe" de prestidigitação, substitui o senso jurídico, o bom senso, que, em ciência, vale tanto quanto o palpite ou a hipótese não demonstrada (...) A Constituição de 1988 resgatou a boa doutrina tradicional e restaurou a certeza quanto à inquestionabilidade do cunho tributário das contribuições (parafiscais ou não).[10]

A estrutura de tais contribuições muito se assemelha aos impostos, notadamente quanto à circunstância de a hipótese de incidência legalmente descrita não prever a necessidade, como ocorre com as taxas, de haver uma atuação estatal específica em relação ao contribuinte. Nesse ponto, as contribuições de fins específicos são tributos não vinculados. Porém, o que as diferencia dos impostos é justamente a chamada referibilidade, ou seja, o fato de tais exações possuírem destinação e finalidades específicas, financiando determinadas atividades públicas, conforme constitucionalmente definido (SCHOUERI, 2012, p. 159).

Nessa banda, as contribuições podem financiar a seguridade social, a intervenção estatal no domínio econômico, a defesa dos interesses das categorias profissionais ou econômicas, além de outras, como, por exemplo, a educação, a aprendizagem comercial, industrial e rural. É de se observar que as contribuições somente serão legítimas caso o produto de sua arrecadação se destine ao financiamento das atividades previstas na Carta Magna. Aqui, Greco (2000, p. 240) pondera que

---

[10] Nesse mesmo diapasão, considerando as contribuições parafiscais tributos, são as lições de CARRAZZA (1996, p. 299); MARTINS (1996, p. 91/92); MARTINS (1997, p. 74/78).

conforme reiteradamente afirmado, entendo que elemento essencial para a configuração das contribuições no regime constitucional de 1988 é a finalidade a que se destinam. Neste ponto a CF-88 adotou um critério de validação finalística deste tipo de exigência, dando realce aos objetivos a serem atingidos, mais do que os fatos geradores da sua exigência. (...) Daí o requisito de o destino da arrecadação ser elemento essencial no caso das contribuições. Em certa medida, aplica-se aqui a noção exposta por Pontes de Miranda em relação às taxas, quando dizia que, nestas, há uma vinculação intrínseca da arrecadação à atividade. O mesmo pode ser dito em relação à contribuição. Se não há arrecadação vinculada ao grupo e à finalidade, aquilo não é contribuição. É outra coisa.

Segundo já apregoamos, não obstante financiarem atividades estatais determinadas constitucionalmente, as contribuições, em semelhança aos impostos,[11] são tributos não vinculados, quer dizer, não implicam na necessidade de uma ação do Estado específica e individualizada em relação ao respectivo contribuinte, como acontece com as taxas. O máximo que se pode esperar das contribuições é a existência de uma atividade ou benefício em potencial, que pode ou não ocorrer, dependendo de determinadas circunstâncias.

Desse modo, em que pese a autoridade daqueles que defendem as contribuições como tributos vinculados, salvo melhor juízo, o fato de esses tributos possuírem destinação e finalidade específica não implica num direito do contribuinte de receber diretamente algum benefício ou contraprestação, sob pena de se identificar essas exações com as taxas. Não se pode negar que apenas em relação a estas últimas é que a Constituição de 1988 previu, de forma inequívoca, a imperiosidade de haver ação estatal específica em relação ao contribuinte. Melhor explicando, Greco (2000, p. 237) afirma que:

---

[11] No passado, chegou-se a defender a necessidade da edição de lei complementar para a instituição das contribuições, considerando que o art. 149 da CF/88 determina a observância do art. 146, III, que, por sua vez, fala dessa espécie de norma. Porém, o Supremo Tribunal Federal, ao julgar o Recurso Extraordinário nº 138.284-8 em 01.07.1992 (Rel. Min. Carlos Mário da Silva Velloso), decidiu em sentido diverso, perdendo sentido a discussão que até então existia. Do voto proferido pelo Min. Carlos Velloso extrai-se o seguinte trecho: "Todas as contribuições, sem exceção, sujeitam-se à lei complementar de normas gerais, assim ao C.T.N. (art. 146, III, *ex vi* do disposto no art. 149). Isto não quer dizer que a instituição dessas contribuições exige lei complementar: porque não são impostos, não há a exigência no sentido de que os seus fatos geradores, bases de cálculo e contribuintes estejam definidos na lei complementar (art. 146, III, "a")".

nem sempre é possível identificar a existência de uma "vantagem" para o contribuinte, no modelo da contribuição. Assim, por exemplo, na contribuição no interesse de categoria profissional ou econômica não há nenhuma vantagem direta, existe apenas um grupo institucionalizado que exerce certa profissão ou integra a categoria econômica e uma entidade com atribuições no respectivo âmbito. Só de forma muito difusa e etérea é que se pode dizer existir uma "vantagem" à qual se relaciona o pagamento da contribuição.[12]

Isto não significa, evidentemente, que a contribuição possa ser exigida indiscriminadamente, ou seja, de qualquer contribuinte, independentemente da situação em que este se encontre. É indispensável a existência de um liame lógico-jurídico que evidencie a relação do contribuinte, ainda que indireta ou longínqua, com a finalidade constitucionalmente definida para a contribuição. Nesse tópico, Ataliba esclarece que

> o arquétipo básico da contribuição deve ser respeitado: a base deve repousar no elemento intermediário (pois, contribuição não é imposto e não é taxa); é imprescindível circunscrever-se, na lei, explicita ou implicitamente um círculo especial de contribuintes e reconhecer-se uma atividade estatal a eles referida indiretamente. Assim, ter-se-á um mínimo de elemento para configuração da contribuição. (...) Em outras palavras, se o imposto é informado pelo princípio da capacidade contributiva e a taxa informada pelo princípio da remuneração, as contribuições serão informadas por princípio diverso. Melhor se compreende isto, quando se considera que é da própria noção de contribuição – tal como universalmente entendida – que os sujeitos passivos serão pessoas cuja situação jurídica tenha relação direta, ou indireta, com uma despesa especial, a elas respeitantes, ou alguém que receba da ação estatal um reflexo que possa ser qualificado como 'especial'.[13]

---

[12] Por exemplo, alguém que recolha mensalmente a contribuição para a aposentadoria não receberá esse benefício caso venha a falecer antes de completar o tempo necessário para obter tal benesse. Por isso se diz que há atividade ou benefício estatal em potencial (pode ou não ocorrer). É certo que o cônjuge, filhos menores, etc., podem até vir a receber pensão, mas que não se confunde com a aposentadoria.

[13] Nesse mesmo diapasão, Carrazza (1996, p. 324/325), ao tratar das contribuições de intervenção no domínio econômico, assevera que "as contribuições de intervenção no domínio econômico só poderão ser exigidas de quem efetivamente se beneficiar atuando num dado setor econômico ou de quem, ao assim proceder, causar especial detrimento à coletividade".

A Constituição de 1988 prevê a existência das contribuições de fins específicos em vários dos seus dispositivos. É sobre o que passamos a discorrer, de modo a apresentar um quadro sistematizado dessas exações.

3.1 Contribuições sociais

As contribuições sociais são destinadas ao financiamento da seguridade social. Conforme preceitua o art. 194 da Carta Magna: "Art. 194. A seguridade social compreende um conjunto integrado de ações de iniciativa dos Poderes Públicos e da sociedade, destinadas a assegurar os direitos relativos à saúde, à previdência e à assistência social". O quadro a seguir faz uma síntese das contribuições sociais:

1) contribuições devidas por empregadores, empresas e entidades equiparadas na forma da lei, incidentes sobre a folha de salários e demais rendimentos do trabalho pagos ou creditados, a qualquer título, à pessoa física que lhe preste serviço, mesmo sem vínculo empregatício: **art. 195, I, "a" da CF/88**	
1.1) contribuição sobre a folha de salário e remunerações em geral	art. 22, I, da Lei nº 8.212/91
1.2) contribuição ao seguro de acidentes do trabalho[14]	art. 22, II, da Lei nº 8.212/91
1.3) contribuição do empregador doméstico	art. 24 da Lei nº 8.212/91
2) contribuições devidas por empregadores, empresas e entidades equiparadas na forma da lei, incidentes sobre receita ou faturamento: **art. 195, I, "b" da CF/88**	
2.1) COFINS	Lei nº 10.833/2003 e outras
2.2) PIS[15]	Lei nº 10.637/2002 e outras
2.3) contribuição dos clubes de futebol profissionais	art. 22, §6º, da Lei nº 8.212/91

---

[14] O fundamento constitucional para essa contribuição encontra-se no art. 7º, XXVIII, da CF/88, que estipula ser direito do trabalhador o "seguro contra acidentes de trabalho, a cargo do empregador, sem excluir a indenização a que este está obrigado, quando incorrer em dolo ou culpa".

[15] Em que pese não constar do rol do art. 195 da CF/88, o PIS (que foi recepcionado pelo poder constituinte originário de 1988 nos moldes do art. 239) teve o produto de sua arrecadação direcionada para financiar o programa do seguro-desemprego. E, estando esse benefício a cargo da seguridade social (CF/88, art. 7º, II, e 201, III), passou-se a entender que o PIS é uma contribuição social.

2.4) contribuição da agroindústria[16]	art. 22-A da Lei nº 8.212/91
3) contribuições devidas por empregadores, empresas e entidades equiparadas na forma da lei, incidentes sobre o lucro: **art. 195, I, "c" da CF/88**	
3.1) CSSL	Lei nº 7.689/88
4) contribuições devidas por trabalhadores e demais segurados da previdência social: **art. 195, II, da CF/88**	
4.1) contribuição a cargo do empregado, do empregado doméstico e do trabalhador avulso	art. 20 da Lei nº 8.212/91
4.2) contribuição do segurado contribuinte individual e facultativo	art. 21 da Lei nº 8.212/91
4.3) contribuição do empregador rural pessoa física e a do segurado especial	art. 25 da Lei nº 8.212/91
5) contribuições dos concursos de prognósticos: **art. 195, III, da CF/88**	
5.1) contribuição do art. 26 da Lei nº 8.212/91	art. 26 da Lei nº 8.212/91

3.2 Contribuições de intervenção no domínio econômico – CIDEs

A possibilidade de instituir contribuições de intervenção no domínio econômico está nos arts. 149 e 177,[17] ambos da CF/88. Não se nega, antes se admite, que qualquer tributo acarreta intervenção na economia, eis que envolve a obrigação de transferir numerário para os cofres públicos, o que acaba por afetar (para mais) os preços cobrados pelos diversos produtos e serviços e, por conseguinte, a relação entre oferta e demanda dos bens em geral.

Então, é de se ver que a intervenção no domínio econômico que autoriza essa espécie de contribuição é somente aquela que tem certo objetivo perseguido pelo órgão estatal competente para tal finalidade. Logo, um tributo cujo objetivo predominante seja a mera arrecadação

---

[16] Segundo o art. 22-A da Lei nº 8.212/91, agroindústria é considerado "o produtor rural pessoa jurídica cuja atividade econômica seja a industrialização de produção própria ou de produção própria e adquirida de terceiros".

[17] A contribuição de intervenção no domínio econômico relativa às atividades de importação ou comercialização de petróleo e seus derivados, gás natural e seus derivados e álcool combustível (art. 149, §2º, II, da CF/88), após a EC nº 33/2001, passou a ter tratamento constitucional diferenciado, nos moldes do §4º do art. 177 da CF/88.

de recursos financeiros não poderá se constituir numa contribuição de intervenção no domínio econômico legítima.

Logo, o primeiro e mais relevante requisito para a instituição de uma CIDE é a ocorrência de um notável desajuste mercadológico em determinado setor da economia que, por tal motivo, requeira e justifique a atuação estatal para salvaguardar os princípios da ordem econômica (CF/88, art. 170). Nesse diapasão, "a intervenção no domínio econômico poderá dar-se para assegurar a livre concorrência, para defender o consumidor, para preservar o meio ambiente, para garantir a participação dos Estados, dos Municípios e do Distrito Federal, no resultado da exploração, nos respectivos territórios dos recursos minerais etc." (CARRAZZA, 1996, p. 322).

Além disso, é até intuitivo perceber que o produto da arrecadação da CIDE deverá ser empregado exclusivamente no custeio da atividade estatal interventiva, no sentido de neutralizar os fatores que estão desencadeando o desajuste.

Ressalte-se, ainda, que a contribuição de intervenção no domínio econômico deve ser temporária, quer dizer, cessados os motivos que justificaram sua criação, esta deve encerrar vigência, sob pena da função nitidamente extrafiscal (estimular ou desestimular condutas dos agentes econômicos e dos consumidores) transformar-se em fiscal (meramente arrecadatória), contrariando sua definição nocional.

Prosseguindo, dadas as finalidades essenciais desse tipo de exação, a contribuição de intervenção no domínio econômico não pode ser exigida de qualquer sujeito passivo, de forma indiscriminada ou leviana. Somente pode ser cobrada CIDE daqueles agentes cujas atividades causaram ou estão na origem de desequilíbrios mercadológicos suficientemente graves para ensejar a instituição desse tributo. Com efeito,

> o legislador federal, só poderá eleger o sujeito passivo de tais 'contribuições' dentre os que estiverem envolvidos com a exploração da atividade econômica que se pretende disciplinar". Enfatizando, em se tratando de contribuições de intervenção no domínio econômico, o sujeito passivo deve ser o agente econômico submetido à intervenção (CARRAZZA, 1996, p. 325).

Conforme já tivemos oportunidade de asseverar em outro estudo (MARTINS, 2017, p. 236), existem, em síntese, cinco requisitos para a criação de uma contribuição de intervenção no domínio econômico, cuja presença é, em princípio, indispensável para a regularidade e validade desta espécie de exação, a saber:

1) falha em determinado mercado capaz de colocar em risco a aplicação dos princípios da ordem econômica elencados no art. 170 da CF/88, com especial destaque para a proteção à livre concorrência;

2) tal falha deve ser grave o suficiente para justificar a intervenção estatal por meio de uma CIDE, no sentido de estimular ou desestimular as condutas dos agentes econômicos envolvidos, imprimindo à contribuição um caráter extrafiscal;

3) a CIDE deve ser temporária, ou seja, necessita ser extinta cessadas as circunstâncias que justificaram sua criação;

4) a arrecadação da CIDE deve ser destinada exclusivamente ao custeio da atividade estatal interventiva;

5) o sujeito passivo deve estar envolvido com a exploração da atividade econômica que se pretende regular, conferindo referibilidade à CIDE.

Não há que se falar nas restrições ao exercício da competência residual da União Federal para criar contribuições de intervenção no domínio econômico, não se lhes aplicando as regras do art. 154, I, da CF/88, eis que aquele dispositivo diz respeito aos impostos (arts. 153 até 156) e o §4º do art. 195 da CF/88 se aplica apenas às contribuições sociais.

A conclusão mais importante disso é que as contribuições de intervenção no domínio econômico podem repetir hipóteses de incidência e bases de cálculos de impostos e contribuições sociais já previstos na Constituição. Contudo, essa possibilidade diz respeito apenas aos tributos de competência da União, não se estendendo àqueles pertencentes aos Estados, Distrito Federal e Municípios, sob pena de ferimento ao princípio federativo (art. 1º, *caput*, da CF/88), que inclusive é cláusula pétrea (art. 60, §4º, I, da CF/88). Nesses termos, a lição de Carrazza (1996, p. 323).

Atualmente, existem várias exações que se denominam como contribuição de intervenção no domínio econômico. Todavia, em vários casos, não há o preenchimento dos cinco requisitos indicados, o que tem levado vários contribuintes a ajuizarem demandas com o objetivo de obterem declaração de não sujeição a essa ou àquela contribuição. Não obstante já ter havido, em alguns casos, pronunciamento a respeito por parte do Superior Tribunal de Justiça e do Supremo Tribunal Federal, em relação àquelas que não foram escrutinadas pelas referidas Cortes, ainda permanecem acesas várias controvérsias. O quadro seguinte faz uma síntese das mais importantes contribuições de intervenção no domínio econômico em vigor:

1) contribuições de intervenção no domínio econômico: arts. 149 e 177 da CF/88	
1.1) contribuição ao Instituto do Açúcar e do *Álcool* (IAA)	Decretos-leis nºs 308/67, 1.712/79 e 1.952/82
1.2) AFRMM – Adicional ao Frete para Renovação da Marinha Mercante	Decreto-lei nº 2.404/87 e Lei nº 10.893/2004
1.3) contribuição ao Fundo para o Desenvolvimento Tecnológico das Telecomunicações – Funtel	Lei nº 10.052/2000
1.4) contribuição para *financiar o programa de estímulo à interação universidade-empresa para o apoio à inovação* (CIDE – *royalties*)	Lei nº 10.168/2000
1.5) contribuição sobre a *importação e a comercialização de petróleo e seus derivados, gás natural e seus derivados e álcool etílico combustível* (CIDE – combustíveis)	Lei nº 10.336/2001
1.6) contribuição ao Serviço Social Autônomo Agência de Promoção de Exportações do Brasil – APEX	Lei nº 10.668/2003

3.3 Contribuições de interesse das categorias profissionais ou econômicas

A própria nominação que a Constituição de 1988 utilizou para essas contribuições (*caput* do art. 149) permite intuir sua finalidade específica, isso é, proporcionar a obtenção de recursos financeiros para fins de organização/ fiscalização de uma determinada categoria profissional ou econômica. Nesse tópico, Carrazza (1996, p. 325) explica que

> as *contribuições de interesse das categorias profissionais ou econômicas, como instrumento de sua atuação nas respectivas* áreas destinam-se a custear entidades (pessoas jurídicas de direito público ou privado) que têm por escopo fiscalizar e regular o exercício de determinadas atividades profissionais ou econômicas, bem como representar, coletiva ou individualmente, categorias profissionais, defendendo seus interesses.

Como exemplos de categorias profissionais citamos: médicos, dentistas, fisioterapeutas, economistas, engenheiros, arquitetos, psicólogos, corretores de imóveis, etc., sendo a contribuição devida aos respectivos órgãos de classe, os chamados Conselhos Regionais, que possuem natureza jurídica de autarquias.[18] Como categorias econômicas tem-se as micro e pequenas empresas, sendo as contribuições devidas ao SEBRAE (Serviço de Apoio às Micro e Pequenas Empresas).[19]

É importante notar que essas contribuições não se confundem com a denominada "contribuição sindical", prevista no art. 8º, IV, da CF/88, que, por ser fixada em assembleia geral da respectiva entidade, não é tributo, eis que ausente o requisito de observância do princípio da legalidade. Nessa linha de raciocínio, a "contribuição sindical" se identifica com aquela cobrada por qualquer associação civil.

Evidentemente, na mesma linha do que ocorre com as CIDEs, é certo que as contribuições de interesse das categorias profissionais ou econômicas não podem ser exigidas de qualquer sujeito passivo, devendo este encontrar-se vinculado à atividade regulada e fiscalizada pelo respectivo Conselho.

Ademais, essas contribuições somente serão legítimas se os recursos arrecadados se destinarem a propiciar a organização de uma categoria (profissional ou econômica), inclusive fornecendo numerário para a manutenção de entidade associativa. Então, caso seja criado um tributo que se intitule como tal, mas não atenda a estes requisitos (por exemplo, sendo a arrecadação destinada ao Tesouro Nacional), é certo que não se tratará de contribuição de interesse de categoria profissional ou econômica, mas, certamente, de outro tributo, inclusive um imposto. E, se configurada esta última figura, será de rigor a estrita observância do disposto no art. 154, I, da Carta Magna, sob pena de inconstitucionalidade.

O próximo quadro faz uma síntese das mais importantes contribuições de interesse das categorias profissionais ou econômicas:

---

[18] Quanto aos advogados, é oportuno anotar que a jurisprudência vem considerando que as anuidades cobradas dos respectivos filiados por aquela autarquia não possuem natureza tributário, motivo pelo qual não a elencamos nos exemplos acima.
[19] Há autores que identificam a contribuição ao SEBRAE como de intervenção no domínio econômico.

1) contribuições de interesse das categorias profissionais ou econômicas: **art. 149 da CF/88**	
1.1) contribuições aos conselhos regionais das diversas profissões legalmente regulamentadas	diversas leis ordinárias
1.2) contribuição ao Serviço de Apoio às Micro e Pequenas Empresas – SEBRAE	art. 8º da Lei nº 8.154/90

3.4 Contribuições recepcionadas pela Constituição Federal de 1988 e outras correlatas

O poder constituinte originário previu e recepcionou expressamente contribuições cujo fundamento de validade se encontra em preceitos diversos da Constituição. São exações que não se destinam ao financiamento da seguridade social, nem se relacionam diretamente com a intervenção no domínio econômico nem com o interesse das categorias profissionais ou econômicas. Tratando-se de verdadeiras contribuições, suas características essenciais assemelham-se às demais, ou seja: tributo não vinculado, mas cuja arrecadação deve financiar atividade especificada constitucionalmente. O quadro indica as exações em epígrafe:

1) contribuições recepcionadas pela Constituição Federal de 1988	
1.1) contribuição para o Fundo de Garantia por Tempo de Serviço – FGTS[20]	CF/88, art. 7º, III, e art. 15 da Lei nº 8.036/90
1.2) contribuição do "salário educação"	CF/88, §5º, do art. 212 e art. 15 da Lei nº 9.424/96
1.3) contribuição ao Serviço Social do Comércio – SESC	CF/88, art. 240, e Decreto-lei nº 9.853/46
1.4) contribuição ao Serviço Nacional de Aprendizagem Comercial – SENAC	CF/88, art. 240, e Decreto-lei nº 8.621/46
1.5) contribuição ao Serviço Social da Indústria – SESI	CF/88, art. 240, e Decreto-lei nº 9.403/46

---

[20] Há decisões do Supremo Tribunal Federal considerando que a contribuição ao FGTS não ostenta natureza tributária.

1.6) contribuição ao Serviço Nacional de Aprendizagem Industrial – SENAI	CF/88, art. 240, e Decreto-lei nº 4.048/42
1.7) contribuições ao Serviço Social do Transporte – SEST e ao Serviço Nacional de Aprendizagem no Transporte – SENAT	CF/88, art. 240, e Lei nº 8.706/93
1.8) contribuição ao Serviço de Aprendizagem Rural – SENAR	CF/88, art. 62 do ADCT e Lei nº 8.135/91
1.9) contribuição ao Serviço Nacional de Aprendizagem do Cooperativismo – SESCOOP	CF/88, art. 240, e Medida Provisória nº 2.168-40/2001
1.10) contribuição ao Instituto Nacional de Colonização e Reforma Agrária – INCRA	CF/88, art. 240, e Lei nº 2.613/55 e outras

3.5 Contribuição para o financiamento da iluminação pública – COSIP

Por meio da Emenda Constitucional nº 39, de 19 de dezembro de 2002, foi instituído art. 149-A no bojo da Constituição de 1988. Nos termos da sua redação "Os Municípios e o Distrito Federal poderão instituir contribuição, na forma das respectivas leis, para o custeio de serviço de iluminação pública, observado o disposto no art. 150, I e III".

Não havendo maiores detalhamentos, como, por exemplo, de quais sujeitos passivos a contribuição em epígrafe poderia ser exigida, houve posicionamentos que defenderam a inconstitucionalidade dessa contribuição. Nesse tópico, dentre outros, Harada (2003, p. 216) asseverou que "faltou o benefício diferenciado em relação à parcela da população, pelo que perde a característica de contribuição, para enquadrar-se na espécie tributária desvinculada de atuação estatal, qual seja, imposto, com todas as consequências daí advindas".

O art. 149-A igualmente sofreu inúmeras contestações judiciais, tendo havido decisões que consideraram essas contribuições inconstitucionais, como foi o caso, por exemplo, do julgamento transcrito operado no âmbito do Tribunal de Justiça do Rio de Janeiro, cuja ementa é transcrita a seguir:

> Tributário – Contribuição de iluminação pública instituída pelo Município de Petrópolis, após o advento da Emenda Constitucional nº 39/2002 – Lei Municipal instituidora do tributo que prevê a progressividade das alíquotas, de acordo com o consumo de energia residencial dos contribuintes. Conforme decidido pelo Egrégio Órgão Especial desta

Corte, os dispositivos de Lei Municipal que instituíram a CIP, tendo por hipótese de incidência a operação de fornecimento de energia elétrica ao consumidor final, afrontam a Constituição do Estado do Rio de Janeiro, por configurar inequívoca bitributação, uma vez que o serviço de energia elétrica já é tributado pelo ICMS. (Representação de Inconstitucionalidade nº 116/2003, Relator Designado para Acórdão: Des. Marlan Marinho). Precedentes do STF. Recurso a que se nega seguimento, corrigindo-se, de ofício, o valor da condenação em honorários.

(TJRJ, 1ª Câmara Cível, autos nº 2005.001.17686-RJ, j. 15.07.2005, Rel. Des. Luis Felipe Salomão).

Aliás, controvérsias a respeito dos gastos municipais com a iluminação das vias públicas são antigas. Os Municípios, em passado mais distante, usualmente cobravam taxas dos proprietários cujos imóveis se localizavam em locais servidos por iluminação pública. Ocorre que, como já assinalado, a taxa somente será legítima nas hipóteses em que, em se tratando de serviço público, seja possível identificar o beneficiário. Isso não ocorre em relação à iluminação das ruas, na medida em que qualquer pessoa que transite pelo local, inclusive aqueles que residirem em outro Município ou país, será beneficiada. Isso levou o Supremo Tribunal Federal a editar a Súmula nº 670: "O serviço de iluminação pública não pode ser remunerado mediante taxa".

A discussão em torno das contribuições instituídas com fulcro no art. 149-A da CF/88 foi parar na Excelsa Corte brasileira, que, então, a julgou em 25 de março de 2009 (RE nº 573.675), com relatoria do Ministro Ricardo Lewandowski, que proferiu voto elucidativo no sentido de considerar constitucional a instituição da COSIP.

O caso que aportou no Supremo dizia respeito ao Município de São José, no Estado de Santa Catarina. Porém, considerando que o recurso se encontrava sob a sistemática da repercussão geral (CPC/73, art. 543-B), os efeitos da decisão se espraiaram por todas as demais demandas do mesmo cunho, pacificando a questão de modo definitivo. A ementa ficou assim redigida:

CONSTITUCIONAL. TRIBUTÁRIO. RE INTERPOSTO CONTRA DECISÃO PROFERIDA EM AÇÃO DIRETA DE INCONSTI-TUCIONALIDADE ESTADUAL. CONTRIBUIÇÃO PARA O CUSTEIO DO SERVIÇO DE ILUMINAÇÃO PÚBLICA – COSIP. ART. 149-A DA CONSTITUIÇÃO FEDERAL. LEI COMPLEMENTAR 7/2002, DO MUNICÍPIO DE SÃO JOSÉ, SANTA CATARINA. COBRANÇA

REALIZADA NA FATURA DE ENERGIA ELÉTRICA. UNIVERSO DE CONTRIBUINTES QUE NÃO COINCIDE COM O DE BENEFICIÁRIOS DO SERVIÇO. BASE DE CÁLCULO QUE LEVA EM CONSIDERAÇÃO O CUSTO DA ILUMINAÇÃO PÚBLICA E O CONSUMO DE ENERGIA. PROGRESSIVIDADE DA ALÍQUOTA QUE EXPRESSA O RATEIO DAS DESPESAS INCORRIDAS PELO MUNICÍPIO. OFENSA AOS PRINCÍPIOS DA ISONOMIA E DA CAPACIDADE CONTRIBUTIVA. INOCORRÊNCIA. EXAÇÃO QUE RESPEITA OS PRINCÍPIOS DA RAZOABILIDADE E PROPORCIONALIDADE. RECURSO EXTRAORDINÁRIO IMPROVIDO.

I - Lei que restringe os contribuintes da COSIP aos consumidores de energia elétrica do município não ofende o princípio da isonomia, ante a impossibilidade de se identificar e tributar todos os beneficiários do serviço de iluminação pública.

II - A progressividade da alíquota, que resulta do rateio do custo da iluminação pública entre os consumidores de energia elétrica, não afronta o princípio da capacidade contributiva.

III - Tributo de caráter sui generis, que não se confunde com um imposto, porque sua receita se destina a finalidade específica, nem com uma taxa, por não exigir a contraprestação individualizada de um serviço ao contribuinte.

IV - Exação que, ademais, se amolda aos princípios da razoabilidade e da proporcionalidade.

V - Recurso extraordinário conhecido e improvido.

De início, o Ministro Lewandowski deixa claro que a COSIP ostenta natureza tributária, pois "ela se amolda a todos os elementos contidos no conceito de tributo estabelecido pelo art. 3º do Código Tributário Nacional". Além disso, o voto assenta que o art. 149-A da CF/88 "estabelece que os Municípios e o Distrito Federal, ao instituí-la, devem observar o disposto nos incisos I e III do art. 150". Diante de tal pressuposto, passa o Ministro Lewandowski a perquirir em qual espécie tributária deve a COSIP se encaixar.

Nesse tópico, o voto adentra nos principais posicionamentos da doutrina a respeito dessa questão. Assim, "para Greco,[21] é preciso buscar o perfil específico das contribuições para que se possa elaborar um modelo teórico consentâneo com os seus fins". Diferenciando as taxas das contribuições, Geraldo Ataliba assevera que quanto a essas últimas "a hipótese de incidência refere-se a uma atuação estatal apenas indiretamente ligada ao contribuinte".

---

[21] Trata-se de Marco Aurélio Greco.

Prosseguindo, é destacado o posicionamento de Ives Gandra da Silva Martins, que, "apesar de reconhecer a deficiência conceitual da exação estabelecida no art. 149-A, define-a como taxa, por tratar-se de uma contraprestação a um serviço público". Roque Antônio Carrazza e Kiyoshi Harada consideram a COSIP como sendo um imposto, por se tratar de "tributo não vinculado a uma atuação estatal". Na sequência, destaca o Ministro Lewandowski que "Márcio Maia de Britto, de outra parte, afirma que a contribuição de iluminação pública apresenta as características que são próprias das contribuições de intervenção no domínio econômico".

Em seguida, o voto diz que "há autores que pensam tratar-se de uma contribuição *sui generis,* tendo em conta a sua finalidade específica. Esse é o entendimento de Paulo Roberto Lyrio Pimenta, que classifica a exação em tela como uma quarta espécie de contribuição especial, ao lado das contribuições sociais, interventivas e corporativas. Hugo Thamir Rodrigues também é da mesma opinião".

Na sequência, o Ministro Lewandowski descreve a classificação dos tributos feita pelo Ministro Carlos Velloso, do Supremo Tribunal Federal, no notório e conhecido julgamento da ADI nº 447, nos seguintes termos:

> As diversas espécies tributárias, determinadas pela hipótese de incidência ou pelo fato gerador da respectiva obrigação (CTN, art. 4º), são a) os impostos (C.F., art. 145, I, arts. 153, 154, 155 e 156), b) as taxas (C.F., art. 145, II), c) as contribuições, que são c.1) de melhoria (C.F., art. 145, III), c.2) sociais (C.F., art. 194), que, por sua vez, podem ser c.2.1) de seguridade social (C.F., art. 195, C.F., 195, §4º) e c.2.2) salário educação (C.F., art. 212, §5º) e c.3) especiais: c.3.1.) de intervenção no domínio econômico (C.F., art. 149) e c.3.2) de interesse de categorias profissionais ou econômicas (C.F., art. 149). Constituem, ainda, espécie tributária, d) os empréstimos compulsórios (C.F., art. 148).

Levando em conta a classificação delineada, o Ministro Lewandowski, em nossa opinião de forma acertada, conclui que a COSIP é uma nova espécie de contribuição, independente de todas as demais até então existentes, mesmo que ostente algumas semelhanças com os impostos e as taxas. Em suas palavras:

> A meu ver, a COSIP constitui um novo tipo de contribuição, que refoge aos padrões estabelecidos nos arts. 149 e 195 da Constituição Federal. Cuida-se, com efeito, de uma exação subordinada a disciplina própria, qual seja, a do art. 149-A da CF, sujeita, contudo, aos princípios

constitucionais tributários, visto enquadrar-se inequivocamente no gênero tributo. De fato, como ela ostenta características comuns a várias espécies de tributos, não há como deixar de reconhecer que os princípios aos quais estes estão submetidos também se aplicam, *modus in rebus*, à contribuição para o custeio de iluminação pública.

Quanto aos sujeitos passivos, o voto esclarece que "respeitados os demais princípios tributários e os critérios de razoabilidade e proporcionalidade, nada há de inconstitucional em identificarem-se os sujeitos passivos da obrigação em função de seu consumo de energia elétrica". Nessa banda, nada impede que a lei eleja como contribuintes os consumidores de energia elétrica, tanto os residenciais quanto os não residenciais.

Mesmo porque, segundo consignado pelo Ministro Lewandowski, "sendo a iluminação pública um serviço público *uti universi*, ou seja, de caráter geral e indivisível, prestado a todos os cidadãos, indistintamente, não se afigura possível, sob o aspecto material, incluir todos os seus beneficiários no polo passivo da obrigação tributária".

5   Conclusões

O sistema tributário brasileiro, nos termos estatuídos pela Constituição Federal de 1988, comporta as seguintes espécies de tributos: 1) impostos (CF/88, art. 145, I); 2) taxas (CF/88, art. 145, II); 3) contribuições de melhoria (CF/88, art. 145, III); 4) empréstimos compulsórios (CF/88, art. 148, I e II) e 5) contribuições de fins específicos, que, por sua vez, podem ser: 5.1) sociais (CF/88, arts. 149 e 195); 5.2) de intervenção no domínio econômico (CF/88, arts. 149 e 177); 5.3) de interesse das categorias profissionais ou econômicas (CF/88, arts. 149); 5.4) expressamente recepcionadas pelo poder constituinte originário (CF/88, arts. 212, §5º; 239; 240, 62 do ADCT) e 5.4) destinadas ao financiamento da iluminação pública (CF/88, art. 149-A).

Conjugando-se os critérios do tipo de fato gerador, como sendo vinculado ou não vinculado, com as respectivas finalidades constitucionalmente definidas, concluímos que cada uma das espécies elencadas possui regime jurídico próprio que permite diferenciá-las das demais, conforme vem sendo reconhecido pela doutrina mais atual e pelo próprio Supremo Tribunal Federal, órgão de mais alta hierarquia para a interpretação dos preceitos constitucionais.

Por meio da Emenda Constitucional nº 39, de 19 de dezembro de 2002, foi instituído art. 149-A no bojo da Constituição de 1988, que autorizou os Municípios e o Distrito Federal a instituírem a contribuição para o custeio de serviço de iluminação pública (COSIP), nos termos das leis a serem editadas por cada um desses entes federativos.

Em que pese, no passado, tanto em termos de doutrina quanto de jurisprudência, ter havido controvérsias acerca da constitucionalidade dessa nova exação, a teor do alentado voto proferido pelo Ministro Ricardo Lewandowski, em 25 de março de 2009 no Recurso Extraordinário nº 573.675, a COSIP foi considerada como um novo tipo de contribuição, com disciplina jurídica própria, qual seja, a do art. 149-A da CF/88, existindo plena harmonia com os preceitos da Carta Magna referentes à tributação.

Referências

AMARO, Luciano. *Direito tributário brasileiro*. 10. ed. São Paulo: Saraiva, 2004.

ATALIBA, Geraldo. *Hipótese de incidência tributária*. 5. ed. São Paulo: Malheiros, 1997.

BANDEIRA DE MELLO, Celso Antônio. *Curso de direito administrativo*. 10. ed. São Paulo: Malheiros, 1998.

BERCOVICI, Gilberto. A constituição e o papel do estado no domínio econômico. *Revista da Academia Brasileira de Direito Constitucional*, n. 2, p. 119-129, 2002.

BORGES, José Souto Maior. A CIDE e as contribuições sociais. *2º Seminário jurídico sobre o mercado de distribuição de combustíveis*. Rio de Janeiro: sem editora, 2002.

CARRAZZA, Roque Antônio. *Curso de direito constitucional tributário*. 8. ed. São Paulo: Malheiros, 1996.

CARVALHO, Paulo de Barros. *Curso de direito tributário*. 14. ed. São Paulo: Saraiva, 2004.

CASSONE, Vittorio. *Direito tributário*. 12. ed. São Paulo: Atlas, 2000.

COELHO, Sacha Calmon Navarro. *Curso de direito tributário brasileiro*. 5. ed. Rio de Janeiro: Forense, 2000.

COSTA, Regina Helena. *Código tributário nacional comentado*. *In*: FREITAS, Vladimir Passos de (coord.). 2. ed. São Paulo: Revista dos Tribunais, 2004.

GABARDO, Emerson. *Eficiência e legitimidade do estado*. São Paulo: Manole, 2003.

GRECO, Marco Aurélio. *Contribuições (uma figura "sui generis")*. São Paulo: Dialética, 2000.

HARADA, Kiyoshi. *Direto financeiro e tributário*. 12. ed. São Paulo: Atlas, 2004.

HARADA, Kiyoshi. Contribuição para custeio da iluminação pública. *Repertório IOB de Jurisprudência*, 06/2003, Caderno I.

LEWANDOWSKI, Enrique Ricardo. Direitos fundamentais – a formação da doutrina dos direitos fundamentais. *In*: MARTINS, Ives Gandra; MENDES, Gilmar Ferreira; TAVARES, André Ramos (coord.). *Lições de direito constitucional em homenagem ao jurista Celso Bastos*. São Paulo: Saraiva, 2005, p. 168-179.

MACHADO, Hugo de Brito. *Curso de direito tributário*. 21. ed. São Paulo: Malheiros, 2002.

MARQUES, Márcio Severo. *Classificação constitucional dos tributos*. São Paulo: Max Limonad, 2000.

MARTINS, Ives Gandra da Silva. Imposição para custear a previdência social com base no artigo 195, §4º da Lei Magna – inconstitucionalidade da lei complementar nº 84/96. *Revista Dialética de Direito Tributário*, 1996.

MARTINS, Marcelo Guerra. Regime geral das contribuições de intervenção no domínio econômico (CIDEs) no direito brasileiro. *Revista Brasileira da Advocacia*, ano 2, vol. 5, p. 217-241, abr./jun. 2017.

MARTINS, Sérgio Pinto. *Direito da seguridade social*. 7. ed. São Paulo: Atlas, 1997.

MEIRELLES, Hely Lopes. *Direito administrativo brasileiro*. 12. ed. São Paulo: Malheiros, 1996.

MELO, José Eduardo Soares. *Contribuições sociais no sistema tributário*. 2. ed. São Paulo: Malheiros, 1996.

SCHOUERI, Luís Eduardo. *Direito tributário*. 2. ed. São Paulo: Saraiva, 2012.

TORRES, Ricardo Lobo. *Curso de direito financeiro e tributário*. 8. ed. Rio de Janeiro: Renovar, 2001.

Informação bibliográfica deste texto, conforme a NBR 6023:2018 da Associação Brasileira de Normas Técnicas (ABNT):

DELGADO, Carlos Eduardo; MARTINS, Marcelo Guerra. Contribuições de fins específicos e seu regime jurídico na Constituição Federal de 1988. *In*: RODRIGUES, Dennys Albuquerque; CEZAR, Eduardo Barreto; OLIVEIRA, Marcelo Pimentel de (coord.). *Democracia, humanismo e jurisdição constitucional*: estudos em homenagem ao Ministro Ricardo Lewandowski. Belo Horizonte: Fórum, 2022. p. 81-106. ISBN 978-65-5518-402-0.

MINISTRO RICARDO LEWANDOWSKI E A PROTEÇÃO DA REGRA DA LEGALIDADE ESTRITA

DAVI DE PAIVA COSTA TANGERINO

1   Introdução

É muito comum, porém errôneo, que se tomem os conceitos de fragmentariedade e de *ultima ratio* (ou intervenção mínima) como sinônimos. Ao menos nos Estados democráticos, a fragmentariedade é uma característica ínsita ao poder punitivo, em que o Estado seleciona condutas a que atrela a imposição de uma sanção-castigo. No Brasil, a ínsita fragmentariedade é reforçada pela legalidade estrita, cujos corolários são a vedação do emprego de analogia e a taxatividade. A intervenção mínima, de outro lado, tem marcado caráter político-criminal e decorre de uma compreensão ampla das garantias constitucionais: apenas condutas particularmente graves, cujo controle social não se logrou de maneira satisfatória por vias menos interventivas, é que se abre a possibilidade do recurso à pena. Em resumo, o Direito Penal é fragmentário e pode ser mais ou menos punitivo, conforme a orientação política em dado momento histórico.

Essa orientação política tem *locus* adequado no Parlamento, ao menos no marco da criminalização primária, isto é, na fase de criação de normas penais. O Executivo, naturalmente, para além da possibilidade de provocar projetos legislativos, como o nefasto Pacote Anticrime, cujo nome já era presságio da pobreza intelectual de seu conteúdo, tem papel central na instrumentalização do projeto punitivo, com alocação de recursos na força pública e no campo da execução penal. Ao Judiciário caberia, ao menos no desenho constitucional, zelar pela legalidade/ constitucionalidade, seja da produção legislativa parlamentar, seja da executiva.

O Supremo Tribunal Federal, todavia, vêm por vezes se imiscuindo na própria construção do Estado punitivo, e, tão grave quanto, em contrariedade a garantias constitucionais elementares, como a legalidade estrita. No primeiro campo – a que alguns denominam de ativismo judicial – é exemplo de indevida ingerência a decisão liminar monocrática do Min. Roberto Barroso suspendendo em parte o indulto de Temer de 2017.

Articulo esse artigo-homenagem em torno do segundo aspecto: o retrocesso nas garantias penais em nome de uma política criminal inconstitucional capitaneada pelo Judiciário. Emprego como exemplo a Ação Direta de Inconstitucionalidade por Omissão nº 26, cujo objeto era a omissão legislativa em criminalizar a LBTG-fobia, e o Recurso Ordinário em Habeas Corpus nº 163.334, a propósito da tipicidade do inadimplemento sistemático de ICMS próprio.

Em ambos os casos, divergiu o Ministro Ricardo Lewandowski da posição preponderante, em prestígio à Constituição. A ministra da Suprema Corte Ruth Bader Ginsburg entrou para a história por votos em torno dos quais formou maioria; com igual força, por votos dissidentes. Poderia render merecidas homenagens ao Professor e Ministro para quem tiver a honra de trabalhar ressaltando sua gentileza, lhaneza, erudição e republicanismo; poderia selecionar diversas decisões, a exemplo das que impuseram avanços no mau trato à pandemia, mas escolho dar loas quando ficou vencido. Ao lado da Constituição Federal.

2 Breve nota sobre a ADO nº 26

O Brasil conhece algumas normas penais particularmente desenhadas para grupos a que se convencionou chamar de minorias, muito menos por questões numéricas, mas antes pela capacidade de disputar o discurso público e, assim, participar da tomada de decisões. Minorias no poder efetivo de sentarem-se à mesa do poder.

Nelas se incluem os vetores raça, cor, etnia (Lei nº 7.716/89 e art. 140, p. 3º, do Código Penal), religião ou procedência nacional (Lei nº 7.716/89) ou condição de pessoa idosa ou deficiente (art. 140, p. 3º, do Código Penal), apenas exemplificativamente. No que tem relevância ao debate, houve uma escolha legislativa de deixar de lado dos grupos alegadamente protegidos pelas normas penais incriminadoras os gays, lésbicas, bissexuais, transexuais, *queers*, intersexuais, assexuais e outras identidades heterodivergentes (congregados no + da sigla LGBTQIA+).

Diante dessa omissão legislativa, ajuizou o Partido Popular Socialista (PPS) uma ação direta de inconstitucionalidade por omissão que aduzia um pedido, data vênia, impossível: a criminalização, via Judiciário, de "todas as formas de homofobia e transfobia".

A impossibilidade do pedido esbarra tanto da fragmentariedade como na legalidade estrita, para além da divisão de poderes no desenho constitucional brasileiro.

Desde logo, impensável uma criminalização de "todas as formas de homofobia e transfobia", eis que toda norma penal incriminadora demanda uma tradução em comando, seja de ação, seja de abstenção, de maneira clara e compreensível pelos endereços da norma.

Com isso, todavia, não se esvazia de sentido a demanda pelos LGBTQIA+; a isonomia também é um mandamento constitucional e não há, por nenhum parâmetro que se busque, justificar a proteção deficiente desse grupo diante de outras minorias.

A demanda por isonomia, assim, ao menos no marco de processo judicial, coloca-se em colisão com a legalidade estrita que impõe, de maneira hialina, que apenas lei em sentido estrito pode criar tipos penais.

O próprio STF havia reconhecido que sequer via tratados internacionais que poderiam incorporar tipos no ordenamento brasileiro, como se buscou fazer da Convenção de Palermo.

O Ministro Lewandowski encontrou, no caso, o equilíbrio possível: constituir o Congresso em mora, "para a adoção das providências necessárias".

3   Estudo de caso: a criminalização do ICMS próprio pela via do Judiciário

No Recurso Ordinário em Habeas Corpus nº 163.334, fixou-se a seguinte tese: o contribuinte que de forma contumaz e com dolo de apropriação deixa de recolher o ICMS cobrado do adquirente da mercadoria ou serviço incide no tipo penal do art. 2º, inciso II, da Lei nº 8.137/90.

A ofensa à legalidade é patente. Nas transações econômicas, o ICMS não é descontado, nem destacado, porém integra o preço final, servindo a sinalização do quanto incide de ICMS naquela operação mero indicativo ao consumidor.

Enquanto não se revê essa inconstitucional decisão, toca à doutrina buscar dar-lhe alguma racionalidade.

Desde logo, o que é essa forma contumaz?

Contumaz quer dizer costumeiro, habitual, em sentido ordinário, mas remete a pelo menos dois conceitos jurídicos – um penal e outro tributário.

No campo penal, várias figuras são dedicadas à reiteração de condutas: o concurso material e sua variação; o crime continuado; os delitos permanentes e os delitos habituais. Nos delitos permanentes, de maneira simplificada, há uma única ação ou omissão, com continuada afetação ao bem jurídico protegido (a exemplo do sequestro). No concurso material, existe um conjunto de condutas instantâneas, todas elas criminosas, que levarão à soma das penas (no concurso material) ou ao aumento de uma delas, a mais grave, quando houver identidade tal de circunstâncias, que "devem os subsequentes ser havidos como continuação do primeiro", conforme art. 71 do Código Penal (CP).

O delito habitual requer a reiteração de condutas que, isoladamente, não são crimes, e é precisamente do adensamento dessas condutas que surge a tipicidade – a exemplo do rufianismo e do curandeirismo. Nilo Batista, com costumeira precisão, o aproxima do crime complexo (como o latrocínio, que amalgama os crimes de roubo e homicídio), porém diferenciáveis sob o ângulo da temporalidade: "No crime habitual, as condutas se agregam diacronicamente, e no crime complexo, sincronicamente: em ambos os casos, contudo, as (pelo menos) duas devem estar presentes para que a tipicidade habitual ou complexa se perfaça".

Tal como desenhado o novo tipo penal pelo STF, portanto, cuida-se de tipo habitual.

Não existe, porém, nos delitos habituais uma quantidade mínima de reiterações para que a referida tipicidade se atinja. Há, inclusive, quem agregue um critério subjetivo para esse fim: que o agente realize o fato como um modo de vida.

Por se tratar de crime tributário, todavia, a acessoriedade administrativa remete o intérprete aos conceitos tributários. Aqui o segundo sentido jurídico relevante, para este artigo, de habitualidade: diversos

Estados definiram o conceito de devedor contumaz, agregando, preponderantemente, o vetor reiteração (um certo número de omissões em pagar ao longo dos últimos 12 meses) ou o vetor importância no inadimplemento (uma porcentagem do faturamento, por exemplo).

A solução parece sedutora, mas gera diversas dificuldades.

Levantamento feito por um grupo de alunos da Escola de Direito da FGV/SP em 2020 revela que sete Estados não regulamentaram o tema: Acre, Amapá, Mato Grosso do Sul, Piauí, Rondônia, Roraima e Tocantins.[1] O Amazonas menciona o conceito em decreto, mas não o define. O Ceará, por sua vez, parece empregar o conceito do Comitê Interinstitucional de Recuperação de Ativos (Cira) para a identificação de devedores contumazes, isto é, aquele que tem débito de ICMS próprio declarado e não pago, inscrito na dívida ativa referente a quatro períodos, consecutivos ou não, no período de 12 meses.

Goiás restringe o conceito ao vetor temporal: é devedor contumaz aquele que deixar de recolher o ICMS por quatro meses seguidos ou oito meses intercalados nos 12 meses anteriores ao último inadimplemento ou tiver crédito tributário inscrito em dívida ativa relativo ao ICMS próprio declarado e não recolhido no prazo legal que abranger mais de quatro períodos de apuração. No Estado, é de 100 mil reais o valor mínimo total para submissão ao sistema especial de controle, fiscalização, apuração e arrecadação, conforme previsto na Lei nº 19.665/17.

A média do número necessário de reiterações consecutivas para fins de contumácia é de 5,5 meses, sendo 6 a moda num universo de 17 Estados. Pernambuco, Bahia, Alagoas e Rio Grande do Norte exigem apenas três, ao passo que o maior número encontrado (oito) refere-se aos Estados de Santa Catarina, Rio Grande do Sul, Paraná, Paraíba, Maranhão e Pará.

A média de reiterações não consecutivas é de 6,3, com moda de oito meses (em oito dos 17 Estados). Bahia e Alagoas exigem apenas três, ao passo que Santa Catarina, Rio Grande do Sul, Paraná, Paraíba, Maranhão, Pará, Mato Grosso e Goiás exigem oito.

---

[1] Foram eles, para quem registro os créditos e os agradecimentos, Ana Carolina de Mello Said de Moraes, Anna Flávia Magalhães Brito, Carolina Fernández Vidal, Enzo Silveira Fernandes, Giulia Dutra Mattioli, Isabela Reiter Santos, Joana Elisa Loureiro Ferreira Guilherme, João Pedro de Souza, Luiza Pontes Corrêa, Marília Augusta Polachini da Silva, Paloma Batt, Rafaella Teixeira Pereira, Roberto Sergio de Pinho Peralta Junior e Stella Ferreira dos Santos.

Quanto ao vetor do montante inadimplido, tem-se média de 529,476 mil reais, mas esse número não diz muito, já que Ceará, Sergipe, Paraná, Pará, Espírito Santo e Distrito Federal não lidam com valores absolutos. A moda dos Estados que usam como critério de patrimônio do inadimplente é de 30%, e de faturamento, 25% e 30%. Em verdade, todas as dez Unidades da Federação (UF) que se valem do patrimônio empregam o critério de 30% (São Paulo, Rio Grande do Sul, Pernambuco, Paraná, Minas Gerais, Rio de Janeiro, Maranhão, Bahia, Alagoas e o Distrito Federal). Seis Estados empregam o critério de 25% para o faturamento (São Paulo, Rio Grande do Sul, Rio de Janeiro, Minas Gerais, Maranhão e Bahia) e outras seis UFs fixam o valor em 30% (Sergipe, Rio Grande do Norte, Paraná, Paraíba, Alagoas e o Distrito Federal). Anote-se que Santa Catarina apresenta uma peculiaridade nos critérios de valor, estabelecendo a contumácia quando a empresa "tiver créditos tributários inscritos em dívida ativa, relativamente à totalidade dos seus estabelecimentos neste Estado, em valor superior a R$ 20.000.000,00".

A confusão levaria a não apenas que o fato típico mudasse de contornos a depender do Estado, mas também a uma flutuação sem precedentes do que e do quanto se está a proibir.

Há um projeto de lei em trâmite da Câmara dos Deputados desde 2019 (PL nº 1.646) que pretende definir devedor contumaz como "o contribuinte cujo comportamento fiscal se caracteriza pela inadimplência substancial e reiterada de tributos". De pouca serventia, como se vê, para fins de segurança e clareza que se espera de tipos penais.

Ainda é preciso vencer o emprego do dolo de se apropriar, conforme fixado na tese.

O dolo de se apropriar é um velho conhecido dos penalistas, muitas vezes empregado em latim: *animus rem sibi habendi*. Nelson Hungria ensinava que "a apropriação pressupõe, conceitualmente, a intenção definitiva de não restituir a coisa ou desviá-la do fim para que foi entregue, ou a ciência de que se torna impraticável uma coisa ou outra" (*Comentários ao Código Penal*, vol. VII, Rio de Janeiro: Forense, 1955. p. 131).

Qual seria o problema de exigir esse dolo no caso em estudo?

A intenção de inverter o título a que o bem foi recebido, dele dispondo como se dono fosse, remete a um crime material, ou seja, um crime que só se aperfeiçoa com a superveniência de um resultado. O novo tipo penal, entretanto, é crime de infração de dever – o de não recolher aos cofres públicos o montante descontado ou cobrado, no prazo legal. Um crime formal, portanto.

Os crimes tributários podem, *grosso modo*, ser reunidos em três grandes grupos: os de fraude, com ou sem redução de crédito tributário; os de quebra de dever; e os destinados à administração, na cobrança de tributos.

E há uma razão muito simples para o fato de não haver crime tributário material sem o manejo de fraude: não se pode criminalizar o mero inadimplemento. Eis o segundo erro brutal cometido pelo STF, sem a validação, todavia, do Ministro Ricardo Lewandowski.

O erro em vincular o dolo de se apropriar a um crime formal deve-se, em parte, ao mau uso do termo apropriação, nos crimes de apropriação indébita previdenciária (art. 168-A do CP) ou de apropriação indébita tributária (art. 2º, II, da Lei nº 8.137/90). Nem um nem outro é crime de apropriação, já que o centro de gravidade desses tipos não está no locupletamento do valor inadimplido, mas na quebra do dever de repassá-lo aos cofres públicos. O desvalor, como se diz no jargão, está na ação, e não no resultado (como nos crimes materiais).

Apropriar-se de quê?

O ICMS atende ao regime de competência, isto é, considera o fato gerador no período de sua realização, independentemente do momento do pagamento. Assim, a venda efetuada hoje já fará nascer a pretensão arrecadatória do Estado e, com isso, o dever de recolhimento do ICMS.

A venda de hoje, no entanto, será ou não adimplida no futuro.

O destaque de ICMS na nota é, em verdade, uma ficção. Assume-se que o pagamento sobrevirá, mas o dever de recolher o ICMS próprio já existe. Aos olhos de um criminalista, não se está tributando a venda, e sim a oferta à venda. Um fato gerador de Schrödinger.

Empregando o conceito do STF no malfadado caso em análise, de que o inadimplente contumaz de ICMS próprio está se apropriando do tributo pago pelo contribuinte de fato (o consumidor), então há um claro descompasso temporal entre o fato gerador – e, com isso, o dever tributário – e o resultado criminal, a apropriação. Só pode se apropriar o acusado do montante do contribuinte de fato quando houver inversão do bem (ICMS destacado) que o referido contribuinte "transferiu" ao acusado; isso só ocorre quando há o adimplemento pelo bem ou serviço.

Apropriar-se de quem?

São tantas as impropriedades no caso que fica mesmo difícil dissecar o novo tipo penal.

Nesse ponto, a quem teve paciência para chegar até aqui, fica claro que no delito de apropriação o sujeito passivo (comumente chamado de vítima) é o contribuinte de fato, e não o Estado.

A apropriação pelo contribuinte "de verdade" do tributo, a vitimar o Estado, sem o uso de fraude, se chama inadimplemento tributário.

No desenho criado pelo STF, há um descasamento de aferição entre o inadimplemento tributário (aferível regularmente, em bloco, na compensação entre créditos e débitos de ICMS próprio) e o eventual inadimplemento, individualizado, pelo contribuinte de fato. Em outras palavras: não é possível medir se e em que medida o tributo inadimplido pelo realizador do fato gerador corresponde à efetiva apropriação dos tributos pagos, de maneira embutida no preço, pelo contribuinte de fato (consumidor ou tomador de serviço).

Como tentar dar alguma racionalidade ao novo e inconstitucional tipo penal?

Por enquanto, é um exercício de exclusão de possibilidades interpretativas, algo como um exercício de heurística negativa.

No campo da contumácia, o critério a ser empregado deve partir do oferecido pela UF, mas não deve com ele se confundir. Já que a legalidade foi jogada às traças, é preciso ao menos lhe conferir sentido de garantia, ou seja, o conceito administrativo de devedor contumaz é o ponto de partida, o mínimo para que se possa falar em contumácia criminal. É critério necessário, mas não é suficiente.

Como o STF criou um tipo tributário, então o sujeito passivo direto desse crime é o Estado, por coerência. Ainda, já que nesse caso o Estado é, em verdade, uma representação a fórceps de todos os consumidores de fato lesados pela apropriação do ICMS próprio destacado e não pago, e que a ofensa ao bem jurídico é medida em bloco, pela consolidação do tributo declarado como devido e não pago, é forçoso que também se agregue a seguinte variável: a existência de crédito do contribuinte perante a UF.

O racional para a decisão do STF é um juízo negativo – e justo, diga-se – àqueles que sistematicamente se financiam pelo inadimplemento de ICMS próprio. Igualmente justo deveria ser o juízo negativo ao Estado caloteiro que cria diversas formas institucionalizadas de descumprir o seu dever de repetir indébitos, ou de compensar tributos, seja pela via de precatórios, seja pela omissão em dar seguimento a procedimentos administrativos de compensação tributária.

Discordo do uso desse tipo de juízo para o campo penal; mas se o STF assim decidiu, deve, por coerência, descontar o quanto o Estado caloteiro deve ao contribuinte devedor contumaz, para fins de aferição do novo tipo penal. Um peso, uma medida.

No campo do dolo de se apropriar, é preciso aferir se, realmente, o valor destacado e não recolhido foi destinado ao contribuinte de fato. Em outras palavras, se houve efetivo dolo de obter benefício econômico aos sócios da pessoa jurídica. Assim, é forçoso considerar a quantidade, em bloco, de inadimplemento por parte dos contribuintes de fato.

Ainda que haja descasamento temporal, decorrente do regime de competência, a contumácia exigirá o inadimplemento médio de cinco ou seis não recolhimentos, o que permite enxergar uma média tanto da sonegação quanto dos inadimplementos pelos contribuintes de fato. Essa média daria algum nível de segurança de que, naquele período, haveria uma alta convergência entre calotes dos clientes, de um lado, e apropriação de ICMS, de outro.

A lógica aqui é trivial: só é possível agir com ânimo de se apropriar aquele que recebeu o bem da vítima. Logo, só pode haver crime quando aferido se houve montante efetivamente apropriado dos contribuintes de fato.

Cuida-se de exercício de aferição de potencialidade lesiva do novo tipo penal, fruto direto da combalida regra da legalidade. Ainda que mantido o entendimento de ser um crime formal, a conduta deve ser apta, *ex ante*, a ofender o bem jurídico protegido. Trocando em miúdos: quando o inadimplemento da pessoa jurídica não guardar relação com o montante descontado dos contribuintes de fato, então não se deu o novo tipo penal. A essa conclusão só pode chegar – ou se aproximar com um mínimo de segurança – por meio desse encontro de contas.

Exemplo prático: imagine um vendedor de cadeiras que, nos últimos 12 meses, vendeu, a cada mês, 100 cadeiras a 1 mil reais, em dez parcelas de 100 reais. Mês a mês, teve de recolher arredondados 21 mil reais, imaginando uma alíquota de 18%. Considere-se, ainda, que na aquisição dos insumos, creditaram-se 13 mil reais. Deve, assim, recolher 5 mil reais a título de ICMS. Suponha-se que, por descontos em negociações com devedores e calotes, não entraram no caixa daquela empresa os 100 mil reais médios esperados (100 vezes 1.000), mas 50 mil reais. Houve, na realidade sensível, a percepção não de 18 mil reais mensais a título de ICMS dos contribuintes de fato, mas de 9 mil reais. Aos olhos do fisco, em caso de inadimplemento desse vendedor, ele seria de 8 mil reais (21 mil reais de débito, descontados os 13 mil reais de créditos). Na prática, porém, apenas 50% das operações lançadas foram de fato de quitadas, o que inverteria a verdade dos fatos: o vendedor teria um crédito de 4 mil reais (9 mil reais de débitos "de verdade", descontados os 13 mil reais de crédito). Dar contornos criminais a esse fato seria rematado absurdo.

Por fim, é preciso haver intenção de ganho econômico por meio do inadimplemento, por força do *animus rem sibi habendi*. Bem verdade que há precedentes excluindo a tipicidade dos crimes tributários formais em caso de penúria econômica – aferível, entre outros, pela ausência de distribuição de lucros ou dividendos aos sócios/acionistas, amparado em perícia ou equivalente, em situação pré-falimentar. Esse, no entanto, é um tema de culpabilidade, de inexigibilidade de conduta diversa. A régua, para fins de tipicidade, há de ser menos rigorosa, por coerência.

Algumas soluções viáveis, a título de conclusão.

É evidente que a melhor solução seria a mudança de entendimento da jurisprudência, pelos incontáveis erros apontados do referido caso, ou alteração legislativa, com claros contornos típicos. Enquanto isso não ocorre, a contumácia deve ser empregada a partir dos critérios administrativos, não como critério suficiente, mas necessário do quanto seja devedor contumaz. A ela, devem-se agregar eventuais créditos que o devedor tenha perante a UF, independentemente da efetiva compensação, já que está a se aferir a conduta criminal, e não tributária do agente.

Em se tratando de delito motivado pelo ânimo de apropriação, é preciso aferir se efetivamente há bem a se apropriar, recebido pelo agente econômico pelos consumidores/tomadores de serviço, aferível por meio de um encontro de contas que considere o inadimplemento médio e os descontos negociais; além da intenção de realização de ganho econômico aos sócios/acionistas por meio do inadimplemento de ICMS próprio, alçado a essa forma torta de apropriação pelo STF.

Informação bibliográfica deste texto, conforme a NBR 6023:2018 da Associação Brasileira de Normas Técnicas (ABNT):

TANGERINO, Davi de Paiva Costa. Ministro Ricardo Lewandowski e a proteção da regra da legalidade estrita. *In*: RODRIGUES, Dennys Albuquerque; CEZAR, Eduardo Barreto; OLIVEIRA, Marcelo Pimentel de (coord.). *Democracia, humanismo e jurisdição constitucional*: estudos em homenagem ao Ministro Ricardo Lewandowski. Belo Horizonte: Fórum, 2022. p. 107-116. ISBN 978-65-5518-402-0.

A INTERVENÇÃO FEDERAL EM TEMPOS DE CRISE

DENNYS ALBUQUERQUE RODRIGUES

MARCOS SOARES

Em dezembro de 1971[1] Dalmo de Abreu Dallari prefaciava a 1ª edição de sua clássica e densa obra denominada "Elementos de Teoria Geral do Estado". De modo compreensível, o livro passou a ser uma referência obrigatória nos cursos de Direito no Brasil.

Cabe registrar que o saudoso Professor Dalmo de Abreu Dallari brilhantemente ocupou a cadeira da disciplina de Teoria Geral do Estado na renomada Universidade de São Paulo – USP, no período de 1963 a 2001. Posteriormente, foi honrosamente substituído pelo Professor Doutor Enrique Ricardo Lewandowski, que a assumiu por meio de concurso público de provas e títulos, ao apresentar a tese *Globalização, Regionalização e Soberania* (2003).[2]

No entanto, foi com o livro *Pressupostos Materiais e Formais da Intervenção Federal no Brasil*, cuja primeira edição data de 1994, que o hoje Ministro Ricardo Lewandowski mais se aproximou do *Elementos de Teoria Geral do Estado*, de Abreu Dallari, pois nele descreveu, de modo objetivo e profundo, os aspectos teóricos e procedimentais, assim como

---

[1] Nesse mesmo ano, Enrique Ricardo Lewandowski colou grau de bacharel em Ciências Políticas e Sociais pela Escola de Sociologia e Política de São Paulo, da Fundação Escola de Sociologia e Política de São Paulo.

[2] A tese foi publicada em 2004 pela Editora Juarez de Oliveira.

as peculiares características jurídicas materiais e formais da intervenção federal brasileira.

Neste pequeno e singelo artigo, teremos a oportunidade de homenagear o douto Professor das Arcadas paulistas e ilustre Ministro do Supremo Tribunal Federal, Enrique Ricardo Lewandowski, abordando justamente o tema de seu estudo sobre o instituto da intervenção federal como instrumento fundamental para a preservação do pacto federativo.

O Estado Federal e os seus meios de defesa

Como fenômeno de organização político-territorial, as repúblicas-democráticas são formas de governo, de certo modo, ainda recentes, considerando uma perspectiva em que o fator cronológico é elemento determinante.[3]

Dito de outro modo, vivenciamos a democracia republicana moderna há pouco tempo e, ainda assim, já enfrentamos desafios imensos para preservar esse sistema de governo.

No que concerne aos Estados Federais, embora essas organizações político-territoriais não se confundam com a forma de governo de uma nação, como muito bem observa Dalmo de Abreu Dallari, há uma inevitável influência e importância do primeiro no segundo, uma vez que essa forma de Estado, com seu governo peculiar, demonstrou ser capaz de dificultar, ainda que efetivamente não impeça, a acumulação de poder num só órgão, repelindo, por isso, a formação de governos totalitários.[4]

Aliás, interessante registro é feito por Raul Machado Horta ao afirmar que a forma federal, na sua origem localizada na Constituição norte-americana de 1787, não recebeu designação formal. Segundo Horta, a identificação entre o nome e a categoria política fez-se no curso do funcionamento das instituições e na interpretação que recebeu na doutrina e na jurisprudência, momento em que a forma federal adquiriu autonomia conceitual e tipológica.[5]

---

[3] HOPPE, Hans-Hermann. *Democracia, o Deus que falhou.* 1. ed. São Paulo: Mises Brasil. 2014, posição 168, e-book Kindle.

[4] DALLARI, Dalmo de Abreu. *Elementos de teoria geral do Estado.* 28. ed. São Paulo: Saraiva, 2009. p. 260.

[5] HORTA, Raul Machado. O Federalismo no Direito Constitucional Contemporâneo. In: *Revista da Academia Brasileira de Letras Jurídicas*, Rio de Janeiro, ano XVII, n. 19 e 20, p. 223, 1º e 2º semestres de 2001.

O certo é que o modelo federativo concebido nos Estados Unidos da América passou a ser uma referência para Estados de dimensão continental, para os Estados de composição plurinacional e, ainda, para os Estados de pluralidade linguística e de grandes concentrações populacionais, de modo a equacionar o exercício do poder político nos respectivos territórios, consoante informa e ensina Raul Machado Horta.[6]

Esse foi o caminho adotado pelo Brasil ao transitar da monarquia para a república, tornando-se, a partir de 1889, República Federativa do Brasil.

Assim, a par das conhecidas críticas à formação histórica do modelo federativo brasileiro, conseguimos manter o federalismo até os dias atuais, mesmo que com percalços momentâneos.

Por sua vez, a Constituição Federal de 1988 aprofundou o desenvolvimento do modelo federal ao ampliar as competências legislativas dos Estados-membro e ao conferir a estes maior autonomia e participação nas receitas fiscais. De igual modo, ampliou os entes políticos integrantes do sistema federativo ao incluir os Municípios.

Com efeito, a definição de Estado Federal "consiste numa união permanente e indissolúvel de entes políticos, dotados de autonomia, que tem por fundamento uma constituição à qual todos se submetem".[7] Tal definição principia o livro Pressupostos Materiais e Formais da Intervenção Federal no Brasil, de autoria do Professor e Ministro Enrique Ricardo Lewandowski, originalmente publicado em 1994 e que se tornou uma referência acadêmica sobre o tema na doutrina jurídica brasileira.

Tempos depois, em outra obra clássica, o Ministro Ricardo Lewandowski afirmou que a visão de Herman Heller, no sentido de que apenas a federação é dotada de soberania, foi a ótica prevalecente entre os estudiosos atuais.[8] E, de fato, assim o é.

E sendo a federação dotada de soberania, naturalmente surge a necessidade de preservação e defesa dessa característica de sua existência política. Nesse contexto, a intervenção federal desponta como mecanismo constitucional para a manutenção da integridade federativa. Vejamos como.

---

[6] HORTA, Raul Machado. *Idem*, p. 224.
[7] LEWANDOWSKI, Enrique Ricardo. *Pressupostos Materiais e Formais da Intervenção Federal no Brasil*. 2. ed., rev. ampl. e atual. Belo Horizonte: Fórum, 2018. p. 11.
[8] LEWANDOWSKI, Enrique Ricardo. *Globalização, Regionalização e Soberania*. 1. ed. São Paulo: Juarez de Oliveira, 2004. p. 252.

Do uso efetivo da intervenção federal em tempos de crise

É notório que o mundo vive momentos politicamente conturbados. As razões são as mais diversas e tão complexas quanto a própria diversidade de motivos desses novos tempos (guerras, lutas por liberdade de expressão, fragmentação política das nações, pobreza, fome, etc.).

Com efeito, a crise de confiança das sociedades em suas instituições é uma marca dessa nova era. Essa aparente característica pode ser percebida em praticamente todas as nações, independentemente da origem étnico-cultural ou da forma de governo adotada em seus respectivos Estados. É possível afirmar com certa segurança que o avanço tecnológico e a descentralização da informação permitem uma troca constante e rica de informações, ampliando verdadeiramente o sentido de globalização e, assim, aproximando os ideais de direito e justiça entre os povos. Igualmente, as insatisfações.

Nesse sentido é válido o registro de que a ideia de ciberespaço preconizada pelo romancista norte-americano William Gibson e desenvolvida pelo filósofo tunisiano Pierre Lévy[9] tornou-se campo fértil para o fluxo de ideias e mesmo de ideologias de todo gênero, muitas delas contrárias à existência do Estado, como ente político centralizador de competências e de poder.

Deslocando o foco para a nossa realidade, segundo estudo conduzido pelo *Bennett Institute for Public Policy*, da Universidade de Cambridge, quase 80% da população brasileira estaria insatisfeita com a democracia.[10] É de se questionar se não haveria alguma certa confusão entre a insatisfação com o governo ou, de fato, com o modelo democrático praticado no país. De toda sorte, o fato é que há, sem dúvidas, um crescente questionamento em relação ao funcionamento e legitimidade das instituições públicas e privadas em relação à interferência na vida dos indivíduos e da própria coletividade.

Assim, em um cenário de incertezas e ameaças ao regime democrático e à própria existência dos Estados Federais, o uso do instrumento constitucional da intervenção federal é uma opção viável e eficaz para debelar eventual perigo à ordem pública, à independência dos Poderes e à unidade federativa.

---

[9] LÉVY, Pierre. *Cibercultura*. São Paulo: Editora 34, 2010. p. 94.
[10] Disponível em: https://www.cam.ac.uk/system/files/report2020_003.pdf, acesso em: 20 nov. 2021.

Nesse contexto, são preciosas as observações do Ministro Ricardo Lewandowski feitas em voto vogal por ocasião do julgamento do Pedido Interventivo nº 5.179[11]/DF, no qual o Procurador-Geral da República (PGR), à época, sob a alegação da existência de uma prática generalizada de atos de corrupção no Governo do Distrito Federal, requereu a intervenção federal por violação aos princípios republicano e democrático, bem como ao sistema representativo, nos termos do art. 34, VII, "a", da Constituição Federal. Sua Excelência afirmou o seguinte:

> [...] a intervenção federal é uma medida extrema, uma medida absolutamente excepcional que visa a resguardar basicamente unidade da Federação. Ela não se presta a retirar dos cargos governantes ou administradores faltosos. Para isso existem outros instrumentos jurídicos como, por exemplo, o *impeachment*, as sanções penais ou mesmo aquelas que decorrem de processos de improbidade administrativa.

É possível extrair dessa breve lição do Ministro Lewandowski que a intervenção federal é instrumento constitucional de uso subsidiário e apenas justificado uma vez que estejam esgotadas as demais vias legais e constitucionais que se demonstrem suficientes para debelar a agressão à estrutura federativa do Estado nacional.

Cabe observar, no entanto, que o professor Celso Ribeiro Bastos em seu clássico *Curso de Direito Constitucional* afirmava que um dos efeitos da intervenção é o afastamento das autoridades estaduais dos seus cargos, sendo que, cessados os motivos da intervenção, essas mesmas autoridades voltariam aos respectivos cargos, salvo impedimento legal (art. 36, §4º, da CF/88).[12]

Embora a afirmação seja inquestionável, até mesmo em decorrência do texto expresso da Constituição Federal, a observação do eminente Ministro Ricardo Lewandowski é de todo pertinente e consentânea com a melhor interpretação do texto constitucional, uma vez que em regimes democráticos de Direito os atos de natureza excepcional, como é o caso da intervenção federal, somente devem ser utilizados ante o esgotamento das demais vias legais e constitucionais ordinárias para a defesa do Estado e da ordem pública.

---

[11] Julgada pelo Plenário do STF em 30.06.2010, tendo o acórdão sido publicado em 08.10.2010.
[12] BASTOS, Celso Ribeiro. *Curso de Direito Constitucional*. 14. ed. São Paulo: Saraiva, 1992. p. 286.

Aliás, no referido julgamento, o Supremo Tribunal Federal enfrentou o argumento lançado pelo autor (PGR) quanto à configuração de crise institucional no Distrito Federal que justificaria, na sua compreensão, a decretação do ato interventivo. O Tribunal refutou a alegação do chefe do *Parquet* federal com a justificativa de que a intervenção federal é medida política de maior excepcionalidade e gravidade, sobretudo nas Federações que se formaram mediante a desagregação artificial de um Estado soberano originariamente unitário,[13] como é o caso do Brasil.

Ainda quanto aos requisitos do pedido de intervenção federal, valho-me, uma vez mais, das lições do saudoso jurista Celso Ribeiro Bastos. O emérito professor da Pontifícia Universidade Católica de São Paulo afirmava que:

> A intervenção é medida de interesse nacional e de garantia mútua. Quando a União intervém em um determinado Estado, todos os Estados estão intervindo conjuntamente, pois o decreto de intervenção depende do Congresso Nacional que expressa a vontade dos Estados-Membros representados pelos Senadores, e a vontade do povo, representada pelos Deputados.
>
> O Congresso Nacional examina os aspectos formal e material do decreto interventivo. Compete ao Congresso Nacional deliberar sobre a amplitude, prazo e condições de execução e circunstâncias que deverão constar necessariamente do decreto de intervenção, sob pena de imediata rejeição por não preencher os requisitos constitucionais do §1º do art. 36 da Constituição Federal.
>
> A intervenção passará a ser ato inconstitucional se o decreto for rejeitado pelo Congresso Nacional. E, se mesmo assim for mantida, constituirá atentado contra os Poderes constitucionais do Estado, caracterizando o crime de responsabilidade do Presidente da República (art. 85, II).[14]

A douta lição acadêmica transcrita reforça o entendimento de que a intervenção federal é meio apto à defesa do Estado federal e de proteção das unidades federadas, mas está sujeita a limites impostos pela própria Carta da República, que não se deixa subjugar sob eventual argumento de crise institucional. É dizer, o Presidente da República

---

[13] Conferir: NOVAIS, Fabrício Muraro. Intervenção Federal nº 5.179 – Distrito Federal: princípios constitucionais sensíveis, federação e o Supremo Tribunal Federal. *In:* HORBACH, Beatriz Bastide; FUCK, Luciano Felício (coord.). *O Supremo por seus assessores*. Almedina. 2014. p. 234.

[14] BASTOS, Celso Ribeiro, *op. cit.*, p. 285-286.

não pode extrapolar a amplitude, o prazo e as condições de execução impostas por decreto legislativo do Congresso Nacional, sob pena de incorrer no grave crime de responsabilidade previsto no art. 85, II, da Carta Magna e, por consequência, sujeitar-se ao processo de *impeachment*.

É interessante notar que o constituinte conferiu força à intervenção federal, porém preocupou-se com a imposição de limites ao poder excepcional que seria conferido ao chefe do Poder Executivo, em óbvia precaução contra possíveis desatinos despóticos. Como dito alhures, vivemos tempos politicamente conturbados, o que confirma o acerto do constituinte na configuração dos efeitos e limites da representação interventiva.

Da natureza da decisão interventiva

O pedido de intervenção federal é uma medida de natureza político-administrativa.[15] Em paralelo, a decisão tomada pelo Supremo Tribunal Federal nesses casos possui idêntica natureza.

Isso porque, embora resulte de um procedimento judicial, devidamente regulamentado em lei e no Regimento Interno do STF,[16] a decisão que requisita ao Presidente da República a adoção das providências quanto ao ato interventivo tem caráter declaratório, decorrente de uma especial competência constitucional da Suprema Corte prevista no Título III – Da Organização do Estado. Ou seja, fora do rol de competências jurisdicionais descrito no art. 102 da Carta da República.

Decorre daí o registro de instigante ponto de vista suscitado pelo eminente Ministro Ricardo Lewandowski quanto ao cabimento da reclamação constitucional em caso de descumprimento de decisão proferida no exercício da competência *sui generis* do Supremo Tribunal Federal em matéria de requisição de intervenção federal. Em razão da pertinência da lição doutrinária, segue transcrito trecho da obra do Ministro Ricardo Lewandowski:

> Situada a questão nestes termos, *resta saber se cabe o ajuizamento de reclamação constitucional em caso de descumprimento da decisão proferida*

---

[15] Conferir RE nº 237.571, Rel. Min. Ilmar Galvão e RE nº 164.458-AgR, Rel. Min. Celso de Mello.
[16] Lei nº 12.562/2011 e RISTF, arts. 350 a 354.

no exercício dessa competência especialíssima exercida pelo Supremo Tribunal Federal. A resposta é negativa.

De acordo com o texto constitucional, como regra, o meio adequado para preservar a competência e garantir a autoridade das decisões do Supremo Tribunal Federal é a reclamação, a teor de seu art. 102, I, l. Esse instituto jurídico tem origem em construção pretoriana do STF, com base na teoria dos 'poderes implícitos' (implied powers), desenvolvida pela jurisprudência da Suprema Corte dos Estados Unidos, já mencionada anteriormente.

No caso da representação interventiva, no entanto a reclamação não é o meio adequado para compelir o Chefe do Executivo a cumprir a decisão do Supremo no caso de desatendimento da medida por ele deferida.

Isso porque a representação interventiva, dada a sua especificidade com relação a outras medidas judiciais, tem seus efeitos exauridos ao ser examinada pelo órgão judiciário competente. A única forma de obrigar o Chefe do Executivo a cumpri-la é o emprego de outros instrumentos suasórios.

Com efeito, a execução da intervenção compete privativamente ao Presidente da República, nos termos do art. 84, X, da CF/88. Aqui, vale sublinhar que, embora, a rigor, não caiba ação ou recurso judicial para compeli-lo a executar a requisição pretoriana para intervir, este pode, em tese, incorrer em crime de responsabilidade, a que se refere o art. 85 da Lei Maior, regulamentado pela Lei 1.079/50, eis que se está diante de um instrumento constitucional destinado a manter a integridade da Federação.

É óbvio que somente o cuidadoso exame das circunstâncias fáticas poderão determinar se o Chefe do Executivo praticou ou não ato que tenha atentado contra a Constituição. O juízo final quanto a essa matéria caberá ao Senado Federal, segundo consta do art. 52, I, da Lei Maior, que exercerá um juízo eminentemente político – e, portanto, amplamente discricionário - sobre os atos do Presidente da República.

Patente, assim, que o eventual descumprimento pelo Presidente da República de decisão do Supremo Tribunal Federal em se cuidando de representação interventiva, não configurará crime comum, mas de crime de natureza política.

Incabível, pois, o manejo da reclamação constitucional em tais situações.[17] (grifei).

Portanto, considerada a natureza *sui generis* dessa decisão e da própria competência constitucional do Supremo Tribunal Federal, que,

---

[17] LEWANDOWSKI, Enrique Ricardo, *op. cit.*, p. 152-153.

no caso, é inevitavelmente permeada de densa carga política, não se faz possível e cabível o uso da reclamação constitucional.

Da impossibilidade de supressão da intervenção federal por meio de emenda constitucional

A Constituição Federal em seu art. 60, §4º, dispõe sobre as espécies de propostas de emendas constitucionais que não serão objeto de deliberação parlamentar. São as denominadas cláusulas pétreas.

Entre elas, está a hipótese de emenda constitucional tendente a abolir a forma federativa de Estado, que, no nosso caso, está consolidada desde a proclamação da República em 1889, passando a vigorar efetivamente com a primeira Constituição republicana de 1891. Vê-se, portanto, que a forma federativa brasileira já está consagrada no nosso ordenamento de modo secular, sendo reforçada com a inovação da Constituição de 1988 que integrou os Municípios à estrutura federativa.[18] Assim, o texto vigente inicia proclamando que a República Federativa do Brasil é formada pela união indissolúvel dos Estados e Municípios e do Distrito Federal (art. 1º, I, *caput*).

Tal premissa leva à natural conclusão de que a forma federativa de Estado faz parte do núcleo essencial da Constituição Federal. Essa, portanto, é a justificável razão de sua presença no rol de normas proibidas à deliberação em processo legislativo.

Nesse contexto, tendo em vista a natureza e função da intervenção federal, seria válido afirmar que esse instituto está protegido por cláusula pétrea, ainda que tal garantia não esteja literalmente descrita na Constituição Federal?

Pois bem. Em obra recentemente lançada, o Procurador da República Jorge Maurício Klanovicz defende interessante proposta teórica sobre o poder de reforma constitucional, esboçando o que ele chama de cláusula pétrea institucional. Segundo o autor em questão

> Em suma, cláusulas pétreas institucionais são características das instituições em geral que, devido a uma relação instrumental com os direitos fundamentais, não podem ser suprimidas ou modificadas de modo a ameaçar a sobrevivência desses direitos. Tais características podem estar

---

[18] É interessante registrar que, com exceção da Constituição de 1937 (que ficou conhecida como Constituição polaca), desde a primeira Constituição republicana, todas as subsequentes tinham cláusula impeditiva de abolição da forma federativa de Estado.

presentes em uma instituição específica ou em mais de uma e buscam configurar um sistema capaz de impedir um desarranjo institucional que coloque em risco os direitos fundamentais. O ordenamento, globalmente considerado, deve assegurar espaço suficiente a essas características.[19]

Na sequência, Klanovicz apresenta quatro perspectivas que envolvem as denominadas cláusulas pétreas institucionais, quais sejam, existência, independência, contramajoritariedade e capacidade institucional.

No que importa à característica da existência, sustenta que,

[...] embora o constituinte derivado tenha liberdade para redesenhar as instituições, não pode retirar a atribuição de tutela de um direito fundamental de um agente e não conferi-la a ninguém ou entregá-la a instituição cuja envergadura não propicie uma proteção adequada ao direito.[20]

Como bem afirma o autor, um direito fundamental está sempre imbricado com sua garantia, seja ela processual, institucional ou de outra natureza, de forma que não se pode corromper uma garantia de maneira a inviabilizar o próprio direito correlato.[21]

Noutro giro, tratando do aspecto correspondente à *independência*, Jorge Maurício Klanovicz assevera que "a *independência* tem caráter pétreo não apenas quando associada às cláusulas da separação dos poderes e da forma federativa de Estado, mas também quando ela é condição para o regular exercício da função de tutela de um direito fundamental conferida pelo constituinte a uma instituição".[22]

De toda sorte, adverte o autor que não é qualquer mudança do grau de independência que ofende cláusula pétrea, uma vez que sendo a *independência* essencialmente instrumental, uma reforma constitucional que a atinja deve ser analisada tendo como parâmetro seu fim de proteção de direitos fundamentais.

Nesse passo, é legítimo afirmar que a forma federativa é um direito fundamental tanto para o cidadão como para o próprio Estado brasileiro, pois é núcleo de sua própria existência.

---

[19] KLANOVICZ, Jorge Maurício. *Cláusulas Pétreas Institucionais*. Salvador: Juspodivm, 2022. p. 151-152.
[20] KLANOVICZ, Jorge Maurício. Idem. p. 154.
[21] *Ibidem*. p. 155.
[22] *Ibid*. p. 163.

Podemos, desse modo, sustentar que a garantia instrumental do instituto da intervenção federal está indiretamente protegida pelas cláusulas pétreas institucionais, uma vez que se trata de verdadeiro mecanismo de proteção do sistema federativo brasileiro.

Em outras palavras, uma emenda constitucional que vise extirpar ou mesmo esvaziar (tendente a abolir) os efeitos práticos dessa proteção institucional estará verdadeiramente permitindo uma potencial erosão constitucional, na medida em que seu núcleo essencial (forma federativa) estaria sobremaneira fragilizado. Diante de tais argumentos, deve se concluir pela impossibilidade de supressão ou mitigação da intervenção federal por meio de emenda constitucional, por violação à cláusula pétrea da forma federativa de Estado (art. 60, §4º, I, da CF/88).

Conclusão

A adoção da intervenção federal como solução para a defesa dos interesses nacionais em tempos de crise é legítima, mas deve ser considerada medida excepcional, tendo em vista a gravidade imposta pelo instituto, com eventual afastamento de autoridades políticas e mesmo restrições de direitos, ainda que temporariamente.

O Ministro Enrique Ricardo Lewandowski conseguiu de modo simples, mas com a profundidade acadêmica de um jurista de escol, destrinchar esse mecanismo de defesa do sistema federativo em seus aspectos materiais e formais. Suas lições se tornaram clássicas e obrigatórias nos estudos constitucionais e, portanto, merecem o devido destaque e homenagem.

Referências

BASTOS, Celso Ribeiro. *Curso de Direito Constitucional*. 14. ed. São Paulo: Saraiva, 1992.

DALLARI, Dalmo de Abreu. *Elementos de Teoria Geral do Estado*. 28. ed. São Paulo: Saraiva, 2009.

HOPPE, Hans-Hermann. *Democracia, o Deus que falhou*. 1. ed. São Paulo: Mises Brasil, 2014. posição 168, e-book kindle.

HORTA, Raul Machado. O Federalismo no Direito Constitucional Contemporâneo. *In*: *Revista da Academia Brasileira de Letras Jurídicas*, Rio de Janeiro, ano XVII, n. 19 e 20, 1º e 2º semestres 2001.

KLANOVICZ, Jorge Maurício. *Cláusulas Pétreas Institucionais*. Salvador: Juspodivm, 2022.

LÉVY, Pierre. *Cibercultura.* São Paulo: Editora 34, 2010.

LEWANDOWSKI, Enrique Ricardo. *Pressupostos Materiais e Formais da Intervenção Federal no Brasil.* 2. ed., rev. ampl. e atual. Belo Horizonte: Fórum, 2018.

LEWANDOWSKI, Enrique Ricardo. *Globalização, Regionalização e Soberania.* 1. ed. São Paulo: Juarez de Oliveira, 2004.

Informação bibliográfica deste texto, conforme a NBR 6023:2018 da Associação Brasileira de Normas Técnicas (ABNT):

RODRIGUES, Dennys Albuquerque; SOARES, Marcos. A intervenção federal em tempos de crise. *In*: RODRIGUES, Dennys Albuquerque; CEZAR, Eduardo Barreto; OLIVEIRA, Marcelo Pimentel de (coord.). *Democracia, humanismo e jurisdição constitucional*: estudos em homenagem ao Ministro Ricardo Lewandowski. Belo Horizonte: Fórum, 2022. p. 117-128. ISBN 978-65-5518-402-0.

A LEI DO *IMPEACHMENT* NO BRASIL: DE 1950 PARA OS DIAS ATUAIS, UM ESTOQUE AUTORITÁRIO EM NOSSA DEMOCRACIA

FABIANE PEREIRA DE OLIVEIRA

"O atual processo de impeachment nada mais é do que a tentativa de, a partir do passado, aplainar o presente para decantar o futuro."
Fernando Collor de Mello

1 Introdução

Recentemente, o Presidente do Tribunal Superior Eleitoral (TSE), Min. Luís Roberto Barroso, afirmou que não houve crime de responsabilidade no caso da Dilma Roussef. A declaração causou-nos surpresa, tendo em vista que, para a deposição do cargo de Presidente da República, é preciso a configuração de delito dessa natureza.

No Brasil, exsurgem dos arts. 85 e 86 da nossa Constituição os parâmetros gerais da definição dos crimes de responsabilidade e o juízo natural do respectivo processamento, sendo que, em nossa nova ordem constitucional, o Congresso nunca deliberou uma lei do *impeachment*. Coube, portanto, à ultrapassada Lei nº 1.079, de 10 de abril de 1950, regulamentar detalhadamente todo esse processo de julgamento.

Esse tipo de crime existe em nosso sistema jurídico desde a primeira Constituição, a Carta imposta de 1824, embora previsto, naquele contexto imperial, apenas para os ministros de Estado, nos termos de seu art. 133. Foi a Primeira Constituição Republicana, de 1891, influenciada pela doutrina norte-americana, que trouxe a figura do delito de responsabilidade pelo Presidente da República e discriminou, em seu art. 54, quais seriam seus atos configuradores. A Constituição de 1934 manteve o instituto em seus arts. 57 e 58. A de 1937, por sua vez, mesmo outorgada, também o positivou em seus arts. 85 e 86. Já a de 1946 o trouxe em seus arts. 62, 88 e 89. Na Lei Maior de 1967, basicamente repetiu-se o mesmo modelo, conforme se vê de seus arts. 44, 84 e 85, e a Emenda nº 01/1969 não o desfigurou.

No âmbito infraconstitucional, além da Lei nº 1.079/1950, tivemos, em toda a história do Brasil, apenas a Lei nº 30, de 1892, e, embora esta tenha sido editada com o escopo limitado de definir os crimes de responsabilidade e as sanções aplicáveis ao Presidente da República, a ainda vigente tem, por sujeitos ativos, também os ministros de Estado, os ministros do Supremo Tribunal Federal e o Procurador-Geral da República.

Entendermos que o contexto histórico do momento da edição da Lei nº 1.079/1950 é fundamental para a exata compreensão das incongruências presentes nesse arcabouço normativo. Diante do exaurimento do Estado Novo com a redemocratização do país em 1946, os opositores daquele regime aprovaram-na como repulsa ao autoritarismo deposto, sentimento que se reflete no parecer da Comissão de Constituição e Justiça, como será visto adiante.

No entanto, mais do que uma resposta ao regime que caíra, é possível que os congressistas de então vissem no presidencialismo um vilão e tivessem preferência pelo modelo parlamentarista. Rafael Mafei, em sua obra recém-lançada, intitulada *Como remover um presidente*: teoria, história e prática do *impeachment* no Brasil, apresenta-nos essa interessante tese, segundo a qual a Lei teria sido elaborada por um Legislativo reacionário, desejoso da implementação do parlamentarismo como sistema político.

Segundo ele, tamanha indignação com a ditadura varguista serviu para o fortalecimento desse grupo, derrotado, contudo, nas discussões da PEC nº 04/1949, que fora arquivada, a qual tentara instituir, formalmente, o parlamentarismo por aqui.

Se assim for, essa influência da ideologia parlamentarista na gênese legislativa tem-se revelado extremamente prejudicial ao país, uma vez que dá ao *impeachment* uma conotação equivocada de servir como ferramenta para a superação de impasses entre forças políticas rivais, notadamente entre os poderes Executivo e Legislativo. Como se sabe, tal configuração é típica do parlamentarismo, no qual o voto de desconfiança desempenha essa função, a de retirar, do Primeiro Ministro, o apoio que o próprio Parlamento lhe dera anteriormente, trocando-se o Chefe de Governo.

Apesar da suposta semelhança teleológica dos institutos, no presidencialismo, o *impeachment* assume consequência mais grave, qual seja, a destituição não apenas do Chefe de Governo, mas também do Chefe de Estado, figuras concentradas na mesma pessoa, escolhida majoritariamente pela soberania popular. Ou seja, 594 cidadãos (513 deputados mais 81 senadores) não detêm o poder de decidir quem deve ser o Chefe do Poder Executivo, o condutor dos destinos da nação.

Esses pecados originais geraram uma série de entulhos autoritários na legislação ora em foco, os principais deles retratados neste trabalho.

2   Sistemas autoritários: atributos e entulhos

Os entulhos autoritários são produtos resultantes de sistemas ditatoriais, cujas características inerentes são (i) a concentração do poder político em um único grupo ou pessoa, (ii) a fundamentação da legitimidade política em ideologia, (iii) a arbitrariedade das decisões políticas e (iv) o uso do sistema jurídico para a manutenção dos interesses dominantes.

Os regimes ditatoriais perpassam pela história da humanidade em diferentes momentos. Esses governos são marcados pelo domínio de uma classe política que mantém seus privilégios e limita o acesso das minorias à cidadania. Tais sistemas utilizam-se das regras jurídicas para cercear os direitos políticos daqueles que são contra os interesses dominantes.

Sobressai, ademais, a concentração do exercício do poder político em uma única pessoa ou determinado grupo, o que leva as escolhas a se tornarem inquestionáveis.[1] Assim, as decisões são tomadas sem qualquer fundamento legal ou constitucional, conforme ressalta Mark Thushnet:

---

[1] ARENDT, Hanna. *Origens do Totalitarismo*. 3. ed. São Paulo: Companhia de Letras, 1989, p. 458.

Eu considero como definição aproximada de autoritarismo aquela na qual todas as decisões podem ser potencialmente tomadas por um único líder, cujas decisões são, na forma e na prática, não regulamentadas por lei[2] (tradução livre).

Tem-se, portanto, na arbitrariedade das decisões e na concentração do poder político, dois atributos dos sistemas autoritários. Noutro prisma, na maioria dos regimes ditatoriais ocorre a verticalização das estruturas do Estado para o estabelecimento de uma hierarquia de controle do poder decisório e o esvaziamento dos mecanismos de consenso social. Isso é alcançado a partir da centralização do processo de tomada de decisões nas mãos de algum grupo específico, que pode variar a depender do contexto social, conforme ressalta Juan Linz:

> O pluralismo limitado de regimes autoritários assume uma variedade de formas e, dentro dele, diferentes grupos ou instituições ocupam um lugar mais ou menos proeminente. A participação de grupos no poder político é controlada por certas forças sociais e canalizada por meio de diferentes estruturas organizacionais. Por conta disso, os regimes autoritários vão desde aqueles dominados por uma elite burocrático-militar-tecnocrática preexistente ao regime, em grande medida, até outros em que há uma participação política privilegiada e o ingresso na elite por meio de um partido único ou dominante emergente da sociedade (tradução livre).[3]

Por esses motivos, tais sistemas são considerados antidemocráticos, uma vez que a participação dos cidadãos no processo político-decisório é completamente excluída ou meramente simbólica. O grupo dominante impõe coercitivamente a obediência à ordem e à hierarquia, como lembra Juan Linz:

---

[2] TUSHNET, Mark. Authoritarian Constitutionalism. *Cornell Law Review*, v. 100, p. 391, 2015, p. 448. "*I take as a rough definition of authoritarianism that all decisions can potentially be made by a single decision maker, whose decisions are both formally and practically unregulated by law*".

[3] LINZ, Juan. *Totalitarian and Authoritarian Regimes*. London: Lynne Rinner Pulishers, 2000, p. 176. *The limited pluralism of authoritarian regimes takes a variety of forms, and within it different groups or institutions take a more or less preeminent place. The participation of groups in political power is controlled by certain social forces and channeled through different organizational structures. On that account authoritarian regimes range from those dominated by a bureaucratic-military-technocratic elite that preexisted the regime, to a large extent, to others in which there is a privileged political participation and entry into the elite through a single or dominant party emerging from the society.*

Se nos voltarmos para a outra dimensão de nossa definição de regimes autoritários – a participação limitada, a participação controlada, a tendência à apatia política da maioria dos cidadãos e a tolerância ou encorajamento de tal apatia, descobrimos que nos regimes burocrático-militar-tecnocráticos existem poucos, se houver, canais para a participação da massa dos cidadãos e que os governantes não têm nenhum interesse particular nem mesmo na participação manipulada (tradução livre).[4]

Em verdade, verifica-se que a ausência de participação popular decorre de dois fatores principais, quais sejam: (i) a extrema organização dos sistemas autoritários e (ii) a utilização da força, em regra, parametrizada para inibir o pensamento contrário ou divergente ao poder estabelecido.[5]

Hanna Arendt ensina que "o poder, como concebido pelo totalitarismo, reside exclusivamente na força produzida pela organização".[6] A título exemplificativo, a autora evidencia que, tanto no regime soviético quanto no nacional-socialismo alemão, a maior riqueza do Estado não consistia nos produtos naturais ou na capacidade produtiva do povo, mas nos "quadros do partido" ou na própria polícia.[7]

Dessa forma, o autoritarismo mantém inalterados os interesses do grupo dominante em face do interesse popular e das estruturas governamentais. A esse respeito, Hans Kelsen esclarece que, no Estado autoritário, as instituições também são submetidas aos comandos do "partido dominante".[8]

Por sua vez, a legitimidade política do autoritarismo advém da ideologia empregada pela cadeia de comando. Nos dizeres de Kelsen:

---

[4] LINZ, Juan. *Totalitarian and Authoritarian Regimes*. London: Lynne Rinner Pulishers, 2000, p. 176. *If we turn to the other dimension of our definition of authoritarian regimes – the limited participation, the controlled participation, the tendency toward political apathy of most citizens and the toleration or encouragement of such apathy we find that in bureaucratic-military-technocratic regimes there are few, if any, channels for participation of the mass of the citizens and that the rulers have no particular interest in even manipulated participation.*

[5] ALBUQUERQUE, Armando; TEIXEIRA Allison; SOARES, Gabriela. Transição Política e Legado Autoritário: Algumas Reflexões acerca da violência policial no Brasil Pós-Redemocratização. *Revista de Direito e Desenvolvimento*, v. 2, n. 4, p. 15-38, jul./dez. 2011, p. 18.

[6] ARENDT, Hanna. *Origens do Totalitarismo*. 3. ed. São Paulo: Companhia de Letras, 1989, p. 468.

[7] ARENDT, Hanna. *Origens do Totalitarismo*. 3. ed. São Paulo: Companhia de Letras, 1989, p. 468.

[8] KELSEN, Hans. *Teoria Geral do Direito e do Estado*. 3. ed. São Paulo: Martins Fontes, 1998, p. 431.

"um Estado totalitário, que anula todas as liberdades individuais, não é possível sem uma ideologia propagada pelo governo".[9]

Na mesma linha, Mark Tushnet consigna que "líderes autoritários frequentemente articulam uma ideologia abrangente que usam para justificar o exercício desenfreado do poder".[10] [11]

Para a propagação dessas ideologias, o regime autoritário se vale do sistema jurídico. Com efeito, a ordem jurídica surge como instrumento de imposição de valores superiores à sociedade em geral. A esse respeito, Juan Rastrepo adverte que: *"la ley aparecerá como forma racional de organizar la sociedad, las interaciones y conductas de los sujetos"*.[12]

Daí se constata a relação ambivalente entre o Direito e o autoritarismo. Isso porque o sistema jurídico pode servir tanto para limitar o arbítrio estatal quanto para ao próprio exercício do poder autoritário, como explicita Conrado Hubner Mendes:

> O direito, ou o conjunto de leis, instituições e doutrinas jurídicas, tem uma relação ambivalente com o autoritarismo: pode servir como instrumento para otimizar sua eficiência; ou como mecanismo de sua contenção e neutralização, inspirado nos ideais do constitucionalismo, do estado de direito, do "governo das leis, não dos homens" (*rule of law, not of men*). As duas funções podem se alternar na história. Ou podem, curiosamente, coexistir num mesmo tempo e espaço.[13]

---

[9] KELSEN, Hans. *Teoria Geral do Direito e do Estado*. 3. ed. São Paulo: Martins Fontes, 1998, p. 432.

[10] TUSHNET, Mark. Authoritarian Constitutionalism. *Cornell Law Review*, v. 100, p. 391, 2015. *Authoritarian leaders often articulate a comprehensive ideology they use to justify the unrestrained exercise of power – revolutionary Marxism, Peronism, chavismo.*

[11] Em idêntico sentido: *"la legitimidad cultural del autoritarismo social será cimentada en una simple idea: hay valores superiores que poseen los que se ubican en la parte superior de la jerarquía y cuyos intereses coinciden con los de la nación. Esos son los buenos valores que deben alcanzarse y que privilegiadamente poseen. Su función es, entonces, la de ordenar y unificar, dar civilidad a lo caótico y fragmentado*" *in*: RESTREPO, Juan Cristóbal. Uso autoritario del derecho: aproximación desde la configuración constitucional colombiana. *Pap. Política*, Bogotá (Colombia), v. 18, n. 2, p. 479-513, 2013.

[12] RESTREPO, Juan Cristóbal. Uso autoritario del derecho: aproximación desde la configuración constitucional colombiana. *Pap. Política*, Bogotá (Colombia), v. 18, n. 2, p. 479-513, 2013, p. 487.

[13] MENDES, Conrado Hubner. O entulho autoritário era estoque: regime nascido da constituição de 1988 não apenas incorporou práticas da ditadura, mas criou formas novas de autoritarismo. *Folha de São Paulo*, São Paulo, mar. 2020. Disponível em: https://www.quatrocincoum.com.br/br/artigos/d/o-entulho-autoritario-era-estoque. Acesso em: 17 jul. 2021.

Portanto, o autoritarismo ultrapassa a mera forma de governo e se consubstancia pelo conjunto de atributos voltados à manutenção de interesses dominantes, legitimado pelo próprio sistema jurídico, com o emprego da força e da ausência de responsabilização dos abusos de poder. Em resumo, é possível extrair as seguintes características básicas de tais regimes:

> a) O poder político é concentrado num único grupo ou pessoa, a partir da redução dos espaços democráticos;
>
> b) A legitimidade política fundamenta-se em ideologia;
>
> c) As decisões jurídico-políticas são inquestionáveis, em razão do uso da força e da violência;
>
> d) O sistema jurídico está a serviço da manutenção dos interesses dominantes.

Quando esses regimes se instalam, seu fim nunca é absoluto. Uma nova ordem constitucional nasce, mas sempre impregnada por resquícios autoritários. Na perspectiva do professor Michel Rosenveld, quando faz sua análise a respeito da "identidade do sujeito constitucional", é impossível que o legislador constituinte escape totalmente da tradição na qual está inserido, motivo pelo qual mantém, ainda que inconscientemente, certas medidas indesejáveis:

> Nem mesmo a ruptura radical de uma revolução violenta possibilita uma diferenciação absoluta entre a ordem política pré-revolucionária e a pós-revolucionária. No mais das vezes, as tradições pré-revolucionárias não são completamente erradicadas, mas transformadas e seletivamente incorporadas na nova ordem forjada pelo sujeito constitucional. Portanto, em um grau bastante significativo, o passado que se queria exorcizar determina o conteúdo de dispositivos constitucionais elaborados pelos constituintes revolucionários.[14]

Esse processo de desconstrução desses regimes foi sentido no Brasil República por pelo menos três vezes, o último intensificado pelo movimento das Diretas Já. Em janeiro de 1979, iniciou-se o período de transição do governo militar para o governo civil democrático, momento no qual os atos institucionais deixaram de vigorar. Contudo, em razão das modificações arbitrárias promovidas naquela época,

---

[14] ROSENVELD, Michel. *A identidade do sujeito constitucional*. Belo Horizonte: Mandamentos, 2003, p. 34.

"o ordenamento jurídico existente parecia uma colcha de retalhos muito mal retalhada – as oposições passaram a designá-lo, com razão, como 'entulho autoritário'".[15]

O entulho autoritário,[16] portanto, era a denominação conferida, pela oposição, para a ordem jurídica no contexto de transição para o regime civil. É nesse período que nasceu o movimento político para uma nova Assembleia Nacional Constituinte, o que se concretizou com a Carta Cidadã. Contudo, a simples promulgação do texto de 1988 jamais resolveria os entulhos preexistentes na ordem jurídica brasileira, subsistindo normas cujas finalidades alinhavam-se a contextos autoritários antes vivenciados pelo país.

3 A Lei nº 1.079/1950: momento histórico de pós-autoritarismo e a ideologia parlamentarista

A Carta Constitucional de 1937 assim como a de 1967 e a Emenda nº 01/1969 foram textos outorgados por governos ditatoriais.

Ela foi a primeira imposta no período republicano, apresentada pelo próprio Presidente, Getúlio Vargas, em conjunto com os seus Ministros de Estado, a fim de inaugurar o Estado Novo, "pelo qual o chefe da Nação exerceria a autoridade suprema do país, com poderes completamente discricionários".[17]

Da sua leitura, apelidada de Constituição Polaca, em virtude da influência do modelo fascista polonês, percebe-se a presença inequívoca dos atributos autoritários mencionados.

Em primeiro lugar, nota-se o fortalecimento do Poder Executivo, por expressa previsão do art. 73, que considerava o Presidente da República a "autoridade suprema do Estado". O texto constitucional centralizava o poder político no Poder Executivo, haja vista

---

[15] REIS, Arão. A Constituição Cidadã: os legados da ditadura. *Locus: Revista de História*, Juiz de Fora, v. 24, n. 2, p. 277-297, 2018, p. 284.

[16] A partir de tais considerações, o professor Conrado Hubner Mendes sustenta a ressignificação do termo "entulho autoritário" para "estoque autoritário", uma vez terem remanescido medidas com vieses autoritários, tais como a "prisão arbitrária, a tortura e a letalidade policial [...] a simples inviabilização de investigação e de controle". MENDES, Conrado Hubner. O entulho autoritário era estoque: regime nascido da constituição de 1988 não apenas incorporou práticas da ditadura, mas criou formas novas de autoritarismo. *Folha de São Paulo*. São Paulo, mar. 2020. Disponível em: https://www.quatrocincoum.com.br/br/artigos/d/o-entulho-autoritario-era-estoque. Acesso em: 17 jul. 2021.

[17] MARCOS, Rui de Figueiredo; MATHIAS, Carlos Fernando; NORONHA, Ibsen. *História do Direito Brasileiro*. 1. ed. Rio de Janeiro: Forense, 2014, p. 425.

a competência para (i) adiar, prorrogar e convocar o parlamento (art. 74, d); (ii) dissolver a Câmara dos Deputados (art. 74, c) e (iii) expedir decretos-leis (art. 74, b). O art. 180 da Carta previa, expressamente, a possibilidade de o Presidente da República expedir decretos-leis sobre todas as matérias de competência legislativa da União.

Ademais, o parlamento permaneceu dissolvido durante todo o período ditatorial, com o Presidente da República acumulando as funções do Poder Legislativo, sendo-lhe permitido, ainda, "desautorizar a declaração de inconstitucionalidade de lei pelo STF".[18] De fato, a função exercida pela Corte Constitucional era meramente simbólica.

Após o exaurimento do Estado novo, quando os militares retiraram Vargas do poder em 29 de outubro de 1945,[19] e com a redemocratização do país em 1946, os Congressistas aprovaram a Lei nº 1.079/1950, que, ainda vigente, veio a definir os crimes de responsabilidade e a regulamentar o processo de *impeachment*[20] em face do Presidente da República, dos Ministros de Estado e do Supremo Tribunal Federal, bem como do Procurador-Geral da República.

Antes dela, tivemos, em toda a história do Brasil, apenas a Lei nº 30, de 1892, editada com o escopo limitado de definir os crimes de responsabilidade e as sanções aplicáveis apenas ao Presidente da República. Interessantemente, ambas as normas preveem, expressamente, o fatiamento da punição, a primeira ao determinar, em seu art. 68, duas votações em separado, uma para a perda do cargo e outra para a inabilitação para o exercício de função pública, e a segunda ao declarar, em seu art. 2º, que esses crimes serão punidos "com a perda do cargo somente ou com esta pena e a incapacidade para exercer qualquer outro, impostas por sentença do Senado".

---

[18] MENDES, Gilmar Ferreira; GONET, Paulo Gustavo. *Curso de Direito Constitucional*. 9. ed. São Paulo: Saraiva, 2014, p. 100.
[19] MARCOS, Rui de Figueiredo; MATHIAS, Carlos Fernando; NORONHA, Ibsen. *História do Direito Brasileiro*. 1. ed. Rio de Janeiro: Forense, 2014, p. 427.
[20] O processo de *impeachment* contra o Presidente da República e os Ministros de Estado é assegurado em nosso ordenamento desde a Primeira Constituição, a Carta Política de 1824, a qual previa a sanção apenas aos Ministros de Estado, nos termos do art. 133; a Primeira Constituição Republicana de 1891, influenciada pela doutrina norte-americana, elencava quais são os crimes de responsabilidade no art. 54; a Constituição de 1934 manteve o instituto no art. 37; na sequência, a Constituição de 1937, denominada de Polaca, também positivou o instituto no art. 86, que conferiu ao Senado a competência para processar e julgar o Presidente da República; a Carta Política de 1946 previa o instituto no art. 62, II; a Constituição de 1967, a despeito do seu viés nitidamente autoritário, também estabelecia o impedimento no art. 44, II; e a Emenda nº 01/1969 no art. 42, II.

O diploma legal ora em análise surge, então, no contexto de repulsa ao autoritarismo, conforme se verifica do trecho do parecer da Comissão de Constituição e Justiça:

> Desse projeto pode-se dizer apenas como crítica que chegou um pouco tarde. De há muito deveria estar convertido em lei para que não se desse a anomalia que se deu de ficarem durante tanto tempo no regime da mais absoluta irresponsabilidade os membros do Executivo Federal e Estadual e do Poder Judiciário Federal, compreendidos na órbita desse projeto. A responsabilidade do Chefe da Nação, dos governadores, dos ministros e dos juízes é um dos elementos básicos na organização democrática da República brasileira. Há pela Constituição vários atos que esses cidadãos não podem praticar sem que fiquem sujeitos a processo de caráter político sem prejuízo dos processos de caráter comum a que acaso no exercício das suas atividades tiverem de ser submetidos. Enquanto não tivermos a lei que defina os crimes de responsabilidade do Presidente da República e de outros membros do Executivo, assim federal como estadual, e do Poder Judiciário, a nossa organização democrática não estará completa. A irresponsabilidade só se compreende em regimes ditatoriais. Nos regimes de direito ela constitui um desafio à consciência jurídica da Nação e é a negação dos princípios cardiais desses regimes (BRASIL, 1948b, p. 66).

Gestada em momento pós-autoritário, não restam dúvidas de que remanesceram institutos com vieses dessa mesma natureza, hipótese que se confirma com a ideia antes exposta de que é sempre impossível se desvencilhar totalmente dos pecados cometidos tipicamente em cenários despóticos.

Não bastassem essas heranças malditas dos ares autoritários, soma-se um novo componente a essa discussão: a lei teria sido costurada por ala congressista com forte clamor parlamentarista.

É que a indignação contra a ditadura varguista teria servido para o fortalecimento do grupo político que sustentava a adoção do sistema parlamentarista no Brasil. Nesse sentido, Rafael Mafei destaca que a Lei foi elaborada por congressistas que defendiam a implementação daquele sistema de governo.[21]

Por outro lado, a aprovação do referido diploma legal ocorreu logo após o arquivamento da PEC nº 04/1949, que tentara instituir,

---

[21] MAFEI, Rafael. *Como remover um presidente*: teoria, história e prática do *impeachment* no Brasil. 1. ed. Rio de Janeiro: Zahar, 2021, p. 80.

formalmente, o parlamentarismo no país,[22] fato que corrobora a tese de Mafei de que

> [...] a Lei n. 1.079 poderia ter sido uma espécie de plano B dos parlamentaristas frustrados pela derrota da proposta de emenda n. 4. Se eles não haviam conseguido aprovar a emenda à Constituição de 1946, talvez tivessem ao menos conseguido contrabandear um simulacro de parlamentarismo pela porta dos fundos, via legislação ordinária. Isso explicaria os crimes vagos na lei n. 1.079, que davam ampla margem para o Congresso investir contra o presidente e antecipar o fim do seu mandato por razões puramente políticas.

Com razão, trata-se de uma saída de mestre, posto que o instituto ora analisado possui semelhanças com a cultura parlamentarista. Isso porque o *impeachment* sempre foi retratado como "ferramenta para a superação de impasses entre forças políticas rivais",[23] notadamente, o Poder Executivo e o Poder Legislativo. Essa finalidade também está presente no sistema parlamentarista, no qual o voto de desconfiança desempenha idêntica função.

Contudo, como bem adverte o autor, apesar da semelhança teleológica dos institutos, no presidencialismo, o *impeachment* assume consequência mais grave, qual seja, a destituição da maior autoridade pública do país, escolhida majoritariamente.[24] Em suas palavras:

> Devemos ter clareza quanto às fundamentais diferenças entre o modo de ascensão de um primeiro-ministro, normalmente escolhido pelo próprio Parlamento entre seus membros, e o de um presidente, eleito por votação popular direta. O voto de desconfiança parlamentarista apenas retira o apoio que o próprio parlamento dera, enquanto o *impeachment* permite que poucas centenas de deputados, e poucas dezenas de senadores, afastem do cargo a única autoridade da nação escolhida por voto direto de todos os eleitores do Brasil. A legitimidade do mandato presidencial não deriva da concordância do Congresso, e sim da vontade do povo expressa em eleições presidenciais.

Em resumo, a arena ditatorial anterior e seus entulhos autoritários somada à ideologia parlamentarista impregnada durante a concepção legal explicam a presença de diversas fragilidades na Lei

---

[22] *Op. cit.*, p. 80.
[23] *Op. cit.*, p. 81.
[24] *Op. cit.*, p. 82.

nº 1.079/1950, marcadamente antidemocráticas, como: i - a falta de responsabilização do peticionante que abusa do direito de denunciar; ii - a ampla competência do Presidente da Câmara dos Deputados de instaurar o processo, sem a possibilidade de que seja averiguada a sua suspeição; iii - os tipos penais abertos e vagos; iv - a ausência de defesa prévia em momento anterior ao recebimento da denúncia; e v - a falta de definição clara sobre quais temas poderão ser regulamentados pelos regimentos internos da Câmara e do Senado.

4 Breve panorama da Lei e seus dispositivos

Como visto, o *impeachment* consiste no "processo legal de apuração de responsabilidade política do Presidente da República",[25] no qual as sanções que podem ser aplicadas consistem na destituição do cargo público ocupado e na suspensão dos direitos políticos pelo período de oito anos.

A sua natureza jurídica é controvertida na doutrina, por possuir tanto o caráter penal – ao reprimir certas condutas injustas praticadas pela autoridade pública – quanto a finalidade política, a destituição do cargo ocupado.

De qualquer maneira, conforme ressalta Gilberto Bercovici, "não se trata de um instrumento passível de ser utilizado em virtude da baixa popularidade de um governo ou da sua falta de apoio parlamentar".[26] É processo para apuração do crime de responsabilidade, razão pela qual a existência do ilícito é condição imprescindível tanto para a instauração quanto para o afastamento do cargo.

O constituinte de 1946 reservou ao Congresso a competência para disciplinar a matéria,[27] o que ensejou a elaboração da Lei nº 1.079/1950.

A Carta Política de então considerava crime de responsabilidade o ato do Presidente da República contrário à Constituição Federal e (i) à existência da União; (ii) ao livre exercício dos Poderes da República e dos Estados; (iii) aos direitos políticos e sociais; (iv) à segurança interna do país; (v) à probidade da administração; (vi) à lei orçamentária; (vii) à guarda e ao emprego do dinheiro público; (viii) ao cumprimento de decisões judiciais, nos termos do art. 89 e incisos do seu texto.

---

[25] BROSSARD, Paulo. O *impeachment*: Aspectos da Responsabilidade Política do Presidente da República. 3. ed. São Paulo: Saraiva, 1992, p. 7.
[26] BERCOVICI, Gilberto. *Parecer Jurídico*. São Paulo: 12.10.2015.
[27] Art. 89, parágrafo único: Esses crimes serão definidos em lei especial, que estabelecerá as normas de processo e julgamento.

A *primeira parte* da Lei, de acordo com os Capítulos I a VIII, é destinada a especificar as condutas previstas naqueles incisos do art. 89 da Constituição Federal de 1946. Já a segunda parte disciplina o processo e julgamento.

Nessa esteira, a Carta de 46 atribuía, *por um lado*, à Câmara dos Deputados a função de admitir a denúncia e proceder à acusação; *por outro*, ao Senado Federal, apenas a de realizar o julgamento.[28] Encontra-se na *segunda parte* do instrumento legal a disciplina de tudo isso. A Lei atribui competência à Câmara dos Deputados para formular a acusação (art. 23, §1º), cabendo ao Presidente da Casa encaminhar a denúncia recebida à comissão específica, composta por representantes de todos os partidos políticos (art. 19).

Ademais, o instrumento normativo confere amplos poderes à comissão, permitindo-lhe: "(i) produzir provas (art. 20), ouvir os representantes de cada partido político (art. 21), discutir sobre o relatório (art. 22), realizar diligências que considerar necessárias (§1º do art. 22), ouvir o denunciado (§1º do art. 22)" e, ao final, emitir parecer sobre a procedência ou improcedência da denúncia.

A legislação, portanto, atribui amplos poderes ao Presidente da Câmara dos Deputados, que decidirá se recebe ou não a denúncia e, por conseguinte, a remessa à comissão específica. Nessa fase preliminar, a autoridade denunciada apenas poderá ser ouvida, não lhe sendo franqueada a possibilidade de defesa prévia.

Após a discussão do parecer pela comissão especial, o Plenário da Câmara decidirá se a denúncia é passível de deliberação (art. 22). Em seguida, inicia-se a instrução com a apresentação da defesa do denunciado (art. 22, §1º) e a comissão específica emitirá o parecer pela instauração do *impeachment*, o que será decidido pelo Plenário, mediante decreto (art. 23, §1º). Nessa fase, o art. 81 da Lei estabelece o quórum de maioria absoluta da Câmara.[29]

Além disso, o referido diploma determina que, admitida a acusação, o Presidente da República será afastado temporariamente do

---

[28] Art. 59: Compete privativamente à Câmara dos Deputados: I - a declaração, pelo voto da maioria absoluta dos seus membros, da procedência ou improcedência da acusação, contra o Presidente da República, nos termos do art. 88, e contra os Ministros de Estado, nos crimes conexos com os do Presidente da República. Art. 62: Compete privativamente ao Senado Federal: I - julgar o Presidente da República nos crimes de responsabilidade e os Ministros de Estado nos crimes da mesma natureza conexos com os daquele.

[29] Esse quórum foi objeto de análise na ADPF nº 378/DF, o que será abordado em tópico específico deste artigo.

cargo, bem como haverá a redução dos subsídios e dos vencimentos até a sentença final (art. 23, §5º). Ou seja, patente a gravidade da admissão da acusação, segundo ditame da lei, já promoverá instabilidade política no país em virtude do afastamento da maior autoridade pública antes mesmo do processo chegar ao Senado Federal.

Por sua vez, o art. 38 dispõe que, no processo e julgamento do Presidente da República, os regimentos internos das duas casas legislativas são aplicáveis subsidiariamente. Dessa forma, o art. 218[30] do Regimento Interno da Câmara dos Deputados disciplina esse comando legal, de maneira a incluir recurso ao Plenário da decisão do Presidente da Câmara pela inadmissibilidade.

Após o juízo de deliberação da Câmara, a Lei do *Impeachment* estabelece o rito perante o Senado Federal.[31] Segundo ela, tão logo seja recebido o decreto de acusação, o Presidente da Casa o encaminhará ao acusado, a fim de comparecer naquela Casa Legislativa para a sessão de julgamento (art. 24).

---

[30] Art. 218 do Regimento Interno da Câmara dos Deputados: "É permitido a qualquer cidadão denunciar à Câmara dos Deputados o Presidente da República, o Vice-Presidente da República ou Ministro de Estado por crime de responsabilidade".
§1º A denúncia, assinada pelo denunciante e com firma reconhecida, deverá ser acompanhada de documentos que a comprovem ou da declaração de impossibilidade de apresentá-los, com indicação do local onde possam ser encontrados, bem como, se for o caso, do rol das testemunhas, em número de cinco, no mínimo.
§2º Recebida a denúncia pelo Presidente, verificada a existência dos requisitos de que trata o parágrafo anterior, será lida no expediente da sessão seguinte e despachada à Comissão Especial eleita, da qual participem, observada a respectiva proporção, representantes de todos os Partidos.
§3º Do despacho do Presidente que indeferir o recebimento da denúncia, caberá recurso ao Plenário.
§4º Do recebimento da denúncia será notificado o denunciado para manifestar-se, querendo, no prazo de dez sessões.
§5º A Comissão Especial se reunirá dentro de quarenta e oito horas e, depois de eleger seu Presidente e Relator, emitirá parecer em cinco sessões contadas do oferecimento da manifestação do acusado ou do término do prazo previsto no parágrafo anterior, concluindo pelo deferimento ou indeferimento do pedido de autorização.
§6º O parecer da Comissão Especial será lido no expediente da Câmara dos Deputados e publicado na íntegra, juntamente com a denúncia, no Diário da Câmara dos Deputados e avulsos.
§7º Decorridas quarenta e oito horas da publicação do parecer da Comissão Especial, será o mesmo incluído na Ordem do Dia da sessão seguinte.
§8º Encerrada a discussão do parecer, será o mesmo submetido à votação nominal, pelo processo de chamada dos Deputados.
§9º Será admitida a instauração do processo contra o denunciado se obtidos dois terços dos votos dos membros da Casa, comunicada a decisão ao Presidente do Senado Federal dentro de duas sessões.

[31] Veremos adiante que também há inconstitucionalidade aqui: a CF/1988 prevê a competência para o Senado instaurar e julgar o processo.

Ato contínuo, haverá (i) a oitiva das testemunhas (art. 27 e 28); (ii) o debate verbal entre a comissão acusadora e o acusado (art. 29); (iii) o momento de discussão a respeito da apuração do crime de responsabilidade; (iv) a votação nominal dos senadores (art. 31) e (v) a absolvição ou condenação com a verificação da incidência das sanções de destituição do cargo e de inabilitação do exercício político (arts. 33 e 34).

5 A aplicação da Lei em contexto pós-88 e a hermenêutica do STF

Quando do julgamento do STF a respeito do processo de *impeachment* do Presidente Fernando Collor de Mello, a recepção da Lei pela nova ordem constitucional foi objeto de análise pela Corte, que a aceitou e ajustou diversos dispositivos para afastar as incompatibilidades entre o seu texto de 1950 e o da Constituição de 1988, o que ocorreu no âmbito do MS nº 21.564 e, quando do processo do caso da Presidente Dilma Roussef, da ADPF nº 378.

Desde o primeiro julgamento, no caso Collor, o STF delimitou os deveres institucionais das Casas Legislativas no processo de *impeachment* e ressaltou que, embora o juízo seja político, os fatos devem subsumir-se aos injustos penais descritos na lei regulamentadora e não na vingança política:

> No procedimento de admissibilidade da denúncia, a Câmara dos Deputados profere juízo político. Deve ser concedido ao acusado prazo para defesa, defesa que decorre do princípio inscrito no art. 5º, LV, da Constituição, observadas, entretanto, as limitações do fato de a acusação somente materializar-se com a instauração do processo, no Senado. Neste, é que a denúncia será recebida, ou não, dado que, na Câmara ocorre, apenas, a admissibilidade da acusação, a partir da edição de um juízo político, em que a Câmara verificará se a acusação é consistente, se tem ela base em alegações e fundamentos plausíveis, ou se a notícia do fato reprovável tem razoável procedência, não sendo a acusação simplesmente fruto de quizílias ou desavenças políticas (MS 21.564, rel. Min. Carlos Velloso).

Quando da Arguição de Descumprimento de Preceito Fundamental (ADPF) nº 378, proposta pelo Partido Comunista do Brasil (PCdoB), em dezembro de 2015, o Ministro Luís Roberto Barroso, redator p/o acórdão, destacou que seria importante, para fins de segurança jurídica, honrar o que a Suprema Corte havia decidido em 1992 no processo de *impeachment* do ex-Presidente Fernando Collor de Mello.

Portanto, a primeira inconstitucionalidade constatada foi a óbvia incompatibilidade da lei com os arts. 47, 51, I, 52, I, e 86, §1º, II, da Constituição Cidadã, os quais redefiniram os papéis da Câmara dos Deputados e do Senado Federal em processos por crime de responsabilidade contra o Presidente da República.

De acordo com o art. 52, I, da Lei Maior, o Senado Federal não apenas julga (como determinava a CF de 67), mas também instaura e processa, com a realização de instrução probatória, diligências, debates orais e apresentação de defesa do acusado.[32]

Desse modo, à Câmara dos Deputados cabe apenas autorizar a instauração do *impeachment*, mediante o quórum de 2/3 (dois terços), nos termos do art. 51, I, da Constituição Federal de 1988. Em verdade, os deputados exercem o juízo de admissibilidade da denúncia, decidindo a respeito da abertura ou do arquivamento do processo contra o Presidente da República. Consoante o acórdão do STF:

> [...] o Plenário da Câmara deve deliberar uma única vez, por maioria qualificada de seus integrantes, sem necessitar, porém, desincumbir-se de grande ônus probatório. Afinal, compete a esta Casa Legislativa apenas autorizar ou não a instauração do processo (condição de procedibilidade). 2.3. A ampla defesa do acusado no rito da Câmara dos Deputados deve ser exercida no prazo de dez sessões (RI/CD, art. 218, §4º).[33]

Ainda sobre esse momento processual, a Corte fixou a orientação de que não há impedimento para que a primeira oportunidade de apresentação de defesa se dê apenas após o recebimento da denúncia pelo Presidente da Câmara, pois, segundo ela, "muito embora não se assegure defesa previamente ao ato do Presidente da Câmara dos

---

[32] O art. 80 da Lei nº 1.079/1950 prevê: nos crimes de responsabilidade do Presidente da República e dos Ministros de Estado, a Câmara dos Deputados é tribunal de pronúncia e o Senado Federal, tribunal de julgamento; nos crimes de responsabilidade dos Ministros do Supremo Tribunal Federal e do Procurador Geral da República, o Senado Federal é, simultaneamente, tribunal de pronúncia e julgamento.

[33] Íntegra do acórdão da ADPF nº 378 disponível em: https://jurisprudencia.stf.jus.br/pages/search?classeNumeroIncidente=%22ADPF%20378%22&base=acordaos&sinonimo=true&plural=true&page=1&pageSize=10&sort=_score&sortBy=desc&isAdvanced=true. Acesso em: 19 jul. 2021.

Deputados que inicia o rito naquela Casa, colocam-se à disposição do acusado inúmeras oportunidades de manifestação em ampla instrução processual".

Para o STF:

> Em primeiro lugar, no direito brasileiro, a apresentação de defesa prévia não é uma exigência do princípio constitucional da ampla defesa. A oitiva do acusado previamente à instauração da instância não configura regra, mas exceção que deve se encontrar expressamente prevista em lei para casos específicos. No caso dos autos, a Lei nº 1.079/1950 não traz qualquer previsão de oferecimento de defesa prévia no rito especial do processo e julgamento dos crimes de responsabilidade do Presidente da República.
> Em segundo lugar, a cláusula constitucional do devido processo legal não impede que a primeira oportunidade de apresentação de defesa no processo penal comum se dê após o recebimento da denúncia. No processo penal comum, especialmente após da reforma de 2008, a primeira oportunidade para o acusado apresentar defesa se situa após a instauração da instância, ou seja, posteriormente ao recebimento da denúncia, o que significa que o acusado só se defenderá quando já admitida acusação. No caso dos autos, muito embora não se assegure defesa previamente ao ato do Presidente da Câmara dos Deputados que inicia o rito naquela Casa, colocam-se à disposição do acusado inúmeras oportunidades de manifestação em ampla instrução processual. [...]
> Em terceiro lugar, a ausência de defesa prévia não descumpre os compromissos internacionais assumidos pelo Brasil em tema de direito de defesa. Os julgados da Corte Interamericana de Direitos Humanos trazidos à colação não cuidam da apresentação de defesa prévia, mas, tão-somente, da extensão de garantias próprias dos procedimentos criminais a processos de *impeachment*. Porém, o rito do processo de *impeachment* estabelecido na Lei nº 1.079/1950 já observa tais garantias próprias do processo criminal. Portanto, manifesto-me pelo indeferimento do pedido de medida cautelar deduzido no item "a" da petição inicial.

Ele entendeu, mais, que não incide as hipóteses de suspeição previstas no Código de Processo Penal ao Presidente da Câmara sob o fundamento de que a vontade do legislador foi a de definir apenas hipóteses de impedimento e não de suspeição – conforme consta no art. 36 da Lei –, razão pela qual a aplicação subsidiária do CPP não caberia nessa hipótese.

Tal pedido havia sido motivado pelo fato de que a função desempenhada pelo Presidente da Câmara é determinante para a autorização da acusação. No caso do processo de *impeachment* da Dilma Rousseff, o Presidente da Câmara, Deputado Eduardo Cunha, era alvo de representação pelo cometimento de infração no âmbito da Comissão de Ética, bem como tinha notórias divergências políticas com a Presidente da República.[34]

Na espécie, a Suprema Corte ressaltou que, diferentemente dos magistrados, os parlamentares não são obrigados a serem imparciais. Veja-se:

> Em primeiro lugar, é incabível a equiparação entre magistrados, dos quais se deve exigir plena imparcialidade, e parlamentares, que devem exercer suas funções com base em suas convicções político-partidárias e pessoais e buscar realizar a vontade dos representados. Em segundo lugar, a aplicação subsidiária pressupõe ausência de previsão normativa na lei, o que não ocorre em relação à Lei nº 1.079/1950, que estabelece os casos de impedimento no art. 36. Por fim, embora a Lei de Crimes de Responsabilidade não estabeleça hipóteses de suspeição, não há que se falar em lacuna legal. É compreensível que o legislador tenha fixado, apenas e excepcionalmente, casos de impedimento, dado o fato de que o processo de *impeachment* ocorre no âmbito do Legislativo, onde divergências, embates e acusações ganham lugar cotidianamente.

Soma-se a isso tudo a carta branca conferida pelo Tribunal aos regimentos internos das casas legislativas, fazendo coro à previsão da lei nestes termos:

---

[34] Para relembrar um pouco da trajetória de Eduardo Cunha, acesse https://memoria.ebc.com.br/noticias/politica/2016/10/relembre-trajetoria-de-cunha-ate-sua-prisao-pela-pf. Em julho de 2015 o presidente da Câmara anunciou o rompimento com o governo Dilma Rousseff e disse que passaria a integrar as fileiras da oposição. Neste momento, o nome de Cunha apareceu envolvido em suspeitas de negócios ilícitos envolvendo contratos de empresas com a Petrobras e a existência de contas secretas no exterior em seu nome.
O procurador-geral da República, Rodrigo Janot, incluiu o nome de Cunha em uma lista de políticos suspeitos de integrar o esquema de corrupção e pagamento de propina envolvendo a Petrobras e investigados na Operação Lava Jato.
Uma representação do PSOL e da Rede, endossada por parlamentares do PT, PSB, PPS, PROS e do PMDB, pediu a cassação do mandato de Cunha, dizendo que ele mentiu em depoimento à CPI da Petrobras, em março, quando negou que tivesse contas no exterior. A representação foi fundamentada em documento enviado ao PSOL pela Procuradoria-Geral da República (PGR), após um pedido formal do partido. Os papéis já apontavam a titularidade de Cunha nas contas bancárias secretas na Suíça.
Horas depois de o PT retirar o apoio a Eduardo Cunha no Conselho de Ética, que já analisava a representação que pedia sua cassação, Cunha aprovou o pedido de *impeachment* apresentado pelos juristas Hélio Bicudo, Miguel Reale Júnior e Janaína Paschoal. O gesto foi apontado por petistas como uma clara retaliação pela perda do apoio no conselho.

Diferentemente do alegado pelos requerentes, a Constituição de 1988 não "criou" reserva de lei especial para as normas de processo e julgamento do *impeachment*, supostamente inexistente em regimes anteriores, mas apenas reproduziu os mesmos termos já contidos na CF/1946. Essa constatação é relevante, pois demonstra que o legislador, ao interpretar o art. 89, parágrafo único, entendeu que a disciplina do rito em lei específica não exige que todos os aspectos relacionados ao procedimento devem estar necessariamente dispostos em lei formal, sendo possível conferir um espaço de atuação próprio para os Regimentos das Casas Legislativas.

Em relação ao Senado, o Tribunal se manifestou no sentido de estender o rito relativamente abreviado da Lei nº 1.079/1950 para julgamento do *impeachment*, incorporando-se a ele uma etapa inicial de instauração ou não do processo, bem como uma etapa de pronúncia ou não do denunciado, tal como se fez em 1992. Assim, o recebimento do processo de *impeachment* ocorre apenas com a decisão de pronúncia do Plenário, mediante a votação nominal e quórum de maioria simples, resultado que ensejará o afastamento do Presidente por até 180 dias para a conclusão do processo.

A decisão de que o juízo de admissibilidade da denúncia pelo Senado deve ocorrer mediante votação de maioria simples frustrou a pretensão do autor da ADPF de que fosse estabelecido o quórum de 2/3 (dois terços) para a instauração do processo de *impeachment*, no âmbito do Senado Federal, da mesma forma que ocorre na Câmara dos Deputados quando da admissão da acusação. Eis os fundamentos apresentados pelo Ministro Barroso:

> Sobre o quórum de deliberação para a instauração do processo no Senado, este deve ser de maioria simples. Em primeiro lugar, a regra é que, no silêncio da Constituição, presume-se que as deliberações serão tomadas por maioria simples, sem exigência de quórum qualificado. O art. 86, §1o, II, que trata da instauração do processo de *impeachment* pelo Senado, com o consequente afastamento do Presidente da República, não prevê o quórum de 2/3. Assim, pela interpretação literal e sistemática da Constituição, a exigência de maioria simples, presente a maioria absoluta dos membros do Senado, parece mais adequada à hipótese. Em segundo lugar, há um elemento lógico relativo ao processo de *impeachment* a reforçar esse entendimento: fosse exigido o quórum de 2/3 já nessa fase inicial de instauração do processo, seria possível que apenas 1/3 dos Senadores inviabilizasse a abertura de um processo autorizado por maioria qualificada da Câmara dos Deputados (2/3). Em outras palavras, haveria uma distribuição desproporcional de

poderes entre as Casas Legislativas, conforme enfatizou o Ministro Teori Zavascki em seu voto. Em terceiro lugar, trata-se de manter o decidido no caso Collor, em que bastou maioria simples de votos, presentes a maioria absoluta dos membros da Casa, para o juízo de admissibilidade do processo. Responde-se, assim, aos imperativos de segurança jurídica, preservando-se as regras do jogo.

Outros pontos decididos pelo Supremo Tribunal Federal que merecem rápido destaque foram a vedação à candidatura avulsa para a formação da comissão especial por ser incompatível "com o art. 58, *caput* e §1º, da Constituição que os representantes dos partidos políticos ou blocos parlamentares deixem de ser indicados pelos líderes, na forma do Regimento Interno da Câmara dos Deputados, para serem escolhidos de fora para dentro, pelo Plenário, em violação à autonomia partidária"; o estabelecimento que a defesa tem o direito de se manifestar após a acusação e que o interrogatório deve ser o ato final da instrução probatória.

6 Os entulhos ainda remanescentes

De todo o exposto até aqui, é preciso dizer que, a despeito da regulamentação legal dos tipos penais[35] elencados pelo art. 82 da Lei Maior,[36] determinadas disposições permanecem abstratas, tais como as condutas de (i) proceder de modo incompatível com a dignidade, a honra e o decoro do cargo; (ii) expedir ordens ou fazer requisição de forma contrária às disposições expressas da Constituição; e (iii) infringir, patentemente, e de qualquer modo, dispositivo da lei orçamentária.

Também não poderia acontecer de o Chefe da Nação ficar nas mãos da discricionariedade ou até mesmo arbitrariedade do Presidente da Câmara dos Deputados, que está, nos moldes atuais, com amplos poderes no processo de *impeachment*, cabendo a ele exercer um juízo

---

[35] Leiam-se os arts. 5º a 12 da Lei nº 1.079/1950.
[36] Art. 85. São crimes de responsabilidade os atos do Presidente da República que atentem contra a Constituição Federal e, especialmente, contra:
I - a existência da União; II - o livre exercício do Poder Legislativo, do Poder Judiciário, do Ministério Público e dos Poderes constitucionais das unidades da Federação; III - o exercício dos direitos políticos, individuais e sociais; IV - a segurança interna do País; V - a probidade na administração; VI - a lei orçamentária; VII - o cumprimento das leis e das decisões judiciais.
Parágrafo único. Esses crimes serão definidos em lei especial, que estabelecerá as normas de processo e julgamento.

preliminar sobre a admissibilidade da denúncia, podendo rejeitá-la na hipótese de inépcia ou na ausência de justa causa, e recebê-la segundo sua voluntariedade.

Não bastasse isso, a legitimidade universal de qualquer cidadão poder apresentar um pedido dessa magnitude sem sofrer nenhum tipo de responsabilização por eventual exercício abusivo desse direito ofende os princípios mais basilares da ética e da moralidade pública.

Aliás, em recente artigo à Folha de São Paulo, o Ministro Ricardo Lewandowski, Presidente do Senado para fins do *impeachment* de 2016, bem lembrou que, entre as brechas e imprecisões da lei "que acabam tornando o chefe de Estado presa fácil da volatilidade dos humores congressuais", uma das principais

> consiste na faculdade conferida a qualquer cidadão de protocolar uma denúncia na Câmara dos Deputados, acompanhada dos documentos que a comprovem ou da declaração de impossibilidade de apresentá-los, com a indicação do local onde possam ser encontrados.
> Não fosse apenas a facilidade em articular uma acusação dessa natureza, o seu arquivamento – seja porque liminarmente indeferida à falta de alguma formalidade, seja porque ulteriormente julgada improcedente pelo Senado Federal — não gera nenhuma consequência para aquele que a subscreve.[37]

É preciso acrescentar, também que, conquanto não se refute que a atuação dos parlamentares seja, inquestionavelmente, política no âmbito de um processo jurídico-político do *impeachment*, isso não autoriza a ausência de balizas objetivas para que os julgadores se afastem do princípio do devido processo legal em razão de disputas e antagonismos políticos e em prejuízo à democracia do país.

A observância das disposições do Código de Processo quanto à suspeição e impedimento daqueles que se encontram na condição de julgadores seria capaz de assegurar essa maior lisura ao processo.

De fato, o devido processo legal é um dos principais instrumentos de garantia de direitos no ordenamento pátrio e negar sua observância é um forte indício de autoritarismo ainda presente nas regras que regem o processo de *impeachment*.

---

[37] LEWANDOWSKI, Enrique Ricardo. A espada de Dâmocles do *impeachment*. *Folha de São Paulo*. São Paulo, out. 2021. Disponível em: https://www1.folha.uol.com.br/opiniao/2021/10/a-espada-de-damocles-do-impeachment.shtml. Acesso em: 17 dez. 2021.

Outro elemento que evidencia esse estoque autoritário da regulamentação do processo de impedimento do Presidente da República é o não direito do acusado à defesa prévia, ou seja, à manifestação em momento anterior ao recebimento da denúncia pelo Presidente da Câmara. Essa falha legal também foi levantada no bojo da ADPF. 378, contudo, ignorada pelo STF.

O entendimento da Corte acaba por desconsiderar as diferenças cruciais entre o processo jurídico-político de *impeachment* e o processo criminal.

Com efeito, a rigidez do processo criminal comporta, em certa medida, a dispensa de defesa prévia, pois ao investigado e depois réu lhe será assegurado o direito a um julgador imparcial, além de, em regra, os atos processuais não afetarem a estabilidade institucional de toda uma nação.

No caso do processo de *impeachment*, ao revés, inúmeros fatores de ordem política e pessoal interferem em seu curso, tornando de grande relevância que o exercício da ampla defesa e do contraditório seja garantido ao acusado em todos os momentos possíveis, especialmente em razão da gravidade das consequências do afastamento do mandatário da nação.

Todo esse quadro se torna ainda mais crítico quando se leva em conta que o processo de *impeachment* pode ser regulamentado por instrumentos normativos distintos da lei, a exemplo dos regimentos internos da Câmara dos Deputados e do Senado Federal, sem que sejam especificados os contornos precisos dessa atuação infralegal, ensejando insegurança jurídica decorrente de manobras e uma espécie de permanente estado de ameaça ou extorsão políticas.

É preciso dizer ainda que um processo de tamanha magnitude não poderia ser instaurado por uma quantidade de votos que não necessariamente representa a vontade da maioria dos parlamentares da Casa, tal como sucede no Senado.

7 Conclusão

O presente artigo pretendeu demonstrar as características inerentes dos sistemas autoritários e a presença desses atributos na Lei que rege o *impeachment*. É inegável, a nosso ver, a existência de estoques de autoritarismo vigentes na ordem jurídica e, de modo especial, na norma sob exame.

Os atributos do autoritarismo saltam aos olhos do estudioso da Lei. Há evidente concentração de poder político nas mãos de uma única pessoa, no caso, o Presidente da Câmara dos Deputados, que pode, aliás, tornar-se aliado do denunciante irresponsável.

Atente-se, mais, para a impossibilidade de questionamento da decisão do Presidente da Câmara que submete a denúncia à apreciação da comissão especial. É ele quem decide – por juízo político – pelo arquivamento da denúncia ou pelo encaminhamento à comissão especial, nos termos do art. 19 da Lei do *Impeachment*. Em outras palavras, não há cabimento de qualquer recurso ou defesa prévia em face da instauração do *impeachment*.

A ideologia parlamentarista, por outro lado, fundamenta a redução dos espaços democráticos, ao tipificar crimes vagos na Lei, os quais dependem de valoração subjetiva. Quem poderia, por exemplo, explicar o que significa o ato de praticar ou concorrer para que se perpetre qualquer crime contra a segurança interna?

Por fim, e lamentavelmente, todo o sistema jurídico serviu e serve para a manutenção dos interesses dominantes aqui em jogo. Ao conferir uma roupagem de legitimidade a esses preceitos de caráter duvidosamente democráticos, ele naturalmente se afasta da possibilidade de revisão judicial.

Desse modo, fica excluída a possibilidade de exame pela Corte Constitucional a respeito da existência ou não do crime de responsabilidade. Se é verdade que é competência privativa do Senado processar e julgar o Presidente da República nos crimes de responsabilidade, nos termos do art. 52, I, da Constituição de 88, ela também preconiza que "a lei não excluirá da apreciação do Poder Judiciário lesão ou ameaça a direito", consoante o princípio constitucional do acesso universal à justiça, previsto em seu art. 5º, XXXV.

Todas essas constatações nos fazem entender por que recentemente o Presidente do Tribunal Superior Eleitoral, Min. Luís Roberto Barroso – coincidentemente o mesmo Redator para o acórdão da ação que definiu o rito do *impeachment* no STF – afirmou que não houve crime de responsabilidade no caso Dilma Roussef.

Se queremos um presidencialismo de verdade e um ambiente de estabilidade institucional, urge que nosso Parlamento se mobilize para a criação de uma comissão composta por pesquisadores e estudiosos do tema para elaborar um anteprojeto de uma nova lei do *impeachment*, que corrija as distorções presentes na ultrapassada Lei nº 1.079/1950 e para que ele não funcione, a todo momento, como uma carta na manga para os descontentes de plantão. Sem obediência à vontade popular, fonte originária da democracia, instala-se a tirania. Respeitemos os milhões de votos de nosso povo na eleição de nossos presidentes.

Referências

ALBUQUERQUE, Armando; TEIXEIRA Allison; SOARES, Gabriela. Transição Política e Legado Autoritário: Algumas Reflexões acerca da violência policial no Brasil Pós-Redemocratização. *Revista de Direito e Desenvolvimento*, v. 2, n. 4, p. 15-38, jul./dez. 2011.

ARENDT, Hanna. *Origens do Totalitarismo*. 3. ed. São Paulo: Companhia de Letras, 1989.

BERCOVICI, Gilberto. *Parecer Jurídico*. São Paulo: 12.10.2015.

BROSSARD, Paulo. *O impeachment*: Aspectos da Responsabilidade Política do Presidente da República. 3. ed. São Paulo: Saraiva, 1992.

KELSEN, Hans. *Teoria Geral do Direito e do Estado*. 3. ed. São Paulo: Martins Fontes, 1998.

LEWANDOWSKI, Enrique Ricardo. A espada de Dâmocles do *impeachment*. *Folha de São Paulo*. São Paulo, out. 2021. Disponível em: https://www1.folha.uol.com.br/opiniao/2021/10/a-espada-de-damocles-do-impeachment.shtml. Acesso em: 17 dez. 2021.

LINZ, Juan. *Totalitarian and Authoritarian Regimes*. London: Lynne Rinner Pulishers, 2000.

MARCOS, Rui de Figueiredo; MATHIAS, Carlos Fernando; NORONHA, Ibsen. *História do Direito Brasileiro*. 1. ed. Rio de Janeiro: Forense, 2014.

MAFEI, Rafael. *Como remover um presidente*: Teoria, história e prática do *impeachment* no Brasil. 1. ed. Rio de Janeiro: Zahar, 2021.

MENEZES, Daniel Francisco Nagao. O legado autoritário presente na Constituição Federal de 1988. *Caderno do Programa de Pós-Graduação: Direito UFRGS*, Porto Alegre, n. 1, p. 254-279, 2019, p. 261.

MENDES, Conrado Hubner. O entulho autoritário era estoque: regime nascido da constituição de 1988 não apenas incorporou práticas da ditadura, mas criou formas novas de autoritarismo. *Folha de São Paulo*. São Paulo, mar. 2020. Disponível em: https://www.quatrocincoum.com.br/br/artigos/d/o-entulho-autoritario-era-estoque. Acesso em: 17 jul. 2021.

MENDES, Gilmar Ferreira; GONET, Paulo Gustavo. *Curso de Direito Constitucional*. 9ª ed. São Paulo: Saraiva, 2014.

REIS, Arão. A Constituição Cidadã: os legados da ditadura. *Locus: Revista de História*, Juiz de Fora, v. 24, n. 2, p. 277-297, 2018.

RESTREPO, Juan Cristóbal. Uso autoritario del derecho: aproximación desde la configuración constitucional colombiana. *Pap. Política*, Bogotá (Colombia), v. 18, n. 2, p. 479-513, 2013.

ROSENVELD, Michel. *A identidade do sujeito constitucional*. Belo Horizonte: Mandamentos, 2003.

TUSHNET, Mark. Authoritarian Constitutionalism. *Cornell Law Review*, v. 100, p. 391, 2015.

Informação bibliográfica deste texto, conforme a NBR 6023:2018 da Associação Brasileira de Normas Técnicas (ABNT):

OLIVEIRA, Fabiane Pereira de. A Lei do *Impeachment* no Brasil: de 1950 para os dias atuais, um estoque autoritário em nossa democracia. *In*: RODRIGUES, Dennys Albuquerque; CEZAR, Eduardo Barreto; OLIVEIRA, Marcelo Pimentel de (coord.). *Democracia, humanismo e jurisdição constitucional*: estudos em homenagem ao Ministro Ricardo Lewandowski. Belo Horizonte: Fórum, 2022. p. 129-153. ISBN 978-65-5518-402-0.

O PROCESSO LEGISLATIVO E A DIALÉTICA: A NECESSIDADE DE CONSTRUÇÃO DE CONSENSOS AMEAÇADA POR ALTERAÇÕES DO REGIMENTO INTERNO DA CÂMARA DOS DEPUTADOS

LUIZ GUSTAVO BAMBINI DE ASSIS

Uma das maiores virtudes do processo legislativo é submeter a limites (na acepção positiva do termo) os argumentos teóricos e fáticos acerca de um projeto de lei, uma mudança de resolução ou a votação de uma emenda que venha a alterar o texto constitucional e inserir no ordenamento jurídico de um país uma nova regra ou conduta a ser obedecida por toda a sociedade.

Alterar o *status quo* de determinada situação jurídica que, por sua vez, trará implicações diretas no espaço coletivo requer uma orquestração técnica e, por que não dizer, também política que permita à sociedade e aos agentes políticos construir consensos e convicções, elementos necessários para que uma lei, em suas diferentes hierarquias, entre em vigor.

É sobre esse processo "estressante" que o Parlamento se debruça (ou assim deveria proceder) para alcançar seu objetivo maior: fazer leis pensadas, ponderadas, discutidas e votadas à luz do processo mais amplo e eficiente de debates, um processo verdadeiramente dialético, onde teses e antíteses se contraponham e sejam ponderadas, construindo, sempre que assim for necessária, uma síntese legislativa cujo fundamento expresse de fato o pensamento de uma maioria, sem jamais deixar de lado os argumentos vencidos das minorias parlamentares, cujo conteúdo contribuiu de maneira essencial para o aprimoramento da norma.

Voltarei ainda ao termo estressar para continuar a desenvolver a ideia de que a síntese da ação parlamentar se traduz em essência na ação procedimental que, em seus seguidos atos, estrutura o processo legislativo e é requisito fundamental para que a dialética se dê da forma mais proveitosa possível.

Há quem diga (e esse autor concorda!) que um bom debate legislativo é permeado por tensões constantes. A aprovação de uma lei, quando levado a sério o seu processo de deliberação, requer estratégias reiteradas, delegações em determinados pontos a fim de que sejam salvas ideias consideradas essenciais. Um bom debate dessa natureza requer concertações políticas detalhadas, momentos de ouvir, agir e pensar, onde o autor da proposta e seu eventual opositor encontrem na arena do plenário de uma comissão ou da própria Casa parlamentar o espaço de ação necessário para a persuasão de seus pares, seja para fazer valer a vontade de alterar o sistema legal, seja para rejeitar determinada proposta, naquele momento específico, diante dos seus respectivos argumentos.

Um Parlamento só é verdadeiramente vivo e efetivo quando é capaz de conjugar a necessidade de fazer suas leis com a primordial tarefa de bem debatê-las. Se pensarmos um país com a complexidade social, econômica, institucional e política como é o caso do Brasil, como melhor fazer leis que sejam aplicadas em todo o território nacional sem levar em conta as idiossincrasias das nossas diferentes regiões, da nossa vasta cultura e das inúmeras necessidades apresentadas pelo nosso povo?

E é essa riqueza de visões e atos, ações sociais distintas, necessidades prementes que se diversificam diante de diferentes territórios que uma lei, aqui pensada como uma política pública – sim, toda política pública essencial, desde um programa de transferência de renda a um plano econômico de contenção da inflação dependerão, sempre, de uma roupagem legislativa clássica, formal –, precisa de fato refletir.

Dito tudo isso, parece-me fundamental que as casas que compõem o Congresso Nacional tenham como pressuposto a manutenção do bom debate político. As funções administrativas executadas pelos parlamentares que comandam seus trabalhos, ao presidir as comissões temáticas, as parlamentares de inquérito e, no maior grau, o comando de uma casa legislativa, jamais podem estar divorciadas da ação de fomentar o debate, gerir ideias, organizar os embates e encaminhar todo esse saudável processo a uma deliberação colegiada.

Não se ignora nesse texto que o momento vivido no Brasil é de profunda tensão institucional. Se analisarmos o período correspondente ao início da nova pandemia do coronavírus até meados desse ano corrente de 21 (quando o texto foi produzido), não serão raros os exemplos de embates políticos e institucionais das diferentes esferas federativas[1], o embate entre poderes[2] e crises institucionais.

Em momentos de dificuldades políticas como a que vimos presenciando, é fundamental que o Parlamento se coloque como um órgão de ponderação, em uma espécie de chamamento à razão, a fim de que excessos, independentemente por quem ou qual instituição venham a ser cometidos, possam de fato ser sopesados, bem digeridos e endereçados pelo debate público, sob pena de um represamento de

---

[1] Por meio do julgamento da Ação Direta de Inconstitucionalidade nº 6.341/DF, o Plenário do Supremo Tribunal Federal decidiu que a competência para gerir ações e políticas públicas voltadas ao combate à pandemia do coronavírus é concorrente, de municípios, Estados, Distrito Federal e União. Sendo assim, as ações adotadas pelo governo federal a partir da edição da Medida Provisória nº 926/20 não afastam as competências dos demais entes federativos, o que inclui, ainda, o poder desses entes subnacionais de editar normas próprias focadas no combate à peste. Essa decisão proferida pelo Plenário da Corte vem sendo atacada, de forma sistemática, pelo Chefe do Poder Executivo federal, que a pretexto de encontrar justificativas diante de suas omissões ou até mesmo ações adotadas na contramão do bom senso, que busquem ações de combate à pandemia, alega, erroneamente, que o STF retirou de sua alçada o poder de atuar em nome da saúde pública. Essa postura beligerante tem levado a embates constantes entre os diferentes poderes e até mesmo a um conflito federativo, onde são atribuídas, pelo Presidente da República a governadores e prefeitos, responsabilidades e ações que os culpem pela continuidade da pandemia. Em resumo, conflagrou-se no Brasil atual uma guerra de narrativas, incentivada pelo Chefe do Executivo federal, cujo maior intuito é desagregar ações coordenadas para o efetivo combate à pandemia do coronavírus.

[2] Não são raros os atos públicos organizados por apoiadores do presidente da República em que se pede intervenção militar no País, o fechamento ou a cassação dos Ministros do Supremo Tribunal Federal, a volta do Ato Institucional (AI-5), que levou ao fechamento das instituições democráticas na década de 60, inclusive o Congresso Nacional. Uma das manifestações mais obscuras e mais emblemáticas nesse sentido foi proferida, inclusive, por um Deputado Federal da base de apoio ao presidente, em um vídeo de 19 minutos, em que defende a volta do AI-5, a ditadura militar e ataca diretamente os Ministros do Supremo Tribunal Federal. Por mais paradoxal que possa parecer, o grave momento que vivemos nos coloca diante dessa triste realidade: um parlamentar, eleito pelo voto direto, secreto e universal, que fez o juramento de cumprir a Constituição Federal de 1988, se apresenta, em público, defendendo um regime de exceção e atos que levaram, inclusive, ao fechamento da instituição que ele representa. Diante de postura tão grave, cometida por uma autoridade pública, o STF decidiu pela sua prisão.

tensões caso a vazão diante desse grave quadro não seja enfrentada, o que, por óbvio, gerará mais crise institucional.

Desde a chegada de Arthur Lira à presidência da Câmara dos Deputados, porém, a tendência de agravamento em relação ao papel ponderador do Parlamento está, a cada dia, mais ameaçada.[3]

Recentemente, a Câmara dos Deputados, já sob o comando de Lira, aprovou a Resolução nº 21/2021, a qual, em sua ementa:

> Altera os arts. 41, 65, 66, 67, 70, 85, 89, 117, 122, 155, 157, 161, 162, 163, 175, 177, 178, 185, 186, 191, 192 e 193 do Regimento Interno da Câmara dos Deputados, aprovado pela Resolução nº 17, de 21 de setembro de 1989, para reordenar o uso da palavra em sessão e para dispor sobre o tempo de duração das sessões; e dá outras providências.[4]

---

[3] Faço aqui menção ao mais recente movimento do Chefe da Câmara, no sentido de colocar em debate, de forma bastante açodada, o Projeto de Lei nº 3.729/2004, que dispõe sobre o licenciamento ambiental, regulamenta o inciso IV do §1º do art. 225 da Constituição Federal, e dá outras providências. A matéria já tramitava na Câmara há dezessete anos e foi debatida – porém não analisada – por diferentes comissões da Câmara dos Deputados. Vários requerimentos concernentes à matéria foram, inclusive, deliberados em plenário, tamanha a polêmica envolvendo o tema e seus respectivos desdobramentos. Diante da falta de consenso, a matéria encontrava-se parada na Comissão de Constituição e Justiça e Cidadania da Câmara desde outubro de 2019. Em 16.03.2021 a matéria foi avocada pelo Presidente, de forma monocrática, ao Plenário da Câmara. Em 12.05.2021 quatro comissões temáticas da Casa realizaram, concomitantemente, debates e deliberação para votação da matéria, a saber, a CCJC, a Comissão de Agricultura, Pecuária, Abastecimento e Desenvolvimento Rural, a Comissão de Finanças e Tributação e a Comissão de Meio Ambiente e Desenvolvimento Sustentável. Em um único dia a matéria polêmica, que tramitou por anos na Casa, fundamentada em debates aprofundados, foi discutida e votada em um único dia em quatro Comissões, prejudicando mais uma vez seu debate público aprofundado. Mais do que isso, no próprio dia 12/05 a matéria foi arregimentada no Plenário da Câmara para votação, o que demonstra a vontade do novo presidente da Casa em votar de maneira expedita e pouco democrática temas tão sensíveis à sociedade brasileira, sob o pretexto de mostrar "eficiência legislativa", sacrificando, assim, as regras básicas do bom andamento processual. As informações aqui trazidas foram obtidas em: https://www.camara.leg.br/proposicoesWeb/fichadetramitacao?idProposicao=257161. Acesso em: 10 set. 2021.

[4] Como bem observa Melissa Terni Mestriner e Fábio Almeida Lopes, em recente artigo publicado no Site Jota Supra, datado de 29.05.21, intitulado "Alteração do regimento interno da Câmara dos Deputados impacta direito de minoria: desconstruindo a falácia da compensação", "O grupo político liderado por Arthur Lira já debatia a redução do poder da oposição desde fevereiro, logo após a sua eleição para a presidência da Câmara dos Deputados. A concretização se deu em passos rápidos: na terça feira, dia 11/05, os parlamentares aprovaram, por 336 votos a 135, um requerimento de urgência para apreciar a proposta; e na quarta feira, dia 12/05, foi aprovado o PRC 84/2019, por 337 votos favoráveis e 110 contrários e uma abstenção. Como se trata de um assunto interno da Câmara, o projeto não precisa de análise do Senado, tampouco a sanção presidencial". Disponível em: https://www.jota.info/stf/supra/alteracao-do-regimento-interno-da-camara-dos-deputados-impacta-direito-de-minoria-29052021. Acesso em: 9 set. 2021.

Com o objetivo de atribuir maior "celeridade" ao processo de formulação das leis, a proposta visa diminuir o tempo de tramitação e de deliberação das matérias, impedindo que as minorias parlamentares utilizem-se de diferentes expedientes regimentais à sua disposição para garantir o melhor debate possível, que leve em consideração os argumentos da maioria parlamentar.

Trata-se de um grande retrocesso imputado ao processo legislativo democrático, travestido de regras que solapam o debate público e a verdadeira essência dos diferentes procedimentos que estruturam o processo de conformação legislativa. Mais que isso, ao que parece, a nova Resolução, já votada e publicada pela Câmara, desprestigia a dialética legislativa, tão importante para chegarmos ao bom consenso e introduzir no ordenamento jurídico normas de diferentes graus de hierarquia.

Retomo aqui o trabalho apresentado por Melissa Mestriner e Fábio Almeida antes de entrar, de maneira mais pormenorizada, no debate das alterações.[5] Dos instrumentos a favor da minoria parlamentar, três foram extintos com a nova Resolução, a saber: a possibilidade do debate em qualquer circunstância ou momento do processo legislativo; a possibilidade de voto das proposições por partes, agrupadas por temas, de forma independente e, por fim, a chamada *quebra de interstício*, a fim de que ocorressem verificações de quórum regimental e consequente encaminhamento de votação das matérias.

A primeira das alterações, no artigo 41 do Regimento, que trata dos poderes conferidos ao parlamentar que presida uma comissão da Casa, prevê que este só poderá suspender a sessão deliberativa daquela comissão por uma única vez, pelo prazo máximo de uma hora, devendo encerrar a sessão também por esse curto período. Antes dessa norma, a prorrogação das sessões de deliberação, transcorrido o prazo máximo de 4 ou 5 horas de sua existência, poderia, por requerimento, ser estendida por diferentes vezes, o que permitia que o debate parlamentar, se não esgotado no extenso tempo de trabalho já transcorrido – justamente por ser de tema complexo e demandar muita conversa política –, pudesse adentrar horas a fio, a fim de que fossem colocadas, à exaustão, os debates pertinentes.

---

[5] Disponível em: https://www.jota.info/stf/supra/alteracao-do-regimento-interno-da-camara-dos-deputados-impacta-direito-de-minoria-29052021. Acesso em: 9 set. 2021.

Ao restringir a suspensão e encerramento da sessão, a possibilidade de se construir novos acordos literais de aprimoramento do texto, ideias que surjam ao longo do debate, fica prejudicada.

Não menos deletéria ao processo democrático é a alteração que se dá nos artigos 65 a 70 do Regimento e que dizem respeito às sessões deliberativas do Plenário da Câmara dos Deputados. Isso porque a nova regra diminui o tempo de deliberação das sessões ordinárias, que anteriormente poderiam ocorrer em dois períodos distintos do dia e acabaram limitadas a um único período, a partir das dezesseis horas dos dias em que serão permitidas.

Para "compensar" essa perda de espaço deliberativo, aumentou-se em apenas uma hora o prazo máximo de discussão das sessões extraordinárias, agora de cinco horas de duração e que só poderão debater temas referentes à ordem do dia. A exemplo da nossa regra válida para as comissões, suprime-se a possibilidade de suspensão das sessões em plenário, a qualquer tempo e sem limites, pela suspensão única pelo prazo de uma hora, após a qual deverá ser retomada e a matéria deliberada, ainda que sem construção de consensos.

O artigo 72 do regimento foi inteiramente revogado. Ele dispunha de forma taxativa dos prazos de prorrogações de sessões e, consequentemente, do fomento ao debate das proposições legislativas:

> Art. 72. O prazo da duração da sessão poderá ser prorrogado pelo Presidente, de ofício, ou, automaticamente, quando requerido pelo Colégio de Líderes, ou por deliberação do Plenário, a requerimento de qualquer Deputado, por tempo nunca superior a uma hora, para continuar a discussão e votação da matéria da Ordem do Dia, audiência de Ministro de Estado e homenagens, observado, neste último caso, o que dispõe o §1º do art. 68. (Numeração do dispositivo citado (§1º do art. 68) adaptada aos termos da Resolução nº 8, de 1996, conforme republicação determinada pelo Ato da Mesa nº 71, de 2005)
>
> §1º O requerimento de prorrogação, que poderá ser apresentado à Mesa até o momento de o Presidente anunciar a Ordem do Dia da sessão seguinte, será verbal, prefixará o seu prazo, não terá discussão nem encaminhamento de votação e será votado pelo processo simbólico.
>
> §2º O esgotamento da hora não interrompe o processo de votação, ou o de sua verificação, nem do requerimento de prorrogação obstado pelo surgimento de questões de ordem.
>
> §3º Havendo matéria urgente, o Presidente poderá deferir requerimento de prorrogação da sessão.

§4º A prorrogação destinada à votação da matéria da Ordem do Dia só poderá ser concedida com a presença da maioria absoluta dos Deputados.

§5º Se, ao ser requerida prorrogação de sessão, houver orador na tribuna, o Presidente o interromperá para submeter a votos o requerimento.

§6º Aprovada a prorrogação, não lhe poderá ser reduzido o prazo, salvo se encerrada a discussão e votação da matéria em debate.

O entendimento adotado foi no sentido de que, com o fim do tempo regimental máximo de duração das sessões, referido comando tornou-se inteiramente desnecessário.

Há ainda uma alteração do artigo 89 que tem por objetivo "compensar" o tolhimento do debate trazido pelas supressões já citadas. Isso porque ele traz um "equilíbrio" no tempo de fala das diferentes lideranças – a do governo, a liderança da maioria e da minoria, de oposição – um tempo regulamentar de fala de oito minutos cada um, não sendo permitidos apartes por outros parlamentares. Com isso, situa-se temporalmente a apresentação de posições divergentes no período regulamentado, o que não significa, necessariamente, maior fomento ao debate público.

As mudanças regimentais que se dão com a revogação do artigo 117 são ainda mais deletérias ao processo deliberativo. Elas extinguem por completo a possibilidade de fracionamento da votação da matéria por temas. Quando se busca alterar um ato normativo em vigor ou até mesmo inserir uma norma jurídica no ordenamento, é natural que o novo texto legislativo deva ser rico em detalhes das regras. Por vezes, o texto legislativo apresentado tem centenas de artigos com novos comandos ou supressão de antigas normas, tornando a sua análise, naturalmente, complexa e um exercício de bastante atenção. A mesma proposição possui diversos assuntos, divididos em capítulos, seções, parágrafos ou incisos.

Era bastante comum no processo deliberativo o chamado "fatiamento" (termo coloquial, mas bastante utilizado no processo legislativo) da matéria em temas que ela abrangesse, o que permitia que, muitas vezes, temas de maiores consensos fossem votados de forma mais rápida e aqueles em que o embate ideológico se desse de forma mais aprofundada acabassem discutidos à exaustão, em apartado, a fim de não contaminar o que fosse consenso e, ao mesmo tempo, permitisse a discussão mais pura dos temas polêmicos.

Com a discussão temática apartada, em "blocos", era permitido se aprofundar no tema sem prejudicar o que já fora votado em consenso e, ao mesmo tempo, deliberar de forma mais aprofundada sobre outras questões remanescentes.

O tolhimento ao debate público do processo legislativo torna-se mais agudo com as limitações impostas para a apresentação das chamadas emendas aglutinativas, aquelas que resultam da fusão de outras emendas ou destas com o texto. A ideia básica de uma emenda aglutinativa é criar um texto que seja uma aproximação daqueles que estão sendo aglutinados, ou seja, é uma tentativa de se buscar o consenso diante de diferentes versões legislativas sobre uma mesma matéria.

Ocorre que a alteração do artigo 122 aprovada restringe a possibilidade de apresentação dessas emendas aos líderes que representem apenas a maioria absoluta dos membros da Câmara e, com isso, retira-se a sua possibilidade de autoria por qualquer parlamentar na busca de um consenso do texto. Ora, se as alterações apresentadas visassem, a exemplo do que vaticinou o presidente da Câmara, tornar o debate legislativo mais democrático, como é possível afirmar isso com a diminuição do tempo de discussão das matérias e da diminuição da possibilidade de textos de consenso que deveriam seguir para votação. O contrassenso está posto à prova.

Com relação a requerimentos de urgência que são apresentados para deliberação mais expedita de matérias legislativas, e que encontram amparo tanto no regimento como também no sistema constitucional, a alteração prevista no artigo 155 impede decisões contraditórias em plenário, pois, se a maioria absoluta da Câmara decide por conceder regime de urgência a determinada proposição para incluí-la automaticamente na ordem do dia, seria um contrassenso discutir, na mesma sessão, a sua retirada de pauta, já que os dois requerimentos teriam finalidades completamente opostas. Anote-se que o espírito desses novos dispositivos já vinha sendo adotado em decisões da Presidência em Questões de Ordem (Q.O. 33/2011, 276/2013, 218/2016).

Assim, aprovado requerimento de urgência para deliberação de matéria, ou a sessão é encerrada posteriormente ou o texto seguirá a tramitação expedita, uma vez que na mesma sessão será impossível alterar o seu rito.

A alteração do artigo 157, que define com maior precisão o tempo do uso da palavra pelos parlamentares para o encaminhamento das matérias urgentes e, ao mesmo tempo, aumenta o número de deputados que podem se utilizar da palavra para encaminhar a votação da matéria parece uma alteração salutar ante tantas mudanças que prejudicam o debate.

Mudança significativa ocorre em relação à possibilidade de apresentação de destaques para a votação da matéria em plenário. O destaque, para deixar claro, é um instrumento regimental do processo legislativo que possibilita a supressão ou a inserção de novos dispositivos na proposição no momento de sua votação. Importa salientar que o momento de sua aplicação se dá na fase de votação das matérias, e não em sua fase de discussão, o que lhe confere um caráter de resgate de proposições (emendas) que foram rejeitadas por parecer contrário ou mesmo aquelas modificações confirmadas por parecer favorável. O destaque é, assim, uma última tentativa de apresentar modificações ao projeto, em seu instante final, que é a votação.

As alterações previstas no artigo 161 limitam esse instrumento aos destaques de bancada e tornam praticamente impossível a apresentação do mecanismo por um único parlamentar. Diante da volatilidade que cerca a atmosfera de votação no processo legislativo e, não raro, como em muitas ocasiões o consenso só é efetivamente formado no momento de encaminhamento da votação, consenso esse que precisa ser apresentado por meio de destaques, a dificuldade que agora se impõe para a apresentação desse instrumento regimental torna ainda mais difícil a tarefa do debate legislativo no calor da aprovação da matéria.

As grandes alterações que impedem o adiamento de sessões para deliberações das matérias ocorrem, de fato, na nova redação conferida ao artigo 177 do Regimento. O texto original estipulava um adiamento não superior a 10 sessões para postergar a tramitação de qualquer proposta, a saber:

> Art. 177. Antes de ser iniciada a discussão de um projeto, será permitido o seu adiamento, por prazo não superior a dez sessões, mediante requerimento assinado por Líder, Autor ou Relator e aprovado pelo Plenário.
>
> §1º Não admite adiamento de discussão a proposição em regime de urgência, salvo se requerido por um décimo dos membros da Câmara, ou Líderes que representem esse número, por prazo não excedente a duas sessões.
>
> §2º Quando para a mesma proposição forem apresentados dois ou mais requerimentos de adiamento, será votado em primeiro lugar o de prazo mais longo.

§3º Tendo sido adiada uma vez a discussão de uma matéria, só o será novamente ante a alegação, reconhecida pelo Presidente da Câmara, de erro na publicação.

A nova redação conferida ao artigo insere três novos incisos ao *caput*, reduzindo de forma drástica o processo de adiamento da discussão das matérias legislativas, colocando os seguintes prazos de adiamento:

I – nas proposições de tramitação urgente, uma sessão;

II – nas proposições de tramitação com prioridade, três sessões;

III – nas proposições de tramitação ordinária e nas propostas de emenda à Constituição, cinco sessões.

É justamente esse encurtamento de prazo de adiamento de discussões que irá prejudicar, e muito, o bom debate legislativo. Muitas vezes, a costura política para a aprovação de um projeto de lei ocorre justamente na hora de sua votação, conforme já ressaltado nesse texto anteriormente. A formação do consenso de um texto comum pode demorar semanas. Ainda mais nesse momento de sessões remotas, onde a costura parlamentar, tão essencial para o bom andamento legislativo, encontra-se limitada pela distância física, da conversa frente a frente, "olho no olho", como se costuma dizer no jargão político. Quem já adentrou ou conviveu em um plenário do Congresso já assistiu, várias vezes, às famosas cenas de "conchavos políticos", quando os parlamentares são puxados pelos braços e se reúnem em locais mais reservados para buscar a construção de um texto de consenso.

Longe de ser uma prática antirrepublicana, essas ações consubstanciam-se na essência da função parlamentar: a necessidade do convencimento, do chamamento à razão, longe do calor e dos holofotes que o momento da discussão de um projeto propicia em plenário, para onde sempre estão voltados os olhos da opinião pública.

Não há nada de antirregimental nessa prática, tampouco algo que fuja à lógica do bom debate e da construção das políticas públicas a partir de um projeto de lei. Esse encontro físico e acalorado faz parte da essência dos trabalhos parlamentares, trabalho esse agora tão prejudicado pela impossibilidade de convivência constante nos plenários das casas. Dessa forma, reduzir a possibilidade de adiamento da discussão de proposição a, no máximo, cinco sessões legislativas, o que se busca é justamente atropelar o debate público de forma açodada, antidemocrática e antirrepublicana.

Da mesma forma, a alteração prevista ao artigo 178 que busca catalisar o processo de encerramento da discussão também não contribui para a melhor discussão dialética dos projetos de lei. Embora a nova redação aumente o número de debatedores (de quatro parlamentares para doze) que podem encaminhar o encerramento da discussão, ela reduz de cinco para três minutos o tempo de fala de cada um para encaminhar o encerramento. Significa dizer que é preciso, na maioria das vezes, ser extremamente sucinto em suas palavras para tentar resumir a essência da proposta, onde ela traz novidades, quais os pontos de alteração e discórdia. Aumentar em número de pessoas que podem argumentar, mas retirar seu tempo de persuasão certamente não é o melhor meio para se encaminhar um processo de votação.

Já a alteração do artigo 185 vilipendia um dos mais importantes instrumentos à disposição da oposição para fazer valer uma formalidade essencial do processo de votação legislativa: a verificação de quórum em plenário. É comum no processo de votação legislativa que o presidente da sessão, ao colocar em votação o texto, utilize-se da seguinte frase: "os favoráveis à apresentação da proposta permaneçam como se encontram: a matéria está aprovada". A chamada votação simbólica dispensa que parlamentares tenham que se dirigir às suas mesas e iniciar o processo eletrônico de votação, escolhendo entre "sim", "não" ou "abstenção", voto esse que ficará registrado no painel eletrônico daquela Casa.

A votação simbólica é recorrente e costumeiramente aceita pelos congressistas sempre que há o acordo para a votação. Porém, existindo o dissenso, o pedido de verificação de quórum, à disposição de uso pela oposição, para que o procedimento de votação siga os trâmites formais, é a garantia de uma ponderação política que por vezes necessita se sobrepor ao açodamento da votação sem freios.

Um novo parágrafo acrescido ao referido artigo 185 veta o apoiamento prévio e eventuais acordos de bancadas para que o pedido pelo rito procedimental seja aceito, de maneira que, a cada votação, o pedido de verificação de quórum deverá ser manifesto pelas lideranças presentes, inviabilizando a atual prática de apoiamento prévio que hoje existe entre bancadas. É importante insistir novamente: em tempos de votações remotas, a dificuldade de se buscar o apoio a cada pedido de verificação de quórum torna-se uma tarefa quase impossível na dinâmica do processo legislativo. Mais uma grande perda do debate público.

O fim da votação de destaques em separado de textos sujeitos à apreciação congressual também foi alvo de alterações a partir do novo regimento. Os parágrafos terceiro, quarto e quinto do artigo 189 do regimento foram expressamente revogados:

> §3º O Plenário poderá conceder, a requerimento de qualquer Deputado, que a votação das emendas se faça destacadamente.
>
> §4º Também poderá ser deferido pelo Plenário dividir-se a votação da proposição por título, capítulo, seção, artigo ou grupo de artigos ou de palavras.
>
> §5º Somente será permitida a votação parcelada a que se referem os §§3º e 4º se solicitada durante a discussão, salvo quando o requerimento for de autoria do Relator, ou tiver a sua aquiescência.

Suprime-se, dessa forma, a possibilidade de votação fatiada da matéria, ou pelo menos dos pontos onde há consenso parlamentar, permitindo-se o aprofundamento naqueles pontos que precisam de maior reflexão, a exemplo do que já foi aqui explicado em relação às alterações do artigo 117 do mesmo Regimento.

E, no intuito de unificar processos de votação, a alteração trazida no inciso V do artigo 191, acaba-se com a possibilidade de votação de emendas apresentadas ao texto original de forma separada. Significa dizer que, no momento da votação, tanto as emendas apresentadas ao texto nato quanto ele mesmo serão votados de imediato e juntos, o que dificulta compreender, no processo rápido da votação, o que era original e o que foi emendado. Junte-se esse procedimento ao açodamento do processo decisório, com sessões mais curtas e menos possibilidade de encaminhamentos pelos líderes e encontramos a receita perfeita para a confusão legislativa.

A alteração do artigo 192 reduz de cinco para três minutos a proposta de encaminhamento da votação da matéria pelos líderes partidários, momento de maior possibilidade de debate que fica mais curto e, portanto, tolhido em termos argumentativos diante da nova regra. E como a nova redação regimental proibiu a votação de matérias "fatiadas" por assuntos, o que se fez foi revogar por completo o parágrafo sexto do artigo, que assim previa:

> §6º Aprovado requerimento de votação de um projeto por partes, será lícito o encaminhamento da votação de cada parte por dois oradores, um a favor e outro contra, além dos Líderes.

Por derradeiro, vale ressaltar a alteração promovida no artigo 193, que trata do adiamento da votação, instrumento à disposição da minoria cujo principal objetivo é retardar a deliberação da matéria em plenário, quando o consenso inexiste ou quando a maioria parlamentar pretende solapar o processo de discussão de determinada matéria. A redução do número de sessões de adiamento de um texto é mais um exemplo da tentativa de acelerar o processo de deliberação, o que compromete a possibilidade do adiamento favorecer o debate público da matéria a ser votada.

Não são poucos os exemplos trazidos a todo momento por estudiosos do processo legislativo que comprovam a nítida tentativa de se menosprezar o debate congressual, em nome de uma "produtividade legislativa" que, quando colocada como fim, compromete a qualidade dos textos aprovados e, com isso, contribui para o questionamento jurídico cada vez maior da norma colocada em vigor.

Não poderia encerrar esse capítulo de livro que homenageia o contraditório, o debate público e a dialética, sem citar o grande desserviço prestado pela mesa diretora da Câmara dos Deputados em recente debate acerca de uma proposta de emenda à Constituição que buscou inserir o modelo distrital puro como critério de escolha para votação de parlamentares da Casa, em detrimento do atual modelo de votação proporcional.

Algo de tamanha monta, que altera de forma significativa o sistema eleitoral vigente, por meio de uma alteração sem precedentes do atual texto constitucional, deveria ser seguido de um debate muito aprofundado, com audiências públicas e a participação de diferentes especialistas acerca da matéria. Mas não foi o que ocorreu.

Faço referência à Proposta de Emenda à Constituição nº 125/2011, de autoria do Deputado Carlos Sampaio – PSDB/SP, cuja ementa fazia referência à vedação de realização de eleições em data de feriado nacional. Basicamente, o texto original inseria três parágrafos ao artigo 77 da Constituição e disciplinava a vedação prevista na ementa já citada. Desde sua apresentação na Câmara, em 13.12.2011, a proposta pouco avançou em termos de discussão. Ainda que encaminhada à Comissão de Constituição e Justiça e Cidadania da Câmara e designado relator, a matéria acabou arquivada, nos termos do artigo 105 do Regimento Interno da Câmara, que assim determina em caso de paralisia da proposta legislativa não aprovada em comissão, finda a legislatura, o que era o caso.

Como o autor da proposta acabaria reeleito para a legislatura seguinte, foi pedido o desarquivamento da matéria em 23.02.2015. Ainda que aprovada na CCJC da Câmara em julho daquele mesmo ano, a matéria não avançou e acabou novamente arquivada pelo término de outra legislatura em 31.01.2019. Tais fatos demonstram que dentro de duas legislaturas completas, oito anos de tramitação, nada a respeito do tema acabou discutido.

Mesmo assim a matéria é novamente desarquivada em 29.03.2019. Repousa inerte na Câmara por mais de dois anos até que, em 07.04.2021, o Presidente da Câmara dos Deputados cria uma Comissão Especial para tratar da deliberação da matéria, anteriormente aprovada, na legislatura anterior, na CCJC.[6]

Esse ato do Presidente da Câmara não ocorre de forma aleatória. Como a matéria já havia tido sua admissibilidade aprovada na Comissão competente, uma das etapas necessárias para sua posterior aprovação em plenário já havia sido vencida. Restava agora avançar com o tema na Comissão especial criada, mas com um objetivo específico: inserir temas estranhos ao texto original, porém de conveniência política do Presidente, para que a matéria fosse logo aprovada naquela casa e então seguisse ao Senado com os famosos "jabutis" que, logo adiante, seriam inseridos.

E outro não foi o destino da PEC. Com uma relatora aliada ao Presidente Lira designada em 04.05.2021, inúmeros requerimentos de audiência pública para discutir o tema original e outros relacionados ao tema da reforma política, como a discussão do atual sistema eleitoral, financiamento de campanha e outros passaram a ser apresentados de 11/05 até o dia 19/05, quando, de forma expedita, foi aprovada grande parte dos requerimentos apresentados.

Mais que isso, em 26/05, o Presidente da Câmara decide prorrogar, por cinco sessões, o prazo de oferecimento de novas emendas ao texto perante a Comissão Especial. Evidentemente tratou-se de um acordo político para que o texto sofresse novas mutações, com requerimentos que voltaram a tratar de coligações partidárias, partidos políticos e confederações de partidos.

Significa dizer que, de repente, uma proposta legislativa que não tramitou por dez anos na casa, tornou-se a grande e mágica solução

---

[6] Informações obtidas no site da Câmara dos Deputados a partir do link: https://www.camara.leg.br/proposicoesWeb/fichadetramitacao?idProposicao=531331. Acesso em: 9 set. 2021.

política para os acordos firmados entre Lira e seus correligionários. Foi conveniente, à medida que, mesmo tão desfigurada em relação à proposta original, a matéria sequer retornou à CCJC para, novamente, ser analisada diante da sua conformação constitucional, algo imprescindível diante de tantas mudanças recentes relacionadas às interpretações constitucionais de muitas das matérias ali tratadas.

Ao contrário, de forma rápida e antidemocrática, acabou aprovada na Comissão Especial, mesmo com tantos assuntos distintos, em 09.08.2021, a despeito de vários pedidos de obstrução e já sob a égide das deletérias alterações regimentais tratadas nesse trabalho, a matéria foi aprovada na Comissão Especial, exatos quatro meses depois da criação da Comissão, mesmo diante de tantos temas diferentes que foram incluídos ao texto original, cada um, fosse respeitado o devido processo legislativo, demandaria discussões muito mais profundas e longas.[7]

A partir daí o que ocorre são tentativas bem-sucedidas da Presidência de solapar a discussão processual e, com requerimentos de quebra de interstício, a matéria acabou aprovada pelo Plenário da Câmara em 18.08.2021, exatos nove dias após ser aprovada na Comissão Especial e após repousar por mais de dez anos na Casa. Desnecessário ressaltar que o Presidente da Câmara utilizou de todas as mudanças regimentais que aprovara anteriormente para abusar da celeridade processual em detrimento da necessária discussão acerca de temas tão complexos, que objetivam alterar o sistema eleitoral, o modelo de financiamento de campanhas, a possibilidade de coligações eleitorais e ainda as estruturas dos partidos políticos.

Se a virtude processual legislativa foi negligenciada pelo novo comando da Casa congressual citada, com isso também vimos vilipendiado o contraditório, o bom e necessário debate parlamentar e a ponderação acerca de mudanças tão impactantes na sociedade, tudo em nome de uma eficiência questionável, ultimada por acordos políticos que não são transparentes e, muitas vezes, desconhecidos da opinião pública e dos estudiosos do tema.

A quem interessa tanta "celeridade"? Quem ganha com a ausência do debate e com a dificuldade de um acompanhamento crítico por parte da opinião pública, principalmente em um momento de forte

---

[7] Informações obtidas no site da Câmara dos Deputados a partir do link: https://www.camara.leg.br/proposicoesWeb/fichadetramitacao?idProposicao=531331. Acesso em: 9 set. 2021.

tensão institucional, onde se coloca imperioso que os agentes políticos tenham serenidade e compromisso com o interesse público? Não parece ser a democracia e o Estado democrático de direito, infelizmente.

Referências

ABRANCHES, Sérgio Henrique Hudson de. Presidencialismo de Coalizão: o Dilema Institucional Brasileiro. In: Revista de Ciências Sociais, v. 31, n. 1, p. 5-32, 1988.

ABREU, Alzira Alves; DIAS, Luciano de Mattos (org.). O Futuro do Congresso Brasileiro. Rio de Janeiro: Fundação Getúlio Vargas, 1995.

ARAGÃO, Murillo de. Grupos de Pressão no Congresso Nacional: como a sociedade pode defender licitamente seus direitos no poder legislativo. São Paulo: Maltese, 1994.

ARATO, Andrew. Representação, soberania popular e accountability. Revista Lua Nova, n. 55-56, 2002.

ARAÚJO, Caetano Ernesto Pereira. O monopólio dos partidos sobre a representação política. In: Revista de Informação Legislativa, ano 41, n. 161, p. 125-131, jan./mar. 2004.

ASSIS BRASIL, J. F. de. Democracia representativa do voto e do modo de votar. 4. ed. Rio de Janeiro, 1931.

BAAKLINI, Abdo I. O Congresso e o Sistema Político do Brasil. São Paulo: Paz e Terra, 1993.

BATISTA, Weber Martins. Projeto de Lei de Iniciativa Reservada: poder de emenda. In: Livro de Estudos Jurídicos. Rio de Janeiro: Instituto de Estudos Jurídicos, 1991.

BENTHAM, Jeremy. Uma Introdução ao Princípio da Moral e da Legislação. Trad. Luiz João Baraúna. São Paulo: Nova Cultural, 1979.

BERNAREGGI, Ernesto. L'attività legislativa e la volontà popolare nel regime democrático. Milano: Giuffrè, 1949.

BOBBIO, Norberto. As Ideologias e o Poder em Crise. 4. ed. Trad. João Ferreira. Brasília: UNB, 1999.

BODIN, Jean. Six Livres de la Republique avec l'apologie de R. Herpi. S. 1, Paris: Scientia Aalen, 1961.

BULOS, Uadi Lammêgo. Comissão Parlamentar de Inquérito: técnica e prática. São Paulo: Saraiva, 2001.

BURDEAU, Georges. Traité de Science Politique. 2. ed. Tomo V, Paris: Librairie Générale de Droit et de Jurisprudence, 1970 .

CANTIZANO, Dagoberto Liberato. O Processo Legislativo nas Constituições Brasileiras e no Direito Comparado. Rio de Janeiro: Forense, 1985.

CARVALHO NETTO, Menelick de. A Sanção no Procedimento Legislativo. Belo Horizonte: Del Rey, 1992.

CARRÉ DE MALBERG, R. *Contribution à la Théorie Generale de l'État*. Dalloz, Paris: 2004.

CASSEB, Paulo Adib. *Processo Legislativo*: Atuação das comissões permanentes e temporárias. São Paulo: RT, 2008.

CATTONI, Marcelo. *Devido Processo Legislativo*. 2. ed. Belo Horizonte: Mandamentos, 2006.

COELHO, Fábio Alexandre. *Processo Legislativo*. São Paulo: Juarez de Oliveira, 2007.

DANTAS, Francisco Wildo Lacerda. Reflexões Sobre o Processo Legislativo e a Participação Popular. *In: Revista dos Tribunais*, São Paulo, v. 77, n. 628, p. 54-62, fev. 1988.

DEL VECCHIO, Giorgio. *Teoria do Estado*. Trad. de António Pinto de Carvalho. São Paulo: Saraiva, 1957.

DICKERSON, Frederick Reed. *A Arte de Redigir Leis*. Trad. Paulo de Castro Moreira da Silva. Rio de Janeiro: Forense, 1965.

DUVERGER, Maurice. *Constitutions et Documents Politiques*. Paris: Presses Universitaires de France, 1957.

FALCÃO, Alcino Pinto. Do Voto de Liderança, como 'sub-genus' do Voto por Procuração. *In: Revista de Direito Constitucional e Ciência Política*, v. 4, n. 6, p. 236-256, jan./jun. 1988.

FARHAT, Said. *Dicionário Parlamentar e Político*: o processo político e legislativo no Brasil. São Paulo: Melhoramentos, 1996.

FIGUEIRÊDO, Sara Ramos de. *Processo Legislativo*: aspectos fundamentais. Brasília: Senado Federal, 1976.

FOUCAULT, Michel. *Microfísica do Poder*. 24. ed. São Paulo: Graal, 2007.

FRANCO, Afonso Arinos de Melo. *A Câmara dos Deputados*: síntese histórica. Brasília: Câmara dos Deputados, 1976.

GALEOTTI, Sergio. *Contributo Alla Teoria del Procedimento Legislativo*. Milano: A. Giuffre, 1957.

GUYOT, Yves. *Politique Parlamentaire et Politique Atavique*. Paris: Librarie Félix Alcan, 1924.

HAMILTON, Alexander; JAY, John; MADISON, James. *O Federalista*. Trad. Reggy Zacconi de Moraes. Rio de Janeiro: Editora Nacional de Direito, 1959.

HELLER, Hermann. *Teoria do Estado*. Trad. Licurgo Gomes da Mota. São Paulo: Ed. Mestre Jou, 1968.

HESSE, Konrad. *A força Normativa da Constituição*. Trad. Gilmar Ferreira Mendes. Porto Alegre: Sérgio Antônio Fabris, 1991.

HORTA, Raul Machado. Processo Legislativo: lei, medidas provisórias, imunidades parlamentares. *In: Estudos de Direito Constitucional*, Belo Horizonte, 1995.

HORTA, Raul Machado. O Processo Legislativo nas Constituições Federais Brasileiras. *In: Revista de informação Legislativa*, v. 26, n. 101, p. 5-28, jan./mar. 1989.

IRTI, Natalino. *L'età della decodificazione*. 4. ed. Milano: Giuffrè, 1999.

JAMPAULO JÚNIOR, João. *O processo legislativo*: sanção e vício de iniciativa. São Paulo: Malheiros, 2008.

JELLINEK, Georg. *Teoría General del Estado*. Trad. Fernando de los Ríos. Buenos Aires: IB de F, 2005.

LEITE NETO, Leonardo (org.). *Anais do Seminário sobre o Papel do Poder Legislativo numa Democracia Moderna*. Brasília: Senado Federal, 1983.

LEWANDOWSKI, Enrique Ricardo. Os Desafios do Legislador Estadual. In: *Temas de Direito Constitucional Estadual e Questões sobre o Pacto Federativo*. Anais. São Paulo: Assembleia Legislativa do Estado de São Paulo, 2003.

LOWENSTEIN, Karl. *Teoría de la Constitución*. 2. ed. Trad. Alfredo Gallego Anabitarte. Barcelona: Ariel, 1970.

MACIEL, Marco. *Simplificação das Leis*. Brasília: Senado Federal, 1983.

MANGABEIRA, João. *A Organização do Poder Legislativo nas Constituições Republicanas*. Rio de Janeiro: FGV, 1954.

MESTRINER, Melissa Terni; LOPES, Fábio Almeida. Disponível em: https://www.jota.info/stf/supra/alteracao-do-regimento-interno-da-camara-dos-deputados-impacta-direito-de-minoria-29052021. Acesso em: 9 set. 2021.

MEZEY, Michael L. *O Poder Decisório do Legislativo nos Sistemas Políticos em Desenvolvimento*. In: *O Legislativo e a Tecnocracia*. Rio de Janeiro: Imago, 1975.

MUSSO, Enrico Spagna. *Studi di Diritto Costituzionale*. Napoli: Morano, 1966.

NEGRI, André Del. *Controle de Constitucionalidade no Processo Legislativo*: teoria da legitimidade democrática. Belo Horizonte: Fórum, 2003.

NOGUEIRA, Rubem. Processo Legislativo: mudanças necessárias. In: *Revista de informação legislativa*, v. 23, n. 89, p.129-138, jan./mar. 1986.

NOVELLI, Flavio Bauer. O Congresso e o Processo Legislativo na Constituição de 1967. In: *Estudos sobre a Constituição de 1967*. Rio de Janeiro: FGV, 1967.

OLIVEIRA, Arlindo Fernandes de. Sobre a representação dos Estados na Câmara dos Deputados. In: *Revista de Informação Legislativa*, ano 41, n. 161, p. 31-39, jan./mar. 2004.

PAIVA, Luiz Guilherme Mendes de. *A fábrica de penas*: racionalidade legislativa e a lei dos crimes hediondos. Rio de Janeiro: Revan, 2009.

POTTERS, Jan; SLOOF, Randolph. *Interest Group*: a survey of empirical model that try to assess their influences. *European Journal of Political Economy*, v. 12, 1996.

PUGET, Henry. La Promulgation et la Publication des Actes Legislatifs en Droit Français. In: *La Promulgation, la Signature et la Publication des Textes Legislatifs en Droit Compare*. Paris: Ed. de L'Apargne, 1961.

SAMPAIO, Nelson de Sousa. *O Processo Legislativo*. 2. ed. Belo Horizonte: Del Rey, 1996.

SIEYÉS, Emmanuel Joseph. *Qu'est-ce que le tiers* état? Geneve: Droz, 1970.

VIANA, Oliveira. *Instituições Políticas Brasileiras*: fundamentos sociais do Estado. São Paulo: José Olympio, 1949. v. I.

WARAT, Luiz Alberto. *Mitos e Teorias na Interpretação da Lei*. Porto Alegre: Síntese, 1979.

Informação bibliográfica deste texto, conforme a NBR 6023:2018 da Associação Brasileira de Normas Técnicas (ABNT):

ASSIS, Luiz Gustavo Bambini de. O processo legislativo e a dialética: a necessidade de construção de consensos ameaçada por alterações do regimento interno da Câmara dos Deputados. *In*: RODRIGUES, Dennys Albuquerque; CEZAR, Eduardo Barreto; OLIVEIRA, Marcelo Pimentel de (coord.). *Democracia, humanismo e jurisdição constitucional*: estudos em homenagem ao Ministro Ricardo Lewandowski. Belo Horizonte: Fórum, 2022. p. 155-173. ISBN 978-65-5518-402-0.

O PAPEL DO JUIZ NO PROCESSO COLETIVO: LIÇÕES EXTRAÍDAS DA ATUAÇÃO DO MINISTRO RICARDO LEWANDOWSKI NO *HABEAS CORPUS* Nº 143.641/SP

HELENA CAMPOS REFOSCO

I   Introdução

Escrevo em homenagem ao Ministro Ricardo Lewandowski com a esperança de revelar o enriquecedor aprendizado de que me beneficio desde que passei a ter a honra e o privilégio de assessorá-lo. Almejo, ainda, por meio da metodologia de estudo de caso, expor qual o papel do juiz no processo coletivo – tema esse pouco explorado na literatura brasileira.[1]

---

[1] O método de estudo de caso pressupõe o exame detalhado do exemplo escolhido. A escolha desse método funda-se na convicção de que é por meio da experiência com casos concretos que o pesquisador se torna perito em determinado tema. O valor dos estudos de caso reside na sua maior aptidão para demonstrar a riqueza do comportamento humano, que não se resume a modelos preestabelecidos e que é dependente do contexto e da concretude dos fatos da vida. O estudo de casos concretos, assim, permite o aprendizado dos assuntos humanos, dos seus dilemas e contextos. A escolha deve recair sobre casos relevantes em relação à hipótese central e acerca dos quais exista abundância de informações, com o fim de permitir inferências para o problema em abstrato. Ver, a respeito: FLYVBJERG, Bent. Five Misunderstandings about Case-Study Research. *Qualitative Inquiry* 12, n. 2, p. 219-245, 2006; STAKE, Robert. Case Studies. *In*: DENZIN, Norman K.; LINCOLN, Yvonna S. (org). *Handbook of Qualitative Research*. Thousand Oaks: SAGE Publications Inc., 1994, p. 237.

Para tanto, analisarei a condução ativa e estratégica do Ministro Lewandowski no *Habeas Corpus* nº 143.641/SP, marco na jurisprudência brasileira e na história do Supremo Tribunal Federal (STF). Oito são os procedimentos que ilustram essa atuação no caso concreto, a serem pormenorizados no decorrer do texto: (i) reunião de dados essenciais para a tomada de decisões; (ii) adequação do polo ativo para garantir representação institucional dos interesses da coletividade; (iii) reorganização dos atores visando a assegurar maior legitimidade à decisão; (iv) diálogo e adaptação do voto, para refletir a visão do colegiado; (v) expedição de diretivas para vencer resistências à efetivação do acórdão; (vi) promoção de diálogo com o Poder Legislativo; (vii) equilíbrio entre ação inovadora e observância dos limites institucionais do STF; e (viii) incentivo à diligência de outros órgãos com capacidade para a continuidade das conquistas.

O Ministro, cioso da relevância do Poder Judiciário na afirmação dos direitos fundamentais, recusou a postura passiva de espectador e, ao dirigir o processo, tornou realidade o ideal de representação adequada dos interesses, o que foi fundamental para o paradigmático resultado alcançado.

Neste artigo, confiro especial importância a aspectos processuais e de desenho institucional na tramitação do *habeas corpus* coletivo, embora seja indiscutível que a compreensão completa deste caso pressupõe, igualmente, um olhar aprofundado pela perspectiva de gênero. Conforme já concluí em um trabalho cujas lentes são justamente voltadas a esse tópico, escrito em coautoria com a pesquisadora Tani Maria Wurster, a marca distintiva do padrão do encarceramento feminino é a responsabilidade primária das mulheres presas por seus filhos.[2] Disso decorrem tanto cenários que implicam a permanência de crianças no sistema prisional, onde se deparam com as diversas formas de violência estatal, quanto situações em que, privadas da sua principal cuidadora, as crianças cujas mães estão presas ficam mais sujeitas ao acolhimento pela família extensa ou, ainda, ao acolhimento institucional, tudo em prejuízo de seu saudável desenvolvimento.

---

[2] REFOSCO, Helena C.; WURSTER, Tani Maria. Prisão domiciliar para gestantes e mães com filhos menores de 12 anos: habeas corpus coletivo e individuais na jurisprudência recente no Supremo Tribunal Federal. In: PEDRINA, Gustavo M. L.; NUNES, Mariana M.; SOUZA, Rafael F.; VASCONCELLOS, Vinícius G. (org.). *Habeas Corpus no Supremo Tribunal Federal*. São Paulo: Thomson Reuters Brasil, 2019.

Ao final da narrativa, darei um breve testemunho de como vivenciei a atuação simultaneamente humanista e pragmática do Ministro, bem como das influências inspiradoras que ele traz para o ambiente de trabalho.

II A condução do HC nº 143.641/SP

No referido *habeas corpus* coletivo, o STF, em acórdão de sua Segunda Turma, reconheceu falhas de caráter estrutural no sistema prisional, bem como no sistema jurídico, responsável pela "cultura do encarceramento", a qual resulta no aprisionamento cautelar exagerado, e de forma acrítica, de mulheres em situação de pobreza e vulnerabilidade.[3] Com base em tais premissas, deferiu a substituição da prisão preventiva pela domiciliar, sem prejuízo da aplicação concomitante das medidas alternativas previstas no art. 319 do Código de Processo Penal (CPP), de todas as mulheres presas, gestantes, puérperas ou mães de crianças e de pessoas com deficiência, bem assim das adolescentes sujeitas a medidas socioeducativas que estivessem nessas mesmas condições, exceto no caso de crimes praticados mediante violência ou grave ameaça, contra seus descendentes ou em situações que fossem excepcionalíssimas, a serem devidamente fundamentadas.[4]

---

[3] Nesse aspecto, o acórdão faz referência ao julgado na ADPF nº 347 MC/DF, para concluir: "Há, como foi reconhecido no voto, referendado por todos os ministros da Corte, uma falha estrutural que agrava a 'cultura do encarceramento', vigente entre nós, a qual se revela pela imposição exagerada de prisões provisórias a mulheres pobres e vulneráveis. Tal decorre, como já aventado por diversos analistas dessa problemática seja por um proceder mecânico, automatizado, de certos magistrados, assoberbados pelo excesso de trabalho, seja por uma interpretação acrítica, matizada por um ultrapassado viés punitivista da legislação penal e processual penal, cujo resultado leva a situações que ferem a dignidade humana de gestantes e mães submetidas a uma situação carcerária degradante, com evidentes prejuízos para as respectivas crianças" (fl. 9 do acórdão).

[4] Como bem avaliou, em sede acadêmica, o Ministro Ricardo Lewandowski, "Vale ressaltar, por derradeiro, que a decisão pioneira da Segunda Turma do Supremo Tribunal Federal, apesar de suscetível de críticas e passível de aperfeiçoamentos técnicos, representou inegavelmente um extraordinário avanço no tocante à defesa dos direitos fundamentais, com destaque para a liberdade de ir e vir de um grupo de pessoas claramente carente, ao incluir no arsenal de instrumentos, os quais poderão ser manejados para esse fim, o *habeas corpus* coletivo, sobretudo no mundo contemporâneo, em que as lesões massivas a tais direitos vêm crescendo em escala exponencial". LEWANDOWSKI, Enrique Ricardo. O habeas corpus coletivo. *In*: ARABI, Abhner Youssif Mota; MAFUL, Fernando; MACHADO NETO, Marcello Lavenère. *Constituição da República 30 anos depois*: uma análise prática da eficiência dos direitos fundamentais. Estudos em homenagem ao Ministro Luiz Fux. Belo Horizonte: Fórum, 2019, p. 75.

Esse julgado teve sua importância reconhecida nacional e internacionalmente,[5] por ter conferido maior efetividade a compromissos assumidos pelo Brasil em relação a cuidados com a maternidade e com a primeira infância.[6]

Os impetrantes Eloísa Machado de Almeida, Bruna Soares Angotti, André Ferreira, Nathalie Fragoso e Hilem Oliveira, integrantes do Coletivo de Advogados em Direitos Humanos (CADHu), argumentaram na inicial que, a despeito da alteração legislativa trazida pela Lei nº 13.257/2016, que alterou o Código de Processo Penal para possibilitar a substituição da prisão preventiva por prisão domiciliar para gestantes e mães de crianças, interpretações díspares levadas a efeitos por juízes e tribunais acarretavam, na prática forense, o indeferimento de parte significativa dos pedidos de conversão da prisão na sua modalidade domiciliar. Após narrarem diversas violações a direitos humanos de mulheres e crianças no cárcere, bem como falhas estruturais de acesso à Justiça que dificultavam a prevenção e a reparação das ofensas a direitos fundamentais, requereram a concessão da ordem para revogação da prisão preventiva decretada contra todas as gestantes, puérperas e mães de crianças, ou sua substituição pela prisão domiciliar.[7]

São oito as ações do Ministro que demonstram sensibilidade e espírito republicano no exercício da função jurisdicional no decorrer deste processo coletivo:

---

[5] Ver, *v.g.*, Nota pública sobre *habeas corpus* coletivo para mulheres grávidas e mães em situação de prisão preventiva – ONU Mulheres. Disponível em: http://www.onumulheres.org.br/noticias/nota-publica-sobre-habeas-corpus-coletivo-para-mulheres-gravidas-e-maes-em-situacao-de-prisao-preventiva/. Acesso em: 5 ago. 2021.

[6] Citem-se, notadamente, as Regras de Bangkok, que são as Regras das Nações Unidas que estabelecem parâmetros e medidas de tratamento humanitário para mulheres em privação de liberdade e egressas das prisões, e o Estatuto da Primeira Infância, que modificou o art. 318, IV e V, do CPP.

[7] Para que se possa dimensionar a gravidade das violações vivenciadas em prisões brasileiras, cite-se decisão do próprio Ministro Lewandowski: "Exemplos não faltam do que representa, na prática, um Estado de Coisas Inconstitucional. Em meu voto, citei: (i) partos em solitárias sem nenhuma assistência médica, com a parturiente algemada ou, ainda, sem a comunicação e presença de familiares; (ii) completa ausência de cuidado pré-natal (acarretando a transmissão evitável de doenças graves aos filhos, como sífilis, por exemplo); (iii) falta de escolta para levar as gestantes a consultas médicas, não sendo raros partos em celas, corredores ou nos pátios das prisões; (iv) abusos no ambiente hospitalar; (v) isolamento; (vi) ociosidade; (vii) afastamento abrupto de mães e filhos; (viii) manutenção das crianças em celas, dentre outras atrocidades. Tudo isso de forma absolutamente incompatível com os avanços civilizatórios que se espera concretizados neste século XXI". Ver documento eletrônico 979.

(i) reunião de dados essenciais para a tomada de decisões;
(ii) adequação do polo ativo para garantir representação institucional dos interesses da coletividade;
(iii) reorganização dos atores visando a assegurar maior legitimidade à decisão;
(iv) diálogo e adaptação do voto, para refletir a visão do colegiado;
(v) expedição de diretivas para vencer resistências à efetivação do acórdão;
(vi) promoção de diálogo com o Poder Legislativo;
(vii) equilíbrio entre ação inovadora e observância dos limites institucionais do STF; e
(viii) incentivo à diligência de outros órgãos com capacidade para a continuidade das conquistas.

Ainda na fase inicial da tramitação do feito, o Ministro Lewandowski adotou duas iniciativas que se revelaram decisivas quando do julgamento do feito pelo colegiado.

Em primeiro lugar, propiciou a reunião de dados essenciais para a tomada de decisões, ao determinar a expedição de ofício ao Departamento Penitenciário Nacional – DEPEN requisitando a lista de nomes de mulheres presas preventivamente que fossem gestantes ou mães de crianças, bem como informações a respeito dos cuidados pré-natal e materno das unidades prisionais. Isso possibilitou ao Ministro dispor de dados que individualizavam as pacientes no *habeas corpus*, para rejeitar a objeção da Procuradoria-Geral da República no sentido de que, na hipótese de concessão de ordem genérica, haveria um desvirtuamento do *habeas corpus*.

Em segundo lugar, promoveu a adequação do polo ativo para garantir a melhor representação possível, e o fez por meio da intimação do Defensor Público Geral Federal para perquirir sobre seu interesse em atuar no polo ativo do feito, o que foi prontamente aceito. Essa providência foi fundamental porque a presença, no polo ativo, da instituição qualificada por lei para o ajuizamento do mandado de injunção coletivo permitiu a equiparação com esse outro procedimento, regulamentado pela Lei nº 13.300/2016, reduzindo as resistências que a legitimação ativa da pessoa física provoca.[8]

---

[8] Ver, a respeito deste tema: REFOSCO, Helena Campos. *Ação coletiva e democratização do acesso à justiça*. São Paulo: Quartier Latin, 2018, p. 293; LANGENEGGER, Natalia. *Legitimidade Ativa de Pessoas Físicas em Ações Coletivas*: Incentivos e Desincentivos Institucionais. Dissertação de Mestrado, Escola de Direito da Fundação Getúlio Vargas, 2014.

A terceira iniciativa marcante do Ministro Lewandowski foi a reorganização dos atores para garantir maior legitimidade e efetividade ao processo. Isso porque, ao mesmo tempo em que garantiu que o polo ativo fosse ocupado por ente com legitimidade institucional (a Defensoria Pública da União), o Ministro ativamente conformou a posição dos impetrantes, pessoas dotadas de grande *expertise* na matéria, à posição de *amici curiae*, para, nessa condição, contribuírem para a solução do caso.

Também as Defensorias Públicas de vários Estados da Federação, bem como outras entidades, ligadas à defesa de direitos humanos, foram admitidas como *amici curiae*,[9] adicionando não só argumentos ao pleito inicial, mas também novas solicitações, como no caso do Instituto Alana, que pediu a extensão da ordem às adolescentes gestantes ou mães que estivessem cumprindo provisoriamente medida de internação – medida esta que foi acolhida ao final.[10]

Na sessão de julgamento, o Ministro Lewandowski demonstrou duas características marcantes de sua personalidade: a disposição para o diálogo e a moderação. Tais atributos revelaram-se no acolhimento de sugestões de outros Ministros e na adaptação de seu voto, ao longo dos debates, para que refletisse, efetivamente, a visão do Colegiado.[11] Esse comportamento não apenas revelou a habilidade do Ministro, mas também trouxe maior legitimidade à decisão tomada, além de, naturalmente, ter propiciado o seu aperfeiçoamento.[12]

Ao longo da efetivação do julgado, evidenciaram-se resistências ao cumprimento adequado da decisão, que decorreram, em parte, da dificuldade de prever todas as situações da vida que poderiam excepcionar a regra da prisão domiciliar.[13] Neste quadrante, o Ministro Lewandowski, exercendo seus poderes de Relator, formulou novos parâmetros, aptos a delimitar, de maneira mais precisa, as circunstâncias que poderiam estar albergadas pela locução "situações

---

[9] Ver documento eletrônico 145.
[10] Ver documento eletrônico 185.
[11] Ver documento eletrônico 632.
[12] Nesse aspecto, a postura do Relator distanciou-se da crítica ao individualismo das decisões colegiadas do STF. Ver: SILVA, Virgílio Afonso da. Deciding Without Deliberating. *International Journal of Constitutional Law*, vol. 11, 3, 2013.
[13] O acórdão optou por manter uma cláusula aberta à interpretação do julgador diretamente responsável pelo conhecimento dos casos concretos, excetuando da incidência da regra, além de crimes praticados mediante violência ou grave ameaça ou contra seus descendentes, também outras "situações excepcionalíssimas", a serem devidamente fundamentadas pelos juízes que denegarem o benefício.

excepcionalíssimas".[14] Assim, por meio de decisões monocráticas, o Ministro esclareceu que:

(i) Não é possível exigir das presas a apresentação de certidões de nascimento dos respectivos filhos, devendo os juízes, diante da ausência de tais documentos, utilizar o sistema eletrônico disponível para tanto;

(ii) As determinações do acórdão abrangem todas as presas cuja condenação ainda não transitou em julgado, pois a execução penal, nesses casos, não perde seu caráter provisório;

(iii) O fato de o flagrante dizer respeito à prática do delito de tráfico de entorpecentes, ainda que no transporte de tais substâncias ilícitas para dentro de estabelecimento prisional, ou de ter sido realizado na própria residência da mulher presa, não obsta a concessão da prisão domiciliar;

(iv) Tampouco impedem a concessão do benefício da prisão domiciliar eventual passagem pela vara da infância ou a ausência de vínculo formal de emprego;

(v) a lei estabeleceu a presunção de indispensabilidade dos cuidados maternos e de inadequação dos estabelecimentos prisionais para a gestação e o exercício da maternidade, não cabendo aos magistrados presumir que outras pessoas possam assumir os cuidados maternos ou que a gestação e a maternidade serão vivenciadas de forma saudável no ambiente prisional.

Muitas dessas diretivas foram expedidas à luz de casos concretos trazidos ao conhecimento do Ministro por meio de petições ou ofícios judiciais, acarretando a concessão de novos *habeas corpus* de ofício.

Além dessas comunicações individuais, os *amici curiae* reclamaram de implementação deficiente do acórdão em alguns tribunais específicos. Nesses casos, o Ministro oficiou às respectivas Presidências e Corregedorias para que informassem as medidas adotadas a fim de assegurar o cumprimento de ordem judicial vinculante.

A sexta característica do Ministro Lewandowski diz respeito à sua aptidão no diálogo com o Poder Legislativo. Com efeito, o Relator tomou a iniciativa de oficiar ao Congresso Nacional para que este verificasse a pertinência de aprimorar a legislação vigente, à luz das constatações derivadas do acompanhamento da efetivação do julgado.[15] Interessante notar que, atendendo a este chamado, veio a ser publicada a Lei nº 13.769/2018, que ampliou o escopo da ordem concedida, por

---

[14] Ver, *v.g.*, documentos eletrônicos 680 e 979.
[15] Ver documento eletrônico 680 dos autos.

flexibilizar requisitos da Lei de Execução Penal para a progressão de regime da mulher gestante ou que for mãe ou responsável por crianças ou pessoas com deficiência e por haver eliminado a possibilidade de manutenção da prisão provisória, i.e., anterior ao trânsito em julgado, em qualquer hipótese que não as duas especificadas no novo art. 318-A do Código de Processo Penal, que passou a dispor o seguinte:

> Art. 318-A. A prisão preventiva imposta à mulher gestante ou que for mãe ou responsável por crianças ou pessoas com deficiência será substituída por prisão domiciliar, desde que:
> I - não tenha cometido crime com violência ou grave ameaça a pessoa;
> II - não tenha cometido o crime contra seu filho ou dependente.
> Nas palavras do próprio Ministro Lewandowski, "[a] Lei 13.769/2018, ao substituir o termo 'poderá' por 'será', tornou facultativa a conversão em prisão domiciliar nas situações (i) e (ii) acima discriminadas, e impositiva nas demais".[16]

Essa positiva interação ilustra como a adequada atuação do magistrado no processo coletivo pode provocar os outros Poderes da República a aprimorar práticas, instituições e mesmo a legislação, em democrático e frutífero diálogo institucional.

Ao fim do processo, o Ministro Lewandowski demonstrou o equilíbrio que lhe é característico ao direcionar às sedes apropriadas as demandas pendentes que estariam fora de sua alçada, pontuando que "[o] direito é mais efetivo quando aplicado de forma gradual. Do contrário, ele pode despertar resistências que, ao fim e ao cabo, podem inviabilizar as conquistas alcançadas".[17] Assim, reconheceu que o *habeas corpus* coletivo alcançou seus objetivos, nos limites da lei, e determinou o arquivamento dos autos, revelando-se cioso quanto ao equilíbrio entre a atuação inovadora e estratégica e o limite institucional da ação do STF.

Tal consciência, contudo, não lhe cerceou a tomada de iniciativa para incentivar a diligência de outros órgãos com capacidade para dar continuidade às conquistas. Pelo contrário, na decisão de arquivamento o Ministro expressamente determinou a remessa de cópias ao Conselho Nacional de Justiça (CNJ), o que levou à edição da Resolução

---

[16] Ver documento eletrônico 2.162 dos autos.
[17] *Idem.*

nº 369/2021 no âmbito do CNJ. Esse ato normativo instituiu a Comissão Permanente Interinstitucional para acompanhamento e sistematização dos dados referentes ao cumprimento das ordens coletivas de *habeas corpus* concedidas pela 2ª Turma do STF nos HCs nºs 143.641 e 165.704, [18] bem como adotou outras providências voltadas à implementação das demais medidas nela previstas, em especial no que tange à informatização de dados, objetivando maior transparência sobre a situação da mulher no cárcere.[19]

III O magistrado no processo coletivo

Para compreender as razões pelas quais a postura do juiz no processo coletivo não pode se assemelhar à passividade de espectador que frequentemente o julgador assume no processo individual, é importante identificar os dois modelos de litigância, igualmente válidos e legítimos, que Owen Fiss distinguiu com precisão: o modelo da "solução de controvérsias" e o chamado de "reforma estrutural".[20]

O primeiro responde a demandas entre indivíduos, e não entre grupos sociais e organizações burocráticas; o antagonismo é binário e a premissa é de que o *status quo* é satisfatório. Diferentemente, a reforma estrutural responde à evolução da realidade social, que hoje é controlada por organizações burocráticas.

Para Fiss, o modelo estrutural de litigância é o mais compatível com a função social do Poder Judiciário de dar concretude a valores públicos, constantes da lei e da Constituição, no contexto do Estado burocrático contemporâneo, ao passo que o modelo de solução de controvérsias distancia-se da realidade política e social da sociedade moderna. Para ele, a resistência ao modelo estrutural decorre da emergência de um modelo de vida social que privatiza todos os fins.

---

[18] No *Habeas Corpus* nº 165.704, de relatoria do Ministro Gilmar Mendes, a 2ª Turma do Supremo Tribunal Federal concedeu a ordem para determinar a substituição da prisão cautelar dos pais e responsáveis por crianças e pessoas com deficiência, observadas as condicionantes nele apontadas, bem como a comunicação da ordem ao DMF/CNJ para acompanhar a efetivação do julgado.

[19] Ver REFOSCO, Helena C.; WURSTER, Tani Maria. Prisão domiciliar para gestantes e mães com filhos menores de 12 anos: *habeas corpus* coletivo e individuais na jurisprudência recente no Supremo Tribunal Federal. *In*: PEDRINA, Gustavo M. L.; NUNES, Mariana M.; SOUZA, Rafael F.; VASCONCELLOS, Vinícius G. (org.). *Habeas Corpus no Supremo Tribunal Federal*. São Paulo: Thomson Reuters Brasil, 2019, p. 345 e ss.

[20] FISS, Owen. *Um Novo Processo Civil*: Estudos Norte-Americanos sobre Jurisdição, Constituição e Sociedade, trad. SALLES, Carlos Alberto de; SILVA, Daniel P. G.; RÓS, Melina M. São Paulo: Revista dos Tribunais, 2004, p. 48.

Nesse sentido, o paradigma do processo estrutural insere o Poder Judiciário no centro do poder governamental, ao partir da convicção de que a realidade atual precisa ser modificada, de que a distribuição de poder e privilégios na sociedade não é satisfatória e de que a mudança social só é possível se as organizações burocráticas que definem o *status quo* forem reestruturadas. Em ambos os modelos, a independência judicial e a capacidade do juiz de se engajar em um processo comunicativo, dialógico, que enseja a justificação cuidadosa de suas decisões, são possíveis e fundamentais.

Este *habeas corpus* coletivo identifica-se com o modelo que Fiss intitula de reforma estrutural – contrapõe indivíduos ao Estado, que é responsável pelos sistemas prisional e judiciário, reconhece a vulnerabilidade da população encarcerada e propõe uma mudança que visa à modificação do *status quo*, visto como injusto e indiferente aos valores públicos que foram consagrados em nossa Constituição e nas nossas leis.[21]

Para Fiss, o modelo de solução de controvérsias tolera a passividade do juiz, o qual é visto como um árbitro imparcial a quem cabe decidir qual das partes está certa, sendo-lhe permitido confiar que elas, apesar de eventuais discrepâncias em termos de disponibilidade de recursos, serão capazes de tomar todas as iniciativas para informá-lo adequadamente dos fatos. Entretanto, no processo coletivo há outros motivos que se somam aos relativos à desigualdade de forças das partes – sobretudo quando a coletividade envolvida for mais vulnerável, como em casos que contrapõem pessoas presas ao Estado, responsável pelas rotinas nos estabelecimentos prisionais.[22]

---

[21] Nesse sentido, constou do acórdão que: "[o]utro dado de fundamental interesse diz respeito ao fato de que 68% das mulheres estão presas por crimes relacionados ao tráfico de entorpecentes, delitos que, na grande maioria dos casos, não envolvem violência nem grave ameaça a pessoas, e cuja repressão recai, não raro, sobre a parcela mais vulnerável da população, em especial sobre os pequenos traficantes, quase sempre mulheres, vulgarmente denominadas de 'mulas do tráfico' (SOARES, B. M.; ILGENFRITZ, I. Prisioneiras: vida e violência atrás das grades. Rio de Janeiro: Garamond, 2002). [...] Selecionadas a este modo para o cárcere brasileiro, elas possuem baixa escolaridade, originam-se de extratos sociais economicamente desfavorecidos e, antes da prisão, desempenhavam atividades de trabalho no mercado informal (INFOPEN Mulheres - Junho de 2014, p. 11)".

[22] Fiss ressalta que, embora a passividade do juiz seja tolerável no modelo de solução de controvérsias, há boas razões para que venha a assumir um papel mais atuante no processo, rejeitando a postura de mero expectador que, tendencialmente, reforça a posição da parte com melhores recursos para litigar. Ver FISS. *Um Novo Processo Civil*: Estudos Norte-Americanos sobre Jurisdição, Constituição e Sociedade, 58.

No processo judicial estrutural, lembra Fiss, existe o risco de representação inadequada tanto dos interesses da coletividade, já que o autor e seus advogados elegem-se a si mesmos para ocupar essa posição, quanto do polo passivo, já que o representante da burocracia estatal é indicado pelo autor, o qual poderá ter uma visão muito restrita da estrutura institucional.[23] Configurada essa inadequação, a Corte poderá ser induzida a erro no julgamento, o qual afetará tanto os direitos da coletividade quanto dos funcionários da burocracia estatal, do ente político ao qual está subordinada e, em última análise, de toda a sociedade, que tem interesse no bom funcionamento da máquina pública. Assim, para Fiss, ao juiz, que tem a responsabilidade de assegurar a representação adequada, cabe construir uma estrutura representativa ampla, agindo, frequentemente, de ofício, por meios compatíveis com seu compromisso de imparcialidade. Algumas das medidas a serem tomadas incluem a notificação dos interessados, o convite a organizações ou órgãos públicos para que venham a compor algum dos polos da demanda ou ainda para atuar como *amicus curiae*, até mesmo a nomeação de perito para apontar riscos e inconsistências.

Outro autor relevante para a compreensão da responsabilidade ativa do juiz diante do processo coletivo é Lewis Sargentich. Ele reflete sobre a atuação judicial na efetivação (*remedy*) de sentenças coletivas nas quais houver o reconhecimento da desconformidade da atuação de grandes instituições sociais com a lei e, consequentemente, sobre a escala e a complexidade das práticas a serem corrigidas e dos respectivos corretivos. Estes visam, em última análise, a reorganizar instituições burocráticas protagonistas da vida social e que são perfeitamente viáveis enquanto tais, ainda que de seu funcionamento normal derive a percepção de que sua prática institucional está sistematicamente em desacordo com a ordem jurídica.[24] Para Sargentich, o *enforcement* complexo pode ser descrito como uma forma de julgar uma prática, à qual subjaz uma estrutura que projeta efeitos para o futuro, que é

---

[23] *Idem*, 59.
[24] SARGENTICH, Lewis. *Complex Enforcement*, 1978, Harvard Law School Library, disponível em: isites.harvard.edu/fs/docs/.../SargentichComplexEnforcement.pdf. O título, que poderia ser traduzido como "execução complexa de sentença", refere-se à fase executiva das *injuctions*. O manuscrito de Sargentich, disponível apenas na biblioteca da Faculdade de Direito de Harvard, foi citado por Unger em mais de uma oportunidade – ver: UNGER, Roberto Mangabeira. *What Should Legal Analysis Become?* Rio de Janeiro: Verso, 1996, p. 30. Acredita-se que a presente pesquisa se beneficia de seu acréscimo, ainda que o manuscrito não tenha sido finalizado por seu autor, conforme informação obtida junto à referida biblioteca.

sistemática e que se contrapõe a um *ato*; nesses casos, o *remedy* deve consistir num plano de ação, no qual é estruturada uma via voltada à resolução coletiva do conflito.[25]

Sargentich enfatiza que reconhecer a existência de práticas em desconformidade com a lei é relevante porque há uma crença, subjacente à doutrina processual civil e influente sobre os limites tradicionais da adjudicação,[26] de que esta pode ser exercida apenas sobre o ato e não sobre a prática. O autor sustenta que as normas jurídicas são igualmente aplicáveis a atos e a práticas – para ele, todas as normas têm o potencial de aplicação sistemática, pois a elas subjaz uma teoria de prática social que integra o espírito da lei e que deve ser alcançada no bojo da adjudicação – e que princípios jurídicos, sobretudo, podem ser especialmente invocados contra práticas inaceitáveis.

Entretanto, as formas de adjudicação relacionadas a atos e práticas são vistas como antagônicas porque refletem crenças radicalmente diferentes sobre a profundidade com que a adjudicação pode operar de forma racional e justa, e sobre a extensão da vida social que pode ser alterada pela crítica jurídica. Para ele, a adjudicação complexa assume uma visão transcendente do Direito em razão da forma característica de antijuridicidade da moderna ordem social.[27]

Uma importante observação de Sargentich é de que a complexidade é decorrência direta da necessidade de reordenar uma prática; assim, de nada adiantaria, e seria redundante, determinar meramente que a instituição ré cumpra a lei – o próprio fato de haver uma ação judicial a respeito já demonstraria que o simples comando legal é insuficiente para promover o respeito à lei (a *compliance*). A *injuction*, assim, deve concretamente apontar o caminho, o plano, para a adequação normativa, pois deixar de fazê-lo, limitando-se a vagamente determinar a obediência à norma, seria patentemente ineficiente. É nisso que reside, para Sargentich, o desafio da litigância coletiva: extrair de uma norma jurídica abstrata o comando para a reordenação concreta de uma prática afirmativa e sistemática. Em outras palavras, cabe ao

---

[25] SARGENTICH, Lewis. *Complex Enforcement*.
[26] *Adjudicação* corresponde ao ato de julgar, no qual o juiz adjudica – ou seja, atribui – uma solução ao caso concreto. Trata-se de expressão corrente e útil da língua inglesa, que ocasionalmente será adotada neste trabalho. No mesmo sentido, defendendo a utilidade da expressão em português, veja-se nota dos tradutores Carlos Alberto de Salles, Daniel Porto Godinho da Silva e Melina de Medeiros Rós em: FISS, *Um Novo Processo Civil: Estudos Norte-Americanos sobre Jurisdição, Constituição e Sociedade*, 26.
[27] SARGENTICH, Lewis. *Complex Enforcement*.

juiz produzir não um tratado, mas uma determinação judicial concreta e eficaz, que contenha um plano de ação. Esse plano, cuja elaboração pode ser dialogada, ou pode mesmo ser apresentado pelo réu, deve sempre estar contemplado nas opções do juiz, para não privar as normas sistêmicas de exequibilidade.

Num passo adiante, Sargentich retorna à crença da intangibilidade das práticas pela via judicial e da concepção personalista do processo civil para, então, denunciar três aspectos negativos desta concepção, que, em última análise, negam a legitimidade da atuação judicial pela via coletiva:

(i) distorção de princípios legais substantivos, que ocorreria quando a finalidade da norma é beneficiar a coletividade, e não o indivíduo;

(ii) prejuízo ao *enforcement* legal, consequência óbvia do comprometimento de normas sistêmicas a processos fragmentados, nos quais resta ao autor o ingrato ônus de alegar e provar seu prejuízo pessoal decorrente de práticas sistemáticas que são, em sua essência, impessoais – como, por exemplo, no caso do paciente que sofre com a indiferença sistemática do hospital psiquiátrico para com todos os seus pacientes;

(iii) resultados injustos e disfuncionais, que são a alternativa direta ao item (ii), na medida em que, sem saber o suficiente sobre a causa, os tribunais deferem aos autores determinadas presunções ou simplificações que podem beneficiá-lo, mas ao deixar de reajustar a situação do grupo ao qual pertencem, acabam por permitir a coexistência de situações paradoxais.[28]

Para o autor, esses três aspectos negativos são suficientes para chegar a uma conclusão favorável à feição coletiva de ações judiciais contrárias a práticas estabelecidas, nas quais seja possível concretizar normas sistêmicas de forma integral, justa e racional. Essa conclusão contrasta com uma visão tradicional de processo civil, para a qual um pleito nunca pode ser abstraído do impacto pessoal provocado a um indivíduo específico. A esta visão tradicional do processo civil contrapõe-se uma transformadora (*transformative law*), que defende o dever de a adjudicação assumir novas tarefas, que vão a fundo nas práticas e instituições para transformá-las, e que compõem novas práticas judiciais abrangidas pelo *complex enforcement*. Este ponto de vista transcendente do Direito vê a ilegalidade que reside no bojo da

---

[28] Ibidem.

vida social moderna, crê no potencial dos ideais legais vigentes para guiar uma reordenação dessa vida social pela adjudicação e defende que esse processo adjudicatório seja profundo, libertando-se do modelo que vê no Poder Judiciário um instrumento meramente aplicável à solução de conflitos privados.[29]

Charles Sabel e William Simon também oferecem uma contribuição interessante para a compreensão do papel do juiz no processo coletivo. Primeiramente, ao rejeitarem a ideia de que responsabilidade e transparência possam ser pressupostas pelo simples fato de um órgão estar submetido a uma estrutura na qual há um oficial eleito, vislumbram na litigância de interesse público um instrumento promissor de *accountability* democrática ao desestabilizar instituições imunes aos controles democráticos.[30]

Para tanto, as decisões judiciais devem, nesses casos, abandonar paulatinamente o formato "comando-e-controle" – um formato intrusivo de intervenção judicial, que não tem funcionado por faltar aos tribunais informação e poder para implementar esse tipo de julgado – e assumir um formato experimentalista, baseado em incentivos à participação de todos os interessados e à transparência da instituição escrutinizada. Desse modo, contribuem para estabelecer objetivos gerais que possam ser alcançados por meios eleitos pela instituição, resguardada, porém, a mensuração da *performance* institucional, a ser feita de acordo com os compromissos iniciais e o desempenho de instituições similares.

Segundo esse raciocínio, o exercício dos direitos de desestabilização seria importante para promover a abertura de instituições isoladas do controle público e que relutam em cumprir suas obrigações, estabelecendo uma estrutura para a reforma institucional, sem que se detalhe o plano para isso.

Os autores, após apresentarem exemplos concretos de áreas em que o exercício de direitos de desestabilização tem produzido resultados interessantes – por exemplo, em escolas, hospitais psiquiátricos, prisões, abuso policial e direito à moradia –, realçam o que consideram uma das principais fontes de resistência à atuação do Poder Judiciário – inclusive pelos próprios juízes – na litigância de interesse público: o fato de que o cumprimento do julgado não está especificamente atrelado ao ilícito

---

[29] *Ibidem.*
[30] SABEL, Charles F.; SIMON, William H. Destabilization Rights: How Public Law Litigation Succeeds. *Harvard Law Review*, Cambridge/MA, p. 1055, 2004.

declarado, e as habilidades a serem demandadas do juiz não são as tradicionais, ligadas à interpretação de texto, mas sim estratégicas.

Sabel e Simon enfatizam a interdependência entre a declaração do Direito e a execução do julgado, porque o simples vislumbre das dificuldades a serem enfrentadas na efetivação da decisão influencia o juiz na própria declaração do Direito. No enfoque experimentalista que adotam, o papel do juiz na fase de execução seria de facilitador da deliberação e da negociação entre os interessados. Neste sentido, as dificuldades não podem ser antevistas com tanta precisão, assim como as consequências a serem impingidas às instituições rés, já que, no plano experimentalista, não há consequências específicas, salvo perda de independência da instituição e maior incerteza sobre sua atuação. Para os autores, o Poder Judiciário contribui para uma democracia empoderada ao desestabilizar instituições impermeáveis a controles sociais, que passam a responder aos interessados que anteriormente elas haviam excluído do processo deliberativo. Essa imunidade política se apresenta sob a forma de três padrões recorrentes:

(i) opressão de minorias: política majoritária irresponsiva aos interesses de minorias vulneráveis e estigmatizadas;

(ii) captura: imunidade decorrente da captura administrativa; e

(iii) dilema do prisioneiro: incapacidade de coordenação dos grupos interessados na própria instituição ré.

Para Sabel e Simon, a contribuição do Poder Judiciário, neste cenário, seria reconhecer publicamente a ilegitimidade e insatisfatoriedade do *status quo*, tendo por consequência a desestabilização institucional – uma medida que tem por principal característica a edição de regras provisórias a serem periodicamente revisadas à luz de avaliações transparentes dos avanços obtidos, e por consequências típicas as seguintes:

(i) negociação, geralmente presidida por um perito ou mediador nomeado pelo juiz, em que se espera das partes que deliberem de boa-fé almejando atingir um consenso, que, ainda que não venha a ser alcançado, tem o papel de reforçar o dever de respeito e disposição para com os argumentos contrários;

(ii) provisoriedade das regras que decorram da negociação, embora as metas e a documentação sejam específicas e formais;

(iii) transparência, que serve tanto como uma ferramenta de *accountability* quanto de aprendizado.

Sabel e Simon ponderam que, após o reconhecimento da infringência ao ordenamento jurídico por parte da instituição descumpridora, é de se esperar que efeitos individuais, institucionais e sociais sejam desencadeados, dentre os quais se destacam:

(i) melhor abertura das partes à colaboração para solução do problema, em função do novo posicionamento e da ignorância quanto ao seu papel na correção de rumos;

(ii) reversão da presunção favorável ao *status quo*, levando as partes a considerar novas alternativas;

(iii) incentivos à deliberação fundada em valores públicos;

(iv) escrutínio público como pressão em prol de comportamento responsivo ao interesse público;

(v) reequilíbrio de poder entre autores e réus, bem como nas próprias instituições, e empoderamento de novos participantes;

(vi) efeitos colaterais para reforma de outras instituições.

Ao final, Sabel e Simon abordam a suposta discricionariedade na execução para recomendar que a atuação judicial evite atitudes ineficientemente rígidas e desnecessariamente intrusivas, adotando, ao contrário, uma atitude que reforce a *accountability* da instituição visada. Uma atuação experimentalista é compatível com noções tradicionais de separação de poderes e evita que esse dogma torne-se um formalismo vazio. Os autores fazem notar que o exercício de direitos de desestabilização é ferramenta útil e importante para o aperfeiçoamento da democracia, responsiva a preocupações ligadas à legitimidade e à eficácia da atuação do Poder Judiciário, integrando o conjunto de instrumentos necessários para a concretização do experimentalismo democrático.

Assim, à luz das contribuições desses autores, e levando em consideração a realidade brasileira e o caso em estudo, conclui-se que o juiz tem o dever de adotar uma postura diversa daquela que por vezes é adotada no tradicional processo individual e bipolar, porque a ele cabe:

(i) verificar a qualidade da representação dos interesses envolvidos, atuando ativamente para suprir eventuais deficiências que possam comprometer o resultado final do litígio;

(ii) agir estrategicamente de forma a garantir que esse resultado seja justo e bem informado, com apresentação de todos os dados em tese disponíveis;

(iii) acionar instituições públicas e privadas sempre que necessário;

(iv) proferir decisões que, mais do que repetir a lei, contribuam para a sua efetiva implementação, buscando formas de superar resistências que porventura existam ao texto legal;

(v) atuar para aumentar a responsividade das instituições imunes aos controles políticos tradicionais às demandas da sociedade e à tutela dos direitos fundamentais.

Por fim, destaque-se que essa postura ativa e estratégica é plenamente condizente com o dever de imparcialidade do julgador, a quem cabe julgar à luz dos fatos e não dos interessados no resultado do julgamento,[31] de forma consciente dos vieses que favoreçam litigantes habituais em relação a litigantes eventuais,[32] e das dificuldades de acesso à justiça de grupos sistematicamente excluídos de direitos.

Imparcialidade não se confunde com neutralidade e, por vezes, as expressões podem ser compreendidas precisamente como antagônicas.[33] Como destaca J.J. Calmon de Passos, deve-se superar o mito da neutralidade do juiz, de forma a institucionalizar-se "uma magistratura socialmente comprometida e socialmente controlada, mediadora confiável tanto para solução dos conflitos individuais como dos conflitos sociais [...]".[34]

Vale ressaltar que o *habeas corpus* coletivo, como os demais processos coletivos, pode contribuir para preservar a imparcialidade judicial por, em primeiro lugar, facilitar a equiparação das vantagens estratégicas dos litigantes; e, em segundo lugar, por propiciar a reunião das pretensões de vários litigantes em uma única ação, e consequentemente reduzir a proliferação de processos e a sobrecarga de trabalho, minimizando, portanto, o risco de burocratização do Poder Judiciário. Essa burocratização, que corrompe o caráter do diálogo que se estabelece entre o juiz e as partes, reduz a responsabilidade individual pelas decisões tomadas e fragiliza aquela que seria a função primordial do juiz.[35]

---

[31] MARCATO, Antonio Carlos. A Imparcialidade do Juiz e a Validade do Processo. *Revista Direito Mackenzie*, São Paulo, v. 1, n. 2, 2015.

[32] Como ressalta Marc Galanter, instituições sobrecarregadas e passivas tendem a beneficiar litigantes habituais. GALANTER, Marc. Why the 'Haves' Come out Ahead: Speculations on the Limits of Legal Change. *Law & Society Review*, v. 9, n. 1, 1974.

[33] Para Dinamarco, "a neutralidade ideológica é, na realidade, sobrecapa de posturas ou intuitos conservadores". DINAMARCO, Cândido R. Escopos Políticos do Processo. *In*: GRINOVER, Ada P.; DINAMARCO, Cândido R.; WATANABE, Kazuo (org.). *Participação e Processo*. São Paulo: Revista dos Tribunais, 1988, p. 115.

[34] CALMON DE PASSOS, J. J. Democracia, Participação e Processo. *In*: GRINOVER, Ada P.; DINAMARCO, Cândido R.; WATANABE, Kazuo (org.). *Participação e Processo*. São Paulo: Revista dos Tribunais, 1988.

[35] Ver FISS. *Um Novo Processo Civil*: Estudos Norte-Americanos sobre Jurisdição, Constituição e Sociedade, 166.

Destarte, nos conflitos coletivos, que são os mais importantes litígios com os quais se depara o Poder Judiciário numa sociedade cada vez mais massificada, exige-se do magistrado uma postura ativa, de vigilância sobre o interesse público, que lhe serve de norte de atuação e de controle do poder político e econômico, "servindo o processo como instrumento de atuação desses controles nas situações que forem constitucional e legalmente definidas".[36]

IV Considerações finais

Ao resolver ações coletivas complexas, o juiz ocupa uma posição central de poder nas democracias constitucionais contemporâneas e, consciente da relevância de seu papel, deve agir de forma a garantir que os interesses em jogo sejam defendidos em juízo por aqueles mais habilitados. Como destinatário das provas, deve tomar as medidas para que todas as necessárias sejam apresentadas e produzidas, pelos órgãos públicos ou privados com capacidade para tanto. Deve, ainda, conduzir o processo guiado por uma racionalidade estratégica, já que mudar práticas inconstitucionais requer muito mais do que meramente repetir o que a Constituição e a lei já asseguram; demanda, acima de tudo, uma mudança na composição de forças e nas dinâmicas que garantem a manutenção de práticas que sempre foram ou que, a partir de determinado momento, se tornaram inconstitucionais ou ilegais.

A condução do *Habeas Corpus* nº 143.641/SP pelo Ministro Ricardo Lewandowski é exemplar de todas as práticas recomendadas anteriormente. O pioneirismo da concessão dessa ordem coletiva, inovadora na substância e na técnica, conclama a academia a esmiuçar as medidas adotadas pelo Relator, emblemáticas tanto do processo decisório do Ministro quanto representativas de um ideal: o do juiz que, ciente de que na ação coletiva os interesses da coletividade são representados em juízo, atua, vigorosa e estrategicamente, para garantir uma ótima representação, legitimando, assim, este modelo de jurisdição.

O Ministro revela, nesse julgado e na sua trajetória de vida, respeito e consideração pela posição da mulher em nossa sociedade. Reconheço no Ministro, ainda, o talento e a habilidade para construir bons relacionamentos, e não apenas no âmbito profissional. Refiro-

---

[36] CALMON DE PASSOS, J.J. Democracia, Participação e Processo. *In*: GRINOVER, Ada P.; DINAMARCO, Cândido R.; WATANABE, Kazuo (org.). *Participação e Processo*. São Paulo: Revista dos Tribunais, 1988, p. 96.

me à sua inspiradora parceria com sua esposa, a Dra. Yara de Abreu Lewandowski, com quem ele partilha várias paixões: pelo Direito, pelos idiomas, pela cultura, pela erudição. Com sua sólida formação e natural elegância, Dra. Yara desperta a admiração de todos os que têm a sorte de conhecê-la. Compraz-me enormemente ouvir seus ensinamentos e apreciar sua presença quando acompanha o Ministro em seus múltiplos compromissos. Dotada de oratória impecável, grande sensibilidade para as questões humanas e notável inteligência, deixou uma impressão duradoura em mim. O Ministro a elogia e a cita constantemente, o que é bastante revelador da sólida parceria que construíram. Aos filhos e aos netos, o Ministro e a Dra. Yara reservam a expressão de orgulho e devoção.

Ao lado do amor pela família e pela magistratura, o Ministro Ricardo Lewandowski, que também é Professor Titular de Direito do Estado na Faculdade de Direito da USP, dedica-se a formar pessoas. Sou uma das privilegiadas pela sua incansável, paciente e generosa docência. Neste lugar, pude aprender como o Ministro pôde levar a cabo um julgamento complexo, interpretando a garantia do acesso à Justiça à luz dos interesses das pessoas vulneráveis que foram beneficiárias do *writ*, apresentando-se como um juiz à frente de seu tempo. Um magistrado que contribui para uma mudança cultural capaz de produzir reflexos práticos da maior importância, aferíveis não apenas na forma como o sistema jurídico resolve os litígios individuais e coletivos, redistribuindo poder e riqueza na sociedade, mas também na própria legitimação de todo o sistema político.

Referências

CALMON DE PASSOS, J. J. Democracia, Participação e Processo. *In*: GRINOVER, Ada P.; DINAMARCO, Cândido R.; WATANABE, Kazuo (org.). *Participação e Processo*. São Paulo: Revista dos Tribunais, 1988, p. 96.

DINAMARCO, Cândido Rangel. Escopos Políticos do Processo. *In*: GRINOVER, Ada P.; DINAMARCO, Cândido R.; WATANABE, Kazuo (org.). *Participação e Processo*. São Paulo: Revista dos Tribunais, 1988, p. 115.

FISS, Owen. *Um Novo Processo Civil*: Estudos Norte-Americanos sobre Jurisdição, Constituição e Sociedade, trad. SALLES, Carlos Alberto de; SILVA, Daniel P. G.; RÓS, Melina M. São Paulo: Revista dos Tribunais, 2004.

FLYVBJERG, Bent. Five Misunderstandings about Case-Study Research. *Qualitative Inquiry* 12, n. 2, p. 219-245, 2006.

GALANTER, Marc. Why the 'Haves' Come out Ahead: Speculations on the Limits of Legal Change. *Law & Society Review*, v. 9, n. 1, 1974.

LANGENEGGER, Natalia. *Legitimidade Ativa de Pessoas Físicas em Ações Coletivas: Incentivos e Desincentivos Institucionais*. Dissertação de Mestrado, Escola de Direito da Fundação Getúlio Vargas, 2014.

LEWANDOWSKI, Enrique Ricardo. O habeas corpus coletivo. In: ARABI, Abhner Youssif Mota Arabi; MAFUL, Fernando; MACHADO NETO, Marcello Lavenère Machado Neto. *Constituição da República 30 anos depois*: uma análise prática da eficiência dos direitos fundamentais. Estudos em homenagem ao Ministro Luiz Fux. Belo Horizonte: Fórum, 2019.

MARCATO, Antonio Carlos. A Imparcialidade do Juiz e a Validade do Processo. *Revista Direito Mackenzie*, São Paulo, v. 1, n. 2, 2015.

REFOSCO, Helena Campos. *Ação coletiva e democratização do acesso à justiça*. São Paulo: Quartier Latin, 2018.

REFOSCO, Helena C.; WURSTER, Tani Maria. Prisão domiciliar para gestantes e mães com filhos menores de 12 anos: *habeas corpus* coletivo e individuais na jurisprudência recente no Supremo Tribunal Federal. In: PEDRINA, Gustavo M. L.; NUNES, Mariana M.; SOUZA, Rafael F.; VASCONCELLOS, Vinícius G. (org.). *Habeas Corpus no Supremo Tribunal Federal*. São Paulo: Thomson Reuters Brasil, 2019.

SABEL, Charles F.; SIMON, William H. Destabilization Rights: How Public Law Litigation Succeeds. *Harvard Law Review*, Cambridge/MA, p. 1055, 2004.

SARGENTICH, Lewis. Complex Enforcement, 1978, Harvard Law School Library, isites. harvard.edu/fs/docs/.../SargentichComplexEnforcement.pdf.

SILVA, Virgílio Afonso da. Deciding Without Deliberating. *International Journal of Constitutional Law*, vol. 11, 3, 2013.

STAKE, Robert. Case Studies. In: DENZIN, Norman K.; LINCOLN, Yvonna S. (org). *Handbook of Qualitative Research*. Thousand Oaks: SAGE Publications, Inc, 1994, p. 237.

UNGER, Roberto Mangabeira. *What Should Legal Analysis Become?* Rio de Janeiro: Verso, 1996.

Informação bibliográfica deste texto, conforme a NBR 6023:2018 da Associação Brasileira de Normas Técnicas (ABNT):

REFOSCO, Helena Campos. O papel do juiz no processo coletivo: lições extraídas da atuação do Ministro Ricardo Lewandowski no *Habeas Corpus* nº 143.641/SP. In: RODRIGUES, Dennys Albuquerque; CEZAR, Eduardo Barreto; OLIVEIRA, Marcelo Pimentel de (coord.). *Democracia, humanismo e jurisdição constitucional*: estudos em homenagem ao Ministro Ricardo Lewandowski. Belo Horizonte: Fórum, 2022. p. 175-194. ISBN 978-65-5518-402-0.

"AUDIÊNCIAS DE CUSTÓDIA" NA ENCRUZILHADA PROCESSUAL: PARA ONDE VAMOS?

LUÍS GERALDO S. LANFREDI

MÁRIO HENRIQUE DITTICIO

Há sete anos, exatamente aos 6 de fevereiro de 2015, o Conselho Nacional de Justiça, sob a gestão e presidência do Ministro Ricardo Lewandowski, inaugurava o "Projeto Audiência de Custódia", com o propósito de implementar e difundir a prática deste ato processual em todo o Brasil.

Desde a experiência "piloto" que se confiou ao Tribunal de Justiça de São Paulo e ao longo da visita a cada um dos Estados da federação, sustentava-se a necessidade de o sistema de justiça nacional adequar-se ao ordenamento jurídico internacional sobre a matéria:

> Artigo 7º – Direito à liberdade pessoal [...] 5. Toda pessoa presa, detida ou retida deve ser conduzida, sem demora, à presença de um juiz ou outra autoridade autorizada por lei a exercer funções judiciais e tem o direito de ser julgada em prazo razoável ou de ser posta em liberdade, sem prejuízo de que prossiga o processo. Sua liberdade pode ser condicionada a garantias que assegurem o seu comparecimento em juízo (Convenção Americana sobre Direitos Humanos – Pacto de São José da Costa Rica –, internalizada no direito brasileiro por meio do Decreto 678, de 6 de novembro de 1992).

O "leading case" que promovia a *aplicação direta do tratado internacional* há vinte e três anos internalizado no Brasil sem dispor de previsão legislativa expressa, a um só tempo, disseminou elementos de humanização do processo penal ao assegurar o *vis-à-vis* entre o preso em flagrante e a autoridade judicial e se transformou em um movimento franco e sincero no sentido de prestigiar e reconhecer a força que emana do sistema interamericano de proteção dos direitos humanos.

Olhando pelo retrovisor, a façanha em se impor a exigência obrigatória de se observar uma nova forma de qualificar o "filtro" da porta de entrada do sistema prisional foi engendrada sob muita resistência. Resistência, aliás, que até hoje se manifesta desde aqueles que não conseguiram compreender a importância que o ato processual encerra ou muitas vezes se apoiam em obstáculos operacionais, como se esses pudessem se sobrepor à realização de direitos fundamentais.

Neste ponto, importante relembrar que o parlamento brasileiro discutia o tema desde 2011, no bojo do Projeto de Lei nº 554/2011, de autoria do senador Antonio Carlos Valadares. A proposta, singela, buscava alterar o §1º do art. 306 do Código de Processo Penal, nos seguintes termos:

> Art. 306. [...]
>
> §1º No prazo máximo de vinte e quatro horas depois da prisão, o preso deverá ser conduzido à presença do juiz competente, ocasião em que deverá ser apresentado o auto de prisão em flagrante acompanhado de todas as oitivas colhidas e, caso o autuado não informe o nome de seu advogado, cópia integral para a Defensoria Pública.
>
> [...]

A questão também era discutida no CNJ desde 2012, ao ensejo do pedido de providências 0001731-41.2012.2.00.0000, instaurado por proposta da então Corregedora Nacional de Justiça, Ministra Eliana Calmon.

Compreende-se o desconforto causado em decorrência de que rearranjos de rotinas institucionais há muito arraigadas dificilmente são levados a cabo sem choro e ranger de dentes, mormente quando destinados ao controle do sistema punitivo. De fato, a inclusão das audiências de custódia no rito processual penal não deixa de implicar mais trabalho (ou melhor, mais cuidado imposto) às polícias, à acusação, à defesa e ao próprio Judiciário. À primeira vista, também representaria mais dispêndio de dinheiro público.

Anos após o início dos debates no Senado e no CNJ, mas apenas 6 dias após o lançamento do "Projeto Audiência de Custódia", o Provimento Conjunto do TJSP que regulamentava a incipiente prática foi desafiado mediante ação direta de inconstitucionalidade proposta no Supremo Tribunal Federal pela Associação dos Delegados de Polícia do Brasil (ADI nº 5.240, Rel. Min. Luiz Fux).

Ciente da relevância do tema, o Ministro relator houve por bem adotar o rito do art. 12 da Lei nº Lei 9.868/99, submetendo a demanda diretamente ao Plenário do Tribunal.

Em agosto daquele mesmo 2015, o Plenário da Suprema Corte, vencido apenas o Min. Marco Aurélio, conheceu em parte da ação e negou-lhe provimento.

Na oportunidade, o Min. Ricardo Lewandowski pontuou as razões que justificavam a implantação das audiências de custódia e descreveu o trabalho que estava sendo feito pelo CNJ:

> O Brasil hoje é o quarto país que mais prende pessoas no mundo, depois dos Estados Unidos, da China e da Rússia. Nós temos cerca de seiscentos mil presos no Brasil. Desses presos, 40% são presos provisórios, equivalendo a praticamente duzentos e quarenta mil presos provisórios, que ficam em média cinco a seis meses na prisão, sem ver o juiz; ou seja, sem culpa formada, em franca colisão com o princípio da não culpabilidade, que é um princípio basilar da nossa Constituição.
>
> Nós temos implantado essa – digo nós, no CNJ – audiência de custódia [...] em doze Estados da Federação. Até outubro, nós pretendemos implantar essa audiência de custódia, ou de apresentação, nos vinte e sete entes federados. Nós, até lá ou até o final do ano, pretendemos deixar de prender cerca de cento e vinte mil pessoas, cidadãos, presos em flagrante. Isso representa, considerando o custo de cerca de R$ 3.000,00 (três mil reais) em média por preso para os cofres públicos, uma economia mensal de R$ 360.000.000,00 (trezentos e sessenta milhões de reais). Multiplicando essa importância por doze, doze meses, nós teremos uma economia de 4,3 bilhões de reais por ano, que poderiam ser aplicados em educação, saúde, enfim os serviços públicos essenciais.
>
> Isso evidentemente corresponde, praticamente, à metade da carência de vagas que temos nos presídios brasileiros, que monta cerca de duzentos e cinquenta mil vagas faltantes. Evidentemente, aqueles que estão presos indevidamente serão também libertados. Isso aliviaria consideravelmente os problemas que temos hoje no sistema prisional brasileiro.
>
> Nós temos entendido – nós, o CNJ –, assim como o eminente Relator agora que as normas internacionais, os tratados e convenções que o Brasil, em sua soberania, decidiu subscrever e depois internalizar, tendo em conta inclusive, enfim, a vontade do Congresso Nacional, que

representa o povo brasileiro, isso desde 1992, portanto, há mais de 20 anos, já é uma lei interna, portanto é autoaplicável.

Nós estamos aguardando o término da aplicação dessa audiência de custódia, em termos experimentais, nos vinte e sete Estados, vinte e seis Estados e o Distrito Federal para, depois, aproveitarmos a experiência, regulamentarmos essa matéria e eventualmente até sugerimos um projeto de lei para o Congresso Nacional.

Mas, essa situação fática, eu creio que é uma revolução, porque, hoje, nós temos um índice de cerca de 50% de custodiados que são liberados, ou cuja prisão é considerada ilegal, portanto objeto de uma decisão de relaxamento dessa prisão, nos termos dos arts. 310, I, do CPP, ou, então, a concessão da liberdade provisória. Na maioria dos casos que temos acompanhado, os custodiados cometeram ou são acusados de cometer um crime de bagatela, ou um delito de menor potencial ofensivo, e, portanto, não apresentam a menor periculosidade para a sociedade e ocupam durante meses, às vezes, até anos, as vagas destinadas àqueles presos violentos, aqueles que colocam em risco a harmonia social (...).

Parafraseando Victor Hugo, "se não é possível barrar uma ideia cujo tempo chegou", parecia que a oportunidade pela qual a ideia ansiava para se fazer realidade finalmente chegara, e na esteira do trabalho de todos e todas que sustentaram o embate doutrinário durante anos, pelas mãos do Min. Ricardo Lewandowski.

Para além do aspecto jurídico da questão – consubstanciado no dever de o Poder Judiciário transformar em realidade tratado internacional de direitos humanos internalizado em 1992 –, as audiências de custódia revisitam, diuturnamente, a situação degradante do sistema penitenciário brasileiro, decorrência, sobretudo, de sua superlotação.

A correlação entre o enfrentamento à superlotação e a implementação efetiva das audiências de custódia foi afirmada expressamente pelo Plenário do STF, no julgamento da medida cautelar pleiteada na ADPF nº 347, em setembro de 2015, ocasião em que se determinou aos juízes e tribunais que, observados os artigos 9.3 do Pacto dos Direitos Civis e Políticos e 7.5 da Convenção Interamericana de Direitos Humanos, realizassem, em até noventa dias, audiências de custódia, viabilizando o comparecimento do preso perante a autoridade judiciária no prazo máximo de 24 horas, contados do momento da prisão.

Na assentada, a Suprema Corte brasileira, a exemplo do que fizera o Tribunal Constitucional da Colômbia, admitiu que a situação carcerária no país encontrava-se em "estado de coisas inconstitucional". A triste realidade, indiscutível, foi reafirmada pela unanimidade dos Ministros.

Cumprindo a determinação do STF, o CNJ editou em dezembro daquele ano a Resolução nº 213/2015, que "dispõe sobre a apresentação de toda pessoa presa à autoridade judicial no prazo de 24 horas". O texto da normativa, que alcançou reconhecimento internacional e se destaca por sua preocupação em indicar aos juízes e juízas o lugar que devem ocupar e o modo como devem fazê-lo, em meio a um cenário de vácuo legislativo ordinário, é acompanhado de dois protocolos que contemplam diretrizes para o acompanhamento de medidas alternativas penais e os procedimentos para oitiva, registro e encaminhamento de denúncias de tortura.

Para além dos procedimentos para a realização das audiências de custódia, em seu duplo viés de controle da legalidade da prisão em flagrante (o que inclui o enfrentamento à tortura) e análise da necessidade de manutenção da prisão processual, o Conselho Nacional de Justiça, consciente do perfil sociodemográfico da população diariamente presa em flagrante pela Polícia Militar, instou os tribunais a instalar equipes multidisciplinares com foco no atendimento das demandas psicossociais das pessoas apresentadas.

O CNJ partia do pressuposto de que o atendimento a direitos e necessidades básicas é inerente à condição de pessoa e estes devem ser satisfeitos independentemente da existência de acusação da prática de eventuais delitos. Deveras, o Estado-Juiz que prende é o mesmo que deve se preocupar com a saúde, física e psicológica, daquela pessoa que foi presa em flagrante e muitas vezes se apresenta perante o Estado-Juiz repleta de vulnerabilidades de todas as ordens.

Coloca-se a pessoa do juiz ou juíza, pois, frente a frente com a pessoa presa em flagrante, idealmente poucas horas após sua apreensão pelas forças policiais. A abertura de parênteses aqui é instrutiva do que se vivia antes das audiências de custódia: o primeiro contato da pessoa presa com o Estado-juiz demorava meses, anos em algumas localidades, e acontecia já durante a instrução processual.

Juiz ou juíza e pessoa presa encarnam dois mundos que se encontram, tendo como pano de fundo uma sociedade que padece de imensas desigualdades, um sistema de policiamento que atua sob um recorte predominantemente seletivo, que foca suas energias e recursos – embora escassos – em pequenos delitos contra o patrimônio e patrocinando uma "guerra às drogas" dirigida a tirar de circulação (ou matar) os pequenos varejistas do lucrativo comércio ilegal – quase todos eles pobres ou muito pobres, todos substituíveis facilmente pelas engrenagens das organizações criminosas –, e um sistema carcerário abarrotado de pessoas com as mesmas características socioculturais.

O que se espera do Estado-juiz nesse momento? São diferentes as respostas a depender do interlocutor.

A sociedade do espetáculo, que se regozija no ódio e se compraz na violência, retroalimenta-se de sangue: não esconde deva o juiz fechar os olhos à eventual prática de tortura ou maus tratos e que mantenha a prisão cautelar. Enfim, prisão com violência e pena com suplício. Responder ao ilícito penal com outros ilícitos penais, "justificados" pelo primeiro – eis o que deseja a parcela mais estridente da sociedade.

Parcela da população, porém, aferrada aos dogmas civilizatórios do Estado de Direito, espera do Estado-juiz, sobretudo, um olhar humano. Não exige tolerância ou compaixão, mas o reconhecimento de que se trata de uma pessoa, enquanto tal titular de direitos, que terá seu *status libertatis* decidido por um representante do Estado de acordo com os parâmetros legais.

O que a decisão do STF instou o juiz ou juíza a fazer foi decidir sobre a prisão processual à luz de um sistema penitenciário que se encontra em estado de coisas inconstitucional. Esse é o ponto. Ou, em outras palavras, é não esquecer que a decisão que mantém alguém preso incrementa o vilipêndio a direitos fundamentais, desde a porta de entrada até a porta de saída, durante o tempo em que as pessoas permanecerem no interior de uma unidade prisional.

O entendimento parte também do pressuposto de se tomar a decisão sabendo que não há vagas no sistema. Assim, decretar a prisão preventiva de alguém significa, necessariamente, ordenar a colocação dessa pessoa em uma cela superlotada, em que terá de dividir o chão (se houver espaço para dormir no chão) com os que chegaram antes.

A superlotação das unidades penitenciárias não se reflete apenas na falta de um lugar para dormir deitado. Ela também importa na absoluta falta de capacidade dos serviços prisionais em atender as pessoas presas quanto ao básico: não haverá médicos, psicólogos, trabalho, estudo, livros, escovas e pasta de dentes,[1] sabonetes, roupas, vasos sanitários, papel higiênico e chuveiros para todas elas. Se a pessoa, por sorte, tiver alguém em liberdade que olhe por ela – e com condições para dispor de parte de suas economias para suprir o que o Estado-prisão não fornece – e se disponha a enviar regularmente ao estabelecimento penal alguns desses itens, menos pior. Caso contrário, ficará ainda mais à mercê das dinâmicas de poder e opressão no interior

---

[1] Disponível em: https://noticias.uol.com.br/colunas/josmar-jozino/2021/11/26/presos-usam-a-mesma-escova-de-dente-sabonete-e-barbeador-em-cdps-de-sp.htm.

dos presídios, em grande parte controlados por facções criminosas que cobrarão a fatura oportunamente (eventualmente com a prática de outros delitos quando voltar às ruas).

O encarceramento em unidades superlotadas, é preciso grifar sempre, é uma dinâmica em que todos perdem. Perde a pessoa presa – que ficará meses ou anos em estado constante de sofrimentos para muito além da privação de liberdade – e perde a sociedade.

Em primeiro lugar, porque esse gigantismo irracional de presos e prisões consome o equivalente a R$ 1,6 bilhão de reais mensalmente, considerados apenas os custos de "hotelaria" (de todo precária e sem requisitos mínimos de convivência) e alimentação (de baixa qualidade e nível proteico) *intra muros*.[2]

Em segundo lugar, porque é um sistema que, inegavelmente, não funciona para os fins a que se propõe. O cárcere, enquanto simulacro piorado das masmorras medievais, porquanto superlotado, não contribui para a inclusão social da pessoa que a ele sobrevive. Ao contrário, a prática do encarceramento em larga escala favorece o ingresso de jovens com muito pouco a perder em organizações criminosas. É de todos sabido: temos um sistema caro que alimenta a criminalidade. Gastamos muito dinheiro público para fazer pessoas pagarem por seus crimes em condições desumanas, ainda que isso implique maior criminalidade.

Em terceiro lugar, porque submetemos dezenas de milhares de servidores públicos a trabalharem em condições insalubres. O presídio viola a dignidade da pessoa presa, de suas visitas, e também viola a dignidade do policial penal. O cotidiano de tensão, violência, disputas de poder e ilegalidades, potencializado pela superlotação, reflete-se na grande quantidade de servidores afastados por motivos médicos e no aumento de casos de suicídio entre os profissionais.

Audiências de custódia, neste contexto, assumem um papel muito importante, na medida em que se predispõem a aumentar a capacidade de reação do julgador, a promover a alteridade do outro e a elevar o padrão de legalidade das decisões. Por todos os ângulos, é um ato que faz a prisão ser pensada e repensada como medida de exceção e *ultima ratio*, franqueando ao Estado-Juiz calibrar e modular a correção do uso da força contra o cidadão.

---

[2] Sobre o tema, v. pesquisa do Programa Fazendo Justiça (PNUD/CNJ), disponível em: https://www.cnj.jus.br/wp-content/uploads/2021/11/calculando-custos-prisionais-panorama-nacional-e-avancos-necessarios.pdf.

Estamos há muito tempo repetindo que o Estado pune para proteger os bens jurídicos mais relevantes e proporcionar a inclusão social das pessoas que cometeram um crime quando, na prática, estamos a gastar dezenas de bilhões de reais para submeter centenas de milhares de pessoas a condições degradantes de prisão, visita e trabalho (incluindo pessoas presas, familiares e agentes penais), acabando por fim em promover o aumento da criminalidade violenta e organizada.

Daí que a institucionalização das audiências de custódia representou e significa uma *ponte de ouro* para o resgate da legalidade a partir dessa realidade que se nos impõe há décadas. Trata-se da "chance imediata" de um olhar jurídico desapaixonado sobre aquela determinada prisão em flagrante efetuada pelo policiamento ostensivo que patrulha as ruas das cidades – com o recorte de classe social e racial de todos conhecido.

Desde a audiência de custódia, o ator que concentra os mandatos de "prender" e "soltar" é peça fundamental para assegurar o equilíbrio e o bom funcionamento do sistema prisional, devendo também assumir a posição de garante da legalidade de todo o sistema penal e, sobretudo, praticá-la. Ao não fazer nada, apenas acentua a responsabilidade que tem perante esse contexto.

Juízes e juízas devem atuar ativa e militantemente pela prevalência dos direitos humanos inerentes ao cárcere: evitar ou impedir a superlotação (malgrado faltem vagas para recolher a todos: e este, sim, é um problema que toma o Poder Executivo de assalto, nem por isso se permite ao Poder Judiciário ignorar as franquias que recebeu da Constituição Federal) é sob todos os aspectos uma atuação conforme a legalidade.

Atuar e buscar soluções compensatórias ou medidas que atenuem o descalabro que representa a sobreposição de corpos no cárcere está por sinalizar a altivez e a maturidade do juiz ou juíza que não está preocupado(a), apenas, com uma atuação formal ou de aparência.

Reconhecer que a omissão de outro poder não lhe quita a própria obrigação que se assume em defesa de todo o ordenamento jurídico – e não de parte ou daquele sentido que lhe seja o mais conveniente ou o que mais lhe agrade – é uma etapa necessária para se ensaiar uma discussão honesta sobre a questão central do superencarceramento, até para que se possam alcançar propostas que, de efeito e concretamente, permitam ao Poder Judiciário o exercício de posições contra majoritárias que possibilitem a redução dos danos que uma prisão à margem dos critérios legais provoca.

Só quando se assumirem responsabilidades (todos e não apenas alguns segmentos do poder público), têm-se condições de desafiar os paradigmas conceituais vigentes e contestar as referências de atuações oficiais que ainda fazem da utilização da prisão em larga escala um instrumento dissociado de suas finalidades e dimensão teleológicas, específicas e limitadas.

É chegada a hora de contestar os paradigmas prevalentes.

A situação calamitosa de centenas de milhares de pessoas que se amontoam intramuros exige que se faça profunda ressignificação de todos os papéis que compõem o sistema de justiça e uma atuação pautada em interpretações *pro hominem*, especialmente porque o mau uso da prisão, sobretudo a de natureza cautelar, no Brasil, se chancela diante de "delinquências processuais" para as quais todos os atores conspiram.

"Prisões sem fundamentos suficientes, prisões sem necessidade e alheias aos parâmetros de adequação, prisão seguida de práticas de tortura (e também ilegais), prisões forjadas, forçadas ou desprovidas de cautelaridade", eis aí um pequeno portfólio que se compõe a partir da casuística dos tribunais, notadamente os Superiores, que descredenciam decisões judiciais que não cumprem com os parâmetros elementares de legalidade.

Números negativos também já não ajudam a romper com esse quadro.

A taxa de encarceramento no Brasil é superior a 300 presos por 100.000 habitantes, ou seja, o dobro da média mundial. E o mais impressionante: 40% desse contingente é constituído por presos provisórios, índice muito maior que o praticado por países como Estados Unidos, China e Rússia, que detêm contingentes prisionais expressivos como o nosso e declaradamente disseminam – não escondem – uma política criminal comprometida com o encarceramento, mas que praticam prisões provisórias da ordem dos 16, 18 e 21%, respectivamente.

Neste particular, a chaga da prisão preventiva vem à tona.

O déficit de vagas do sistema prisional brasileiro, que pratica uma taxa de ocupação com expressivo índice de 1,8 preso por vaga, curiosamente sinaliza que a quantidade de vagas faltantes para acomodar todos os presos brasileiros equivale ao montante dos presos provisórios reunidos nas unidades penais espalhadas por todo o país. Ou seja, estivesse a prisão preventiva proibida no Brasil, não haveria superlotação em nossas prisões.

E a constatação mais cruel: como o número de presos em nosso país não cresceu na mesma proporção da disponibilização de novos espaços no sistema prisional, não há como negar que os estabelecimentos penais fechados se transformaram em equipamentos que por si, independentemente de qualquer outra tecnologia, só reproduzem crueldade, tortura e maus tratos pelas condições desfavoráveis de habitabilidade como configurados.

De fato, não se irá lograr no Brasil, com essa "cultura" de prender (de)mais, construir (mais) presídios e seguir construindo uma política criminal multifacetada, populista e de ocasião, que não enfrenta as fraturas sociais que mais causam intranquilidade social, a sedimentação dos pilares em que se escorou a Constituição de 1998, a qual permanece como documento retórico impregnado de promessas não cumpridas.

Aqui a reflexão deve ser um pouco mais profunda: admitir que um estabelecimento prisional construído para acomodar 350 presos tenha o dobro de sua capacidade planejada é dar causa a um comprometimento fiscal que coloca sob risco a validade das decisões que atinem ao gestor público.

De fato, ordenar despesas para além do limite percebido e admitido pelo equipamento sob sua gestão e responsabilidade implica dano ao erário, ensejando elementos que autorizam a caracterização de improbidade administrativa, mercê da má gestão do recurso público.

Não há cláusula que abone o administrador prisional que tenta justificar o desperdício e a má utilização do recurso público para convalidar e admitir a prisão de mais gente que o previsto nos limites do equipamento público sob sua gestão. Isto porque em seu orçamento, para além da acomodação dos presos, outras providências merecem igual preocupação, com o fim de dotar o estabelecimento penal dos serviços que garantem direitos básicos e as assistências devidas aos internos.

Esse é o "dogma" da segurança pública pouco compreendido e mais que isso, absolutamente fracassado: a indústria que se constrói ao redor do fetiche que representa a prisão, que drena recursos públicos aos bilhões, alimenta uma máquina de desperdício de dinheiro público, incentiva a corrupção, amesquinhando investimentos nas incipientes e escassas políticas de desenvolvimento social comprometidas com o fomento da educação, da saúde e do trabalho dos que se apresentam vulneráveis ao encarceramento. Fato é que a pessoa presa acaba como objeto de consumo descartável dessa engrenagem e é o elemento menos importante em meio a esse modelo operacional.

Ou seja, ainda se carrega a crença de que "pela prisão podemos resolver todos os problemas, notadamente os de segurança pública e inclusive os sociais". Contudo, aceite-se de uma vez por todas: essa expectativa é irrealizável. Prisões aos milhares praticadas não trouxeram mais segurança para a população brasileira.

O uso abusivo e exagerado, e, por que não dizer com todas as letras, indevido e ilegal, da prisão que se pratica e executa, em particular a preventiva, no Brasil, evidencia o adoecimento do sistema de justiça que a patrocina.

Estratégias de mutirões envolvendo atores do segmento da justiça, visando libertar "condenados com tempo de prisão esgotado" (reparem: pessoas com tempo de prisão vencido, mas que continuavam confinadas), só serviram para mostrar que a estrutura do Poder Judiciário para garantir os direitos daqueles que já "estavam dentro no sistema prisional" é precária e ineficiente.

Sete anos passados do início das audiências de custódia estão para demonstrar que todos são responsáveis por atuar e realizar estândares de legalidade mais densos e consistentes, que tomem a pessoa que se apresenta a um juiz como centro dos compromissos que se deve exteriorizar como Estado. Mais, que essa pessoa que se submete à prisão não é um ser inanimado, mas alguém com uma história de vida, uma pessoa que advém de um contexto familiar e social por vezes conflituoso, alguém que carrega um enredo pessoal e emocional impregnado de sentimentos e emoções e que, muitas vezes, precisa de oportunidades e de investimento pessoal para se estabilizar socialmente, para o bem dela e da sociedade como um todo.

A jurisdição da Corte IDH, ainda pouco conhecida e praticada no Brasil, recente a decisão do Estado brasileiro, que é de 1998, de se submeter aos efeitos dos pronunciamentos judiciais que são construídos e ditados desde São José da Costa Rica, para toda a América, deve ser repassada, servir de orientação e inspiração para o fim de ampliar a visão sobre fatos e coisas, numa dimensão mais holística e universal. Realmente, a Convenção Americana de Direitos Humanos é um documento que deve compor o ideário do juiz e da juíza brasileiros e constituir-se em ferramenta de trabalho que, uma vez manejada em conformidade com a Constituição Federal, desenha uma série de compromissos para uma magistratura que pretende atuar para revalidar este momento histórico.

Necessário que os atores do sistema de justiça, todos, mais ainda os juízes e juízas brasileiros, já que também são juízes e juízas interamericanos, sejam intérpretes e zelem pelo cumprimento exigente dessas prescrições internacionais.

Já não é possível se satisfazer com uma atividade judicial que admita interpretações lacônicas e incompletas, empobrecidas, seletivas na escolha do que se deve ou do que não se deve.

Admitir que a prisão de alguém seja possível, mas não se importar como a prisão dessa pessoa será realizada, para onde essa mesma pessoa será levada ou em que condições será acomodada, é ignorar a responsabilidade que o mesmo Estado-Juiz tem sob dois vértices que decorrem de uma mesma responsabilidade: ser guardião de direitos e garantias individuais.

Quando a reação estatal é muito mais grave do que o delito que a justifica – quando se esvazia o sentido dos institutos da "ressocialização" e da "retribuição na medida da culpabilidade" –, perde-se, no limite, um dos pilares que sustentam eticamente a imposição de uma sanção penal. A proporcionalidade é exigência multissecular da pena entendida como justa.

Ocorre ainda que o processo de tomada de decisões não está, apenas, circunscrito a juízes e juízas. O cultivo das audiências de custódia como "política pública judiciária", indiretamente e com um único golpe, atingiu, também, outros atores e sobretudo o aparato de segurança pública, impactando um padrão operacional que precisa se reconstituir em legitimidade.

A polícia deve ser a primeira a perceber que nem todos serão presos e sim somente aqueles que absolutamente se apresentem incompatíveis com o convívio social. E que executar uma prisão em conformidade com a lei ratifica-a enquanto instituição destinada à proteção da sociedade.

O Ministério Público, por sua vez, ao mesmo tempo em que atua para cobrar responsabilidades, não pode dar de ombros para o descumprimento do ordenamento jurídico quando deixa de observar que uma prisão levada a efeito de qualquer maneira proporciona custos irremediáveis e é deletéria para a sociedade e para a defesa da integridade do sistema de justiça e da ordem jurídica justa.

A institucionalização das audiências de custódia é um grande passo – certamente necessário, ainda que insuficiente – para possibilitar aos atores do sistema de justiça que ainda tenham olhos de ver, que parem para refletir sobre o sentido do que fazem e as consequências de suas decisões. O quanto elas importam e custam para a sociedade.

É uma oportunidade que se renova a cada vez que se olha nos olhos da pessoa presa em flagrante apresentada para a audiência. Que esse encontro de mundos normalmente tão distantes sirva para que todos os envolvidos no ato reencontrem a própria humanidade.

Informação bibliográfica deste texto, conforme a NBR 6023:2018 da Associação Brasileira de Normas Técnicas (ABNT):

LANFREDI, Luís Geraldo S.; DITTICIO, Mário Henrique. "Audiências de custódia" na encruzilhada processual: para onde vamos? In: RODRIGUES, Dennys Albuquerque; CEZAR, Eduardo Barreto; OLIVEIRA, Marcelo Pimentel de (coord.). *Democracia, humanismo e jurisdição constitucional*: estudos em homenagem ao Ministro Ricardo Lewandowski. Belo Horizonte: Fórum, 2022. p. 195-207. ISBN 978-65-5518-402-0.

NEPOTISMO

LARISSA ARUTIM ADAMO

Este artigo tem por finalidade apresentar a participação do Ministro Ricardo Lewandowski em pronunciamentos no Supremo Tribunal Federal sobre nepotismo e, consequentemente, sobre a Súmula Vinculante nº 13.

Inicialmente, aproveitar-se-á do panorama conceitual e histórico a respeito do instituto, constante de explanações do próprio Ministro Ricardo Lewandowski.

Conforme consignado no voto elaborado pelo magistrado no julgamento do RE nº 579.951-RG/RN, do ponto de vista etimológico, a palavra "nepotismo" tem origem no latim, derivando da conjugação do termo *nepote*, que significa sobrinho ou protegido, com o sufixo 'ismo', que remete à ideia de ato, prática ou resultado.

Nas palavras do relator, a utilização desse termo, historicamente, advém da autoridade exercida pelos sobrinhos e outros aparentados dos Papas na administração eclesiástica, nos séculos XV e XVI de nossa era, ganhando, atualmente, o significado pejorativo do favorecimento de parentes por parte de alguém que exerce o poder na esfera pública ou privada.

Já sua força normativa, segundo a maioria dos Ministros da Suprema Corte, deriva diretamente dos princípios abrigados no art. 37, *caput*, da Constituição. Esses princípios, dentre os quais se destacam o da moralidade e o da impessoalidade, exigem que o agente público paute a sua conduta por padrões éticos que têm como fim último lograr a consecução do bem comum, seja qual for a esfera de poder ou o nível político-administrativo da Federação em que atue.

Nesse sentido, salientou que o nepotismo fere o princípio da impessoalidade e representa uma transgressão ao postulado republicano, pois a Administração deve dar aos administrados um tratamento sem discriminações, benéficas ou prejudiciais. Não deve haver tolerância a favoritismos e nem a perseguições.

Ainda, sobre o nepotismo e a relação com o princípio da moralidade, ressaltou manifestação do Ministro Gilmar Mendes, explanada quando do deferimento daquela medida cautelar, nos seguintes termos:

> Essa moralidade não é elemento do ato administrativo, como ressalta GORDILLO, mas compõe-se dos valores éticos compartilhados culturalmente pela comunidade e que fazem parte, por isso, da ordem jurídica vigente. A indeterminação semântica dos princípios da moralidade e da impessoalidade não podem ser um obstáculo à determinação da regra da proibição ao nepotismo. Como bem anota GARCIA DE ENTERRIA, na estrutura de todo conceito indeterminado é identificável um 'núcleo fixo' (Begriffkern) ou 'zona de certeza', que é configurada por dados prévios e seguros, dos quais pode ser extraída uma regra aplicável ao caso. A vedação ao nepotismo é regra constitucional que está na zona de certeza dos princípios da moralidade e da impessoalidade".

Como reforço de autoridade de tais princípios, o Ministro realçou em seu voto, ainda, a importância dos princípios constitucionais como regras jurídicas de caráter prescritivo, hierarquicamente superiores às demais e "positivamente vinculantes", como ensina Gomes Canotilho. Sobre o assunto, consignou o seguinte:

> A sua inobservância, ao contrário do que muitos pregavam até recentemente, atribuindo-lhes uma natureza apenas programática, deflagra sempre uma consequência jurídica, de maneira compatível com a carga de normatividade que encerram. Independentemente da preeminência que ostentam no âmbito do sistema ou da abrangência de seu impacto sobre a ordem legal, os princípios constitucionais, como se reconhece atualmente, são sempre dotados de eficácia, cuja materialização pode ser cobrada judicialmente se necessário.

Nessa direção, indicou o entendimento exarado pelo Ministro Celso Antônio Bandeira de Mello, segundo o qual:

(...) violar um princípio é muito mais grave que transgredir uma norma qualquer. A desatenção ao princípio implica ofensa não apenas a um específico mandamento obrigatório mas a todo sistema de comandos. É a mais grave forma de ilegalidade ou inconstitucionalidade, conforme o escalão do princípio atingido, porque representa insurgência contra todo o sistema, subversão de seus valores fundamentais, contumélia irremissível a seu arcabouço lógico e corrosão de sua estrutura mestra. Isto porque, com ofendê-lo, abatem-se as vigas que o sustêm e alui-se toda estrutura nelas esforçada.

Por toda esta relevância constitucional, os Ministros da Suprema Corte debateram sobre os contornos do nepotismo em vários casos subsequentes, que originaram a redação da Súmula Vinculante nº 13.

Rememora-se que a proposta do referido enunciado vinculante se baseou em alguns importantes julgamentos sobre o tema, entre os quais estão: o MS nº 23.780/MA, de relatoria do Ministro Joaquim Barbosa; a ADC nº 12/DF, de relatoria do Ministro Ayres Britto; e o RE nº 579.951/RN, de relatoria do Ministro Ricardo Lewandowski.

Antes de adentrar na análise deste último julgamento, que contém importantes pronunciamentos do Ministro Ricardo Lewandowski, opta-se por fazer uma breve contextualização do tema, constante dos paradigmas anteriores.

No ano de 2005, a Suprema Corte, no julgamento do MS nº 23.780-5/MA, de relatoria do Ministro Ayres Britto, analisou o caso de uma servidora pública da Secretaria de Educação nomeada para cargo em comissão no Tribunal Regional do Trabalho da 16ª Região – TRT16, à época em que o vice-presidente do Tribunal era parente seu.

O mandado de segurança foi impetrado pela referida servidora para combater decisão do Tribunal de Contas da União – TCU, cumprida pelo TRT16, que considerou sua nomeação ilegal pela existência do mencionado grau de parentesco com o vice-presidente do Tribunal, o que violaria o disposto no art. 10 da Lei nº 9.421/1996 e na Decisão nº 118/1994 do órgão pleno da Corte de Contas. Os mencionados paradigmas já vedavam a nomeação, para cargos em comissão, de cônjuges ou parentes consanguíneos ou afins, até o terceiro grau, de juízes em atividade ou aposentados há menos de cinco anos, exceto em se tratando de servidor titular de cargo público de provimento efetivo de juízo ou tribunal.

Na oportunidade, a nomeação da impetrante foi analisada à luz da aludida decisão do Tribunal de Contas da União. Assim, como o ato administrativo havia ocorrido em data posterior à referida decisão, concluiu o Relator que não havia nenhum dispositivo legal que amparasse o pretendido direito da impetrante. Por fim, consignou o seguinte:

> Ademais, vale observar que a proibição do preenchimento de cargos em comissão por cônjuges e parentes de servidores públicos é medida que homenageia e concretiza o princípio da moralidade administrativa, o qual deve nortear toda a Administração Pública em qualquer esfera do Poder.

Já no ano de 2008, o Supremo Tribunal Federal enfrentou a matéria em dois importantes precedentes já mencionados: a ADC nº 12/DF e o RE nº 579.951/RN.

A supramencionada ação direta de constitucionalidade foi proposta pela Associação dos Magistrados do Brasil – AMB, em prol da Resolução nº 07/2005, do Conselho Nacional de Justiça, que disciplina o exercício de cargos, empregos e funções por parentes, cônjuges e companheiros de magistrados e de servidores investidos em cargos de direção e assessoramento no âmbito dos órgãos do Poder Judiciário.

Os fundamentos da ação foram assim resumidos pelo Relator:

> I - o Conselho Nacional de Justiça – CNJ tem competência constitucional para zelar pela observância do art. 37 da Constituição e apreciar a validade dos atos administrativos praticados pelos órgãos do Poder Judiciário (inciso II do §4º do art. 103-B da CF/88);
>
> II - a vedação ao 'nepotismo' é regra constitucional que decorre dos princípios da impessoalidade, igualdade, da moralidade e eficiência administrativa;
>
> III - além de estar subordinado à legalidade formal, o Poder Público fica adstrito à juridicidade, conceito mais abrangente que inclui os comandos diretamente veiculados pela CF;
>
> IV - a Resolução nº 07/2005, do CNJ, não prejudica o necessário equilíbrio entre os Poderes do Estado – por não subordinar nenhum deles a outro, nem vulnera o princípio federativo, dado que também não estabelece vínculo de sujeição entre as pessoas estatais de base territorial.

O pedido foi deferido liminarmente, em acórdão assim ementado:

> AÇÃO DECLARATÓRIA DE CONSTITUCIONALIDADE, AJUIZADA EM PROL DA RESOLUÇÃO Nº 07, de 18/10/2005, DO CONSELHO NACIONAL DE JUSTIÇA. MEDIDA CAUTELAR.

Patente a legitimidade da Associação dos Magistrados do Brasil – AMB - para propor ação declaratória de constitucionalidade. Primeiro, por se tratar de entidade de classe de âmbito nacional. Segundo, porque evidenciado o estreito vínculo objetivo entre as finalidades institucionais da proponente e o conteúdo do ato normativo por ela defendido (inciso IX do art. 103 da CF, com redação dada pela EC 45/04).

Ação declaratória que não merece conhecimento quanto ao art. 3º da resolução, porquanto, em 06/12/05, o Conselho Nacional de Justiça editou a Resolução nº 09/05, alterando substancialmente a de nº 07/2005.

A Resolução nº 07/05 do CNJ reveste-se dos atributos da generalidade (os dispositivos dela constantes veiculam normas proibitivas de ações administrativas de logo padronizadas), impessoalidade (ausência de indicação nominal ou patronímica de quem quer que seja) e abstratividade (trata-se de um modelo normativo com âmbito temporal de vigência em aberto, pois claramente vocacionado para renovar de forma contínua o liame que prende suas hipóteses de incidência aos respectivos mandamentos).

A Resolução nº 07/05 se dota, ainda, de caráter normativo primário, dado que arranca diretamente do §4º do art. 103-B da Carta-cidadã e tem como finalidade debulhar os próprios conteúdos lógicos dos princípios constitucionais de centrada regência de toda a atividade administrativa do Estado, especialmente o da impessoalidade, o da eficiência, o da igualdade e o da moralidade.

O ato normativo que se faz de objeto desta ação declaratória densifica apropriadamente os quatro citados princípios do art. 37 da Constituição Federal, razão por que não há antinomia de conteúdos na comparação dos comandos que se veiculam pelos dois modelos normativos: o constitucional e o infraconstitucional. Logo, o Conselho Nacional de Justiça fez adequado uso da competência que lhe conferiu a Carta de Outubro, após a Emenda 45/04.

Noutro giro, os condicionamentos impostos pela Resolução em foco não atentam contra a liberdade de nomeação e exoneração dos cargos em comissão e funções de confiança (incisos II e V do art. 37). Isto porque a interpretação dos mencionados incisos não pode se desapegar dos princípios que se veiculam pelo caput do mesmo art. 37. Donde o juízo de que as restrições constantes do ato normativo do CNJ são, no rigor dos termos, as mesmas restrições já impostas pela Constituição de 1988, dedutíveis dos republicanos princípios da impessoalidade, da eficiência, da igualdade e da moralidade. É dizer: o que já era constitucionalmente proibido permanece com essa tipificação, porém, agora, mais expletivamente positivado. Não se trata, então, de discriminar o Poder Judiciário perante os outros dois Poderes Orgânicos do Estado, sob a equivocada proposição de que o Poder Executivo e o Poder Legislativo estariam inteiramente libertos de peias jurídicas para prover seus cargos em comissão e funções de confiança, naquelas situações em que os respectivos ocupantes não hajam ingressado na atividade estatal por meio de concurso público.

O modelo normativo em exame não é suscetível de ofender a pureza do princípio da separação dos Poderes e até mesmo do princípio federativo. Primeiro, pela consideração de que o CNJ não é órgão estranho ao Poder Judiciário (art. 92, CF) e não está a submeter esse Poder à autoridade de nenhum dos outros dois; segundo, porque ele, Poder Judiciário, tem uma singular compostura de âmbito nacional, perfeitamente compatibilizada com o caráter estadualizado de uma parte dele. Ademais, o art. 125 da Lei Magna defere aos Estados a competência de organizar a sua própria Justiça, mas não é menos certo que esse mesmo art. 125, caput, junge essa organização aos princípios 'estabelecidos' por ela, Carta Maior, neles incluídos os constantes do art. 37, cabeça.

Medida liminar deferida para, com efeito vinculante: a) emprestar interpretação conforme para incluir o termo 'chefia' nos inciso II, III, IV, V do artigo 2º do ato normativo em foco; b) suspender, até o exame de mérito desta ADC, o julgamento dos processos que tenham por objeto questionar a constitucionalidade da Resolução nº 07/2005, do Conselho Nacional de Justiça; c) obstar que juízes e Tribunais venham a proferir decisões que impeçam ou afastem a aplicabilidade da mesma Resolução nº 07/2005, do CNJ e d) suspender, com eficácia *ex tunc*, os efeitos daquelas decisões que, já proferidas, determinaram o afastamento da sobredita aplicação.

Ao analisar o mérito da ação, o Relator julgou procedente o pedido a fim de emprestar interpretação conforme a Constituição para deduzir a função de chefia do substantivo 'direção' nos incisos II, III, IV, V do artigo 2º do ato normativo em foco e declarar a constitucionalidade da Resolução nº 7/2005, do Conselho Nacional de Justiça, com os mesmos fundamentos da decisão liminar.

Na oportunidade, o Ministro Ricardo Lewandowski acompanhou integralmente o voto do eminente Relator, consignando o seguinte:

> [...] Comungo com Sua Excelência no entendimento de que os princípios que estão inseridos no *caput* do artigo 37, sobretudo os princípios da impessoalidade, da moralidade e da eficiência, são autoaplicáveis no que diz respeito à vedação ao nepotismo. Eu farei uma exposição mais verticalizada acerca do tema no voto que proferirei em seguida no RE 579.951.
>
> Entendo também que a edição da Resolução 7, de 2005, insere-se na competência do Conselho Nacional de Justiça. Isso porque o artigo 103-B da Constituição, em seu §4º, inciso I estabelece, com todas as letras, que:

'§4º Compete ao Conselho (...) I - zelar pela autonomia do Poder Judiciário e pelo cumprimento do Estatuto da Magistratura, podendo expedir atos regulamentares, (...).'

Então, a Resolução 7, de 2005, nada mais fez do que regulamentar, no âmbito no Poder Judiciário, aquilo que se contém nos princípios do artigo 37, *caput*, da Constituição Federal.

E mais. Em nenhum momento, o Conselho Nacional de Justiça extrapolou a sua competência, ouso dizer, porque, no mesmo §4º, o inciso II estabelece, com toda a clareza e com todas as letras, que compete, também, a esse órgão:

'II - zelar pela observância do art. 37 (...).'

Portanto, ao editar a Resolução nº 7, nada mais fez o Conselho Nacional de Justiça do que exercer o seu poder regulamentar, expedindo ato apropriado, exatamente dentro de seu âmbito de competência que, dentre outras atribuições, consta essa incumbência de zelar pela estrita observância do que se contém no artigo 37.

O Recurso Extraordinário nº 579.951-4/RN, de relatoria do Ministro Ricardo Lewandowski, tratou de impugnação proposta contra acórdão do Tribunal de Justiça do Rio Grande do Norte, que, julgando apelação em ação declaratória de nulidade de ato administrativo, entendeu não existir qualquer inconstitucionalidade ou ilegalidade na nomeação de Elias Raimundo de Souza e Francisco Souza do Nascimento para o exercício, respectivamente, dos cargos em comissão de Secretário Municipal de Saúde e de motorista, embora seja o primeiro irmão de vereador e o segundo, do Vice-Prefeito do Município de Água Nova daquele Estado.

O acórdão impugnado considerou inaplicável a Resolução nº 7/2005 do Conselho Nacional de Justiça ao Executivo e ao Legislativo, assentando que a vedação à prática do nepotismo no âmbito desses poderes exige a edição de lei formal.

Além disso, consignou que a nomeação de parentes de agentes políticos para o exercício de cargos de confiança ou em comissão não viola qualquer dispositivo constitucional.

Em trecho polêmico do referido acórdão, afirmou-se que a Constituição Federal permite o nepotismo "na medida em que dá ao administrador público liberdade para ocupar parte dos cargos que tem à sua disposição com pessoas de sua confiança, independentemente do fato de serem ou não seus parentes".

Em seu exame sobre o caso, o Ministro Ricardo Lewandowski rememorou que no julgamento da mencionada ADC nº 12-MC/DF, o Supremo Tribunal Federal, em sede cautelar, já havia reconhecido a constitucionalidade da Resolução nº 7/2005 do Conselho Nacional de Justiça, que "[d]isciplina o exercício de cargos, empregos e funções por parentes, cônjuges e companheiros de magistrados e de servidores investidos em cargos de direção e assessoramento, no âmbito dos órgãos do Poder Judiciário e dá outras providências".

Recordou, ainda, que, naquela mesma oportunidade, vários Ministros já se pronunciaram no sentido de que a força normativa da referida resolução derivava diretamente dos princípios abrigados no art. 37, *caput*, da Constituição Federal. O Ministro Gilmar Mendes chegou a afirmar que "[a] vedação ao nepotismo é regra constitucional que está na zona de certeza dos princípios da moralidade e da impessoalidade".

Prosseguindo no julgamento do recurso extraordinário, o Ministro Ricardo Lewandowski relembrou, ainda, que o Plenário do Supremo Tribunal Federal já havia se manifestado a respeito da proibição do nepotismo antes mesmo do advento da Resolução nº 7/2005 do CNJ, no julgamento do MS nº 23.780/MA, no qual se estabeleceu que "[a] proibição do preenchimento de cargos em comissão por cônjuges e parentes de servidores públicos é medida que homenageia e concretiza o princípio da moralidade administrativa, o qual deve nortear toda a Administração Pública, em qualquer esfera do poder".

Após estas recordações, sua Excelência pontuou que, de fato, embora existam diversos atos normativos no plano federal que vedam o nepotismo, com ainda maior força, tendo em conta a expressiva densidade axiológica e a elevada carga normativa, os princípios constitucionais abrigados no art. 37, *caput*, o reprovam, o que independe de norma secundária.

Dando sequência à exposição de seu pensamento sobre a questão, registrou o Ministro que "[a] Constituição de 1988, em seu art. 37, *caput*, preceitua que a Administração Pública rege-se por princípios destinados a resguardar o interesse público na tutela dos bens da coletividade".

Dentre esses princípios, o Ministro destaca os princípios da moralidade e o da impessoalidade, por exigirem, repisa-se, "que o agente público paute sua conduta por padrões éticos que têm como fim último lograr a consecução do bem comum, seja qual for a esfera de poder ou o nível político-administrativo da Federação em que atue".

Ponderou que o nepotismo pode vulnerar, ainda, o princípio da eficiência, nesses termos:

E no mais das vezes, a nomeação de parentes, dada absoluta inapetência destes para o trabalho e o seu completo despreparo para o exercício das funções que alegadamente exercem, vulnera também o princípio da eficiência, introduzido pelo constituinte derivado no caput do art. 37 da Carta Magna, por meio da EC 19/1998, num evidente desvio de finalidade, porquanto permite que o interesse privado, isto é, patrimonial, no sentido sociológico e também vulgar da expressão, prevaleça sobre o interesse coletivo.

Prosseguindo, reforçou a impossibilidade de interpretação permissiva do nepotismo nos incisos II e V do art. 37 da Constituição e observou que, em verdade, o constituinte de um modo geral, sobretudo a partir da Emenda Constitucional nº 19/1998, procurou reduzir ao máximo a discricionariedade do administrador público no tocante ao preenchimento dos cargos em comissão e de confiança, e não o contrário.

Ressaltou, ainda, a importância da sociedade atual, que cobra do agente público uma conduta ilibada e não mais aceita que seus direitos sejam lesados.

Ao examinar o argumento constante no acórdão recorrido de que não haveria nos autos qualquer particularidade que desqualificasse os servidores dos cargos apontados, esclareceu o Ministro:

> O que está em debate, com efeito, não é a qualidade do serviço por eles realizado, mas a forma do provimento dos cargos que ocupam, que se deu em detrimento de outros cidadãos igualmente ou mais capacitados para o exercício das mesmas funções, gerando a presunção de dano à sociedade como um todo.

E, adiante, concluiu: "[...] realmente, os princípios são autoaplicáveis, que a vedação ao nepotismo decorre exatamente da conjunção desses princípios da Constituição, com o *etos* prevalente na sociedade brasileira".

Após a conclusão do voto do Ministro Ricardo Lewandowski e ao discutir o caso concreto, o Plenário ainda enfrentou a questão da distinção entre cargo estritamente administrativo e cargo político. Por fim, declarou-se nulo o ato de nomeação de um motorista, mas considerou-se hígida a nomeação daquele que ocupava o cargo de Secretário Municipal da Saúde, não apenas por ser um agente político como também por não ter ficado evidenciada a prática do nepotismo cruzado, nem a hipótese de fraude à lei.

Ao final dos debates e após a contribuição dos demais Ministros, fixou-se a seguinte tese de Repercussão Geral: "A vedação ao nepotismo não exige a edição de lei formal para coibir a prática, dado que essa proibição decorre diretamente dos princípios contidos no art. 37, *caput*, da Constituição Federal".

Em sessão ordinária do dia 20 de agosto de 2008, o Ministro Ricardo Lewandowski, então, apresentou proposta de súmula vinculante sobre a matéria. Após as contribuições dos colegas, o enunciado ficou assim redigido:

> A nomeação de cônjuge, companheiro ou parente em linha reta, colateral ou por afinidade, até o terceiro grau, inclusive, da autoridade nomeante ou de servidor da mesma pessoa jurídica investido em cargo de direção, chefia ou assessoramento, para o exercício de cargo em comissão ou de confiança ou, ainda, de função gratificada na administração pública direta e indireta em qualquer dos Poderes da União, dos Estados, do Distrito Federal e dos Municípios, compreendido o ajuste mediante designações recíprocas, viola a Constituição Federal.

O julgamento da Rcl nº 6.702-MC-AgR/PR, posterior à publicação do mencionado enunciado vinculante, é outro importante veredicto sobre o tema em que o Ministro Ricardo Lewandowski também assumiu a relatoria. Nessa ocasião, discutiu-se sobre a legalidade da posse de Maurício Requião de Mello e Silva, irmão do então Governador do Estado do Paraná, no cargo de Conselheiro do Tribunal de Contas local.

Ao analisar o caso concreto, o Ministro relator ressaltou que a doutrina, de um modo geral, repele o enquadramento dos Conselheiros dos Tribunais de Contas na categoria de agentes políticos, os quais, como regra, estão fora do alcance da Súmula Vinculante nº 13, salvo nepotismo cruzado ou fraude à lei. Ademais, verificou que o processo de nomeação do reclamado sugeria a ocorrência de vícios que maculavam a sua escolha por parte da Assembleia Legislativa do Estado.

Por fim, e o mais importante, reforçou que, não fosse tudo isso, a nomeação do irmão, pelo Governador do Estado, para ocupar o cargo de Conselheiro do TCE, agente incumbido pela Constituição de fiscalizar as contas do nomeante, sugere – a menos em exame preliminar da matéria – afronta direta aos mais elementares princípios republicanos.

No julgamento da Rcl nº 9.013/PI, o Ministro Ricardo Lewandowski analisou, também, o nepotismo e o conceito de parentesco por afinidade segundo o Código Civil de 2002 e assim concluiu:

A Súmula Vinculante 13 é expressa em incluir a nomeação de parentes por afinidade, até o terceiro grau, inclusive, no conceito de nepotismo. Tal formulação, é verdade, pode se entender que conflitaria com o conceito de parentesco delimitado na lei civil, que, conforme já ressaltado, limita-o aos ascendentes, descendentes e irmãos do cônjuge ou companheiro. Essa suposta incompatibilidade, contudo, foi afastada por este Tribunal por ocasião do julgamento da ADC 12 MC/DF, rel. min. Ayres Britto. (...) Verifica-se, dessa forma, que há independência entre as esferas civil e administrativo-constitucional, razão pela qual o conceito de parentesco estabelecido no Código Civil/2002 não tem o mesmo alcance para fins de obediência aos princípios da impessoalidade, moralidade e eficiência, que vedam a prática de nepotismo na Administração Pública.

Em recente julgado, o Ministro Ricardo Lewandowski examinou caso em que a Procuradoria-Geral de Justiça e a Câmara Municipal de Assis interpuseram recurso extraordinário contra acórdão proferido pelo Tribunal de Justiça do Estado de São Paulo que declarou a inconstitucionalidade de lei municipal que proíbe a contratação de parentes até o quarto grau, nas linhas reta e colateral, consanguíneos e afins, do prefeito, vice-prefeito municipal, secretários municipais, vereadores e dos diretores de autarquias, empresas públicas e fundações públicas do Município de Assis, para cargos de provimento em comissão ou caráter temporário.

Por oportuno, trago à baila a ementa do referido julgado:

DIREITO CONSTITUCIONAL - AÇÃO DIRETA DE INCONSTITU-CIONALIDADE - LEI MUNICIPAL - PROIBIÇÃO DA CONTRATAÇÃO DE PARENTES ATÉ O QUARTO GRAU, NAS LINHAS RETA E CO-LATERAL, CONSANGUÍNEOS E AFINS, DO PREFEITO, VICEPRE-FEITO MUNICIPAL, SECRETÁRIOS MUNICIPAIS, VEREADORES E DOS DIRETORES DE AUTARQUIAS, EMPRESAS PÚBLICAS E FUNDAÇÕES PÚBLICAS DO MUNICÍPIO DE ASSIS, PARA CARGOS DE PROVIMENTO EM COMISSÃO OU CARÁTER TEMPORÁRIO - INCONSTITUCIONALIDADE VERIFICADA - A LIMITAÇÃO IMPOSTA (IMPOSSIBILIDADE DE NOMEAR-SE PARENTES ATÉ O 4º GRAU) IMPLICA NUMA DISFARÇADA INTERFERÊNCIA DO PODER LEGISLATIVO NA LIVRE ATUAÇÃO DO PODER EXECUTIVO, NÃO AUTORIZADA PELO ARTIGO 2º, DA CONSTI-TUIÇÃO FEDERAL (PRINCÍPIO DA SEPARAÇÃO DOS PODERES) - ADEMAIS, POR CONTAR O MUNICÍPIO EM QUESTÃO COM UMA PEQUENA DENSIDADE DEMOGRÁFICA, A LIMITAÇÃO IMPOSTA DIFICULTA A CONTRATAÇÃO DE PESSOAS QUALIFICADAS PARA OS CARGOS COLOCADOS À DISPOSIÇÃO - POR FIM, O EGRÉGIO SUPREMO TRIBUNAL FEDERAL, AO ESTABELECER O

LIMITE DE ATÉ TERCEIRO GRAU NA SÚMULA VINCULANTE NÚMERO 13, PAUTOU-SE EM CRITÉRIOS DE RAZOABILIDADE QUE VÃO AO ENCONTRO DOS PRINCÍPIOS DA ADMINISTRAÇÃO PÚBLICA CONSTANTES NO ARTIGO 37, 'CAPUT', DA CARTA MAGNA - AÇÃO JULGADA PROCEDENTE, DECLARANDO-SE A INCONSTITUCIONALIDADE DA LEI N.º 306, DE 15 DE OUTUBRO DE 2013, DO MUNICÍPIO DE ASSIS (TJSP, ADI O0196970-22.2013.8.26.000).

Em sentido contrário, sua Excelência entendeu que, "[a]inda que mais gravosa, a lei municipal apontada como inconstitucional mostra-se coerente com os princípios dispostos no art. 37, *caput*, da Constituição" (STF, ARE nº 858.873/SP, Rel. Min. Ricardo Lewandowski).

Informação bibliográfica deste texto, conforme a NBR 6023:2018 da Associação Brasileira de Normas Técnicas (ABNT):

ADAMO, Larissa Arutim. Nepotismo. *In*: RODRIGUES, Dennys Albuquerque; CEZAR, Eduardo Barreto; OLIVEIRA, Marcelo Pimentel de (coord.). *Democracia, humanismo e jurisdição constitucional*: estudos em homenagem ao Ministro Ricardo Lewandowski. Belo Horizonte: Fórum, 2022. p. 209-220. ISBN 978-65-5518-402-0.

LIMITAÇÕES DA ANÁLISE ECONÔMICA DO DIREITO – POR UMA VISÃO PLURAL DA TEORIA E DA PRÁTICA JURÍDICA

LÍLIAN M. CINTRA DE MELO

"Todos os homens pensam que a justiça é uma espécie de igualdade"
Aristóteles, Política, L. III, c. 7, 1283A.

1 Introdução

A contribuição de Enrique Ricardo Lewandowski para a construção de uma Justiça em prol de valores plurais, como a democracia e os direitos fundamentais, torna-o hoje um expoente do mundo jurídico no Brasil. É um jurista notável que galgou as posições mais elevadas das duas principais instituições jurídicas brasileiras, seja por sua brilhante e coerente atuação no Supremo Tribunal Federal, seja por sua impecável trajetória acadêmica como professor titular da Faculdade de Direito do Largo de São Francisco – traduzida em seus inúmeros livros, capítulos de livros, artigos acadêmicos, cursos e palestras. Seu pioneirismo nos estudos dos direitos humanos marcou inúmeras gerações no Brasil e, por isso, é considerado um precursor desse ramo do Direito. A profundidade da sua obra e a elegância com a qual formula suas ideias são virtudes que revelam a sua sabedoria.

É uma honra e um privilégio único poder contribuir para esta obra coletiva em homenagem ao Ministro Enrique Ricardo Lewandowski, apresentando um estudo sobre as limitações da Análise Econômica do Direito – AED, escola que tem sido objeto de crescente interesse no meio acadêmico e no Judiciário brasileiros. A AED se refere ao corpo teórico fundado na aplicação da economia às normas e instituições jurídico-políticas.[1] Na síntese de Richard Posner, um dos autores mais influentes dessa escola, o Direito e Economia (no inglês, *Law and Economics*) compreende "a aplicação das teorias e métodos empíricos da economia para as instituições centrais do sistema jurídico".[2]

Paralelamente, o movimento tem chegado ao Poder Judiciário, que tem buscado novos paradigmas intelectuais para a verificação das consequências práticas das decisões judiciais. Em pesquisa empírica realizada a partir de buscas na página de pesquisa de jurisprudência do Supremo Tribunal Federal – STF, no período de 1991 a 2019, foram localizados 39 acórdãos em que foi utilizado o raciocínio econômico como fundamento para as decisões.[3] O estudo aponta que, entre 1991 e 2014, foram utilizados raciocínios econômicos em diversos julgados sem que houvesse, contudo, um embasamento ostensivo e metodologicamente consciente do instrumental da AED.[4] No segundo período, de 2015 a 2020, os indicadores quantitativos levaram à conclusão de que houve um aumento do grau de densidade da fundamentação e de influência do raciocínio econômico, bem como do número de citações de autores do movimento de Direito e Economia.[5]

Contudo, ainda que os números apontem para uma maior utilização da AED pelo STF, sua aplicação está longe de ser um consenso. Em recentes julgados da Suprema Corte, o Ministro Enrique Ricardo Lewandowski se posicionou contrariamente a essa abordagem em decisões sobre a análise da constitucionalidade de dispositivos do ordenamento jurídico brasileiro.

Para o Ministro, "certos princípios constitucionais, como o princípio da dignidade humana e os direitos e garantias da cidadania, não podem ser interpretados sob o prisma da eficiência e do utilitarismo, como faz essa escola muito famosa e de grande voga nos Estados

---

[1] SALAMA, Bruno M. *O que é pesquisa em direito e economia*, 2009, p. 3.
[2] POSNER, Richard A. *Economic Analysis of Law*. 9. ed. New York: Aspen Publishers, 2007.
[3] CAON, Guilherme Maines. *Análise Econômica do Direito*: aplicação pelo Supremo Tribunal Federal, Guilherme Maines, [s.l.]: Dialética, 2021.
[4] *Ibid.*
[5] *Ibid.*

Unidos, que é o direito e economia ou *Law and Economics*" (ADI nº 5.766/DF, Rel. Min. Roberto Barroso. Red. p/ Acórdão, Min. Alexandre de Moraes, julgamento em 20.10.2021). A seguir trecho do voto em questão, que trata da visão crítica externada pelo Ministro Lewandowski à AED, baseado em texto de Arnaldo Sampaio de Moraes Godoy:

> Guardo profundas ressalvas quanto ao movimento do Direito e Economia, que, os Estados Unidos, chama-se *Law and Economics*. (...) Na Universidade de São Paulo, existem profundas restrições a esse movimento, que se entende matizado, ideologicamente, com um matiz nitidamente conservador e de direita. Eu queria fazer alusão, em dois minutos, à conclusão de um belíssimo artigo de um professor e eminente pesquisador chamado Arnaldo Sampaio de Moraes Godoy - que é um livre docente pela USP e professor visitante de várias universidades estrangeiras, é um intelectual de proa do Brasil -, que diz o seguinte:
> 'O movimento direito e economia radica no utilitarismo de Jeremiah Bentham e mais recentemente no pragmatismo de Charles Sander Peirce, de William James e de John Dewey. Identifica-se como herdeiro conceitual do realismo jurídico norte-americano, e conseqüentemente aproximar-se-ia do pensamento de Oliver Wendell Holmes Júnior, de Roscoe Pound, de Benjamin Natan Cardozo, de Karl Llewellyn, de Jerome Frank, de Louis Brandeis e de Thumann Arnold.
> Essa relação também pode ser pensada a partir da tradição marxista, para a qual o direito reflete condições infraestruturais econômicas. O pensamento weberiano suscita algumas leituras, e o direito seria mecanismo para normatização da economia capitalista, com elementos de neutralidade e de objetividade.
> Tema do presente artigo, e identificado com a direita norte-americana e com o neoliberalismo, o movimento direito e economia prevê que o direito deve ser lido a partir de princípios de valor, de utilidade e de eficiência. Para o movimento direito e economia, o direito deve se orientar para a maximização da riqueza'.
> (...) O que eu queria apenas ressaltar é o seguinte: certos princípios constitucionais, como o princípio da dignidade humana e os direitos e garantias da cidadania, não podem ser interpretados sob o prisma da eficiência e do utilitarismo, como faz essa escola muito famosa e de grande voga nos Estados Unidos, que é direito e economia ou *law and economics*. (...) Apenas digo isto: a hermenêutica jurídica tem que ter uma outra interpretação, um outro viés, um outro fundamento que não uma base simplesmente numerológica, de eficiência, de vantagem ou de aumento de riqueza. Era esse o ponto de vista que eu queria afirmar, do ponto de vista epistemológico, diríamos assim.[6]

---

[6] GODOY, Arnaldo Sampaio de Moraes. Direito e economia: introdução ao movimento law and economics. *Revista Jurídica da Presidência*, v. 7, n. 73, p. 01-10, 2005.

Previamente, na ADI nº 2.160/DF, de relatoria da Ministra Cármen Lúcia, o Ministro Ricardo Lewandowski já havia discordado da aplicação da AED em julgados do STF, conforme a seguir:

> Eu não potencializo essa perspectiva do Direito. Lembrando que, a partir dos anos 70, do século passado – todos nós sabemos –, as visões predominantes do Direito de então desenvolveram três perspectivas quanto à análise jurídica. Em primeiro lugar, a chamada *'law and economic'*, a análise econômica do Direito, que propõe uma visão do Direito a partir de uma perspectiva econômica. Contrapondo-se a essa escola, surgiu a *'critical legal studies'* ou escola crítica do Direito, que enfatiza uma visão política. E, finalmente, uma terceira visão, uma terceira escola, as teorias chamadas *'rights based theorie'*, que englobam todas as contribuições que foram desenvolvidas por Rawls, por Nozick, por Dworkin, e enfatizam uma visão do Direito a partir da filosofia moral, tendo em conta, inclusive, a construção de uma sociedade mais justa. São três escolas que, de certa maneira, se contrapõem e que, talvez, permitam que nós tenhamos uma visão mais plural do Direito. Portanto, eu acho que é possível que nós tenhamos visões distintas do Direito, e não potencializemos, necessariamente, essa visão econômica do Direito.

Outrossim, coerente com a crítica realizada nos julgados da Suprema Corte, no ambiente acadêmico, o Ministro Ricardo Lewandowski apresentou ressalvas quanto à adoção da AED na abertura do Seminário Direito, Economia e Desenvolvimento, realizado no STF em 2011 e no Prefácio do livro "Tributação, Propriedade e Igualdade Fiscal sob elementos de Direito & Economia". Na sua visão, "a doutrina do *laissez-faire*, cuja eficácia hoje, diante da recente crise econômica mundial, desperta sérias dúvidas quanto à capacidade de o Estado liberal promover a inclusão de grupos menos favorecidos economicamente no sistema de consumos de bens e serviços de uma sociedade moderna".[7]

Ainda que seja comum utilizar o termo "Direito e Economia" como sinônimo de "Análise Econômica do Direito", ambos os conceitos são distintos. Esse entendimento é corroborado por Calixto Salomão Filho, em Prefácio à edição brasileira do livro "O Futuro do Direito e Economia: Ensaios para Reforma e Memória", de Guido Calabresi:

---

[7] LEWANDOWSKI, Enrique Ricardo. Prefácio. *In*: MARTINS, Marcelo Guerra (ed.). *Tributação, Propriedade e Igualdade Fiscal sob elementos de Direito & Economia*. Rio de Janeiro: Forense, Elsevier, 2011, p. xiv.

Duas ideias centrais devem ser destacadas. A primeira, a diferença entre Análise econômica do direito (*Economic Analysis of Law*) e Direito e Economia (*Law and Economics*). O primeiro movimento, tentativa de submeter o direito a raciocínios intuitivos econômicos, geralmente simplificados e simplificadores (palavras minhas) pretende identificar os objetivos de aplicação da norma aos desígnios dessa racionalidade econômica simplificada. Corresponde a primeira leva do movimento, hoje em franca decadência (também opinião minha) e teve como expoentes iniciais Bork e Posner. Calabresi sempre se posicionou de forma radicalmente diferente.

Na literatura jurídica, não há uma única escola conhecida como "Direito e Economia", mas diversas correntes que buscam explicar o fenômeno jurídico com fundamento em análises econômicas. A Escola de Chicago é a mais conhecida, com os textos seminais de Ronald Coase, "*The Problem of Social Cost*", e Richard Posner, "*Economic Analysis of Law*", mas há também a Escola de New Heaven (liderada por Guido Calabresi e inaugurada com o texto "*Some Thoughts on Risk Distribution and Law of Torts*"), a da Virgínia (*Functional School*), a da Nova Economia Institucional (*New Institucional Economics*) e a da Escolha Pública (*Public Choice*), entre outras.[8]

Dessa forma, é um equívoco comum pensar que o Direito e Economia se limita à Escola de Chicago e, consequentemente, à AED desenvolvida por Richard Posner e os seguidores de Ronald Coase – conforme será abordado a seguir. A Escola de New Haven, por exemplo, compartilha com a de Chicago a metodologia individualista, pressuposto dos modelos microeconômicos, mas distingue-se na medida em que aceita mais claramente a intervenção do Estado para resolver situações que identifica como falhas de mercado.

Nesse sentido, Guido Calabresi sustentou que a eficiência jamais poderia ser fundação ética do Direito, pois os sistemas jurídicos devem, em primeiro lugar, ser justos e, apenas em segundo lugar, devem contribuir para a maximização da riqueza e redução dos custos sociais.[9] Portanto, para este autor, o problema da maximização de riqueza e da diminuição dos custos sociais está num contexto amplo de discussão dos meios e fins para a atuação do Estado Regulatório moderno.

---

[8] ZYLBERSZTAJN, Decio; SZTAJN, Rachel (org.). *Direito & economia*: análise econômica do direito e das organizações. Rio de Janeiro: Elsevier, 2005, p. 75.
[9] CALABRESI, Guido. *The Cost of Accidents:* A Legal and Economic Analysis. [s.l.]: Yale University Press, 1970.

Essa ressalva é importante, pois, ainda que sejam abordadas questões de interface com o Direito e Economia, o foco do presente estudo é a AED desenvolvida pela Escola de Chicago. Essa escolha se justifica em razão da popularidade dos argumentos encabeçados por Richard Posner e do crescente uso de suas ideias de forma acrítica e indiscriminada. Nas palavras de Paula Forgioni, a AED tem há muito indevidamente produzido tanto paranoia quanto mistificação e, portanto, suas concepções devem ser filtradas pelo constitucionalismo brasileiro.[10]

Nesse contexto, o presente artigo abordará brevemente um estudo crítico, em homenagem ao posicionamento do Ministro Ricardo Lewandowski, sobre a aplicação da AED em decisões sobre a análise da constitucionalidade de dispositivos do ordenamento jurídico brasileiro, sob o ponto de vista epistemológico, com o objetivo de trazer maior clareza sobre o assunto e justificar que a hermenêutica jurídica não deve se limitar aos argumentos utilitaristas e pragmatistas, fundamentados no binômio eficiência e justiça.

O objetivo o presente estudo não é descrever a história da evolução da AED, mas tão somente lançar luz sobre conceitos importantes que devem ser considerados no debate sobre a aplicação da AED no Brasil. Para tanto, será feita uma revisão bibliográfica com destaque para os principais argumentos e autores nos Estados Unidos e no Brasil, com foco na adoção e no abandono do critério de eficiência para a teoria jurídica.

2 Origens da AED: utilitarismo, realismo e formalismo jurídico

Como é do gosto do homenageado, inicia-se a presente análise com um breve contexto histórico. Nos Estados Unidos da América, uma das matrizes do pensamento jurídico presente na origem da AED é o cientificismo jurídico do início do século XX, muito associado à figura de Christopher C. Langdell (1826-1906), considerado o principal filósofo do formalismo jurídico estadunidense e um dos criadores da metodologia do estudo de caso (*case-method*) no ensino do Direito.[11]

---

[10] FORGIONI, Paula A. Análise econômica do direito: Paranóia ou mistificação? *Revista de Direito Mercantil, Industrial, Econômico e Financeiro*, v. 54, p. 242-256, 2005.

[11] MACEDO JÚNIOR, Ronaldo Porto. Posner e a análise econômica do direito: da rigidez neoclássica ao pragmatismo frouxo. In: *Agenda contemporânea: direito e economia*: 30 anos de Brasil. *São Paulo*: Saraiva, 2012, p. 226.

Dessa escola do pensamento jurídico, o AED herdou a aspiração pelo refinamento teórico e científico.

Além disso, o Direito foi fortemente marcado pelo realismo jurídico, cujos principais expoentes são Oliver Wendell Homes (1841-1935), Roscoe Pound (1870-1964) e Benjamin Cardozo (1870-1938). Para esses autores, o Direito não deveria ser compreendido como lógica, mas antes como experiência. Assim como o movimento do estudo crítico do Direito (*Critical Legal Studies*), a AED é herdeira do realismo jurídico norte-americano.[12]

Desse aparente paradoxo, surge a primeira geração da AED, fruto da combinação singular entre o formalismo langdelliano com o antiformalismo do realismo jurídico, ressignificando a Teoria do Direito pela perspectiva da economia neoclássica. Nesse sentido, Posner reconhece que "a análise econômica do direito lembra o realismo jurídico ao afirmar que as regras e instituições jurídicas têm explicações sociais, funcionais, e não apenas uma lógica interna, de jurista; nesse sentido, é profundamente antiformalista".[13]

Ainda, outra corrente filosófica que fortemente influencia a AED é o utilitarismo, na versão liberal ligada ao pensamento de Jeremy Bentham. Em breves linhas, o pensamento individualista benthamiano é de que as ações humanas são guiadas por sentimentos de prazer e dor e os seres humanos agem como maximizadores de suas satisfações. Como será visto, essa concepção utilitarista serviu de embasamento para a estruturação lógico-racional das teorias jurídico-econômicas da AED.

Na sua origem, Ronald Coase publicou dois artigos fundacionais para AED. No primeiro deles, "*The Nature of the Firm*",[14] apresentou o conceito de custos de transação e tentou superar o que ele considerava uma deficiência da teoria econômica que era a ausência de um conceito de empresa. No segundo artigo, "*The Problem of Social Cost*",[15] argumenta que a regulação não poderia melhorar a produção, uma vez que a alocação de direitos não melhora a alocação de recursos, a menos que seja aplicada uma análise de custo-benefício, considerando também os custos de regulação como de transação.

---

[12] *Ibid.*, p. 229.
[13] POSNER, *Economic Analysis of Law*, p. 590.
[14] COASE, Ronald H. The Nature of the Firm, *Economica*, v. 4, n. 16, 1937.
[15] COASE, Ronald H. The Problem of Social Cost. *In*: KENNEDY, David; FISHER, William W.; MAYHEW, Dough (org.). *The canon of American legal thought*. Princeton, NJ: Princeton Univ. Press, 2006.

De acordo com o "Teorema de Coase", em um contexto no qual as ações dos indivíduos geram externalidades negativas suportadas por outros e os custos de transação são suficientemente baixos, esses agentes poderão negociar entre si e chegar a um resultado considerado eficiente. Dessa forma, a eficiência alocativa será atingida independentemente da atribuição de direitos realizada pelo Estado num regime de "custos de transação zero".[16]

O entendimento de Coase se resume, nas palavras de Carlos Portugal Gouvêa,

> num mundo em que há custos de transação, quando os tribunais ou governo tomam uma decisão que envolve a redistribuição de direitos, estão 'tomando uma decisão sobre um problema econômico e determinando como os recursos devem ser empregados'. A única maneira de impedir que as regulações governamentais reduzam o valor da produção seria aplicar uma análise custo-benefício e limitar a intervenção governamental na alocação de recursos por indivíduos com base no mecanismo de preços.[17]

Portanto, no "Teorema de Coase", há o pressuposto do comportamento maximizador de riquezas, o qual parte da premissa de que os indivíduos calculam para alcançarem os maiores benefícios aos menores custos – *i.e.*, o comportamento observado de cada indivíduo refletirá a busca de seus objetivos através dos meios disponíveis. Ou seja, a maximização racional de riquezas leva ao chamado processo de decisão marginalista, segundo o qual, nos processos de tomada de decisão, os indivíduos realizarão a próxima unidade de uma dada atividade se os benefícios dessa próxima unidade excederem seus custos.[18]

Assim, para evitar altos custos de transação entre os agentes econômicos, o Estado deve facilitar tais transações com o objetivo de maximizar a riqueza, defendendo que a intervenção estatal deve ser limitada à correção das falhas de mercado. Em razão de sua enorme influência com relação aos juristas de Chicago, Coase é considerado um dos pais da AED e uma das consequências do seu pensamento é que a finalidade do direito, seja na redação das leis, seja na aplicação das normas, é a eficiência.[19]

---

[16] GOUVÊA, Carlos Portugal. *Análise dos Custos da Desigualdade*. 1. ed. São Paulo: Quartier Latin, 2021, p. 124-127.
[17] *Ibid.*, p. 134-135.
[18] SALAMA, *O que é pesquisa em direito e economia*.
[19] MACEDO JÚNIOR, Posner e a análise econômica do direito: da rigidez neoclássica ao pragmatismo frouxo, p. 231.

O termo "eficiência" tem diversas acepções, sendo a mais comum a que se refere à maximização da riqueza e do bem-estar e à minimização de custos sociais.[20] Assim, um processo é considerado eficiente quando não é possível aumentar os benefícios sem aumentar os custos. Na economia, a eficiência pode ser explicada por duas diferentes noções, conhecidas como os critérios de Pareto e de Kaldor-Hicks.

De acordo com o critério de Pareto, uma situação será eficiente se, e somente se, nenhum indivíduo puder melhorar sua situação sem fazer com que pelo menos um outro indivíduo piore a sua. O pressuposto de racionalidade no critério de Pareto consiste em que os indivíduos preferirão maximizar suas utilidades.

Por sua vez, segundo critério de Kaldor-Hicks, o importante é que os ganhadores possam compensar os perdedores, mesmo que efetivamente não o façam. Ele se baseia no princípio da compensação desenvolvido por Kaldor, segundo o qual seria preferível uma nova alocação de recursos em que o valor total da produção seria superior, mas em que alguns ganhariam e outros perderiam, se os beneficiados pudessem indenizar os perdedores, ainda que apenas teoricamente. 21

Logo, não se exige que a indenização seja realmente paga, mas apenas que haja a possibilidade para tal. Não se exige o real pagamento, pois seria apenas uma questão distributiva que não afetaria a alocação de recursos.[22] Por isso, a crítica mais comum ao critério Kaldor-Hicks é a de que se leva em consideração apenas o nível de riqueza, mas deixa de lado o problema da sua distribuição e das desigualdades econômicas.

Neste ambiente acadêmico de perfil altamente liberal, a Escola de Chicago, considerada o berço da AED, ganha proeminência resgatando os ideais do livre mercado e da não intervenção estatal em questões econômicas. Nas palavras do homenageado, esses ideais remontam ao

> Estado do *laissez-faire*, da não intervenção, da liberdade de iniciativa e de contrato. É o Estado *gendarme*, cuja principal missão consistia em garantir a libre atuação das forças do mercado, com fundamento na ideia de que, se todos defendessem seus próprios interesses, o interesse coletivo seria automaticamente defendido.[23]

---

[20] SALAMA, *O que é pesquisa em direito e economia*, p. 21.
[21] GOUVÊA, *Análise dos Custos da Desigualdade*, p. 124-127.
[22] *Ibid.*, p. 139.
[23] LEWANDOWSKI, Enrique Ricardo. *Proteção dos Direitos Humanos na Ordem Interna e Internacional*. Rio de Janeiro: Forense, 1984, p. 55.

Este primeiro momento da AED, surge também, como ensina Ronaldo Porto Macedo, "dentro de um ambiente intelectual ideologicamente conservador marcado pela ascensão do pensamento republicano durante a presidência de Ronald Regan".[24] Assim, a AED tem origem "com um matiz nitidamente conservador e de direita", como trazido pelo Ministro Lewandowski no seu voto na ADI nº 5.766/DF.

Em linha com as premissas metodológicas da Escola de Chicago, a obra *"Economic Analysis of Law"* de Richard Posner ganhou imensa notoriedade e se tornou a principal referência teórica da Análise Econômica do Direito ao defender que as regras deveriam ser definidas, na *common law*, para alcançar maior eficiência econômica. Em razão da popularidade da teoria de Posner, em meados da década de 1980, pelo menos três notórios membros da Suprema Corte Americana declaravam-se adeptos da disciplina da AED, a saber: Antonin Scalia, Robert Bork e Douglas Ginsburg.

Na sequência, em 1983, com a publicação da obra *"Economics of Justice"*, Posner defendeu aquela que seria a sua ideia mais controversa, a de que a maximização da riqueza deveria ser a fundação ética para o Direito. Neste modelo de mensuração de eficiência, bastaria que os benefícios gerados pela decisão judicial fossem suficientes para compensar a perda dos prejudicados. Ou seja, para que uma decisão fosse boa ou justa, bastaria que os benefícios gerados a uma das partes fossem suficientes para que se pudesse, potencialmente, recompensar a parte que tivesse obtido perdas com a decisão.

De acordo com Bruno Salama, Posner propôs que as instituições jurídico-políticas, inclusive as regras jurídicas individualmente tomadas, devam ser avaliadas em função do paradigma de maximização da riqueza. Confira-se:

> Em síntese, a teoria é a seguinte: regras jurídicas e interpretações do direito que promovam a maximização da riqueza (i.e. Eficiência) são justas; regras interpretações que não a promovam são injustas. Isto leva à noção de que a maximização de riqueza (ou a "eficiência", já que Posner utiliza as duas expressões indistintamente) seja fundacional ao direito, no sentido de que proveja um critério ético decisivo.[25]

---

[24] MACEDO JÚNIOR, Posner e a análise econômica do direito: Da rigidez neoclássica ao pragmatismo frouxo, p. 230. Richard Posner foi nomeado pelo Presidente Ronald Reagan para o cargo de juiz do Sétimo Circuito.

[25] SALAMA, Bruno M. *A História do Declínio e Queda do Eficientismo na Obra de Richard Posner*, 2012, p. 448.

Portanto, de acordo com a perspectiva proposta por Posner, a atividade do juiz seria um exercício de análise de custo-benefício em termos de redução dos custos dos contratos, valoração dos riscos e maximização da riqueza. Nas palavras de Richard Posner:

> Os tribunais podem fazer muito pouco para afetar a distribuição da riqueza em uma sociedade, então pode ser sensato que eles se concentrem no que eles podem fazer, que é estabelecer regras que maximizem o tamanho do bolo econômico, e deixar o problema do fatiamento seja tratado pelo legislativo com seus poderes muito maiores de tributação e gastos.[26]

Nesse sentido, segundo Paula Forgioni, a AED postula, dentre outras, a seguinte diretriz:

> o direito não é permeado de outros valores que não a busca da eficiência alocativa; diz-se, então, dotado de neutralidade distributiva. Na ausência de falhas de mercado, a melhor alocação de recursos será promovida pelo próprio mercado.[27]

Contudo, a noção da eficiência no Direito acendeu o debate sobre questões relacionadas à justiça, à igualdade, além de questões metodológicas importantes. Nesta época, dá-se início ao embate Dworkin-Posner, uma das principais disputas teóricas do pensamento jurídico norte-americano, que teve como cerne a questão sobre se a eficiência poderia ser reconhecida como um valor fundacional para uma teoria do direito. A crítica de Ronald Dworkin se dirige ao conceito de igualdade e, em especial, ao impacto do utilitarismo na teoria da justiça proposta por Posner.[28]

Nesse sentido, Forgioni complementa que

> O postulado máximo da AED, que prega o fim único do sistema, não pode ser admitido pelos juristas que acreditam que o direito – posto e pressuposto – não existe apenas para corroborar os determinismos econômicos. Há situações em que o mais fraco merece proteção; ainda se acredita que gente é feita para brilhar e não para passar fome. Há coisas

---

[26] POSNER, Richard. Wealth Maximization and Judicial Decision-Making. *International Review of Law and Economics*, v. 4, p. 131, 1984, p. 131-132.
[27] FORGIONI, Análise econômica do direito: paranoia ou mistificação?
[28] DWORKIN, Ronald. Is Wealth a Value? *The Journal of Legal Studies*, v. 9, n. 2, 1980.

(como a vida humana e a liberdade) que não foram transformadas em mercadoria e não podem ser submetidas à lógica de mercado.

(...)

É evidente que a eficiência paretiana não pode ser simplesmente transposta para o mundo jurídico, porque o direito abarca outros valores, transformados e, premissas implícitas do ordenamento. Como se vê, o afastamento da lógica puramente econômica não é uma questão de ojeriza ou preconceito, mas uma imposição a ser atendida tendo em vista o funcionamento do ordenamento, dede seu fundamento jurídico, visando ao dinamismo do mercado de acordo com a lógica também jurídica (e não apenas econômica).[29]

3 A fase pragmatista da AED

Do embate Dworkin-Posner surge a segunda geração da AED, que rejeita expressamente as pretensões cientificistas e o formalismo econômico da primeira fase, passando a adotar um enfoque mais pragmático. Essa visão radicaliza-se a partir dos anos 1990, e a questão fundamental deixa de ser de ordem metodológica ou fundacional de uma nova teoria da justiça baseada nas ideias da maximização de riqueza e da eficiência, como fora na primeira fase.

Conforme aponta Ronaldo Porto Macedo,

durante esta fase ocorre uma flexibilização da rigidez dos modelos econômicos da primeira fase por parte dos economistas, adequando-os a parâmetros talvez menos científicos, mas mais úteis ao direito. Neste período, a economia é utilizada de for mais pragmática, servindo para comprovar a utilidade das regras, mas sem as pretensões de deduzir características do Direito a partir da Economia.[30]

Na obra *Problems of Jurisprudence* (traduzida como *Problemas de Filosofia do Direito*), Posner se distancia das premissas e conclusões apresentadas em *Economic Analysis of Law*. Para o autor, não existe um raciocínio jurídico (*legal reasoning*) distinto do uso simples da lógica e dos vários métodos de raciocínio prático que os pensadores do dia a dia utilizam. Nessa visão marcada pelo pragmatismo, Posner entende que o juiz deve sopesar as prováveis consequências econômicas das

---

[29] FORGIONI, Análise econômica do direito: paranoia ou mistificação?
[30] MACEDO JÚNIOR, Posner e a análise econômica do direito: da rigidez neoclássica ao pragmatismo frouxo, p. 233.

diversas interpretações que o texto permite, atentando para os valores democráticos e a Constituição. O sentido dos textos legais levará em conta o contexto de aplicação e nesse quadro a economia surge como complemento interdisciplinar para a análise de consequências e persecução dos fins sociais.

Na visão do autor, a missão do juiz pragmático é a de decidir de maneira razoável. Isso quer dizer que o juiz deve sopesar as prováveis consequências das diversas interpretações que o texto permite, igualmente defendendo os valores democráticos e a Constituição. A eficiência passa, então, a uma consideração; uma, dentre diversas outras.[31]

4 Conclusão

Conforme já descrito, a AED, adotando os estudos de Richard Posner como referencial teórico, na origem, era fortemente influenciada pelo utilitarismo ou consequencialismo eficientista e ao longo do tempo migrou para o pragmatismo, abandonando o binômio justiça e eficiência.[32]

No Brasil, a ideia de maximização irracional de riquezas prevista, por exemplo, na tese fundacional de Richard Posner, não encontra respaldo no ordenamento brasileiro. Como aponta Arnaldo Sampaio de Moraes Godoy, "de amplo uso no modelo norte-americano de *common law*, o movimento direito e economia também poderia suscitar referências no direito brasileiro, ainda tão focado em questões analíticas, que expõem o desgaste de uma retórica tosca e inoperante".[33]

É necessária cautela ao trazer a AED para uma ordem constitucional distinta, com vocação redistributiva mais explícita do que a do cenário norte-americano. A importação acrítica da AED, sem sua ressignificação pelo ordenamento brasileiro, pode tornar a disciplina incompatível com a ordem constitucional nacional e se tornar, afinal, contraproducente

Portanto, as limitações da AED precisam ser consideradas, conforme expostas nesse trabalho; a "aplicação de princípios jurídicos para realizar fins jurídicos (aqueles insculpidos nas regras ou nos

---

[31] SALAMA, *A História do Declínio e Queda do Eficientismo na Obra de Richard Posner*, p. 447.
[32] MACEDO JÚNIOR, *Posner e a análise econômica do direito*: da rigidez neoclássica ao pragmatismo frouxo, p. 226.
[33] GODOY, *Direito e economia*, p. 8.

princípios constitucionais), os quais indubitavelmente não se limitam à eficiência ou maximização de riqueza".[34]

Na linha dos argumentos levantados pelo Ministro Ricardo Lewandowski em julgamentos no STF, ao transplantar a AED para o Brasil, deve-se estar atento às possíveis consequências injustas ou arbitrárias no uso de argumentos econômicos, sendo imperioso adotar uma abordagem mais plural do Direito.

Essa visão plural da teoria e da prática jurídicas em prol de valores como a justiça, a democracia e os direitos fundamentais é, inclusive, abalizadora da magistral trajetória do Ministro Ricardo Lewandowski, que, dentre seus ofícios e vocações, é amplamente reconhecido pela sua atuação no Supremo Tribunal Federal e nas Arcadas. Como assessora do Ministro Ricardo Lewandowski no STF e antiga aluna da "velha e sempre nova Academia", tenho a honra e o privilégio ímpar de poder vivenciar expressões diárias do seu comprometimento com a atuação jurisdicional íntegra e a *avant-garde* do pensamento e da prática jurídicos, sempre compartilhados de forma generosa e atenta. O Ministro Ricardo Lewandowski também se destaca por sua inspiradora parceria de vida com a Dra. Yara de Abreu Lewandowski, cuja presença marcante traduz muitas de suas virtudes nas palavras sempre gentis, cultas e encorajadoras. Esta singela homenagem, mais do que merecida, é o reflexo da gratidão, do reconhecimento e da profunda admiração que tenho pelo Ministro Ricardo Lewandowski.

Não poderia deixar de registrar meu agradecimento a Dennys Albuquerque e Marcelo Pimentel de Oliveira. Sem a paciência de ambos, não teria participado dessa necessária e importante homenagem.

Referências

CALABRESI, Guido. *The Cost of Accidents*: A Legal and Economic Analysis. [s.l.]: Yale University Press, 1970.

CAON, Guilherme Maines. *Análise Econômica do Direito*: aplicação pelo Supremo Tribunal Federal, Guilherme Maines. Dialética, 2021.

COASE, Ronald H. *The Nature of the Firm*. *Economica*, v. 4, n. 16, 1937. Disponível em: https://onlinelibrary.wiley.com/doi/10.1111/j.1468-0335.1937.tb00002.x. Acesso em: 4 jan. 2022.

---

[34] PORTUGAL GOUVÊA, Carlos; PARGENDLER, Mariana. Levando os custos a sério: ainda sobre o art. 40 da Lei de Propriedade Industrial, *Jota*, 2021.

COASE, Ronald H. The Problem of Social Cost. *In*: KENNEDY, David; FISHER, William W.; MAYHEW, Dough (org.). *The canon of American legal thought.* Princeton, NJ: Princeton Univ. Press, 2006.

DWORKIN, Ronald. Is Wealth a Value? *The Journal of Legal Studies,* v. 9, n. 2, 1980.

FORGIONI, Paula A. Análise econômica do direito: paranoia ou mistificação? *Revista de Direito Mercantil, Industrial, Econômico e Financeiro,* v. 54, p. 242-256, 2005.

GODOY, Arnaldo Sampaio de Moraes. Direito e economia: introdução ao movimento law and economics. *Revista Jurídica da Presidência,* v. 7, n. 73, p. 01-10, 2005.

GOUVÊA, Carlos Portugal. *Análise dos Custos da Desigualdade.* 1. ed. São Paulo: Quartier Latin, 2021.

LEWANDOWSKI, Enrique Ricardo. Prefácio. *In*: MARTINS, Marcelo Guerra (ed.). Tributação, *Propriedade e Igualdade Fiscal sob elementos de Direito & Economia.* Rio de Janeiro: Forense, Elsevier, 2011.

LEWANDOWSKI, Enrique Ricardo. *Proteção dos Direitos Humanos na Ordem Interna e Internacional.* Rio de Janeiro: Forense, 1984.

MACEDO JÚNIOR, Ronaldo Porto. Posner e a análise econômica do direito: Da rigidez neoclássica ao pragmatismo frouxo. *In: Agenda contemporânea: direito e economia* : 30 anos de Brasil. São Paulo: Saraiva, 2012.

PORTUGAL GOUVÊA, Carlos; PARGENDLER, Mariana. Levando os custos a sério: Ainda sobre o art. 40 da Lei de Propriedade Industrial. *Jota,* 2021. Disponível em: https://www.jota.info/opiniao-e-analise/artigos/levando-os-custos-a-serio-ainda-sobre-o-art-40-da-lei-de-propriedade-industrial-04022021. Acesso em: 15 jan. 2022.

POSNER, Richard. Wealth Maximization and Judicial Decision-Making. *International Review of Law and Economics,* v. 4, p. 131, 1984.

POSNER, Richard. *A. Economic Analysis of Law.* 9. ed. New York: Aspen Publishers, 2007.

SALAMA, Bruno M. *A História do Declínio e Queda do Eficientismo na Obra de Richard Posner.* 2012. Disponível em: https://works.bepress.com/bruno_meyerhof_salama/35/. Acesso em: 4 jan. 2022.

SALAMA, Bruno M. *O que é pesquisa em direito e economia.* [s.l.: s.n.], 2009. Disponível em: htp://bibliotecadigital.fgv.br:80/dspace/handle/10438/2811. Acesso em: 4 jan. 2022.

ZYLBERSZTAJN, Decio; SZTAJN, Rachel (org.). *Direito & economia*: Análise econômica do direito e das organizações. Rio de Janeiro: Elsevier, 2005.

Informação bibliográfica deste texto, conforme a NBR 6023:2018 da Associação Brasileira de Normas Técnicas (ABNT):

MELO, Lílian M. Cintra de. Limitações da Análise Econômica do Direito – por uma visão plural da teoria e da prática jurídica. *In*: RODRIGUES, Dennys Albuquerque; CEZAR, Eduardo Barreto; OLIVEIRA, Marcelo Pimentel de (coord.). *Democracia, humanismo e jurisdição constitucional*: estudos em homenagem ao Ministro Ricardo Lewandowski. Belo Horizonte: Fórum, 2022. p. 221-236. ISBN 978-65-5518-402-0.

O JUIZ E A IMPRENSA

LUIZ FELIPE DE CASRILEVITZ REBUELTA NEVES

O surgimento da máquina de impressão tipográfica inventada pelo alemão *Johann Gutenberg*, no século XV, foi um dos acontecimentos que mudaram a história da leitura e da circulação de ideias em escala mundial. Devido a sua importância, esse fato é um dos mais relevantes a considerar a passagem da Idade Média para a Moderna, no contexto da divisão do estudo da História Mundial.[1]

Atualmente, pouco se consome notícia e até mesmo obras científicas ou literárias em papel impresso. O "mundo digital" transformou a relação entre o cidadão e a notícia. Na época do jornal impresso (sim, talvez já extinta!), a notícia que chegava às bancas antes das seis horas da manhã permanecia "quente", no jargão jornalístico, até eventual existência de uma nova informação atualizada nos jornais veiculados em rádio ou televisão durante o horário nobre noturno.

No entanto, a realidade dos tempos contemporâneos faz com que a notícia veiculada em um Portal de Notícias em minutos seja atualizada com fatos novos sobre o tema, sob pena de sofrer comentários que apontem a desatualização do conteúdo.

Nesse contexto, a veiculação da informação pública passou a ser acompanhada de perto e a cada minuto pelos cidadãos mais atentos às atualizações do meio digital. Isso porque, tanto a Constituição Federal

---

[1] Disponível em: https://brasilescola.uol.com.br/historiag/invencao-imprensa.htm, acesso em: 17 jan. 2022.

de 1988 quanto a legislação sobre a transparência de dados pública garante ao jornalista, bem como a qualquer interessado, o acesso a tais informações.

Atentos ao comando constitucional, os órgãos de cúpula dos Três Poderes, Presidência da República, Congresso Nacional e o Supremo Tribunal Federal, mantêm em suas dependências um ambiente destinado aos profissionais da imprensa que acompanham a rotina de trabalho e produzem notícias sobre as atividades de seus integrantes – são os chamados "comitês de imprensa", que abrigam os setoristas (jornalistas especializados na cobertura de determinado assunto ou tema).

Essa relação entre imprensa e órgão muitas vezes ultrapassa a rigidez institucional, tendo em vista o grau de sensibilidade que uma autoridade pode vir a ter no tocante ao seu dever de prestar informação pública ao público. Neste diapasão e sem receio de estar equivocado, posso afirmar que o Ministro do Supremo Tribunal Ricardo Lewandowski encontra-se em elevado nível de compreensão do trabalho da imprensa como olhos, ouvidos e boca dos cidadãos.

Sendo assessor de imprensa do referido Magistrado desde 2010, posso destacar que Ricardo Lewandowski mantém profundo respeito pela atividade jornalística, recebendo, em contrapartida, extrema admiração dos profissionais de imprensa, muitos deles trabalhando em veículos cuja ideologia editorial diverge das decisões e votos do Ministro em algumas temáticas.

Observo, ao longo destes anos servindo ao Ministro Ricardo Lewandowski, que Sua Excelência manifesta essa deferência à imprensa de diversas formas, dentre as quais destaco: i) decisões judiciais favoráveis à livre atividade jornalística; ii) atendimento eficaz e célere às demandas dos veículos de imprensa e aos profissionais que neles trabalham; iii) produção periódica de artigos veiculados em jornais a fim de esclarecer temas e revelar pontos de vista sobre temas pertinentes do cotidiano da República.

Entre as decisões judiciais e votos proferidos por Lewandowski, destacam-se sempre àquelas que aboliram a censura, de modo a permitir o trabalho da imprensa em plena e franca liberdade.

Ao julgar o RE nº 840.718/DF interposto por S.A. O *Estado* de São Paulo contra acórdão do Tribunal de Justiça do Distrito Federal e dos Territórios – TJDFT,[2] o Ministro Ricardo Lewandowski cassou

---

[2] Disponível em: https://www.migalhas.com.br/quentes/305572/acao-de-fernando-sarney-que-levou-a-censura-do-estadao-e-julgada-improcedente, acesso em: 17 jan. 2022.

decisão que impedia o veículo de imprensa de noticiar fatos oriundos de investigação criminal contra parlamentar federal. Com a decisão, o Ministro encerrou, pelas contas do jornal, 3.327 dias de censura, tendo sido tal decisão considerada "um precedente valioso para a defesa da liberdade de informação" pelo advogado do grupo Estado, Manuel Alceu Affonso Ferreira.

Em tal oportunidade, o Ministro Ricardo Lewandowski destacou "a relação de mútua causalidade entre liberdade de imprensa e democracia", ao consignar que "não há como se chegar a outra conclusão senão a de que o acórdão recorrido, ao censurar a imprensa, mitigando a garantia constitucional da liberdade de expressão, de modo a impedir a divulgação de informações, ainda que declaradas judicialmente como sigilosas e protegidas pelo ordenamento jurídico, viola o que foi decidido na ADPF 130/DF".

Outra decisão de suma importância à liberdade de imprensa e, em consequência, à Democracia, deu-se na Reclamação 46017, na qual Lewandowski cassou decisão do Tribunal de Justiça do Estado de São Paulo (TJ-SP) que condenou o jornalista Luís Nassif a indenizar o Movimento Brasil Livre (MBL) no valor de R$ 30 mil, em razão de publicação de matéria jornalística sobre suposto financiamento ilícito recebido pelo movimento.

Para o Magistrado, "o ordenamento jurídico dos países democráticos, categoria na qual se espera esteja o Brasil incluído, por óbvio, não outorga aos juízes o papel de exegetas da verve jornalística, permitindo que imputem aos profissionais da escrita propósitos, quiçá, nem de longe por eles cogitados". Na oportunidade, Lewandowski ainda recordou "a conhecida reprimenda dirigida pelo pintor Apeles, na Grécia Antiga, a um sapateiro que apontou certo defeito na representação artística duma sandália: *Sutor, ne ultra crepidam*".

Como de praxe e com imparcialidade, isenção e coerência que lhe caracterizam, Lewandowski também cassou decisão da Justiça Eleitoral contra o jornalista Felipe Moura Brasil, muitas vezes crítico à atuação do referido Magistrado, processado por Alexandre Rocha dos Santos Padilha, candidato ao cargo de Deputado Federal, por meio do qual, além do pedido de resposta, pretendia a exclusão de conteúdo jornalístico veiculado em blog do site da Revista VEJA.

No caso em tela, o Ministro Lewandowski entendeu que "é plenamente viável a concessão de direito de resposta e a imposição de multa pela omissão na sua veiculação, assim como a reparação pecuniária pelos danos morais causados por matérias jornalísticas de conteúdo inverídico". No entanto, a matéria como posta na espécie, enquadra-se na competência cível e não na Justiça Eleitoral, sendo vedada, de qualquer forma, a realização de censura prévia ou a determinação de retirada do conteúdo, salvo daquele que versar informações comprovadamente falsas.

Por fim, mas sem exaurir o extenso rol de decisões que garantiram a liberdade de imprensa, ressalta-se o mais rumoroso e heterodoxo ataque estatal à liberdade de imprensa na história brasileira pós-ditadura militar.

A Justiça Federal em Curitiba havia negado a diversos veículos de comunicação o direito de entrevistar o ex-Presidente da República Luiz Inácio Lula da Silva, que se encontrava preso cautelarmente na sede da Superintendência da Polícia Federal no Estado do Paraná.

Desamparados em seu direito constitucional de exercer a profissão, os jornalistas Monica Bergamo (Folha de SP) e Florestan Fernandes (El País) reclamaram à Suprema Corte contra a decisão oriunda da Magistrada federal responsável pela "execução penal antecipada" da sentença não transitada em julgado em desfavor de Lula.

Ao receber os pedidos, mediante distribuição por sorteio pelo sistema do STF, o Ministro Ricardo Lewandowski constatou que o caso tratava-se de ofensa à decisão da Corte na ADPF nº 130, haja vista impor censura prévia ao custodiado, além de afrontar tratados internacionais que garantem a comunicação do preso com o mundo extramuros – a propósito, a declaração de Mandela.

Ao examinar o caso, não foi difícil para o Ministro, imagina este que escreve o presente artigo, perceber o caráter político da decisão proferida pelo Juízo paranaense, já explicitada nos dias atuais pelo vazamento das conversas entre os membros da Força Tarefa da lava jato e as referências destes ao Juiz Sérgio Moro, que foi Ministro do rival de Lula nas Eleições, Jair Bolsonaro, e atualmente é pré-candidato à Presidência da República.

Lewandowski destacou o tratamento desigual que foi dispensado ao ex-Presidente Lula, salientando que

> [d]iversos meios de comunicação entrevistam presos por todo o país, sem que isso acarrete problemas maiores ao sistema carcerário, das quais cito algumas: ex-Senador, Luiz Estevão, concedeu entrevista ao 'SBT Repórter' em 28/5/2017; Suzane Von Richthofen concedeu entrevista ao programa 'Fantástico' da TV Globo em abril de 2006; Luiz Fernando da Costa (Fernandinho Beira-Mar) concedeu entrevista ao 'Conexão Repórter' do SBT em 28/8/2016; Márcio dos Santos Nepomuceno

(Marcinho VP) concedeu entrevista ao 'Domingo Espetacular' da TV Record em 8/4/2018; Gloria Trevi concedeu entrevista ao 'Fantástico' da TV Globo em 4/11/2001, entre outros inúmeros e notórios precedentes.

E rememorou que "o STF, em inúmeros precedentes, mesmo antes do julgamento da ADPF nº 130/DF, já garantiu o direito de pessoas custodiadas pelo Estado, nacionais e estrangeiros, de concederem entrevistas a veículos de imprensa, sendo considerado tal ato como uma das formas do exercício da autodefesa. Confira-se: Ext 906-ED-ED/ República da Coreia, Rel. Min. Marco Aurélio; Ext 1.008/Colômbia, Rel. Min. Gilmar Mendes; Pet 2.681/Argentina, Rel. Min. Sydney Sanches; Ext 785 terceira/México, Rel. Min. Néri da Silveira".

Contudo, a decisão do Ministro Ricardo Lewandowski, por mais fundamentada que estivesse na Constituição Federal, em tratado internacional, na Lei de Execuções Penais e na jurisprudência da Suprema Corte, foi atacada pelo Partido Novo com um instrumento processual incabível e encaminhada à Presidência do STF... estava sendo aí arquitetado o golpe contra a liberdade de imprensa.

Ao receber a Suspensão de Liminar 1.178, a Presidência do STF encaminhou o caso ao Vice-Presidente, Luiz Fux, pois o Presidente não teria sido encontrado ou estaria fora de Brasília (mas a jurisdição de um Ministro do STF dá-se em todo o território nacional).

O Ministro Luiz Fux encontrava-se no Rio de Janeiro, o que pelo eventual entendimento da Presidência, à época, fora de jurisdição... Mas, em substituição ao Presidente, julgou procedente o pedido do Partido Novo e suspendeu a decisão do colega (que não lhe é inferior jurisdicionalmente!), sob o argumento de que "há elevado risco de que a divulgação de entrevista com o requerido Luiz Inácio Lula da Silva, que teve seu registro de candidatura indeferido, cause desinformação na véspera do sufrágio, considerando a proximidade do primeiro turno das eleições presidenciais".

Talvez esse seja o melhor exemplo de censura prévia cometida pelo Poder Judiciário! Vamos impedir uma entrevista de ocorrer e de ser veiculada, pois o seu conteúdo, ainda desconhecido ou nem produzido, pode causar "desinformação"!!!

Não bastasse esse violento ataque à liberdade de imprensa, Lewandowski, ao reafirmar a decisão que garantia a entrevista aos veículos de comunicação apontou vícios gravíssimos no instrumento processual utilizado, tais como:

i) não cabe Suspensão de Liminar contra decisão de Ministro do Supremo Tribunal Federal; ii) é inadmissível a revisão de decisão de mérito de reclamação por meio de Suspensão de Liminar; iii) partido político não é parte legítima para ajuizar a Suspensão de Liminar; iv) a Suspensão de Liminar é incompatível com o objeto da Reclamação; v) ocorrência de flagrante usurpação de competência do Presidente do Supremo Tribunal Federal; vi) inexistência de hierarquia entre Ministros da Suprema Corte; vii) competência exclusiva das Turmas e não do Plenário para a apreciação dos recursos das Reclamações julgadas monocraticamente; e viii) inocorrência de previsão regimental ou legal para ratificação de decisão do Presidente pelo Plenário da Corte em Suspensão de Liminar.

E arrematou dizendo "que a estratégia processual, a qual redundou na decisão aqui atacada, inteiramente tisnada por vícios insanáveis, foi arquitetada com o propósito de obstar, com motivações cujo caráter subalterno salta aos olhos, a liberdade de imprensa constitucionalmente assegurada a um dos mais prestigiosos órgãos da imprensa nacional".

Após essa decisão, foram orquestrados bastidores envolvendo até mesmo ministro de Estado para criar uma inexistente dúvida do Superintendente da PF no Paraná em relação à execução da decisão proferida pelo Ministro Lewandowski, a fim de atrair o caso para uma decisão do Presidente do STF, que à época, assessorado por um oficial General do Exército Brasileiro, decidiu por manter a censura prévia imposta por Fux.

A entrevista ocorreu tempos depois, quando já havia sido garantida a vitória de Jair Bolsonaro na Eleição de 2018 e Sergio Moro já ocupara o cargo de Ministro da Justiça de Bolsonaro.

Além de um acervo amplo de decisões garantidoras da liberdade constitucional à imprensa, Lewandowski também demonstra o apreço à relação entre juiz e imprensa na rotina diária dos trabalhos de seu gabinete. O Magistrado tem conduta inovadora ao ser o único que possui em seu gabinete um assessor destacado para o atendimento às demandas dos jornalistas, que são prontamente respondidas. Além disso, o gabinete do Ministro conta com lista de contatos de jornalistas para a distribuição de decisões e votos em matérias de relevância jornalística. Também é usual os encontros com jornalistas para o famoso e disputado "cafezinho com o Ministro", onde conversas informais com os profissionais da imprensa servem para ampliar os laços comunicantes, nos quais correm informações de caráter público e que devem chegar ao conhecimento dos cidadãos brasileiros e estrangeiros, tendo em vista o atendimento de representantes de renomados veículos internacionais.

Por fim, mas também na vanguarda das relações entre Juiz e a imprensa, destaca-se a produção e a publicação de artigos jornalísticos de autoria do Ministro Ricardo Lewandowski em veículos de imprensa.

Desde 2015, os principais jornais publicaram 40 artigos de autoria do Ministro Ricardo Lewandowski, com destaque para a Folha de SP, responsável pela veiculação de 35 textos redigidos pelo Vice-Decano do STF.

A publicação de artigos em veículos de imprensa de grande e expressiva circulação nacional é um meio inovador e importante para a difusão da informação pública e uma boa forma de prestação de contas à sociedade. No caso do Ministro Ricardo Lewandowski, munido de toda sua habilidade de mais de 20 anos de magistério da Universidade de São Paulo, os textos têm o condão de pautar matérias jornalísticas e também despertar o debate de temas latentes na sociedade e na seara política do Congresso Nacional.

A maior parte dos textos traz em seu mote os direitos e garantias constitucionais, tendo ainda trabalhos sobre diversas questões sociopolíticas do cotidiano, o processo penal e suas garantias constitucionais, a separação dos poderes, o processo eleitoral, o federalismo, a segurança pública e considerações sobre as instituições da República.

Ao tratar das questões sociopolíticas do cotidiano, o Ministro Ricardo Lewandowski abordou vertentes como a economia, a intolerância e o autoritarismo. Em um total de 12 artigos sobre essa temática, destaco o "Crise econômica e autoritarismo" (publicado na Folha de SP em 22.8.2018); "Soberania nacional e ativos estratégicos" (publicado na Folha de SP em 27.6.2018) e; "Reflexões sobre a intolerância" (publicado na Folha de SP em 26.11.2017).

No texto de "Crise econômica e autoritarismo", o autor alerta que

> [...]
> A atual ordem (ou desordem) mundial, longe de configurar uma situação de anomia passageira, aparenta corresponder ao modo de funcionamento normal, embora irracional, da economia de nosso tempo.
> Constitui terreno fértil para o aparecimento de lideranças autoritárias dos mais variados matizes ideológicos, armadas de uma retórica intolerante e repressora.
> Como panaceia contra essa crise generalizada preconizam uma desidratação ainda maior do Estado, exceto no campo da segurança interna, com uma severa redução de benefícios sociais, em especial nas áreas de saúde, educação e previdência, como também uma radical privatização

dos serviços públicos, mesmo aqueles considerados essenciais, cujas consequências atingem com cruel intensidade precisamente os mais pobres.

Complementando tal raciocínio, o Ministro Ricardo Lewandowski denunciou a tentativa de venda irresponsável e desenfreada de empresas públicas que considerou ativos estratégicos no final de 2018, ao escrever "Soberania Nacional e Ativos Estratégicos":

> Alguns desses bens são de caráter estratégico, essenciais para a própria sobrevivência do Estado, enquanto entidade soberana, a exemplo da fauna, da flora – especialmente da biodiversidade que abrigam – das terras agriculturáveis, das jazidas minerais, dos mananciais de água e dos potenciais energéticos.
>
> A transferência do controle desses recursos a estrangeiros ou mesmo a nacionais, sem garantias sólidas de que sejam rigorosamente empregados em prol do interesse coletivo, acaba por minar os próprios fundamentos da soberania, não raro de forma irreversível.
>
> Internacionalizar ou privatizar ativos estratégicos não se reduz apenas a uma mera opção governamental, de caráter contingente, ditada por escolhas circunstanciais de ordem pragmática. Constitui uma decisão que se projeta no tempo, configurando verdadeira política de Estado, a qual, por isso mesmo, deve ser precedida de muita reflexão e amplo debate, pois suas consequências têm o condão de afetar o bem-estar das gerações presentes e até a própria sobrevivência das vindouras.

E, ainda tratando de questões sociopolíticas, mas em tema diverso à economia, Lewandowski não poupou críticas ao individualismo, hedonismo, consumismo e ao niilismo, ao traçar "Reflexões sobre a intolerância", alertando que "ainda há tempo de evitarmos a barbárie anunciada, desde que empreendamos um esforço comum para substituir esse clima de ódio e intolerância – o qual se alastra como um vírus – por uma cultura de paz e fraternidade".

O processo penal e suas garantias constitucionais, assunto no qual o Ministro Ricardo Lewandowski é referência internacional com a adoção das audiências de custódia e em sua atuação diária no Supremo Tribunal Federal, também mereceu destaque na elaboração de artigos publicados pela Folha de SP. Dos oito textos veiculados, destaco "Cultura punitivista" (publicado na Folha de SP em 1.10.2020); Domínio do fato (publicado pela Folha de SP em 3.10.2019) e; "Presunção de inocência" (publicado pela Folha de SP em 9.2.2018).

Em "Cultura punitivista", alertou para a ampliação do "protagonismo de juízes, que se viram tentados a produzir provas e expedir medidas unilateralmente, bem como a insólita militarização das investigações, por meio de 'operações' batizadas com nomes esotéricos, levadas a efeito por agentes em uniforme de campanha, portando armamento pesado, ocasionalmente acompanhada por promotores ou procuradores".

"O apoio conferido por parcela do empresariado à escalada persecutória em curso no país" foi tema do artigo "Domínio do fato", no qual Lewandowski traz dados veiculados na imprensa de que "sócios, diretores e gerentes de empresas viram-se condenados em 82% dos casos submetidos à Justiça criminal".

O Ministro salientou que, "segundo a pesquisa, os gestores são apenados por decisões ou atos de terceiros, mesmo sem qualquer evidência de que deles hajam participado direta ou indiretamente".

Destacou, ainda, que "um criminalista atribuiu esse alto índice de condenações ao emprego indevido da teoria germânica do 'domínio do fato' por parte do Supremo Tribunal Federal, no julgamento do chamado 'mensalão', cuja ótica se espalhou pelas demais instâncias judicantes, levando-as a responsabilizar os executivos apenas com base na presunção de que estes, em razão da posição ocupada, teriam ciência dos malfeitos praticados".

E arrematou ao sinalizar que "a inflexão jurisprudencial, que começa a atingir as atividades negociais, parece agasalhar uma espécie de responsabilidade penal objetiva, repudiada pelos doutrinadores, na qual também não se cogita de dolo ou culpa do infrator. Consta inclusive que já estaria inibindo o engenho e arrojo inerentes ao empreendedorismo".

No artigo "Presunção de inocência" o autor faz uma corajosa crítica aos magistrados que admitem a "flexibilização dessa tradicional garantia para combater a corrupção endêmica que assola o país".

Para Lewandowski, alguns juízes "nem sempre emprestam, todavia, a mesma ênfase a outros problemas igualmente graves, como o inadmissível crescimento da exclusão social, o lamentável avanço do desemprego, o inaceitável sucateamento da saúde pública e o deplorável esfacelamento da educação estatal".

Desde a eleição do Presidente Jair Bolsonaro, a separação dos poderes é tema recorrente no cenário político nacional. Todos os cinco artigos de Lewandowski sobre o tema foram publicados pela Folha de SP após a posse do atual governo. Assim como nos demais assuntos, elenco três textos que considero de maior relevância: "Intervenção armada – Crime inafiançável e imprescritível" (publicado pela Folha de SP em 29.8.2021); "A espada de Dâmocles do *impeachment*" (publicado pela Folha de SP em 3.10.2021) e; "Em defesa do Estado Democrático de Direito" (publicado pela Folha de SP em 26.11.2019).

Às vésperas das comemorações da Independência do Brasil, uma ameaça velada de golpe de Estado assombrava o País. Algumas caravanas de simpatizantes do Presidente Bolsonaro dirigiram-se à Brasília com uma promessa de fechamento do Supremo Tribunal Federal e do Congresso Nacional. As Forças Armadas não se posicionaram explicitamente contra a ameaça de golpe, assim como era o número de policiais militares adeptos à "política do Messias".

Contudo, em 29 de agosto de 2021, uma semana antes do evento que poderia tornar-se fatídico, a Folha publica o artigo "Intervenção armada – crime inafiançável e imprescritível", de autoria do Professor Lewandowski.

No texto, o Vice-Decano da Suprema Corte advertiu sobre "o alto o preço a pagar por aqueles que se dispõem a transpassar o Rubicão". Lewandowski ensinou aos mais afoitos que

> no Brasil, como reação ao regime autoritário instalado no passado ainda próximo, a Constituição de 1988 estabeleceu, no capítulo relativo aos direitos e garantias fundamentais, que 'constitui crime inafiançável e imprescritível a ação de grupos armados, civis e militares, contra a ordem constitucional e o Estado Democrático'.
>
> O projeto de lei há pouco aprovado pelo Parlamento brasileiro, que revogou a Lei de Segurança Nacional, desdobrou esse crime em vários delitos autônomos, inserindo-os no Código Penal, com destaque para a conduta de subverter as instituições vigentes, 'impedindo ou restringindo o exercício dos poderes constitucionais'. Outro comportamento delituoso corresponde ao golpe de estado, caracterizado como 'tentar depor, por meio de violência ou grave ameaça, o governo legitimamente constituído'. Ambos os ilícitos são sancionados com penas severas, agravadas se houver o emprego da violência.
>
> No plano externo, o Tratado de Roma, ao qual o Brasil recentemente aderiu, que criou o Tribunal Penal Internacional, tipificou como crime contra a humanidade, submetido à sua jurisdição, o 'ataque, generalizado ou sistemático, contra qualquer população civil', mediante a prática de homicídio, tortura, prisão, desaparecimento forçado ou 'outros atos desumanos de caráter semelhante, que causem intencionalmente grande sofrimento, ou afetem gravemente a integridade física ou a saúde física ou mental'.

E aqui cumpre registrar que não constitui excludente de culpabilidade a eventual convocação das Forças Armadas e tropas auxiliares, com fundamento no artigo 142 da Lei Maior, para a 'defesa da lei e da ordem', quando realizada fora das hipóteses legais, cuja configuração, aliás, pode ser apreciada em momento posterior pelos órgãos competentes.

A propósito, o Código Penal Militar estabelece, no artigo 38, §2º, que, 'se a ordem do superior tem por objeto a prática de ato manifestamente criminoso, ou há excesso nos atos ou na forma da execução, é punível também o inferior'. Esse mesmo entendimento foi incorporado ao direito internacional, a partir dos julgamentos realizados pelo Tribunal de Nuremberg, instituído em 1945, para punir criminosos de guerra.

Após a imensa repercussão política e jornalística com a publicação deste artigo, no dia 7 de setembro de 2021 não ocorreu golpe a as tais caravanas ganharam contornos de passeio turístico.

O *impeachment* também foi um tema abordado pelo Magistrado dentro da separação dos poderes. Em "A espada de Dâmocles do *impeachment*", Lewandowski utilizou-se desta famosa metáfora para revelar a facilidade que uma "maioria parlamentar ocasional pode destituir um Presidente da República eleito pelo povo".

Em seu artigo, o Ministro faz uma crítica jurídica e política à Lei que trata dos crimes passíveis de *impeachment* e aponta que

[u]ma de suas principais fragilidades consiste na faculdade conferida a qualquer cidadão de protocolar uma denúncia na Câmara dos Deputados, acompanhada dos documentos que a comprovem ou da declaração de impossibilidade de apresentá-los, com a indicação do local onde possam ser encontrados.
Não fosse apenas a facilidade em articular uma acusação dessa natureza, o seu arquivamento – seja porque liminarmente indeferida à falta de alguma formalidade, seja porque ulteriormente julgada improcedente pelo Senado Federal – não gera nenhuma consequência para aquele que a subscreve.
Ademais, muitos desses crimes são tipificados de forma excessivamente ampla, dando azo à admissão de acusações genéricas, não raro abusivas, de difícil contestação. É o caso daquele assim descrito: "Infringir, patentemente, e de qualquer modo, dispositivo da lei orçamentária". A vagueza da definição permite que mesmo uma simples irregularidade fiscal sanável seja motivo para um *impeachment*.

O texto também contém resposta a uma dúvida que paira na Praça dos Três Poderes, que é saber se "cabe ao Presidente da Câmara decidir sozinho se autoriza ou não a instauração do procedimento, com o que o destino político do supremo mandatário da nação fica submetido à vontade de uma única autoridade, aliada ou adversária".

Para o autor do artigo, pode-se estar "diante de uma prerrogativa constitucional da cidadania, espécie do gênero 'direito de petição aos poderes públicos', cuja eficácia não pode ser arbitrariamente tolhida".

No entanto, ainda hoje, mais de uma centena de pedidos de *impeachment* contra o Presidente Jair Bolsonaro seguem sem qualquer tramitação ou decisão emanada pelo Presidente da Câmara dos Deputados.

Já em "Em Defesa do Estado Democrático de Direito", Ricardo Lewandowski esclarece que "franquias democráticas" não podem ser sufocadas por intervenção federal, o emprego das Forças Armadas em operações para garantia da lei e da ordem ou a decretação do estado de defesa e de sítio.

Explica o Professor "que tais medidas extremas não só estão estritamente balizadas no texto constitucional como também se encontram submetidas ao controle parlamentar e judiciário quanto à legalidade, razoabilidade, proporcionalidade, demarcação espacial e limitação temporal.

Para o Ministro, o chefe do Executivo, responsável por sua decretação, sujeita-se a processo de *impeachment* caso venha a atentar contra o exercício dos direitos políticos, individuais ou sociais, extrapolando os rigorosos parâmetros que norteiam a atuação presidencial naquelas situações".

Em 2022 temos eleições gerais, também chamadas de presidenciais. E o sufrágio bem como o Direito Eleitoral foram temas de cinco artigos de autoria do Ministro Lewandowski publicados pelos grandes jornais. Nos "top 3" merecem maior destaque: "Justiça Eleitoral vs. *Fake News*" (publicado pela Folha de SP em 13.8.2019); "Pureza fatal" (publicado pela Folha de SP em 4.10.2018) e "Parlamentarismo exige partidos autênticos" (publicado pela Folha de SP em 13.8.2017).

Ao escrever "Justiça Eleitoral versus *Fake News*", o Ministro Ricardo Lewandowski, com a propriedade de quem já presidiu uma eleição geral, conceituou a prática como "um novo modo de manipular o resultado das eleições, tão deletério para a democracia quanto o conhecido abuso do poder econômico, que desequilibra a paridade de armas entre os concorrentes".

Para Lewandowski, "nada justifica que, em nosso país, se deixe de combater com o necessário rigor tal prática deletéria, tornada viável graças à extraordinária expansão das mídias sociais, seja investigando fraudes passadas, seja prevenindo futuras, com a consequente punição dos responsáveis e beneficiários".

Bradou, por fim, que o "ordenamento jurídico já contempla os instrumentos necessários para coibi-las adequadamente. Basta ter disposição". Não tenho dúvidas de que no pleito de 2022, na condição do Vice-Presidente do TSE e ao lado do Ministro Alexandre de Moraes, que ocupará a Presidência, não faltará disposição à dupla bandeirante.

"Pureza fatal" é um texto fora de série! Neste artigo o Professor Lewandowski cita Ruth Scurr para "convidar os leitores a uma reflexão sobre o destino daqueles que, no exercício do poder ou de uma parcela dele, se arrogam o papel de paladinos da virtude".

Sob o pano da Revolução Francesa e o posterior domínio napoleônico, o ministro alerta em seu texto que "os puritanos de plantão quase sempre são substituídos por outros, autoproclamados salvadores da pátria. Já a normalidade institucional só é reconstituída após muitas lutas e provações, que não raro se estendem por várias gerações". Demonstra, assim, a importância do voto e de o eleitor fazer boas escolhas.

Ao final do artigo, roga: "Oxalá possa o Brasil escapar desse fatídico vaticínio e trilhar, com desassombro, os rumos da plenitude democrática, cujo pressuposto é a livre manifestação da vontade popular, única legitimada para estabelecer os valores que balizam os rumos da nação".

Encerrando a temática das eleições, ressalto a importância política do artigo "Parlamentarismo exige partidos autênticos". De forma didática, o professor das arcadas ensina que

> o parlamentarismo – e também o híbrido e, por isso mesmo, problemático semipresidencialismo – somente pode funcionar adequadamente em um contexto no qual existam partidos políticos fortes, com clara identificação programática e ideológica, aptos a imprimir uma direção unívoca e consistente às ações governamentais. Não só isso: os parlamentares, para representarem com fidelidade a vontade dos eleitores, precisam ser escolhidos por uma metodologia que lhes confira o máximo de representatividade, a qual inclusive deve levar em conta as minorias existentes na sociedade contemporânea, complexa e plural, mediante o sufrágio proporcional.

Ao final do artigo, adverte que, "Se quisermos adotar o parlamentarismo entre nós, superando a forte rejeição da cidadania a esse sistema, é preciso reformar profundamente o modelo partidário em vigor, começando por instituir uma cláusula de barreira ou de desempenho para diminuir o exagerado número de agremiações políticas existentes, além de adotar o voto em lista, conjugado ou não com o distrital".

O tema do federalismo também mereceu atenção por parte do Ministro Ricardo Lewandowski, que certamente é a maior autoridade contemporânea sobre o assunto em nosso Brasil. Ele é autor do livro *Intervenção Federal*, cuja introdução, por si só, já se revela um belíssimo tratado sobre o federalismo.

Ainda assim, nosso professor destinou quatro textos sobre este debate que trata da própria criação e organização de nossa República Federativa. Os três destaques são: "Covid e federalismo" (publicado pela Folha de SP em 22.4.2020; "Intervenção federal como necessidade" (publicado pelo O Globo em 20.4.2017) e; "Por um novo Pacto Federativo" (publicado pelo Estadão em 23.4.2017).

Em abril de 2020 a pandemia do novo coronavírus já atingia todos os Estados brasileiros e o Supremo Tribunal Federal foi provocado a decidir sobre a omissão do Poder Executivo na adoção de medidas para prevenção e combate à doença.

Por sorteio, o Ministro Ricardo Lewandowski tornou-se prevento para as mais diversas ações, na maioria das vezes propostas por partidos políticos, que questionavam a demora na aprovação de vacinas, omissão na compra dos imunizantes e de outros produtos medicinais necessários ao atendimento aos infectados, falta de oxigênio, descaso na priorização de grupos vulneráveis, vacinação dos jovens e crianças, entre outra infinidade de temas.

Diante da recalcitrante omissão por parte da União, Lewandowski destacou em seu artigo "Covid e federalismo" que "os estados-membros, desde quando foram instituídos, em substituição às antigas províncias imperiais, jamais foram dotados de poder e recursos compatíveis com suas necessidades, permanentemente concentrados no governo central. Já os municípios, embora também vítimas de uma crônica carência de meios, sempre dispuseram de considerável autoridade para regular assuntos de interesse local".

Assim, ensinou aos mais desavisados que "à União compete coordenar as ações, mediante o estabelecimento de regras gerais e a oferta de apoio material", porque lhe incumbe, a teor do artigo 21, inciso XVIII, da Lei Maior, "planejar e promover a defesa permanente contra calamidades públicas".

Aconselhou, por fim, que "o federalismo cooperativo, longe de ser mera peça retórica, exige que seus integrantes se apoiem mutuamente, deixando de lado as divergências ideológicas ou partidárias dos respectivos governantes. A grave crise sanitária e econômica na qual nos debatemos atualmente demanda juízo, ponderação e responsabilidade de todos".

Em "Intervenção federal como necessidade", o Ministro teve como pano de fundo a intervenção federal sofrida pelo Estado do Rio de Janeiro na área da segurança pública.

De início, Lewandowski ressaltou que "a ação interventiva é limitada no tempo e ao objetivo de preservar a associação. Quando não se amolda a tais condições torna-se abusiva". Rememorou, ainda, que "a intervenção não destitui as autoridades eleitas, ainda que estas tenham cometido falta grave ou algum ilícito. Cessados os motivos da intervenção, elas voltarão aos seus cargos, salvo impedimento legal".

"Tal como o estado de sítio ou de defesa, a intervenção federal constitui providência excepcional, admitida em situações em que a paz social ou a governabilidade do país não possam mais ser asseguradas por medidas convencionais", arrematou o professor. A intervenção na segurança pública no Estado do Rio de Janeiro infeliz e previsivelmente não contribuiu para diminuir os índices de criminalidade e acabou gerando quadros inusitados na política nacional.

Outro excelente artigo sobre o federalismo é "Por um novo pacto federativo", no qual o Ministro Lewandowski revela "um pecado original" na formação de nossa República Federativa. Observa o autor que, "em vez de ter nascido da fusão de entes soberanos, como nos Estados Unidos, surgiu do desmembramento de um Estado unitário. As antigas províncias imperiais, despidas de maior autonomia, quando se transformaram nominalmente em Estados tiveram de se contentar com as modestas atribuições e os parcos recursos que lhes foram avaramente adjudicados". "Isso fez as unidades federadas ficarem permanentemente dependentes de favores da União para darem conta de suas obrigações mais comezinhas", anotou o professor.

Assim, observando que cada vez mais a União partilha obrigações com as demais Unidades Federativas e, cada vez menos, estas são providas de recursos, Lewandowski propõe ao final de seu texto um "encontro marcado que o Brasil tem com uma profunda *reforma constitucional* destinada a promover uma nova – e mais justa – redistribuição da renda tributária nacional, seguida de uma redefinição das competências das unidades federadas, permitindo que cumpram o papel para o qual são vocacionadas, a saber, o de prestar a tempo e com eficiência os serviços públicos essenciais à população em conformidade com suas peculiaridades locais".

A segurança pública também se fez presente nos artigos mais recentes do Ministro Ricardo Lewandowski. Foram duas publicações em 2020 e duas em 2021. "Comando e Polícias Militares" (publicado pela Folha de SP em 18.5.2021); "A Serviço de Sua Majestade" (publicado pelo O Globo em 17.5.2020) e; "A garantia da lei e da ordem em crises de maior envergadura" (publicado pela Folha de SP em 1.6.2020) são os três destaques deste tópico.

No artigo "Comando e Polícias Militares" o autor chama a atenção para o fato de que "qualquer ato do governo federal que retire ou atenue o controle dos governadores sobre essas corporações, salvo nas hipóteses excepcionais acima indicadas, e respeitadas as salvaguardas pertinentes, não só contrariaria disposição constitucional expressa, como também vulneraria o próprio princípio federativo, concebido justamente para impedir a concentração do poder, no caso, do poder armado".

Lewandowski rememorou que a Constituição de 1988 colocou "as polícias militares sob o comando das autoridades civis, estabelecendo com minúcias, nos arts. 42, 142, e 144, a sua disciplina jurídica. Neles consta que os integrantes dessas corporações são servidores militares dos entes federativos, organizados com base na hierarquia e disciplina, cabendo-lhes a polícia ostensiva e a preservação da ordem pública".

Destacou, ainda, que, por serem militares, "não podem filiar-se a partidos políticos e nem a sindicatos, sendo-lhes proibido fazer greve. E, muito embora constituam forças auxiliares e reserva do Exército, subordinam-se, assim como os bombeiros militares, aos governadores, os quais, inclusive, conferem aos seus oficiais as respectivas patentes".

Utilizando-se da metafórica licença para matar destinada ao famoso agente secreto britânico, Lewandowski destaca

> que tal imunidade não existe no mundo real. Nenhuma nação conhecida, seja ela democrática, autoritária ou até mesmo despótica, concede uma carta branca a seus agentes para liquidar adversários. Nem mesmo na guerra é dado aos beligerantes agir sem limitações, pois sua conduta é regida por tratados e convenções de natureza humanitária. Restabelecida a paz, os abusos são julgados e punidos por tribunais domésticos ou internacionais.

Alerta, entretanto, que,

de uns tempos para cá, pretende-se introduzir em nosso ordenamento jurídico uma singular excludente de ilicitude para militares e policiais. Uma primeira tentativa, embutida no chamado 'pacote anticrime', foi recentemente rechaçada pelo Congresso Nacional. Nela buscava-se a redução ou isenção total da pena de crimes cometidos por integrantes das forças de segurança sob influência de medo, surpresa ou violenta emoção ou, ainda, em face de virtual agressão.

E arremata relembrando que as forças policiais devem servir sim à Sua Majestade, que é o povo brasileiro.

Na mesma toada da segurança pública e o heterodoxo uso das forças militares e policiais contra o povo brasileiro, o Ministro Ricardo Lewandowski discorreu sobre as ações de "Garantia da Lei e da Ordem em crises de maior envergadura".

Neste artigo, o professor aponta que o grande problema da convocação de ações de GLO é que "tais operações independem de aprovação parlamentar. Não obstante, como o nosso sistema de emergência é rígido, elas só podem ser levadas a efeito com estrita observância das regras legais pertinentes, especialmente as contidas na Lei Complementar 97/1999".

Aponta, ainda, que

Para tanto, é preciso que as polícias federais, civis e militares, bem assim os corpos de bombeiros, se mostrem 'indisponíveis, inexistentes ou insuficientes ao desempenho regular de sua missão', nos termos de manifestação formal dos chefes de executivo aos quais se subordinam (art. 15, §3º).

Ainda assim, o emprego da tropa só se dará 'de forma episódica, em área previamente estabelecida e por tempo limitado', circunscrito, ademais, ao objetivo de 'assegurar o resultado das operações' (art. 15, §4º).

E conclui advertindo que "o acionamento do polêmico artigo 142 estará despido da necessária legitimidade e juridicidade, podendo ser sustado pelo Parlamento ou Judiciário, sem prejuízo da responsabilização daqueles que lhe deram causa".

As instituições que compõem os Poderes da República também mereceram a apurada análise do Ministro Ricardo Lewandowski em seus artigos. Três textos revelam a preocupação do autor com as autoridades que extrapolam as atribuições conferidas pela Constituição Federal e pela Lei às instituições da República.

Nesse contexto foram veiculados: "A Terceira Lei de Newton" (publicado pela Folha de SP em 3.2.2020); "A autonomização das corporações" (publicado pela Folha de SP em 6.5.2019) e "Judicatura e dever de recato" (publicado pela Folha de SP em 13.9.2015).

Em "A terceira lei de Newton", o Ministro Lewandowski explica que a lei da ação e reação também se aplica no âmbito jurídico e político das instituições, ao demonstrar que "os excessos praticados no passado recente por alguns juízes, policiais e membros do Ministério Público, restringindo direitos e garantias dos acusados em inquéritos ou ações penais, deram causa a uma reação equivalente em sentido contrário por parte dos órgãos de controle".

Lewandowski rememorou que "a resposta partiu inicialmente do Supremo Tribunal Federal, que proibiu conduções coercitivas; revogou prisões preventivas sem fundamentação idônea; censurou vazamentos de dados sigilosos; anulou provas ilícitas; rejeitou denúncias baseadas exclusivamente em delações premiadas; corrigiu violações ao devido processo legal; assegurou o exercício da ampla defesa; e reafirmou o princípio constitucional da presunção de inocência".

O professor salientou que

> o Congresso Nacional retrucou no mesmo diapasão votando a lei 13.869/2019, na qual tipificou como abuso de autoridade a maioria dos desvios glosados pelo STF. Logo depois, complementou a corrigenda aprovando a lei 13.963/2019, que resultou do chamado "pacote anticrime", escoimado das exorbitâncias iniciais, de cujo texto vale destacar a oportuna criação, por proposta de parlamentares, do "juiz das garantias" – adotado, com excelentes resultados, em um bom número de países –, a quem incumbirá promover a instrução criminal dentro da legalidade e com respeito aos direitos dos investigados e às prerrogativas de seus defensores.

Por fim, o autor nos ensina que,

> conta a lenda que o cientista inglês mencionado no início apercebeu-se da força da gravidade ao ser surpreendido pelo impacto de uma maçã desabando sobre sua cabeça quando repousava tranquilamente debaixo de uma macieira. Talvez agora, de forma análoga, a parcela de agentes públicos – por sorte bastante diminuta – habituada a ultrapassar impunemente os limites da ordem jurídica se dê conta de que a terceira lei de Newton, com a inexorabilidade própria dos fatos da natureza, acabará sempre encontrando a sanção adequada para todo e qualquer comportamento desviante.

No mesmo sentido, em "Autonomização das corporações", o Ministro faz críticas à "hipertrofia" de algumas corporações, ao denunciar que

> certos estamentos, como ministérios públicos, tribunais de contas, polícias federal, civil e militar, guardas municipais, agências reguladoras, repartições fazendárias, órgãos fiscalizadores, setores do funcionalismo e até mesmo segmentos da magistratura, têm expandido sistematicamente sua atuação para muito além das respectivas esferas de competência, transmudando-se em verdadeiros – embora anômalos – atores políticos.

E conclui revelando que "os desígnios dessas corporações, ou de parte delas, hoje não constituem mais segredo para ninguém, mostrando-se evidente que, no limite, almejam sua completa autonomização. Cumpre aos poderes constituídos – os quais ainda se resumem aos três originalmente idealizados por Montesquieu – tornar a inseri-las nos lindes institucionais de onde vêm extrapolando com inusitada desenvoltura".

Como é possível verificar nos dois artigos já citados, a Magistratura nacional não escapou das críticas acadêmicas do Ministro Ricardo Lewandowski e, para espancar qualquer pecha de corporativismo, foi publicado em 2015, durante o exercício da presidência do STF, o texto "Judicatura de dever de recato".

Iniciando o texto com o famoso adágio forense de que "juiz só fala nos autos", Lewandowski alerta aos colegas de toga que "a verbosidade de integrantes do *Poder Judiciário*, fora dos lindes processuais, de há muito é tida como comportamento incompatível com a autocontenção e austeridade que a função exige".

Ensina que "o recato, a moderação e mesmo a modéstia são virtudes que a sociedade espera dessa categoria especial de servidores públicos, aos quais atribuiu o grave múnus de decidir sobre a vida, a liberdade, o patrimônio e a reputação das pessoas, conferindo-lhes as prerrogativas constitucionais da vitaliciedade, inamovibilidade e irredutibilidade de vencimentos para que possam exercê-lo com total independência".

"A incontinência verbal pode configurar desde uma simples falta disciplinar até um ilícito criminal, apenada, em casos extremos, com a perda do cargo, sem prejuízo de outras sanções cabíveis", adverte o então Presidente da Suprema Corte.

E, na sequência, traz uma bela lição aos magistrados, comparável à histórica Carta aos moços de Rui Barbosa, alertando que por mais poder que detenham, os juízes não constituem agentes políticos, porquanto carecem do sopro legitimador do sufrágio popular. E, embora não sejam meros aplicadores mecânicos da lei, dada a ampla discricionariedade que possuem para interpretá-la, não lhes é dado inovar no ordenamento jurídico.

Tampouco é permitido que proponham alterações legislativas, sugiram medidas administrativas ou alvitrem mudanças nos costumes, salvo se o fizerem em sede estritamente acadêmica ou como integrantes de comissões técnicas.

Em países civilizados, dentre eles o Brasil, proíbe-se que exerçam atividades político-partidárias, as quais são reservadas àqueles eleitos pelo voto direto, secreto e universal e periódico. Essa vedação encontra-se no artigo 95, parágrafo único, inciso III, da Constituição.

Com isso, não só se impede sua filiação a partidos como também que expressem publicamente as respectivas preferências políticas. Tal interdição mostra-se ainda mais acertada porque os magistrados desempenham, ao par de suas relevantes atribuições, a delicada tarefa de arbitrar disputas eleitorais.

O protagonismo extramuros, criticável em qualquer circunstância, torna-se ainda mais nefasto quando tem o potencial de cercear direitos fundamentais, favorecer correntes políticas, provocar abalos na economia ou desestabilizar as instituições, ainda que inspirado na melhor das intenções.

Por isso, posturas extravagantes ou ideologicamente matizadas são repudiadas pela comunidade jurídica, bem assim pela opinião pública esclarecida, que enxerga nelas um grave risco à democracia.

Diante desta singela explanação sobre as formas saudáveis de interação entre o juiz e a imprensa – esta compreendida como veiculador do direito à informação – é possível perceber que o Ministro Ricardo Lewandowski figura na atualidade como um dos maiores defensores da liberdade de expressão e garantidor do direito conferido a todos os cidadãos brasileiros de obter informações e dados públicos, realizando de forma plena a necessária prestação de contas de sua função pública jurisdicional, que certamente não se exaure com a mera publicação de decisões e votos no Diário de Justiça.

Por fim, encerro citando o trecho de um artigo relevantíssimo, no qual o Ministro toma "de empréstimo parte de célebre frase atribuída a Santo Agostinho sobre o primado da Igreja":

vale insistir que, nos dias que correm, fora da constituição, não há salvação! Interpretada esta, obviamente, não no seu sentido literal, mas em conformidade com o conteúdo material que a anima, revelador das concepções originais que inspiraram aqueles que lhe deram vida.

Informação bibliográfica deste texto, conforme a NBR 6023:2018 da Associação Brasileira de Normas Técnicas (ABNT):

NEVES, Luiz Felipe de Casrilevitz Rebuelta. O juiz e a imprensa. *In*: RODRIGUES, Dennys Albuquerque; CEZAR, Eduardo Barreto; OLIVEIRA, Marcelo Pimentel de (coord.). *Democracia, humanismo e jurisdição constitucional*: estudos em homenagem ao Ministro Ricardo Lewandowski. Belo Horizonte: Fórum, 2022. p. 237-257. ISBN 978-65-5518-402-0.

FATORES REAIS DE PODER E AS CONSTITUIÇÕES PARALELAS DO BRASIL[1]

MANOEL CARLOS DE ALMEIDA NETO

> *"Enrique Ricardo Lewandowski não é apenas um 'juiz-garantista' dos direitos fundamentais, predicado que deveria ser compulsório a todo aquele que jurou guardar a Constituição de 1988. Para além de uma inconstitucional dicotomia entre garantistas e punitivistas, fruto de sopros e arroubos do Estado autoritário e policialesco, Ricardo Lewandowski é um 'juiz-humanista'. Magistrado que não verga sob pressão, não capitula jamais, e nem tampouco se rende sob as mais adversas condições impostas pelos fatores reais de poder, em razão do seu absoluto comprometimento com as bases estruturantes do Estado Democrático de Direito, do qual é intransigente defensor, seja nos 32 anos de magistratura, 16 dos quais no Supremo Tribunal Federal ou nos 42 anos de magistério, predominantemente nas Arcadas do Largo São Francisco, onde exerce a missão que reputa ser a mais importante de sua vida: ser Professor. Por isso costuma dizer: - Ministro eu estou, Professor eu sou!"*
>
> Manoel Carlos de Almeida Neto

---

[1] O presente estudo consiste no – *breve resumo* – das pesquisas de pós-doutoramento junto ao Departamento de Direito do Estado e Comissão de Pesquisa da Faculdade de Direito da Universidade de São Paulo (USP), sob orientação do Professor Titular *Enrique Ricardo Lewandowski*. O resultado *completo* e análise pormenorizada das bases da pesquisa e de cada um dos 14 (quatorze) textos constitucionais do Brasil foi publicado na obra intitulada *"O Colapso das Constituições do Brasil: uma reflexão pela democracia"*, pela editora Fórum, em 2022.

Desde as lutas travadas nas matrizes dos movimentos constitucionalistas, a experiência histórica da humanidade demonstra que as Constituições escritas e formais não são suficientes para garantir a sobrevivência do regime democrático, ao contrário, não raro essas leis fundamentais são outorgadas como instrumentos de legalização do poder ilegítimo e usurpador da soberania popular, por meio de Cartas constitucionais simultâneas, com roupagem de atos ou decretos normativos, que passam a ocupar o topo da pirâmide hierárquica do Estado.

A realidade empírica brasileira – da jornada do Império às nossas Seis Repúblicas (velha, revolucionária, autoritária, populista, militar e cidadã) – é portadora de um número tão elevado de Constituições, ora promulgadas, ora outorgadas ou simplesmente decretadas, que comprovam a existência de fatores reais de poder, os quais compõem uma espécie de Constituição material paralela sempre viva, não escrita, caótica e incontrolável, com poder e força para modificar a realidade político-jurídica, derrubando textos constitucionais, seja para o bem-estar e restauração do Estado Democrático, seja para usurpá-lo em deploráveis golpes de Estado.

O espírito dual e inconformado do constitucionalismo brasileiro foi muito bem capturado por Fábio Konder Comparato, ao afirmar que: "É preciso entender que sempre tivemos duas Constituições: a oficial e a subliminar. Essa duplicidade começou em 1824, logo após a Independência, quando promulgamos nossa primeira Constituição. Esse sistema de duplicidade constitucional vigorou desde então, sem cessar. Até mesmo durante os regimes autoritários ou ditatoriais, fizemos questão de promulgar uma Constituição".[2]

Ao contrário de países que possuem constituições longevas como os Estados Unidos da América (1787), Holanda (1814), Noruega (1814), Bélgica (1831), Argentina (1853), entre outros, a nossa conturbada experiência política de raízes coloniais, da jornada do Império às nossas seis Repúblicas, revela que o Brasil viveu sob a égide de múltiplas Constituições escritas, de matizes ideológicos diversos, com longos períodos de eclipse democrático, por força de atos normativos autoritários que receberam o timbre formal de Constituição.

Para aprofundar o quadro de instabilidade reinante, ainda vigorou no país uma Constituição alienígena, que durou 24 horas, uma Emenda Constitucional integral, 21 Leis Constitucionais, 17 Atos Institucionais, 9 Atos do Comando Supremo da Revolução,

---

[2] COMPARATO, Fábio Konder. Num Brasil de duas Constituições concomitantes, a democracia é incompleta. *Revista IHU*, 30 abr. 2018.

105 Atos Complementares e decretos que, embora destituídos do título "Constituição", possuíram natureza constitucional, ocuparam o topo da pirâmide de hierarquia das leis e não raro evocavam a potência do Poder Constituinte originário em suas justificativas para usurpar a soberania popular. Por isso, seja do ponto de vista factual, técnico ou teórico, não é correto afirmar que no Brasil vigoraram apenas 7 Constituições formais, definitivamente, esse número não está absolutamente correto.

Para compreender o colapso constitucional brasileiro, é preciso, em primeiro lugar, ter compromisso com a nossa história constitucional e essa pesquisa demonstra que vigoraram no Brasil não apenas 7 Constituições, como consta, por exemplo, nos sítios eletrônicos da Câmara dos Deputados e do Senado Federal, mas o dobro disso. Na realidade, foram 14 textos com natureza constitucional e supremacia no ordenamento jurídico, publicados por fatores reais de poder, investidos de força constituinte de fato ou de direito no objetivo de instaurar uma nova ordem no Brasil.

As Constituições escritas do Brasil tombaram em razão do conflito matizado por três movimentos cíclicos dos fatores reais de poder que compõem a nossa Constituição material paralela, sociológica e não escrita: i) o *progressismo,* que move a sociedade para frente, em direção à criação e recuperação de direitos civis e políticos fundamentais, inclusive de minorias, para transformação multicultural e científica e elevação do seu padrão civilizatório; ii) o *conservadorismo,* que busca a preservação de direitos adquiridos da ordem social, moral e nacionalista, da liberdade política e econômica e da estabilidade das instituições tradicionais como a propriedade, a igreja e a família; e iii) o *autoritarismo,* camuflado em roupagem geralmente conservadora e que brandindo bandeiras do moralismo, segurança e ordem públicas, assalta a soberania popular, reprime os direitos civis e políticos fundamentais, subordina os poderes Legislativo e Judiciário ao Executivo e, por essas razões, propõe verdadeiro retrocesso civilizatório.

É importante relacionar, em breve resumo, como esses três movimentos sociológicos de luta por direitos e por poder (*progressismo, conservadorismo* e *autoritarismo*) impactaram a história do constitucionalismo brasileiro, como eles outorgaram e promulgaram os nossos 14 textos constitucionais, os quais ocuparam o todo da hierarquia normativa[3] do Estado brasileiro.

---

[3] "A Constituição escrita, portanto, é o mais alto estatuto jurídico de determinada comunidade, caracterizando-se por ser a lei fundamental de uma sociedade. A isso

A primeira (1ª) *Constituição Jurada* aplicada no Brasil, a espanhola, de Cádiz, vigorou interinamente por 24 horas, entre os dias 21 e 22 de abril de 1821. A *La Pepa*, como era conhecida, foi jurada e publicada por Decreto Real de D. João VI, em razão da vontade liberal e da pressão do povo reunido na Praça do Comércio, no Rio de Janeiro, com determinação que o texto fosse rigorosamente observado no Brasil, mas morreu pelo fator de poder imperial, o *autoritarismo* calçado com a força das armas.

A (2ª) *Carta Nativa* de 1824, primário texto constitucional genuinamente brasileiro, foi fruto do processo de independência e durou 65 anos (1824-1889). Além dos três poderes clássicos desenhados por Montesquieu, previa um quarto poder arbitral, acima de todos os outros, o moderador, exercido diretamente pelo Imperador, na senda do *Pouvoir Royal* de Benjamin Constant. Com o avanço do sistema eleitoral, organizações de natureza partidária floresceram, com ideologias próprias e bem definidas, para além do *conservadorismo* reinante, como a "Liga Progressista" e o "Centro Liberal".

Com a promulgação da Lei Áurea, em 1888, a monarquia sentiu o sabor da popularidade, mas foi obrigada a enfrentar os reflexos do *establishment* de fazendeiros escravocratas, além de fatores reais de poder insatisfeitos com o Império, consubstanciados nos barões, viscondes, banqueiros, marqueses e militares que não conseguiam mais esconder o ideário republicano e federalista.

Nascia a República e morria aos 65 anos o mais longevo texto constitucional do Brasil, a *Carta Nativa* – denominada Constituição Política do Império de 1824, por força de um *progressismo* liberal e democrático consubstanciado em uma (3ª) *Carta Emergencial*, outorgada pelo "Governo Provisório da República dos Estados Unidos do Brasil" por meio do Decreto 1, de 15 de novembro de 1889, o qual, com efeito, ao proclamar como nova forma de governo da nação brasileira a República federativa, com 11 artigos a serem observados pelo Estados-membros, sob pena de intervenção, e subordinar as forças armadas ao Governo Provisório, o referido texto constitucional, rompeu com a ordem constitucional imperial, com o Estado unitário então vigente e instaurou uma nova ordem de governo, absolutamente diferente, investido do Poder Constituinte originário de fato, e, por essas razões,

---

corresponde o conceito de constituição legal, como resultado da elaboração de uma Carta escrita fundamental, colocada no ápice da pirâmide normativa e dotada de coercibilidade" *in*: MORAES, Alexandre de. *Direito Constitucional*. 34. ed. São Paulo: Atlas, 2018, p. 43.

o referido documento consubstancia verdadeira "Carta Constitucional de Emergência", tal como classificada por Afonso Arinos, que vigorou por 1 ano e 3 meses, até a promulgação da (4ª) *Constituição Republicana*, de 24 de fevereiro de 1891, que aperfeiçoou o desenho do mapa político-institucional da nação, no ideário republicano e federativo que viria a durar quatro décadas.

Mas o sonho da República nasceu com vicissitudes incontornáveis no sistema eleitoral fadado a produzir eleições fraudadas. A República das Espadas dos marechais e a subsequente República do Café com Leite das oligarquias paulista e mineira se revezavam no poder, consolidando a política dos governadores, que detinham as chaves do tesouro nacional, os arsenais e a pólvora para massacrar conspirações. Após quatro décadas, consolidou-se um forte sentimento de repulsa e de busca da verdade eleitoral sufragada nas urnas, somados à maior crise econômica da história mundial, em 1929.

Esse movimento foi capitaneado por Getúlio Vargas, que formou uma Aliança Liberal, com ideologia nacionalista, protecionista e populista, somou forças com militares conservadores e nacionalistas remanescentes das revoltas tenentistas e tomou as rédeas da Revolução de 1930, que, longe de configurar uma revolução popular, tinha as suas raízes em velhos fatores de poder, bem ilustrados na frase do governador de Minas Gerais, Antônio Carlos Ribeiro de Andrada, que havia cedido a sua candidatura a Vargas: "façamos a revolução antes que o povo faça".[4]

Apagavam-se as luzes da República Velha e se acendiam os novos e velhos fatores reais de poder que gravitavam em torno de Vargas, o qual iniciava a sua própria era de domínio, com profundas e significativas transformações que atravessaram duas Repúblicas, em um governo de 15 anos consecutivos, entre 1930 e 1945, no qual foram editados três textos constitucionais pelo poder constituinte de fato, uma (5ª) *Carta Provisória*, outorgada pelo Decreto nº 19.398, de 11 de novembro de 1930, que ocupou o topo da hierarquia normativa do país por 3 anos e 8 meses, e, como bem assentou Afonso Arinos, "o chamado decreto de instalação do Governo Provisório é, na verdade, uma lei constitucional outorgada por um poder de fato. É uma Constituição Provisória [que] deveria figurar na lista das nossas Constituições

---

[4] SALDANHA, Nelson Sampaio. *História das Ideias Políticas no Brasil*. Brasília: Senado Federal, 2001, p. 292.

escritas",[5] até a promulgação da (6ª) *Constituição Revolucionária*, de 16 de julho de 1934, de brevíssima duração, uma vez que os revolucionários de 1930 abraçaram o retrocesso, pois as bandeiras do *progressismo* que criava direitos civis, políticos e sociais e as do *conservadorismo* que buscava a preservação de direitos da ordem social, moral e nacionalista, da liberdade política e econômica transmudaram para o *autoritarismo* que matou a Constituição de 1934 e outorgou a da (7ª) *Carta Polaca*, de 10 de novembro de 1937, que no discurso de produzir um "Estado Novo" extinguiu a Justiça Eleitoral inspirada na malfadada pregação *decisionista* de Carl Schmitt pela hegemonia do Executivo, e portanto possuía natureza fascista, ditatorial e manteve Vargas no poder, turbinada pela decretação de poderosas leis constitucionais, até a redemocratização do país, em 1945.

O "Estado Novo" morreu e teve o seu velório preparado pelo bico da pena de José Linhares, que, em 23 de janeiro de 1946, decretou a última Lei Constitucional, a de número 21, que determinava a proclamação pelo Tribunal Superior Eleitoral do Presidente da República eleito em 2 de dezembro de 1945, Eurico Gaspar Dutra.

A heterogênica Constituinte liberal de 1946 reunia fatores de poder dos mais variados campos. Participaram democratas, republicanos, socialistas, comunistas, católicos, getulistas, integralistas, em movimentos conservadores e progressistas. O resultado foi uma Constituição promulgada com traços liberais, que restaurou valores democráticos subtraídos pelo Estado Novo, em especial, direitos civis e políticos, pluripartidarismo, independência dos poderes, princípio federativo, autonomia para Estados e Municípios, liberdade de culto e de pensamento e ampliação das conquistas do Estado social para o trabalhador.

Todo esse espírito democrático recuperado, de restauração e conservação dos direitos anteriormente adquiridos, bem como a vontade de progresso, aspectos que forjaram a (8ª) *Constituição Liberal*, de 18 de setembro de 1946, foram gradativamente mitigados e mutilados durante os seus 20 anos de vigência.

No auge da crise, em 13 de março de 1964, ao mesmo tempo em que o então presidente João Goulart realizava gigantesco comício na Central do Brasil para anunciar as suas *reformas de base* para milhares de operários, com a participação de líderes socialistas no palanque, outros

---

[5] FRANCO, Afonso Arinos de Melo. *Curso de Direito Constitucional brasileiro*. 3. ed. Rio de Janeiro: Forense, 2019, p. 172.

fatores de poder da sociedade civil mobilizavam os *conservadores* e promoviam enormes passeatas, com milhares de pessoas, denominadas "Marchas por Deus e pela Família", visando sensibilizar a opinião pública contra o Governo.

Esse período foi marcado por uma série de denúncias contra o governo, conspirações e levantes militares que, somados aos movimentos conservadores, desaguaram na autoproclamada Revolução de 1964, que implementou o regime militar por outros 21 anos no Brasil.

Na realidade, o *conservadorismo* de movimentos sociais, com o apoio de fatores internos e externos, foi determinante para a implementação do *autoritarismo* consubstanciado no regime militar, que destruiu e sepultou a Constituição de 1946, por meio de sucessivos atos institucionais, complementares e do Comando Supremo da Revolução, que usurparam a soberania popular, suprimiram direitos civis, políticos e sociais e implementaram a supremacia do Poder Executivo através de censura, violência e repressão, com o fechamento efetivo de casas legislativas e a submissão do Judiciário. Em 9 de abril de 1964, o Regime Militar publicou a sua primeira Lei Fundamental, com roupagem de Ato Institucional, era uma (9ª) Carta Troica, com preâmbulo, outorgada por um triunvirato militar que representava o autoproclamado "Poder Constituinte originário da Revolução Vitoriosa", que mutilava a Constituição de 1946, mas, de fato, instituía uma nova ordem constitucional no país. Paulo Bonavides explica que, "como poder constituinte originário, o movimento se consubstancia naquele Ato, emanado de uma vontade soberana, oriunda da situação de fato que as armas insurretas produziram no País".[6] Sobre a natureza do ato, Ferreira Filho observa que, "Na verdade, os Atos Institucionais são exemplos do método da outorga na positivação das Constituições. São verdadeiras Constituições outorgadas",[7] na mesma senda, Celso Ribeiro Bastos analisa que "instaura-se uma nova ordem revolucionária no País que de certa forma já significava a derrocada da Constituição de 1946. Esta só restou em vigor na medida em que o próprio Ato Institucional nº 1 a manteve, o que justifica dizer que na verdade já não era mais a Constituição de 1946 que vigia, mas sim o ato de força".[8]

---

[6] BONAVIDES, Paulo. *Curso de Direito Constitucional*. 25. ed. São Paulo: Malheiros, 2010, p. 165-166.
[7] FERREIRA FILHO. Manoel Gonçalves. *Curso de Direito Constitucional*. 5. ed. São Paulo: Saraiva, 1975, p. 136.
[8] BASTOS, Celso Ribeiro. *Curso de Direito Constitucional*. São Paulo: Celso Bastos Editor, 2002, p. 210.

Na sequência, em 27 de outubro de 1965, o regime publica uma nova (10ª) Carta autoritária, outorgada por meio do Ato Institucional nº 2, também com preâmbulo, o qual evoca o mesmo poder constituinte originário de fato, se coloca no topo da hierarquia das normas do Estado e mantém a Constituição de 1946 subordinada e despedaçada, naquilo que a nova Carta constitucional não a revogou. Bonavides registra que "ao baixar novo Ato Institucional, que veio acompanhado de um número, ao contrário do primeiro. Trouxe ele assim a presença, no suposto contexto revolucionário, de um poder constituinte originário, de exercício permanente ou ordinário, conforme depois se confirmou, e que fez sombra ao poder constituinte derivado e paralelo da Constituição".[9] Nesse ambiente normativo insalubre o AI-4 determinou que o então subserviente Congresso Nacional se reunisse para obrigatoriamente aprovar a (11ª) *Carta Congressual*, de 24 de janeiro de 1967, uma verdadeira outorga, por um Legislativo mutilado e tão submisso ao Regime Militar que lançou mão de insólito artifício para cumprir o prazo determinado pela ditadura: a paralisação do relógio[10] do Plenário do Congresso Nacional, manipulação do tempo também registrada por Pedro Aleixo nos *Anais da Câmara*.[11]

E por compreender que a Carta de 1967 não era satisfatória para garantir o projeto autoritário, em 13 de dezembro de 1968, o Regime Militar igualmente lançou mão do autoproclamado poder constituinte originário para editar o mais violento de todos os seus atos, o mais nefasto texto constitucional que já vigorou no Estado brasileiro, uma (12ª) *Carta Ditatorial* denominada Ato Institucional nº 5, que aprofundou a ditadura militar e manteve a Carta de 1967 subordinada, no pouco que sobrou. De fato, a *Carta ditatorial* consubstanciada no AI-5 se manteve em vigor, simultaneamente, como uma espécie de "Constituição ditatorial sombra", até a sua revogação, em 11 de outubro de 1978. Ressalte-se, que, ao contrário das Cartas outorgadas pelos Atos Institucionais 1 e 2, ambas com vigência autolimitada no tempo, por força dos artigos 11 e 33,[12] o AI-5 não tinha data para terminar, era ilimitado no tempo,

---

[9] BONAVIDES, Paulo. *Curso de Direito Constitucional*. 25. ed. São Paulo: Malheiros, 2010, p. 166.
[10] Cf. Folha de São Paulo, *Relógio da Câmara parou*, de 23 de janeiro de 1967, p. 3.
[11] BRASIL. Congresso. Câmara dos Deputados. Secretaria-Geral da Presidência. *Constituição do Brasil de 1967 (anais)*. v. 1. Brasília, 1969. p. 35.
[12] "Art. 11 - O presente Ato vigora desde a sua data até 31 de janeiro de 1966; revogadas as disposições em contrário" (AI, de 9 de abril de 1964); "Art. 33 - O presente Ato Institucional vigora desde a sua publicação até 15 de março de 1967, revogadas as disposições constitucionais ou legais em contrário" (AI-2, de 27 de outubro de 1965).

uma verdadeira "Constituição ditatorial sombra" que mantinha simultaneamente a Carta de 1967 mutilada e subordinada. Como observou Lewandowski, "note-se que o AI-5 conviveu, lado a lado, com as Constituições de 1967 e 1969".[13]

No mesmo dia da edição do AI-5, em 13 de dezembro de 1968, foi baixado o Ato Complementar nº 38,[14] com apenas dois artigos. O primeiro para decretar o recesso do Congresso Nacional e o segundo para colocar em vigor o ato autoritário.

A partir de então, inúmeras Casas Legislativas estaduais e municipais foram fechadas, a exemplo das Assembleias dos Estados da Guanabara, Pernambuco, Rio de Janeiro, São Paulo e Sergipe (AC-47, de 07.02.1969); Goiás e Pará (AC-49, de 27.02.1969); e das Câmaras de Vereadores dos municípios de Santos/SP, Nova Iguaçu/RJ, Santarém/PA (AC-53, de 08.05.1969); Santana do Livramento/RS (AC-55, de 04.06.1969); São Paulo/SP (AC-58, de 24.07.1969); Pariquera-Açu/SP (AC-67, de 22.09.1969); Sobral/CE (AC-68, de 29.09.1969); Miriti/RJ (AC-69, de 06.10.1969); Fortaleza/CE (AC-70, de 06.10.1969), Rio Grande/RS (AC-95, de 08.06.1972); Marabá/PA (AC-96, de 27.07.1972); Alenquer/PA (AC-100, de 03.12.1976), entre outros.

Em 20 de dezembro de 1968, o Ato Complementar nº 39 passou a estabelecer a cassação de mandatos, suspensão de direitos políticos e demissão, remoção, disponibilidade, aposentadoria, transferência para a reserva ou reforma de servidores civis e militares em todo o país.[15]

Ao analisar os atos institucionais sob o ângulo da teoria do Poder Constituinte, Manoel Gonçalves Ferreira Filho assenta que eles são manifestações do Poder Constituinte originário, e especifica:

[...]
Examine-se também o Ato Institucional n. 5, datado de 13 de dezembro de 1968. Nele encontramos, de novo, um preâmbulo, no qual está a outorga, desta vez feita não pelo Comando Supremo da Revolução, mas pelo Presidente da República. Vemos no art. 1º redação equivalente à do art. 1º do Ato Institucional de 9 de abril de 1964:

---

[13] LEWANDOWSKI, Enrique Ricardo. *Crise Institucional e Salvaguardas do Estado*. Dissertação de Mestrado. São Paulo: Faculdade de Direito da USP, 1980, p. 177.

[14] Ato Complementar nº 38, de 13 de dezembro de 1968, publicado no *DOU* de 13.12.1968. Disponível em: https://www2.camara.leg.br/legin/fed/atocom/1960-1969/atocomplementar-38-13-dezembro-1968-364743-publicacaooriginal-1-pe.html. Acesso em: 6 maio 2021.

[15] Ato Complementar nº 39, de 20 de dezembro de 1968, publicado no *DOU* de 13.12.1968. Disponível em: http://www.planalto.gov.br/ccivil_03/ACP/acp-39-68.htm. Acesso em: 6 maio 2021.

'Art. 1º São mantidas a Constituição de 24 de janeiro de 1967 e as Constituições Estaduais, com as modificações constantes deste Ato Institucional'.

É claro que, depois, a vigência dos Atos Institucionais se colocou de outra forma. Os Atos Institucionais, depois da promulgação da Emenda Constitucional n. 1, de 17 de outubro de 1969, passaram a vigorar não mais por força de sua outorga originária, mas por força do disposto no art. 182 da Constituição, com a redação que lhe foi dada por essa Emenda Constitucional:

'Art. 182. Continuam em vigor o Ato Institucional n. 5, de 13 de dezembro de 1968, e os demais Atos posteriormente baixados.

Parágrafo único. O Presidente da República, ouvido o Conselho de Segurança Nacional, poderá decretar a cessação da vigência de qualquer desses Atos ou dos seus dispositivos que forem considerados desnecessários.'

A situação, pois, se inverteu. O Ato Institucional n. 5, de 13 de dezembro de 1968, recebia a Constituição de 1967 e a mantinha em vigor, com as modificações que introduzia. A Emenda Constitucional n. 1, de 17 de outubro de 19669, faz exatamente o contrário: mantém em vigor, temporariamente, os Atos institucionais, porque o parágrafo único do art. 182 permite exatamente a cessação da vigência desses Atos, ou por inteiro, ou parceladamente. E tal vigência cessou por força da Emenda Constitucional n. 11, de 13 de outubro de 1978, a partir de 1º de janeiro de 1979.[16]

Celso Ribeiro Bastos registra que "esse Ato marca-se por um autoritarismo ímpar do ponto de vista jurídico, conferindo ao Presidente da República uma quantidade de poderes de que provavelmente poucos déspotas na história desfrutaram, tornando-se marco de um novo surto revolucionário, dando a tônica do período vivido na década subsequente. O Ato Institucional nº 5, como visto, fundava uma nova ordem jurídica, igualando-se à própria Constituição de 1967".[17]

Não há dúvidas, portanto, que o ato autoritário produzido no Palácio das Laranjeiras, durante a reunião do Conselho de Segurança Nacional, foi uma manifestação do autoproclamado "Poder Constituinte originário", que instaurou uma nova ordem jurídico-constitucional ilegítima, recebendo a Carta de 1967 com profundas modificações no

---

[16] FERREIRA FILHO, Manoel Gonçalves. *O Poder Constituinte*. 4. ed. São Paulo: Saraiva, 2005, p. 66-67.
[17] BASTOS, Celso Ribeiro. *Curso de Direito Constitucional*. São Paulo: Celso Bastos Editor, 2002, p. 214-215.

desenho político-institucional do Estado brasileiro e, por essas razões, o AI-5 consistiu em uma Carta ditatorial outorgada, no topo da hierarquia normativa, com traços totalitários, "porque, se Constituição houve depois de 1967, esta foi decorrente do Ato Institucional nº 5, de 13 de dezembro de 1968".[18]

Durante esse período, em 17 de outubro de 1969, sobreveio a (13ª) Carta emendada, pela inusitada fórmula de Emenda Constitucional nº 1, com 200 artigos embutidos no 1º, revogando e reescrevendo integralmente a Carta de 1967, para incorporar o conteúdo normativo dos atos institucionais, na sombra no AI-5, a Carta ditatorial, institucionalizando mais um degrau do retrocesso constitucional de um Estado autoritário que durou 21 anos. Com absoluta precisão, José Afonso da Silva assenta que "teórica e tecnicamente, não se tratou de emenda, mas de nova Constituição. A emenda só serviu como mecanismo de outorga, uma vez que verdadeiramente se promulgou texto integralmente reformulado, a começar pela denominação que se lhe deu: Constituição da República Federativa do Brasil, enquanto a de 1967 se chamava apenas Constituição do Brasil".[19]

Com o enfraquecimento do regime, em 1979, o presidente João Batista Figueiredo sancionou a chamada Lei de Anistia, controverso ato normativo que concedeu perdão a todos (inclusive aos assassinos, sequestradores, torturadores e estupradores) os que cometeram crimes supostamente políticos ou conexos, crimes eleitorais, bem como os que tiveram seus direitos políticos suspensos e os servidores públicos civis e militares punidos e demitidos com fundamento nos atos institucionais e complementares.

No campo das agremiações políticas, a Lei nº 6.767, de 1979, restabeleceu o pluripartidarismo e extinguiu as agremiações existentes. Assim, os fatores reais do poder estavam redesenhados, com novas forças políticas organizadas, um grande anseio tomava conta do país, pela liberdade e pelo fortalecimento da democracia. O regime ainda daria seus últimos suspiros de autoritarismo, mas já se consolidava na sociedade uma vontade incontrolável de contenção do poder repressivo do Estado e de pleno exercício dos direitos da cidadania, traço predominante da República Cidadã que se desenhava.

---

[18] FERREIRA FILHO, Manoel Gonçalves. *O Poder Constituinte*. 4. ed. São Paulo: Saraiva, 2005, p. 74.
[19] SILVA, José Afonso da. *Curso de Direito Constitucional Positivo*. 20. ed. São Paulo: Malheiros, 2002, p. 87.

Além desse quadro repressor, uma aguda crise econômica e novos fatores de poder estavam mobilizados. O povo saiu às ruas pela realização de eleições diretas para presidente e vice-presidente da República. O movimento denominado "Diretas Já" se agigantou em apoio à emenda constitucional de autoria do deputado Dante de Oliveira, que apontava para as eleições diretas. A emenda foi derrotada na Câmara dos Deputados pelas forças conservadoras do retrocesso, em 25 de abril de 1984, por falta de quórum, mas a semente democrática estava bem plantada pelos democratas.

A (14ª) Constituição da República Federativa do Brasil, promulgada em 5 de outubro de 1988, consolidou a vitória do processo de redemocratização, após 21 anos de regime militar. Os trabalhos da Assembleia Nacional Constituinte, convocada pelo presidente José Sarney e instalada no dia 1º de fevereiro de 1987, duraram mais de 20 meses, com a participação de 72 senadores e 487 deputados federais.

A Constituição de 1988 foi denominada "Constituição Cidadã" pelo Deputado Federal Ulysses Guimarães, presidente da Assembleia Nacional Constituinte, em razão da ampla participação de entidades representativas, por meio dos Constituintes, com 12 mil sugestões coletadas, e dos cidadãos por meio do projeto "Diga Gente e Projeto Constituição", que distribuiu 5 milhões de formulários, disponibilizados nas agências dos correios, coletando 72.719 sugestões.

O traço marcante da Constituição Federal de 1988 é, sem dúvida nenhuma, o fortalecimento do rol de direitos e garantias fundamentais dos cidadãos, para evitar que abusos voltassem a ocorrer no Estado Democrático de Direito.

A seguir, o quadro completo dos 14 textos constitucionais que estiveram em vigor no Brasil, todos dissecados ao longo desde estudo, os quais instauraram uma nova ordem constitucional, investidos de um poder constituinte de fato ou de direito, legítimo ou usurpador da soberania popular, e que ocuparam o topo da pirâmide hierárquica das leis nacionais, durante certo lapso temporal.

COLAPSO CONSTITUCIONAL DO BRASIL - PROFUSÃO DE TEXTOS CONSTITUCIONAIS

CONSTITUIÇÕES DO BRASIL	NOMENCLATURA FORMAL	VIGÊNCIA INICIAL	SUBSCRITOR	VIGÊNCIA FINAL	DURAÇÃO	PERÍODO	PIRÂMIDE NORMATIVA	ARTIGOS
1ª CONSTITUIÇÃO JURADA (1821)	Constituição Política da Monarquia Espanhola, Cadiz, 18.03.1812	21.04.1821	D. João VI (Decreto Real)	22.04.1821	1 dia	Brasil Colônia	Topo da hierarquia jurídica	384
2ª CARTA NATIVA (1824)	Constituição Política do Império do Brasil	25.03.1824	D. Pedro I	15.11.1889	65 anos e 7 meses	Brasil Império	Topo da hierarquia jurídica	179
3ª CARTA EMERGENCIAL (1889)	Decreto 1/1889	15.11.1889	Marechal Manoel Deodoro da Fonseca	24.02.1891	1 ano e 3 meses	Primeira República	Topo da hierarquia jurídica	11
4ª CONSTITUIÇÃO REPUBLICANA (1891)	Constituição da República dos Estados Unidos do Brasil	24.02.1891	Prudente José de Moraes Barros	11.11.1930	39 anos e 8 meses	Primeira República	Topo da hierarquia jurídica	91
5ª CARTA PROVISÓRIA (1930)	Decreto 19.398/1930	11.11.1930	Getúlio Vargas	16.07.1934	3 anos e 8 meses	Segunda República	Topo da hierarquia jurídica	18
6ª CONSTITUIÇÃO REVOLUCIONÁRIA (1934)	Constituição da República dos Estados Unidos do Brasil	16.07.1934	Ribeiro de Andrada (presidente da Constituinte)	10.11.1937	3 anos e 3 meses	Segunda República	Topo da hierarquia jurídica	187
7ª CARTA POLACA (1937)	Constituição dos Estados Unidos do Brasil	10.11.1937	Getúlio Vargas	18.09.1946	8 anos e 10 meses	Terceira República	Topo da hierarquia jurídica	187
8ª CONSTITUIÇÃO LIBERAL (1946)	Constituição dos Estados Unidos do Brasil	18.09.1946	Fernando de Mello Vianna (presidente da Constituinte)	Limitada pelo AI, de 09.04.64; AI-2, de 27.10.65, até a Carta de 15.03.67	20 anos e 5 meses	Quarta República	Topo, até o advento do AI-1 e AI-2	222
9ª CARTA TROICA (1964)	Ato Institucional	09.04.1964	Triunvirato Militar - Gen. Costa e Silva, Ten. Brig. Correia de Mello, Vice-Alm. Augusto Rademaker	31.01.1966 (art. 11)	1 ano e 9 meses	Quinta República	Topo da hierarquia jurídica	11
10ª CARTA AUTORITÁRIA (1964)	Ato Institucional 2	27.10.1964	Marechal Humberto de Alencar Castello Branco	15.03.1967 (art. 33)	2 anos e 4 meses	Quinta República	Topo da hierarquia jurídica	33
11ª CARTA CONGRESSUAL (1967)	Constituição da República Federativa do Brasil	15.03.1967 (publicada em 24.01.67)	Batista Ramos (Pr. da Mesa da Câmara) e Moura Andrade (Pr. da Mesa do Senado)	Limitada pelo AI-5, de 13.12.68, revogada pela EC 1, de 30.10.69	2 anos e 8 meses	Quinta República	Topo, até o advento do AI-5	189
12ª CARTA DITATORIAL (1968)	Ato Institucional 5	13.12.1968	Gen. Arthur Costa e Silva	01.01.1979 (art. 4 da EC 11/78)	10 anos	Quinta República	Topo da hierarquia jurídica	12
13ª CARTA EMENDADA (1969)	Emenda Constitucional 1/1969	30.10.1969	Triunvirato Militar - Alm. Augusto Rademaker; Gen. Lyra Tavares; Brig. Souza e Mello	Sombreada pelo AI-5, de 13.12.68, até a Constituição de 05.10.1988	18 anos e 11 meses	Quinta República	Topo da hierarquia jurídica	2 artigos, com 200 embutidos no 1°
14ª CONSTITUIÇÃO CIDADÃ (1988)	Constituição da República Federativa do Brasil	05.10.1988	Ulysses Guimarães (presidente da Constituinte)	Em vigor	Atual < 33 anos	Sexta República	Topo da hierarquia jurídica	250

Como se demonstra, a nossa tela de durabilidade constitucional se emoldura no quadro de países com excessivos textos constitucionais, especialmente na América Latina,[20] onde o índice de golpes,[21] revoluções e troca de Constituições é proporcionalmente maior, se comparado com nações da América do Norte, África, Ásia, Europa e Oceania. É que nos países latinos, observou Afonso Arinos, "de organização política tumultuosa, o Direito escrito varia continuamente, quer por meios violentos, quer pela adoção de costumes constitucionais que venham preencher lacunas ou modificar a própria lei escrita", ao contrário da aplicação da Constituição costumeira inglesa, assentada em sólida base histórica.[22]

No comparativo internacional, entre todas as nações dos cinco continentes, apenas 31 países tiveram mais de oito Constituições formais em sua história. Entre os americanos: Cuba (9), México (9), Colômbia (10), Costa Rica (11), Guatemala (11), Chile (11), El Salvador (12), Nicarágua (14), Honduras (15), Peru (16), Bolívia (17), Equador (23), Haiti (24), Venezuela (25) e a recordista mundial, República Dominicana (34). Entre os africanos: Burundi (9), Chade (9), Congo (9), África-Central (10), Egito (10) e Gana (10). Entre os asiáticos: Síria (10) China (11), Afeganistão (12) e Tailândia (18). Por fim, entre os europeus: Albânia (9), Grécia (10), Polônia (10), Espanha (11), França (14) e Sérvia (15), segundo o Constitute Project.[23] Todos com nuances político-institucionais e regimes de governo que lhes são próprios.

Para a referida fonte estrangeira, o Brasil teve 8 (oito) Constituições, nos anos de 1824, 1891, 1930, 1934, 1937, 1946, 1967 e 1988. Estaríamos, pois, na preocupante 170ª posição, entre 201 nações, o que expressa uma elevadíssima instabilidade político-constitucional.

---

[20] "A historicidade das nações compreendidas como América Latina apresenta pontos de encontro, encaixes que demonstram que países de uma mesma região costumam desenvolver-se de forma homogênea. Os fatos históricos ligados ao descobrimento, à forma de colonização, à natureza exploratória das relações colônia-metrópole ao crescimento sempre aprisionado pelos interesses das elites, bem como os processos emancipatórios financiados sempre pelo capital estrangeiro (para dizer o mínimo), desde sempre influenciaram o surgimento, implementação e exercício da jurisdição constitucional e do controle de constitucionalidade." *In*: STRECK, Lenio Luiz. *Jurisdição Constitucional*. 5. ed. Rio de Janeiro: Forense, 2018, p. 81.

[21] Cf. SERRANO, Pedro Estevam Alves Pinto. *Autoritarismo e golpes na América Latina*: breve ensaio sobre jurisdição e exceção. São Paulo: Alameda, 2016; VALIM, Rafael. *Estado de Exceção*. São Paulo: Contracorrrente, 2017.

[22] FRANCO, Afonso Arinos de Melo. *Curso de Direito Constitucional brasileiro*. 3. ed. Rio de Janeiro: Forense, 2019, p. 52.

[23] Cf. *Constitute Project. The world's Constitutions to read, search, and compare*. Disponível em: https://www.constituteproject.org/?lang=en. Acesso em: 15 jul. 2021.

Entretanto, na realidade histórica do constitucionalismo brasileiro, tendo em conta que tivemos 14 textos constitucionais que vigoraram com supremacia em território nacional, poder-se-ia concluir que somente 9 países, em todos os continentes tiveram mais Constituições do que o Brasil. Isso significa que, se considerarmos o quanto demonstrado nesse estudo, em um *ranking* de estabilidade constitucional entre 201 países, ocuparíamos a caótica 192ª colocação. Qual a explicação para tamanha instabilidade constitucional? Quais os efeitos desse colapso constitucional para o desenvolvimento civilizatório do Brasil?

É preciso sair da zona de conforto que encoberta a nossa balbúrdia político-constitucional para enfrentar o fato de que, segundo o relatório divulgado em dezembro de 2020, pelo Programa das Nações Unidas para o Desenvolvimento (Pnud), da Organização das Nações Unidas (ONU), o Brasil ocupa, entre 189 países avaliados, a 84ª colocação no *ranking* mundial do Índice de Desenvolvimento Humano (IDH), e, entre países da América Latina, ocupamos o 6ª lugar, atrás do Chile, Argentina, Uruguai, Peru e Colômbia.[24]

Isso não condiz com a posição que o país ocupa no *ranking* de países com as maiores economias do mundo. Segundo a agência de classificação Austin Rating, o Brasil terminou 2020 em 12º lugar e chegou a ocupar a 6ª posição, em 2011, antes da queda de 4,1% do Produto Interno Bruto (PIB).[25] Figuramos, portanto, entre as maiores economias do planeta e, paradoxalmente, com índices inaceitáveis de desenvolvimento humano.

Não é difícil observar que, quanto maior o número de constituições, maior será a instabilidade político-institucional do Estado e, consequentemente, maior será o nosso retrocesso civilizatório. Daí a importância de aprofundarmos o olhar sobre as causas da profusão de textos constitucionais em nosso país, para perquirir em qual posição queremos chegar como nação soberana e civilizada.

Causa primeira da nossa patologia é o fenômeno relevantíssimo compartilhado no Brasil que são os movimentos permanentes e atemporais em favor de uma nova Constituição, independentemente da época ou do regime político ao qual o país esteja submetido. No império ou na república, na democracia ou na ditadura, por aqui sempre existiram, no passado e no presente, grupos organizados de

---

[24] Cf.: https://www.br.undp.org/content/brazil/pt/home.html.
[25] Cf.: https://www.austin.com.br/Ratings-Preliminares.html.

poder que objetivam a queda da Constituição vigente, motivados por progressismo, conservadorismo ou puro autoritarismo.

Até mesmo na Sexta República, como se sabe, inúmeros movimentos políticos e sociais, legítimos e ilegítimos, democráticos e antidemocráticos, pretendem derrubar a Constituição cidadã de 1988. Extremistas defendem pública ou dissimuladamente o fechamento das duas casas do Congresso Nacional e do Supremo Tribunal Federal, dois poderes da República, e fazem campanha aberta pela volta da ditadura militar.

De outro lado, dentro das regras do jogo democrático, conhecidas personalidades do mundo político, do cenário jurídico nacional[26] e até internacional[27] defendem ou discutem a convocação de uma nova Assembleia Nacional Constituinte.

Trata-se do que denominamos inconformismo constitucional permanente dos fatores reais de poder que regem o Brasil, o que significa um sentimento atemporal de aversão a certa Constituição escrita promulgada ou outorgada, com movimentos invariáveis de fomento constitucional – legítimos ou ilegítimos – em busca de concreta alteração, supressão ou revogação da Lei Fundamental, no todo ou em parte relevante, em razão das diferentes percepções do que seja uma Constituição.

Compreender esse sentimento de inconformismo constitucional permanente dos fatores reais de poder é uma das chaves para decifrar a primeira questão apresentada, sobre o porquê da caótica profusão de textos constitucionais em nosso país. Este é o nosso primeiro foco de reflexão.

Mas existe ainda uma segunda reflexão central, tão relevante quanto a primeira, sem a qual não será possível compreender o colapso constitucional brasileiro, que é sobre o duelo permanente entre duas Constituições paralelas, a escrita versus a não escrita. Isto é, o conflito entre a Constituição formal, jurídica, contra a verdadeira Constituição material, sociológica, consubstanciada nos fatores reais de poder.

Na origem dos povos, a resistência de alguns chefes de Estados modernos em aceitar Constituições escritas remonta aos séculos XVIII e XIX e restou imortalizada na célebre frase de Frederico

---

[26] DALLARI, Adilson de Abreu. Por que convocar uma Constituinte e redigir uma nova Constituição Federal. *Revista Consultor Jurídico*, de 5 de novembro de 2020.

[27] ACKERMAN, Bruce. O Brasil precisa de nova Constituição. *Correio Braziliense*, de 13 de julho de 2020.

Guilherme IV, que reinou na Prússia entre 1840 e 1861, ao rejeitar a Constituição de 1848, em discurso de abertura do primeiro parlamento, durante um período revolucionário e de lutas contra monarquias absolutistas europeias que ficou conhecido como a Primavera dos Povos:[28] "Julgo-me obrigado a fazer agora, solenemente, a declaração de que, nem no presente, nem para o futuro, permitirei que entre Deus do céu e o meu país se interponha uma folha de papel escrita, como se fosse uma Providência".[29]

Essa aversão a um texto constitucional escrito não se limita apenas aos monarcas absolutistas ou governantes autocráticos, mas pode encontrar ressonância nos mais variados grupos ou fatores de poder que regem as nações em seu tempo, em razão de interesses legítimos ou ilegítimos, por razões individuais ou coletivas, ou ainda em função de sentimentos nobres ou egoísticos.

Para decodificar o problema brasileiro, é necessário compreender quais são as forças dominantes do nosso constitucionalismo, tendo em conta aspectos sociológicos, políticos, jurídicos e culturais, que fizeram oscilar, ao longo de turbulenta história política e eleitoral, essa quantidade tão elevada de leis fundamentais e supremas.

Nossos múltiplos textos constitucionais, entre Constituições e Cartas, ora promulgadas, ora outorgadas ou simplesmente decretadas, revelam a existência de substanciosos fatores reais de poder que compõem uma espécie de Constituição material paralela, não escrita, sempre viva, caótica e muitas vezes incontrolável, com potência suficiente para modificar a realidade político-jurídica tanto para o bem-estar e restauração do Estado democrático como para usurpá-lo em deploráveis golpes.

Essa atmosfera de inconformismo constitucional – que no Brasil é permanente – impulsiona os fatores reais de poder para movimentos de refundação das Constituições escritas por meio de manobras silenciosas ou ruidosas que, no limite da suportabilidade social, tal como retratado

---

[28] "No início de 1848 – o ano do Manifesto Comunista – um furioso vendaval político varreu a Europa Ocidental, ameaçando deitar por terra, em pouco tempo, o edifício conservador e imperial que o Congresso de Viena erigira em 1815. As palavras de ordem eram: nacionalismo, trabalho e liberdade. Iniciando-se com a revolução popular de Paris de 24 de fevereiro, em questão de poucas semanas o movimento estendeu-se, como um rastilho de pólvora, ao sudoeste da Alemanha, Baviera, Prússia, Áustria, Hungria, Lombardia, os Estados Pontifícios e a Itália meridional. Segundo a expressão que fez fortuna, foi 'a primavera dos povos'" (COMPARATO, Fábio Konder. *A Afirmação Histórica dos Direitos Humanos*. São Paulo: Saraiva, 2007, p. 167).

[29] "*Zurchen mir und mein Volk soll sich ein Blatt Papier drägen*", Friedrich Wilhelm IV.

pelo jovem Alexis de Tocqueville em suas lembranças de 24 de fevereiro de 1848, são escrutinadas no campo de batalha de revoluções como a que derrubou o trono de Luís Felipe: "Desci imediatamente e, mal havia posto o pé na rua, senti pela primeira vez que respirava em cheio a atmosfera das revoluções: o meio da rua estava vazio; as lojas estavam fechadas; não se viam carruagens ou transeuntes; não se ouviam os gritos habituais dos vendedores ambulantes; diante das portas, os vizinhos reunidos em pequenos grupos cochichavam a meia voz, com aparência assustada".[30]

A grande revolução do Brasil não foi um fato ocorrido em um determinado instante, ao contrário, representou um processo matizado em três quartos de século, conforme observou Sérgio Buarque de Holanda.[31] Após 65 anos de maturação e instabilidades contados a partir da Carta imperial de 25 de março de 1824, de cujo solo pedregoso e infértil brotou o nosso sistema político, a nação iniciou o regime democrático que se consolidou, tendo cruzado seis repúblicas: a velha (1889), a revolucionária (1930), a autoritária (1937), a populista (1945), a militar (1964) e a cidadã (1988).

Bem registra Paulo Bonavides que, no exercício de um poder constituinte legítimo, o nosso país produziu apenas quatro Constituições, devidamente promulgadas, pois

> a história política do Brasil apresenta como principais frutos a Constituição de 24 de fevereiro de 1891, a Constituição de 16 de julho de 1934, a Constituição de 18 de setembro de 1946 e, de último, a Constituição de 5 de outubro de 1988. São os quatro únicos documentos de organização constitucional do País que resultaram em rigor de Constituintes soberanas, livremente eleitas pelos cidadãos, representativas da vontade nacional e legitimadas pelo princípio democrático, cuja aferição conceitual deve traduzir sempre a eficaz participação dos governados na obra criadora de suas instituições.[32]

Por essa razão, em deferência ao legítimo titular do poder constituinte, o povo, preferencialmente denominamos os textos constitucionais que foram outorgados no Brasil de "Cartas".

---

[30] TOCQUEVILLE, Alexis de. *Lembranças de 1848*: as jornadas revolucionárias de 1848. São Paulo: Companhia das Letras, 1991, p. 60.
[31] HOLANDA, Sérgio Buarque. *Raízes do Brasil*. São Paulo: Companhia das Letras, 2014, p. 204.
[32] BONAVIDES, Paulo. *Curso de Direito Constitucional*. 25. ed. São Paulo: Malheiros, 2010, p. 168.

Entretanto, os fatores reais de poder que compõem a nossa *Constituição material paralela*, real e não escrita, continuam a conflitar com o texto formal e escrito. Essa colisão entre as duas Constituições do Brasil, a real *versus* a formal, equivale a um choque de placas tectônicas que pode causar abalos sísmicos aptos a comprometer a nossa frágil democracia.

É necessário rememorar a breve evolução histórica por razão da morte das nossas Constituições escritas para demonstrar que, para se garantir a sobrevivência do Estado Democrático de Direito no Brasil, é preciso estar atento ao conflito permanente entre os fatores reais de poder e as Constituições formais. De um lado, esses elementos reais de força político-social consubstanciam a nossa Constituição material paralela, não escrita e pertencente ao mundo do ser, com força e poder para modificar ou revogar os textos constitucionais escritos. De outro lado, a nossa atual Constituição formal, escrita pelos Constituintes de 1988, que salvaguarda o *dever ser* das regras do jogo democrático e da cidadania. O resultado desse duelo é o nascimento e a morte de regras constitucionais, pelo *progressismo, conservadorismo* ou *autoritarismo*.

Na defesa das regras do jogo democrático, Bobbio adverte que o Direito é feito pelos juízes, enquanto as Constituições são feitas pelas forças políticas, "uma coisa é a Constituição formal, outra coisa a Constituição real, ou material, como dizem os juristas, e é com esta segunda que se deve ajustar as contas".[33]

É necessário, pois, que os elementos de poder legítimos estejam permanentemente mobilizados e firmes no propósito de defender e fortalecer as instituições democráticas antes, durante e depois da manifestação escrita do Poder Constituinte originário, para impedir retrocessos, uma vez que a longevidade de uma Constituição escrita está diretamente ligada ao equilíbrio de forças político-sociais que correspondem aos fatores de poder que regem um país.

Uma das mais relevantes batalhas entre as *Constituições Paralelas do Brasil*, entre tantas outras, ocorreu no campo jurídico do Supremo Tribunal Federal, o STF.[34] De um lado, a Constituição escrita reza que "ninguém será considerado culpado até o trânsito em julgado da sentença penal condenatória". Do outro lado, a Constituição não escrita

---

[33] BOBBIO, N. *O futuro da democracia*: uma defesa das regras do jogo. Trad. Marco Aurélio Nogueira. Rio de Janeiro: Paz e Terra, 1986, p. 135.
[34] BRASIL. Supremo Tribunal Federal. *Ações Declaratórias de Constitucionalidade 43, 44 e 54, Rel. Min. Marco Aurélio*, Sessão Plenária de 7.11.2019.

era impulsionada por fatores reais de poder que buscavam – e ainda buscam – uma significativa mutação constitucional pela via jurídico-interpretativa, a permitir o encarceramento de réus em processos penais após decisão condenatória em 2ª instância recursal, antes, portanto, de uma sentença judicial definitiva.

O debate constitucional não era novo. Durante os trabalhos da Assembleia Nacional Constituinte, inúmeras propostas que pretendiam limitar o princípio constitucional da presunção de inocência foram rejeitadas, como a Emenda Substitutiva nº 670, do deputado Bonifácio de Andrada: "Presume-se inocente todo acusado, até que haja declaração judicial de culpa"; a Emenda nº 4.014, do deputado Theodoro Mendes: "O acusado terá direito a ampla defesa, será presumido inocente antes de condenado e, quando preso ou detido, será ouvido na presença de seus defensores"; a Emenda nº 28.797, do Deputado Jorge Leite: "o acusado terá direito a ampla defesa, será presumido inocente antes de condenado", entre outras, todas descartadas pelo Poder Constituinte fundacional.

Diante da opção do Constituinte originário, no Supremo a Ministra Rosa Weber advertiu: "Gostemos ou não, esta é a escolha político-civilizatória manifestada pelo Poder Constituinte, e não reconhecê-la importa reescrever a Constituição para que ela espelhe o que gostaríamos que dissesse, em vez de a observarmos. O Supremo Tribunal Federal é o guardião do texto constitucional, não o seu autor".[35]

Na mesma linha, o Ministro Gilmar Ferreira Mendes ressalvou: "Contudo, essa opção precisaria ser feita pelo legislador brasileiro e não por nós julgadores, que devemos interpretar a Constituição Federal e a legislação nos limites lá fixados. Não podemos alterar os textos constitucional e legal, que são expressos ao determinar que se aguarde o trânsito em julgado. Precisamos perceber que essa é uma opção do Poder Legislativo, e é lá o local onde tal debate deve se dar de modo legítimo e louvável".[36]

Em sentido contrário, o Ministro Luiz Fux defendeu que o Tribunal sopesasse a opinião pública sobre o tema e atuasse também a partir de uma função política: "Não cabe a este Tribunal desconsiderar a existência de um descompasso entre a sua jurisprudência e a hoje fortíssima opinião popular a respeito do tema. Sua função política,

---

[35] Ibidem, p. 181.
[36] Ibidem, p. 334.

participando da soberania popular ao lado dos outros poderes, é relevante no exercício da *judicial review*".[37]

Em clara alusão ao sentido sociológico de Constituição preconizado por Lassalle e à luta dos fatores reais de poder que compõem a Constituição material analisada nesta pesquisa, o Ministro Ricardo Lewandowski refletiu:

> A nossa Constituição – convém lembrar – não é uma mera folha de papel, que pode ser rasgada sempre que contrarie as forças políticas do momento. Ao revés, a Carta Magna possui força normativa suficiente para fazer com que seus preceitos, notadamente aqueles que garantem os direitos individuais e coletivos das pessoas, sejam cabalmente observados, ainda que anseios momentâneos, mesmo aqueles tidos como prioritários em um determinado momento histórico – a exemplo do combate à corrupção, que um setor mais mobilizado da sociedade, politicamente motivado, hoje reclama com estridência – requeiram solução diversa. É que a única saída legítima para qualquer crise, real ou imaginária, em um regime que se pretenda democrático, consiste justamente no incondicional respeito às normas constitucionais.[38]

O então decano do STF, Ministro Celso de Mello ressaltou que "Nada compensa a ruptura da ordem constitucional, porque nada recompõe os gravíssimos efeitos que derivam do gesto de infidelidade ao texto da Lei Fundamental, como adverte Konrad Hesse", e justificou a sua posição: "É que uma Constituição democrática – muito mais do que um estatuto de organização do poder e de garantia das liberdades públicas – reveste-se de alta significação emblemática, pois representa a expressão mais intensa do processo de transformação histórica da sociedade e do Estado, nela concentrando-se o modelo legitimador das práticas governamentais e do exercício dos direitos, garantias e deveres individuais e coletivos".[39]

Sobre a pressão da opinião pública ou publicada nos veículos de comunicação, o ministro-decano rebateu: "Se é certo, portanto, Senhor Presidente, que esta Suprema Corte constitui, por excelência, um espaço de proteção e defesa das liberdades fundamentais, não é menos exato que os julgamentos do Supremo Tribunal Federal, para que sejam imparciais, isentos e independentes, não podem expor-se a pressões

---

[37] *Ibidem*, p. 237.
[38] *Ibidem*, p. 255.
[39] *Ibidem*, p. 354.

externas, como aquelas resultantes do clamor popular e da pressão das multidões, sob pena de completa subversão do regime constitucional dos direitos e garantias individuais e de aniquilação de inestimáveis prerrogativas essenciais que a ordem jurídica assegura a qualquer réu mediante instauração, em juízo, do devido processo penal".[40]

Em 7 de novembro de 2019, nos autos das Ações Declaratórias de Constitucionalidade nºs 43, 44 e 54, de relatoria do Ministro Marco Aurélio, autor do voto-condutor que foi acompanhado pela Ministra Rosa Weber e pelos Ministros Ricardo Lewandowski, Gilmar Mendes, Celso de Mello e o então presidente José Antônio Dias Toffoli,[41] por apertada maioria de 6 votos a 5, o Plenário do Supremo confirmou a necessidade de trânsito em julgado para a execução da prisão em segunda instância, conforme o Texto Constitucional escrito.

Apesar dos múltiplos fatores reais de poder mobilizados em grupos relevantes da sociedade brasileira que pretendiam reescrever a Constituição, o duelo judicial das Constituições Paralelas do Brasil no referido julgamento do Supremo Tribunal Federal, longe de significar um abalo em nossas instituições democráticas, ao contrário, as fortaleceu.

É que os cinco ministros cujos votos restaram vencidos no referido julgamento – os Ministros Alexandre de Moraes, Edson Fachin, Roberto Barroso, Luiz Fux e Cármen Lúcia – proferiram substanciosos votos, todos lastreados nos mais elevados fundamentos e princípios da Constituição formal, que autorizariam, no olhar desses julgadores, uma interpretação ou mutação constitucional no sentido de que a Constituição Federal brasileira não condiciona o início da execução da pena de prisão ao trânsito em julgado da decisão judicial condenatória.

Fora da arena jurídica, não são frágeis nem desimportantes os fundamentos defendidos por grupos de poder da sociedade civil mobilizados no firme propósito de modificar a Constituição escrita, por razões legítimas civilizatórias ou ilegítimas de escalada de poder político. Todavia, o campo democrático mais legítimo e recomendável para reescrever a Constituição, sem dúvida nenhuma, é o Congresso Nacional, expressão da soberania popular que abriga o Poder Constituinte derivado, com autorização do povo para aprimorar e reformar as normas constitucionais escritas.

---

[40] *Ibidem*, p. 351.
[41] Cf. Extrato de Ata. *Ibidem*, p. 487-489.

Deixando de lado o campo jurídico, o perigo de vida para as Constituições realmente surge quando, para muito além de compreensíveis batalhas judiciais de hermenêutica constitucional, os fatores reais de poder – por razões ilegítimas – objetivam mitigar e até derrubar instituições democráticas.

Para além dos Tribunais, na arena política, a Constituição Cidadã de 1988, pactuada em uma folha de papel, convive com o risco permanente de ser rasgada por certos e históricos fatores reais de poder que compõem a nossa Constituição material paralela, real e não escrita, os quais ressurgem de maneira cíclica, sob o mesmo viés caótico e autoritário, para retroceder nos direitos e garantias fundamentais, enfraquecer e demolir as instituições do Estado Democrático de Direito.

De fato, são alarmantes os atuais movimentos de grupos organizados da sociedade em campanha aberta pelo fechamento do Congresso Nacional e do Supremo Tribunal Federal, em busca de uma hegemonia do Poder Executivo, na mesma linha ideológica de Carl Schmitt, que, em 1931, foi a base de sustentação teórica do Estado totalitário nazista.

Esses velhos grupos de fatores reais de poder são os mesmos que, no Brasil, redigiram a Carta polaca de 1937 e implementaram um regime militar que durou 21 anos, em 1964. Não é por outra razão que essas alianças inclusive saem hoje nas ruas com faixas e cartazes pregando abertamente o retorno da ditadura militar, o fechamento do Congresso Nacional e do Supremo Tribunal Federal.

Hannah Arendt expõe sobre o modo perturbador com que os regimes totalitários cuidavam da questão constitucional, sempre com o objetivo de suprimir liberdades democráticas, e lembra que "a Constituição stalinista de 1936 teve exatamente o mesmo papel que a Constituição de Weimar sob o regime nazista: completamente ignorada, nunca foi abolida", uma vez que os nazistas governaram por uma avalanche de leis e decretos,[42] embalados pelos fatores reais de poder da Constituição material alemã.

Por outro lado, o exemplo das Constituições não escritas de países como a Inglaterra e Israel demonstra que regimes democráticos vigorosos podem existir e sobreviver, desde que os fatores reais de poder dos Estados mantenham bons costumes democráticos em suas Constituições materiais.

---

[42] ARENDT, Hannah. *Origens do totalitarismo*. Trad. Roberto Raposo. São Paulo: Companhia das Letras, 2012, p. 440, 532 e 533.

O resultado do inconformismo constitucional permanente e atemporal que reina em nosso país é o colapso das nossas Constituições. Os fatores reais de poder que compõem a nossa Constituição material paralela, notadamente os autoritários, não possuem nenhum compromisso com a estabilidade constitucional democrática do Brasil, onde já vigoraram quatorze textos constitucionais e, por essa razão, são os responsáveis pela balbúrdia institucional e pelo retrocesso estampado em índices inaceitáveis de desenvolvimento humano.

É preciso atentar para o fato de que a Constituição material paralela do Brasil, consubstanciada nos fatores reais de poder, possui também um viés autoritário escamoteado e costuma mitigar as liberdades públicas, como a de reunião, de informação e de expressão, pela via da censura e aparelhamento das instituições democráticas, muitas vezes autonomizadas,[43] em detrimento dos direitos e garantias fundamentais, devidamente abrigados na Constituição cidadã.

A aludida liberdade de expressão não vive sem a liberdade de imprensa, essas devem caminhar lado a lado, sob pena de sua nulidade, por violar a própria essência democrática defendida. A propósito, John Stuart Mill assentou que "nenhuma sociedade onde tais liberdades não estejam inteiramente respeitadas é livre, qualquer que seja a sua forma de governo, e ninguém é completamente livre naquela em que elas não existam absolutas e irrestritas", e advertiu mais: "o dano peculiar de silenciar a expressão de uma opinião é o de que se está roubando a raça humana, tanto a posteridade quanto a geração atual e ainda mais aqueles que discordam da opinião do que aqueles que a sustentam".[44]

É imprescindível permanente atenção para identificar os movimentos autoritários que sempre andaram pelas ruas do Brasil que, camuflados em bandeiras clássicas do conservadorismo, em proteção da ordem, moralidade, segurança, liberdade, propriedade, família, pervertem esses preciosos anseios sociais para assaltar a soberania popular, reprimir os direitos civis e políticos e subordinar o Legislativo e Judiciário à hegemonia do Executivo.

Esse retrocesso civilizatório é perquirido por movimentos autoritários que possuem como método de trabalho uma atividade constante e organizada de ataque às instituições do Estado, as quais pretendem

---

[43] LEWANDOWSKI. E. R. Autonomização das corporações. *Folha de São Paulo*, edição impressa, 6 maio 2019.
[44] MILL, John Stuart. *Utilitarism, on liberty and representative government*. London: Dent & Sons, 1968, p. 122-218.

desacreditar, no propósito de arregimentar fatores reais de poder para derrubar a Constituição democrática.

É fundamental repudiar o autoritarismo, preservar as instituições democráticas, a classe política como expressão da soberania popular, a imprensa livre, a Ordem dos Advogados do Brasil, o Ministério Público e o Poder Judiciário, com realce para o Supremo Tribunal Federal, a quem os constituintes de 1988 confiaram, precipuamente, a guarda da Constituição.

Referências

ACKERMAN, Bruce. *O Brasil precisa de nova Constituição. Correio Braziliense*, de 13 de julho de 2020.

ARENDT, Hannah. *Origens do totalitarismo.* Trad. Roberto Raposo. São Paulo: Companhia das Letras, 2012.

BASTOS, Celso Ribeiro. *Curso de Direito Constitucional.* São Paulo: Celso Bastos Editor, 2002.

BOBBIO, N. *O futuro da democracia*: uma defesa das regras do jogo. Trad. Marco Aurélio Nogueira. Rio de Janeiro: Paz e Terra, 1986.

BONAVIDES, Paulo. *Curso de Direito Constitucional.* 25. ed. São Paulo: Malheiros, 2010.

BRASIL. Congresso. Câmara dos Deputados. Secretaria-Geral da Presidência. *Constituição do Brasil de 1967 (anais).* v. 1. Brasília, 1969.

BRASIL. Supremo Tribunal Federal. *Ações Declaratórias de Constitucionalidade 43, 44 e 54*, Rel. Min. Marco Aurélio, Sessão Plenária de 7.11.2019.

COMPARATO, Fábio Konder. *A Afirmação Histórica dos Direitos Humanos.* São Paulo: Saraiva, 2007.

COMPARATO, Fábio Konder. Num Brasil de duas Constituições concomitantes, a democracia é incompleta. *Revista IHU*, 30 abr. 2018.

DALLARI, Adilson de Abreu. Por que convocar uma Constituinte e redigir uma nova Constituição Federal. *Revista Consultor Jurídico*, de 5 de novembro de 2020.

FERREIRA FILHO, Manoel Gonçalves. *Curso de Direito Constitucional.* 5. ed. São Paulo: Saraiva, 1975.

FERREIRA FILHO, Manoel Gonçalves. *O Poder Constituinte.* 4. ed. São Paulo: Saraiva, 2005.

FRANCO, Afonso Arinos de Melo. *Curso de Direito Constitucional brasileiro.* 3. ed. Rio de Janeiro: Forense, 2019.

HOLANDA, Sérgio Buarque. *Raízes do Brasil.* São Paulo: Companhia das Letras, 2014.

LEWANDOWSKI, Enrique Ricardo. *Crise Institucional e Salvaguardas do Estado*. Dissertação de Mestrado. São Paulo: Faculdade de Direito da USP, 1980.

LEWANDOWSKI, Enrique Ricardo. Autonomização das corporações. *Folha de São Paulo*, edição impressa, 6 maio 2019.

MILL, John Stuart. *Utilitarism, on liberty and representative government*. London: Dent & Sons, 1968.

MORAES, Alexandre de. *Direito Constitucional*. 34. ed. São Paulo: Atlas, 2018.

SALDANHA, Nelson Sampaio. *História das Ideias Políticas no Brasil*. Brasília: Senado Federal, 2001.

SERRANO, Pedro Estevam Alves Pinto. *Autoritarismo e golpes na América Latina*: breve ensaio sobre jurisdição e exceção. São Paulo: Alameda, 2016.

SILVA, José Afonso da. *Curso de Direito Constitucional Positivo*. 20. ed. São Paulo: Malheiros, 2002.

STRECK, Lenio Luiz. *Jurisdição Constitucional*. 5. ed. Rio de Janeiro: Forense, 2018.

TOCQUEVILLE, Alexis de. *Lembranças de 1848*: as jornadas revolucionárias de 1848. São Paulo: Companhia das Letras, 1991.

VALIM, Rafael. *Estado de Exceção*. São Paulo: Contracorrrente, 2017.

Informação bibliográfica deste texto, conforme a NBR 6023:2018 da Associação Brasileira de Normas Técnicas (ABNT):

ALMEIDA NETO, Manoel Carlos. Fatores reais de poder e as Constituições paralelas do Brasil. *In*: RODRIGUES, Dennys Albuquerque; CEZAR, Eduardo Barreto; OLIVEIRA, Marcelo Pimentel de (coord.). *Democracia, humanismo e jurisdição constitucional*: estudos em homenagem ao Ministro Ricardo Lewandowski. Belo Horizonte: Fórum, 2022. p. 259-284. ISBN 978-65-5518-402-0.

DIÁLOGO CONSTITUCIONAL E JUDICIÁRIO: A FASE ADULTA DO STF NA ATUALIDADE

MARCO AURÉLIO SAMPAIO

1 Introdução

Qualquer análise da política brasileira que se queira fazer, nos dias de hoje, necessariamente leva em consideração interações não só entre os membros de poderes eleitos, no Executivo e Legislativo, mas também a participação ativa de um Judiciário cada vez mais chamado, quando não a intervir em conflitos políticos, a ocupar espaços de normatividade.

Há, por assim dizer, uma série de variáveis presentes na vivência diária do texto constitucional que nos impele a considerar o Judiciário protagonista político enquanto ator principal, ao lado dos demais poderes, da atividade típica da *polis*. Elementos de nosso Direito Constitucional como *multipartidarismo* (naturalmente dificultador da criação de consensos), *poderes legislativos típicos na mão do chefe do Executivo, poderes de agenda político-deliberativa distribuídos entre as duas esferas eleitas* (num primeiro momento), *pressão de setores da sociedade para uma maior consecução dos direitos fundamentais* declarados em 1988 (a gerar sempre nova interpretação da eficácia de normas constitucionais), *inafastabilidade do Poder Judiciário* como princípio determinante de garantia instrumental maior de tais mesmos direitos, *previsão de omissão normativa como inconstitucionalidade ante o comando da constituição*, *tendência centralizadora no STF de um controle de constitucionalidade* (tanto na modalidade abstrata quanto na concreta, com vasto instrumental processual), dentre vários outros, põem nossa Suprema Corte em evidência diariamente.

Isso, é claro, não significa que governa sozinha ou suplantando poderes típicos de outras esferas. Nem o poderia. O que aparenta ocorrer, com maior ou menor grau de ousadia, é a ocupação de espaços deixados, no mais das vezes, pelos outros poderes, para que a construção normativo-constitucional seja feita.

Tal atividade deve vir, sem dúvida, com o tempero da prudência. Daí falar-se em criação de jurisprudência necessária, com tempo, com abertura a discussões, bem como com o caráter de *apenas* mais um capítulo do jogo político-normativo, não se encerrando para todo o sempre a chance de evoluções argumentativas e deliberativas.

Há um *diálogo constitucional* claro de que participam as três esferas representativas do poder soberano. Esse diálogo não se encerra no Judiciário, mas ao contrário do que antes se imaginava, tem nele palco forte e definidor de rumo para muitas situações de evolução dos direitos fundamentais. A participação do Judiciário no diálogo mencionado não é equivocada em si mesma, senão típica atividade de corte constitucional. Com efeito, não se imagina a tarefa de fiscalização de cumprimento da constituição, sua guarda e proteção, como atividade meramente automática e isenta de qualquer aprofundamento argumentativo maior. É tal tarefa não só *dizer o Direito*, na sua faceta jurisdicional, mas *fazer viva a norma que traz a constituição*, o que é atividade interpretativa por vezes criadora de balizas de ação ou reação possíveis dos outros poderes.

Em outras palavras, se há atividade política de diálogo, como adiante se apontará, entre os poderes constituídos, isso também envolve aquele que tem como missão precípua proteger a Constituição. E, por isso mesmo, ao contrário do antes preconizado por Montesquieu, no Estado atual não há mais espaço para que, atividade da *polis* típica que é, o controle de constitucionalidade exercido pelo STF seja visto como levado a cabo por um Judiciário "boca nula" a pronunciar as palavras da lei, senão, antes, um ator de diálogo interpretativo constitucional.

O que se pretende, neste pequeno ensaio, é demonstrar, em linhas gerais, como esse *diálogo constitucional* envolve o STF, dando exemplos paradigmáticos de manifestação no sentido de ocupação de espaços abertos pelos outros poderes constituídos. A afirmação de que isso não pode significar palavra final na atividade da *polis* vem, em conclusão, calcada em teoria própria da função de controle de constitucionalidade e da separação de poderes, mesmo que atualizada a sua interpretação. Passa-se pela análise rápida da expressão *diálogo constitucional* como prática da vivência da nossa separação de poderes, antes de mais nada. Ao final, então, define-se o que se entende como a fase mais madura já vivida pelo STF no que tange à interpretação constitucional: sua fase *adulta*.

2 Separação de poderes e diálogo constitucional

A evolução da teoria da separação de poderes é contínua, jamais estanque.

Ainda que todos citem a teoria preconizada por Montesquieu, fato é que, geralmente, esquece-se de que se tratava de uma das possíveis configurações de divisão de poderes. E, para ele, o Judiciário tinha função de mera declaração das palavras da lei.

Pode parecer lógico que assim se afirme. Volta e meia se recorre à ideia de que tal autor tenha trazido a lume mecanismo claro e praticamente novo acerca da limitação de poder, o que serviria como cânone do constitucionalismo moderno.[1]

Mas a história da Filosofia Política aponta que, no Iluminismo, houve certa revisita à teoria das constituições mistas,[2] ainda que com atualizações e mecanismos próprios novos, mas com forte vinco de intenção protetiva da nobreza, de que fazia parte Charles de Secondat, *Baron de la Brède et de Montesquieu*.[3] A separação de poderes preconizada à época aparentava ser *socialmente funcional*, atribuindo-se a estratos sociais funções permanentes no exercício do poder. Para além de Aristóteles[4] e Políbios,[5] teóricos clássicos da teoria das constituições

---

[1] Pode-se dizer que o *status* de cânone constitucional foi apontado, já, no art. 16, da Declaração de Direitos do Homem e do Cidadão, de 1789, que preconiza que *a sociedade em que não esteja assegurada a garantia dos direitos nem estabelecida a separação dos poderes não tem Constituição*.

[2] Para uma análise histórica da teoria da constituição mista, com diferenciação de seu sentido antigo para o sentido da era medieval, ver Maurizio Fioravanti, *Costituzione*, p. 51 e ss.

[3] Cf., a propósito, Nuno Piçarra, *A separação dos poderes como doutrina e princípio constitucional*: um contributo para o estudo de suas origens e evolução, p. 31 e ss., mencionando a teoria da constituição mista como origem remota da doutrina da separação dos poderes. Ver, ainda, Norberto Bobbio, *A teoria das formas de governo*, p. 70, obra na qual, embora negue relação *direta* da teoria da constituição mista com a separação de poderes, como posta por Montesquieu, aponta que ambas tenham procedido *pari passu*. Justamente por isso este texto a menciona como revisita doutrinária, porque a origem de ideia limitadora de poder pela sua divisão funcional bebe da fonte da teoria das constituições mistas.

[4] Aristote, *Les politiques*, 1279-a.

[5] Políbios, *História*, VI, 2 e 3.

mistas, tem-se ainda raiz de teoria de separação funcional de poderes de Montesquieu em Locke, por exemplo, no seu *Segundo Tratado sobre o Governo Civil*.[6]

Assim é que, desse conjunto de ingredientes, surge a terminologia usada de Poderes Legislativo, Executivo e Judiciário em Montesquieu. Não se aponta ser ela um momento na História da teoria de divisão de poderes e, ainda, nem se esclarece que tal autor buscava divisão orgânico-pessoal das funções do Estado. A ideia que se passa, enfim, é diversa da que se lê comumente nos manuais.

Contudo, simples leitura que comece diretamente do texto de tal autor já dá noção do quanto se perde de detalhes importantes quando do uso indiscriminado do que pode ser considerado lugar comum na teoria constitucional.

Um exemplo de tal perda de detalhes e uso sem questionamento do lugar comum teórico é visível diante do próprio título do célebre capítulo VI, do Livro XI, da obra *De l'esprit des lois*, que é o referente à separação de poderes: "Da constituição da Inglaterra". Dizendo-se admirador do que ocorria ali, o autor aponta uma separação de poderes que já não se via mais dentre os ingleses, com Poderes Executivos fortes no parlamento. Mas nem por isso negava-se a admirá-la. O que importa notar, porém, de sua teoria é que, na mesma medida em que é importante para o constitucionalismo, ao identificar a ocupação dos espaços políticos com estratos sociais (monarquia no Executivo, nobreza na câmara alta e, na baixa, o povo), concebia ela uma gama de ideias que não caberiam em nossa constituição hoje, incluindo a de um Judiciário que seria, como dito, secundário em suas funções.[7]

---

[6] Em tal obra, faz o autor inglês uma divisão dos poderes fundada a partir do contrato social, que cria o próprio Estado. Para ele, o Poder Legislativo seria supremo dentre todos os demais, já que tem a função de declarar as leis que são preexistentes à vida em sociedade, determinando as funções dos outros corpos do Estado, bem como fazendo as regras da vida em comum. Isso é decorrência lógica da concepção do contrato social que apresenta, como se vê. Mas a consequência maior é a de que, se apenas declara o que antes existia, o poder de legislar é intocado e o primado da lei é absoluto, havendo um caráter estático claro de tal doutrina. Isso teria, à frente, reflexo também em Montesquieu, já que ao Judiciário não caberia qualquer interpretação maior. Para Locke, além do Legislativo, haveria, ainda, o Poder Executivo, encarregado da execução das leis, e o Poder Federativo, inerente às sociedades e aos indivíduos mesmo antes da vida organizada no Estado, consistindo, basicamente, no poder de fazer guerra e paz com outros Estados. Cf., a propósito, seu *The Second Treatise on Civil Government*, XIII.

[7] Pela leitura do mencionado capítulo da obra de Montesquieu, fica clara a ideia geral da divisão social e ideologizada de poderes que faz, a saber: a) há que se temer a magistratura, e não os juízes, em razão do que, a fim de que não se ligue sua função a certa profissão, deve ela ser entregue a membros do povo, reunidos por tempo determinado

O acolhimento do que seria a teoria de Montesquieu, sem maiores atenções e críticas, gera o que Louis Althusser chama de "mito da separação de poderes", é dizer, uma construção de dogma que não se tomaria como possivelmente diversa.[8] E tal concepção fixa não é, nem de longe, a realidade distribuída pelo mundo.

Isso não significa que se deva desprezar o que a própria Constituição atual traz como núcleo imodificável do conteúdo organizacional do Estado, segundo o inc. III, do §4º, de seu art. 60, porém, antes, que não se importe uma noção genérica, ideologicamente comprometida com a proteção à nobreza francesa da época de Montesquieu, como dogma sem atualizações possíveis e necessárias. Não é ruim em si mesma a teoria mais conhecida, mas não é acabada, em outras palavras, em face das realidades constitucionais de cada país. Nem de cortes constitucionais se cogitava à época, fossem elas internas ou não ao Judiciário, sendo a sua importância, no molde de vida política de um país, absolutamente inegável.

Assim, é desejável que se atualize a visão equivocada de uma separação de poderes importada pelos manuais, no tempo e no espaço, para *nossa* república. Com previsão de direitos sociais ampla, além dos elementos todos apontados na introdução, é natural que se verifique uma dinâmica que quebra a estática da visão orgânica e de estratos sociais alocados quanto aos poderes constituídos, provinda do Iluminismo. Não se lhe nega importância para a época, mas se deve aproveitar o que a teoria tem de limitadora de poder para que se aclarem as atuações *naturais* dos poderes *dentro do arcabouço constitucional*

---

e necessário, julgando-se o criminoso, via de regra, por seus pares; b) o povo é capaz de escolher seus representantes, conhecidos nas suas proximidades, mas não é capaz de discutir os negócios do Estado; c) pessoas diferenciadas pelo nascimento, riqueza ou honrarias não se confundem com o povo e, por isso, devem tomar parte na legislação de modo proporcional às vantagens que têm no Estado, pelo que formam um corpo hereditariamente renovável, que serve de instância de veto às iniciativas populares (o que faz do Legislativo, bicameral, por consequência); d) o Poder Executivo deve permanecer nas mãos de um monarca, já que sua unipessoalidade favorece a rápida e necessária ação de emergência; e) prevê-se o poder de veto do Executivo; f) a pessoa do monarca não pode ser julgada por seus atos de má execução das leis, mas apenas seus ministros, que se tornam os responsáveis por serem maus conselheiros; g) *os nobres, por sua condição, devem ser julgados por seus pares*, o que afasta a ideia de juiz natural proveniente do corpo de magistrados, submetendo-se aqueles ao crivo da câmara alta, *composta pela nobreza*; h) o Legislativo, especialmente pela câmara alta, também se torna órgão judicante em casos de acusação dos poderosos, sempre expostos à inveja popular, bem como quando se trate de mitigar a severidade da lei em favor da própria lei, clarividente e cega, já que isso seria inviável de ser realizado pelos juízes comuns, componentes de poder nulo, simples boca que pronuncia as palavras da lei.

8   *Montesquieu*: la politique et l'histoire, p. 100.

brasileiro. Daí poder-se falar em uma *separação de poderes brasileira*, por exemplo, com coexistência de medida provisória, de um lado, e poderes legislativos comuns, de outro, em mãos diversas. Daí, também, que se pode verificar a composição do Executivo em seus ministérios a partir do espelhamento de apoio angariado no Congresso Nacional. Daí que se verificam várias interseções de atuação dos poderes eleitos no chamado *presidencialismo de coalizão*.[9] E, em face do fato de a agenda política ser dividida com um Judiciário que tem na sua Suprema Corte o guardião da Constituição, veem-se também interações com tais poderes eleitos por esse mesmo tribunal, seja na tarefa de apontar omissões inconstitucionais, seja na de interpretar o sentido normativo em favor da consecução dos direitos previstos no documento constitucional, via controle de constitucionalidade.

Isso tudo é, claramente, uma visão de dinamicidade do Texto Constitucional. Não há um mecanismo único de separação de poderes, quer-se dizer. Assim como a prevalente nos Estados Unidos é fundante do presidencialismo em si, a nossa importa tal situação para a nossa realidade, aclarada na dinâmica de exercício dos poderes constituídos.

E é aqui que se dá o chamado *diálogo constitucional*, com sentido esboçado por Louis Fisher.[10]

Embora sem definição clara do que seja tal *diálogo constitucional*,[11] importam aqui dois apontamentos. O primeiro é que sua obra parte de

---

[9] Há bases institucionais impostas pela própria Constituição que geram a mecânica do chamado *presidencialismo de coalizão*. Por vezes confundido com uma moldura esgarçada pela barganha política falha e obscura, é certo que se trata da constatação de como nosso arcabouço constitucional dita a interação política em face do multipartidarismo, poderes de agenda distribuídos entre Legislativo e Executivo, além de outros fatores importantes. A expressão *presidencialismo de coalizão* foi cunhada por Sérgio Henrique Abranches, em estudo apresentado durante a Assembleia Nacional Constituinte. Cf., a respeito, ABRANCHES, Sérgio Henrique. Presidencialismo de coalizão: o dilema institucional brasileiro. *Dados: Revista de Ciências Sociais*, n. 31, p. 5-33, 1988. Na seara atual da História, do mesmo autor, *Presidencialismo de Coalizão*: raízes e evolução do modelo político brasileiro.

[10] *Constitutional Dialogues*: Interpretation as Political Process.

[11] Menciona o autor, em sua introdução, uma possibilidade e competência de que todos os poderes estariam investidos para interpretação da constituição e formação do sentido constitucional (p. 3-8), com a ideia de um Judiciário que também legisla, de certa forma, ao se submeter a pressões e definir, influenciado por elas, a sua visão própria do sentido constitucional (p. 9-43). Em outros pontos da obra, cita exemplos do que chama de formação do sentido da constituição por meio de sua construção coordenada (p. 231-274). Nem mesmo em sua conclusão, nas p. 275-279, alude a uma definição para a expressão. O que parece tentar deixar claro, entretanto, é que a política é permeada por interesses de todos os poderes que se acomodam conforme sua interação, sendo que de tal processo resulta um sentido próprio e não aparente da constituição. Sempre questionando a ideia

uma luta contra o que muitas vezes se toma como dogma a partir de *Marbury vs. Madison*, ou seja, a visão de que o Direito Constitucional é de propriedade da Suprema Corte norte-americana. O segundo apontamento é que, como consequência do raciocínio que desenvolve, vê o autor um conjunto de atores políticos que, *coordenadamente*, simultaneamente ou não, constroem o sentido da Constituição.

Essa visão de *construção normativa coordenada* é que se quer vincar como ligada a uma espécie de *diálogo constitucional*. É ele composto pela contínua interação entre os poderes constituídos de modo a dar vida ao Texto Constitucional para além de uma leitura simples e estática. É o conjunto de posicionamentos que tomam Legislativo, Executivo e Judiciário em ação e reação de interações políticas que se ligam à interpretação constitucional.

Por isso é que, no controle de constitucionalidade, por exemplo, há participação de um poder na agenda de outro ou outros, já que se pode limitar eficácia de ações em nome de interpretação constitucional.

Ora, se o Legislativo, por exemplo, pode ser visto como opositor de vetos ao Executivo em várias interpretações diversas dele que faz da Constituição (o que é dado a ambos), de um lado, é certo que desse diálogo participa também o Judiciário, via STF, em sede de controle de constitucionalidade.

Antecipam-se entendimentos, apontam-se obstáculos possíveis, amoldam-se consensos, tudo por ação e omissão, por vezes, de poderes do Estado. E, nisso tudo, o componente político do controle de constitucionalidade, sua própria existência, não pode ser negado. Por isso que, mesmo guardião da Constituição, o STF não é o único a interpretá-la, mas serve da baliza para muita ação política gestada no seio da interação do Congresso com o Executivo. E isso faz a *construção coordenada* do nosso Direito Constitucional realidade, é dizer, o *diálogo constitucional*, moldante do sentido da Constituição.

É ela, sabidamente, documento vivo, tendo sentido mais próprio na interação de forças políticas dada a todo instante do que somente na leitura em bancos da faculdade de Direito. Daí falar-se numa *constituição*

---

de que apenas ao Judiciário caberia a interpretação da constituição, Fisher chama a atenção, por exemplo, para o dever dos congressistas, ao aprovar uma lei, de interpretar seu sentido de acordo com o entendimento próprio que têm da constituição, bem como para o idêntico dever presidencial de análise de tal lei, quando em momento de sanção ou veto (p. 234). Mas, como se vê, não tira do Judiciário a participação que tem na sua construção coordenada de sentido.

invisível, como o faz Laurence Tribe,[12] a ser aclarada, sempre e a todo instante, por exemplo. Ou, ainda, no seu sentido próprio como *prêmio de esforço político*, como o faz Keith E. Whittington.[13]

A seguir, pretende-se explorar a visão do STF no *diálogo constitucional* como um *veto player*, que desempenha tal função via controle de constitucionalidade.

3 O STF como *veto player* no *diálogo constitucional* via controle de constitucionalidade na sua fase adulta

Antes de prosseguir com o cerne do ensaio, necessário que se tenha claro o cenário teórico imaginado diante de nós como intocável, por ser questionado, com reforço de duas facetas institucionais a partir da própria CF/88.

A primeira, mais filosófica, genérica, diz respeito à ideia que geralmente temos de um constituinte como um deus. Ele poria a Constituição como entidade abstrata, dando-nos um documento sagrado, a bíblia política pela qual poderíamos não só viver em paz, harmonia e prosperidade, mas também para todo o sempre da vida política.

Essa idealização feita do constituinte, esquecendo-se de que não é ele nada diverso de nós (seres humanos que querem o que *hoje* se considera o melhor para si ou para o grupo e, por isso, normatiza a vida em sociedade com base no que ela tem de fotografia de consenso do momento de tal mesma normatização), chega a ser pitoresca. Sim, porque, se de um lado não podemos negar a força que tem uma constituição como norma fundante do sistema positivo, de outro, isso não significa que não seja ela passível de viés ideológico, falhas e atualizações, dentro do que é o próprio espectro de falibilidade de um conjunto (ou não) de pessoas que estipulamos chamar de *constituinte originário*.

Em uma obra provocativa, questionando o senso comum, Jon Elster afirma:

> Frequentemente, as constituições são impostas sobre minorias e sobre futuras gerações no interesse da maioria da geração constituinte. Além disso, muitos atos aparentes de autolimitação, em análises mais detidas,

---

[12] *The Invisible Constitution.*
[13] *Constitutional Construction:* Divided Powers and Constitutional Meaning, p. 1.

mostram-se motivados por interesses parciais [...] é comum imaginar que os constituintes e os políticos diferem não somente com respeito às suas respectivas tarefas, mas também quanto a seus motivos. Imagina-se que os constituintes são isentos de vícios de políticos – paixões impulsivas, paixões permanentes e interesses privados – o que constitui a razão do processo de elaboração constitucional [...] a ideia de que constituintes são *pessoas deificadas legislando para feras* é uma ficção.[14]

A primeira faceta, a mais remota e filosófica do cenário em que nos encontramos, é justamente essa. Não há como se imaginar a constituição uma obra acabada e fim em si mesma. Sagrada, do ponto de vista político, é, entretanto, produto do humano e, por isso, consensos sobre seu próprio sentido se modificam e se atualizam. A diferenciação do que seja o consenso apenas momentâneo e efêmero daquele conquistado e virtuoso é algo difícil de ser feito, mas é a verdadeira tarefa que se põe diante de qualquer intérprete constitucional. Há arte em não se violar a constituição e, ao mesmo tempo, atualizar seu sentido a partir de consensos conquistados, sendo isso determinante do conteúdo da tarefa do guardião da constituição.

Já a segunda característica que se quer questionar é a já delineada inadequação da ideia estanque, fixa, fechada, no sentido de que, *se todo poder emana do povo, tudo se encerraria em Legislativo, Executivo e Judiciário*, de modo claro e *sem qualquer possibilidade de diálogo*.

Não havendo, em outras palavras, exercício possível de poder político que não seja vinculado ao povo, direta ou indiretamente, todo o seu desempenho seria feito pelos três poderes, que são independentes e harmônicos entre si a ponto de *jamais* dialogarem, trocarem ideias via exercícios de suas funções ou, ainda, haver algum ponto de dissenso como algo natural?

Note-se: os Poderes Legislativo, Executivo e Judiciário são, por força de norma constitucional, independentes e devem buscar harmonia entre si. Isso não significa que não haja "zonas cinzentas" de atuação de cada um deles, que, dentro do próprio arcabouço constitucional positivado, acabam por se testar, por se questionar, por se pacificar, enfim, por vezes dando novo sentido a normas constitucionais antes com semântica tida por imodificável.

Se não há mais aplicabilidade pura e simples de uma teoria que queira manter o *status quo* do estrato social, seja porque o constituinte

---

[14] Jon Elster, *Ulisses Unbound*, p. 168-172.

é de geração diversa e suas clarezas podem não ser as mesmas de hoje, momento de realidade diversa, seja porque ele mesmo nos deixou um legado de direitos por adimplir (com a vida mudando as exigências de tais adimplementos, na prática, a todo instante), então devemos usar outra lente que não a do Iluminismo, somente, para análise da realidade da vivência política.

O que se quer apontar é que, na seara da História que hoje vivemos, é muito mais produtivo sair-se do discurso de vida "harmônica e independente" dos poderes constituídos entre si, que servem a uma manutenção eterna de uma formação social como concebida pelo Iluminismo, para a análise do que realmente fazem na vivência política, como *veto players* que são. A fixação na ideia estanque de separação de poderes é geradora de discursos equivocados segundo os quais, no mais das vezes, o STF legisla ou mesmo impõe sua vontade, imaginando-se situação ideal de um oráculo nulo a pronunciar as palavras da constituição, que, como se sabe, é imposição de uma geração de humanos às seguintes, ainda que com boas cláusulas.

Nesse sentido, analisando a realidade de configuração de poderes dos EUA, George Tsebelis afirma:

> *Veto Players* são atores coletivos ou individuais cuja concordância é necessária para a mudança do *status quo*. Daí decorre que uma mudança no *status quo* exige uma decisão unânime de todos os *veto players*. A constituição de um país pode conceder o *status* de *veto player* a diferentes atores individuais ou coletivos. Se são eles assim gerados, são chamados *institutional veto players* [...] se são gerados pelo jogo político, são chamados *partisan veto players*. Por exemplo, pode ocorrer que dentro da Casa dos Representantes, diferentes maiorias se façam possíveis, *significando que a Casa não pode ser reduzida a um veto player*.[15]

Especificamente quanto à realidade brasileira diante de Legislativo, Executivo e Judiciário, fica claro que o controle de constitucionalidade é verdadeira arena, para o STF, com relação aos demais.

---

[15] George Tsebelis, *Veto Players: How Political Institutions Work*, p. 19 (grifos nossos). Tal configuração parece bem apropriada à realidade brasileira também. Copiamos nominação tripartite da separação de poderes de Montesquieu e, ainda, muito da concepção do presidencialismo dos EUA. Mas, ainda assim, criamos as nossas próprias realidades que podem ser analisadas à luz de tal nova lente, incluindo sedes de poder político que não se amoldam somente à tripartição tida por clássica, como as agências reguladoras, em sua autonomia de funcionamento, os ministérios públicos e os tribunais de contas.

É via controle de constitucionalidade, concentrado ou difuso, abstrato ou concreto que, já se o disse, não somente se exerce função jurisdicional, mas também *se conformam interpretações do teor atual das normas constitucionais.*

No controle de constitucionalidade pulsa o coração do *diálogo constitucional* do STF com relação aos demais poderes.

É nele que, por exemplo, aprovada lei por um poder, sancionada e promulgada por outro, o STF tem o poder de dizê-la formal ou materialmente inconstitucional, como que, em nome da guarda da constituição, opondo seu veto à mudança iminente do *status quo* a ser implementada pela nova normatização em questão.

É no controle de constitucionalidade, também, que o STF aponta o que seria, no seu sentir, a melhor interpretação do conteúdo de direitos fundamentais, faz o sopesar de princípios aparentemente em conflito e dá prevalência a um ou outro por entender mais caro à democracia ou menos problemático à situação de momento.

Pode-se usar de métodos e paradigmas quaisquer para interpretação de normas constitucionais no controle de constitucionalidade, sejam eles chamados de consequencialismo, neoconstitucionalismo, juspositivismo ou, ainda, puro realismo jurídico, dentre outros. A questão, não sendo puramente filosófica ou teórica, não é apontar algo como correto ou errado, mas, antes, dizer que tudo isso ocorre como *realidade*, sendo a decisão conformada pelo colegiado do STF como *institutional veto player* verdadeira modeladora do sentido de normas constitucionais *na função de guarda da constituição*, apontando nortes interpretativos para que, em novas e futuras deliberações, saibam mais e mais como dialogar não só os demais poderes, *mas também a própria corte constitucional*, que deve guardar coerência com as balizas teóricas de seus julgados.

Aqui, duas observações importantes: primeiro que não se prega que, no jogo político, haja última palavra do STF. Num caso específico do controle de constitucionalidade sim, é o que a constituição determina. Mas na vivência política do jogo diário de poder, de conformação de consensos e, sobretudo, de solidificação da eficácia dos direitos fundamentais sempre há a possibilidade de, após decisão do STF, o assunto deliberado voltar, de modo diverso, à mesa de discussões políticas e deliberativas. Trânsito em julgado, afinal, não se confunde com encerramento do que a sociedade quer discutir e vai, necessariamente, rediscutir. Mundo idealizado em que leis são sempre conformação do que se quer e jamais são questionadas levaria à ideia da desnecessidade de controle de constitucionalidade. Por outro lado, fruto da mesma idealização seria imaginar-se a Suprema Corte como um oráculo iluminista final, que se avocasse a sabedoria toda e última do querer social encerrada em suas decisões. Obviamente que não é assim que se vê o próprio STF.

Uma segunda observação vem do fato de que *a própria constituição prevê toda essa discussão e esse diálogo institucionalmente realizável*. Quando diz que determinada omissão de agir normativo, no abstrato ou no concreto, é inconstitucional, cria espaço para a fala da Suprema Corte. Quando institui instrumento genérico como a ADPF para que por ele se manifeste, *quando provocado*, o STF dá ferramentas para que diga o que de fundamental, de base constitucional, vem sendo descumprido e o que seria o correto implemento da vontade constituinte. E os exemplos são vários, sempre atinentes ao controle de constitucionalidade, demonstrando que o próprio constituinte já dá espaços ao STF para que aja, ainda que sem encerrar a discussão social do tema. Em outras oportunidades talvez até mesmo por falta de incentivo de enfrentamento de temas pouco afetos à aprovação das bases eleitorais, a própria classe política dá espaços e praticamente suplica que os preencha, dentro da institucionalidade apontada, nossa Suprema Corte.

Tomem-se para menção aqui (e não para estudo aprofundado deles) três exemplos claros e importantes nesse sentido, que dizem com temas sensíveis à sociedade e, por vezes, historicamente deixados de lado.

Um primeiro, tratado na ADPF nº 186/DF, referente à constitucionalidade da previsão de cotas étnico-raciais para acesso a instituições de ensino superior, sendo relator o Ministro Ricardo Lewandowski. Com julgamento aos 26.04.2012, o Supremo Tribunal Federal, por unanimidade, afastou a inconstitucionalidade arguida de atos de universidades públicas que visavam à ampliação de acesso diverso do historicamente ocorrido até então.

Tratou-se de uma consolidação ímpar de entendimentos do que seria a universalização do ensino superior público, seu acesso amplo e democrático, a necessidade de implementação de política de reserva de vagas como prevista, no tempo, para que houvesse, realmente, igualdade material, não meramente formal. Levaram-se em conta os sentidos dos fundamentos do próprio Estado brasileiro, previstos no art. 1º da CF/88, sem se deixar de apontar que justiça social é algo maior do que a mera distribuição de riquezas, significando a incorporação mais ampla de valores sociais e culturais diversificados por vezes tidos como menores em face dos dominantes.[16]

Tal julgamento, por seu turno, de tão extenso e importante, apontou balizas para que outras futuras políticas de proteção a minorias fossem implementadas com mais segurança, sendo de importância histórica ímpar. Adveio, logo em seguida, como capítulo seguinte do diálogo que havia, a Lei nº 12.711/12, aos 29 de agosto daquele ano.

A questão já era discutida tanto na sociedade quanto em várias demandas judiciais, mas foi o consolidado entendimento na mencionada ADPF que serviu, sem sombra de dúvidas, de apontamento do que o STF via como correto em termos de política de acesso ao ensino público, inclusive com limitação temporal e possibilidade de revisão futura.

Em outras palavras, o que era visto como discussão que não se punha à mesa política, quando provocado o STF, foi por ele objeto de manifestação, dando balizas sobre entendimentos de conjugação de vários princípios constitucionais ali questionados.

Participou, portanto, de diálogo, na medida em que a universalização de acesso ao ensino ganhou normatização mais completa e segura que não fosse a ausência total de especificações. Concretizou sentido de normas de acesso amplo, é dizer, ao apontar a realidade histórica e a necessidade de políticas públicas que eram feitas, gerando legislação específica, em contrapartida e retomada de discussão pelo parlamento.

Já mais diretamente afeto ao que seria limite da separação de poderes clássica em si, ligando-se à inconstitucionalidade de omissão do Poder Público, o RE nº 592.581/RS é demonstração de enfrentamento, pelo STF, da chamada "reserva do possível" como escusa geral do responsável pelo implemento de política pública para, justamente, furtar-se à sua consecução.

Julgado aos 13.08.2015, tal recurso extraordinário com repercussão geral reconhecida é de importância extrema na pavimentação de cominação, pelo Poder Judiciário, em todas as suas frentes, de obrigação de fazer referente à reforma e manutenção de condições mínimas em presídios espalhados pelo país. Também de relatoria do Ministro Ricardo Lewandowski, o julgado em questão apontou o conteúdo da dignidade da pessoa humana como argumento supremo ante

---

[16] STF, ADPF nº 186, Tribunal Pleno, rel. Min. Ricardo Lewandowski, j. 26.04.2012.

o que se discutia, afastando, assim, qualquer cogitação possível de equívoco ou invasão do Judiciário em seara exclusiva do Executivo.[17] Tal entendimento, note-se, é anterior ao esposado pelo próprio STF e que viria a determinar, por maioria no plenário, uma série de medidas a serem adotadas por várias instâncias de poder referentes ao sistema carcerário brasileiro, quando do julgamento da medida cautelar na ADPF nº 347, tendo relator o Ministro Marco Aurélio.

De qualquer modo, é importante salientar que o uso de instrumentos de controle de constitucionalidade que apontam omissões inconstitucionais não é visto, mais, como invasão de um poder no outro, não só porque se trata de arcabouço constitucionalmente previsto o aplicado, mas porque o teor das decisões é construído historicamente, em *diálogo constitucional* como já apontado, na construção coordenada de sentido do que é a norma em questão. No caso, até onde vai uma decisão quando a dignidade da pessoa humana é afetada em seu teor.

Outra menção importante a tal diálogo pode ser vista na concretização que se buscou dar ao direito à saúde e fornecimento de medicações pelo SUS, quando do julgamento da Suspensão de Liminar nº 815/SP, realizada no plenário sob a presidência e relatoria do Ministro Ricardo Lewandowski. Em tal ocasião, aos 07.05.2015, o pleno entendeu que, comprovada a ineficácia de medicação fornecida pelo Sistema Único de Saúde e, por outro lado, a eficácia de medicação conjugada não registrada pela ANVISA, ainda, o fornecimento dela pelo Poder Público se impunha para o adimplemento total do direito à saúde do beneficiário em questão.[18] O caso é importante pela superação e atualização do entendimento do STF quanto ao fornecimento de medicações, já que ele mesmo teve de realocar as balizas de sua jurisprudência, ora atualizada, para afirmar a proteção à saúde como algo insuperável no caso em si. Sempre se entendendo que o registro na ANVISA é pressuposto de qualquer deferimento nesse sentido, até mesmo por proteção ao paciente, levou-se em consideração que o tratamento para hepatite "C", fornecido pelo SUS, à época e especificamente para o paciente em questão, não surtia o efeito desejado, que seria obtido com a conjugação de medicação aprovada pela agência reguladora brasileira com outra que ainda não contava com tal aprovação. Entretanto, apoiou-se o entendimento no fato de que a eficácia de aplicação da medicação

---

[17] STF, RE nº 592.581, Tribunal Pleno, rel. Min. Ricardo Lewandowski, j. 13.08.2015.
[18] STF, SL nº 815, Tribunal Pleno, rel. Min. Ricardo Lewandowski, j. 07.05.2015.

não homologada, ainda, encontrava-se comprovada por estudos e homologação feitos pelo FDA dos Estados Unidos. Por falta de prova de grave comprometimento à ordem e economia públicas, manteve-se o fornecimento de medicação antes deferido.

À ausência de baliza legal para o fornecimento da medicação não aprovada pela ANVISA e, diante do direito à saúde previsto na Constituição, o STF dá a extensão de seu exercício com vistas em proteção específica para o caso dos autos.

Outros vários arestos podem ser apontados como ocupadores de espaços num primeiro momento. O histórico reconhecimento da união homoafetiva como instituto jurídico legítimo, feito em sede da ADPF nº 132/RJ, relator o Ministro Ayres Britto, bem como o da insuficiência do salário mínimo como ditado pelo próprio inc. IV, do art. 7º, da CF/88, na ADI nº 1442-1/DF, que, já em 2004, sob a relatoria do Ministro Celso de Mello, enxergava inconstitucionalidade por omissão no implemento de tal direito social.

Tais julgamentos geraram discussões no seio social e político, sendo clara a participação do STF no *diálogo constitucional* que se quis apontar, com atualizações do conteúdo dos direitos fundamentais envolvidos.

Como *veto player*, portanto, quando participa do *diálogo constitucional*, o STF modula muito do sentido das normas constitucionais, até mesmo por vezes revisando o que já apontou como sendo sua essência, mas sem encerrar a discussão político-social que permeia os temas que lhe são levados.

Esse fruto de esforço político, como já dito, essa construção coordenada é exercício histórico e lento. Passa por fases.

Como todo o apontado aqui é vivência de jogo político, atividade típica da *polis* com participação do STF de modo cada vez mais consciente e claro, atento à sua própria jurisprudência para evitar consensos momentâneos e, ao mesmo tempo, atualizando com prudência sua fundamentada guarda da Constituição, pode-se dizer que o controle de constitucionalidade levado a cabo pela Suprema Corte brasileira, hoje, é um ocupar de espaços coordenado, não imposto.

O que é visto como fruto de coordenação, não de imposição, como levado a cabo com audiências públicas cada vez mais comuns e estabilizador de consenso, pode-se dizer, é exercido de modo adulto, racional e prudencial.

Daí falar-se, hoje, em fase adulta do STF na sua participação no *diálogo constitucional*, pois não só responde com "sim" e "não", mas modula efeitos de normas e estabelece parâmetros para discussões com todos os poderes envolvidos.

4 Conclusão

Quando se fala em separação de poderes hoje, como se viu, melhor se imaginar uma conjugação de forças para a geração da harmonia e manutenção de independência dos entes envolvidos, criando-se consensos e nunca sendo ceifada a ação de um pelo outro, em sentido de continuidade.

O que se decide hoje pode ser rediscutido amanhã, mas hoje é assim interpretado, com essa ou aquela conformação de entendimento do que seja, sobretudo, o teor dos direitos fundamentais.

O sentido das normas constitucionais vem da vivência dos poderes em sua consecução e não é estanque, nem interna, nem externamente a nenhum dos poderes.

É no controle de constitucionalidade que pulsa a participação maior do STF no chamado *diálogo constitucional*.

Não poderia ser diferente. Vivemos o que, no mundo inteiro, é comum ante a evolução histórico-social. A tarefa de uma corte constitucional ante direitos apenas de primeira geração é relativamente fácil. A dificuldade se impõe quando direitos sociais e de solidariedade, além de pontuações como *vedação ao retrocesso* em sua consecução, são tidos por conquistas inabaláveis, ao mesmo tempo em que parte da classe política quer ditar costumes e tendências sociais de cima para baixo.

O que ocorre no mundo também ocorre no Brasil. Não é à toa que se veem tantas investidas de arbítrio contra cortes constitucionais pelo globo.

O papel de nossa corte constitucional, assim, é posto à prova e deve andar dentro do caminho adulto que traçou, com a maturidade que conquistou, sobre consensos virtuosos e perenes. Sem retrocesso. Com ternura e coragem, mas sempre avante.

Nada disso ocorre isento de críticas. Como se disse, por vezes o apego à estanque ideia de separação de poderes aponta o STF, em sua função contramajoritária, como poder que se queira superior aos demais. Por outras vezes, até, a falta de coerência interna nos julgados é que dita o questionamento que lhe é dirigido.

Isso parece secundário e pior seria se não cumprisse minimamente a Corte seu papel de guardiã da Constituição. Importa ao STF mostrar-se adulto como vem se mostrando, consciente de seu papel no *diálogo constitucional*, até para que corretas cobranças e autocontenções sejam feitas.

O uso do argumento simples de intromissão da Corte aqui ou ali, violando a separação de poderes, não vinga mais. É necessário um *salto qualitativo* no debate que se quer fazer, até porque a própria Constituição exige que o STF se manifeste como vem se manifestando.

Há, sempre, ante a remodelação do Estado no atual estágio da globalização, a necessidade de a legislação fazer frente a novos conflitos que, por sua vez, são geradores de novas pacificações e acomodações, inclusive no que se refere ao sentido dos direitos e deveres constitucionais. Isso envolve, obviamente, a Corte que guarda a Constituição. Afinal,

> a globalização [...] não se resume a esse novo modo de produção capitalista, organizado em escala mundial. Ela decorre também da universalização dos padrões culturais e da necessidade de equacionamento comum dos problemas que afetam a totalidade do planeta, como a degradação do meio ambiente, a explosão demográfica, o desrespeito aos direitos humanos, a corrida armamentista, etc.[19]

Se assim é, muda-se até mesmo o sentido clássico da lei enquanto solução de problemas enfrentados pelo Estado. Esse Estado, com papel em contexto maior, considerado no seu todo, é assim pontuado por José Eduardo Faria:

> Após ter tido sua autoridade, sua titularidade de iniciativa legislativa e seu poder de intervenção tão questionados e desafiados nos anos 80, quando passou a apresentar déficits de 'governabilidade', a enfrentar o processo de 'hiperjuridificação' e a viver seu 'trilema regulatório', ele agora ressurge invocado como fonte de ordem, disciplina, prevenção e segurança, numa perspectiva; e de justiça social, em outra.[20]

É em tal cenário que a demonstração, pelo STF, de consciência de seu papel como guardião da Constituição é imprescindível. Não

---

[19] LEWANDOWSKI, Enrique Ricardo. *Globalização, regionalização e soberania*, p. 52.
[20] *O Direito na economia globalizada*, p. 257 e 258. A expressão "trilema regulatório" é empregada pelo autor, fazendo alusão a Teubner e sua análise dos limites jurídico-estruturais intransponíveis do Estado intervencionista, compreendendo: a progressiva indiferença recíproca entre o Direito e a sociedade, a tentativa de sua colonização por parte das leis, e sua ação crescente de desintegração do Direito (p. 137).

é só a última trincheira dos direitos, é a arena de sua atualização e em termos por vezes universalizantes. Não é só o ponto mais alto da pirâmide judicial, mas antes a sua garantia de que não se tornará torre de babel. Não é apenas um poder responsivo, mas participativo, devendo reivindicar sua atuação na construção coordenada do sentido da Constituição, levando-se a sério em sua jurisprudência.

Afinal, como ele mesmo pontuou em julgado aqui mencionado, de relatoria do Ministro Ricardo Lewandowski, mais que distribuir riqueza cabe à justiça social atender a valores e culturas sem minimização de nenhuma. Ordem, disciplina e segurança jurídica não se confundem com ausência de questionamento sacramentado no silêncio de uma suprema corte. São decorrência de sua efetiva participação na promoção de tal justiça social.

Referências

ABRANCHES, Sérgio Henrique. Presidencialismo de coalizão: o dilema institucional brasileiro. *Dados: Revista de Ciências Sociais*, 31: 5-34, 1988.

ABRANCHES, Sérgio Henrique. *Presidencialismo de coalizão*: raízes e evolução do modelo político brasileiro. São Paulo: Cia. das Letras, 2018.

ALTHUSSER, Louis. *Montesquieu*: la politique et l'histoire. 7. ed. Paris: Quadrige / PUF, 1992.

ARISTOTE. *Les politiques*. Pierre Pellegrin (trad.). Paris: Flamarion, 1990.

BOBBIO, Norberto. *A teoria das formas de governo*. 6. ed. Sérgio Bath (trad.). Brasília: Editora Universidade de Brasília, 1992.

BRASIL. STF, *ADPF 186*, Tribunal Pleno, rel. Min. Ricardo Lewandowski, j. 26.04.2012.

BRASIL. STF, *RE 592.581*, Tribunal Pleno, rel. Min. Ricardo Lewandowski, j. 13.08.2015.

BRASIL. STF, *SL 815*, Tribunal Pleno, rel. Min. Ricardo Lewandowski, j. 07.05.2015.

ELSTER, Jon. *Ulysses Unbound*. Cambridge, UK: Cambridge University Press, 2000.

FARIA, José Eduardo. *O Direito na economia globalizada*. São Paulo: Malheiros Editores, 1999.

FIORAVANTI, Maurizio. *Costituzione*. Bologna: Il Mulino, 1999.

FISHER, Louis. *Constitutional Dialogues*: Interpretation as Political Process. Princeton: Princeton University Press, 1988.

LEWANDOWSKI, Enrique Ricardo. *Globalização, regionalização e soberania*. São Paulo: Editora Juarez de Oliveira, 2004.

LOCKE, John. *The Second Treatise on Civil Government.* Amherst: Prometheus Books, 1986.

MONTESQUIEU. *De l'esprit des lois.* Paris: Gallimard, 1951.

PIÇARRA, Nuno. *A separação dos poderes como doutrina e princípio constitucional: um contributo para o estudo de suas origens e evolução.* Coimbra: Coimbra Editora, 1989.

POLÍBIOS. *História.* 2. ed. Mário da Gama Kury (trad.). Brasília: Editora Universidade de Brasília, 1996.

TRIBE, Laurence H. *The invisible constitution.* New York: Oxford University Press, 2008.

TSEBELIS, George. *Veto Players:* How Political Institutions Work. New York: Russel Sage Foundation, 2002.

WHITTINGTON, Keith E. *Constitutional Construction:* Divided Powers and Constitutional Meaning. Cambridge, Mss.: Harvard University Press, 1999.

Informação bibliográfica deste texto, conforme a NBR 6023:2018 da Associação Brasileira de Normas Técnicas (ABNT):

SAMPAIO, Marco Aurélio. Diálogo constitucional e judiciário: a fase adulta do STF na atualidade. *In*: RODRIGUES, Dennys Albuquerque; CEZAR, Eduardo Barreto; OLIVEIRA, Marcelo Pimentel de (coord.). *Democracia, humanismo e jurisdição constitucional*: estudos em homenagem ao Ministro Ricardo Lewandowski. Belo Horizonte: Fórum, 2022. p. 285-303. ISBN 978-65-5518-402-0.

A CONSOLIDAÇÃO DAS POLÍTICAS AFIRMATIVAS DE ACESSO À UNIVERSIDADE A PARTIR DO JULGAMENTO DA ADPF Nº 186/DF, DE RELATORIA DO MINISTRO RICARDO LEWANDOWSKI

MARCOS DUQUE GADELHO JÚNIOR

Introdução

A questão que inspira este ensaio, longe de constituir estudo sociológico e de outras ciências humanas, está relacionada não tanto a conferir o real significado e dimensão às ações afirmativas voltadas ao acesso às universidades, campo interdisciplinar com farta produção acadêmica, mas, antes, procura trazer luzes da incontrastável contribuição estatal na sua efetiva promoção, por meio da atividade jurisdicional, a partir do julgamento da Arguição de Descumprimento de Preceito Fundamental (ADPF) nº 186/DF, de relatoria do Ministro Ricardo Lewandowski.

Passados 10 anos da decisão histórica, o Supremo Tribunal Federal (STF) reafirmou a validade dos programas de admissibilidade de candidatos às instituições de ensino, chancelando a higidez dos critérios étnico-raciais em conjunto com os demais tradicionalmente utilizados pelas universidades, promovendo, ao final e ao cabo, a abertura para a difusão de medidas dessa natureza pelo Estado brasileiro. Não por acaso, poucos meses após o referido julgamento, o Congresso Nacional editou a Lei nº 12.711, de 29 de agosto de 2012, que dispõe sobre o ingresso (e critérios) nas universidades federais e nas instituições federais de ensino técnico de nível médio e dá outras providências, bem como institucionalizou condições étnico-raciais e sociais para o acesso às referidas instituições.

Rememore-se, nessa linha de ideias, que a Suprema Corte brasileira, ao julgar improcedente a impugnação formulada pelo Partido Democratas – DEM na ADPF nº 186/DF, que visava a declaração de inconstitucionalidade de atos da Universidade de Brasília – UnB, do Conselho de Ensino, Pesquisa e Extensão da Universidade de Brasília – CEPE e do Centro de Promoção de Eventos da Universidade de Brasília, os quais instituíram o sistema de reserva de vagas com base em critério étnico-racial no processo de seleção para ingresso de estudantes –, reafirmou a validade das medidas e programas que buscam reverter, no âmbito universitário, o quadro histórico de desigualdade que caracteriza as relações étnico-raciais e sociais em nosso País, além de consolidar o pluralismo de ideais como paradigma na comunidade acadêmica. Confira-se, a propósito, a ementa do julgamento:

> ARGUIÇÃO DE DESCUMPRIMENTO DE PRECEITO FUNDAMENTAL. ATOS QUE INSTITUÍRAM SISTEMA DE RESERVA DE VAGAS COM BASE EM CRITÉRIO ÉTNICO-RACIAL (COTAS) NO PROCESSO DE SELEÇÃO PARA INGRESSO EM INSTITUIÇÃO PÚBLICA DE ENSINO SUPERIOR. ALEGADA OFENSA AOS ARTS. 1º, *CAPUT*, III, 3º, IV, 4º, VIII, 5º, I, II XXXIII, XLI, LIV, 37, *CAPUT*, 205, 206, *CAPUT*, I, 207, *CAPUT*, E 208, V, TODOS DA CONSTITUIÇÃO FEDERAL. AÇÃO JULGADA IMPROCEDENTE.
>
> I - Não contraria - ao contrário, prestigia – o princípio da igualdade material, previsto no *caput* do art. 5º da Carta da República, a possibilidade de o Estado lançar mão seja de políticas de cunho universalista, que abrangem um número indeterminados de indivíduos, mediante ações de natureza estrutural, seja de ações afirmativas, que atingem grupos sociais determinados, de maneira pontual, atribuindo a estes certas vantagens, por um tempo limitado, de modo a permitir-lhes a superação de desigualdades decorrentes de situações históricas particulares.
>
> II - O modelo constitucional brasileiro incorporou diversos mecanismos institucionais para corrigir as distorções resultantes de uma aplicação puramente formal do princípio da igualdade.
>
> III - Esta Corte, em diversos precedentes, assentou a constitucionalidade das políticas de ação afirmativa.

IV - Medidas que buscam reverter, no âmbito universitário, o quadro histórico de desigualdade que caracteriza as relações étnico-raciais e sociais em nosso País, não podem ser examinadas apenas sob a ótica de sua compatibilidade com determinados preceitos constitucionais, isoladamente considerados, ou a partir da eventual vantagem de certos critérios sobre outros, devendo, ao revés, ser analisadas à luz do arcabouço principiológico sobre o qual se assenta o próprio Estado brasileiro.

V - Metodologia de seleção diferenciada pode perfeitamente levar em consideração critérios étnico-raciais ou socioeconômicos, de modo a assegurar que a comunidade acadêmica e a própria sociedade sejam beneficiadas pelo pluralismo de ideias, de resto, um dos fundamentos do Estado brasileiro, conforme dispõe o art. 1º, V, da Constituição.

VI - Justiça social, hoje, mais do que simplesmente redistribuir riquezas criadas pelo esforço coletivo, significa distinguir, reconhecer e incorporar à sociedade mais ampla valores culturais diversificados, muitas vezes considerados inferiores àqueles reputados dominantes.

VII - No entanto, as políticas de ação afirmativa fundadas na discriminação reversa apenas são legítimas se a sua manutenção estiver condicionada à persistência, no tempo, do quadro de exclusão social que lhes deu origem. Caso contrário, tais políticas poderiam converter-se benesses permanentes, instituídas em prol de determinado grupo social, mas em detrimento da coletividade como um todo, situação – é escusado dizer – incompatível com o espírito de qualquer Constituição que se pretenda democrática, devendo, outrossim, respeitar a proporcionalidade entre os meios empregados e os fins perseguidos.

VIII - Arguição de descumprimento de preceito fundamental julgada improcedente.

No Direito comparado, a decisão proferida pela Corte brasileira pode ser cotejada ao conhecido caso Grutter v. Bollinger (2003) julgado pela Suprema Corte dos Estados Unidos da América.[1] A parte autora, Barbara Grutter, após ser rejeitada no processo de seleção da prestigiosa Faculdade de Direito da Universidade de Michigan, ingressou com ação judicial contra a faculdade e diretores (dentre eles, Lee Bollinger), sob o fundamento de violação da XIV Emenda à Constituição daquele País.[2] Nessa linha de ideia, para além da compensação de um passado

---

[1] Não ignoro, contudo, que a Suprema Corte oscilou no período, já que em 2003 a Corte invalidou outro programa de admissão da Universidade de Michigan (Gratz *v.* Bollinger).

[2] Nessa linha de ideias, de acordo com o voto condutor proferido pela *Justice* Sandra Day O'Connor: "Como parte de seus objetivos de 'reunir uma turma que seja ao mesmo tempo excepcionalmente qualificada, do ponto de vista acadêmico, e amplamente diversificada'

ancorado em distorções sociais e igualitárias, os juízes daquela Suprema Corte assentaram, com enorme contribuição dos "amigos da corte", que a potencialidade dos benefícios educacionais a partir da diversidade e da pluralidade de visões justificaria a adoção do uso do critério racial – em conjunto com outras condições, e por tempo limitado – em programas de admissão nas universidades, desde que forjados para alcançar efetivas benfeitorias educacionais.

Voltando ao caso brasileiro, não bastasse o conhecido resultado proclamado pela Corte Suprema, convém sublinhar que a atuação destacada do relator, Ministro Ricardo Lewandowski, salta aos olhos em frentes distintas no referido processo constitucional, a saber: (i) precisão e solidez dos argumentos do seu voto vencedor, o qual abrigou ao final, por unanimidade, o entendimento de todos os demais ministros do STF, a fim de consolidar novos contornos jurisdicionais aos múltiplos princípios constitucionais, dentre os quais o da isonomia e o da justiça distributiva;[3] (ii) a ampla participação da sociedade civil,[4] por meio das audiências públicas, que ocorreram em 3, 4 e 5 de março de 2010, e (iii) a pluralidade das visões antagônicas explicitadas naquela assentada reforçaram, de forma incontrastável, a legitimidade da jurisdição

---

a Escola de Direito procura 'matricular uma massa crítica de estudantes que provém de minorias'. (...). O interesse da Escola de Direito não é simplesmente 'assegurar que seu corpo discente seja integrado por um determinado porcentual de membros de um grupo específico meramente em razão de sua raça ou etnia (...). Ao revés, o conceito de 'massa crítica' da Escola de Direito é definido em face dos benefícios educacionais que a diversidade pode produzir. Esses benefícios são substanciais. Como o juiz da Corte Distrital enfatizou, a política de admissão da Escola de Direito promove 'compreensão inter-racial', ajuda a romper com os estereótipos raciais e 'permite que os estudantes aceitem melhor as pessoas de raças diferentes. (...). Esses benefícios são importantes e louváveis, porquanto 'a discussão em sala de aula é tanto mais viva, inspirada, esclarecida e interessante' quanto 'mais diversificados forem os seus estudantes". Cf. Grutter v. Bollinger 539 U.S. 306 (2003). p. 329-330.

[3] O Ministro Ricardo Lewandowski assentou: "O modelo constitucional brasileiro não se mostrou alheio ao princípio da justiça distributiva ou compensatória, porquanto, como lembrou a PGR em seu parecer, incorporou diversos mecanismos institucionais para corrigir as distorções resultantes de uma aplicação puramente formal do princípio da igualdade. Como sabem os estudiosos do direito constitucional, o nosso Texto Magno foi muito além do plano retórico no concernente aos direitos e garantias fundamentais, estabelecendo diversos instrumentos jurídicos para conferir-lhes plena efetividade".

[4] Foi deferido o ingresso, como *amicus curiae*, das seguintes entidades: Defensoria Pública da União – DPU; Instituto de Advocacia Racial e Ambiental (IARA); Afobras – Sociedade Afro-brasileira de Desenvolvimento Sócio Cultural; ICCAB – Instituto Casa da Cultura Afro-brasileira; IDDH – Instituto de Defensores dos Direitos Humanos; Movimento Pardo-Mestiço Brasileiro – MPMB; Fundação Nacional do Índio – Funai; Fundação Cultural Palmares; Movimento Negro Unificado – MNU; Educafro – Educação e Cidadania de Afrodescendentes e Carentes, CONECTAS Direitos Humanos e Conselho Federal da Ordem dos Advogados do Brasil – CFOAB.

constitucional para assegurar a funcionalidade do regime democrático e a tomada de decisão adequada ao caso concreto.

Tal atuação jurisdicional, especialmente do Ministro Ricardo Lewandowski (relator) buscou dar substâncias não apenas às normas e garantias constitucionais, mas, antes, às políticas públicas (então) tidas por heterodoxas, em típico caso de "lacunas de regulação".[5] Nesse panorama normativo, convém assentar que a atuação jurisdicional da Corte estava inserida no contexto e nos limites da interpretação sistemática da legislação,[6] o que denomino de colaborador negativo.[7] Nas palavras do mestre português, Gomes Canotilho, "[a] mediação judicial concretizadora" de normas e princípios "é tarefa indeclinável dos juízes".[8]

1 A interpretação e aplicação do Direito e a sua "moldura normativa" de acesso plural à comunidade acadêmica a partir do julgamento da ADPF nº 186/DF

Registre-se, inicialmente, que a Carta da República de 1988 reconhece e assegura, de forma cristalina e sistemática, o caráter plural da sociedade como princípio edificante e também como um dos objetivos fundamentais da República Federativa, nos termos da redação do seu

---

[5] Faz-se referência à proposição formulada por Karl Larenz: "Na maioria dos casos em que falamos de uma lacuna da lei, não está incompleta uma norma jurídica particular, mas uma determinada regulação em conjunto, quer dizer: esta não contém nenhuma regra para uma certa questão que, segundo a intenção reguladora subjacente, precisa de uma regulação. (...) Não se trata de que aqui a lei, se se quiser aplicar sem uma complementação, não possibilite uma resposta em absoluto; a resposta teria de ser que justamente a questão não está regulada e que, por isso, uma situação de facto correspondente fica sem consequência jurídica". LARENZ, Karl. *Metodologia da Ciência do Direito*. Trad. José Lamego. 5. ed. Lisboa: Calouste Gulbekian, 1983. p. 450-451.

[6] Lembro, de todo modo, que o Supremo Tribunal Federal, em outras oportunidades, já havia admitido a constitucionalidade das políticas de ação afirmativa, embora o tenha feito em contextos específicos e pontuais. Destaco, nesse sentido, o RMS 26.071, Rel. Min. Ayres Britto, e a ADI nº 1.946/DF e a MC-ADI nº 1.946/DF, ambas Rel. Min. Sydnei Sanches.

[7] Evidentemente, a expressão está ancorada na locução "legislador negativo" de Kelsen, para justificar o controle de constitucionalidade, em que o Tribunal não produz, mas elimina a norma maculada. *Cf.* KELSEN, Hans. *Jurisdição Constitucional*. 2. ed. Trad. Alexandre Krug, Eduardo Brandão e Maria Ermantina Galvão. São Paulo: Martins Fontes, 2007. p. 261-262.

[8] CANOTILHO, José Joaquim Gomes. *Direito Constitucional e Teoria da Constituição*. 7. ed. Coimbra: Almedina, 2003. p 1.196.

preâmbulo⁹ e dos seus arts. 1º e 3º.¹⁰ Ademais, para além da promoção do bem comum e do combate a quaisquer formas de discriminação, o Texto Constitucional fornece expressamente diretrizes e instrumentos normativos a serem observados por todos os agentes políticos para a redução da discriminação racial e da promoção da igualdade no País. Veja-se:

> Art. 205. A educação, direito de todos e dever do Estado e da família, será promovida e incentivada com a colaboração da sociedade, visando ao pleno desenvolvimento da pessoa, seu preparo para o exercício da cidadania e sua qualificação para o trabalho.
>
> Art. 206. O ensino será ministrado com base nos seguintes princípios:
>
> I - igualdade de condições para o acesso e permanência na escola;
>
> II - liberdade de aprender, ensinar, pesquisar e divulgar o pensamento, a arte e o saber;
>
> III - pluralismo de ideias e de concepções pedagógicas, e coexistência de instituições públicas e privadas de ensino;
>
> [...]
>
> Art. 208. O dever do Estado com a educação será efetivado mediante a garantia de:
>
> I - educação básica obrigatória e gratuita dos 4 (quatro) aos 17 (dezessete) anos de idade, assegurada inclusive sua oferta gratuita para todos os que a ela não tiveram acesso na idade própria;
>
> II - progressiva universalização do ensino médio gratuito;
>
> III - atendimento educacional especializado aos portadores de deficiência, preferencialmente na rede regular de ensino;
>
> IV - educação infantil, em creche e pré-escola, às crianças até 5 (cinco) anos de idade;

---

9 "Nós, representantes do povo brasileiro, reunidos em Assembleia Nacional Constituinte para instituir um Estado Democrático, destinado a assegurar o exercício dos direitos sociais e individuais, a liberdade, a segurança, o bem-estar, o desenvolvimento, a igualdade e a justiça como valores supremos de uma sociedade fraterna, pluralista e sem preconceitos, fundada na harmonia social e comprometida, na ordem interna e internacional, com a solução pacífica das controvérsias, promulgamos, sob a proteção de Deus, a seguinte CONSTITUIÇÃO DA REPÚBLICA FEDERATIVA DO BRASIL."

10 "Art. 1º A República Federativa do Brasil, formada pela união indissolúvel dos Estados e Municípios e do Distrito Federal, constitui-se em Estado Democrático de Direito e tem como fundamentos: [...] V - o pluralismo político. Art. 3º Constituem objetivos fundamentais da República Federativa do Brasil: I - construir uma sociedade livre, justa e solidária; [...] III - erradicar a pobreza e a marginalização e reduzir as desigualdades sociais e regionais; IV - promover o bem de todos, sem preconceitos de origem, raça, sexo, cor, idade e quaisquer outras formas de discriminação."

V - acesso aos níveis mais elevados do ensino, da pesquisa e da criação artística, segundo a capacidade de cada um;

VI - oferta de ensino noturno regular, adequado às condições do educando;

VII - atendimento ao educando, em todas as etapas da educação básica, por meio de programas suplementares de material didático-escolar, transporte, alimentação e assistência à saúde.

§1º O acesso ao ensino obrigatório e gratuito é direito público subjetivo.

§2º O não oferecimento do ensino obrigatório pelo Poder Público, ou sua oferta irregular, importa responsabilidade da autoridade competente.

Acrescente-se a tudo isso que a "Convenção sobre a Eliminação de todas as Formas de Preconceito", ratificada e internalizada pelo Brasil (Decreto nº 65.810/1969), proíbe qualquer tipo de discriminação. Além disso, o Estado compromete-se a adotar, por todos os meios apropriados e "sem tardar", uma política de eliminação da discriminação racial em todas as suas formas e de promoção de entendimento entre todas as raças e para esse fim (arts. 1º e 2º do referido Decreto), prevendo expressamente, em seu art. 1º, §4º, a adoção de ações afirmativas.[11]

Como se vê, a partir do influxo dos valores de igualdade, de fraternidade e pluralismo, a importante decisão proferida pelo STF está ancorada em incontrastável arcabouço protetivo tipificado e garantido por uma profusão de normas (regras e garantias) inseridas na Constituição e em tratados internacionais. Em outras palavras, o *decisum* proferido na ADPF nº 186/DF não goza de qualquer solipsismo ou criacionismo judicial. Ao revés, ao reafirmar a validade de programas de admissão às universidades, almejou, ao final e ao cabo, materializar a redução das diferenças de oportunidades e, ao mesmo tempo, potencializar a composição multirracial da sociedade brasileira no corpo acadêmico.

Fixadas essas premissas iniciais, convém sublinhar que o voto do relator, Ministro Ricardo Lewandowski, procurou, desde logo, trazer contribuições doutrinárias valiosas e relevantes, de distintos espectros

---

[11] 4. Não serão consideradas discriminação racial as medidas especiais tomadas com o único objetivo de assegurar progresso adequado de certos grupos raciais ou étnicos ou de indivíduos que necessitem da proteção que possa ser necessária para proporcionar a tais grupos ou indivíduos igual gozo ou exercício de direitos humanos e liberdades fundamentais, contando que, tais medidas não conduzam, em consequência, à manutenção de direitos separados para diferentes grupos raciais e não prossigam após terem sidos alcançados os seus objetivos.

das ciências sociais, que buscaram dar contornos mais sólidos acerca da superação de uma perspectiva meramente formal do princípio da isonomia, com o reconhecimento e a promoção estatal das diferenças notoriamente existentes na sociedade.

Mas não é só. Ao tratar da necessária materialização da justiça distributiva – vinculando-a à participação equitativa nos bens sociais, à luz da teoria de John Rawls[12] –, o Ministro Ricardo Lewandowski, mais do que apontar e materializar os comandos dos dispositivos constitucionais já explicitados, procurou reafirmar os valores subjacentes ao pluralismo de ideias e à gestão democrática como princípios norteadores do ensino, provendo, ao final do silogismo jurisdicional, um conteúdo ético material aos preceitos constitucionais.[13] Tais "normas de justiça", como é cediço, têm por destinatários os agentes responsáveis pela criação do direito positivo (legisladores e magistrados).[14] Nesse sentido, convém rememorar as valiosas lições de Kelsen sobre a temática:

> [...] a justiça e a injustiça, que são afirmadas como qualidades de uma norma jurídica positiva cuja validade é independente desta sua justiça ou injustiça, não são ou não são imediatamente, pelo menos – qualidades desta norma, mas qualidades do ato pelo qual ela é posta, do ato de que ela é o sentido.[15]

Assim, ao reafirmar a autonomia constitucional das universidades (art. 207, CF/88), o Ministro assentou que tais entidades têm a liberdade para calibrar os sentidos e os critérios de seleção a fim de alcançar os objetivos e diretrizes colimados na Constituição. Vale dizer, a metodologia de seleção escolhida pelas universidades pode levar em consideração critérios étnico-raciais ou socioeconômicos, a fim

---

[12] RAWLS, John. *Uma Teoria da Justiça*. São Paulo: Martins Fontes, 1997.
[13] Nessa linha, o Ministro Lewandowski assentou em seu voto: "[...] Ora, as políticas que buscam reverter, no âmbito universitário, o quadro histórico de desigualdade que caracteriza as relações étnico-raciais e sociais em nosso País, não podem ser examinadas apenas sob a ótica de sua compatibilidade com determinados preceitos constitucionais, isoladamente considerados, ou a partir da eventual vantagem de certos critérios sobre outros. Elas devem, ao revés, ser analisadas à luz do arcabouço principiológico sobre o qual se assenta o próprio Estado brasileiro, desconsiderando-se os interesses contingentes e efêmeros que envolvem o debate. Não raro a discussão que aqui se trava é reduzida à defesa de critérios objetivos de seleção - pretensamente isonômicos e imparciais -, desprezando-se completamente as distorções que eles podem acarretar quando aplicados sem os necessários temperamentos".
[14] KELSEN, Hans. *O Problema da Justiça*. 5. ed. São Paul: Martins Fontes, 2011, p. 3-8.
[15] *Ibid.*, p. 9.

de, repise-se, proporcionar ganhos educacionais ao corpo discente e à própria comunidade acadêmica por meio da diversidade e da profusão de ideias.

Nesse particular, muito embora tenha afastado qualquer critério biológico de raça, na esteira da discussão já ocorrida no HC 82.424-QO/RS, no feito "Ellwanger", a Suprema Corte assentou, de forma definitiva, que o conceito histórico-cultural da raça – artificialmente construído para justificar e qualificar o crime de racismo a partir do julgamento no citado remédio heroico – é perfeitamente aplicável, em sua diretriz ontológica, pelo Estado e pelas universidades para estimular a promoção e a integração de grupos sociais tradicionalmente excluídos.

Ademais, ao utilizar dados empiricamente coligidos pelo Instituto Brasileiro de Geografia e Estatística – IBGE,[16] que demonstraram, à época do julgamento, a cristalina desproporção e situação de desigualdade que sofrem os indivíduos historicamente desfavorecidos, o Tribunal reafirmou a necessidade da vigilância estatal para a implementação de uma justiça social concreta mais distributiva e precisamente para incorporar à sociedade acadêmica valores culturais plurais e diversificados. Daí por que, segundo a Corte, descortina-se insuficiente o alardeado critério de baixa renda como o único capaz de abrigar os preceitos estabelecidos no Texto Constitucional. Reproduzo, a propósito, fragmentos do voto do Ministro Ricardo Lewandowski:

> [...] Nessa mesma linha de raciocínio é possível destacar outro resultado importante no que concerne às políticas de ação afirmativa, qual seja: a criação de lideranças dentre esses grupos discriminados, capazes de lutar pela defesa de seus direitos, além de servirem como paradigmas de integração e ascensão social.
>
> Tais programas trazem, pois, como um bônus adicional a aceleração de uma mudança na atitude subjetiva dos integrantes desses grupos, aumentando a autoestima que prepara o terreno para a sua progressiva e plena integração social.
>
> Ainda sob essa ótica, há que se registrar uma drástica transformação na própria compreensão do conceito de justiça social, nos últimos tempos. Com efeito, para além das políticas meramente redistributivas surgem, agora, as políticas de reconhecimento e valorização de grupos étnicos e culturais.
>
> [...]

---

[16] Dados da Pesquisa Nacional por Amostra de Domicílios – PNAD.

Dito de outro modo, justiça social, hoje, mais do que simplesmente redistribuir riquezas criadas pelo esforço coletivo, significa distinguir, reconhecer e incorporar à sociedade mais ampla valores culturais diversificados, muitas vezes considerados inferiores àqueles reputados dominantes.

Esse modo de pensar revela a insuficiência da utilização exclusiva do critério social ou de baixa renda para promover a integração social de grupos excluídos mediante ações afirmativas, demonstrando a necessidade de incorporar-se nelas considerações de ordem étnica e racial.

Após percuciente exame do Direito comparado, especialmente dos casos julgados pela Suprema Corte dos Estados Unidos da América – Bakke *v.* Regents of the University of California, Gratz *v.* Bollinger e Grutter *v.* Bollinger – com o apontamento de diferenças marcantes quanto às premissas estruturais sobre a constitucionalidade da política de reserva de vagas ou do estabelecimento de cotas nas universidades públicas no Brasil –, o STF emulou parte do entendimento daquela Corte, mais precisamente no que concerne ao reconhecimento da natureza temporária das políticas de ações afirmativas.

Diante de tal cenário, ao final do julgamento da ADPF nº 186/ DF, o STF chancelou uma nova postura hermenêutica, não apenas para desvelar o sentido e o alcance das normas previstas na referida Carta de Direitos, mas para, após avaliação cognitiva prévia sobre as possibilidades fixadas na moldura normativa, referendar políticas públicas adotadas por instituições em consonância com os valores constitucionais, especialmente à luz do mosaico fático, sem desbordar, contudo, em qualquer voluntarismo ou idiossincrasias judiciais.

Oportuno lembrar, ainda, que o ordenamento jurídico se consubstancia num complexo lógico de regras e princípios aptos à criação da norma individual, sendo a realidade subjacente um vetor hermenêutico. Logo, é possível reconhecer o acoplamento mínimo (discricionariedade para a desvinculação à norma superior) entre direito e política no exercício da jurisdição, sem cair, no entanto, na tentação de atribuir uma função iluminista civilizatória ao papel dos magistrados.[17]

Some-se a tudo isso a força normativa da Constituição Federal de 1988, que, nas lições clássicas de Konrad Hesse, pressupõe não só

---

[17] Expressão utilizada por Luís Roberto Barroso ao se referir a um dos papéis da Suprema Corte. BARROSO, Luís Roberto. *A judicialização da vida e o papel do Supremo Tribunal Federal*. Belo Horizonte: Fórum, 2018, p. 165-177.

a verificação da natureza singular da realidade (elementos sociais, políticos e econômicos) e o plano normativo pactuado, mas também a incorporação do "estado espiritual do seu tempo" com vistas às mudanças/transformações que ordenem e conformem a realidade política e social e, por fim, a capacidade de adaptar-se a uma eventual mudança destas condicionantes.[18] E o STF, na figura do Ministro Ricardo Lewandowski, ao julgar improcedente o pedido formulado na ADPF nº 186/DF e, ao mesmo tempo, reafirmar os critérios normativos das políticas e medidas afirmativas fixadas pelas universidades, cumpriu com o seu papel institucional contemporâneo.

2 Breves considerações normativas e o diálogo permanente com a função jurisdicional

Diante do panorama dos autos, ao chancelar a validade de políticas públicas de acesso plural às universidades, o Tribunal Constitucional corrobora, de forma intencional ou não, a tese de que cláusulas constitucionais não são apenas questões jurídicas, mas, sim, questões políticas.[19] Daí por que, por corolário lógico, mostra-se claramente possível a construção da atividade jurisdicional comprometida com a dinâmica das relações sociais e políticas, especialmente para a redução de distorções históricas e a promoção do bem comum, valores estes, conforme já explicitei, de estatura constitucional no ordenamento jurídico. Impõe-se destacar, de todo modo, que já não é nenhuma novidade a tentativa de superação de um direito positivo mal compreendido.[20]

Isso não significa, no entanto, apregoar a ausência de limites para a jurisdição constitucional, especialmente da Suprema Corte. Vale dizer, não é necessário apelar para critérios subjetivos para alcançar

---

[18] HESSE, Konrad. *A força normativa da Constituição*. Trad. Gilmar Ferreira Mendes. Porto Alegre: Sérgio Antônio Fabris Editor, 1991.

[19] HESSE, Konrad. *Limites da mutação constitucional*. Trad. Inocêncio Mártires Coelho. *In*: MENDES, Gilmar Ferreira; COELHO, Inocêncio Mártires. *Temas Fundamentais do Direito Constitucional*. Tradução: Carlos dos Santos Almeida. São Paulo: Saraiva, 2009.

[20] Clèmerson Merlin Clève rememora, com precisão: "Não cabe confundir positivismo, enquanto método de conhecimento aplicado ao direito e saber, com o 'positivo' que qualifica o direito de determinado tempo histórico; isto é, enquanto realidade e prática produtora e reprodutora do direito contemporâneo. (...) Enquanto o primeiro refere-se ao saber, o segundo diz respeito a um fenômeno social e político". CLÈVE, Clèmerson Merlin. *Para uma dogmática constitucional antecipatória*. Belo Horizonte: Fórum, 2012, p. 60.

soluções adequadas a certos problemas, viabilizando a construção da norma, já que não é possível isolá-la do mundo dos fenômenos.[21] De todo modo, a calibragem da potencialidade da evolução das decisões normativas do STF poderá ser revisitada (mais uma vez) pelo Congresso Nacional, especialmente para aprimorar, se necessário, as metodologias e critérios das políticas públicas externadas pelas instituições de ensino, respeitando-se, sem prejuízo, sua autonomia constitucional (art. 207 da CF/1988).

Não por acaso, a Lei de Introdução às Normas do Direito Brasileiro, modificada a partir da vigência da Lei nº 13.655/2018, prescreve aos intérpretes jurisdicionais, em seu art. 20,[22] o dever de obediência às prescrições emanadas do consequencialismo jurídico como decorrência lógica do princípio da segurança jurídica e do interesse social. De acordo com Floriano de Azevedo Marques e Rafael Véras de Freiras:

> A prescrição é um tanto mais sofisticada. Estabelece um devido processo legal decisório, mais interessado nos fatos, por intermédio do qual os decisores terão de explicitar se: (i) dispõem de capacidade institucional para tanto, ou se, excepcionalmente, estão exercendo uma função que lhe é atípica, mas por uma necessidade pragmática, porém controlável; (ii) a decisão que será proferida é a mais adequada, considerando as possíveis alternativas e o seu viés intrusivo; e (iii) se as consequenciais de suas decisões são predicadoras de medidas compensadoras, ou de um regime transição. Cuida-se de uma motivação para além da exigida pelo disposto no artigo 50 da Lei 9.784/1999. Não se trata de um dever de utilização de uma "retórica das consequências", como já se cogitou, nem, tampouco, tem o propósito de tornar o controle mais lasso. Quem exerce o controle não pode descurar o seu autocontrole.
>
> Na verdade, trata-se de dispositivo que visa estabilizar e a conferir exequibilidade às decisões do controlador. E, de outro bordo, estabelecer parâmetros a partir dos quais tais decisões poderão ser controladas. Assim é que, caso se trate de decisão na esfera administrativa, a

---

[21] Paulo Bonavides assenta, com razão: "(...) a prescrição jurídica positiva é tão-somente a cabeça *do iceberg*. No seio da montanha de gelo, na parte mais baixa, recôndita e profunda, porém invisível, é que se deve procurar a essência da normalidade, feita dos fatos e relações de natureza política e social". BONAVIDES, Paulo. *Curso de Direito Constitucional*. 24. ed. São Paulo: Malheiros, 2009. p. 499.

[22] Art. 20. Nas esferas administrativa, controladora e judicial, não se decidirá com base em valores jurídicos abstratos sem que sejam consideradas as consequências práticas da decisão. Parágrafo único. A motivação demonstrará a necessidade e a adequação da medida imposta ou da invalidação de ato, contrato, ajuste, processo ou norma administrativa, inclusive em face das possíveis alternativas.

inobservância dessa exigência poderá importar na sua invalidação, por ausência de motivos, como determina o disposto no artigo 2º, de parágrafo único, d, ambos da Lei 4.717/1965 (Lei da Ação Popular). De outro lado, caso tal inobservância seja observada em provimento jurisdicional, tratar-se-á de decisão considerada sem fundamentação, nos termos do artigo 489, parágrafo 1º, do CPC 2015, o que pode ensejar a sua nulidade (nos termos do artigo 1.013, parágrafo 3º, I, do CPC 2015). O dispositivo, portanto, não só é compatível com sistema normativo já vigente como, de resto, com ordenamento constitucional brasileiro.[23]

Registre-se, também, a lição de Norberto Bobbio sobre a necessidade da "especificação" dos direitos do homem, para que, ao final, não se tornem um conjunto de fórmulas vazias. Nessa perspectiva, diante das inúmeras transformações sociais, econômicas, políticas e culturais, o aperfeiçoamento contínuo da implementação de direitos pelos órgãos estatais constituirá sinal de avanço e de progresso da comunidade e dos seus indivíduos. Vale dizer, a materialização e a especificação dos referidos direitos consubstanciam nada mais do que a "passagem gradual, porém, cada vez mais acentuada, para uma ulterior determinação dos sujeitos titulares de direitos".[24]

Diante de tal panorama, ao assentar que as políticas públicas adotadas não têm apenas envergadura constitucional, mas também visam "estabelecer um ambiente acadêmico plural e diversificado, superando distorções sociais historicamente consolidadas", o STF materializa a viabilidade da evolução e do aperfeiçoamento da jurisdição constitucional, especialmente quanto à sua forma de prover a tutela judicial (sem cair na tentação do solipsismo ou realismo jurídico), por meio da participação e da coordenação de interesses contrapostos da sociedade civil, observando-se, para tanto, os parâmetros e a linguagem do texto legal.

É certo, entretanto, que equívocos judiciais poderão ocorrer, fenômeno típico de democracias recentemente consolidadas, mas o retrocesso vinculado a uma aplicação do Direito desprovida de qualquer preocupação com a realidade subjacente ou apenas com os cânones de uma ciência jurídica estruturada, ou até mesmo o míope

---

[23] MARQUES NETO, Floriano de Azevedo; FREITAS, Rafael Véras. A nova LINDB e o Consequencialismo jurídico como mínimo existencial. *Consultor Jurídico*, São Paulo, 18 maio 2018. Disponível em: https://www.conjur.com.br/2018-mai-18/opiniao-lindb-quadrantes-consequencialismo-juridico. Acesso em: 10 abr. 2021.

[24] BOBBIO, Norberto. *A Era dos Direitos*. Trad. Carlos Nelson Coutinho. 9. ed. Rio de Janeiro: Elsevier, 2004, p. 58-59.

positivismo exegético, mostra-se muito mais nocivo ao equilíbrio dos poderes constituídos.

3 Conclusão

A decisão proferida pela Suprema Corte na ADPF nº 186/DF, com atuação destacada do relator, Ministro Ricardo Lewandowski, ganha contornos institucionais relevantes que extrapolam a própria atividade jurisdicional. Isso porque, mais do que examinar o controle de constitucionalidade de atos e medidas normativos, descortinou-se inédita, em processos objetivos, a chancela formal da mais alta Corte do País em relação às políticas de ações afirmativas, precisamente no âmbito das instituições de ensino, voltadas à promoção do bem comum e ao combate às formas de discriminação existentes no corpo social.

O caráter pedagógico do *decisum* pode ser extraído não apenas na profusão das ações afirmativas promovidas por outras instituições de ensino a partir do julgamento, mas, também, em relação a outros órgãos estatais. Nessa linha de ideias, meses após o referido julgamento, o Congresso Nacional editou a Lei nº 12.711, de 29 de agosto de 2012, que disciplina critérios de ingresso nas universidades federais e nas instituições (federais) de ensino técnico de nível médio e dá outras providências, bem como institucionalizou condições étnico-raciais e sociais para o acesso às referidas instituições.

Ademais, a participação de agentes do Parlamento, do Executivo e da própria sociedade civil – na condição de parte, simples interessado ou até mesmo nas audiências públicas realizadas no STF – constituiu um termômetro válido de legitimidade da atuação da Corte, especialmente porque, como visto, a decisão foi reafirmada pelo Congresso Nacional, poucos meses após a conclusão do julgamento, com a edição da Lei nº 12.711/2012. Assim, as múltiplas (formas) e permanentes interações – e as distintas reivindicações perante o Poder Judiciário – têm compelido os juízes a forjarem uma nova forma de comunicação com a esfera pública no exercício da jurisdição constitucional, que passa, então, a projetar múltiplas soluções dentro da moldura normativa prevista no texto legal.

A atuação destacada do Ministro Ricardo Lewandowski, e da própria Suprema Corte, não se limitou ao exame de constitucionalidade dos atos normativos, mas, antes, constituiu genuíno avanço institucional civilizatório na promoção de políticas públicas de inclusão social, precisamente de ações afirmativas na comunidade acadêmica. Mas não é só. A decisão não serviu apenas para salvaguardar a funcionalidade do sistema democrático, mas, antes, aperfeiçoou a coordenação de interesses contrapostos em resposta ao conhecido recurso estratégico mobilizado pelos agentes políticos para sustentar suas posições, especialmente nos momentos críticos do País.

Esse outro desconhecido, nas palavras do Ministro Aliomar Baleeiro – em referência ao período em que a jurisdição constitucional exercida pelo STF era praticamente ignorada pelo público em geral, ostracismo que perdurou até o final da década de 1990 –, passa a ter proeminência na vida nacional, com múltiplos vetores de atuação, não por uma vocação narcisista, mas porque a Corte foi instada por diplomas legislativos e pela atuação dos parlamentos e do Executivo, mergulhados em conjunturas políticas singulares.

E, nesse panorama, cumpre assinalar as lições clássicas do papel do magistrado, segundo entendimento de Dalmo Dallari, as quais, a meu sentir, viabilizaram no julgamento da ADPF nº 186/DF, por meio da atuação decisiva do Ministro Ricardo Lewandowski, a promoção de programas de incentivo de seleção do corpo discente, a fim de estimular um ambiente acadêmico mais plural e diversificado, superando distorções sociais historicamente consolidadas:

> Mas o juiz não decide nem ordena como indivíduo e sim na condição de agente público, que tem uma parcela de poder discricionário, bem como de responsabilidade e de poder de coação, para a consecução de certos objetos sociais. Daí vem a sua força. Além de tudo, é o povo, de quem ele é delegado, que remunera o trabalho do juiz, que acentua sua condição de agente do povo. Esse conjunto de elementos já seria suficiente para o reconhecimento do caráter político da magistratura, mas existem outros fatores que reforçam essa conclusão. [25]

Referências

BARROSO, Luís Roberto. *A Judicialização da Vida e o Papel do Supremo Tribunal Federal.* Belo Horizonte: Fórum, 2018.

BOBBIO, Norberto. *A Era dos Direitos.* Trad. Carlos Nelson Coutinho. 9. ed. Rio de Janeiro: Elsevier, 2004.

BONAVIDES, Paulo. *Curso de Direito Constitucional.* 24. ed. São Paulo: Malheiros, 2009.

---

[25] DALLARI, Dalmo de Abreu. *O Poder dos Juízes.* São Paulo: Saraiva, 2002, p. 90.

BRASIL. Constituição da República Federativa do Brasil de 1988. 44. ed. São Paulo: Revista dos Tribunais, 2004.

CANOTILHO, José Joaquim Gomes. *Direito Constitucional e Teoria da Constituição*. São Paulo: Almedina, 2018.

CLÈVE, Clèmerson Merlin. *Para uma Dogmática Constitucional Antecipatória*. Belo Horizonte: Fórum, 2012.

DALLARI, Dalmo de Abreu. *O Poder dos Juízes*. São Paulo: Saraiva, 2002.

HESSE, Konrad. *A Força Normativa da Constituição*. Trad. Gilmar Ferreira Mendes. Porto Alegre: Sérgio Antônio Fabris Editor, 1991.

HESSE, Konrad. Limites da Mutação Constitucional. Trad. Inocêncio Mártires Coelho. *In*: MENDES, Gilmar Ferreira; COELHO, Inocêncio Mártires. Temas Fundamentais do Direito Constitucional. Trad. Carlos dos Santos Almeida. São Paulo: Saraiva, 2009.

KELSEN, Hans. *Teoria Pura do Direito*. 7. ed. São Paulo: Martins Fontes, 2006.

KELSEN, Hans. *Autobiografia de Hans Kelsen*. Trad. Gabriel Nogueira Dias e José Inácio Coelho Mendes Neto. 2. ed. Rio de Janeiro: Forense Universitária, 2011.

KELSEN, Hans. *O Problema da Justiça*. 5. ed. São Paulo: Martins Fontes, 2011.

LARENZ, Karl. *Metodologia da Ciência do Direito*. 5. ed. Lisboa: Fundação Calouste Gulbekian, 1983.

MARQUES NETO, Floriano de Azevedo; FREITAS, Rafael Véras. A nova LINDB e o Consequencialismo Jurídico como Mínimo Existencial. *Consultor Jurídico*, São Paulo, Disponível em: https://www.conjur.com.br/2018-mai-18/opiniao-lindb-quadrantes-consequencialismo-juridico. Acesso em: maio 2018.

Informação bibliográfica deste texto, conforme a NBR 6023:2018 da Associação Brasileira de Normas Técnicas (ABNT):

GADELHO JÚNIOR, Marcos Duque. A Consolidação das políticas afirmativas de acesso à universidade a partir do julgamento da ADPF nº 186/DF, de relatoria do Ministro Ricardo Lewandowski. *In*: RODRIGUES, Dennys Albuquerque; CEZAR, Eduardo Barreto; OLIVEIRA, Marcelo Pimentel de (coord.). *Democracia, humanismo e jurisdição constitucional*: estudos em homenagem ao Ministro Ricardo Lewandowski. Belo Horizonte: Fórum, 2022. p. 305-320. ISBN 978-65-5518-402-0.

ANUALIDADE ELEITORAL: UMA REGRA QUE NÃO PODE SER IMPOSTA COMO ÓBICE À EFETIVIDADE E AO EXERCÍCIO DE DIREITOS FUNDAMENTAIS

MARILDA SILVEIRA

Introdução

    Não é nada fácil homenagear o Professor Ricardo Lewandowski, Ministro do Supremo Tribunal Federal, com vasta e aclamada produção acadêmica. Combativo e fiel aos seus princípios, defensor dos direitos fundamentais e dos princípios democráticos, nunca se intimidou pela *publicidade opressiva* de muitos julgamentos. A tarefa se torna ainda mais difícil diante do fato de que o homenageado está entre os grandes professores com quem tive a sorte e a oportunidade de aprender ao longo de minha trajetória profissional.

    Sempre presente, firme, comprometido e gentil, o Ministro Ricardo Lewandowski revela sua competência, lucidez e sensibilidade em cada decisão. Mesmo atarefado e no exercício da função de presidente do Tribunal Superior Eleitoral, nunca se afastou de sua cotidiana gentileza e disponibilidade.

    Atento ao avaliar os lados diferentes da mesma história, reafirma que toda aparente certeza tem um contraponto legítimo.

    Tanto na magistratura quanto na academia, é vasta sua produção relacionada aos diretos fundamentais. Recentemente, como relator da ADPF nº 738, determinou a aplicação imediata dos incentivos às candidaturas de pessoas negras, afastando a incidência da regra da anualidade em face da execução de políticas de fomento e proteção dos direitos fundamentais. Não poderia ser outra, portanto, minha escolha para esta tão importante, justa e oportuna homenagem.

Consigo me lembrar do dia exato em que recebi o honroso convite para integrar a equipe do Ministro. A vivência, o aprendizado e a generosidade de todos os que tive a sorte de encontrar nessa jornada fazem parte do que carrego comigo e inspiraram a escolha do tema deste artigo. Sou grata ao Ministro e à oportunidade de fazer parte desta justa homenagem.

1 A regra da anualidade pode constituir óbice à incidência de norma ou execução de política que protege ou incentiva direitos fundamentais?

Não apenas no âmbito nas eleições gerais, mas também no ambiente político-institucional (caso da Ordem dos Advogados do Brasil[1]) muito se discutiu sobre a incidência da regra da anualidade eleitoral em alteração normativa ou jurisprudencial que busca proteger o exercício de direitos fundamentais. É o caso da política de cotas ou mesmo da licitude de gravações ambientais[2] em espaços privados.[3]

Na ADI nº 5.717[4] e na Consulta 252-18[5] STF e TSE decidiram que a distribuição de recursos do Fundo Partidário destinado ao

---

[1] Na sessão do Conselho Pleno da OAB, a partir da deliberação sobre a Proposição nº 49.0000.2018.007897-6/COP, originária do Conselho Pleno, da Comissão Nacional da Mulher Advogada e da comissão especial destinada ao estudo dos aspectos relativos às eleições vindouras da OAB, aprovou-se alteração do Regulamento Geral instituindo regra de paridade nas eleições. Já em dezembro de 2020, o Colégio de Presidentes da OAB, por maioria, manifestou-se a favor da ampliação do percentual destinado à cota de gênero, de modo que o registro das chapas passaria a condicionar-se à paridade. A proposta veio à votação no Conselho Federal, na reunião de 14 de dezembro de 2020. Considerando que o estatuto da OAB prevê que "a eleição dos membros de todos os órgãos da OAB será realizada na segunda quinzena do mês de novembro, do último ano do mandato" (art. 63), portanto, a menos de um ano da alteração, indagou-se se a regra da paridade estaria vigente para as eleições de 2021. Em votação por maioria, o colegiado afastou a anualidade dando execução à política de proteção ao direito fundamental.

[2] STF. ADPF nº 738. Relator Min. Ricardo Lewandowski.

[3] TSE. AgR e ED no Respe 0000634-06 e AgR no AI 0000293-64. Voto Ministro Carlos Bastide Horbach.

[4] Deu "interpretação conforme à Constituição ao art. 9º da Lei 13.165/2015 de modo a (a) equiparar o patamar legal mínimo de candidaturas femininas (hoje o do art. 10, §3º, da Lei 9.504/1997, isto é, ao menos 30% de cidadãs), ao mínimo de recursos do Fundo Partidário a lhes serem destinados, que deve ser interpretado como também de 30% do montante

financiamento das campanhas eleitorais direcionadas às candidaturas de mulheres deveria ser feita na exata proporção das candidaturas de ambos os sexos, respeitado o patamar mínimo de 30% de candidatas mulheres. Logo em seguida, essa decisão foi estendida ao fundo especial de campanha (FEFC). Decisão semelhante adveio da Consulta TSE 600306-47, em que o TSE definiu que candidatos negros têm direito à distribuição de recursos e tempo de propaganda eleitoral gratuita proporcionais ao número de candidatos.[5]

Uma questão comum, contudo, assombrou (e assombra) a efetividade dessas alterações legislativas ou jurisprudenciais quando proferidas no ano eleitoral: a regra da anualidade. Pode a regra da anualidade constituir óbice à incidência de norma ou execução de política que protege ou incentiva direitos fundamentais?

O presente estudo dá enfoque à política de paridade executada por meio das cotas de gênero, mas os fundamentos e conclusões se aplicam a qualquer política de incentivo e proteção dos direitos fundamentais em face da anualidade.

2 Paridade não é favor: os dados da desigualdade e a fundamentalidade dos direitos políticos – anualidade na ação afirmativa corretiva

Não há quem coloque em dúvida o fato de que a isonomia formal chegou ao Brasil há alguns anos. Em tese, a lei não permite o tratamento desigual em razão do gênero e da raça. Isso, contudo, ainda não tem sido suficiente para assegurar as mesmas oportunidades aos homens e mulheres, independentemente do trabalho, dedicação e competência. O impulso das normas genéricas não foi capaz de competir com a força da realidade: quando a disputa por espaço não é objetiva e impessoal, quando depende da *formação de redes*, as posições são, majoritariamente, ocupadas por homens.

---

do Fundo alocado a cada partido, para eleições majoritárias e proporcionais, e (b) fixar que, havendo percentual mais elevado de candidaturas femininas, o mínimo de recursos globais do partido destinados a campanhas lhe seja alocado na mesma proporção".

[5] "A distribuição dos recursos do Fundo Especial de Financiamento de Campanha (FEFC), previsto nos artigos 16-C e 16-D, da Lei das Eleições, e do tempo de propaganda eleitoral gratuita no rádio e na televisão, regulamentada nos arts. 47 e seguintes do mesmo diploma legal, deve observar os percentuais mínimos de candidatura por gênero, nos termos do art. 10, §3º, da Lei nº 9.504/97, na linha da orientação firmada na Suprema Corte ao exame da ADI 5617. No caso de percentual superior de candidaturas, impõe-se o acréscimo de recursos do FEFC e do tempo de propaganda na mesma proporção".

Assim ocorre nos postos de comando das empresas,[6] nos cargos de direção, chefia e assessoramento do Poder Público,[7] nos Tribunais,[8] nos partidos políticos,[9] na Câmara dos Deputados[10], no Senado Federal[11] e na Presidência da República[12] e, lamentavelmente, até mesmo na maior parte dos órgãos de representação da Ordem dos Advogados do Brasil.[13]

---

[6] As mulheres no Brasil ocupam hoje 34% dos cargos de liderança sênior (diretoria executiva) nas empresas, de acordo com a pesquisa mais recente do *International Business Report* da *Grant Thornton*, realizada com 4.812 empresas, em 32 países. Disponível em: https://www.grantthornton.com.br/contentassets/158da8c0b7c04474a3cc43f4a5dc73af/women_in_business_2020.pdf. Acesso em: 12 dez. 2020.

[7] De acordo com o estudo Cenários de Gênero, lançado pelo Conselho Nacional do Ministério Público, em 2018, os quatro ramos do MP e as 27 unidades nos Estados contam com 5.114 promotoras e procuradoras e 7.897 promotores e procuradores, na proporção de cerca de 39% de mulheres e 61% de homens. Disponível em: https://www.cnmp.mp.br/portal/images/20180622_CEN%C3%81RIOS_DE_G%C3%8ANERO_v.FINAL_2.pdf. Acesso em: 12 dez. 2020.

[8] O Departamento de Pesquisas Judiciárias promoveu o Censo do Poder Judiciário no ano de 2014 e publicou o Perfil Sociodemográfico dos Magistrados Brasileiros no ano de 2018. A partir dos dados coletados nessas pesquisas foi possível determinar o percentual geral de ocupação dos cargos da magistratura e dos cargos de servidores. O Censo do Poder Judiciário identificou que 35,9% dos magistrados e 56,2% dos servidores eram mulheres. Além disso, as referidas pesquisas identificaram que quanto maior o nível da carreira na Magistratura, menor era a participação feminina, sendo ela representada por 44% dos juízes substitutos, 39% dos juízes titulares, 23% dos desembargadores e apenas 16% dos ministros de tribunais superiores. Disponível em: https://www.tjpr.jus.br/documents/18319/17932066/Diagnostico+feminino/13a68e86-b069-4440-6b94-9acce5ba28c0. Acesso em: 12 dez. 2020.

[9] Quase metade (44,28%) dos filiados aos partidos brasileiros são mulheres, mas elas ocupam apenas 21% dos cargos nas suas executivas nacionais. Disponível em: https://mulheresnaseleicoes.org.br/relatorio1/. Acesso em: 12 dez. 2020.

[10] Entre os 513 deputados eleitos, há 436 homens e 77 mulheres. São 27 deputadas a mais do que na legislatura anterior. Apesar de a representação feminina na Câmara ter subido de 10% para 15%, ainda fica bem distante do índice de 51,5% que faz das mulheres a maioria da população brasileira, segundo o Instituto Brasileiro de Geografia e Estatística (IBGE): Agência Câmara de Notícias.

[11] A bancada feminina no Senado a partir de 2019 foi reduzida de 13 para 12 senadoras. Dos 353 candidatos ao Senado nas eleições de 2018, 62 eram mulheres e, dessas, sete se elegeram. Em 20 Estados, nenhuma mulher foi eleita e em três deles nem houve candidatas. O Distrito Federal e a Paraíba elegeram a primeira senadora da história dessas unidades da Federação. Fonte: Agência Senado.

[12] De acordo com pesquisa do M(Números) a Presidência da República conta com 957 mulheres nomeadas. O valor representa 28,7% do total de 3.334 funcionários, além de duas mulheres no comando das 22 pastas ministeriais. Disponível em: https://www.metropoles.com/brasil/mulheres-representam-apenas-287-dos-funcionarios-da-presidencia. Acesso em: 12 dez. 2020.

[13] No triênio 2019/2021, todas as seccionais da OAB do país são presididas por homens. No Conselho Federal, as mulheres ocupam 16 das 81 vagas de conselheiros titulares. A Ordem dos Advogados do Brasil foi criada em 18 de novembro de 1930 (Decreto nº 19.408/30) e, nesses noventa anos, nunca uma mulher presidiu o Conselho Federal. No triênio 2022/2024 a melhora do cenário se deve à política de paridade.

Parece bastante claro que não são vontade, esforço ou competência que impedem mulheres de chegarem às posições de poder. A situação se agrava quando são avaliados os dados dos negros (sobretudo mulheres negras) em posição de poder.

Há muito pesquisas buscam identificar por que a igualdade formal não foi capaz de garantir que as mulheres ocupassem, de forma equivalente, posições de liderança.

Para compreender a sub-representação feminina em posições de liderança, não se pode perder de vista que até 1962 a mulher era considerada relativamente incapaz e dependia do seu marido para exercer inúmeros direitos.[14] Foi com o estatuto da mulher casada, Lei nº 4.121/62, que parte das desigualdades e essa noção de incapacidade foi revogada.

Não se tratava, portanto, de simples questão cultural, mas de opção normativa incorporada ao Estado de Direito vigente, amparada por política estatal que se pautava exclusivamente pelo gênero. Também não se pode minimizar que o curso da história delineou um modelo de família em que a mãe seria a responsável por dispensar especial atenção ao cuidado e à educação dos filhos, assumindo tarefas domésticas em ambiente eminentemente privado. Nessa configuração, os espaços públicos seriam de direito dos homens, vistos como provedores e chefes da família.[15]

---

[14] Maria Lygia Quartim de Moraes: "Com o casamento, a mulher perdia sua capacidade civil plena. Cabia ao marido a autorização para que ela pudesse trabalhar, realizar transações financeiras e fixar residência. Além disso, o Código Civil punia severamente a mulher vista como 'desonesta', considerava a não virgindade da mulher como motivo de anulação do casamento (...) e permitia que a filha suspeita de 'desonestidade', isto é, manter relações sexuais fora do casamento, fosse deserdada". MORAES, Maria Lígia Quartim. Cidadania no feminino. *In*: PINSKY, J.; PINSK, C. B. *História da Cidadania*. São Paulo: Contexto, 2003.

[15] "De acordo com as estatísticas disponibilizadas pelo Tribunal, no ano de 2014, a proporção geral de candidaturas era de 68,955 (homens) para 31,05% (mulheres). Nessas eleições, o descumprimento do mínimo legal foi alarmante, tendo se verificado em 11 dos 32 partidos analisados: DEM (29,49%), PCO (24,49%), PDT (29,68%), PHS (29,94%), PROS (28,45%), PRTB (28,27%), PSDC (29,34%), PSOL (29,61%), PT do B (29,68%), PTB (29,42%), e SD (26,35%). Com exceção do PSTU, que atingiu um percentual de 40% de candidaturas femininas, os 20 partidos restantes ficaram entre 30,08% (PSB) e 33,92% (PMN) – porcentagem próxima do limite mínimo, que ainda é muito baixo. Nas eleições municipais de 2016, por sua vez, o percentual de candidaturas femininas atingido pelos partidos ficou entre 30,77% (PDT) e 34,34% (PT), média muito semelhante à de 2014. Somente o PSTU (39,20%) e o PMB (43,47%), apresentaram percentuais notadamente destoantes. Vale dizer que, com exceção do PCO, que alcançou somente 29,41% de candidaturas femininas, os demais partidos respeitaram, ao menos formalmente, o mínimo legal de cotas para mulheres. Partindo-se de um universo de 35 partidos, constatou-se haver 68,11% de candidaturas masculinas contra 31,89% de candidaturas femininas". Permanecem, assim, de todo verdadeiras as afirmações feitas por Fernanda Ferreira Mota e Flávia Biroli,

Há pouco mais de 30 (trinta anos), em 1985, as pesquisadoras Albertina de Oliveira Costa, Carmen Barroso e Cynthia Sarti, da Fundação Carlos Chagas, fizeram um levantamento bibliográfico das pesquisas sobre as mulheres, realizadas no Brasil, entre 1976 e 1985, e apontaram como fatores que dificultaram o trabalho: a "novidade relativa do assunto" e o "terreno de convergência possível entre diferentes disciplinas e terra de ninguém".[16]

No mesmo período, em 1987, a Professora Titular de História da FFLCH escreveu um artigo em que explicava como era difícil estudar a história da mulher brasileira[17] porque a "estrutura universitária [era] demasiadamente conservadora". Naquele momento, narrava a professora que "a História da Mulher ainda é encarada como 'coisa de feminista' ou então como simples curiosidade fútil num leque de disciplinas que se propõe transmitir o essencial do saber histórico".[18]

---

no artigo "O gênero na política: a construção do feminino nas eleições presidenciais de 2010" (*Cadernos Pagu* (43), jul./dez. 2014): "A presença reduzida de mulheres na vida política brasileira não é uma circunstância ocasional. É um desdobramento dos padrões históricos da divisão sexual do trabalho e da atribuição de papéis, habilidades e pertencimentos diferenciados para mulheres e homens. Corresponde a uma realização restrita do ideal democrático da igualdade política, que reserva os espaços de decisão e as posições de poder a uma parcela da população com perfis determinados – homens, brancos, pertencentes às camadas mais ricas da população. As desigualdades de gênero, assim como a desigualdade racial e a de classe, são importantes para se compreender os mecanismos de divisão e diferenciação que impedem uma realização mais plural da política." (REPERCUSSÃO GERAL EM RECURSO EXTRAORDINÁRIO 1.018.911 – RR RELATOR: MIN. LUIZ FUX)

[16] COSTA, Albertina de Oliveira; BARROSO, Carmen Barroso; SARTI, Cynthia. Pesquisa sobre mulher no Brasil do limbo ao gueto. *Cad. Pesquisa*, São Paulo (54): 5-15. p. 5, ago. 1995. Disponível em: file:///C:/Users/Marco%20Aurelio/Downloads/1389-5271-1-PB.pdf. Acesso em: 3 jun. 2018.

[17] Logo no início do artigo a Professora Maria Beatriz Nizza da Silva relata: "Área do saber ainda imprecisamente demarcada, pretendendo-se interdisciplinar, os estudos sobre a mulher dificilmente se impõem e ganham autonomia na estrutura universitária brasileira, demasiado conservadora para abandonar as disciplinas a muito cristalizadas. De todas as Universidades talvez a Universidade de São Paulo seja a mais difícil de abalar. Enquanto em outras, mais flexíveis, já existem desde 1981 núcleos de estudos sobre a mulher (nas Universidades Federais do Cerará, Paraíba, Bahia, Minas Gerais e Rio Grande do Sul e nas Universidades Católicas do Rio de Janeiro e São Paulo), só em 1985 docentes pesquisadores da Universidade de São Paulo se reuniram para fazer um levantamento de todos os cursos e pesquisas que tivessem como objeto a mulher e as relações de gênero. Constituiu-se então o núcleo Mulher que lançou o seu primeiro Boletim em maio de 1986, com informações sobre os seminários organizados nesse ano ("A mulher em sociedades negro-africanas", "A violência contra a mulher", "O aborto", "Igreja, concubinato, bastardos e mães solteiras") e também sobre cursos ministrados no Departamento de Ciências Sociais especificamente sobre a mulher ("Mulher, trabalho e participação política" e "Mulher, sexualidade e trabalho")".

[18] SILVA, Maria Beatriz Nizza da. A história da mulher no Brasil: tendências e perspectivas. *Revista do Instituto de Estudos Brasileiros*, São Paulo, n. 27, p. 75-91, dec. 1987. ISSN 2316-

Não é irrelevante, nesse contexto, o fato de que nossa sociedade é composta por aqueles que viveram, foram criados ou são herdeiros do que previa o Código Civil de 1916. Essa constatação reflete a posição cultural de 81% dos homens brasileiros, os quais consideram viver em uma sociedade machista que reforça estereótipos do que seria papel do homem e da mulher.[19]

Não surpreende, portanto, que a sociedade não tenha absorvido culturalmente esse critério de igualdade e que as normas que prevejam requisitos de acesso a partir de uma igualdade formal acabem por aprofundar a exata medida da desigualdade. Entre poucas divergências, há um consenso: os dados são mais que suficientes para demonstrar que não serão a isonomia formal, os discursos bem intencionados ou o maior esforço das mulheres ou dos negros/as os motores capazes de alterar essa realidade.

É exatamente a incapacidade do modelo vigente há centenas de anos que exige seja dado um passo à frente. José Eustáquio Diniz Alves, pesquisador e professor em demografia, publicou artigo em que apresenta dados segundo os quais, caso mantido o sistema atual para eleição de prefeitos, a paridade entre homens e mulheres seria atingida em 76 eleições ou 304 anos. Já nas câmaras municipais no ritmo do avanço de 2016 para 2020 a paridade poderá ser alcançada após 14 eleições, ou seja, 56 anos.[20]

Trata-se, portanto, de garantir o efetivo exercício de direitos e garantias individuais que, *embora o texto constitucional tenha assegurado de forma abstrata, a realidade aboliu.* A concreção da desigualdade fez ceder o que vem assegurado em cláusula pétrea (art. 60, §4º, IV, da CR/88) e que a política de cotas, tendo por norte a fundamentalidade dos direitos políticos, busca efetivar.

É nesse contexto que se investiga como a noção constitucional de *processo eleitoral* imposta como regra dialoga com a fundamentalidade dos direitos políticos, especificamente no tocante às *ações afirmativas* que têm por *pressuposto* resistir à realidade fática que acaba por *abolir* direitos e garantias individuais, em desacordo com o quanto disposto

---

901X. Disponível em: http://www.revistas.usp.br/rieb/article/view/69910. Acesso em: 11 mar. 2019. doi:http://dx.doi.org/10.11606/issn.2316-901X.v0i27p75-91.

[19] 81% dos homens consideram o Brasil um país machista, aponta pesquisa inédita da ONU Mulheres. Disponível em: http://www.onumulheres.org.br/wpcontent/uploads/2018/04/Relatorio_ONU_ElesporElas_PesquisaQuantitativa2016.pdf.

[20] Disponível em: https://www.ecodebate.com.br/2020/11/25/as-mulheres-nas-eleicoes-municipais-de-2020/.

no próprio texto constitucional (art. 60, §4º, IV, da CR/88). O antecedente que pauta a análise é: a realidade tem abolido a igualdade material cujo resgate é almejado pela ação afirmativa.

3 A regra da anualidade: divergências sobre o conceito de processo eleitoral e jurisprudência do Supremo Tribunal Federal

Como visto, está em causa a extensão do óbice previsto no art. 16 do texto constitucional ("a lei que alterar o processo eleitoral entrará em vigor na data de sua publicação, não se aplicando à eleição que ocorra até um ano da data de sua vigência"), considerando que a modificação de norma ou posição jurisprudencial que institui política de incentivo ou proteção aos direitos fundamentais se daria a menos de um ano do processo eleitoral.

Inicialmente, cabe destacar que há uniformidade doutrinária e jurisprudencial quanto ao marco de incidência do quanto disposto no art. 16 da CR/88: a data da eleição.[21] Ultrapassado esse ponto – que parece, mas não é trivial –, tem-se que a alteração do processo eleitoral é o parâmetro para pronunciar a incidência da regra da anualidade, o que exige, portanto, definir o que o texto constitucional emana quando delimita o processo eleitoral.[22]

A propósito, é preciso observar que a interpretação desta abrangência já foi enfrentada, em diversas oportunidades, pelo Supremo Tribunal Federal:[23] i) ADI nº 354/DF: vigência imediata de novas regras

---

[21] Cita-se, por todos, Roberta Gresta: "Tem-se, portanto, que à temporalidade da estabilização normativa do art. 16 da CRFB: i) determina que somente leis vigentes ao menos um ano antes da data prevista para o encerramento do procedimento eleitoral serão a ele aplicáveis; ii) perdurará enquanto não encerrado o procedimento referido, mesmo que nova data seja designada para repetir votação invalidada, por eleição direta ou indireta); iii) é determinada em relação a cada procedimento eleitoral, de modo que é possível, por exemplo, que a lei vigente se aplique às eleições municipais mas não se aplique às eleições gerais ainda não encerradas validamente (exatamente o que não foi observado pelo TSE no RO 2246-61.2014.6.04.0000, quando aplicou redação do art. 224 do CE, dada por lei de 2015, ao procedimento eleitoral de 2014)".

[22] É certo que a aplicação do princípio da anterioridade da lei eleitoral pressupõe a definição, pelo Supremo Tribunal Federal, do significado da locução constitucional processo eleitoral, pois "todos os julgamentos dos órgãos do Poder Judiciário serão públicos, e fundamentadas todas as decisões, sob pena de nulidade [...]." BRASIL, Supremo Tribunal Federal, Ação Direta de Inconstitucionalidade 354/DF, Relator: Ministro Octavio Gallotti, Tribunal Pleno, Julgado em: 24 set. 1990, DJ, p. 23, Publicado em: 22 jun. 2001, Ementário, v. 2036-01, Voto do Ministro Celso de Mello.

[23] Levantamento produzido e estruturado em GRESTA, Roberta Maia. Teoria do processo eleitoral democrático: a formação dos mandatos a partir da perspectiva da cidadania.

sobre apuração de votos (eleições 1990); ii) RE 129.392/DF: vigência imediata da LC nº 64/90 (eleições 1990)[24]; iii) ADI nº 733/MG: criação de novos Municípios em ano eleitoral (eleições 1992)[25]; iv) ADI nº 3.345/DF e ADI nº 3.365/DF: definição de critérios para fixação do número de Vereadores pelas Câmaras Municipais por Resolução do TSE editada no ano eleitoral (eleições 2004)[26]; v) ADI nº 3.685/DF: verticalização das coligações (eleições 2006);[27] vi) ADI nº 3.741/DF: minirreforma eleitoral de 2006 (eleições 2006)[28]; vii) ADI nº 4.298/TO MC: regras para eleição indireta de Governador (eleições 2006)[29]; viii) ADI nº 4.307/DF: aplicação retroativa do número máximo de vereadores fixado na EC nº 58/2009 (eleições 2008)[30]; ix) RE nº 633.703/MG: aplicação imediata da LC nº 135/2010 (eleições 2010)[31]; x) RE nº 637.485/RJ: aplicação imediata de viragens jurisprudenciais do TSE (eleições 2008)[32]; xi) ADI nº 5.577/DF: aplicação do parâmetro de representação parlamentar mínima para assegurar participação em debates (eleições 2016).[33]

UFMG: tese. Acesso em: 12 dez. 2020. Disponível em: https://repositorio.ufmg.br/bitstream/1843/BUOS-BBWKAZ/1/tese_para_banca___gresta__roberta_maia___teoria_do_processo_eleitoral__democra__tico.pdf. p. 183-252.

[24] Não incidência, acarretando a vigência imediata da LC nº 64/90, com aplicação às eleições de 1990.

[25] Não incidência, com reconhecimento da vigência imediata da lei que criou 33 municípios com observância dos requisitos formais para tanto.

[26] Não incidência sobre a Resolução TSE nº 21.702/2004, que fixa quantitativos máximos de vereadores com base na prévia decisão do STF no RE nº 197.917/SP, por se tratar de simples operacionalização desta.

[27] Incidência sobre EC que conferiu ampla liberdade de composição das coligações nas eleições gerais, por alterar as expectativas do eleitor e das agremiações partidárias e, ainda, impactar no resultado.

[28] Não incidência sobre regras de caráter "eminentemente procedimental", relativas a propaganda, financiamento e prestação de contas.

[29] Não incidência sobre as regras para realização de eleições extemporâneas destinadas a suprir a dupla vacância do cargo de Governador e Vice-Governador.

[30] Incidência sobre parâmetros que permitiriam a ampliação do número de cadeiras de vereadores após a diplomação, por constituir alteração do resultado de processo eleitoral encerrado (retroação de efeitos).

[31] Incidência sobre regras que afetem a competição eleitoral, desde seu início, fixado exatamente em um ano antes das eleições.

[32] Incidência nos seguintes termos: "as decisões do Tribunal Superior Eleitoral que, no curso do pleito eleitoral ou logo após o seu encerramento, impliquem mudança de jurisprudência, não têm aplicabilidade imediata ao caso concreto e somente terão eficácia sobre outros casos no pleito eleitoral posterior".

[33] Não incidência sobre lei publicada mais de um ano antes das eleições, inexistindo garantia de estabilidade das regras aplicáveis ao processo eleitoral que ultrapassem o marco objetivo do art. 16 da CRFB.

O enfrentamento do elemento processo eleitoral, previsto no art. 16 da CR/88, enquanto instrumento de controle fundante do processo democrático recebeu pouca atenção da doutrina tradicional (constitucional e eleitoralista)[34] e aprofundamento teórico do Supremo Tribunal Federal[35] para os quais o presente artigo pretende contribuir.

A análise das decisões revela que não há uniformidade no esquema hermenêutico demandado pela regra da anualidade. É preciso reconhecer que não há vinculação necessária a uma concepção de processo eleitoral. Entretanto, em que pese a produção jurisprudencial não revele um parâmetro claro e estável de processo eleitoral, em construção subsequente, *o Supremo Tribunal Federal forma posição consensual no sentido de afastar a regra da anualidade como restrição à vigência imediata de ações afirmativas.* Merece destaque, nesse ponto, a posição do homenageado, Ministro Ricardo Lewandowski.

Na ADI nº 5.617, de relatoria do Min. Edson Fachin, e na Consulta 0600252- 18.2018.6.00.0000, de relatoria da Min. Rosa Weber, ambas tratando dos incentivos à participação feminina da política, tanto o Supremo Tribunal Federal quanto o Tribunal Superior Eleitoral concluíram pela aplicação imediata do conteúdo da decisão que alterava o parâmetro de incidência da norma de distribuição de recursos para as campanhas eleitorais.

Ampliando os argumentos e reafirmando a primazia da norma que dá efetividade aos direitos fundamentais, no julgamento da MC nº ADPF 738, o Rel. *Min. Ricardo Lewandowski* destacou a posição adotada na ADI nº 3.741 e deu vigência imediata à distribuição dos fundos eleitoral e partidário vinculado ao percentual de negros:

---

[34] "[...] invariavelmente, fragmenta-se a compreensão do processo eleitoral e não se promove sua teorização por uma teoria processual que considere a fundamentalidade dos direitos políticos como premissa. A literatura eleitoralista se vê, em larga medida, aprisionada pela hegemonia, muitas vezes velada, da teoria do processo como relação jurídica e seus desdobramentos instrumentalistas. Daí que seja necessário promover a desnaturalização da influência daquela teoria sobre a concepção de processo eleitoral." GRESTA, Roberta Maia. *Teoria do processo eleitoral democrático*: a formação dos mandatos a partir da perspectiva da cidadania. UFMG: tese. Acesso em: 12 dez. 2020. Disponível em: https://repositorio.ufmg.br/bitstream/1843/BUOS-BBWKAZ/1/tese_para_banca___gresta__roberta_maia___teoria_do_processo_eleitoral__democra__tico.pdf. p. 167.

[35] GRESTA, Roberta Maia. *Teoria do processo eleitoral democrático*: a formação dos mandatos a partir da perspectiva da cidadania. UFMG: tese. Acesso em: 12 dez. 2020. Disponível em: https://repositorio.ufmg.br/bitstream/1843/BUOS-BBWKAZ/1/tese_para_banca___gresta__roberta_maia___teoria_do_processo_eleitoral__democra__tico.pdf. p. 152.

Não obstante a coincidência de pontos de vista quanto à necessidade da adoção de políticas afirmativas para promover candidaturas de pessoas negras no âmbito eleitoral, o TSE cindiu-se no tocante ao momento da entrada em vigor das medidas propugnadas. Como visto, prevaleceu, por maioria de votos, o entendimento segundo o qual os incentivos propostos não seriam colocados em prática nas próximas eleições, mas somente naquelas realizadas a partir de 2022. [...] Não obstante a coincidência de pontos de vista quanto à necessidade da adoção de políticas afirmativas para promover candidaturas de pessoas negras no âmbito eleitoral, o TSE cindiu-se no tocante ao momento da entrada em vigor das medidas propugnadas. Como visto, prevaleceu, por maioria de votos, o entendimento segundo o qual os incentivos propostos não seriam colocados em prática nas próximas eleições, mas somente naquelas realizadas a partir de 2022. Preponderou o argumento segundo o qual o art. 16 Constituição, que abriga o denominado 'princípio da anterioridade', determina que 'a lei que alterar o processo eleitoral entrará em vigor na data de sua publicação, não se aplicando à eleição que ocorra até um ano da data de sua vigência'. *É certo que o STF, em alguns precedentes, emprestou uma interpretação extensiva ao mencionado dispositivo constitucional, assentando que mudanças jurisprudenciais, que alterem o processo eleitoral, somente se aplicam às eleições que ocorrerem após o transcurso de um ano. Não obstante, parece-me, pelo menos nesse juízo provisório ao qual ora procedo, que a resposta formulada pelo TSE não pode ser compreendida como uma alteração do processo eleitoral.* Isso porque o Supremo Tribunal Federal, na ADI 3.741, também de minha relatoria, julgada em 6/9/2006, estabeleceu, por votação unânime, que só ocorre ofensa ao princípio da anterioridade nas hipóteses de: (i) rompimento da igualdade de participação dos partidos políticos ou candidatos no processo eleitoral; (ii) deformação que afete a normalidade das eleições; (iii) introdução de elemento perturbador do pleito; ou (iv) mudança motivada por propósito casuístico. No caso dos autos, *é possível constatar que o TSE não promoveu qualquer inovação nas normas relativas ao processo eleitoral, concebido em sua acepção mais estrita, porquanto não modificou a disciplina das convenções partidárias, nem os coeficientes eleitorais e nem tampouco a extensão do sufrágio universal. Apenas introduziu um aperfeiçoamento nas regras relativas à propaganda, ao financiamento das campanhas e à prestação de contas, todas com caráter eminentemente procedimental, com o elevado propósito de ampliar a participação de cidadãos negros no embate democrático pela conquista de cargos políticos.* O incentivo proposto pelo TSE, ademais, *não implica qualquer alteração das 'regras do jogo' em vigor.* Na verdade, a Corte Eleitoral somente determinou que os partidos políticos procedam a uma distribuição mais igualitária e equitativa dos recursos públicos que lhe são endereçados, quer dizer, das verbas resultantes do pagamento de tributos por todos os brasileiros indistintamente. E, é escusado dizer, que, em se tratando de verbas públicas, cumpre às agremiações partidárias alocá-las rigorosamente em conformidade com os ditames constitucionais, legais e regulamentares pertinentes. De resto, *a obrigação dos partidos políticos de tratar igualmente, ou melhor, equitativamente os candidatos decorre da incontornável obrigação que têm de resguardar o regime democrático e os direitos fundamentais (art. 16, caput, da CF) e do inarredável dever de dar concreção aos objetivos fundamentais da República, dentre os quais se destaca o de 'promover o bem de todos, sem preconceitos de origem, raça, sexo, cor, idade'* (art. 3º, IV, CF).

Embora se possa sustentar que os precedentes inserem a modificação na rubrica de *financiamento de campanhas ou prestação de contas* – que seriam excluídos do conteúdo de *processo eleitoral*, o ponto a ser destacado é que: as ações afirmativas têm por objetivo *garantir a efetividade das regras do jogo e não o contrário*. A garantia de direitos fundamentais não pode ser afastada com fundamento na regra da anualidade.

O que significa dizer que, embora a regra da anualidade tenha estatura constitucional assim como o conceito de *processo eleitoral*, ambos podem ser afastados *para assegurar a sobrevivência e o pleno exercício de outro direito também previsto em cláusula pétrea, como o pleno exercício de um direito e garantia individual (art. 60, §4º, IV, da CR/88)*. Exatamente o que ocorre quando estão em causa ações afirmativas como a cota de gênero.

Embora não enfrente o tema da perspectiva específica das modificações que dão vigência a ações afirmativas em sua tese de doutorado, não se desconhece posição de Roberta Gresta[36] dando sentido objetivo e abrangente à expressão *processo eleitoral* como conteúdo da regra da anualidade:

> Tomado esse arcabouço conceitual, é possível afirmar que uma lei que altera o processo eleitoral é aquela que modifica a normatividade que repercute sobre a formação dos mandatos eletivos. O que propugna o art. 16 da CRFB é que se estabilizem não apenas as normas constitucionalizantes (princípios, premissas e pressupostos que compõem o estatuto dos direitos políticos), mas, também, as regras e procedimentos constitucionalizados que regulamentem o procedimento eleitoral [...] concepção teórica de processo eleitoral democrático paulatinamente

---

[36] GRESTA, Roberta Maia. *Teoria do processo eleitoral democrático*: a formação dos mandatos a partir da perspectiva da cidadania. UFMG: tese. Acesso em: 12 dez. 2020. Disponível em: https://repositorio.ufmg.br/bitstream/1843/BUOS-BBWKAZ/1/tese_para_banca___gresta__roberta_maia___teoria_do_processo_eleitoral__democra__tico.pdf

construída ao longo da tese: processo eleitoral é o espaço discursivo demarcado pelos princípios institutivos do processo e pelo estatuto constitucional dos direitos políticos para atuação da Cidadania na concreção da estatalidade democrática, no qual os legitimados ativos exercem sua competência decisória de formação dos mandatos eletivos, em posição isonômica com o Estado e com os demais componentes da comunidade.[37]

Entretanto, com todo o respeito e acatamento a posicionamentos em contrário, em detrimento de um conceito procedimental ou judicial da expressão constitucional *processo eleitoral*, parte-se da compreensão de que o processo eleitoral equivale às fases de concretização dos direitos fundamentais constitucionais atribuídos aos cidadãos, especificamente, de participar de assuntos públicos e de serem eleitos para cargos públicos. Diante da realidade fática que, por anos, tem revelado força suficiente para *abolir a isonomia entre os gêneros [e também entre raças, como pontuou o Min. Ricardo Lewandowski], a ação afirmativa se apresenta como garantia de vigência do quanto disposto no art. 14 e 60, §4º, IV, da CR/88.*

Com efeito, em face da fundamentalidade do exercício dos direitos políticos e da estatura constitucional da também regra prevista nos dispositivos referenciados, é de se concluir que as normas que têm por conteúdo a previsão de ações afirmativas não se submetem à incidência da regra da anualidade prevista no art. 16 da CR/88. Como bem pontua Ana Del Pino Carazo, a incidência de restrições como esta

---

[37] Submetidas a testes argumentativos, essas premissas permitem sustentar que: i) a partir de uma compreensão da Constituição como marco teórico-discursivo, o processo eleitoral pode ser enunciado como quarta matriz processual, ao lado do processo legislativo, do administrativo e do judicial, cuja inserção linguística e sistêmica evidencia sua pretensão normativa de que a formação de mandatos eletivos, decisão de competência dos cidadãos, tenha por *locus* o devido processo legal coinstitucionalizado e coinstitucionalizante; ii) a naturalização da instrumentalidade do processo tem comprometido a adequada apreensão dessa pretensão normativa, tanto pela literatura quanto pela jurisprudência, que culmina na redução do processo eleitoral a um recorte temporal cuja função teleológica é casuisticamente definida para atender a diretrizes metajurídicas associadas a um ideal cívico; iii) a teoria neoinstitucionalista do processo é, dentre as teorias concorrentes, a que se mostra apta a expor e superar a instrumentalidade do processo, permitindo, a partir da demarcação do processo como metainstituição igualadora da Cidadania e do Estado, a teorização do processo eleitoral no paradigma da processualidade democrática. GRESTA, Roberta Maia. *Teoria do processo eleitoral democrático*: a formação dos mandatos a partir da perspectiva da cidadania. UFMG: tese. Acesso em: 12 dez. 2020. Disponível em: https://repositorio.ufmg.br/bitstream/1843/BUOS-BBWKAZ/1/tese_para_banca___gresta_roberta_maia___teoria_do_processo_eleitoral_democra_tico.pdf. p. 407.

tem como princípio básico "a interpretação favorável à plena eficácia dos direitos fundamentais".[38]

De fato, sendo o art. 16 norma que contém expressão constitucional limitadora de produção normativa, diretamente relacionada ao exercício de direitos fundamentais, não pode ser lida a partir dos marcos definidos pelas normas infraconstitucionais.[39] Significa dizer que as leis eleitorais, ao fixarem marcos temporais para a data das eleições, das convenções e registro, não podem ter força normativa superior ao quanto disposto no próprio Texto Constitucional.

A leitura do art. 16 em conjunto com o art. 60, §4º, VI, da CR/88 leva em conta o alerta de Carrió no sentido de que a linguagem normativa é aquela utilizada, entre outras coisas, para "atribuir ou reconhecer direitos; afirmar que alguém tem (ou não tem) uma competência, um dever, um direito, uma responsabilidade; impor direitos ou obrigações; afirmar que algo feito por alguém é (ou não é) uma transgressão ou que merece (ou não) um prêmio ou punição".[40] E tem em consideração exatamente a perspectiva de que, se há na linguagem uma ambiguidade, tal não quer dizer que não existam limites ao estabelecimento do que ela quer dizer, sob pena de produzir-se "distintas formas de sem sentido", que "ajudam a delimitar, de fora pra dentro, a área na qual a linguagem normativa pode ser usada, por assim dizer, a sério e com eficácia".[41]

Essa perspectiva também parece ser confirmada por Rodolfo Viana Pereira, ao afirmar que: "[...] a democracia é um conceito semanticamente e estruturalmente condicionado. Semanticamente condicionado porque em face da ausência de consenso sobre seus

---

[38] CARRIÓ, Genaro. *Sobre los límites del lenguaje normativo*. Buenos Aires: Astrea, 2001, p. 21.
[39] LIBERATO, Ludgero, O alcance do conceito do processo jurisdicional eleitoral no Direito brasileiro. *In*: FUX, Luiz; PEREIRA, Luiz Fernando Casagrande; AGRA, Walber (org.). *Direito processual eleitoral*. Belo Horizonte: Fórum, 2018, p. 24-25.
[40] CARRIÓ, Genaro. *Sobre los límites del lenguaje normativo*. Buenos Aires: Astrea, 2001, p. 19.
[41] Tradução extraída do original em espanhol: "el uso del lenguaje normativo o de ciertas expresiones pertenecientes a él produce, a veces, distintas formas de sinsentido, en una acepción amplia de esta palabra, que incluye lo disparatado y lo absurdo. Y añadiré que es útil explorar esas formas de sinsentido, entre otras razones porque algunas de ellas ayudan a delimitar, desde afuera, el área dentro de la cual el lenguaje normativo puede usarse, por decirlo así, "en serio" y con eficacia, y fuera de la cual, para repetir una metáfora conocida, se va de vacaciones y empieza a operar locamente como una turbina que girase en el aire fuera de sus engranajes". *In*: GRESTA, Roberta Maia. *Teoria do processo eleitoral democrático*: a formação dos mandatos a partir da perspectiva da cidadania. UFMG: tese. Acesso em: 12 dez. 2020. Disponível em: https://repositorio.ufmg.br/bitstream/1843/BUOS-BBWKAZ/1/tese_para_banca___gresta___roberta_maia___teoria_do_processo_eleitoral__democra__tico.pdf.

elementos definidores torna-se obrigatório sustentar uma versão do que ela deve significar. [...] estruturalmente condicionado [porque] *a democracia não se realiza em abstrato, nem se mantém sem instituições, procedimentos e regras operacionais"*.[42]

Para incidência do art. 16 da CR/88 *quando confrontado com alterações que tragam à vigência ações afirmativas*, o que se deve verificar, portanto, é se as modificações pretendidas afetam *o concreto exercício e a viabilidade de direitos políticos, que são direitos individuais fundamentais*. Não se trata de uma proteção potencial, mas de interferência concreta que busca *restaurar o que a realidade insiste em abolir*. A história de desequiparação de gênero e raça, de contexto estrutural, inviabilizou o exercício desses direitos individuais em condição de isonomia. A restauração dessa condição, por meio de ações afirmativas, não pode encontrar óbice na regra da anualidade, por contrariar em extensão oposta o quanto disposto no art. 60, §4º, da CR/88.

O que se tem em causa nas ações afirmativas são normas cujo objetivo é *assegurar a sobrevivência de direitos de estatura constitucional superior ou, no mínimo, de mesma estatura da regra da anualidade, pois assegurados em cláusula pétrea.*

Recentemente, o Tribunal Superior Eleitoral discutiu se gravações ambientais em locais privados sem prévia autorização judicial podem ser utilizadas como prova de crimes eleitorais cometidos nas Eleições 2016. Por apertada maioria, concluiu-se pela ilegalidade das captações feitas em lugares privados, sem o consentimento dos demais interlocutores e da autoridade judicial. Um dos pontos em debate era a validade da alteração jurisprudencial sem respeito à regra da anualidade. A discussão se aprofundou no voto do Min. Carlos Horbach, no sentido de que tal regra não pode servir ao afastamento de interpretação que dê efetividade à garantia fundamental da intimidade.[43] A matéria ainda deve voltar ao debate no Supremo Tribunal Federal.

Embora não tenha se dedicado ao tema nessa extensão – como visto –, a jurisprudência do Supremo Tribunal Federal dá suporte à conclusão.

No dizer do eminente Ministro Sepúlveda Pertence, ao lembrar as palavras de Norberto Bobbio, a regra da anualidade diz respeito

---

[42] PEREIRA, Rodolfo Viana. *Direito Constitucional Democrático*: controle e participação como elementos fundantes e garantidores da constitucionalidade. 2. ed. Rio de Janeiro: Lumen Juris, 2010, p. 69.
[43] AgR e ED no Respe 0000634-06 e AgR no AI 0000293-64.

à preservação das *regras do jogo* em torno da democracia, cujo único ponto de acordo possível, quando se falar de democracia "entendida como contraposta a todas as formas de autocracia, é o de considerá-la caracterizada por um conjunto de regras primárias e fundamentais, que estabelecem quem está a tomar as decisões coletivas e com quais procedimentos" (STF, ADI nº 354, rel. Min. Octavio Gallotti, *DJ* de 22.6.2001).

Ao julgar a ADI nº 3.345, relatada pelo eminente Ministro Celso de Mello, e manter a Res.-TSE 21.702, de 2004, que fixava o número de vereadores para a eleição, assentou que

> a norma consubstanciada no art. 16 da Constituição da República, que consagra o postulado da anterioridade eleitoral (cujo precípuo destinatário é o Poder Legislativo), vincula-se, em seu sentido teleológico, à finalidade ético-jurídica de obstar a deformação do processo eleitoral mediante modificações que, casuisticamente introduzidas pelo Parlamento, *culminem por romper a necessária igualdade de participação dos que nele atuam como protagonistas relevantes* (partidos políticos e candidatos), vulnerando-lhes, com inovações abruptamente estabelecidas, a garantia básica de igual competitividade que deve sempre prevalecer nas disputas eleitorais (*DJe* de 20.8.2010).

Doutrinariamente, a opinião de Néviton Guedes não é divergente ao relembrar que a referida norma, em sua concepção original, "(...) busca, em síntese, proteger o processo eleitoral de mudanças casuísticas, ou seja, alterações que possam atender aos interesses de quem, na condição de legislador e simultaneamente destinatário da norma, sabe que terá que enfrentar a disputa eleitoral proximamente e poderá, por isso mesmo, cultivar a tentação de introduzir alterações legislativas com o propósito inconfessável de obter vantagens em futuras eleições".[44]

Como registra Rodrigo Cyrineu em sua dissertação de mestrado intitulada "Alterações jurisprudenciais no Direito Eleitoral", esse contingenciamento de ordem temporal imposto à atividade legiferante do Congresso Nacional, no plano específico do Direito Eleitoral, justifica-se, no escólio de Fávila Ribeiro, como forma de impedir que as eleições "fiquem ao sabor do dirigismo normativo das forças dominantes de cada período, alterando-se as leis sem qualquer resguardo ético, aos

---

[44] GUEDES, Néviton. Comentário ao artigo 16. *In*: CANOTILHO, J. J. Gomes; MENDES, Gilmar F.; SARLET, Ingo W.; STRECK, Lenio L. (coord.). *Comentários à Constituição do Brasil*. São Paulo: Saraiva: Almedina, 2013. p. 689.

impulsos de eventuais conveniências, em círculo vicioso, para impedir que as minorias de hoje tenham legítima ascensão ao poder".[45]

Diverge-se quanto ao fundamento intrínseco da norma que para alguns residiria em seu caráter moralizador, o qual "impede mudanças 'ad hoc' no processo eleitoral"[46] e para outros "busca proibir o casuísmo eleitoral, usado durante a época do Estado autoritário".[47] De um modo ou de outro, representa a clara repulsa, pelos constituintes, de prática que leva a um regime de exceção: manipular regras eleitorais atingindo candidatos determináveis.[48]

O princípio da anualidade eleitoral, portanto, foi idealizado e instituído tendo como pressuposto a preocupação real com os perigos ofertados pelas maiorias dominantes no seio do Poder Legislativo da União (titular exclusivo da competência para alterar as regras de Direito Eleitoral). Esse receio residia no poder das grandes bancadas federais, em detrimento da necessária igualdade que deveria existir entre todos os partidos, grandes ou pequenos. Por todos, Celso Ribeiro Bastos assim captou a vontade do constituinte:

> (...) A preocupação fundamental consiste em que a lei eleitoral deve respeitar o mais possível a igualdade entre os diversos partidos, estabelecendo regras equânimes, que não tenham por objetivo favorecer nem prejudicar qualquer candidato ou partido. Se a lei for aprovada já dentro do contexto de um pleito, com uma configuração mais ou menos delineada, é quase inevitável que ela será atraída no sentido dos diversos interesses em jogo, nessa altura já articulados em candidaturas e coligações. A lei eleitoral deixa de ser aquele conjunto de regras isentas, a partir das quais os diversos candidatos articularão as suas campanhas,

---

[45] RIBEIRO, Fávila. *Pressupostos Constitucionais do Direito Eleitoral*. Porto Alegre: Sérgio Antônio Fabris, 1990. p. 93.
[46] FERREIRA FILHO, Manoel Gonçalves. *Comentários à Constituição Brasileira de 1988*. São Paulo: Saraiva, 1990. v. 1. p. 134.
[47] PINTO FERREIRA. *Comentários à Constituição Brasileira*. v. 1. São Paulo: Saraiva, 1989. p. 317.
[48] CYRINEU, Rodrigo. *Alterações jurisprudenciais no Direito Eleitoral*. Dissertação de mestrado defendida no Instituto Brasiliense de Direito Público, 2019. REIS, Daniel Gustavo Falcão Pimentel dos. *Ativismo judicial no Brasil:* o caso da verticalização. 2014. 60 f. Tese (Doutorado em Direito do Estado) – Faculdade de Direito, Universidade de São Paulo. São Paulo, 2014. p. 255: "O constituinte originário o previu para prevenir o sistema político-eleitoral brasileiros de alterações casuísticas como as verificadas durante o Regime Militar de 1964 (vide itens 3.4.2, 4.3 e 4.4 para o exame da evolução histórica da legislação eleitoral brasileira). A manipulação dos pleitos por meio da legislação eleitoral é característica histórica inerente ao Brasil. A anterioridade eleitoral, portanto, veio no bojo de garantir maior segurança jurídica, confiabilidade e legitimidade às eleições brasileiras".

mas passa ela mesma a se transformar num elemento da batalha eleitoral. É, portanto, a 'vacatio legis' contida neste art. 16, medida saneadora e aperfeiçoadora do nosso processo eleitoral.[49]

Diante da dificuldade de estabelecer um pressuposto teórico estável para o conteúdo de *processo eleitoral*, a doutrina e jurisprudência parecem convergir para a compressão geral de que a regra da anualidade tem forte incidência quando há risco de quebra da igualdade de chances entre os participantes do processo eleitoral. Pois é o exato oposto que ocorre em normas que dispõem sobre ações afirmativas por pressuposto lógico: restauração da igualdade material que a isonomia formal não foi capaz de assegurar.

A partir do quanto exposto, conclui-se que a regra da anualidade não pode ser afastada exceto para assegurar a sobrevivência e o pleno exercício de outro direito também previsto em cláusula pétrea, como o pleno exercício de um direito e garantia individual (art. 60, §4º, IV, da CR/88). Não se sujeitam, portanto, ao disposto no art. 16 da CR/88 normas que alterem o processo eleitoral para implementar ações afirmativas, pois buscam assegurar o concreto exercício e a viabilidade de direitos políticos que a realidade insiste em abolir.

Conclusão

O presente artigo dá destaque à posição do homenageado, Min. Ricardo Lewandowski, no julgamento da ADPF nº 738 e aprofunda fundamentos que buscam responder à questão: a regra da anualidade pode constituir óbice à incidência de norma ou execução de política que protege ou incentiva direitos fundamentais?

A propósito, conclui-se que a garantia de paridade de gênero no processo eleitoral assegura o efetivo exercício de direitos e garantias individuais que, *embora o texto constitucional tenha previsto de forma abstrata, a realidade aboliu*. A concreção da desigualdade fez ceder o que vem assegurado em cláusula pétrea (art. 60, §4º, IV, da CR/88) e que a política de cotas, tendo por norte a fundamentalidade dos direitos políticos, busca efetivar.

Embora a análise das decisões do Supremo Tribunal Federal revele que não há uniformidade no esquema hermenêutico demandado

---

[49] BASTOS, Celso Ribeiro. *Comentários à Constituição do Brasil*. São Paulo: Saraiva, 1989. v. 2. p. 596-7.

pela regra da anualidade e que não há vinculação necessária a uma concepção de *processo eleitoral*, em construção subsequente, *a Corte formou posição consensual no sentido de afastar a regra da anualidade como restrição à vigência imediata de ações afirmativas.*

Com efeito, a regra da anualidade não pode ser afastada exceto para assegurar a sobrevivência e o pleno exercício de outro direito também previsto em cláusula pétrea, como o pleno exercício de um direito e garantia individual (art. 60, §4º, IV, da CR/88). Não se sujeitam, portanto, ao disposto no art. 16 da CR/88 normas que alterem o processo eleitoral para implementar ações afirmativas, pois buscam assegurar o concreto exercício e a viabilidade de direitos políticos que a realidade insiste em abolir.

Informação bibliográfica deste texto, conforme a NBR 6023:2018 da Associação Brasileira de Normas Técnicas (ABNT):

SILVEIRA, Marilda. Anualidade eleitoral: uma regra que não pode ser imposta como óbice à efetividade e ao exercício de direitos fundamentais. *In*: RODRIGUES, Dennys Albuquerque; CEZAR, Eduardo Barreto; OLIVEIRA, Marcelo Pimentel de (coord.). *Democracia, humanismo e jurisdição constitucional*: estudos em homenagem ao Ministro Ricardo Lewandowski. Belo Horizonte: Fórum, 2022. p. 321-339. ISBN 978-65-5518-402-0.

SISTEMA PROPORCIONAL BRASILEIRO E VACÂNCIA: A DECISÃO SINGULAR DO MIN. RICARDO LEWANDOWSKI QUE FIRMOU AS BALIZAS PARA O RESGATE DA JURISPRUDÊNCIA HISTÓRICA DO SUPREMO TRIBUNAL FEDERAL

MURILO SALMITO NOLETO

ALFREDO RENAN DIMAS DE OLIVEIRA

Em meados de 2011, instalou-se no Brasil uma discussão institucional na relação entre o Legislativo Federal Brasileiro e o Supremo Tribunal Federal, mais precisamente entre a Câmara dos Deputados e a Suprema Corte.

Essa crise teve ampla cobertura da imprensa, tendo se tornado o tema principal em todos os noticiários naquele período. As manchetes gravitavam a recusa do então Presidente da Câmara dos Deputados, Marco Maia,[1] em cumprir os exatos termos das decisões individuais emanadas pelos Ministros Marco Aurélio Melo e Cármen Lúcia, nos autos do MS nºs 30.357/DF e 30.260/DF, respectivamente.

---

[1] Disponível em: http://g1.globo.com/politica/noticia/2012/12/marco-maia-diz-que-camara-pode-nao-cumprir-decisao-do-supremo.html; https://www.conjur.com.br/2011-mar-18/marco-aurelio-cobra-providencias-decisao-descumprida-camara; https://www.correiobraziliense.com.br/app/noticia/politica/2011/03/22/interna_politica,244042/suplente-de-partido-nao-empossado-pede-que-stf-multe-marco-maia.shtml.

Nessas duas ações mandamentais, os citados ministros determinaram a posse como deputado federal de Severino de Souza Silva e Carlos Victor da Rocha Mendes, sob o mesmo fundamento jurídico, qual seja: decisão do próprio STF, nos autos do MS 29.988/DF, rel. Ministro Gilmar Mendes, j. 9.12.2010, em que o pleno da Suprema Corte, analisando liminar, havia definido que "[...] a vaga deixada em razão de renúncia[2] ao mandato pertence ao partido político, *mesmo que tal partido a tenha conquistado num regime eleitoral de coligação partidária* [...]" (grifamos).

O acórdão do MS nº 29.988/DF portou a seguinte ementa:

LIMINAR EM MANDADO DE SEGURANÇA. ATO DO PRESIDENTE DA CÂMARA DOS DEPUTADOS. PREENCHIMENTO DE VAGA DECORRENTE DE RENÚNCIA A MANDATO PARLAMENTAR. PARTIDO POLÍTICO. COLIGAÇÃO PARTIDÁRIA. Questão constitucional consistente em saber se a vaga decorrente de renúncia a mandato parlamentar deve ser preenchida com base na lista de suplentes pertencentes à coligação partidária ou apenas na ordem de suplentes do próprio partido político ao qual pertencia o parlamentar renunciante.

1. A jurisprudência, tanto do Tribunal Superior Eleitoral (Consulta 1.398), como do Supremo Tribunal Federal (Mandados de Segurança 26.602, 26.603 e 26.604), é firme no sentido de que o mandato parlamentar conquistado no sistema eleitoral proporcional também pertence ao partido político.

2. No que se refere às coligações partidárias, o TSE editou a Resolução n. 22.580 (Consulta 1.439), a qual dispõe que o mandato pertence ao partido e, em tese, estará sujeito à sua perda o parlamentar que mudar de agremiação partidária, ainda que para legenda integrante da mesma coligação pela qual foi eleito.

3. Aplicados para a solução da controvérsia posta no presente mandado de segurança, esses entendimentos também levam à conclusão de que a vaga deixada em razão de renúncia ao mandato pertence ao partido político, mesmo que tal partido a tenha conquistado num regime eleitoral de coligação partidária. Ocorrida a vacância, o direito de preenchimento da vaga é do partido político detentor do mandato, e não da coligação partidária, já não mais existente como pessoa jurídica.

4. Razões resultantes de um juízo sumário da controvérsia, mas que se apresentam suficientes para a concessão da medida liminar. A urgência da pretensão cautelar é evidente, tendo em vista a proximidade do término da legislatura, no dia 31 de janeiro de 2011.

---

[2] Apesar de, neste trecho, o relator ter feito referência expressa ao instituto da renúncia, o novo entendimento seria aplicável a todos os afastamentos, sejam os ocorridos em caráter definitivo, sejam os ocorridos em caráter temporário.

5. Vencida, neste julgamento da liminar, a tese segundo a qual, de acordo com os artigos 112 e 215 do Código Eleitoral, a diplomação dos eleitos, que fixa a ordem dos suplentes levando em conta aqueles que são pertencentes à coligação partidária, constitui um ato jurídico perfeito e, a menos que seja desconstituído por decisão da Justiça Eleitoral, deve ser cumprido tal como inicialmente formatado.

6. Liminar deferida, por maioria de votos.

Em síntese, nesse julgamento ficou estabelecido que a vacância criada em razão do afastamento de deputado federal, em qualquer situação, deveria ser suprida com um suplente do mesmo partido político pelo qual o parlamentar havia sido eleito, ainda que esse partido político houvesse participado de coligação e existisse outro candidato com mais votos dentro da coligação.

Dessa forma, enquanto o Presidente da Câmara dos Deputados entendia que deveria ser empossado o suplente da coligação, o Supremo Tribunal Federal, modificando o seu então entendimento, passou a assentar que a vaga pertence ao partido político do parlamentar que se afastou, pouco importando que a grei tenha concorrido em regime de coligações.

Ressalte-se que esse novel entendimento foi formado em sessão plenária do Supremo Tribunal Federal por maioria de cinco votos a três. Isso porque, naquela assentada, o STF possuía apenas 10 membros, em razão da aposentadoria do Min. Eros Grau, não tendo participado da sessão os Ministros Celso de Mello e Ellen Gracie.

Pois bem, feito esse relato acerca da discussão institucional entre os Poderes da República, o questionamento que se deve fazer é: qual a razão subjacente à decisão para o STF decidir alterar a sua jurisprudência acerca da substituição ou sucessão dos mandatários da Câmara Federal?

A primeira compreensão passa pela decisão do Tribunal Superior Eleitoral nos autos da Consulta nº 1.398/DF, Rel. Cesar Asfor Rocha, j. 27.3.2007, oportunidade na qual a Corte, por maioria, entendeu que a desfiliação partidária sem justa causa acarreta a perda do mandato, pois este pertence ao partido político pelo qual o candidato foi eleito.

Posteriormente, o STF ratificou a decisão do TSE nos autos dos Mandados de Segurança nº 26.603/DF e nº 26.604/DF, relatores, respectivamente, os Ministros Celso de Melo e Cármen Lúcia, fixando, ademais, que o novo entendimento (fidelidade partidária) seria aplicado somente para as desfiliações sem justa causa ocorridas após a publicação do acórdão lavrado do julgamento da citada consulta no âmbito do Tribunal Eleitoral.

Ocorre que a Constituição Federal de 1988, ao contrário da Constituição anterior (Emenda Constitucional nº 1/69), não trazia em seu bojo disciplina a respeito da fidelidade partidária, sendo certo que boa parte da doutrina especializada sustentava que a ausência de norma quanto à fidelidade partidária era fruto da vontade deliberada do legislador, o chamado silêncio eloquente.

A tese da ausência de fidelidade partidária pode ser bem resumida no voto do Ministro Marcelo Ribeiro no âmbito do TSE, por ocasião do julgamento da Consulta nº 1.398/DF, Rel. Min. Cesar Asfor Rocha, j. 27.3.2007.

Sua excelência assentou, parafraseando o Ministro Moreira Alves, que:

> Ora, se a própria Constituição não estabelece a perda de mandato para o Deputado que, eleito pelo sistema de representação proporcional, e muda de partido e, com isso, diminui a representação parlamentar do partido porque se elegeu (e se elegeu muitas vezes graças ao voto da legenda), quer dizer que, apesar de a Carla Magna dar acentuado valor a representação partidária (artigos 5º, LXX, "a"; 58, §1º; 58, §4º; 103, VIII), não quis preservá-la com a adoção da sanção jurídica da perda do mandato, para impedir a redução da representação de um Partido no Parlamento. Se o quisesse, bastaria ter colocado essa hipótese entre as causas de perda de mandato, a que alude o artigo 55.

Da mesma forma, o entendimento do Min. Sepúlveda Pertence, também citado pelo Min. Marcelo Ribeiro:

> (...) Continuo a pensar, Senhor Presidente, cada vez que vejo a dedução das razões da posição oposta, mas me convenço de que se funda ela na idealização e no transplante, para o nosso regime positivo de representação proporcional, de uma ortodoxia do sistema, pensada em termos abstratos, que a nossa Constituição não conhece. Ortodoxia que se manifesta nesta Casa, que se manifestou no desenvolvimento das discussões do caso precedente, através do eminente Ministro Paulo Brossard, quando S. Exa. acabou por declinar que, para ele, o sistema iriaao ponto de sancionar com a perda do mandato também o titular que se desvinculasse da legenda pela qual se elegeu.

Contudo, conquanto ausente explicitamente a regra da fidelidade partidária na Constituição Federal de 1988, o fato incontroverso vivenciado naquele momento do julgamento da consulta pelo TSE revelava um cenário de verdadeiro *transfuguismo partidário compulsivo*,[3] o que faz compreender a decisão do Tribunal Eleitoral e do STF, no sentido de que, a partir do princípio da confiança estabelecido entre partido político, eleito e eleitor, haveria sim no sistema constitucional brasileiro o instituto da fidelidade partidária.

Pela forma didática, impende transcrever pequeno trecho da ementa do MS nº 26.603/DF, julgado em 4 de outubro de 2007, da relatoria do Min. Celso de Mello, que reintroduziu o instituto da fidelidade partidária:

[...]
- O mandato representativo não constitui projeção de um direito pessoal titularizado pelo parlamentar eleito, mas representa, ao contrário, expressão que deriva da indispensável vinculação da preservação da vaga obtida nas eleições proporcionais.
[...]
A ruptura dos vínculos de caráter partidário e de índole popular, provocada por atos de infidelidade do representante eleito (infidelidade ao partido e infidelidade ao povo), subverte o sentido das instituições, ofende o senso de responsabilidade política, traduz gesto de deslealdade para com as agremiações partidárias de origem, compromete o modelo de representação popular e frauda, de modo acintoso e reprovável, a vontade soberana dos cidadãos eleitores, introduzindo fatores de desestabilização na prática do poder e gerando, como imediato efeito perverso, a deformação da ética de governo, com projeção vulneradora sobre a própria razão de ser e os fins visados pelo sistema eleitoral proporcional, tal como previsto e consagrado pela Constituição da República. A INFIDELIDADE PARTIDÁRIA COMO GESTO DE DES-RESPEITO AO POSTULADO DEMOCRÁTICO. - A exigência de fidelidade partidária traduz e reflete valor constitucional impregnado de elevada significação político- -jurídica, cuja observância, pelos detentores de mandato legislativo, representa expressão de respeito tanto aos cidadãos que os elegeram (vínculo popular) quanto aos partidos políticos que lhes propiciaram a candidatura (vínculo partidário).
- O ato de infidelidade, seja ao partido político, seja, com maior razão, ao próprio cidadão-eleitor, constitui grave desvio ético-político, além de representar inadmissível ultraje ao princípio democrático e ao exercício legítimo do poder, na medida em que migrações inesperadas, nem sempre motivadas por justas razões, não só surpreendem o próprio corpo eleitoral e as agremiações partidárias de origem - desfalcando-as da representatividade por elas conquistada nas urnas -, mas culminam por gerar um arbitrário desequilíbrio de forças no Parlamento, vindo,

---

[3] Expressão cunhada pelo então ministro do STF Carlos Ayres Britto.

até, em clara fraude à vontade popular e em frontal transgressão ao sistema eleitoral proporcional, a asfixiar, em face de súbita redução numérica, o exercício pleno da oposição política.

[...]

A reintrodução do instituto da fidelidade partidária no ordenamento jurídico brasileiro trouxe o Supremo Tribunal Federal para o centro da discussão política e, naquele momento, havia a impressão de que a Suprema Corte poderia vir a ser instrumento para a implementação de uma efetiva reforma política.

Nesse ambiente, marcado por intensa alteração dos quadros partidários, foi protocolizado o MS nº 29.988/DF, Rel. Min. Gilmar Mendes.

O equilíbrio de forças advindo da eleição, com a indispensável chancela do eleitor, era solapado por incessantes mudanças de partido, em especial pelos membros do Legislativo.

Nesse contexto, ao julgar o citado *mandamus*, o Supremo Tribunal Federal passou a entender que a substituição de parlamentar eleito em caso de renúncia/afastamento deveria ocorrer pelo suplente mais votado do partido, mesmo que a agremiação tenha concorrido no formato de coligação.

O entendimento fixado naquela assentada pode ser sintetizado na seguinte passagem do voto do relator:

[...]

Há, portanto, um direito fundamental dos partidos políticos à manutenção dos mandatos eletivos conquistados nas eleições proporcionais. Trata-se de um direito não expressamente consignado no texto constitucional, mas decorrente do regime de democracia representativa e partidária adotado pela Constituição (art. 5º, §2º).

[...]

A par dos judiciosos argumentos lançados no referido julgamento, o Min. Ricardo Lewandowski entendia que a discussão merecia ser enxergada por prisma diverso.

Dessa forma, nos autos do MS nº 30.459/DF,[4] sua excelência aplicou a jurisprudência anterior ao MS nº 29.988, ou seja, decidiu que

---

[4] O impetrante questionava ato do Presidente da Câmara dos Deputados que determinara a posse do primeiro suplente da coligação, entendimento à época em dissonância com o MS nº 29.988/DF.

a posse do suplente da coligação era devida, frustrando a intenção do suplente do partido de assumir o cargo de deputado federal.

Para tanto, retirou os olhares do instituto da fidelidade partidária, centrando sua análise no sistema proporcional, que autorizava as coligações, bem como na necessidade de respeito ao princípio da soberania do voto.

De saída, demonstrou que o referido sistema proporcional é composto por três fases – definição do quociente eleitoral, partidário e lista dos eleitos – e que, na mais importante delas – fase de formação da lista dos eleitos e suplentes – havia a estrita observância ao princípio da soberania do voto, porquanto a lista partia do mais votado para o menos votado.

Transcreve-se, pois, trecho elucidativo da decisão do Min. Ricardo Lewandowski sobre o ponto:

> Ora, diferentemente do sistema majoritário, cujos parâmetros encontram-se exaustivamente balizados na Constituição Federal de 1988, que praticamente exauriu toda a matéria (arts. 28, 32, §2º, 29, II, 46, 77, §2º, e 81), o sistema proporcional, apesar de possuir vetores constitucionais sólidos, teve o detalhamento de sua disciplina remetida à legislação infraconstitucional.
>
> [...]
>
> É dizer, a Constituição Federal adotou expressamente o sistema proporcional para os cargos no âmbito Legislativo Federal, Estadual e Municipal, fixou as hipóteses em que o suplente será convocado e definiu, a posteriori, que os partidos poderão formar amplas coligações partidárias, inclusive, sem qualquer coerência com as esferas nacional, estadual e municipal.
>
> Coube, então, à legislação infraconstitucional disciplinar a forma como os candidatos são escolhidos pelo sistema proporcional brasileiro, a partir de dois grandes vetores constitucionais, a saber: a autonomia partidária na formação de coligações e a soberania popular.
>
> Nesse diapasão, o Código Eleitoral, após regulamentar a fórmula em que são calculados o quociente eleitoral e o quociente partidário (arts. 106 e 107 da Lei 4.737/65), fixou o critério para a elaboração da lista dos eleitos e respectivos suplentes.
>
> Na sequência, destaco que o art. 108 do referido diploma normativo estabelece que "estarão eleitos tantos candidatos registrados por um Partido ou coligação quantos o respectivo quociente partidário indicar, na ordem da votação nominal que cada um tenha recebido".
>
> Em outras palavras, a lista dos eleitos da coligação de partidos é formada pelos candidatos mais votados, sendo que a ordem de suplência segue,

evidentemente, a mesma lógica, qual seja, do mais votado não eleito (1º suplente) até o menos votado não eleito (último suplente) da coligação.

É dizer: o Min. Ricardo Lewandowski demonstrou, de forma cristalina, que a última fase do sistema proporcional brasileiro de eleições é marcada pelo critério majoritário, nos termos do art. 108 do Código Eleitoral, segundo o qual "estarão eleitos, entre os candidatos registrados por um partido que tenham obtido votos em número igual ou superior a 10% (dez por cento) do quociente eleitoral, tantos quantos o respectivo quociente partidário indicar, na ordem da votação nominal que cada um tenha recebido".

Dessa forma, são diplomados eleitos os mais votados e a diplomação dos suplentes segue a mesma lógica, sendo o primeiro suplente o mais votado não eleito.

Por outro lado, conforme dito anteriormente, Sua Excelência focou seus olhares não apenas no sistema proporcional, mas também levando em conta a possibilidade de formação de coligações.

De fato, o art. 6º, §1º, da Lei nº 9.504/97 estabelecia que "a coligação terá denominação própria, que poderá ser a junção de todas as siglas dos partidos que a integram, sendo a ela atribuídas as prerrogativas e obrigações de partido político no que se refere ao processo eleitoral, e devendo funcionar como um só partido no relacionamento com a Justiça Eleitoral e no trato dos interesses interpartidários".

Com efeito, a decisão do Min. Ricardo Lewandowski esclareceu que, quando os partidos estão coligados, seus votos são somados, formando o quociente da coligação, não devendo mais ser considerados os votos de cada agremiação isoladamente.

No ponto, a decisão proferida pelo Min. Ricardo Lewandowski mostra-se insuperável, senão vejamos:

> [...]
> Em suma, no sistema proporcional adotado pelo legislador brasileiro, a formação da lista de eleitos e suplentes é feita a partir dos candidatos mais votados e apresentados por determinada coligação que possui direitos assegurados por lei. De outro lado, não desconheço, é verdade, que as coligações partidárias são criadas, especificamente, para atuar em determinado período (do registro de candidatura até a diplomação dos candidatos eleitos e respectivos suplentes). Todavia, os seus efeitos projetam-se para o futuro, em decorrência lógica do ato de diplomação dos candidatos eleitos e seus respectivos suplentes. Tanto é assim,

que as coligações podem figurar como parte em processos eleitorais (Ação de Impugnação de Mandato Eletivo e Recurso Contra Expedição de Diploma) com evidente legitimidade ativa ad causam, mesmo após a diplomação, na fase pós-eleitoral. A propósito, o Min. Celso de Mello, com a precisão que lhe é peculiar, após discorrer sobre a fase pré-eleitoral e a fase eleitoral propriamente dita, ressalta que a "fase pós-eleitoral, que principia com a apuração e contagem de votos e termina com a diplomação dos candidatos eleitos, bem assim dos seus respectivos suplentes" (ADI 3.685/DF - grifei). Portanto, proclamada a ordem de votação dos candidatos eleitos e seus respectivos suplentes da coligação partidária, formada estará a lista que será obedecida por ocasião da diplomação, nos termos do art. 215 do Código Eleitoral, in verbis: "Os candidatos eleitos, assim como os suplentes, receberão diploma assinado pelo Presidente do Tribunal Regional ou da Junta Eleitoral, conforme o caso". E, uma vez diplomados os candidatos eleitos e consolidada a ordem dos respectivos suplentes, torna-se a diplomação um ato jurídico perfeito e acabado, somente podendo ser desconstituída nos casos estritamente previstos na legislação eleitoral e na Constituição, resguardados, evidentemente, os princípios do devido processo legal.

[...]

Portanto, proclamada a ordem de votação dos candidatos eleitos e seus respectivos suplentes da coligação partidária, formada estará a lista que será obedecida por ocasião da diplomação, nos termos do art. 215 do Código Eleitoral, *in verbis*:

"Os candidatos eleitos, assim como os suplentes, receberão diploma assinado pelo Presidente do Tribunal Regional ou da Junta Eleitoral, conforme o caso".

Em outras palavras, a diplomação dos eleitos e respectivos suplentes qualifica-se como "um ato jurídico perfeito e acabado, somente podendo ser desconstituída nos casos estritamente previstos na legislação eleitoral e na Constituição, resguardados, evidentemente, os princípios do devido processo legal" (decisão do Min. Ricardo Lewandowski no citado mandado de segurança).

Dessa forma, em caso de vacância em razão de licença, por exemplo, não cabe ao Poder Judiciário ou ao Poder Legislativo negar a ordem de diplomação dos eleitos e suplentes no âmbito da coligação, sob pena de violação de cláusula pétrea da Constituição Federal de 1988.

Pois bem, a partir dessa decisão, o quadro mudou sensivelmente. Isso porque os fundamentos lançados pelo Min. Lewandowski encontraram eco nos demais Ministros da Suprema Corte, mormente nos Ministros Celso de Mello e Dias Toffoli.

De fato, o Min. Celso de Mello, que não participara do julgamento plenário do MS nº 29.988/DF, ao ser designado relator do MS nº 30.380/DF, assentou que:

[...]

Essa percepção da matéria, tal como exposta na lição que se vem de reproduzir, revela que são inconfundíveis a existência (meramente transitória) da coligação partidária, de um lado, e a eficácia (permanente) dos resultados eleitorais por ela obtidos, de outro.

Ou, em outras palavras: a transitoriedade da coligação não se confunde com os efeitos dos atos por ela praticados e dos resultados eleitorais por ela obtidos, que permanecem válidos e eficazes. Ao conferir precedência ao suplente da coligação, a ilustre autoridade apontada como coatora, observando diretriz que tem prevalecido, por décadas, no âmbito da Justiça Eleitoral, certamente considerou a vontade coletiva dos partidos políticos, que, fundados na autonomia que lhes outorgou a própria Constituição da República (ADI 1.063/DF, Rel. Min. CELSO DE MELLO – ADI 1.407/DF, Rel. Min. CELSO DE MELLO, v.g.), uniram-se, transitoriamente, em função do processo eleitoral, para, em comum, e fortalecidos pelo esforço solidário de todos, atingir objetivos que, de outro modo, não conseguiriam implementar se atuassem isoladamente.

[...]

Acentue-se, por necessário, que, tratando-se de coligações partidárias, os votos válidos atribuídos a cada um dos candidatos, não obstante filiados estes aos diversos partidos coligados, são computados em favor da própria coligação partidária, além de considerada tal votação para efeito dos cálculos destinados à determinação do quociente eleitoral e do quociente partidário, a significar, portanto, que esse cômputo dos votos válidos, efetuado para fins de definição dos candidatos e dos lugares a serem preenchidos, deverá ter como parâmetro a própria existência da coligação partidária e não a votação dada a cada um dos partidos coligados.

Preocupa-me, sobremaneira, o fato de que a eventual inobservância do critério até agora prevalecente poderá importar, pela desconsideração dos propósitos que animam a formação de coligações partidárias, em grave marginalização dos grupos minoritários em sua disputa pelo poder, o que culminaria por reduzir, esvaziando-o, o coeficiente de legitimidade democrática que deve qualificar as instituições do Estado brasileiro.

[...]

Todas essas razões, notadamente as expostas pelo eminente Presidente do E. Tribunal Superior Eleitoral, Ministro RICARDO LEWANDOWSKI, convencem-me, ao menos neste juízo de sumária cognição, da ausência de plausibilidade jurídica da pretensão cautelar ora em exame (grifamos).

Já o Min. Dias Toffoli, por seu turno, nos autos da RCL nº 11.226/DF, também trilhou o mesmo entendimento defendido pelo Min. Ricardo Lewandowski nos autos do MS nº 30.459/DF, tendo indeferido a liminar pleiteada.

Essas decisões prepararam o terreno para que, passados menos de cinco meses do deferimento da liminar nos autos do MS nº 29.998/DF, o plenário do STF retornasse a julgar o tema, dessa vez nos autos dos Mandados de Segurança nº 30.260/DF e nº 30.272/DF, ambos da relatoria da Min. Cármen Lúcia.

Após cinco horas de votação, o plenário do Supremo Tribunal Federal sufragou às inteiras a tese de que a vaga decorrente do licenciamento de titulares de mandato parlamentar deveria ser ocupada pelos suplentes das coligações, não dos partidos políticos.

Nessa assentada, com a composição completa da Corte,[5] à exceção do Min. Marco Aurélio Mello, todos os demais ministros da Corte resgataram a jurisprudência histórica do STF, no sentido de que a lista dos mais votados da coligação deveria ser seguida para a convocação dos suplentes.

É dizer, o entendimento inicialmente sufragado por uma maioria de cinco votos a três se transformou em uma quase unanimidade de 10 (dez) votos a um.

Pela importância do julgado, cumpre transcrever sua ementa:

MANDADO DE SEGURANÇA PREVENTIVO. CONSTITUCIONAL. SUPLENTES DE DEPUTADO FEDERAL. ORDEM DE SUBSTITUIÇÃO FIXADA SEGUNDO A ORDEM DA COLIGAÇÃO. REJEIÇÃO DAS PRELIMINARES DE ILEGITIMIDADE ATIVA E DE PERDA DO OBJETO DA AÇÃO. AUSÊNCIA DE DIREITO LÍQUIDO E CERTO. SEGURANÇA DENEGADA.

1. A legitimidade ativa para a impetração do mandado de segurança é de quem, asseverando ter direito líquido e certo, titulariza-o, pedindo proteção judicial. A possibilidade de validação da tese segundo a qual o mandato pertence ao partido político e não à coligação legitima a ação do Impetrante.

2. Mandado de segurança preventivo. A circunstância de a ameaça de lesão ao direito pretensamente titularizado pelo Impetrante ter-se convolado em dano concreto não acarreta perda de objeto da ação.

---

[5] Formou a maioria o então recém empossado Min. Luiz Fux.

3. As coligações são conformações políticas decorrentes da aliança partidária formalizada entre dois ou mais partidos políticos para concorrerem, de forma unitária, às eleições proporcionais ou majoritárias. Distinguem-se dos partidos políticos que a compõem e a eles se sobrepõe, temporariamente, adquirindo capacidade jurídica para representá-los.

4. A figura jurídica derivada dessa coalizão transitória não se exaure no dia do pleito ou, menos ainda, apaga os vestígios de sua existência quando esgotada a finalidade que motivou a convergência de vetores políticos: eleger candidatos. Seus efeitos projetam-se na definição da ordem para ocupação dos cargos e para o exercício dos mandatos conquistados.

5. A coligação assume perante os demais partidos e coligações, os órgãos da Justiça Eleitoral e, também, os eleitores, natureza de superpartido; ela formaliza sua composição, registra seus candidatos, apresenta-se nas peças publicitárias e nos horários eleitorais e, a partir dos votos, forma quociente próprio, que não pode ser assumido isoladamente pelos partidos que a compunham nem pode ser por eles apropriado.

6. O quociente partidário para o preenchimento de cargos vagos é definido em função da coligação, contemplando seus candidatos mais votados, independentemente dos partidos aos quais são filiados. Regra que deve ser mantida para a convocação dos suplentes, pois eles, como os eleitos, formam lista única de votações nominais que, em ordem decrescente, representa a vontade do eleitorado.

7. A sistemática estabelecida no ordenamento jurídico eleitoral para o preenchimento dos cargos disputados no sistema de eleições proporcionais é declarada no momento da diplomação, quando são ordenados os candidatos eleitos e a ordem de sucessão pelos candidatos suplentes. A mudança dessa ordem atenta contra o ato jurídico perfeito e desvirtua o sentido e a razão de ser das coligações.

8. Ao se coligarem, os partidos políticos aquiescem com a possibilidade de distribuição e rodízio no exercício do poder buscado em conjunto no processo eleitoral.

9. Segurança denegada.

Nesse contexto, impende reconhecer que a decisão escoteira do Min. Ricardo Lewandowski, nos autos do citado MS nº 30.459, proferida em "desarmonia" com precedente recente do próprio plenário da Suprema Corte, não apenas lançou as bases para o resgate da jurisprudência do próprio STF sobre a correta ordem de assunção dos membros do Poder Legislativo, como também pacificou possível tensão entre instituições da República.

Informação bibliográfica deste texto, conforme a NBR 6023:2018 da Associação Brasileira de Normas Técnicas (ABNT):

NOLETO, Murilo Salmito; OLIVEIRA, Alfredo Renan Dimas de. Sistema proporcional brasileiro e vacância: a decisão singular do Min. Ricardo Lewandowski que firmou as balizas para o resgate da jurisprudência histórica do Supremo Tribunal Federal. *In*: RODRIGUES, Dennys Albuquerque; CEZAR, Eduardo Barreto; OLIVEIRA, Marcelo Pimentel de (coord.). *Democracia, humanismo e jurisdição constitucional*: estudos em homenagem ao Ministro Ricardo Lewandowski. Belo Horizonte: Fórum, 2022. p. 341-353. ISBN 978-65-5518-402-0.

O JUÍZO DE ADMISSIBILIDADE DA ACUSAÇÃO: A SUPERAÇÃO DO *IN DUBIO PRO SOCIETATE*

OCTAVIO AUGUSTO DA SILVA ORZARI

1 Introdução

Pertinentes as palavras do mestre de todos nós, Dalmo de Abreu Dallari, para introduzir texto que compõe livro em homenagem ao Professor e Ministro Ricardo Lewandowski, ao falar sobre o juiz e a proteção dos direitos humanos: "Nas sociedades democráticas modernas, submetidas ao império do direito, a proteção dos direitos humanos (...) é tarefa que incumbe ao Poder Judiciário".[1]

Quem acompanha as aulas de graduação e pós-graduação sabe que o humanismo do professor de Teoria do Estado da velha e sempre nova Academia do Largo de São Francisco se funde no dia a dia judicante à preocupação de reafirmação da Constituição de 1988, como documento fundante e orientador do Estado Democrático de Direito brasileiro.

Os acalorados debates em torno dos direitos e garantias processuais penais ganham relevância para a efetividade da Constituição de 1988, daí por que a escolha de abordar um tema de processo

---

[1] DALLARI, Dalmo de Abreu. *O poder dos juízes*. São Paulo: Saraiva, 2007, p. 38.

penal, especificamente sobre a jurisprudência que utiliza o que se convencionou chamar de *in dubio pro societate*, tanto no procedimento especial do júri quanto no procedimento ordinário, com destaque à importante reflexão do professor e ministro homenageado, que deve ecoar na cultura decisória processual penal à luz da Constituição.

A questão se delimita na decisão do juízo de admissibilidade da peça acusatória no procedimento ordinário, e, no júri, na fase conclusiva do *judicium accusationis* com a decisão de pronúncia. Não se pode deixar de direcionar um rápido olhar sobre o campo da improbidade administrativa, que integra o direito sancionador, e sobre o princípio da presunção de inocência, ou do *in dubio pro reo*, norma constitucional que deve ser concretizada com a máxima efetividade.

2 O juízo de admissibilidade da acusação

A decisão conclusiva do juízo de admissibilidade da acusação, seja no procedimento do júri, seja no procedimento ordinário, merece um olhar atento diante das inovações trazidas pela Constituição de 1988 e das alterações legislativas posteriores à nova ordem constitucional.

O procedimento do júri sempre foi reconhecido como bifásico com a distinção entre o *judicium accusationis* e o *judicium causae*, sendo que se sustentava na doutrina e na jurisprudência que a decisão de encaminhamento da primeira fase à seguinte – a decisão de pronúncia – seria orientada pelo brocardo *in dubio pro societate*.

O procedimento ordinário, na forma delineada pelo Código de Processo Penal de 1940 sem a identificação clara da separação entre a fase de admissibilidade da acusação e a fase de julgamento de mérito, por sua vez, com a vigência da Lei nº 11.719, de 20 de junho de 2008, passou a contar com uma nítida separação entre essas distintas etapas.

Ainda que decorrido tempo considerável, vale anotar que essa lei resultou do Projeto de Lei nº 4.207, de 2001, de autoria do Poder Executivo, que contou com comissões de juristas em governos distintos e debates técnicos com o Congresso Nacional, e desde seu nascedouro pretendeu aprimorar o procedimento para garantir "a efetiva defesa do acusado antes do exame da admissibilidade da denúncia" e a "obrigatoriedade de fundamentação da decisão que recebe ou rejeita a denúncia".[2]

---

[2] Exposição de Motivos e tramitação disponível em: https://www.camara.leg.br/proposicoesWeb/fichadetramitacao?idProposicao=26557. Acesso em: 12 jan. 2022.

Essa alteração estrutural do processo penal brasileiro instituiu três etapas da persecução, com a consolidação da fase intermediária (admissibilidade da acusação) entre a investigação criminal e a instrução processual, tal como se sucedeu com o "filtro da acusação" italiano,[3] haja vista a "noção de um processo penal acusatório orientado pela presunção de inocência".[4]

A elaboração, interpretação e aplicação das normas infraconstitucionais devem obedecer aos ditames constitucionais e especialmente as regras procedimentais passaram a sofrer influência do até então inédito nas constituições brasileiras princípio da presunção de inocência ou da não culpabilidade.

Esta inovação constitucional de 1988 tornou inescapável o questionamento, para não dizer desde já a abolição, do tão repetido *in dubio pro societate* em uma decisão fulcral para o *status dignitatis* e *libertatis* do acusado.

Ainda que não usado expressamente tal brocardo em decisões de admissibilidade da acusação, decisões omissas ou com pretensas fundamentações podem desafiar correção para inadmitir acusações desprovidas de justa causa.

A questão é se no cotidiano judicial ainda há influência expressa ou tácita da superada fórmula do *in dubio pro societate* ou se a decisão de admissibilidade da acusação, em consonância com a Constituição, encontra reconhecimento como primordial para a fiscalização sobre a fase investigatória e para a não submissão do acusado a ações temerárias.

Em outras palavras, se a ótica judicial sobre os elementos de informações no momento da análise da admissibilidade obedece à presunção de inocência ou se esta garantia é indevidamente flexibilizada a ponto de se dar prevalência à inversão dos valores constitucionais, ratificando-se precárias investigações e imputações estatais em grave prejuízo do indivíduo. Vale anotar que o contexto da investigação é permeado pelo raciocínio abdutivo do investigador, caracterizado "por operações seletivas, que inicialmente condicionam o resultado", já que "quem investiga, exatamente por formular a hipótese explicativa, compromete-se com a mesma e deixa de ter uma posição neutra quanto à sua confirmação ou refutação".[5]

---

[3] PRADO, Geraldo. *Prova penal e sistema de controles epistêmicos*: a quebra da cadeia de custódia das provas obtidas por métodos ocultos. São Paulo: Marcial Pons, 2014, p. 45.
[4] PRADO, Geraldo. *Op. cit.*, p. 46.
[5] BADARÓ, Gustavo Henrique. *Epistemologia judiciária e prova penal*. São Paulo: Thomson Reuters Brasil, 2019, p. 147.

Na prática da persecução penal, observe-se, sem um filtro qualitativo e imparcial sobre a justa causa da acusação, não há estímulo para investimentos estatais na qualidade da investigação criminal, o que não é benéfico à sociedade e aos objetivos da persecução penal.

3   A norma constitucional da presunção de inocência

A presunção de inocência como inovação juspolítica da Constituição de 1988 precisa de permanente análise quanto à sua implementação e repercussão sobre a cultura político-jurídica, bem como quanto aos reveses que sofre na sua aplicação,[6] daí por que consiste em tema sempre atual.

Tendo constado pela primeira vez em um texto normativo na Declaração dos Direitos do Homem e do Cidadão, de 1789, a presunção de inocência foi debatida pelas escolas penais. Dentre os integrantes da chamada Escola Clássica, Carrara reconhecia a presunção de inocência como "pressuposto da ciência penal". No que dizia respeito ao procedimento, ressalvava Carmignani que favoreceria "apenas os cidadãos de antecedentes irrepreensíveis".[7]

Os autores da chamada Escola Positiva atribuíram menor valor à presunção de inocência, dada a premissa de defesa da sociedade contra o crime com base nas ciências biológicas, chegando Garofalo a se inclinar para uma presunção de culpabilidade. Ferri propunha a absolvição do réu, após a valoração das provas, apenas em caso de conclusão cabal nesse sentido, além de defender a expressa exclusão da presunção de inocência para certos casos, como para os reincidentes, delinquentes profissionais, ocorrência de flagrante e confissão.[8]

A Escola Técnico-Jurídica formulou ataques mais veementes à presunção de inocência sob uma roupagem aparentemente dogmática, mas que tinha por finalidade atingir ideologicamente o desenvolvimento do princípio, postura que informou o Código de Processo Penal italiano de 1931 e influenciou o Código de Processo Penal brasileiro de 1941. Para Manzini, presumia-se a procedência da imputação, pois não haveria sentido processar alguém se a inocência fosse presumida.[9]

---

[6] MORAES, Maurício Zanoide de. *Presunção de inocência no processo penal brasileiro*: análise de sua estrutura normativa para a elaboração legislativa e para a decisão judicial. Rio de Janeiro: Lumen Juris, 2010, p. 95.
[7] GOMES FILHO, Antonio Magalhães. *Presunção de Inocência e prisão cautelar*. São Paulo: Saraiva, 1991, p. 13-14.
[8] *Op. cit.*, p. 14-15.
[9] *Op. cit.*, p. 17.

Após os desrespeitos aos valores fundamentais de proteção da pessoa humana verificados na Segunda Guerra Mundial, a formalização do princípio da presunção de inocência em documentos de significativo impacto voltou a ser lembrada.

Em 1948, a Assembleia Geral da Organização das Nações Unidas proclamou a Declaração Universal dos Direitos do Homem com diversas disposições sobre processo criminal e com a seguinte previsão: *Art. 11, 1: Toda pessoa acusada de delito tem direito a que se presuma sua inocência enquanto não se prove sua culpabilidade, conforme a lei e em juízo público no qual sejam asseguradas todas as garantias necessárias à defesa.*

A Constituição francesa de 1958 reafirmou os direitos humanos declarados em 1789 e, por isso, a doutrina entende que o princípio da presunção de inocência é norma positivada na França. A Constituição espanhola de 1978 acolheu o direito à presunção de inocência juntamente com outros direitos processuais, bem como a Constituição portuguesa de 1976, agregando, em 1982, o direito à celeridade processual.[10]

Na Itália, preceitua a Constituição de 1948 que o imputado não é considerado culpado até a sentença definitiva,[11] disposição que guarda similitude com a redação do art. 5º, LVII, da CF, e que pode ter servido de inspiração ao constituinte de 1986.

Presente entre as garantias fundamentais, a presunção de inocência se insere entre as normas-princípios, que consubstanciam "mandados de otimização"[12] aos quais deve ser conferida "a máxima capacidade de regulamentação e concretização",[13] inclusive sobre o juízo de admissibilidade da acusação.

4 O juízo de admissibilidade da acusação no júri

No procedimento do júri, ao final da fase do *judicium accusationis*, muito se discutiu acerca da incidência do adágio *in dubio pro societate* na decisão de pronúncia. O art. 413 do Código de Processo Penal exige demonstração fundamentada da "materialidade do fato" e de indícios de autoria para o prosseguimento da ação penal e remessa do juízo de mérito ao tribunal popular.

---

[10] GOMES FILHO, Antonio Magalhães. *Op. cit.*, p. 24-30. Segundo a Constituição portuguesa, Artigo 32º, 2: *Todo o arguido se presume inocente até ao trânsito em julgado da sentença de condenação, devendo ser julgado no mais curto prazo compatível com as garantias de defesa.*

[11] Art. 27. (...) *L'imputato non è considerato colpevole sino alla condanna definitiva.* (...)

[12] MORAES, Maurício Zanoide de. *Op. cit.*, p. 269-84.

[13] MIRANDA, Jorge. *Teoria da Constituição*. Coimbra: Almedina, 2020, p. 294.

Trata-se de uma questão de *standard* probatório ou de suficiência de comprovação para a cognição de admissibilidade. Quanto à existência do fato criminoso, com a comprovação por exame de corpo de delito direto ou indireto, não há que se consentir com juízo duvidoso para se permitir a pronúncia. Os crimes dolosos contra a vida são crimes que deixam vestígios ou *delicta facti permanentis*, hipóteses em que a materialidade deve ter sido constatada para o juízo de admissibilidade da acusação.

Por óbvio, todavia, não se exige certeza quanto à autoria, permitindo-se a pronúncia com lastro probatório idôneo, o que torna justificável que a acusação seja encaminhada para julgamento pelos jurados, e não meramente elementos de informação inquisitoriais e unilaterais.

Para o prosseguimento da ação penal em face de possível autor do crime, há valoração dos indícios para verificação da sua suficiência, da sua aptidão para levar o réu a julgamento pelo corpo de jurados, perfazendo-se juízo afirmativo, ou negativo, de cognição sumária. Deve haver fundamentação na decisão de pronúncia, tal qual exige a Constituição, sem que tal fundamentação possa ser apta a influenciar o íntimo convencimento dos jurados.

A natureza da decisão e da fase procedimental revela que consignar nesta decisão que haveria dúvida que militaria favoravelmente à sociedade – o *in dubio pro societate* – para uma suposta proteção desta sociedade ou para que ela, por meio dos jurados, exerça o "direito" de julgar, é inadequado do ponto de vista constitucional e de *standard* probatório, e esse vem sendo o entendimento na jurisprudência do Supremo Tribunal Federal.

No HC nº 81.646/PE (publicado em 09.08.2002), o ministro relator Sepúlveda Pertence apontou como descabida a invocação do *in dubio pro societate* quanto à existência do crime. No caso, houve frustração da prova pericial por impossibilidade de se determinar a causa da morte e, mesmo manifestando dúvida quanto à existência do crime, o juiz pronunciou o réu sob o pretexto do *in dubio pro societate*, o que teve que ser corrigido pelo Supremo Tribunal Federal. Em seu voto, consignou o ministro:

> Não obstante justificadas críticas de que tem sido alvo, por sua absurdez lógica, o aforismo *in dubio pro societate* ainda reina soberano na jurisprudência como explicação fácil de que, para o juízo positivo de pronúncia, a lei se contenta com a existência de indícios de autoria, aí entendidos como prova incompleta da imputação.

A mesma fórmula jamais vigorou, no entanto, no tocante à existência do crime, em relação ao qual exige o Código que o juiz se convença.

E é óbvio que, na lei, a convicção do juiz na pronúncia não é a convicção íntima do jurado, que os princípios repeliriam, mas convencimento fundado na prova: donde a exigência – que aí cobre tanto a da existência do crime, quanto da ocorrência de indícios de autoria, de que o juiz decline, ne decisão, 'os motivos do seu convencimento'.

A invocação do adágio *in dubio pro societate* sob a alegação de se preservar a constitucional soberania dos veredictos do tribunal do júri é tida como uma "falácia" por Sérgio Marcos de Moraes Pitombo, afinal a competência constitucional do júri é uma garantia e não pode ser utilizada em prejuízo do réu.[14] A pronúncia, como juízo afirmativo de admissibilidade, opera como um meio de evitar que alguém inocente, ou contra quem não foram descortinados indícios minimamente suficientes, seja submetido à possibilidade de condenação sem fundamentação técnico-jurídica.

O juízo de admissibilidade proferido pelo juiz togado, tanto no procedimento do júri quanto no procedimento ordinário, é regido pela persuasão racional na qual deve haver exposição dos argumentos e fundamentos. A lei processual instituiu um sistema probatório com ônus *probandi* e com graus de cognição conforme a fase procedimental.

A presunção de inocência como regra de tratamento, ônus probatório e de julgamento modula-se de acordo com a fase procedimental, mas não pode ser flexibilizada sem lastro jurídico-constitucional na fase do juízo de admissibilidade da acusação.

É a partir dessas premissas que se desencadeia a marcha processual e não mediante adágios que frustram a determinação constitucional probatória e de fundamentação das decisões judiciais. Para Pitombo, "até os que aceitam a ideia de dúvida não suportariam o rifão *in dubio pro societate*, patente a sua absurdidade, posto que contrário a qualquer sistema probatório".[15]

O Ministro Celso de Mello critica a utilização do *in dubio por societate* na fase do *judicium accusationis* do procedimento do júri:

---

[14] PITOMBO, Sérgio Marcos de Moraes. Pronúncia *in dubio pro societate*. In: *Revista da Escola Paulista da Magistratura*, ano 4, n. 1, p. 21, jan./jun. 2003.
[15] PITOMBO, Sérgio Marcos de Moraes. *Op. cit.*, p. 22.

Como dizem autores eminentes, a regra do 'in dubio pro societate', na verdade, não constitui princípio algum, tratando-se de critério que se mostra compatível com regimes de perfil autocrático que absurdamente preconizam, como acima referido, o primado da ideia de que todos são culpados até prova em contrário (!?!?), em absoluta desconformidade com a presunção de inocência, que, legitimada pela ideia democrática, tem prevalecido, ao longo de seu virtuoso itinerário histórico, no contexto das sociedades civilizadas, como valor fundamental e exigência básica de respeito à dignidade da pessoa humana.[16]

O Ministro Ricardo Lewandowski entende inconstitucional o *in dubio pro societate* por ferir o princípio da presunção de inocência e sustenta que o juízo de admissibilidade recai sobre a prova da materialidade e sobre os indícios de autoria,[17] admitindo-se decidir fundamentadamente pela pronúncia ou pela impronúncia do acusado.

No julgamento do ARE nº 1.067.392, em cuja ementa consignou-se a "Inadmissibilidade *in dubio pro societate*: além de não possuir amparo normativo, tal preceito ocasiona equívocos e desfoca o critério sobre o *standard* probatório necessário para a pronúncia",[18] o Ministro Ricardo Lewandowski ponderou em seu voto sobre "a distinção entre a presunção de inocência, que tem assento constitucional, e o princípio, que não é um princípio, na verdade, é talvez um adágio forense, *in dubio pro societate*. Aliás, não há nenhuma condição de essas duas expressões se ombrearem, porque uma tem dignidade constitucional e a outra deriva da prática forense".

O que se extrai desse julgamento é que a banalização do *in dubio pro societate* acarreta um enfraquecimento da exigência legal da suficiência dos indícios de autoria para comporem a justa causa e, com isso, admitir-se uma acusação. Em outras palavras, no juízo de admissibilidade, o sistema da prova racional estabelece um *standard* que pressupõe existência, análise e fundamentação da materialidade e indícios de autoria, e quanto a estes últimos pressupõe que sejam suficientemente aptos a encaminhar o processo para a fase de instrução e julgamento do mérito.

Ademais, deve-se aplicar a presunção de inocência proveniente da Constituição de 1988 havendo concomitantemente provas que apontam e afastam os indícios de autoria, ou seja, a valoração

---

[16] HC 180.144, 2ª Turma, rel. min. Celso de Mello, pub. 22.10.2020.
[17] ARE 1304605, 2ª Turma, rel. min. Ricardo Lewandowski, pub. 14.05.2021.
[18] Rel. min. Gilmar Mendes, pub. 02.07.2020.

judicial das provas é orientada pela busca da máxima efetividade do princípio expresso na Constituição, e não por um adágio sem estatura constitucional.

Como decidido no ARE nº 1.067.392, para exemplificar, havendo impasse entre testemunhas diretas que indicam que não houve participação do réu e testemunhas indiretas ou de "ouvir-dizer" que indicam que haveria, a aplicação do *in dubio pro societate* é equivocada, uma vez que a suficiência dos indícios não seria alcançada e a submissão do réu ao conselho de sentença frustraria a um só tempo a finalidade de filtragem do juízo de admissibilidade e o princípio da presunção de inocência.

5 O juízo de admissibilidade na ação de improbidade administrativa: incremento da Lei nº 14.230/2021

Antes de se passar ao procedimento ordinário no processual penal, uma breve anotação quanto ao processo de improbidade administrativa se faz pertinente, na medida em que o Direito Administrativo Sancionador se conecta ao Direito Penal em razão da severa intervenção estatal sobre a esfera individual que representam. Essa relação, entre outros fatores, se dá com a constatação da administrativização do Direito Penal, o distanciamento deste do seu núcleo duro (crimes contra a vida, incolumidade física, fraudes etc.) e o incremento quantitativo de sanções tidas como administrativas na esfera penal, sendo que as zonas limítrofes entre o Direito Administrativo Sancionador e o Direito Penal acabam por ser manejadas discricionariamente e sem lastro dogmático pelo legislador.

O juízo de admissibilidade na improbidade administrativa é inerente ao processo desde a edição da Lei nº 8.429, de 2 de junho de 1992, que prevê defesa preliminar em face da petição inicial, anteriormente à instrução processual.

Em vigor desde 1992, talvez tenha sido uma das influências, ou demonstração infraconstitucional de necessidade e urgência, da adequação do rito processual penal, o que somente foi realizado com a Lei nº 11.719/2008. O descompasso era evidente, pois, excepcionalmente, para crimes praticados por funcionários públicos, o Código de Processo Penal previa desde sua origem o juízo de admissibilidade após a resposta do acusado (arts. 516 e 517).

A Lei nº 14.230, de 25 de outubro de 2021, robusteceu as exigências para que a petição inicial ultrapasse o juízo de admissibilidade na improbidade administrativa, a partir de uma percepção de que ações temerárias estariam sendo propostas e avançando em sua tramitação.

A imprescindibilidade de "individualizar a conduta do réu" e de se "apontar os elementos probatórios mínimos" da autoria e da hipótese legal de ato de improbidade, além de "documentos ou justificação que contenham indícios suficientes da veracidade dos fatos e do dolo imputado", passou a ser expressa em lei (art. 6º da Lei nº 8.429/1992, na redação da Lei nº 14.230/2021).

São questões indispensáveis à propositura e ao prosseguimento de uma ação por improbidade, mas que não se mostraram cristalizadas pela jurisprudência, e a inovação legislativa teve então que detalhar o roteiro e os fundamentos para o juízo de admissibilidade, agregando, quanto à tipicidade do ato ímprobo, que o elemento subjetivo presente somente pode ser o dolo, não sendo mais punidos atos culposos.

A jurisprudência do Superior Tribunal de Justiça, ao contrário, pacificara o entendimento de que, no momento processual do recebimento da ação de improbidade, vigora "o princípio do *in dubio pro societate*".[19] Ao mesmo tempo, no mesmo julgado, consigna que devem estar presentes "indícios de cometimento do ato ímprobo".

A questão é se deve ser repetida a criação jurisprudencial do *in dubio pro societate*, mormente com o advento da Lei nº 14.230/2021.

É inequívoco que a Lei nº 8.429/1992 estabeleceu o juízo de admissibilidade para as ações de improbidade e que exige, desde sua edição, lastro probatório mínimo para o prosseguimento da demanda.

Alteração normativa de 2001 passou a expressamente prever a rejeição da petição inicial se o juiz estiver convencido "da inexistência do ato de improbidade, da improcedência da ação ou da inadequação da via eleita" (Medida Provisória nº 2.225/2001). E, como visto, em 2021, a Lei nº 14.230 tornou mais rigoroso o filtro de admissibilidade.

Pelo que se vê, o *in dubio pro societate* não vigora e nunca vigorou. O juízo de admissibilidade é de cognição sumária, contrastando portanto com o juízo de mérito. Não há e não se exige certeza para se admitir a ação, o que não significa que há uma dúvida e que tal dúvida é em favor da sociedade. Tampouco significa que o *in dubio pro societate* tem a densidade normativa de um princípio (sem qualquer referência constitucional) a ponto de irradiar efeitos sobre o juízo de admissibilidade.

---

[19] Ag. Int. no Recurso Especial nº 1.570.000-RN, rel. min. Sérgio Kukina, redator para o acórdão min. Gurgel de Faria, *DJe* 17.11.2021.

Embora de cognição sumária, não significa admitir insuficiência ou inidoneidade de fundamentação, sob pena de nulidade da decisão consoante estabelece o art. 93, IX, da Constituição da República. E a fundamentação recai sobre a presença ou ausência de indícios, sobre o acervo probatório mínimo a justificar a demanda. A análise é se há ou não há indícios, que por sua natureza – e com fundamentação suficiente – demonstram a probabilidade de a lide não ser arbitrária.

Na letra da Lei nº 14.230/2021, se há indícios suficientes da veracidade do fato e do dolo, apontamento de elementos probatórios mínimos e individualização da conduta do acusado, a ação tem guarida para ser recebida de forma fundamentada e de seguir o seu trâmite para a fase instrutória, independentemente de se dizer que há uma dúvida que vigoraria em prol da sociedade. O *in dubio pro societate* não pode ser invocado como subterfúgio a fim de se evadir do dever de fundamentação e cogitar-se da sua incidência é incoerente com o sistema acusatório.

No mencionado caso submetido ao Superior Tribunal de Justiça, o Agravo Interno no Recurso Especial nº 1.570.000-RN, as instâncias ordinárias entenderam que não era caso de admissibilidade da ação, em fundamentada decisão sobre os indícios coligidos, e o STJ deliberou que não era caso de se reabrir a discussão por implicar revolvimento fático-probatório em dissonância com a Súmula nº 7/STJ, muito embora o voto vencido do relator originário, ainda em 2021, tenha se servido do *in dubio pro societate* para tentar fazer prosseguir a demanda.

Contudo, tem-se um juízo de admissibilidade que, por sua natureza, não é exauriente e o *in dubio pro societate* não pode ser utilizado como um carimbo de admissibilidade, desprezando-se a fundamentação e a análise dos indícios. Foi o que advertiu o voto-vista prevalecente do ministro Gurgel de Faria: "convém anotar que a decisão de recebimento da inicial da ação de improbidade não pode limitar-se à invocação do *in dubio pro societate*, devendo, antes, ao menos, tecer comentários sobre os elementos indiciários e a causa de pedir, ao mesmo tempo que, para a rejeição, deve bem delinear a situação fático-probatória que lastreia os motivos de convicção externados pelo órgão judicial".

Vê-se que o *in dubio pro societate* é flagrantemente inconstitucional se usado para frustrar a determinação constitucional de fundamentação. Ou será supérfluo diante da análise, ainda que sumária, dos indícios para lastrear o recebimento, ou a rejeição, da petição inicial que contém a acusação de improbidade.

Paira a impressão de que a ultrapassada jurisprudência processual penal que admitia o *in dubio pro societate* contaminou algumas interpretações sobre o juízo de admissibilidade na improbidade administrativa. Contudo, é incompatível com o ordenamento jurídico a repetição da sua existência, o que parece estar em vias de correção por intepretações consentâneas à Constituição de 1988 e por expressa determinação da Lei nº 14.230/2021.

6 A etapa do juízo de admissibilidade no procedimento comum ordinário penal

O procedimento comum nasce no Código de Processo Penal sem juízo de admissibilidade da acusação, sendo o réu citado para mera defesa preliminar *pro forma*, sem se estabelecer contraditório e ampla defesa sobre a justa causa da acusação. Em uma época do processo penal inquisitório, o recebimento da denúncia era mero carimbo para o prosseguimento da demanda, mesmo sendo ela desprovida de embasamento, com uma aplicação tácita do *in dubio pro societate*.

Como já mencionado, somente em 2008, com a Lei nº 11.719, em adequação à Constituição e à sistemática de outros procedimentos acusatórios, como a Lei de Drogas, o rito para os crimes cometidos por funcionários públicos e a já citada Lei de Improbidade de 1992, é que se previu um juízo de admissibilidade no procedimento ordinário, fase na qual deve ser aplicada a presunção de inocência, sem se permitir fissura à garantia constitucional sob invocação de uma falácia, como se referiu Pitombo ao *in dubio pro societate*.

Note-se que mesmo sem invocação expressa do *in dubio pro societate*, a insuficiência de fundamentação que permeia a fase de admissibilidade da acusação pode ser verificada em recebimentos de denúncias que não analisam a justa causa da ação, não mergulham sobre os elementos de informação que acompanham a peça acusatória e protelam a verificação de nulidades demonstradas pela defesa.

Ou seja, o *in dubio pro societate* está subliminarmente presente quando a decisão de admissibilidade é omissa e insuficiente, e o juiz que deixa de aplicar a presunção de inocência nesta fase dificilmente cumprirá a determinação constitucional da presunção de inocência na fase de sentença. Daí a relevância, observe-se, entre inúmeros outros fatores, de o juiz das garantias decidir pelo recebimento ou rejeição da denúncia ou queixa separadamente do juiz de mérito (art. 3º-B, XIV, do CPP, na redação da Lei nº 13.964/2019), embora tal inovação processual penal essencial esteja indefinida e monocraticamente suspensa em ações de controle concentrado de constitucionalidade, com ferimento da separação dos poderes e da soberania popular ínsita ao Legislativo. O juiz das garantias aperfeiçoa a fase do juízo de admissibilidade de acusação e o sistema acusatório.

Decisões como a do recebimento da denúncia sem a devida fundamentação devem ser corrigidas pelas instâncias superiores, lembrando-se que a rejeição da denúncia não impede o oferecimento de nova denúncia.

Por determinação legal, acusações sem lastro informativo mínimo devem ser coarctadas no juízo de admissibilidade, sobretudo quando se verificar ausência de indicação ou de possibilidade de produção probatória por parte da acusação, até porque é instaurado o contraditório nesta fase procedimental, haja vista poder o acusado suscitar questões preliminares e tudo mais que interesse à sua defesa (art. 396-A do CPP). Deve o juiz, portanto, valorar os argumentos defensivos e se manifestar expressamente sobre eles.

A protelação da aplicação do *in dubio pro reo* para a fase da sentença, contudo, parece contar com a complacência do Superior Tribunal de Justiça, tendo em vista o entendimento sumulado de que "A superveniência da sentença condenatória prejudica o pedido de trancamento da ação penal por falta de justa causa feito em habeas corpus" (Súmula nº 648/STJ), que somente se justificaria se houvesse sido implantado o juiz das garantias, pois o juízo de mérito realizado por juiz distinto do juiz da fase de admissibilidade suplantaria equívocos deste último.

No processo penal como um todo, seja antes ou depois da implementação do juiz das garantias, a fase decisória da admissibilidade da acusação exige contraditório, fundamentação judicial e deve ser orientada pelo *in dubio pro reo*, afastando-se por completo qualquer influência do *in dubio pro societate*.

É o que nos ensina o Ministro Lewandowski em voto proferido no Inq. nº 4.074,[20] como proposição para que se compatibilize concretamente o rito ordinário à Constituição de 1988:

> Eu, durante muito tempo, e venho na judicatura criminal há quase vinte oito anos, passei pelo Tribunal de Alçada Criminal, repetia, sem maior crítica, o provérbio, o brocardo, que, nesta fase do procedimento

---

[20] Inq. 4.074, rel. min. Edson Fachin, redator do Acórdão min. Dias Toffoli, pub. 17.10.2018.

penal, ou seja, no recebimento da denúncia, a dúvida milita em favor da sociedade.

E eu meditando melhor sobre esse assunto, inclusive, preparando, e peço escusas por trazer à colação um depoimento mais pessoal, um curso de pós-graduação na Faculdade de Direito da Universidade de São Paulo sobre exatamente os princípios constitucionais que regem o processo penal, eu acabei chegando à conclusão de que a dúvida milita em favor do réu mesmo nessa fase, até a fase final do julgamento. Eu penso que os doutrinadores e mesmo a jurisprudência equivocadamente vêm repetindo esse brocado sem, *data venia*, uma maior reflexão, o que permite o recebimento de certas denúncias sem maior consistência de elementos que possam levar avante uma denúncia minimamente hígida.

7 Considerações finais

A análise da justa causa da ação penal, no complexo, embora não exauriente, juízo de admissibilidade, deve ser permeada pelos efeitos da presunção de inocência constitucional, o que claramente também deflui da legislação infraconstitucional, mas que nem sempre é obedecido.

Com uma breve observação em um voto, o Ministro Lewandowski sintetiza a necessária superação de uma defasagem histórica do processo penal brasileiro e traça orientação à magistratura. O juízo de admissibilidade é uma etapa da persecução penal que culmina com decisão de rejeição ou recebimento da peça acusatória, decisão que deve apreciar fundamentadamente a argumentação da defesa com suporte na presunção de inocência.

O processo penal consentâneo com a Constituição de 1988 estabelece para todos os procedimentos filtro contra ações temerárias e arbitrárias, presente inclusive nas ações de improbidade administrativa. Tal crivo fático-jurídico de admissibilidade deve ser efetivo, e não *pro forma* e orientado por atalhos hermenêuticos, como o que representa o *in dubio pro societate*. O juiz equidistante das partes deve inibir imputações calcadas em subjetivismos e sem lastro em consistente atividade investigatória, tendo em vista as pesadas repercussões que uma ação penal ocasiona à dignidade e liberdade do indivíduo.

Referências

BRASIL. Câmara dos Deputados. *Projeto de Lei nº 4.207, de 2001*. Disponível em: https://www.camara.leg.br/proposicoesWeb/fichadetramitacao?idProposicao=26557.

BRASIL. Superior Tribunal de Justiça. *Agravo Interno no Recurso Especial nº 1.570.000-RN*, rel. min. Sérgio Kukina, redator para o acórdão min. Gurgel de Faria. DJe 17.11.2021.

BRASIL. Supremo Tribunal Federal. *Habeas Corpus nº 81.646/PE*, rel. min. Sepúlveda Pertence. Pub. 09.08.2002.

BRASIL. Supremo Tribunal Federal. *Habeas Corpus nº 180.144*, rel. min. Celso de Mello. Pub. 22.10.2020.

BRASIL. Supremo Tribunal Federal. *Inq. 4.074*, rel. min. Edson Fachin, redator do acórdão min. Dias Toffoli. Pub. 17.10.2018.

BRASIL. Supremo Tribunal Federal. *Recurso Extraordinário com Agravo ARE nº 1.304.605*, rel. min. Ricardo Lewandowski. Pub. 14.05.2021.

BRASIL. Supremo Tribunal Federal. *Recurso Extraordinário com Agravo ARE nº 1.067.392*, rel. min. Gilmar Mendes. Pub. 02.07.2020.

BADARÓ, Gustavo Henrique. *Epistemologia judiciária e prova penal*. São Paulo: Thomson Reuters Brasil, 2019.

DALLARI, Dalmo de Abreu. *O poder dos juízes*. São Paulo: Saraiva, 2007.

GOMES FILHO, Antonio Magalhães. *Presunção de Inocência e prisão cautelar*. São Paulo: Saraiva, 1991.

MIRANDA, Jorge. *Teoria da Constituição*. Coimbra: Almedina, 2020.

MORAES, Maurício Zanoide de. *Presunção de inocência no processo penal brasileiro*: análise de sua estrutura normativa para a elaboração legislativa e para a decisão judicial. Rio de Janeiro: Lumen Juris, 2010.

PITOMBO, Sérgio Marcos de Moraes. Pronúncia *in dubio pro societate*. In: *Revista da Escola Paulista da Magistratura*, ano 4, n. 1, p. 9-23, jan./jun. 2003.

PRADO, Geraldo. *Prova penal e sistema de controles epistêmicos*: a quebra da cadeia de custódia das provas obtidas por métodos ocultos. São Paulo: Marcial Pons, 2014.

Informação bibliográfica deste texto, conforme a NBR 6023:2018 da Associação Brasileira de Normas Técnicas (ABNT):

ORZARI, Octavio Augusto da Silva. O juízo de admissibilidade da acusação: a superação do *in dubio pro societate*. In: RODRIGUES, Dennys Albuquerque; CEZAR, Eduardo Barreto; OLIVEIRA, Marcelo Pimentel de (coord.). *Democracia, humanismo e jurisdição constitucional*: estudos em homenagem ao Ministro Ricardo Lewandowski. Belo Horizonte: Fórum, 2022. p. 355-369. ISBN 978-65-5518-402-0.

A COVID-19 E A REVALORIZAÇÃO DO FEDERALISMO BRASILEIRO

PAULO RONALDO CEO DE CARVALHO

O presente estudo pretende homenagear o Ministro Ricardo Lewandowski e, de tal maneira, apresentará o papel dele e do Supremo Tribunal Federal no decorrer da crise sanitária que ainda nos permeia, garantindo aos entes subnacionais, em conjunto com a União, a efetiva atuação no combate ao coronavírus de 2019.

Para tanto, serão feitos alguns registros sobre o federalismo brasileiro e a sua influência sobre os precedentes do Supremo Tribunal Federal, com especial enfoque na destacada atuação do relator nos casos relacionados à vacinação contra a covid-19.

Como observador privilegiado, testemunhei de muito perto o pensamento e o processo decisório levado a efeito pelo homenageado nos casos relacionados ao tema.

Não foi difícil perceber que a experiência adquirida ao longo dos anos de vida pública[1] aliada à fecunda e vibrante atividade acadêmica influenciaram-no na maneira de pensar e de proceder como julgador.

---

[1] O Ministro Ricardo Lewandowski foi advogado, Chefe da Assessoria Jurídica e Presidente da Emplasa, Secretário de Governo e de Assuntos Jurídicos de São Bernardo, Juiz do Tribunal de Alçada criminal do Estado de São Paulo, Desembargador do Tribunal de Justiça do Estado de São Paulo. Após tornar-se Ministro, foi Presidente do Tribunal Superior Eleitoral, do Supremo Tribunal Federal e do Conselho Nacional de Justiça. Ainda, assumiu a Presidência da República Federativa do Brasil de 15 a 17.9.2014 e do Senado Federal, para presidir o processo de *impeachment* da ex-Presidente da República Dilma Roussef, de 21.4 a 31.8.2016.

Nessa direção, deve ser ressaltada a sua vasta vivência como Professor Titular de Teoria Geral do Estado da Faculdade de Direito da Universidade de São Paulo (USP), lecionando sobre aspectos essenciais do Estado moderno.

Especificamente sobre o federalismo, merecidamente, o Ministro Ricardo Lewandowski tornou-se referência no Brasil,[2] discutindo o tema com desenvoltura em relevantes obras e artigos doutrinários, assim como, nos últimos tempos, em reflexões publicadas em periódicos de grande circulação nacional.

A título de exemplo, em sua emblemática obra "Pressupostos Materiais e Formais da Intervenção Federal no Brasil", na qual – para abordar a origem, o desenvolvimento, o conceito e os requisitos para a intromissão, percorre toda a teoria e o histórico do federalismo brasileiro – leciona que,

> [p]or suas características, a federação repousa sobre um delicado balanço de forças. De um lado, estímulos desagregadores militam no sentido de fragmentar a associação. De outro, impulsos de caráter centralizador atuam na linha de aplainar as individualidades. Para preservar esse precário equilíbrio, a técnica constitucional desenvolveu alguns mecanismos estabilizadores, que vão desde a solução dos dissídios internos por um tribunal especializado, até a intervenção do conjunto dos associados em determinada unidade federada para a restauração da harmonia institucional.[3]

Sobre o tema, deve ser levado em consideração que, diferentemente do que ocorre com a confederação, que nasce através de um tratado ou acordo entre as partes,[4] já que cada um tem soberania e sua própria constituição, a federação tem início por meio de uma constituição, que prevê que um ente será soberano e todos os demais serão autônomos. Por isso, não há direito de secessão no Estado federal.

---

[2] Durante o julgamento da ADI nº 6.362/DF, o Ministro Alexandre de Moraes saudou o Ministro Ricardo Lewandowski "pelo detalhado voto, professor que é dessa matéria, o federalismo, distribuição de competências". O Ministro Roberto Barroso também cumprimentou o relator, ressaltando que o voto proferido "é um pequeno curso compacto do Direito Constitucional Brasileiro nessa matéria, percorrendo diferentes aspectos envolvidos do federalismo".

[3] LEWANDOWSKI, Enrique Ricardo. *Pressupostos Materiais e Formais da Intervenção Federal no Brasil*. 2. ed. Belo Horizonte: Fórum, 2018, p. 11-12.

[4] Segundo Mendes, "para garantir a independência então conquistada, as antigas colônias britânicas firmaram um tratado de direito internacional, criando uma confederação, que tinha como objetivo básico preservar a soberania de cada antigo território colonial". Cf. MENDES, Gilmar Ferreira. *Curso de direito constitucional*. São Paulo: Saraiva, 2007, p. 753.

É preciso registrar, nesse sentido, que o federalismo, o qual tem as suas primeiras origens nos Estados Unidos, surgiu como resposta à necessidade de um governo eficiente em um grande território, que, ao mesmo tempo, assegurasse os ideais republicanos que vingaram com a revolução de 1776.[5]

Em suma, o Estado federal é aquele no qual existe uma distribuição de poder entre um ente dotado de soberania e outros dotados de autonomia. Todos os estados membros são dotados de poder constituinte decorrente, o que não ocorre no Estado unitário, que não possui tal poder.

Existem, entretanto, tipos de Estados federais diferentes, analisando-se a concentração de poder dentro de cada federação. Percebe-se claramente tal diferença na comparação da nossa federação com a estadunidense. É que o nosso federalismo, originalmente, é centrífugo ou por segregação, ao passo que o deles é centrípeto ou por agregação.[6]

A federação centrípeta, ou por agregação, nasce de uma comunhão de forças direcionadas da periferia para o centro.

Os Estados Unidos antes eram uma confederação, com diversos estados soberanos, transformado, posteriormente, em uma federação.[7] Não existia um governo central criado. Eram 13 colônias separadas, regradas pela Inglaterra, cada uma com seus próprios governos e culturas distintas, que se uniram em 4 de julho de 1776 em uma tentativa de se libertarem dos ingleses.[8]

---

[5] Idem, loc. cit.
[6] Por centrífugo ou por segregação entende-se aquelas federações que tinham um forte e único poder central, divididas, posteriormente em unidades autônomas. Nasce do centro para a periferia. É um federalismo de cunho centralizador. O polo central tem diversas competências. É o caso do Brasil, que era um Estado unitário em 1824.
[7] Para Gilmar Ferreira Mendes, "cada entidade componente da confederação retinha a sua soberania, o que enfraquecia o pacto. As deliberações dos Estados Unidos em Congresso nem sempre eram cumpridas, e havia dificuldades na obtenção de recursos financeiros e humanos para as atividades comuns. Além disso, a confederação não podia legislar para os cidadãos, dispondo, apenas, para os Estados. Com isso não podia impor tributos, ficando na dependência da intermediação dos Estados confederados. As deliberações do Congresso, na prática, acabavam por ter eficácia de meras recomendações. Não havia, tampouco, um tribunal supremo, que unificasse a interpretação do direito comum aos Estados ou que resolvesse juridicamente diferenças entre eles. [...] Os antigos Estados soberanos confederados deixaram de ser soberanos, mas conservaram a sua autonomia, entregando a uma nova entidade, a União, poderes bastantes para exercer tarefas necessárias ao bem comum de todos os Estados reunidos. Passaram, por outro lado, a compor a vontade da União, por meio de representantes do Senado" (MENDES, Gilmar Ferreira. Op. cit., p. 753).
[8] De acordo com Susan M. Reinhart, "before the United States became a sovereign nation, it consisted of thirteen colonies belonging to Great Britain. On July 4, 1776, the colonies proclaimed

Com a independência, passou-se a ter 13 países separados. Mas eles precisaram permanecer atrelados para manter uma organização. O legislativo da confederação tinha poderes muito limitados. Mesmo para aprovar uma lei, fazia-se necessária a aprovação de pelo menos 9 Estados. Havia um grande receio quanto à formação de uma autoridade central.

Percebe-se, então, que enquanto as 13 colônias da América do Norte, que se reuniram em uma confederação, constituíam uma porção mínima desse território, o Brasil já era um país de dimensões continentais quando a Constituição de 1891 instituiu a federação como união indissolúvel e perpétua de suas antigas províncias.[9] Desde a sua origem os Estados Unidos já eram federalistas, enquanto o nosso país nasceu unitário.

Observe-se que os estados norte-americanos não foram criados pela Constituição. Não existiu a necessidade de criá-los, já que eles já existiam em 1787. Ressalte-se que tais estados escreveram e ratificaram aquela constituição.[10]

---

independence from Great Britain, and that year representatives from each colony met in Philadelphia to sign the Declaration of Independence. The colonists recognized the need for a confederation of states to gain and maintain their independence from Great Britain and to strengthen their economic power. Together they wrote the Articles of Confederation, which were adopted by Congress in 1777 but not ratified by the states until 1781. The Articles provided for national protection of the colonies but did not give adequate power to the national government. Great Britain relinquished its claim to the former colonies in 1782.

The US. Constitution, intended to replace the Articles of Confederation, was completed in 1787 and ratified in 1789. Before the Constitution was written, lengthy arguments occurred over how much power the national (federal) government and state governments would have. The Constitution reflects a compromise in which both share power. It outlines the powers given to the federal government and leaves other powers to the states" (REINHART, Susan M. *Strategies for legal case Reading and vocabulary development*. University of Michigan, 2007, p. 146).

[9] José Afonso da Silva assevera que "o Brasil adotou o princípio federativo pelo Decreto 1, de 15.11.1889, juntamente com a proclamação da república, que se mantém no artigo em comentário, como: 'A República Federativa do Brasil, formada pela união indissolúvel dos Estados e Municípios e do Distrito Federal, (...)'. Vale como dizer: o Brasil é uma República Federativa, que é formada pela união indissolúvel dos Estados, Municípios e do Distrito Federal" (SILVA, José Afonso da. *Comentário contextual à Constituição*. 6. ed. São Paulo: Malheiros, 2009, p. 33).

[10] BURNHAM, William. *Introduction to the Law and Legal System of the United States*. 4. ed. Thomson/West, 2006, p. 19. Para Burnham, *"this fact of states 'aboriginal' existence makes the nature of the power of states significantly different from that of the federal government. The thirteen colonies emerged from the War of Independence as separate sovereign nation-states. Their status as such was modified only to the extent that they gave up certain rights in the Constitution of 1789 and later amendments to it.*

Thus, states need not search the federal Constitution for some positive grant of power to act or to make law: they have the power and inherent competence of separate, independent and sovereign nations and may pass legislation on any subject they choose, except as limited by the federal Constitution or their own constitutions.

Resta evidente que o federalismo americano difere do brasileiro, distinguindo-se, ainda, das demais formas de federalismo, nas quais há a criação das divisões e dos entes federativos. Nos Estados Unidos os estados eram independentes e decidiram, abrindo mão de parte dos seus poderes e de sua soberania, formar uma união de estados federados. Para o Professor Ricardo Lewandowski,

> [t]endo em vista a multiplicidade de Federações que existem atualmente e a rica elaboração teórica sobre o assunto, é difícil precisar, visto que não há unanimidade em torno do tema, quais as características essenciais do Estado Federal, embora seja possível identificar, no mínimo, quatro atributos básicos: (i) repartição de competências; (ii) autonomia política das unidades federadas; (iii) participação dos membros nas decisões da União; e (iv) atribuição de renda própria às esferas de competência.[11]

Entretanto, levando-se em consideração que antes eram dotados de soberania, e ante a grande resistência de ceder os seus poderes ao governo central, observa-se que os estados norte-americanos possuem um elevado grau de autonomia, ainda que venha sendo notado um crescimento progressivo do poder federal em relação ao poder dos estados.

A relação entre o poder federal e os estados, denominada de federalismo vertical, assim como o horizontal, que se refere ao relacionamento dos estados entre si, desde 1789, tem experimentado consideráveis mudanças. Observa-se o crescimento do primeiro e uma diminuição do segundo.[12] Arnaldo Sampaio de Moraes Godoy, ao tratar do federalismo vertical, afirma que:

> Essa relação é historicamente o resultado de conflitos políticos, de compromissos de consenso. O pacto federalista limita o poder entre as unidades da federação mesmo quando o governo central regula relações entre os estados, a exemplo do comércio interestadual. Três cláusulas orientam o pacto federativo norte-americano, a saber; a) os estados foram preservados como fontes de poder, com autoridade e natureza de órgãos da administração; b) aos estados foram reservados importantes poderes quanto à composição do governo central e os governos estaduais; e

---

The text of the Tenth Amendment delineates this principle: The powers not delegated to the United States by the Constitution, nor prohibited by it to the States, are reserved to the States respectively, or to the people'." (Idem, loc. cit.).

[11] LEWANDOWSKI, Enrique Ricardo. *Op. cit.*, p. 18.
[12] BURNHAM, William, *op. cit.*, p. 18 (tradução livre).

c) os poderes governamentais foram divididos entre o governo central e os governos estaduais.[13]

Nos Estados Unidos, levando-se em consideração os fatos históricos antes narrados, os estados mantiveram uma parcela significativa de poder e podem, inclusive, legislar sobre matérias relacionadas ao Direito Civil, Comercial e Penal. No Brasil, *verbi gratia*, por força do que dispõe o art. 22, inc. I, da nossa Constituição Federal, tais matérias são de competência privativa da União. Só uma lei complementar poderia autorizar os estados a legislar sobre questões específicas relacionadas a essas matérias.

Apesar disso, é possível afirmar que a Constituição de 1988 promoveu uma maior descentralização do sistema brasileiro,

[...] de modo consistente com o movimento pendular que caracteriza o federalismo brasileiro. E é interessante notar que os governadores e deputados estaduais, bem como os prefeitos e vereadores municipais, livremente eleitos pela população antes dos trabalhos da Assembleia Constituinte, exerceram grande pressão sobre os Deputados e senadores constituintes para que a nova Carta Magna outorgasse maiores recursos e ampliasse a esfera de competência dos Estados e Municípios.

Ressalte-se, contudo, desde logo, que a União, inobstante esse movimento de descentralização, reteve grande parte das competências e das rendas que conquistou ao longo da evolução do federalismo no País. Isso não apenas porque ele já nasceu com um *pecado original*, qual seja, o de ter-se desenvolvido a partir da descentralização política de um Estado unitário, e não como resultado da união de Estados soberanos, mas também pela própria transformação do sistema, no sentido do fortalecimento do poder central, registrado aqui e em outras partes do mundo.[14]

---

[13] GODOY, Arnaldo Sampaio de Moraes. *Direito nos Estados Unidos*. Barueri, São Paulo: Manole, 2004. p. 73.

[14] LEWANDOWSKI, Enrique Ricardo. *Op. cit.*, p. 32-33. O Ministro Lewandowski leciona, ainda, que "o elenco de poderes deferidos à União pela Carta de 1969 permaneceu praticamente inalterado. O art. 21, IX, da Constituição vigente, por exemplo, confere à União a competência de elaborar e executar planos nacionais e regionais de ordenação do território e de desenvolvimento econômico e social, mantendo-se, assim, a ideia, que prevaleceu durante todo o regime militar, respaldada pelos tecnocratas que o integravam, segundo a qual caberia ao Governo central a tarefa de elaborar planos para o Brasil como um todo.

Tal planejamento, observa-se, desce inclusive a detalhes que seriam mais próprios dos Governos estaduais e municipais. Assim, por exemplo, o inciso XX do citado artigo constitucional confere à União o poder de expedir diretrizes para o desenvolvimento urbano, inclusive habitação, saneamento básico e transportes nas cidades.

A Constituição de 1988 instituiu a competência comum material aos entes federativos, delimitando, ainda, o campo de atividades no qual deve ocorrer a cooperação entre a União, Estados, Distrito Federal e Municípios, na forma da lei complementar. Dentre as diversas áreas, destaca-se que a competência comum será exercida na área da saúde, por força do art. 23, II. Por sua vez, a Carta de 1988 instaurou a competência legislativa concorrente, de maneira a atribuir a todos os entes federativos a possibilidade de legislar sobre determinados assuntos, dentre os quais deve ser destacada a "proteção e defesa da saúde", respeitadas, é evidente, as normas de caráter geral emanadas da União. Por isso, constata-se que

> [...] a Constituição de 1988 deu novo alento aos Estados e aos Municípios, confirmando a tendência histórica de alternância entre períodos de centralização e descentralização da federação brasileira, sem embargo do tradicional predomínio político e econômico da União, que se mostra ainda mais acentuado na atual fase evolutiva do sistema federativo.[15]

Ao redigir sobre a necessidade de um novo pacto federativo, o Ministro Ricardo Lewandowski, com acurado senso de percepção, prenunciou que as iniciativas introduzidas com a Constituição de 1988, representada, principalmente, pela maior descentralização federativa,

> [...] não afastam o encontro marcado que o Brasil tem com uma profunda reforma constitucional destinada a promover uma nova – e mais justa – redistribuição da renda tributária nacional, seguida de uma redefinição das competências das unidades federadas, permitindo que cumpram o papel para o qual são vocacionadas, a saber, o de prestar a tempo e com eficiência os serviços públicos essenciais à população em conformidade com suas peculiaridades locais.[16]

No que se refere às competências legislativas, nota-se que a União manteve praticamente intacto o amplo espaço que conquistou nas Constituições passadas. Isso fica evidente no art. 22, que, logo no inciso I, estabelece que compete privativamente à União legislar sobre extensa lista de assuntos, quais sejam, direito civil, comercial, penal, processual, eleitoral, agrário, marítimo, aeronáutico, espacial e do trabalho, isto é, sobre praticamente todo o direito substantivo e adjetivo, além de muitas outras matérias arroladas nos vinte e oito incisos seguintes" (LEWANDOWSKI, Enrique Ricardo. *Op. cit.*, p. 33-34).

[15] LEWANDOWSKI, Enrique Ricardo. *Op. cit.*, p. 37.

[16] Disponível em: http://opiniao.estadao.com.br/noticias/geral,por-um-novo-pacto-federativo,70001748161. Acesso em: nov. 2021.

Mesmo que a referida "profunda reforma constitucional" ainda não tenha sido realizada, os últimos acontecimentos mundiais relacionados à pandemia do novo coronavírus, com sérios impactos em nosso País, oportunizaram que, por uma série de normas infraconstitucionais[17] editadas no período e, principalmente, pela recente jurisprudência do Supremo Tribunal Federal, ocorresse a revalorização do federalismo brasileiro.

Por isso, reputo necessário lembrar que o início da grave crise sanitária mundial ocorreu em 31.12.2019, quando a Organização Mundial da Saúde – OMS foi alertada sobre diversos casos de pneumonia na cidade de Wuhan, província de Hubei, na China. Tratava-se de uma nova cepa de coronavírus, que não havia sido identificada antes em seres humanos.

Por isso, em 30.1.2020, aquele organismo internacional declarou que o surto do novo coronavírus, denominado de covid-19, constituía uma Emergência de Saúde Pública de Importância Internacional.[18]

O primeiro caso confirmado no Brasil foi na cidade de São Paulo, em 26.2.2020. Naquele mês foram iniciadas as providências relacionadas ao, até então, surto de covid-19, dentre as quais podem ser destacadas a repatriação de brasileiros que se encontravam em solo chinês, a liberação de recursos em ações de assistência na abertura de novos leitos de UTI, a testagem de pacientes internados com quadro respiratório grave, a abertura de novos postos para médicos atuarem nas unidades de atendimento básico de saúde e a regulamentação de

---

[17] Cito, por exemplo, as Leis nºs 13.979/2020 (que dispõe sobre as medidas para enfrentamento da emergência de saúde pública de importância internacional decorrente do coronavírus responsável pelo surto de 2019); 14.124/2021 (que dispõe sobre as medidas excepcionais relativas à aquisição de vacinas e de insumos e à contratação de bens e serviços de logística, de tecnologia da informação e comunicação, de comunicação social e publicitária e de treinamentos destinados à vacinação contra a covid-19 e sobre o Plano Nacional de Operacionalização da Vacinação contra a Covid-19); e 14.124/2021 (que dispõe sobre a responsabilidade civil relativa a eventos adversos pós-vacinação contra a Covid-19 e sobre a aquisição e distribuição de vacinas por pessoas jurídicas de direito privado).

[18] De acordo com as informações extraídas do sítio eletrônico da OMS, seria "o mais alto nível de alerta da Organização, conforme previsto no Regulamento Sanitário Internacional. Essa decisão buscou aprimorar a coordenação, a cooperação e a solidariedade global para interromper a propagação do vírus". Colhe-se do mencionado *site* que é a sexta vez na história que uma Emergência de Saúde Pública de Importância Internacional é declarada. Anteriormente: pandemia de H1N1 em 25.4.2009; disseminação internacional de poliovírus em 5.5.2014; surto de ebola na África Ocidental em 8.8.2014; vírus zica e aumento de casos de microcefalia e outras malformações congênitas em 1º.2.2016; e surto de ebola no Congo em 18.5.2018. Disponível em: https://www.paho.org/pt/covid19/historico-da-pandemia-covid-19. Acesso em: nov. 2021.

isolamento e quarentena para pacientes com suspeita ou confirmação de infecção pelo novo coronavírus.

Mais adiante, em 11.3.2020, a covid-19 foi caracterizada pela OMS como uma pandemia, já que, naquele momento existiam surtos em vários países e regiões do mundo.

Nesse contexto, em ensaio publicado pela Folha de São Paulo em 22.4.2020, intitulado de "Covid-19 e Federalismo", o Ministro Lewandowski assinalou que "a pandemia desencadeada pelo covid-19, que em poucos meses infectou e matou dezenas de milhares de pessoas em todo o mundo, revelou, dentre outras coisas, as fraquezas e virtudes das diferentes formas de governança. Entre nós, serviu para testar os limites do federalismo adotado pela Constituição de 1988".[19] Ao discorrer sobre o federalismo brasileiro, anteviu que a evolução do instituto, consubstanciada no denominado "federalismo cooperativo",

> [...] precisa ser levada em conta pelos diferentes níveis político-administrativos no combate ao Covid-19. À União compete coordenar as ações, mediante o estabelecimento de regras gerais e a oferta de apoio material, porque lhe incumbe, a teor do art. 21, XVIII, da Lei Maior, 'planejar e promover a defesa permanente contra calamidades públicas'.
>
> Os entes regionais e locais não podem ser alijados dessa batalha, porquanto têm a obrigação de tomar as medidas necessárias para enfrentar a doença. Além de outras competências comuns que compartilham com a União, cabe-lhes 'cuidar da saúde e assistência pública', bem como 'organizar o abastecimento alimentar' nos respectivos âmbitos de atuação, segundo o art. 23, II e VIII, do texto constitucional.[20]

O Ministro Lewandowski conclui então que

> [o] federalismo cooperativo, longe de ser mera peça retórica, exige que seus integrantes se apoiem mutuamente, deixando de lado as divergências ideológicas ou partidárias dos respectivos governantes. A grave crise sanitária e econômica na qual nos debatemos atualmente demanda juízo, ponderação e responsabilidade de todos.[21]

---

[19] Disponível em: https://www1.folha.uol.com.br/opiniao/2020/04/covid-19-efederalismo.shtml. Acesso em: nov. 2021.
[20] Idem.
[21] Ibidem.

Pouco antes disso, a Suprema Corte brasileira foi instada a se manifestar sobre a constitucionalidade de dispositivos da MP nº 926/2020 – convertida na Lei nº 14.035/2020 –, que alterou a Lei nº 13.979/2020 para, dentre outros pontos, prever que – para o combate da covid-19 – as autoridades, no âmbito de suas competências, poderiam restringir, conforme recomendação técnica da Agência Nacional de Vigilância Sanitária – Anvisa, a entrada e saída do País e a locomoção interestadual e intermunicipal. Mas não só. Previu-se, também, que o Presidente da República poderia dispor por decreto sobre serviços públicos e atividades essenciais que estariam resguardados das medidas para o enfrentamento do novo vírus.

Foi então que o Plenário do Supremo Tribunal Federal assentou que os entes federados possuem competência concorrente para adotar as providências normativas e administrativas necessárias ao combate da pandemia (ADI nº 6.341-MC-Ref/DF, redator para o acórdão o Ministro Edson Fachin),[22] de acordo com as respectivas realidades locais. Naquela assentada, além de manifestar profundo pesar pelas vítimas, o Ministro Lewandowski cumprimentou o relator originário, Ministro Marco Aurélio, pela escolha de pautar um tema tão importante para o Federalismo brasileiro, "que é exatamente a cooperação dos entes federados para enfrentar essa pandemia que grassa no Brasil".

Após, o STF confirmou o referido entendimento, ao analisar a ADI nº 6.343-MC-Ref/DF[23] e a ADPF nº 672-MC-Ref/DF,[24] ambas de relatoria do Alexandre de Moraes, deliberando, em suma, que a União, Estados, Distrito Federal e Municípios têm competência concorrente na área da saúde para adotar medidas para o enfrentamento da pandemia da covid-19.

Dado o ineditismo de uma pandemia de tamanha monta, inúmeros questionamentos foram levados ao STF, ensejando a rápida atuação da Corte, ora pelos seus órgãos colegiados, ora pelos relatores. Ao Ministro Lewandowski foram distribuídas ações nas quais se discutiam aspectos relevantíssimos. Cito, como exemplo, aquelas de controle concentrado que tratavam da pretensão de requisitar administrativamente bens e serviços privados, especialmente de UTIs, consubstanciadas na ADPF nº 671-AgR/DF[25] e na ADI nº 6.362/DF.[26]

---

[22] STF, ADI nº 6.341-MC-Ref/DF, Plenário, redator do acórdão min. Edson Fachin, j. 15.4.2020.
[23] STF, ADI nº 6.343-MC-Ref/DF, Plenário, rel. min. Alexandre de Moraes, j. 6.5.2020.
[24] STF, ADPF nº 672-MC-Ref/DF, Plenário, rel. min. Alexandre de Moraes, j. 13.10.2020.
[25] STF, ADPF nº 671-AgR/DF, Plenário, rel. min. Ricardo Lewandowski, j. 16.6.2020.
[26] STF, ADI nº 6.362/DF, Plenário, rel. min. Ricardo Lewandowski, j. 2.9.2020.

Nesta última, julgando improcedente a ação, além de mais uma vez afirmar que a obrigação do Estado de dar efetiva concreção ao direito à saúde "abrange todos os entes federados, inclusive as comunas", o Pleno do STF registrou que, "dentre as medidas de combate à pandemia, a Lei nº 13.979/2020 estabelece que qualquer ente federado poderá lançar mão da requisição de bens e serviços de pessoas naturais e jurídicas", independentemente "do prévio consentimento do Ministério da Saúde, sob pena de invasão, pela União, das competências comuns atribuídas aos Estados, Distrito Federal e Municípios".

O Ministro Lewandowski relatou ainda ações de grande impacto, tais como a ADI nº 6.448/RJ[27] (desconto nas mensalidades escolares em razão da substituição do ensino presencial por ensino a distância) e ADI nº 6.486/MA[28] (suspensão ou cancelamento de planos de saúde, por falta de pagamento, durante o período de enfrentamento da epidemia do novo coronavírus).

Outro pedido de relevo analisado por ele foi aquele formulado pela agremiação política Rede Sustentabilidade, nos autos da ADI nº 6.625-MC/DF.[29] Ao constatar que a vigência da Lei nº 13.979/2020 – que "dispõe sobre medidas para enfrentamento da emergência de saúde pública de importância internacional decorrente do coronavírus responsável pelo surto de 2019 – vigoraria apenas enquanto estivesse vigente o Decreto Legislativo nº 6, de 20 de março de 2020 (art. 8º), bem como que, naquele momento (dezembro de 2020), a pandemia dava mostras de encontrar-se em franco recrudescimento, progredindo em razão do surgimento de novas cepas do vírus mais contagiosas, deferiu parcialmente a cautelar para conferir interpretação conforme à Constituição ao art. 8º da Lei nº 13.979/2020, com a redação dada pela Lei nº 14.035/2020, a fim de excluir de seu âmbito de aplicação as medidas extraordinárias profiláticas previstas nos arts. 3º, 3º-A, 3º-B, 3º-C, 3º-D, 3º-E, 3º-F, 3º-G, 3º-H e 3º-J."

Posteriormente, com o avançar dos eventos, quando o mundo passou a discutir meios eficazes para estancar a pandemia da covid-19, direcionando os esforços para a vacinação em massa da população mundial, novas discussões foram postas.

---

[27] STF, ADI nº 6.448/RJ, Plenário, rel. min. Ricardo Lewandowski, j. 8.9.2021.
[28] STF, ADI nº 6.486/DF, Plenário, rel. min. Ricardo Lewandowski, j. 11.11.2021.
[29] STF, ADI nº 6.625-MC/DF, rel. min. Ricardo Lewandowski, j. 8.3.2021.

A ausência de um plano mínimo de imunização elaborado pelo Governo Federal e a resistência a um determinado imunizante levou partidos políticos a ajuizarem duas ações de descumprimento de preceito fundamental, a saber, as ADPFs nº 754/DF e nº 756/DF, ambas distribuídas ao Ministro Ricardo Lewandowski – e que o tornaram prevento para o tema específico da vacinação contra a covid-19.

Instruídos os autos, as ADPFs foram pautadas para a Sessão Virtual agendada para 4.12.2020. No entanto, dotado de grande sensibilidade para aquele momento, e de maneira inusual, o relator dos feitos divulgou o teor dos seus votos, nos quais, após robusta fundamentação, "e tendo em vista, especialmente, os impactos positivos que as campanhas de vacinação têm no Brasil e no mundo, contribuindo para conservar a saúde e salvar vidas de milhões de pessoas e, ainda, para minorar os custos dos tratamentos médico-hospitalares", propunha a parcial procedência das arguições para

> [...] determinar ao Governo Federal que: (i) no prazo de 30 (trinta) dias, a contar da intimação desta decisão, apresente a esta Suprema Corte um plano compreensivo e detalhado acerca das estratégias que está colocando em prática ou pretende desenvolver para o enfrentamento da pandemia desencadeada pelo novo coronavírus, discriminando ações, programas, projetos e parcerias correspondentes, com a identificação dos respectivos cronogramas e recursos financeiros, de maneira a assegurar a oferta e distribuição tempestiva, universal e gratuita de vacinas, em qualidade e quantidade suficiente para a imunização de toda a população brasileira, segundo critérios técnicos e científicos pertinentes, assegurada a maior cobertura vacinal possível, no limite de suas capacidades operacionais e orçamentárias; (ii) atualize o plano em questão a cada 30 (trinta) dias, até o final do ano de 2021; e (iii) remeta o mencionado plano e respectivas atualizações periódicas ao Congresso Nacional para os fins de fiscalização e controle a que se referem os arts. 49, X, 70 e 71 da Constituição Federal, estes últimos mediante o auxílio do Tribunal de Contas da União.

A prévia divulgação daquelas manifestações repercutiu positivamente, servindo, claramente, de estímulo para que o Governo Federal lançasse o Plano Nacional de Operacionalização da Vacinação – PNO contra a covid-19, o qual, numa postura dialógica, foi juntado aos autos das ADPFs nºs 754 e 756/DF no dia 12.12.2020. Após, o cronograma provável da vacinação e o compromisso firmado pela União de encaminhar mensalmente as atualizações do referido plano, foram incluídos nos processos.

Em seguida, nas paradigmáticas ADIs nºs 6.587/DF[30] e 6.586/DF,[31] distribuídas por prevenção, e nas quais se discutia a obrigatoriedade da vacinação contra a covid-19, o STF enunciou, dentre outras indicações, que "a vacinação em massa da população constitui medida adotada pelas autoridades de saúde pública, com caráter preventivo, apta a reduzir a morbimortalidade de doenças infecciosas transmissíveis e a provocar imunidade de rebanho, com vistas a proteger toda a coletividade, em especial os mais vulneráveis". Naquela sessão de julgamento, prevaleceu o voto do relator pela procedência parcial dos pedidos para

> [...] conferir interpretação conforme à Constituição ao art. 3º, III, d , da Lei 13.979/2020, de maneira a estabelecer que: (A) a vacinação compulsória não significa vacinação forçada, por exigir sempre o consentimento do usuário, podendo, contudo, ser implementada por meio de medidas indiretas, as quais compreendem, dentre outras, a restrição ao exercício de certas atividades ou à frequência de determinados lugares, desde que previstas em lei, ou dela decorrentes, e (i) tenham como base evidências científicas e análises estratégicas pertinentes, (ii) venham acompanhadas de ampla informação sobre a eficácia, segurança e contraindicações dos imunizantes, (iii) respeitem a dignidade humana e os direitos fundamentais das pessoas; (iv) atendam aos critérios de razoabilidade e proporcionalidade, e (v) sejam as vacinas distribuídas universal e gratuitamente; e (B) tais medidas, com as limitações expostas, podem ser implementadas tanto pela União como pelos Estados, Distrito Federal e Municípios, respeitadas as respectivas esferas de competência.

A razão da parte final das deliberações se dá, sobretudo, porque, apesar de o Ministério da Saúde deter a competência para coordenar o Programa Nacional de Imunizações, os Estados, o Distrito Federal e os Municípios mantêm as atribuições para adotar medidas profiláticas e terapêuticas destinadas a enfrentar a pandemia do novo coronavírus, "em âmbito regional ou local, no exercício do poder-dever de cuidar da saúde e assistência pública que lhes é cometido pelo art. 23, II, da Constituição Federal".

As ADPFs nºs 754 e 756/DF tornaram-se uma espécie de "ações principais" sobre planejamento contra a covid-19, especialmente sobre o tema da vacinação, já que nelas foram formulados inúmeros e sucessivos

---

[30] STF, ADI nº 6.587/DF, Plenário, rel. min. Ricardo Lewandowski, j. 17.12.2020.
[31] STF, ADI nº 6.586/DF, Plenário, rel. min. Ricardo Lewandowski, j. 17.12.2020.

pedidos de tutela provisórias incidentais.³² Num dos primeiros, a Corte referendou a cautelar deferida *ad referendum* do Plenário para determinar ao Governo Federal a divulgação, com base em critérios técnico-científicos, da ordem de preferência entre os grupos prioritários previstos no Plano Nacional de Operacionalização da Vacinação contra a covid-19, especificando a precedência dos subgrupos nas distintas fases de imunização.³³

Para tanto, o relator do feito entendeu que, naquele momento de escassez de imunizantes, o perigo decorrente da alegada omissão sobre a discriminação categorizada dos primeiros brasileiros a serem vacinados era evidente, o que comprometia o dever constitucional da proteção da vida e da saúde.

Por sua vez, nos autos da ADPF nº 756-TPI-oitava-Ref/DF,³⁴ ao deferir em parte a cautelar, referendada posteriormente pelo Plenário do STF, "para assentar que se insere na competência dos Estados, Distrito Federal e Municípios a decisão de promover a imunização de adolescentes maiores de 12 anos, consideradas as situações concretas que vierem a enfrentar", o relator asseverou que o Sistema Único de Saúde – SUS, "[...] compatível com o nosso 'federalismo cooperativo' ou 'federalismo de integração'", que não exime a União de exercer a obrigação constitucional de planejar e promover a defesa permanente contra as calamidades públicas, constante do art. 21, XVIII, da CF – assumindo a coordenação das atividades do setor –, também não implica que "os entes subnacionais fiquem impedidos de levar a efeito ajustes pontuais no referido Plano Nacional, adaptando-o às respectivas realidades locais, sem desnaturar ou contrariem o planejamento elaborado pela União".

---

[32] Naqueles autos, o relator dos feitos analisou pedidos cautelares relacionados à necessidade de explicitação e de planejamento das ações estatais no enfrentamento do novo coronavírus, responsável pelo surto de 2019. Na ADPF nº 756/DF, por exemplo, ante a caótica situação sanitária instalada no sistema de saúde de Manaus, a exigir a intervenção das autoridades sanitárias dos três níveis político-administrativos da Federação, particularmente da União, deferiu a cautelar para determinar ao Governo Federal que promovesse todas as ações ao seu alcance, em especial suprindo os estabelecimentos de saúde locais de oxigênio e de outros insumos médico-hospitalares para que pudessem prestar pronto e adequado atendimento aos seus pacientes, sem prejuízo da atuação das autoridades estaduais e municipais no âmbito das respectivas competências. Ele determinou, ainda, a apresentação, no prazo de 48 horas, de um plano compreensivo e detalhado acerca das estratégias colocadas em prática para o enfrentamento da emergência, discriminando ações, programas, projetos e parcerias correspondentes, com a identificação dos respectivos cronogramas e recursos financeiros.

[33] STF, ADPF nº 754-TPI-segunda-Ref/DF, Plenário, rel. min. Ricardo Lewandowski, j. 1º.3.2021.

[34] STF, ADPF nº 756-TPI-oitava-Ref/DF, Plenário, rel. min. Ricardo Lewandowski, j. 9.10.2021.

Na ADPF nº 770-MC-Ref/DF,[35] ajuizada pelo Conselho Federal da Ordem dos Advogados do Brasil, restou consignado no voto proferido pelo Ministro Lewandowski que,

> [e]mbora o ideal, em se tratando de uma moléstia que atinge o País por inteiro, seja a inclusão de todas as vacinas seguras e eficazes no PNI, de maneira a imunizar uniforme e tempestivamente toda a população, o certo é que, nos diversos precedentes relativos à pandemia causada pela Covid-19, o Supremo Tribunal Federal tem ressaltado a possibilidade de atuação conjunta das autoridades estaduais e locais para o enfrentamento dessa emergência de saúde pública, em particular para suprir lacunas ou omissões do governo central.
>
> [...]
>
> A Constituição outorgou a todos aos integrantes da Federação a competência comum de cuidar da saúde, compreendida nela a adoção de quaisquer medidas que se mostrem necessárias para salvar vidas e garantir a higidez física das pessoas ameaçadas ou acometidas pela nova moléstia, incluindo-se nisso a disponibilização, por parte dos governos estaduais, distrital e municipais, de imunizantes diversos daqueles ofertados pela União, desde que aprovados pela Anvisa, caso aqueles se mostrem insuficientes ou sejam ofertados a destempo.

Naquela assentada, o Plenário do STF garantiu que os Estados, Distrito Federal e Municípios, no caso de descumprimento do PNO ou na hipótese de a União não prover cobertura imunológica tempestiva e suficiente contra a doença, poderão dispensar às respectivas populações as vacinas das quais disponham, previamente aprovadas pela Anvisa. Ainda, o Pleno deliberou que, caso a agência governamental não expedisse a autorização competente, no prazo de 72 horas, os entes subnacionais poderiam importar e distribuir vacinas registradas por pelo menos uma das autoridades sanitárias estrangeiras e liberadas para distribuição comercial nos países indicados no art. 3º, VIII, "a", conforme o §7º-A, do referido artigo da Lei nº 13.979/2020, ou, ainda, quaisquer outras que vierem a ser aprovadas, em caráter emergencial, nos termos da Resolução DC/ANVISA nº 444, de 10.12.2020.[36]

---

[35] STF, ADPF nº 770-MC-Ref/DF, Plenário, rel. min. Ricardo Lewandowski, j. 24.2.2021.

[36] Posteriormente, e sob a influência daquela decisão, foi sancionada a Lei nº 14.124/2021 – resultante da conversão da MP nº 1.026/2021 –, visando a acelerar os procedimentos de aprovação das vacinas contra a doença viral por parte das autoridades públicas, de maneira a disponibilizá-las o mais rapidamente possível para a população brasileira. O referido ato normativo também ampliou consideravelmente o número de entidades sanitárias estrangeiras congêneres à Anvisa consideradas como parâmetros seguros para

Por sua vez, nos autos da ADPF nº 829/RS, ajuizada pelo Governador do Estado do Rio Grande do Sul, "em face de atos praticados pela UNIÃO, por meio do Ministério da Saúde, na elaboração do Plano de Operacionalização da Vacinação contra COVID-19 e na definição da ordem de vacinação contra o Novo Coronavírus dos grupos prioritários", o Ministro Ricardo Lewandowski assinalou que

> [...] a União, por meio do Ministério da Saúde, ao elaborar o Plano Nacional de Operacionalização da Vacinação contra a Covid-19, exerceu o seu relevante mister de ordenar e orientar as ações de vacinação contra a Covid-19 a serem executadas por órgãos e instituições públicas federais, estaduais e municipais, indistintamente, sobretudo diante da severidade da crise sanitária vivida no País, bem como da escassez de imunizantes, situação que está a exigir uma pronta e competente atuação da direção nacional do SUS.
>
> Isso não significa, porém, ao menos num exame prefacial, que os entes subnacionais, em situações excepcionalíssimas, fiquem proibidos de levar a efeito ajustes pontuais no referido Plano Nacional, e sempre de forma técnica e cientificamente motivada, adaptando-o às respectivas realidades locais – considerada, em especial, eventual severidade do surto da doença sobre determinado grupo de pessoas nas distintas regiões –, sem que com isso desnaturem ou contrariem o planejamento elaborado pela União.

Naquela oportunidade, o relator esclareceu que não seria qualquer alteração do Plano que poderia ser levada a efeito pelos entes subnacionais, mas apenas aquelas motivadas por situações excepcionais e justificadas de forma técnica e científica, sem desnaturar ou contrariar o planejamento elaborado pela União. Ademais, exortou que

> [...] as autoridades governamentais, acaso decidam promover adequações do Plano às suas realidades locais, além da necessária publicidade das suas decisões, precisarão, na motivação do ato, explicitar quantitativamente e qualitativamente as pessoas que serão preteridas, estimando o prazo em que serão, afinal, imunizadas.

---

a concessão de autorização excepcional e temporária para a importação e a distribuição e a autorização para uso emergencial de quaisquer vacinas e medicamentos contra a covid-19, com estudos clínicos de fase 3 concluídos ou com os resultados provisórios de um ou mais estudos clínicos, além de materiais, equipamentos e insumos da área de saúde sujeitos à vigilância sanitária, que não possuam o registro sanitário definitivo na Anvisa e considerados essenciais para auxiliar no combate à covid-19, nos termos do art. 16 daquele diploma legal.

Isso sem prejuízo do escrupuloso respeito ao prazo estabelecido pelos fabricantes das vacinas – e aprovado pela Anvisa – para a aplicação da segunda dose do imunizante naquelas pessoas que já receberam a primeira, sob pena de frustrar-se a legítima confiança daqueles que aguardam a complementação da imunização, em sua maioria idosos e portadores de comorbidades, como também de ficar caracterizada, em tese, a improbidade administrativa dos gestores da saúde pública local, caso sejam desperdiçados os recursos materiais e humanos já investidos na campanha de vacinação inicial.

Assim, qualquer que seja a decisão concernente à ordem de prioridade da vacinação, esta deverá levar em consideração, por expresso mandamento legal, as evidências científicas e análises estratégicas em saúde, nos termos do art. 3º, §1º, da Lei 13.979/2020. Tal apreciação, sempre explícita e fundamentada, compete exclusivamente às autoridades sanitárias, consideradas as situações concretas que enfrentam e vierem a enfrentar, baseando-as, sobretudo, nos princípios da prevenção e da precaução.

Na ACO nº 3.463-MC-Ref/SP,[37] proposta contra ato de requisição administrativa instrumentalizada pela União sobre insumos adquiridos pelo Estado de São Paulo necessários à execução do Plano Estadual de Imunização, o Ministro Ricardo Lewandowski atuou com a costumeira celeridade e firmeza para impedir a requisição dos bens já contratados, cujos pagamentos já tinham sido empenhados, por entender, com base na histórica jurisprudência do STF e no princípio federativo, que "a requisição administrativa não pode se voltar contra bem ou serviço de outro ente federativo, de maneira a que haja indevida interferência na autonomia de um sobre outro". Naquela oportunidade, também asseverou que "a incúria do Governo Federal não pode penalizar a diligência da Administração do Estado de São Paulo, a qual vem se preparando, de longa data, com o devido zelo para enfrentar a atual crise sanitária".

Em sede de conflito federativo, o Ministro Lewandowski decidiu também, com o ulterior referendo do Pleno – diante da súbita modificação da sistemática de distribuição dos imunizantes, levada a efeito pela União, que poderia comprometer os esforços do Estado de São Paulo para tornar efetiva a cobertura vacinal de sua população –, que o Governo Federal assegurasse ao ente subnacional "a remessa das vacinas necessárias à imunização complementar das pessoas que já tomaram a primeira dose da vacina, dentro do prazo estipulado nas

---

[37] STF, ACO nº 3.463-MC-Ref/SP, Plenário, rel. min. Ricardo Lewandowski, j. 8.3.2021.

bulas dos fabricantes e na autorização da Anvisa" (ACO nº 3.518-MC/Ref/DF).[38] Para tanto, entendeu que a omissão da União nesse sentido poderia frustrar a legítima confiança que o Estado de São Paulo depositou no planejamento sanitário anteriormente estabelecido.

Deliberou, ainda, dando adequada interpretação ao art. 16, §4º, da Lei nº 14.124/2021, que o "pedido de autorização excepcional e temporária, formulado por Estado da Federação, para a importação e a distribuição da vacina Sputnik V, perante a Agência Nacional de Vigilância Sanitária – Anvisa, instruído com prova do registro na autoridade sanitária estrangeira, sem apresentação de relatório técnico capaz de comprovar que a vacina atende aos padrões de qualidade, de eficácia e de segurança estabelecidos pela OMS ou pelo ICH e pelo PIC/S". Para ele, ultrapassado o prazo legal de 30 dias, sem a competente manifestação da Anvisa, estará o ente federativo autorizado a importar e a distribuir o imunizante à população local, "sob sua exclusiva responsabilidade, desde que observadas as cautelas e recomendações do fabricante e das autoridades médicas" (ACOs nºs 3.477-MC-Ref/DF,[39] 3.497-TP-Ref/DF,[40] 3.500-TP-Ref/DF[41] e 3.505-TP-Ref/DF).[42]

Conclusão

Como se vê, a Suprema Corte brasileira e, em especial, o relator das ações relacionadas ao PNO estabeleceram, sobejamente, o trilho a ser seguido pelos entes federativos, enaltecendo o essencial e relevante papel da União na coordenação das atividades no setor de saúde, especialmente para liderar a campanha de vacinação contra a covid-19 em território nacional, sem prejuízo da possibilidade de atuação conjunta das autoridades estaduais e locais para o enfrentamento dessa emergência de saúde pública, em particular para suprir lacunas ou omissões do Governo central e para promoverem adequações do Plano às suas realidades locais.

Assim, o Supremo Tribunal Federal reafirmou o valor do federalismo, que, segundo palavras proferidas pelo Ministro Ricardo Lewandowski no I Congresso Digital "Covid-19: Repercussões Jurídicas

---

[38] STF, ACO nº 3.518-MC-Ref/DF, Plenário, rel. min. Ricardo Lewandowski, j. 15.9.2021.
[39] STF, ACO nº 3.477-MC-Ref/DF, Plenário, rel. min. Ricardo Lewandowski, j. 24.5.2021.
[40] STF, ACO nº 3.497-MC-Ref/DF, Plenário, rel. min. Ricardo Lewandowski, j. 24.5.2021.
[41] STF, ACO nº 3.500-MC-Ref/DF, Plenário, rel. min. Ricardo Lewandowski, j. 24.5.2021.
[42] STF, ACO nº 3.505-MC-Ref/DF, Plenário, rel. min. Ricardo Lewandowski, j. 24.5.2021.

e Sociais da Pandemia", realizado pela Ordem dos Advogados do Brasil, em 31.7.2021, "trata-se de um instrumento importantíssimo para o fomento da própria democracia, pois não permite a concentração do poder político nas mãos do governo central".[43]

Por evidente, a pandemia oportunizou a revalorização do federalismo brasileiro, possibilitando o avanço do papel e das competências dos Estados, Distrito Federal e Municípios, já que, inequivocamente, os referidos entes federativos, além da União, possuem a competência comum no plano da saúde, sobretudo porque Prefeitos e Governadores, mais próximos das suas respectivas populações, têm melhores condições de avaliar as situações locais vivenciadas durante a emergência de saúde pública.

Finalizo esta homenagem salientando o inestimável privilégio que é assessorar o Ministro Ricardo Lewandowski, grande jurista brasileiro que, desde jovem, toma posições assertivas em relação às questões de maior envergadura de nosso País, defendendo com vigor o estado democrático de direito e as garantias fundamentais previstas na Carta Magna.

Externo aqui o meu apreço e a profunda admiração pelo juiz, professor e cidadão, que pauta a sua vida por uma visão de mundo voltada aos temas de direitos humanos e em busca de uma sociedade mais justa, plural, fraterna e solidária, conforme proposto pela Assembleia Constituinte em seu trabalho de elaboração da Constituição de 1988.

Referências

BURNHAM, William. *Introduction to the Law and Legal System of the United States*. 4 ed. Thomson/West. 2006.

GODOY, Arnaldo Sampaio de Moraes. *Direito nos Estados Unidos*. Barueri, São Paulo: Manole, 2004.

LEWANDOWSKI, Enrique Ricardo. *Pressupostos materiais e formais da Intervenção Federal no Brasil*. 2. ed. Belo Horizonte: Fórum, 2018.

MENDES, Gilmar Ferreira. *Curso de direito constitucional*. São Paulo: Saraiva, 2007.

REINHART, Susan M. *Strategies for legal case Reading and vocabulary development*. University of Michigan, 2007.

SILVA, José Afonso da. *Comentário contextual* à *Constituição*. São Paulo: Malheiros, 2005.

---

[43] Disponível em: https://www.conjur.com.br/2020-jul-31/stf-revalorizou-federalismo-durante-epidemia-lewandowski. Acesso em: nov. 2021.

Informação bibliográfica deste texto, conforme a NBR 6023:2018 da Associação Brasileira de Normas Técnicas (ABNT):

CARVALHO, Paulo Ronaldo Ceo de. A covid-19 e a revalorização do federalismo brasileiro. *In*: RODRIGUES, Dennys Albuquerque; CEZAR, Eduardo Barreto; OLIVEIRA, Marcelo Pimentel de (coord.). *Democracia, humanismo e jurisdição constitucional*: estudos em homenagem ao Ministro Ricardo Lewandowski. Belo Horizonte: Fórum, 2022. p. 371-390. ISBN 978-65-5518-402-0.

A GARANTIA DO DEVIDO PROCESSO LEGAL SUBSTANTIVO EM MATÉRIA PENAL À LUZ DA SÚMULA VINCULANTE Nº 14 E DO *FAIR TRIAL* – O DEVER DE *FULL DISCLOSER* DA ACUSAÇÃO E A DOUTRINA DE BRADY (*BRADY'S RULE*)

PAULO CESAR BATISTA DOS SANTOS

> *"[n]ão há, no Estado Democrático de Direito, qualquer tipo de segredo, notadamente em se tratando de acusado perante a Justiça. É preciso – e o Supremo Tribunal Federal já assentou isso na Súmula 14 – conceder aos investigados amplo acesso às informações coletadas em seu favor. Essa é uma imposição do regime democrático, sob pena de resvalarmos numa ditadura judicial ou ministerial, data venia."*
> Trecho do voto do Ministro Ricardo Lewandowski no julgamento da Rcl 33.543/PR em 4/8/2020

O efetivo exercício do direito de defesa, no qual se insere o acesso pleno do acusado aos autos da investigação criminal, é componente elementar da dignidade da pessoa humana[1] e do devido processo legal

---

[1] Ingo Wolfgang Sarlet propôs uma conceituação jurídica para a dignidade da pessoa humana: "Temos por dignidade da pessoa humana a qualidade intrínseca e distintiva de cada ser humano que o faz merecedor do mesmo respeito e consideração por parte

(*due process of law*),² albergados pelos art. 1º, III, e art. 5º, XXXIII, LIV e LV, da Constituição Federal; pelos arts. 9º e 10 do Código de Processo Penal e arts. 6º, parágrafo único, e 7º, XIII e XIV, do Estatuto da Ordem dos Advogados do Brasil (Lei nº 8.906/1994).

Ao longo de mais de 15 anos de jurisdição na mais alta corte do País, o Ministro Ricardo Lewandowski marcou sua trajetória se negando a transigir com aqueles que insistiam em violar direitos que estão no ápice de todos os valores da Carta Magna. Sua missão como juiz constitucional sempre reverenciou os direitos e garantias individuais da pessoa humana, o que ecoou nos diversos julgamentos da Corte dos quais participou e nas suas lições e palavras precisas. Em todas essas passagens, sua Excelência reforçou a necessidade de que o *jus acusatoris* estatal não fosse exercido sem que se apresentasse ao réu tudo o que a acusação sabia a respeito das provas que foram arrecadadas no curso da investigação.

Contudo, não obstante a clareza destes ditames constitucionais balizadores das decisões proferidas pelo Ministro Ricardo Lewandowski e por seus pares, ainda se vê de autoridades do Estado objeções injustificadas, impostas à defesa dos acusados, em clara ofensa à efetivação do direito básico a um processo justo e paritário.³

Em alguma medida, essa questão foi disciplinada pelo Supremo Tribunal Federal em fevereiro de 2009, com a edição da Súmula

---

do Estado e da comunidade, implicando, neste sentido, um complexo de direitos e deveres fundamentais que assegurem a pessoa tanto contra todo e qualquer ato de cunho degradante e desumano, como venham a lhe garantir as condições existenciais mínimas para uma vida saudável, além de propiciar e promover sua participação ativa corresponsável nos destinos da própria existência e da vida em comunhão dos demais seres humanos" (*Dignidade da Pessoa Humana e Direitos Fundamentais*. Porto Alegre: Livraria do Advogado, 2001, p. 60).

² O mesmo autor, ao tratar do princípio do devido processo legal, afirma que "[o]s direitos fundamentais são o produto peculiar do pensamento liberal-burguês do século XVIII, de marcado cunho individualista, surgindo e afirmando-se como direitos do indivíduo frente ao Estado, mais especificamente como direitos de defesa, demarcando uma zona de não intervenção do Estado e uma esfera de autonomia individual em face de seu poder. Assumem particular relevo no rol desses direitos os direitos à vida, à liberdade, à propriedade e à igualdade perante a lei. [...] e algumas garantias processuais (devido processo legal, *habeas corpus*, direito de petição)." (SARLET, Ingo Wolfgang. *A Eficácia dos Direitos Fundamentais*: uma Teoria Geral dos Direitos Fundamentais na Perspectiva Constitucional. 11. ed. rev. e atual. Porto Alegre: Livraria do Advogado, 2012, p. 47).

³ Vide o artigo: "Súmula Vinculante 14 do STF: O Defensor entre a Norma e suas Interpretações Livres: A Prática Cotidiana Revela uma Grande Distância entre o Sentido Original da Norma e sua Concreta Aplicação. Luciano Feldes, disponível em: https://www.jota.info/opiniao-e-analise/artigos/sumula-vinculante-14-do-stf-o-defensor-entre-a-norma-e-as-interpretacoes-livres-09042021. Acesso em: 28 nov. 2021.

Vinculante nº 14, cuja redação encerra ser "[d]ireito do defensor, no interesse do representado, ter acesso amplo aos elementos de prova que, já documentados em procedimento investigatório realizado por órgão com competência de polícia judiciária, digam respeito ao exercício do direito de defesa".

Na forma preconizada, a redação da súmula encerra, pois, um mandado de otimização com a virtude de conciliar princípios igualmente constitucionais dentro de um juízo de proporcionalidade.[4] De uma parte, falamos do princípio da ampla defesa; de outra parte, do princípio da justiça penal eficaz.

O enunciado vinculante, editado após provocação do Conselho Federal da Ordem dos Advogados do Brasil, foi resultado de intensos debates entre os Ministros da Suprema Corte àquela época, deliberando sobre a Proposta de Súmula Vinculante 1- PSV 1, de relatoria do Ministro Menezes Direito. Já naquela ocasião, o Ministro Ricardo Lewandowski lembrou aos Ministros da Corte sobre a importância do tema, *verbis*:

> Senhor presidente, peço vênia também para acompanhar o relator, consignando, inicialmente, que entendo que é oportuno e conveniente o debate e a edição da súmula vinculante sobre o tema, neste momento, não apenas porque a corte foi provocada pela Colenda Ordem dos Advogados do Brasil, como também porque se trata de tema relativo aos direitos fundamentais.
>
> Esses direitos se colocam no ápice de todos os valores da Constituição Federal. Entendo que o direito de acesso pelas partes ao que se contém nos processos judiciais, e também nos processos administrativos, deflui diretamente do princípio democrático, do princípio da publicidade, que deve nortear a administração pública, e também dos valores que integram o catálogo de direitos fundamentais da nossa Constituição.

A preocupação da Corte naqueles tempos decorria de uma série de notícias a respeito de recorrentes ofensas ao devido processo legal em matéria penal, ocorridas em procedimentos administrativos e jurisdicionais. Buscava-se, com o enunciado, rememorar a todos

---

[4] Ao tratar do princípio da proporcionalidade, o Ministro Roberto Barroso, em sede doutrinária, afirma que "o princípio da proporcionalidade ou da razoabilidade (sinônimos), tem seu fundamento na ideia de devido processo legal substantivo e na de justiça. Trata-se de um valioso instrumento de proteção dos direitos fundamentais e do interesse público por atuar como indicador de como uma norma deve ser interpretada no caso concreto para melhor alcançar os objetivos da Constituição" (*Interpretação e Aplicação da Constituição*: Fundamentos de uma Dogmática Constitucional Transformada. 6. ed. rev., atual. e ampl. São Paulo: Saraiva, 2004, p. 58).

sobre a necessidade de respeito ao devido processo legal substantivo (*substantive due process of law*),[5] oriundo da tradição anglo-saxônica. Sua essência vincula a atividade estatal, que deverá zelar por um processo justo (*fair trial*),[6] tudo a prestigiar, dentre outros valores, o tratamento isonômico das partes, com destaque à paridade de armas (*Waffengleichheit*,[7] segundo a doutrina alemã).

Com efeito, a Constituição da República assegura a todos, em matéria penal, o direito ao contraditório e à ampla defesa, cujo significado se resume ao "(i) direito à informação; (ii) à manifestação; e (iii) à consideração dos argumentos manifestados" (*vide* RE nº 434.059/DF, relator Ministro Gilmar Mendes). No ordenamento jurídico doméstico, toda esta gama de princípios encontra correspondente teleológico, essencialmente, na Súmula Vinculante nº 14. Sua força e importância foi recentemente relembrada pelo Ministro Ricardo Lewandowski nos autos da Rcl nº 33.543/PR, ao afirmar que:

> Tal regra, em boa hora estabelecida pelo Plenário desta Suprema Corte, tem por objetivo viabilizar aos acusados o exercício do contraditório para repelir, se for o caso, tudo aquilo que venha a ser usado contra ele

---

[5] Ver: HARRISON, John. Substantive Due Process and the Constitutional Text. *Virginia Law Review*, vol. 83, n. 3, 1997. Disponível em: https://doi.org/10.2307/1073649. Acesso em: 9 out. 2021.

[6] POWELL, Lewis F. The Right to a Fair Trial. *American Bar Association Journal*, vol. 51, n. 6, p. 534-538, 1995. Disponível em: http://www.jstor.org/stable/25723242. Acesso em: 11 nov. 2021. Ver também: THEODORO JR., Humberto. Abuso de Direito Processual no Ordenamento Jurídico Brasileiro. *In*: MOREIRA, José Carlos Barbosa (coord.). *Abuso dos direitos processuais*. Rio de Janeiro: Forense, 2000; TUCCI, Rogério Lauria. *Direitos e Garantias Individuais no Processo Penal Brasileiro*. 2. ed. São Paulo: Saraiva, 2013; MADURO, André Mirza. *Direito de Acesso aos Autos como Requisito Informativo Durante as Negociações de Colaboração Premiada*: uma Análise à Luz do Processo Justo (*fair trial*). 2020. 145 f. Dissertação (Mestrado em Direito Constitucional) – Instituto Brasileiro de Ensino, Desenvolvimento e Pesquisa, Brasília, 2021.

[7] Tratando da paridade de armas na doutrina alemã (*Waffengleichheit*), Nelson Nery Junior leciona que "por contraditório deve entender-se, de um lado, a necessidade de dar-se conhecimento da existência da ação e de todos os atos do processo às partes, e, de outro, a possibilidade de as partes reagirem aos atos que lhes sejam desfavoráveis. Os contendores têm direito de deduzir suas pretensões e defesas, realizarem as provas que requereram para demonstrar a existência de seu direito, em suma, direito de serem ouvidos paritariamente no processo em todos os seus termos". E quanto à igualdade de armas "*Waffengleichheit*" aduz: "Como decorrência do princípio da paridade das partes – o contraditório significa dar as mesmas oportunidades para as partes (*Chancengleichheit*) e os mesmos instrumentos processuais (*Waffengleichheit*) para que possam fazer valer os seus direitos e pretensões, ajuizando ação, deduzindo resposta, requerendo e realizando provas, recorrendo das decisões judiciais" (*Princípios do Processo Civil na Constituição Federal*. 13. ed. São Paulo: Revista dos Tribunais, 2017, p. 121).

pela acusação, evitando abusos e a ocultação de elementos de prova, de modo a fazer valer o direito constitucional ao devido processo legal e à ampla defesa.

E não há dúvidas de que este enunciado vinculante é endereçado, para além da polícia judiciária, preponderantemente, ao Ministério Público, entidade que exerce relevantíssimo papel no Estado Democrático de Direito, a quem o constituinte originário outorgou o monopólio da titularidade da ação penal pública (art. 129, I, da Carta Magna). A atuação do Parquet no sistema criminal percorre toda a sua extensão, desde a fase de investigação até o trânsito em julgado da ação penal, ou mesmo após isso, na execução das penas impostas ao condenado.

Aliás, na ordem constitucional vigente, o Ministério Público recebeu conformação inédita e poderes alargados. Ganhou o desenho de instituição voltada à defesa dos interesses mais elevados da convivência social e política, não apenas perante o Judiciário, mas também na ordem administrativa. Está definido como "instituição permanente, essencial à função jurisdicional do Estado, incumbindo-lhe a defesa da ordem jurídica, do regime democrático e dos interesses sociais e individuais indisponíveis" (art. 127 da Constituição Federal).

Ao descrever a obrigatoriedade de o Ministério Público atuar de forma desprendida de interesses pessoais no processo penal, o Ministro Gilmar Mendes assim ponderou no julgamento da ADPF nº 758/MG:

> A instituição foi arquitetada, portanto, *para atuar desinteressadamente no arrimo dos valores mais encarecidos da ordem constitucional*, razão pela qual o legislador conferiu inclusive a atribuição para impetrar *habeas corpus* em favor de pessoas submetidas a restrições indevidas em sua liberdade de locomoção (art. 654 do CPP).
>
> Registre-se que não há, sob a perspectiva institucional, o alegado antagonismo entre as instituições do Ministério Público e da Defensoria Pública. Com efeito, ambas são consideradas como funções essenciais à justiça, com atribuições de defesa da ordem jurídica, do regime democrático, dos interesses sociais e individuais indisponíveis e dos direitos humanos (arts. 127 e 133 da Constituição Federal). (grifos no original)

Nessa linha de ideias, é dever do Ministério Público, mesmo nos casos em que atue como parte no processo, postular medidas que possam proteger os direitos fundamentais dos réus e condenados em geral, ainda que os membros dessa instituição possam ocupar posições processuais distintas. Confere-se ao Ministério Público o dever de ser imparcial, equidistante, de modo a buscar a equanimidade (*fairness*) do Direito.

Sobre o tema, registra-se a tramitação no Senado Federal do Projeto de Lei nº 5.882/2019, de autoria do Senador Antonio Anastasia e do Professor Lenio Streck.[8] Tal proposta tem a missão de reforçar o papel do Parquet na promoção da justiça penal, a partir de uma concepção de gestão da prova criminal de forma transparente em relação aos demais atores processuais, em especial a defesa e o juiz. O referido projeto busca inserir dois novos parágrafos no art. 156 do Código de Processo Penal, nos seguintes termos:

> Art. 156 [...]
>
> §1º Cabe ao Ministério Público, a fim de estabelecer a verdade dos fatos, alargar o inquérito ou procedimento investigativo a todos os fatos e provas pertinentes para a determinação da responsabilidade criminal, em conformidade com o Código de Processo Penal e a Constituição Federal, e, para esse efeito, investigar, de igual modo, na busca da verdade processual, as circunstâncias que interessam quer à acusação, quer à defesa.
>
> §2º O descumprimento do parágrafo primeiro implica a nulidade absoluta do processo, além das sanções funcionais respectivas.

Ao se falar em justiça penal, portanto, busca-se a concretude da doutrina do *fair trial*, caracterizada por um conjunto de práticas amplamente observado pelas nações civilizadas, que inclui, em especial,

---

[8] Para os autores do projeto de lei "o Ministério Público é uma instituição do Estado; em o sendo, não lhe é permitido agir estrategicamente. [...] é uma questão de responsabilidade política, de ajuste institucional [...]. Exigir um MP imparcial não é subestimar o que diz a processualística tradicional em suas definições conceituais clássicas; trata-se apenas de reivindicar um órgão que reconheça as circunstâncias favoráveis ao réu quando for o caso. E isso não apesar de suas atribuições funcionais constitucionalmente previstas, mas exatamente em razão delas. Processo, no Brasil, é processo constitucional. [...] Registre-se que a Itália, depois da Operação Mãos Limpas, para se prevenir contra arbitrariedades da magistratura do Ministério Público, a Corte Constitucional, em 1991, entendeu, por meio da sentença nº 88/91, que o Ministério Público, em razão de seu inegável poder para conduzir a investigação criminal, é 'obrigado a realizar investigações (*indagini*) completas e buscar todos os elementos necessários para uma decisão justa, incluindo aqueles favoráveis ao acusado (*favorevoli all'imputato*)'. Ou seja: Alemanha, Estados Unidos, Itália e Estatuto de Roma (são os principais): todos adotam esse modelo. E em todos o Ministério Público é fortalecido com essa obrigação de imparcialidade. O projeto é, assim, um reforço a Instituição Ministério Público". Disponível em: https://www.conjur.com.br/2019-set-19/senso-incomum-projeto-lei-evitar-parcialidade-producao-prova-penal. Acesso em: 1º dez. 2021.

a obrigação imposta às partes de explicitar as provas que pretendem utilizar umas contra as outras, denominada na processualística anglo-saxã de *full disclosure*.[9]

Trata-se de preceitos que integram uma pauta de conduta, delineada nos incisos LIV e LV do art. 5º da Lei Maior, que deve ser escrupulosamente observada por todos os magistrados do País. Isso porque tais dispositivos configuram cláusulas pétreas, quer dizer, são inderrogáveis, porquanto asseguram àqueles que se defrontam com o Estado-juiz o direito fundamental ao devido processo legal, ao contraditório e à ampla defesa, com os meios e recursos a ela inerentes, o que, por evidente, inclui o pleno e tempestivo acesso, pelos advogados do acusado, a todos os elementos de prova que possam ser usados contra ele ou que, porventura, tenham o condão de favorecê-lo, sem prejuízo da estrita observância de outras garantias constitucionais pertinentes.

É garantido, pois, ao defensor, no interesse do representado, amplo acesso aos elementos de prova documentados que digam respeito ao direito de defesa, em atenção às garantias constitucionais da ampla defesa e do contraditório. Tal acesso diz respeito a todos os elementos de prova que podem ser utilizados contra o acusado, ou mesmo àqueles que poderiam favorecê-lo. No ponto, merece referência a salutar intervenção do Ministro Ricardo Lewandowski ao tratar do tema, lançando luzes sobre tais garantias constitucionais no julgamento do AgReg nos Eds no AgReg no Agreg na Rcl nº 33.543/PR, então de relatoria do Ministro Edson Fachin, da qual sua Excelência foi designado redator para o acórdão:

> [n]ão há, no Estado Democrático de Direito, qualquer tipo de segredo, notadamente em se tratando de acusado perante a Justiça. É preciso – e o Supremo Tribunal Federal já assentou isso na Súmula 14 – conceder aos investigados o amplo acesso às informações coletadas em seu favor. Essa é uma imposição do regime democrático, sob pena de resvalarmos numa ditadura judicial ou ministerial, *data venia*.

---

[9] Acerca da aplicação desse dever de transparência no campo penal, não só sob o prisma da lealdade processual, mas sobretudo enquanto garantia dos acusados, a Câmara dos Lordes do Reino Unido, quando ainda exercia a competência judicante hoje desempenhada pela Suprema Corte, exarou o didático e memorável pronunciamento, *litteris*: "*Fairness ordinarily requires that any material held by the prosecution which weakens its case or strengthens that of the defendant, if not relied on as part of its formal case against the defendant, should be disclosed to the defence. Bitter experience has shown that miscarriages of justice may occur where such material is withheld from disclosure. The golden rule is that full disclosure of such material should be made.*" (R v H [2004] UKHL 3; [2004] 2 Cr. App. R. 10, House of Lords).

Nunca é demais rememorar que a Declaração Universal dos Direitos Humanos, documento estruturante do sistema ONU,[10] tem como espinha dorsal justamente essa garantia do *fair trial*.[11] Tal preceito consagra a todos, indistintamente, um julgamento justo, perante um juiz imparcial e independente, com a possibilidade de exercer efetivamente seu direito de defesa. Tamanha é a relevância deste princípio conformador que ele foi estampado nos diplomas internacionais posteriores, como *v.g.* o Pacto Internacional dos Direitos Civis e Políticos,[12] o Pacto de San José da Costa Rica[13] e a Convenção Europeia de Direitos Humanos.[14]

A posição de pedra angular conferida à garantia do *fair trial*, dentro do ordenamento jurídico internacional, consubstanciou uma série de outros princípios que dão materialidade para este mandamento, dentre os quais o princípio da *par conditio*,[15] o qual prescreve o dever de

---

[10] Segundo André de Carvalho Ramos: "[a] doutrina consagrou o termo 'Carta Internacional de Direitos Humanos' (*International Bill of Rights*), fazendo homenagem às chamadas *Bill of Rights* do Direito Constitucional e que compreende o seguinte conjunto de diplomas internacionais: (i) a Declaração Universal dos Direitos Humanos (DUDH) de 1948; (ii) o Pacto Internacional dos Direitos Civis e Políticos de 1966; (iii) Pacto Internacional de Direitos Sociais, Econômicos e Culturais de 1966". (*Curso de Direitos Humanos*. 4. ed. São Paulo: Saraiva, 2017, p. 151).

[11] DUDH: "Art. 10. Todo ser humano tem direito, em plena igualdade, a uma justa e pública audiência por parte de um tribunal independente e imparcial, para decidir sobre seus direitos e deveres ou do fundamento de qualquer acusação criminal contra ele".

[12] PIDCP: "Art. 14.1. Todas as pessoas são iguais perante os tribunais e as cortes de justiça. [...] 3. Toda pessoa acusada de um delito terá direito, em plena igualmente, a, pelo menos, as seguintes garantias".

[13] CADH: "Art. 8.2. Toda pessoa acusada de um delito tem direito a que se presuma sua inocência, enquanto não for legalmente comprovada sua culpa. Durante o processo, toda pessoa tem direito, em plena igualdade, às seguintes garantias mínimas".

[14] CEDH: "Art. 6.1. Qualquer pessoa tem direito a que a sua causa seja examinada, equitativa e publicamente, num prazo razoável por um tribunal independente e imparcial, estabelecido pela lei, o qual decidirá, quer sobre a determinação dos seus direitos e obrigações de carácter civil, quer sobre o fundamento de qualquer acusação em matéria penal dirigida contra ela. O julgamento deve ser público, mas o acesso à sala de audiências pode ser proibido à imprensa ou ao público durante a totalidade ou parte do processo, quando a bem da moralidade, da ordem pública ou da segurança nacional numa sociedade democrática, quando os interesses de menores ou a proteção da vida privada das partes no processo o exigirem, ou, na medida julgada estritamente necessária pelo tribunal, quando, em circunstâncias especiais, a publicidade pudesse ser prejudicial para os interesses da justiça".

[15] Segundo Fernando Tourinho: "De nada valeria as partes acusadora e acusada encontrarem-se no mesmo plano, equidistantes do juiz, órgão superpartes, se o Estado não lhes proporcionasse equilíbrio de forças, dando-lhes os mesmos instrumentos para a pugna judiciária. Sendo a ampla defesa dogma constitucional, por óbvio haveria desrespeito à Lei Maior se, por acaso, uma das partes, no processo penal tivesse mais direitos e mais

assegurar a igualdade processual (em tratamento e em oportunidades) às partes.

Nessa esteira, impende ressaltar o princípio do *full disclosure*,[16] que deve ser respeitado na mesma medida quando diz respeito à devida efetivação do *fair trial*. Isto é, o direito aos meios adequados para a preparação da defesa exige o acesso oportuno às informações da acusação.[17] Essas informações incluem indícios ou materiais que possam (i) indicar a inocência do acusado; (ii) afetar a credibilidade das provas apresentadas pela acusação; (iii) corroborar a linha defensiva; ou, de qualquer outra forma, (iv) beneficiar o réu.

Nessa direção, Eugênio Pacelli afirma que:

> A prova da inocência do réu deve sempre ser aproveitada, em quaisquer circunstâncias. Em um Estado de Direito não há como se conceber a ideia da condenação de alguém que o próprio Estado acredita ser inocente. Em tal situação, a jurisdição, enquanto Poder Público, seria, por assim dizer, uma contradição em seus termos. Um paradoxo jamais explicado ou explicável.[18]

Observa, ainda, o mencionado doutrinador:

> Aliás, o aproveitamento da prova ilícita em favor da defesa, além das observações anteriores, constitui-se em critério objetivo de proporcionalidade, dado que: a) a violação de direitos na busca da prova de inocência poderá ser levada à conta do estado de necessidade, excludente geral da ilicitude (não só penal!); b) o princípio da inadmissibilidade da prova ilícita constitui-se em garantia individual expressa, não podendo ser utilizado contra quem é o seu primitivo e originário titular.[19]

---

poderes que a outra. Daí o princípio da paridade de armas ou da *par conditio* ou da *equality of arms*" (TOURINHO FILHO, Fernando da Costa. Manual de Processo Penal. 8. ed. rev. atual. São Paulo: Saraiva, 2006, p. 66).

[16] Princípios Básicos Relativos à Função dos Advogados (Adotados pelo Oitavo Congresso das Nações Unidas para a Prevenção do Crime e o Tratamento dos Delinquentes – 1990). Art. 21. As autoridades competentes têm a obrigação de garantir o acesso dos advogados à informação, aos arquivos e aos documentos pertinentes que estejam em seu poder ou sob o seu controlo, com antecedência suficiente para que os advogados possam prestar uma assistência jurídica eficaz aos seus clientes. Tal acesso deve-lhes ser facultado o mais rapidamente possível.

[17] Neste sentido: *Amnesty International. Fair Trial Manual*. Disponível em: https://www.amnesty.org/en/documents/pol30/002/2014/en/. Acesso em: 9 dez. 2021.

[18] PACELLI, Eugenio. *Curso de Processo Penal*. 20. ed. São Paulo: Atlas, 2019, p. 378.

[19] *Op. cit.*, p. 379.

Anote-se, por relevante, a redação do art. 54 do Estatuto de Roma do Tribunal Penal Internacional, que foi incorporado ao direito brasileiro pelo Decreto 4.388/2002, *verbis*:

ESTATUTO DE ROMA

"1. O Procurador deverá:

Art. 54. A fim de estabelecer a verdade dos fatos, alargar o inquérito a todos os fatos e provas pertinentes para a determinação da responsabilidade criminal, em conformidade com o presente Estatuto e, para esse efeito, investigar, de igual modo, as circunstâncias que interessam quer à acusação, quer à defesa".

Neste mesmo trilho, não há como citar tais princípios que informam o *fair trial* sem destacar a consagrada doutrina de Brady (*Brady's rule*), concebida no memorável precedente firmado em 1963 pela Suprema Corte americana no julgamento Brady v. Maryland.[20] Aos olhos daquela Corte, a doutrina de Brady ajudou a desempenhar a função crucial de garantir que um réu criminal não fosse privado de suas garantias individuais, tais como a vida, liberdade ou propriedade, sem o devido processo legal.

Naquele precedente, o réu John Leo Brady e seu companheiro Charles Donald Boblit foram julgados pelo homicídio de William Brooks, ocorrido durante o roubo de um veículo. Brady admitia ter a intenção de subtrair o bem, mas imputava ao companheiro o cometimento do homicídio. Antes do julgamento, o advogado de Brady, Clinton Bamberger Jr., pediu à promotoria que divulgasse as declarações extrajudiciais de Boblit, o que foi feito apenas parcialmente, pois retido, pela acusação, um trecho em que o coautor admitia ter cometido o homicídio isoladamente. Mesmo assim, ambos foram condenados à pena de morte.

Em tempo, contudo, a Suprema Corte considerou que a falha da promotoria em divulgar a declaração de Boblit violou o direito de Brady ao devido processo legal, sob os comandos da 14ª emenda da constituição americana.[21] O voto vencedor foi do Juiz da Suprema Corte

---

[20] 373 U.S. 83 (1963), quando fixado o *holding*: "*Withholding of evidence violates due process 'where the evidence is material either to guilt or to punishment'*".

[21] Segundo a 14ª Emenda da Constituição dos EUA: "Todas as pessoas nascidas ou naturalizadas nos Estados Unidos e sujeitas à sua jurisdição são cidadãos dos Estados Unidos e do Estado onde tiver residência. Nenhum Estado poderá fazer ou executar leis restringindo os privilégios ou as imunidades dos cidadãos dos Estados Unidos; nem poderá privar qualquer pessoa de sua vida, liberdade, ou bens sem processo legal, ou negar a qualquer pessoa sob sua jurisdição a igual proteção das leis".

William O. Douglas, seguido pelos seus colegas Earl Warren, Tom C. Clark, William J. Brennan Jr., Potter Stewart e Arthur Goldberg, quando se assentou que "a sociedade vence não apenas quando os culpados são condenados, mas quando os processos criminais são justos. [...] Os objetivos estatais não se resumem à condenação de criminosos, mas também à obrigação de julgamentos justos [...] nosso sistema de administração da justiça sofre quando qualquer acusado é tratado injustamente".[22]

Ressalta-se que a decisão, de acordo com doutrinadores americanos,[23] não tinha o condão de punir os promotores públicos envolvidos no caso, mesmo que a supressão de provas tenha sido intencional. Em vez disso, preocupou-se em assentar que um réu não poderia ser privado de sua vida, liberdade ou propriedade sem que lhe fosse apresentado todo o material, provas ou quaisquer tipos de evidências descobertas pela acusação. Vê-se que a obrigação não se limitava às provas utilizadas pelos promotores, mas também àquelas descobertas, mas não utilizadas, em especial, as evidências que poderiam ser favoráveis aos acusados.

Assim como deve ocorrer em nossa ordem constitucional, tal mandamento oriundo da *common law* emerge como uma espécie de proteção do acusado contra a omissão e a sonegação de elementos probatórios que podem, de alguma forma, contribuir contra a acusação ou em favor de algum benefício processual. Portanto, em Brady, a Suprema Corte considerou que a acusação, em um julgamento criminal, tem o dever de também divulgar evidências que sejam favoráveis à defesa, e não apenas aquelas que possam ajudar para a formação da culpa.

Tal precedente norte-americano consolidou, à época, um passo natural na definição dos direitos conferidos aos réus no processo criminal.[24] Brady refletiu o entendimento de que o papel do Ministério Público não é puramente de um adversário do acusado, pois o promotor de justiça "não é o representante de uma parte comum em uma

---

[22] Supra nota 11, p. 89-90.
[23] Anne Bowen Poulin, *Prosecutorial Inconsistency, Estoppel, and Due Process: Making the Prosecution Get Its Story Straight*, 89 Calif Law Review. 1423, 1462 (2001); Douglas W. Kmiec, Stephen B. Presser and John C. Eastman, *Individual Rights and the American Constitution*. 3. ed. 2014, p. 24-31.
[24] Ver Adam M. Harris, *Two Constitutional Wrongs Do Not Make a Right: Double Jeopardy and Prosecutorial Misconduct Under the Brady Doctrine*, 28 Cardozo L. Rev. 931, 934-935, 2006.

controvérsia, mas de uma soberania, cujo interesse, em um processo criminal, não é que ele ganhe um caso, mas que a justiça seja feita".[25]

A Suprema Corte definiu os contornos da regra de Brady em vários casos subsequentes, fixando quais espécies de evidências devem ser divulgadas pela acusação e quando a doutrina de Brady pode ser conclamada. Apenas a título ilustrativo, em outro memorável precedente, no julgamento Giglio v. United States,[26] aquele tribunal considerou ilegal a supressão de provas de impedimento de uma testemunha de acusação, em uma situação na qual a culpa ou inocência do acusado poderia repousar sobre a confiabilidade dessa prova. Novamente, firmou-se o precedente em favor da cláusula do *due processo of law*, amparada na 14ª emenda da constituição americana, decidindo-se que a supressão de provas que possam contestar a credibilidade de uma testemunha viola o devido processo legal, o contraditório e a ampla defesa.

Volvendo os olhos, novamente, ao Supremo Tribunal Federal, é possível ver claramente que o Ministro Ricardo Lewandowski exerceu papel fundamental na difusão desses princípios garantidores da doutrina de Brady à luz da Súmula Vinculante nº 14. Vale mencionar, *v.g.*, algumas decisões nas quais a Corte autorizou o acesso amplo e irrestrito da defesa à prova para contestar a preservação da sua cadeia de custódia. Tais julgados tiveram o condão de deixar indene de dúvidas qualquer incerteza sobre a fidedignidade dos elementos coligidos e empregados pela acusação, dentre eles, quebras de sigilo de dados eletrônicos – inclusive arrecadados em nuvem –, interceptações telefônicas, computadores, aparelhos celulares e *tablets* apreendidos e periciados, para que fossem devidamente escrutinados pela defesa.

Ganhou notoriedade nacional – e internacional[27] – o julgamento da Rcl nº 43.007/DF-ED-Segundos-AgR, de relatoria do Ministro Ricardo Lewandowski, quando concedido à defesa o acesso ao material apreendido pela Polícia Federal em poder de *hackers* na Operação

---

[25] *Op. cit.*, p. 34.
[26] 405 U.S. 150 (1972).
[27] Vide reportagem da imprensa suíça sob o título: "Trocas Informais da Lava Jato Mancham Cooperação Brasil-Suíça". Disponível em: https://www.swissinfo.ch/por/trocas-informais-da-lava-jato-mancham-coopera%C3%A7%C3%A3o-brasil-su%C3%AD%C3%A7a/46380658. Acesso em: 28 set. 2021. Ver também matéria da BBC Internacional, com o título "Congressistas Americanos Questionam Biden como foi a Cooperação entre Procuradores Brasileiros e o Departamento de Justiça Americano". Disponível em: https://www.bbc.com/portuguese/internacional-57392099. Acesso em: 28 set. 2021.

Spoofing, abrigado na ação penal que tramitava na 10ª Vara Federal Criminal de Brasília. Tratava-se de material que já havia sido divulgado pela imprensa,[28] causando grande repercussão pela gravidade dos diálogos arrecadados, entabulados entre autoridades judiciais e membros do Ministério Público Federal em Curitiba. Naquele julgamento foi assentado, com fundamento da Súmula Vinculante nº 14, o direito de a defesa ter acesso e investigar a regularidade da cadeia de custódia das provas encontradas em sistemas da Empresa Odebrecht, bem como os graves indícios de parcialidade e de irregularidades administrativas praticadas pelas autoridades anteriormente aludidas.

A Segunda Turma do Supremo Tribunal Federal, em sessão realizada no dia 9.2.2021, embora não tenha deliberado sobre a licitude do material arrecadado em poder dos *hackers*, confirmou, por ampla maioria de 4 votos a 1, a decisão do Ministro Ricardo Lewandowski, que reconheceu o direito ao supracitado acesso às provas.

Faz-se referência, por relevante, às palavras do Ministro Gilmar Mendes naquela oportunidade, ao destacar, com propriedade, que a decisão proferida pelo Ministro Ricardo Lewandowski densificava os princípios da ampla defesa e do contraditório, estampados na Súmula Vinculante nº 14, asseverando o seguinte:

> Os critérios aptos a balizarem o reconhecimento do direito de acesso ao material pelo agravado são justamente aqueles já referidos neste voto e que se ligam às construções jurisprudenciais da Segunda Turma e ao mandamento normativo da SV 14: (1) não se referir a diligências em andamento; (2) presença de conteúdo que mencione e incrimine o interessado e cujo desconhecimento possa prejudicar a defesa do interessado.
>
> [...]
>
> Por fim, é ainda relevante destacar que, ao menos em uma análise preliminar das provas oriundas da Operação *Spoofing*, percebe-se que o acesso ao seu conteúdo é imprescindível para o exercício do direito de defesa do reclamante. A extrema gravidade dos acontecimentos perpetrados exige que se confira à defesa o direito de impugnar eventuais ilegalidades processuais que se projetam como reflexo da atuação coordenada entre acusação e magistrado, o que é objeto inclusive de

---

[28] Isso ocorreu em uma série de reportagens divulgadas pelo sítio *Intercept Brazil*, cujas manchetes chamavam a atenção para uma enorme coleção de materiais nunca revelados que forneciam um "olhar sem precedentes sobre as operações da força-tarefa anticorrupção que transformou a política brasileira e conquistou a atenção do mundo". Disponível em: https://theintercept.com/series/mensagens-lava-jato/. Acesso em: 18 nov. 2021.

uma questão que está posta para decisão na Turma. Ressalte-se que, até o presente momento, a defesa do reclamante tem procedido à análise de apenas parte do material contido nos autos da Operação *Spoofing*.

De uma análise perfunctória de certa de 4,6% (quatro vírgula seis por cento) do material composto pelos diálogos havidos no aplicativo *Telegram*, porém, já é possível depreender o funcionamento de um conluio institucionalizado e perene composto pelo ex-Juiz Sergio Moro, pelos ex-membros da Força-Tarefa da Operação Lava Jato e pela Polícia Federal em Curitiba.

Na sequência, a Ministra Cármen Lúcia, ao acompanhar as razões indicadas na decisão do Ministro Ricardo Lewandowski – e ressalvando que não se afirmava a licitude ou não das provas –, consignou a importância de garantir-se o acesso da defesa aos referidos elementos:

> [...] o Relator enfatizou – exatamente, acho, para dar tranquilidade aos cidadãos e àqueles que seguem os julgamentos do Supremo Tribunal Federal – que adotou todas as providências e cuidados para que houvesse o que o Ministro Fachin também traz: garantia de sigilo de terceiros.
>
> Como o Ministro enfatizou, até agora nada disso foi descumprido, no acesso dado na forma por ele decidida, com os cuidados próprios, em sede própria, com a presença, inclusive, de assistentes técnicos. Tem-se, na decisão do Ministro Ricardo Lewandowski, ata circunstanciada, para que haja comprometimento e responsabilidade de todos aqueles que possuem acesso.
>
> [...]
>
> É preciso que a gente, neste caso, leve realmente a segurança que o direito constitucional assegura. Há um direito questionado na reclamação: o direito à defesa, com todos os recursos a ela inerentes, como posto expressamente na Constituição brasileira. Disso cuidou o Ministro relator.

E assim prosseguiu, com a precisão e brilhantismo que lhes são peculiares:

> Neste caso até, Senhor Presidente, Senhor Ministro relator e Senhores Ministros, li todo material posto à nossa disposição e fico com um dado que me chama atenção, Presidente. A polícia, órgão do Estado, tem acesso aos dados, o Ministério Público tem acesso aos dados, o juiz tem acesso aos dados e a defesa não tem acesso aos dados? Mas isso não é direito fundamental constitucionalmente assegurado?

Aduziu mais, nesse sentido, o Ministro Nunes Marques, ao apontar a imperatividade da observância do enunciado vinculante em seu substancioso voto, *in verbis*:

> Reforço, ainda, tal como evidenciado pelo Ministro Relator e sintetizado em aparte da ilustre Ministra Cármen Lúcia, que não estou aqui fazendo qualquer juízo de mérito acerca da validade ou autenticidade do material coletado na Operação Spoofing.
>
> Limito-me, portanto, nos precisos termos do voto do Ministro Relator, a conferir acesso à defesa do reclamante ao referido material, permitindo, assim, o fiel cumprimento à decisão judicial já proferida nestes autos pelo Ministro Ricardo Lewandowski, em observância à Súmula Vinculante nº 14 e à Rcl 33.543/PR, invocadas como paradigmas de controle.

Também em relação às colaborações premiadas, a Suprema Corte tem assentado importante posicionamento para assegurar a efetividade da ampla defesa e do contraditório aos réus delatados, garantindo o acesso aos termos em que tenham sido citados, nos quais não haja diligências em curso que possam ser prejudicadas, como preconizado no enunciado vinculante. Nas palavras do Ministro Celso de Mello,

> O que não se revela constitucionalmente lícito, segundo entendo, é impedir que o interessado, qualquer interessado, tenha pleno acesso aos dados probatórios que, já documentados nos autos (porque a estes formalmente incorporados ou a eles regularmente apensados), veiculam informações que possam revelar-se úteis ao conhecimento da verdade real e à condução da defesa da pessoa investigada (como no caso) ou processada pelo Estado, ainda que o procedimento de persecução penal esteja submetido a regime de sigilo.
>
> O fato irrecusável, no exame da questão do acesso a procedimentos estatais em regime de sigilo – especialmente naqueles casos em que o Estado se vale do instituto da colaboração premiada –, é um só: o delatado – como assinala a doutrina (Frederico Valdez Pereira, 'Delação Premiada – legitimidade e procedimento', p. 124/125, item n. 4.2.3.1, 2013, Juruá) –, tem, constitucionalmente, o direito de confrontar, em sede processual, o colaborador ou delator em razão da prerrogativa do contraditório, assegurada, em juízo, a quem sofre imputação penal deduzida pelo Estado. (Pet 5.700/DF, relator Ministro Celso de Mello)

Forte nestas lições, a toda evidência, não se concebe, ainda, que algumas autoridades estatais procurem conferir à súmula um caráter restritivo, transformando situações de exceção em verdadeira regra, quando seu propósito é inegavelmente inverso. Não se concebe, ainda, decisões da polícia judiciária – ou mesmo de juízes e tribunais – criando restrições não previstas na súmula para que o acesso pela defesa não ocorra de imediato. O enunciado é claro ao dispor que as únicas limitações ao seu comando envolvem: (i) informações que digam respeito exclusivamente a terceiras pessoas; (ii) circunstância de a diligência investigatória estar em curso de execução, e quando evidente o risco de comprometimento da eficiência, da eficácia ou da finalidade das diligências.

Da mesma forma, não se pode, mais, condicionar o acesso da defesa aos informes acusatórios à prévia seleção destes pelas demais partes envolvidas, quais sejam, o Ministério Público, a assistência de acusação ou aqueles que formalizaram acordos de colaboração premiada ou de leniência. Os interesses desses personagens, por óbvio, são claramente conflitantes com os da defesa.

O Ministro Ricardo Lewandowski – mais uma vez – demonstrou tal preocupação ao constatar nos autos da aludida Rcl nº 43.007/DF situação como essa, quando ponderou precisamente que:

> [n]ão se afigura cabível, à toda a evidência, submeter a entrega dos elementos de prova já coligidos a uma espécie de escrutínio por parte do Ministério Público e de seus colaboradores, deixando à discrição destes aquilo que pode ou não ser conhecido pelo acusado.
>
> Em outras palavras, caso tal fosse placitado, estar-se-ia transferindo para a acusação e os delatores a escolha dos dados e informações constantes dos autos e integrantes da denúncia aos quais os defensores do réu podem ter acesso.
>
> Parece que, aqui, não se faz necessário proceder a uma digressão mais aprofundada para concluir que o estabelecimento de um filtro dessa natureza se mostra desenganadamente incompatível com o direito à ampla defesa constitucionalmente garantido.

Parece algo claro, mas que precisa ser enfatizado diante de práticas reiteradas que desafiam essa afirmação: ao editar a Súmula Vinculante nº 14, o Supremo Tribunal Federal não concedeu à autoridade de investigação o poder de eleger o momento de sua conveniência para promover o ingresso, nos autos, dos elementos de prova obtidos na investigação. Ao contrário, a razão da Súmula está assentada em garantir à defesa o acesso amplo aos elementos de prova tão logo sejam obtidos – e, portanto, documentados – no âmbito da investigação criminal.

Perceba-se, pois, que a preservação – *sine die* – do sigilo de diligências não é um argumento válido a impedir ou retardar o acesso aos autos da investigação pelo defensor. Ele apenas o será na hipótese de diligência em curso. E não de qualquer diligência em curso. O acesso só pode ser negado se ficar demonstrado que, tomando conhecimento da diligência, o requerente possa vir a frustrar o seu resultado útil.

Importante lembrar, por fim, que vige no País a garantia de que o sigilo de informações em poder do Estado constitui exceção – e não a regra – na forma insculpida no art. 93, IX, da Carta Magna, a qual, ainda sim, jamais pode prevalecer em um juízo de ponderação em cotejo com a proteção inalienável e intransigível da liberdade, da presunção de inocência e do devido processo legal.

Portanto, após este breve exame das bases constitucionais do Estado Democrático de Direito, sufragadas ao longo de toda a brilhante trajetória do Ministro Ricardo Lewandowski como juiz constitucional, conclui-se que o Estado, enquanto detentor do monopólio do *jus puniendi*, jamais pode impor sigilo injustificado a elementos que estão à sua disposição e que podem comprovar a inocência do acusado, a nulidade do processo ou mesmo solucionar impasses que possam trazer prejuízos ao exercício de garantias constitucionais irrenunciáveis.

A sujeição do indivíduo à ação investigatória do Estado, em matéria criminal, traduz medida extremamente grave, com potencial acentuadamente interventivo na esfera dos seus direitos individuais, e que está a exigir, por isso mesmo, um intenso dever de controle sobre essa intervenção. Trata-se, indubitavelmente, de um legado a ser deixado pelo Ministro Ricardo Lewandowski quando finalmente se despedir da jurisdição constitucional, uma mensagem clara, precisa e perene aos agentes estatais de que tais medidas interventivas só ocorram com base no respeito à dignidade da pessoa humana, à tutela judicial efetiva e ao direito de defesa, densificando o *due processo of law*, dando-se aos acusados o conhecimento, em profundidade e extensão, acerca do que se tenha produzido a seu respeito.

Referências

ANDRADE, Mauro Fonseca. *Sistemas Processuais e seus Princípios Reitores*. Curitiba: Juruá, 2014.

AQUINO, Rubens Santos Leão de; FRANCO, Denise de Azevedo; CAMPOS, Oscar Guilherme Campos. *História das Sociedades:* das Sociedades Modernas às Sociedades Atuais. 2. ed. Rio de Janeiro: Intrínseca, 2016.

BARROSO, Luís Roberto. *Interpretação e aplicação da Constituição*: Fundamentos de uma Dogmática Constitucional Transformada. 6. ed. rev., atual. e ampl. São Paulo: Saraiva, 2017.

BONAVIDES, Paulo. *Curso de Direito Constitucional*. 34. ed. São Paulo: Malheiros, 2019.

CANOTILHO, José Gomes. *Direito Constitucional e Teoria da Constituição*. 7. ed. Coimbra: Almedina, 2003.

FELDES, Luciano. Súmula vinculante 14 do STF: *O Defensor Entre a Norma e suas Interpretações Livres:* A Prática Cotidiana Revela uma Grande Distância entre o Sentido Original da Norma e sua Concreta Aplicação. Disponível em: https://www.jota.info/opiniao-e-analise/artigos/sumula-vinculante-14-do-stf-o-defensor-entre-a-norma-e-as-interpretacoes-livres-09042021. Acesso em: 28 nov. 2021.

GOMES, Abel Fernandes. Persecução Penal e Devido Processo Legal no Brasil e na *Common Law Tradition*. *Revista da Seção Judiciária do Rio de Janeiro*, n. 22, 2008.

HARRISON, John. Substantive Due Process and the Constitutional Text. *Virginia Law Review*, vol. 83, n. 3, 1997. Disponível em: https://doi.org/10.2307/1073649. Acesso em: 6 nov. 2021.

MADURO, Andre Mirza. *Direito de Acesso aos Autos como Requisito Informativo Durante as Negociações de Colaboração Premiada: Uma Análise à Luz do Processo Justo (fair trial)*. 2020. 145 f. Dissertação (Mestrado em Direito Constitucional) – Instituto Brasileiro de Ensino, Desenvolvimento e Pesquisa, Brasília, 2021.

MENDES, Gilmar Ferreira; BRANCO, Paulo Gonet. *Curso de Direito Constitucional*. 14. ed. São Paulo: Saraiva, 2019.

MORAES, Alexandre de. *Direitos Humanos Fundamentais*. 15. ed. São Paulo: Atlas, 2018.

MORAES, Alexandre de. *Direito Constitucional*. 9. ed. São Paulo: Atlas, 2011.

NUNES, Luiz Antonio Rizzato. *O Princípio da Dignidade da Pessoa Humana*. 3. ed. São Paulo: Saraiva, 2012.

PACELLI, Eugenio. *Curso de Processo Penal*. 20. ed. São Paulo: Atlas, 2019.

POWELL, Lewis F. *The Right to a Fair Trial: American Bar Association Journal*, vol. 51, n. 6. Disponível em: http://www.jstor.org/stable/25723242. Acesso em: 6 nov. 2021.

SARLET, Ingo Wolfgang. *A Eficácia dos Direitos Fundamentais*: uma Teoria Geral dos Direitos Fundamentais na Perspectiva Constitucional. 11. ed. rev. e atual. Porto Alegre: Livraria do Advogado, 2012.

THEODORO JR., Humberto. Abuso de Direito Processual no Ordenamento Jurídico Brasileiro. *In:* MOREIRA, José Carlos Barbosa (coord.). *Abuso dos direitos processuais*. Rio de Janeiro: Forense, 2000,

TUCCI, Rogério Lauria. *Direitos e Garantias Individuais no Processo Penal Brasileiro*. 2. ed. São Paulo: Saraiva, 2013.

Informação bibliográfica deste texto, conforme a NBR 6023:2018 da Associação Brasileira de Normas Técnicas (ABNT):

SANTOS, Paulo Cesar Batista dos. A garantia do devido processo legal substantivo em matéria penal à luz da Súmula Vinculante nº 14 e do *fair trial* – o dever de *full discloser* da acusação e a doutrina de Brady (*Brady's rule*). In: RODRIGUES, Dennys Albuquerque; CEZAR, Eduardo Barreto; OLIVEIRA, Marcelo Pimentel de (coord.). *Democracia, humanismo e jurisdição constitucional*: estudos em homenagem ao Ministro Ricardo Lewandowski. Belo Horizonte: Fórum, 2022. p. 391-409. ISBN 978-65-5518-402-0.

O *CERTIORARI* BRASILEIRO E O SISTEMA DE REGRA DO PRECEDENTE: O CAMINHO DO SUPREMO TRIBUNAL FEDERAL BRASILEIRO PARA ADMINISTRAR SUA PRÓPRIA PAUTA

PAULO MACEDO GARCIA NETO

> "É bem verdade que esta Corte não se declarará competente se não o for; mas é igualmente verdade que deve se declarar competente quando o for. O Judiciário não pode, ao contrário do legislativo, evitar uma medida pelo fato de esta se aproximar dos limites da constituição. Não podemos ignorá-la por ser duvidosa. Quaisquer que sejam as dúvidas, quaisquer que sejam as dificuldades que um caso possa trazer quando analisado, nós deveremos decidi-lo, uma vez que seja submetido à nossa apreciação. Não temos o direito de recusar o exercício da jurisdição que nos é dada, da mesma forma que não podemos usurpar aquilo que não nos é dado. Tanto um quanto o outro representaria traição à Constituição."
>
> Presidente da Suprema Corte dos EUA John Marshall (1755-1835) em *Cohens v. Virginia* (1821)[1]

---

[1] *Cohens v. Virginia*, 6 Wheat. 264, p. 404 (1821).

> "A sólida teoria da nova Lei é a de que os litigantes tenham seus direitos suficientemente protegidos pelos juízos de primeira instância e pelo reexame por tribunal federal intermediário. A função da Suprema Corte é concebida não para ser a reparação do erro de um determinado litigante, mas a apreciação daqueles casos cuja decisão envolve princípios cuja aplicação é de amplo interesse público e governamental."
>
> Presidente da Suprema Corte dos EUA William Howard Taft (1857-1930) no Yale Law Journal (1925)[2]

Introdução

Em 1925, quando o Presidente da Suprema Corte dos EUA, Ministro Taft,[3] sugeriu que a Suprema Corte deveria ter o poder discricionário de selecionar os casos que iria analisar (concedendo e negando as petições para *certiorari*[4]), a comunidade jurídica americana

---

[2] TAFT, William Howard. The Jurisdiction of the Supreme Court Under the Act of February 13, 1925 [A Competência da Suprema Corte nos termos da Lei de 13 de Fevereiro de 1925], *Yale Law Journal* (novembro de 1925): 2.

[3] "Após Taft se tornar Presidente da Suprema Corte dos EUA em 1921, sua campanha para a reforma ganhou ritmo. O resultado foi a aprovação, em 1925, de uma nova lei judiciária muitas vezes conhecida como 'projeto de lei dos juízes' – uma referência ao fato de a legislação original ter sido elaborada por membros da Suprema Corte. Segundo a Lei Judiciária de 1925, a Suprema Corte detém um amplo direito de reexame de casos federais – geralmente a ser exercido a critério da Suprema Corte. A lei também atribuiu aos tribunais regionais federais, bem estabelecidos após três décadas, a última palavra na maioria dos casos por eles decididos... Os únicos casos com direito a recurso contra um acórdão seriam aqueles em que o tribunal tivesse julgado uma lei estadual inválida perante a constituição, as leis federais, ou tratados federais. Nesses casos, o reexame pela Suprema Corte limitava-se à questão federal envolvida. Em todos os outros casos, o reexame de acórdãos pela Suprema Corte seria possível apenas através da admissão de um *writ of certiorari* – sobre o qual a Suprema Corte detinha total discricionariedade". WITT, Elder. Guide to the US Supreme Court. 2. ed. Congressional Quarterly, 1989, p. 260 (tradução livre).

[4] "A via habitual para a Suprema Corte é a petição para *certiorari*... O Regulamento da Suprema Corte dos Estados Unidos prescreve o procedimento para reexame pela Corte... A petição para *certiorari* deve conter as questões apresentadas para reexame, um relato conciso sobre os fatos do caso e as razões de direito para deferimento do *writ*. A Corte nega ou defere o *certiorari* com base no conteúdo da petição e de eventual oposição à petição ou contrarrazões, não havendo sustentação oral nesta fase. Ao deferir a petição, o que requer o voto de apenas quatro dos nove ministros, a Corte declara que decidirá sobre o mérito. O caso então permite a apresentação de contrarrazões acerca do mérito e sustentação oral. Finalmente, a Suprema Corte, por maioria de votos, sendo o quórum alcançado com seis Ministros – confirma, reforma ou modifica a decisão reexaminada, possivelmente remetendo os autos a uma instância inferior para que sejam tomadas as medidas necessárias". FIELD, Richard H.; KAPLAN, Benjamin; CLERMONT, Kevin M. *Civil Procedure* – Materials for a Basic Course. 9. ed. Foundation Press, 2007, p. 204-205 (tradução livre).

ficou completamente surpresa e desconfortável.⁵ Aumentar o poder discricionário de limitar sua jurisdição é o mesmo caminho que a mais alta instância brasileira vem trilhando atualmente.

Um dos obstáculos mais complexos que o país precisa enfrentar é a sobrecarga do seu sistema judiciário. No mais alto ponto desse sistema estão o Supremo Tribunal Federal (STF) e o volume de processos judiciais.

O objetivo do presente artigo é analisar como o Supremo Tribunal Federal reformulou a jurisdição constitucional após a Emenda Constitucional nº 45/2004, a fim de administrar sua própria pauta de processos. Essa emenda constitucional conferiu ao Supremo Tribunal Federal o poder de definir seu volume de processos (Repercussão Geral) e estabelecer regras com base nos seus precedentes (Regra do Precedente / Súmula Vinculante).

Além de analisar o funcionamento do sistema judiciário no Brasil e de examinar os novos contornos institucionais postos em prática recentemente, meu objetivo é o de compreender a lógica por trás da nova regra e identificar os novos desafios que isso trará ao Supremo Tribunal Federal e à cultura jurídica brasileira.⁶

A Suprema Corte dos EUA já enfrentou problemas de sobrecarga processual em diferentes épocas de sua história.⁷ O discurso do

---

⁵ "'Acho difícil', disse o Senador Walsh do Estado de Montana, um renomado advogado, no debate sobre a Lei Judiciária de 1925, 'ceder à ideia de que a Suprema Corte dos Estados Unidos deveria ter o direito, em todos os casos, de decidir sobre ter ou não competência recursal'. E o Advogado Geral da época, o falecido James M. Beck, embora tenha concordado com o inevitável e não tenha aconselhado um veto à Lei, escreveu ao Presidente afirmando sempre ter acreditado ser direito do cidadão ter qualquer questão constitucional decidida em última instância pela Suprema Corte, 'enquanto consciência final da Nação em tais assuntos'. O Sr. Beck sempre empregou tal frase eloquente, mas o que ele tinha em mente era a dificuldade de conciliar o *certiorari* discricionário com as decisões em *Marbury v. Madison* e *Cohens v. Virginia*". BICKEL, Alexander M. The Least Dangerous Branch – The Supreme Court at the Bar of Politics. 2. ed. Yale University Press, 1986 [1962], p. 127 (tradução livre).

⁶ De acordo com Lawrence Friedman, a cultura jurídica "diz respeito a ideias, valores, expectativas e atitudes em relação ao direito e às instituições jurídicas, detidas por alguns cidadãos ou por uma parte da população". FRIEDMAN, Lawrence M. *The Concept of Legal Culture: A Reply. In*: NELKEN, David. Comparing Legal Cultures, Darmouth, 1997, p. 34.

⁷ Segundo Elder Witt: "A Lei dos Tribunais de Recursos de 1891 teve um impacto dramático no número de processos perante a Suprema Corte. O número de novos casos caiu para 379 em 1891 e para 275 em 1892. Nos anos seguintes, porém, o Congresso aprovou uma série de novas leis criando oportunidades de litígio, o que consequentemente aumentou o volume da pauta da Suprema Corte. Havia 723 casos na pauta da Corte no ano de 1900 e 1.116 no ano de 1910. Embora a Lei Judiciária de 1925 tenha dado à Suprema Corte considerável discricionariedade na concessão de reexame e reduzido consideravelmente o número de casos na pauta processos continuou a crescer. Havia 1.039 processos na pauta

Presidente da Suprema Corte Marshall citado na epígrafe deste artigo demonstra que a recusa em declarar sua competência para uma questão usando poderes discricionários não estava nos planos da comunidade jurídica americana no momento da criação da Suprema Corte, embora a Corte de Marshall (1801-1835) tenha adquirido notoriedade ao decidir o caso *Marbury v. Madison* (1803),[8] um caso clássico das virtudes passivas da Suprema Corte.[9] Para o bem ou para o mal, porém, aprender a lidar com sua própria pauta judicial pode ter fortalecido a Suprema Corte. Naquele exato momento, a Suprema Corte dos EUA detinha o poder de decidir o que decidir (poder judicial de pauta).

Há muitas teorias políticas, filosóficas, jurídicas e econômicas que podem explicar por que a Corte decide hoje menos casos do que no passado. E, com efeito, não são poucos, mas vários estudos defendendo que a Suprema Corte dos EUA se tornou especialmente mais forte com base em suas virtudes passivas. Como afirmou o Ministro Louis Dembitz Brandeis (1856-1941) "a coisa mais importante que fazemos é não fazer".[10] Há muito tempo não há dúvida de que o "reexame com base no *certiorari* não é uma questão de direito, mas de discricionariedade judicial".[11]

O reexame judicial brasileiro combina "a forma descentralizada e incidental de reexame judicial de um país do *common law* como os Estados Unidos com a forma centralizada e abstrata de reexame judicial

---

em 1930; 1.109 em 1940; 1.321 em 1950; 2.296 em 1960; 4.212 em 1970; 4.781 em 1980; e 5.268 em 1988. O aumento dramático do volume de processos perante a Corte, particularmente após 1960, deveu-se principalmente ao aumento dos pedidos de justiça gratuita e à promulgação pelo Congresso de legislação referente ao meio ambiente, a direitos civis, a direitos do consumidor, à segurança e ao bem-estar social. Os pedidos de justiça gratuita aumentaram de 517 em 1951 para cerca de 2.000 por ano nas décadas de 1970 e 1980". Elder Witt. Guide to the U.S. Supreme Court. 2. ed. Congressional Quarterly, 1989, p. 740-741 (tradução livre).

[8] Disponível em: http://www.law.cornell.edu/supct/html/historics/USSC_CR_0005_0137_ZS.html.

[9] Apenas para citar o mais famoso deles, Alexander Bickel analisou a "área de escolha que está aberta à Suprema Corte para decidir se, quando e quanto julgar; e eu discuti a ordem de considerações que eu acredito que devessem determinar a escolha. O processo assim descrito não é o de julgamento constitucional com base em princípios. Tampouco permite um julgamento predileto, sentimental ou irracional. A qualidade do desinteresse, que é um dos principais fatores na formação dos juízos de princípio, continua sendo também aqui um requisito essencial". BICKEL, Alexander M. *The Least Dangerous Branch* – The Supreme Court at the Bar of Politics. 2. ed. Yale University Press, 1986 [1962], p. 197 (tradução livre).

[10] *The Brandeis-Frankfurter Conversations*, 1985 Sup. Ct. Rev. 299, 313 (Melvin I. Urofsky ed., 1986).

[11] Regra 10 do Regulamento da Suprema Corte dos Estados Unidos da América, adotado em 26 de julho de 1995; em vigor a partir de 2 de outubro de 1995.

dos países de direito civil, como a Alemanha e a Itália".[12] Assim, além do reexame incidental que o Tribunal realiza de acordo com seu poder de julgar por recurso extraordinário, o Tribunal também detém jurisdição originária exercida por controle constitucional abstrato por meio da ação direta de inconstitucionalidade, ação direta de inconstitucionalidade por omissão, ação declaratória de constitucionalidade e alegação de desobediência a preceitos fundamentais.[13]

A pauta judicial do Supremo Tribunal Federal brasileiro é muito ampla e diversa. Com base nessa premissa, o presente trabalho se concentrará no reexame judicial e na repercussão geral (embora eu também explique brevemente como o Tribunal funciona e aponte as principais tentativas adotadas para aprimorar sua capacidade de interpretar a Constituição). Esta análise é quíntupla: (i) avaliar a forma como o Supremo Tribunal Federal tem aplicado a repercussão geral como filtro para os recursos provenientes das instâncias recursais inferiores e das instâncias superiores permite-nos desenvolver um sentido tanto do que seja o projeto do Tribunal quanto do que esse

---

[12] Keith S. Rosenn, "Reexame Judicial no Brasil: Desenvolvimentos Recentes", Reunião Anual da América Latina em Miami, Flórida, Mar/2000, p. 293. Ver também "O Brasil também possui um sistema extenso e complicado de reexame judicial. É um sistema híbrido, combinando uma forma descentralizada e incidental de revisão judicial modelada com base naquela adotada nos Estados Unidos, que é de forma centralizada e abstrata de revisão judicial modelada com base naquela adotada por países europeus como Alemanha e Itália. A constitucionalidade de qualquer lei ou decreto federal, estadual ou municipal pode ser contestada incidentalmente em ações ordinárias perante qualquer juízo estadual ou federal. A questão constitucional pode ser levantada por qualquer parte (incluindo um terceiro), pelo Ministério Público, ou mesmo pelo próprio juiz. Tipicamente, uma parte alega uma questão constitucional em uma ação ordinária por meio de um pleito chamado de exceção ou como parte da contestação. Normalmente, a parte não ataca diretamente a constitucionalidade de uma lei ou decreto. Ao contrário, as partes normalmente atacam a constitucionalidade de um ato ou conduta com base na lei ou decreto ofensivo. Além disso, a constitucionalidade de qualquer lei ou decreto pode ser contestada em abstrato em quatro diferentes formas de ações que uma classe limitada de pessoas pode ajuizar diretamente perante o Supremo Tribunal Federal (STF), a mais alta instância do Brasil, ou, em certos casos, aos Tribunais de Justiça, as mais altas instâncias estaduais. Como regra geral, as decisões das instâncias inferiores sobre questões constitucionais podem ser recorridas até o STF. A Constituição de 1988 concede ao STF competência para julgar por recurso extraordinário qualquer decisão em única ou última instância que seja contrária à Constituição, declare inconstitucional um tratado ou lei federal, ou mantenha uma lei ou ato de um governo local contra uma alegação de violação constitucional. O STF também tem competência para julgar recursos ordinários, qualquer negativa de seguimento de *habeas corpus*, mandados de segurança, *habeas data* e medidas liminares negadas por tribunais superiores, e casos envolvendo crimes políticos". ROSENN, Keith S. Procedural Protection of Constitutional Rights in Brazil, *Transnational Journal of Comparative Rights*, 2011, p. 4.

[13] Site oficial do Supremo Tribunal Federal: http://www2.stf.jus.br/portalStfInternacional/cms/verConteudo.php?sigla=portalStfSobreCorte_en_us&idConte udo=120199.

projeto pretende ser; (ii) como o reexame judicial é um sistema de duas vertentes (pois, no que diz respeito às questões que não têm repercussão geral, a última palavra sobre a constituição não será necessariamente dada pelo Supremo Tribunal Federal, mas pelas instâncias inferiores), o impacto da repercussão geral sobre todo o sistema judiciário pode ser criticamente mais significativo do que qualquer outra reforma relacionada ao reexame abstrato; (iii) a repercussão geral aborda uma das questões mais polêmicas do sistema judiciário brasileiro: o dever de decidir; (iv) ao contrário do reexame abstrato, no reexame judicial o Supremo Tribunal Federal tem a chance de analisar uma questão decidida anteriormente por outros órgão judiciais, o que lhe dá, pelo menos teoricamente, a chance de elaborar uma causa mais madura; e (v) o reexame judicial tem sido subestimado pelos estudiosos da Constituição brasileira que têm dado mais atenção ao reexame abstrato e, em tese, mais poderoso.

Sendo assim, farei uma breve descrição da história do Judiciário brasileiro e suas particularidades com o único propósito de introduzir o leitor ao cerne do presente artigo: a forma como o Supremo Tribunal Federal brasileiro redesenhou a jurisdição constitucional após a Emenda Constitucional nº 45/2004 a fim de repensar seu próprio papel perante a sociedade brasileira e administrar sua própria pauta de acordo com seu papel desejável.

O primeiro passo será desenhar o estado da arte do sistema brasileiro de reexame judicial e controle constitucional.

Panorama histórico: do Tribunal de Cassação (e do *Conseil d'État*) ao reexame judicial (1889)

> *"Para copiar as instituições de um país e aplicá-las a outro, no todo ou em parte, é preciso, primeiro que tudo, conhecer seu todo e o seu jogo perfeita e completamente. Essas instituições, principalmente as inglesas, americanas e francesas, formam um todo sistemático e harmonioso... Cada uma de suas partes sustenta e é sustentada pelas outras e com elas se liga. É necessário muito estudo, muito critério, para separar uma parte dessas instituições e aplicá-la a outro país diverso, cuja organização, educação, hábitos, caráter e mais circunstâncias são também diversos."*
>
> Visconde do Uruguai[14]

---

[14] URUGUAI, Paulino José Soares de Sousa, Visconde do (org. José Murilo de Carvalho). *Ensaio sobre o direito administrativo*. São Paulo: Editora 34, 2002, p. 468.

Ao longo de quase todo o século XIX,[15] o Brasil adotou o padrão europeu da Corte de Cassação e, somente em 1890, apenas um ano após a implementação do regime republicano, o sistema de reexame judicial americano foi transplantado para o país.[16]

Durante o Império/Monarquia, o Conselho de Estado lidava com a maioria das questões relacionadas ao Estado, enquanto o Judiciário tratava das questões relacionadas aos cidadãos. A instância mais alta era um tribunal de cassação, o Supremo Tribunal de Justiça (1828-1889), que não deveria reformar as decisões prolatadas pelas instâncias inferiores, mas apenas anular as decisões proferidas por cada Tribunal de Justiça (Tribunal da Relação) e remeter o caso para um tribunal de justiça diferente (um Tribunal da Relação diferente).

O organograma a seguir mostra como funcionava essa dinâmica institucional de cassação durante o período oitocentista brasileiro:

---

[15] De 1822 – a Independência do Brasil de Portugal – a 1889 o Brasil foi uma monarquia constitucional.

[16] "Algumas implicações da adoção de uma perspectiva global e de uma concepção ampliada do direito são ilustradas pelo tema da difusão do direito – por vezes referido como recepção, transplantes ou transposição. A difusão (sob diferentes rótulos) tem sido objeto de muita atenção, principalmente nos eternos debates entre Alan Watson e alguns dos principais acadêmicos, incluindo Otto Kahn-Freund, Lawrence Friedman, Pierre Legrand e Esin Orucu". Twining, William. Globalization and Comparative Law. *In*: ORUCU, Esin; NELKEN, David. *Comparative Law*, Portland, Hart, 2007, p. 83). Ver também "A segunda globalização começou por volta de 1900, tendo perdido sua força no final da Segunda Guerra Mundial, mas influenciou fortemente o pensamento tanto acerca de estratégias de desenvolvimento econômico internacional quanto sobre as estratégias de desenvolvimento econômico do terceiro mundo até a década de 1960. O que foi globalizado desta vez foi uma crítica à primeira globalização e a um projeto de reconstrução. A crítica foi que a corrente dominante na Europa do final do século XIX abusava da dedução no método legal e era 'individualista' em substância legal". Kennedy, Duncan. Three Globalizations of Law and Legal Thought: 1850-2000. *In*: TRUBEK David; SANTOS, Alvaro (ed.).*The New Law and Economic Development*. A Critical Appraisal. Cambridge, 2006, p. 37.

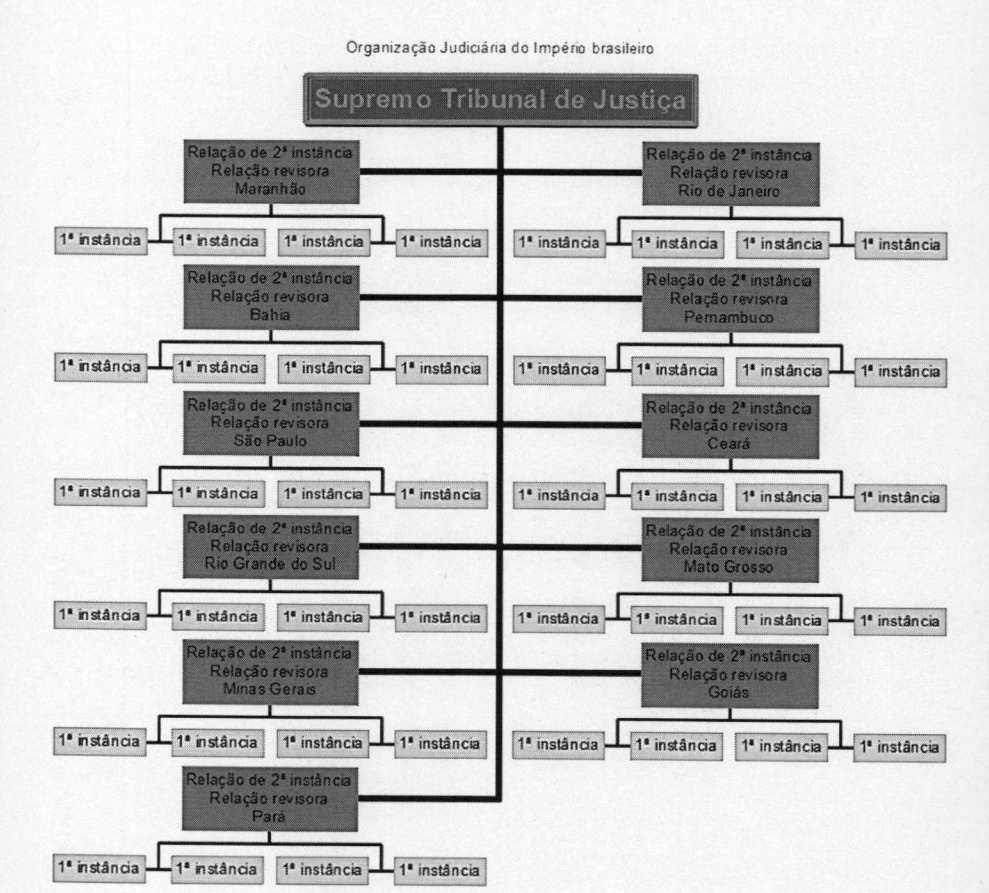

Organização Judiciária do Império brasileiro

Supremo Tribunal de Justiça

- Relação de 2ª instância / Relação revisora — Maranhão
  - 1ª instância, 1ª instância, 1ª instância, 1ª instância
- Relação de 2ª instância / Relação revisora — Rio de Janeiro
  - 1ª instância, 1ª instância, 1ª instância, 1ª instância
- Relação de 2ª instância / Relação revisora — Bahia
  - 1ª instância, 1ª instância, 1ª instância, 1ª instância
- Relação de 2ª instância / Relação revisora — Pernambuco
  - 1ª instância, 1ª instância, 1ª instância, 1ª instância
- Relação de 2ª instância / Relação revisora — São Paulo
  - 1ª instância, 1ª instância, 1ª instância, 1ª instância
- Relação de 2ª instância / Relação revisora — Ceará
  - 1ª instância, 1ª instância, 1ª instância, 1ª instância
- Relação de 2ª instância / Relação revisora — Rio Grande do Sul
  - 1ª instância, 1ª instância, 1ª instância, 1ª instância
- Relação de 2ª instância / Relação revisora — Mato Grosso
  - 1ª instância, 1ª instância, 1ª instância, 1ª instância
- Relação de 2ª instância / Relação revisora — Minas Gerais
  - 1ª instância, 1ª instância, 1ª instância, 1ª instância
- Relação de 2ª instância / Relação revisora — Goiás
  - 1ª instância, 1ª instância, 1ª instância, 1ª instância
- Relação de 2ª instância / Relação revisora — Pará
  - 1ª instância, 1ª instância, 1ª instância, 1ª instância

Além disso, o Judiciário não lidava com casos de interesse público. Essas questões eram controladas pelo poder administrativo (Poder Moderador), cuja mais alta instância era o Conselho de Estado.[17]

---

[17] "As funções e a competência deste órgão eram mais amplas do que estava implícito em seu regimento. O Conselho deveria ser consultado sobre todos os assuntos importantes. Com relação à política externa, esta competência incluía declarações - de guerra, promulgações de tratados, e negociações com potências estrangeiras. As questões internas incluíam todas as áreas da administração pública, por exemplo, promulgação de decretos, regulamentos e instruções; propostas introduzidas na Câmara dos Deputados pelo Gabinete; conflitos de competência entre autoridades administrativas (incluindo o poder judiciário); e abuso por parte das autoridades eclesiásticas. No desempenho dessas funções, os conselheiros

Este cenário acabou sendo alterado com o Regime Republicano. O principal pensador do novo Judiciário foi Rui Barbosa (1849-1923),[18] o mais renomado advogado brasileiro de sua época e leitor compulsivo dos estudiosos americanos, como Oliver Wendell Holmes[19] (1841-1935) e das decisões da Suprema Corte dos EUA.

Assim, a formação do novo padrão do sistema judiciário brasileiro foi uma mistura entre a antiga assimilação do sistema de cassação francês com o novo reexame judiciário americano. O resultado foi um Supremo Tribunal Federal que ainda precisava aprender a lidar com um novo poder: o reexame judicial. Os mesmos ministros que estavam no Tribunal de Cassação *(Supremo Tribunal de Justiça do Império)* precisavam agora acumular poderes que eram antes de competência do Conselho de Estado.

Naquela época, o recém-nascido Supremo Tribunal Federal brasileiro estava autorizado a analisar tanto leis constitucionais nacionais quanto leis federais/nacionais.[20] Este sistema permaneceu em

---

poderiam convocar qualquer funcionário do governo para prestar depoimento oral ou escrito. O Conselho era composto por doze membros. Para fins administrativos, tinha quatro divisões: Política externa e justiça; política interna; finanças; exército e marinha. Cada divisão era supervisionada por três conselheiros encarregados de estudar, analisar e dar opiniões sobre todos os assuntos a eles apresentados pelo Imperador ou pelo Gabinete". Lydia Garner. O Conselho de Estado no Brasil, 1841-1899: Sua Influência durante o reinado de Dom Pedro II (1981). Publicações da Faculdade-História. Documento 24, disponível em: http://ecommons.txstate.edu/histfacp/24.

[18] Rui Barbosa – 1849-1923 – foi o mais conspícuo defensor do liberalismo manchesteriano e promotor entusiasta das instituições americanas e britânicas.

[19] Ministro Oliver Wendell Holmes Jr. (1841-1935). "Os homens refletem as instituições. Os homens são feitos das instituições em que cresceram, absorvidos no todo ou em parte, e recombinados em uma personalidade individual. Mas para alguns homens é dado a si mesmos para se tornarem uma instituição. Holmes molda a América". Llewellyn, Karl N. Holmes. *Columbia Law Review*, vol. XXXV, n. 4, p. 1, abr. 1935.

[20] Nesse sentido, o primeiro Supremo Tribunal Federal brasileiro exemplificou a revisão de formas fracas em um sistema generalista. Segundo Mark Tushnet, "A primeira corte constitucional do mundo, a Suprema Corte dos Estados Unidos, exemplifica a revisão de formas fortes em um sistema generalista e disperso". Essa Corte é generalista porque está autorizada a interpretar as leis nacionais e constitucionais, e até mesmo a desenvolver regras de *common law* quando interesses nacionais distintos estão envolvidos, sendo que nem a Constituição nem a legislação nacional fornecem regras adequadas. É de se notar que a Suprema Corte pode interpretar leis nacionais mesmo quando nenhuma questão constitucional está envolvida. Além disso, todas as instâncias dos Estados Unidos, inclusive a vara de primeira instância mais baixa de uma pequena cidade, os tribunais nacionais inferiores e os supremos tribunais estaduais estão autorizados e, na verdade, obrigados a resolver questões constitucionais devidamente levantadas nesse sentido, de modo que o reexame judicial nos Estados Unidos é disperso. Mas, em outro sentido, o reexame está centralizado na Suprema Corte, que fica no topo de uma pirâmide, autorizada a julgar recursos oriundos de todas as instâncias inferiores em que as questões tiverem sido devidamente levantadas". TUSHNET, Mark. Comparative Constitutional Law.

vigor até a Constituição Federal de 1934, quando, diferentemente da maioria dos países de Direito Civil, o Brasil criou uma instituição própria "destinada a converter as decisões *inter partes* em precedentes amplamente vinculantes... um dispositivo para converter determinadas decisões do STF declarando a inconstitucionalidade de uma legislação em decisões vinculantes para todos".[21]

Ausência do *stare decisis* e a regra dos precedentes

A transição do sistema de cassação francês para o sistema americano de reexame judicial é particularmente importante para a história e para o atual estágio do Supremo Tribunal Federal brasileiro. A razão é que o transplante do reexame judicial dos EUA para o Brasil foi incompleto em 1889. Diferentemente do sistema de reexame judicial dos EUA, o sistema jurídico brasileiro não incorporaria o *stare decisis*.

A história do Judiciário brasileiro do século XX e do início do século XXI pode ser contada com base nas tentativas de solucionar as consequências dessa alegada lacuna. Independentemente do valor real dessa ausência no desenho institucional brasileiro, a verdade é que o reexame judicial brasileiro tem perdido mecanismos de empoderamento de suas decisões.

Em 1963, o Supremo Tribunal Federal criou uma forma de precedente judicial denominada *Súmula*. De acordo com o Professor Rosenn:

> A *Súmula* é um conjunto de centenas de regras de direito encapsuladas que se tornaram consagradas por decisões do STF. Elas estão numeradas e quase sempre se reduzem a apenas uma frase, sendo retiradas dos

---

In: REIMANN, Mathias; ZIMMERMAN, Reinhard. *The Oxford Handbook of Comparative Law*, Oxford Press, 2006, p. 1243.

[21] CONST. DE 1934, art. 91(IV) "Este dispositivo encontra-se atualmente previsto no artigo 52(X), que confere ao Senado Federal o poder exclusivo de "suspender a aplicação, no todo ou em parte, de leis declaradas inconstitucionais por decisão final do Supremo Tribunal Federal". Sempre que o STF tiver declarado a inconstitucionalidade em caráter definitivo de lei ou norma federal, estadual ou municipal em um caso concreto (reexame judicial difuso ou incidental), o Presidente do Supremo Tribunal enviará uma cópia da decisão ao Senado Federal. O Senado tem, então, a opção de acatar ou não a resolução suspendendo a aplicação da norma inconstitucional. Normalmente, o Senado emite a resolução suspensiva solicitada. A resolução suspensiva não revoga nem anula a norma infratora; mas simplesmente torna a norma inexequível contra qualquer pessoa a partir da data de adoção da resolução pelo Senado. Uma vez suspensa a lei, porém, o Senado não pode reavivá-la, no todo ou em parte". ROSENN, Keith S. Procedural Protection of Constitutional Rights in Brazil, *Transnational Journal of Comparative Rights*, p. 31, 2011.

cabeçalhos das próprias decisões do STF. Ao contrário dos precedentes do *common law*, no entanto, essas regras de direito criadas judicialmente flutuam livremente pelos fatos dos casos em que foram estabelecidas. Uma regra é colocada na *Súmula* somente depois que a jurisprudência tiver sido firmemente estabelecida por meio de uma série de decisões, seja através da uniformização em plenário ou através de uma série de casos adotando uma determinada posição.[22]

A última tentativa de resolver esta impotência do Supremo Tribunal Federal ocorreu com a Emenda Constitucional nº 45, quando foi criada a regra do precedente ou a *súmula vinculante*:

Art. 103-A. O Supremo Tribunal Federal poderá, de ofício ou por provocação, mediante decisão de dois terços dos seus membros, após reiteradas decisões sobre matéria constitucional, aprovar súmula que, a partir de sua publicação na imprensa oficial, terá efeito vinculante em relação aos demais órgãos do Poder Judiciário e à administração pública direta e indireta, nas esferas federal, estadual e municipal, bem como proceder à sua revisão ou cancelamento, na forma estabelecida em lei.

Com base nessa disposição, o Supremo Tribunal Federal tem o direito de formular *súmulas* vinculantes com base em decisões repetitivas prolatadas pelo Tribunal.[23] O Tribunal já editou 31 *súmulas vinculantes*. Embora este tema seja objeto de melhor análise no item sobre a *repercussão geral*, torna-se importante ressaltar que as primeiras 13 *súmulas* foram editadas logo após o julgamento do mérito de um caso admitido sob o regime de *repercussão geral*. As 28 *súmulas vinculantes* seguintes foram editadas após uma longa análise levada a cabo por uma comissão especial formada por três ministros.

---

[22] ROSENN, Keith S. Procedural Protection of Constitutional Rights in Brazil. *Transnational Journal of Comparative Rights*, p. 32, 2011.
[23] §1º A súmula terá por objetivo a validade, a interpretação e a eficácia de normas determinadas, acerca das quais haja controvérsia atual entre órgãos judiciários ou entre esses e a administração pública que acarrete grave insegurança jurídica e relevante multiplicação de processos sobre questão idêntica.
§2º Sem prejuízo do que vier a ser estabelecido em lei, a aprovação, revisão ou cancelamento de súmula poderá ser provocada por aqueles que podem propor a ação direta de inconstitucionalidade.
§3º Do ato administrativo ou decisão judicial que contrariar a súmula aplicável ou que indevidamente a aplicar, caberá reclamação ao Supremo Tribunal Federal que, julgando-a procedente, anulará o ato administrativo ou cassará a decisão judicial reclamada, e determinará que outra seja proferida com ou sem a aplicação da súmula, conforme o caso.

São várias as razões para esta mudança na trajetória (e no ritmo) do uso da *súmula vinculante*. Há severas críticas apresentadas contra o STF após a edição da *Súmula Vinculante nº 11*, estabelecendo limites ao uso de algemas pela polícia, e da *Súmula Vinculante nº 13*, declarando a inconstitucionalidade do nepotismo. De acordo com o Professor Rosenn:

> A *Súmula Vinculante* nº 13... tem sido altamente controversa porque o STF torceu as regras sobre a criação de precedentes vinculantes para preencher um vazio legislativo... A administração pública direta ou indireta de qualquer um dos Poderes da União, Estados, Distrito Federal e Municípios, deve obedecer aos princípios da legalidade, impessoalidade, moralidade, publicidade e eficiência... Imediatamente no dia seguinte, o STF preencheu por si só um vazio legislativo ao editar uma *súmula vinculante que* estendeu a proibição do nepotismo por parte do Conselho Nacional de Justiça ao Judiciário para banir o nepotismo em todos os poderes dos governos federal, estadual e municipal, incluindo toda a administração pública direta e indireta. O STF também proibiu o chamado "nepotismo cruzado", um criativo desvio brasileiro a proibições ao nepotismo em que as autoridades empregam reciprocamente os parentes uns dos outros.[24]

Isso significa que, embora o primeiro bloco de *súmulas vinculantes* tenha sido editado em um curtíssimo período, isto já não parece ser uma tendência. De alguma forma, como veremos, a *súmula vinculante*

---

[24] "Um dia antes de editar sua súmula vinculante, o STF julgou uma ação declaratória de constitucionalidade proposta pela Associação dos Magistrados Brasileiros a respeito da constitucionalidade de uma resolução adotada em 2005 pelo Conselho Nacional de Justiça. A constitucionalidade dessa resolução, que proibia a prática muito abusiva do nepotismo em cargos do poder judiciário federal e estadual, foi atacada, *entre outros motivos, por* violar o princípio da separação de poderes ao invadir a província do poder legislativo, bem como por razões de federalismo, pois uma entidade federal estava regulando a conduta do judiciário estadual. Ao sustentar a constitucionalidade da Resolução do Conselho de Justiça, o STF se baseou no *caput* do artigo 37 da Constituição, que dispõe: ... Na ausência de uma linha reiterada de precedentes para essa nova proposição, o STF citou várias de suas decisões anteriores que sustentavam leis ou dispositivos constitucionais estaduais proibindo o nepotismo, bem como uma ação direta de constitucionalidade proibindo o nepotismo no Poder Judiciário. Nenhum dos precedentes citados, entretanto, constitui decisão reiterada em relação a uma questão constitucional idêntica a fim de apoiar a criação legislativa do STF da *Súmula Vinculante* nº 13. Embora a proibição do nepotismo em todos os ramos do governo brasileiro seja sem dúvida uma medida desejável para aumentar a probidade administrativa e a moralidade e reduzir a corrupção, esta promulgação legislativa do STF não se enquadra confortavelmente no objetivo de criação de precedentes vinculantes. Parece mais uma versão brasileira do velho adágio: 'What is sauce for the goose is sauce for the gander'". ROSENN, Keith S. Procedural Protection of Constitutional Rights in Brazil. *Transnational Journal of Comparative Rights*, 2011, p. 36.

não parece ser a melhor solução para o controle administrativo do Supremo Tribunal Federal. Embora ainda seja muito cedo para prever os ganhos e perdas trazidos por este mecanismo, parece muito razoável que o Supremo Tribunal Federal mantenha esta poderosa ferramenta para preservar o fortalecimento de suas decisões.

Com relação à aplicação da *súmula vinculante*, o Regulamento Interno nº 34/2009 do Supremo Tribunal Federal (por meio de *ação de pleito*) declarou a competência do Supremo Tribunal Federal para o reexame de qualquer tipo de decisão (judicial ou administrativa) que possa ser contrária à *sumula vinculante*. Embora isso possa representar a proteção da *súmula*, também pode sobrecarregar o Supremo Tribunal Federal.

A repercussão geral

Em 2004, o Congresso brasileiro concedeu ao Supremo Tribunal Federal o poder de decidir sobre os casos que o Tribunal considerava capaz de provocar *repercussão geral*.[25] Os limites de tal conceito vazio eram uma repercussão geral econômica, política, social ou jurídica.

O conceito vazio

Parece valer a pena investigar a terminologia utilizada pelos legisladores na Emenda nº 45/2004: *repercussão geral*. Os redatores poderiam ter usado outras palavras com o mais amplo leque de significados, mas escolheram uma expressão cujo significado está intimamente relacionado com quem e o que está sujeito aos efeitos dessa decisão. Dessa forma:

> Esta exigência de admissão de recursos extraordinários reaviva um antigo mecanismo de "questão federal relevante", pelo qual o STF, devido à sua crescente pauta de processos, filtrava os casos que lhe eram apresentados no período entre 1975 e 1988 com base na relevância da controvérsia federal. Como este mecanismo anterior foi implementado durante a ditadura militar, argumenta-se que a jurisdição discricionária

---

[25] "Parágrafo 3º. Em sede de recurso extraordinário, o recorrente deve demonstrar a repercussão geral das questões constitucionais discutidas no caso, nos termos da lei, para que o tribunal possa examinar a possibilidade de aceitar o recurso, que só poderá ser negado com o voto de dois terços de seus membros".

baseada na "repercussão geral da controvérsia constitucional" é um instrumento antidemocrático e altamente restritivo porque impede os cidadãos de terem acesso ao STF.[26]

Apesar da prévia existência do requisito de *questão federal relevante*, vale dizer que a repercussão geral é a primeira experiência brasileira de exigência de filtro constitucional puramente discricionário. A questão federal relevante seria aplicável apenas à legislação federal e não à Constituição.

Parece muito difícil reconstruir o caminho dos legisladores para descobrir as verdadeiras razões por trás da adoção dessa terminologia de *repercussão geral*. O fato é que a linguagem desempenha um papel muito importante quando se discute interpretação e, talvez, ainda mais importante quando se trata de interpretação constitucional, dependendo da teoria jurídica em que se está confiando. Aqui, o conceito vazio de repercussão geral econômica, política, social ou jurídica (note-se que estes são aspectos disjuntivos, e não conjuntivos) será preenchido pelos onze Ministros do Supremo Tribunal Federal.

O diagrama demonstra que os Ministros têm sido muito cautelosos em negar casos por inexistência de repercussão geral. Durante todo o ano de 2009, 66% dos processos foram admitidos, e apenas 23% dos processos foram negados por inexistência de repercussão geral.

Matérias Submetidas ao exame da Repercussão Geral

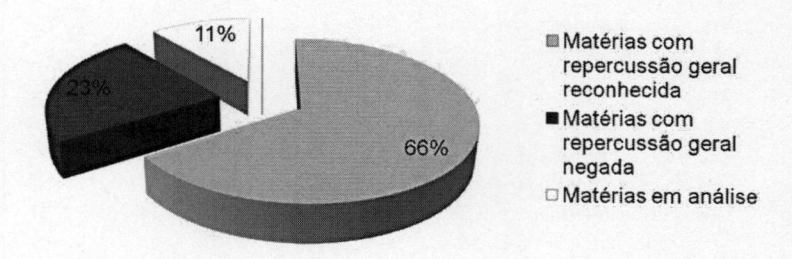

- Matérias com repercussão geral reconhecida: 66%
- Matérias com repercussão geral negada: 23%
- Matérias em análise: 11%

Fonte: www.stf.jus.br

---

[26] OLIVEIRA, Maria Ângela Jardim de Santa Cruz. Reforming the Brazilian Supreme Federal Court: a comparative approach 5 Wash. U. *Global Stud. L. Rev.*, 99, p. 144, 2006.

Quais eram os mecanismos de filtragem antes da repercussão geral?

Antes da repercussão geral, os ministros do Supremo Tribunal Federal só podiam negar seguimento a um caso com base nos seguintes motivos: (i) se o recurso não preenchesse certos requisitos formais, como ser interposto dentro do prazo legal (em geral, 15 dias após a publicação da decisão); (ii) se a questão recorrida não tivesse sido discutida nas instâncias inferiores (o chamado prequestionamento); (iii) se a questão recorrida não violasse diretamente a Constituição.

O último item é fundamental para entender como, de fato, o STF tem historicamente desenvolvido um certo nível de discricionariedade ao negar seguimento a uma grande quantidade de recursos com base na ausência de violação direta à Constituição. O Supremo Tribunal Federal brasileiro decidiu que as violações indiretas à Constituição não têm direito à sua análise. Considerando o quão abrangente é a Constituição brasileira, esta definição dá ao Tribunal um amplo poder discricionário.

O principal problema com relação a esse padrão é a sua suposta objetividade. Com base na ausência de violação direta, o Tribunal tem negado milhares de recursos desde 1988. Isto tem dado a sensação de uma decisão igualmente justa e não discricionária. Contudo, definir se a violação à Constituição é direta ou indireta não é tão fácil como parece ser à primeira vista.

O próximo passo será ver como os novos fundamentos de discricionariedade trazidos pela repercussão geral estão sendo postos em prática pelo Supremo Tribunal Federal.

A repercussão geral na prática

Em maio de 2007, o Supremo Tribunal Federal aprovou a resolução que decidiu sobre o instituto da repercussão geral. Com efeito, esse foi o verdadeiro propulsor desse novo e revolucionário instituto. Todo recurso extraordinário interposto contra decisões publicadas após 3 de maio de 2007 (data de entrada em vigor da Resolução nº 21/2007 do Supremo Tribunal Federal) precisaria apresentar um pedido formal de reconhecimento da repercussão geral, argumentando a repercussão geral econômica, política, social ou jurídica da questão em controvérsia[27] (Resolução nº 21/2007 do Supremo Tribunal Federal).

---

[27] "O Regulamento Interno do Tribunal também estabelece a suposta repercussão geral, que, uma vez configurado, dispensa o procedimento de exame eletrônico da repercussão.

Desse modo, embora tenha sido instituída pela Emenda Constitucional nº 45/2004, a repercussão geral apenas foi efetivamente posta em prática a partir de maio de 2007 com a entrada em vigor da Resolução nº 21/2007 do Supremo Tribunal Federal. Tendo tomado posse no cargo de Ministro do Supremo Tribunal Federal em março de 2006, o Ministro Ricardo Lewandowski foi ator fundamental para a implementação desse instituto.

Em vez de um *cert pool* [mecanismo pelo qual a Suprema Corte dos EUA controla as petições para *certiorari*], o Supremo Tribunal Federal adotou um painel digital no qual cada um dos onze ministros tem direito a um voto para negar ou acatar o pedido de repercussão geral de um caso. Os Ministros têm vinte dias para votar após o voto do Ministro Relator, acatando ou negando o pedido de repercussão geral do caso. Em geral, decorrido esse prazo, os Ministros que não votaram terão seus votos contados ficticiamente a favor do reconhecimento de repercussão geral do caso.

A fim de exemplificar como esse sistema funciona na prática, segue uma simulação do painel digital após uma votação final em relação à concessão de um pedido de reconhecimento de repercussão geral muito importante: a constitucionalidade da Lei de Falências brasileira.

Em 2009, o Supremo Tribunal Federal foi instado a decidir sobre a constitucionalidade da Lei de Falências de 2005. O Tribunal poderia decidir a mesma questão utilizando duas modalidades diferentes de controle constitucional e optou por fazê-lo de ambas as maneiras: (i) a ADI nº 3.934, sob a Relatoria do Ministro Ricardo Lewandowski (STF, ADI nº 3.934/DF, rel. min. Ricardo Lewandowski, j. 14.04.2009); e (ii) o reexame judicial no Recurso Extraordinário nº 583.955, sob a Relatoria do Ministro Ricardo Lewandowski (STF, RE 583.955/RJ, rel. min. Ricardo Lewandowski, j. 28.05.2009).

A repercussão geral será presumida ou quando a questão já tiver sido reconhecida ou quando o recurso ao Supremo Tribunal Federal impugnar decisão contrária a precedentes ou jurisprudência dominante do Tribunal". Disponível em: www.stf.jus.br.

Tema Geral - Inconstitucionalidade da Lei de Falências (M.R. Felga v. Varig Airlines)		
Assunto	Classe	Número
Limitação de créditos prioritários para salários mais altos em pedidos de falência ou recuperação judicial	RE	583.955/ Rio de Janeiro

Voto do Relator a favor do reconhecimento da repercussão geral	
Ministros	Voto
Ministro AYRES BRITTO	Contra
Ministra CÁRMEN LÚCIA	A favor
Ministro CELSO DE MELLO	Contra
Ministro MENEZES DIREITO (Substituído por DIAS TOFFOLI)	A favor
Ministro EROS GRAU	A favor
Ministro GILMAR MENDES	A favor
Ministro JOAQUIM BARBOSA	A favor
Ministro MARCO AURÉLIO	Contra
Ministro CEZAR PELUSO	Contra
Ministra ELLEN GRACIE	Ausente
Ministro RICARDO LEWANDOWSKI (Repórter)	A favor

O voto do Relator para acatar ou negar o pedido de repercussão geral

Em geral, o voto de 2-3 páginas do Relator divide-se em uma descrição muito curta do histórico processual do caso e uma análise ainda mais curta dos fatos, seguida da questão suscitada como tema de repercussão geral.[28]

---

[28] Regimento Interno do Supremo Tribunal Federal, artigo 323, §1º (texto da Emenda ao Regimento nº 21/2007).

Os ministros que concordarem com o voto do Relator não precisam apresentar os embasamentos jurídicos para os seus votos, mas o primeiro Ministro que votar contrariamente deverá trazer a sua argumentação jurídica, sendo que os demais Ministros dissidentes tampouco precisam apresentar embasamentos jurídicos. Devido à sobrecarga de processos do Tribunal, o sistema precisava ser suficientemente eficiente para permitir que os Ministros e seus assessores pudessem acompanhar os votos de outros Ministros e incluir o painel digital com novos casos.

A rejeição da repercussão geral ou inadmissibilidade por ausência de repercussão geral

Nos termos da Constituição Federal de 1988, art. 102, §3º, o Supremo Tribunal Federal nega/inadmite o pedido de repercussão geral de um recurso extraordinário por votos contrários de pelo menos dois terços de seus membros. Como já mencionado, esta disposição exige uma manifestação negando o pedido de repercussão geral, ou seja, as ausências contam a favor do reconhecimento da repercussão geral. Esta é a chamada presunção de existência de repercussão geral.

De acordo com o Código de Processo Civil, artigo 1.036 do Código de Processo Civil de 2015 (artigo 543-B do Código de Processo Civil de 1973), e o Regimento Interno do Supremo Tribunal Federal, artigo 326 (Emenda ao Regimento nº 21/2007), não haverá recurso contra decisões determinando a ausência de repercussão geral, o que é válido para todos os recursos sobre matérias idênticas. Este aspecto da repercussão geral é bastante importante, pois, após o Tribunal negar seguimento a um recurso devido à ausência de repercussão geral, não é apenas esse determinado recurso extraordinário que está sendo negado, mas todo e qualquer recurso extraordinário que discuta a mesma questão.

Isso traz à tona duas diferenças fundamentais entre o dispositivo da repercussão geral e o sistema americano do *certiorari* – um conceitual e duradouro e o outro prático e, provavelmente, temporário: (i) o dispositivo da repercussão geral foi concebido para enquadrar temas ou teses gerais e não casos isolados dos quais o tribunal extrai regras; (ii) não há, no âmbito da atual legislação brasileira, qualquer disposição que regule o procedimento para alterar ao longo dos anos a chamada tese de inexistência de repercussão geral.

No que tange à primeira diferença, existe uma conexão intrínseca entre esta generalização da base temática e base jurídica do Direito Civil. Diferentemente dos sistemas de *common law*, os tribunais brasileiros não levam a cabo uma análise fática para chegar a um *ratio decidendi*. O procedimento racional é semelhante à via da edição de *súmulas* (vinculantes ou não). No entanto, existe aqui uma diferença fundamental. Quando o STF edita uma *súmula,* ele extrai *ex post* uma regra de vários casos semelhantes com decisões semelhantes. Por outro lado, ao acatar e, especialmente, ao negar um pedido de repercussão geral, o STF extrai a tese *ex ante* de um único caso.

Em relação à segunda diferença, a Suprema Corte dos EUA pode (e já o fez), a qualquer momento, decidir pela concessão de um *certiorari* que já havia sido negado. Entre as racionalidades por trás disso está a flexibilidade suficiente para enfrentar adequadamente as mudanças externas que poderiam dar à Corte a sensação de que o assunto que não teria tanta relevância no ano anterior, mas se tornou importante no atual ano forense. A Comissão sobre Repercussão Geral do Supremo Tribunal Federal lidou com essa falta de regulamentação. Os maiores desafios enfrentados por essa regulamentação são a necessidade de aumentar o poder discricionário do STF para reexaminar suas decisões e, ao mesmo tempo, a ausência de necessidade de mitigar os benefícios trazidos por esse filtro.[29]

Em ambos os casos, ao negar a existência de repercussão geral, o Supremo Tribunal Federal abdica do poder de decidir sobre uma tese específica. A partir daí, a palavra final sobre a constitucionalidade ou não dessa tese será decidida pelas instâncias inferiores. Esta é a primeira vez na história do Brasil (a arguição de relevância ou questão federal relevante não tratava de questões constitucionais, mas apenas de questões federais) que a palavra final sobre a constitucionalidade de qualquer questão é delegada pelo Supremo Tribunal Federal a uma instância inferior.

---

[29] Nos termos do artigo 1.035, §8º, do Código de Processo Civil de 2015, "§8º Negada a repercussão geral, o presidente ou o vice-presidente do tribunal de origem negará seguimento aos recursos extraordinários sobrestados na origem que versem sobre matéria idêntica". De acordo com o antigo Código de Processo Civil de 1973, art. 543-A, §5º, as normas internas do Supremo Tribunal Federal regularão o procedimento de reexame da repercussão geral negada ou inexistente: "§5º Negada a existência da repercussão geral, a decisão valera para todos os recursos sobre matéria idêntica, que serão indeferidos liminarmente, salvo revisão da tese, tudo nos termos do Regimento Interno do Supremo Tribunal Federal".

O painel digital e uma externalidade positiva imprevista da repercussão geral: uma outra roupagem (ou a roupagem brasileira) do *stare decisis*?

Para compreender a racionalidade deste sistema, torna-se necessária a análise dos efeitos do painel digital nos termos do artigo 1.039 do Código de Processo Civil de 2015 (artigo 543-B, §3º, do Código de Processo Civil de 1973). Este conjunto de disposições permite uma coordenação completa entre o Supremo Tribunal Federal e as instâncias inferiores.

Após o reconhecimento da repercussão geral pelo Supremo Tribunal Federal, a instância inferior e os tribunais de recursos postergarão/suspenderão a análise sobre a admissão inicial do recurso extraordinário até a decisão do Supremo Tribunal Federal sobre o mérito da causa.

Nos termos do parágrafo único do artigo 1.039 do Código de Processo Civil de 2015 (artigo 543-B, §2º, do Código de Processo Civil de 1973), uma vez que o Supremo Tribunal Federal tenha decidido o mérito do caso, reformando a decisão de uma das instâncias inferiores, serão dadas a essas instâncias as seguintes alternativas (i) manter suas decisões, e o caso subirá para o Supremo Tribunal Federal, onde um único Ministro ou Presidente do Supremo poderá arquivar o caso; (ii) ou modificar suas decisões em respeito à decisão do Supremo Tribunal Federal.

Na prática, essa disposição permite ao Supremo Tribunal Federal colocar em vigor um sistema de reexame judicial muito mais ambicioso e eficiente do que provavelmente o legislador constitucional derivativo havia previsto quando promulgou a Emenda nº 45/2004 para dar vida à repercussão geral.

Conclusão

A melhor maneira de fazer com que uma Suprema Corte se torne impotente é atribuir a essa Corte demasiadas funções de tal forma que ela não tenha mais consciência de qual é o seu papel. Uma Suprema Corte sobrecarregada não é capaz de tomar as rédeas da estrutura do sistema judicial e apresentar os precedentes legais que serão a principal racionalidade de todo o sistema.

Este artigo teve o propósito de apresentar as tentativas legislativas para enfrentar a sobrecarga de processos do Supremo Tribunal Federal

(STF) e o impacto das mudanças institucionais sobre as práticas dos juízes. Não resta dúvida de que alterar a lei não é suficiente para mudar a mentalidade dos diversos personagens do mundo jurídico.[30] Esse é um processo que vai depender da contínua atuação dos Ministros do Supremo Tribunal Federal. Com efeito, tendo em mente e com base nos planos institucionais, saber qual é o escopo e o papel do Supremo Tribunal Federal é fundamental para definir os casos que o tribunal deve e irá decidir. Torna-se fundamental também ter esses dois papéis claramente definidos, a fim de estabelecer o melhor método/sistema de filtragem para os casos que subirão para o tribunal.

A repercussão geral tem funcionado não apenas como um filtro muito essencial, mas também como um sistema gerencial da pauta do Supremo Tribunal Federal, bem como uma relação de duas mãos entre o STF e as instâncias inferiores. Embora pareça muito precoce prever o resultado do novo mecanismo para o sistema judicial brasileiro como um todo, é possível afirmar que este *certiorari* brasileiro não tem sido apenas um filtro de ações judiciais que alcançam a última porta do "poder menos perigoso", mas também um filtro do que este poder, e em particular, do seu mais alto Tribunal, quer se tornar.

Referências

BASSET, Debra Lyn. *The hidden bias in diversity jurisdiction*, 81 WASH. U. L.Q. 119, 137, 2003.

BICKEL, Alexander M. *The Least Dangerous Branch* – The Supreme Court at the Bar of Politics. 2. ed. Yale University Press, 1986.

EDWARDS, Harry T. The effects of collegiality on judicial decision making, 151 U. *Pa. L. Rev.* 1639.

FIELD, Richard H.; KAPLAN, Benjamin; CLERMONT, Kevin M. *Civil Procedure – Materials for a Basic Course*. 9. ed. Foundation Press, 2007.

FRIEDMAN, Lawrence M. The Concept of Legal Culture: A Reply. *In*: NELKEN, David. *Comparing Legal Cultures*, Darmouth, 1997.

HESPANHA, Antonio M. *História das Instituições – épocas medieval e moderna*. Coimbra: Almedina, 1982.

HOLMES, Oliver Wendell. The path of the Law. *Harvard&Law&Review*, v. 10, 1897.

---

[30] HESPANHA, Antonio M. *História das Instituições* – épocas medieval e moderna, Coimbra: Almedina, 1982, p. 17.

HOLMES, Oliver Wendell. *Os discursos de Oliver Wendell Holmes*, 1891.

HORWITZ, Morton J. *The transformation of American Law* – The Crisis of Legal Orthodoxy 1870-1960. New York: Oxford University Press, 1992.

KAPISZEWSKI, Diana. *How Courts Work*: Institutions, Culture, and the Brazilian. Supremo Tribunal Federal, Cambridge University Press, 2010.

KENNEDY, Duncan. Three Globalizations of Law and Legal Thought: 1850-2000. *In*: TRUBEK, David; SANTOS, Alvaro (ed.). *The New Law and Economic Development*. A Critical Appraisal. Cambridge, 2006.

KLEINHEISTERKAMP, Jan. Comparative Law in Latin America. *In*: REIMANN Mathias; ZIMMERMAN, Reinhard. *The Oxford Handbook of Comparative Law*, Oxford Press, 2006.

LEVINSON, Sanford. Assessing the Supreme Court current caseload: a question of law or politics. *The Yale Law Journal Online*, 119:99, 2010.

LLEWELLYN, Karl. A realistic jurisprudence – the next step. *Columbia Law Review*, v. 431, 1930.

LLEWELLYN, Karl. Holmes. *Columbia Law Review*, vol. XXXV, n. 4, abr. 1935.

OLIVEIRA, Maria Ângela Jardim de Santa Cruz. Reforming the Brazilian Supreme Federal Court: a comparative approach. 5 Lavagem. U. *Global Stud. L. Rev.* 99, 2006.

PURCELLL, Edward A. Jr. Caseload burdens and jurisdictional limitations: some observations from the history of the federal courts. *New York Law School Law Review*, vol. 46, p. 7-28, 2003.

PURCELLL, Edward A. Jr. *Brandeis and the Progressive Constitution*. New Haven/London: Yale University Press, 2000.

ROSENN, Keith S. Judicial Review in Latin America. *Ohio State Law Review*, vol. 35, 1974.

ROSENN, Keith S. *Reexame Judicial no Brasil*: Desenvolvimentos Recentes, Reunião Anual da América Latina em Miami, Flórida, mar. 2000.

ROSENN, Keith S. Civil Procedure in Brazil. *The American Journal of Comparative Law* 34.3 (1986): 487-525. JSTOR. Web. 8 jul. 2010.

ROSENN, Keith S. *Procedural Protection of Constitutional Rights in Brazil*, Transnational Journal of Comparative Rights, 2011.

SCHAUER, Frederick. Is it Important to be Important? Evaluating the Supreme Court's Case-Selection Process. *The Yale Law Journal Online*, 119:77, 2009.

SILVA, Virgílio Afonso da; MENDES, Conrado Hubner. Entre a transparência e o populismo judicial, A3, 11 maio 2009. Disponível em: https://www1.folha.uol.com.br/fsp/opiniao/fz1105200908.htm

TUSHNET, Mark. Comparative Constitutional Law. *In*: REIMANN, Mathias; ZIMMERMAN, Reinhard. *The Oxford Handbook of Comparative Law*, Oxford Press, 2006.

TWINING, William. Globalization and Comparative Law. *In:* ORUCU, Esin; NELKEN, David. *Comparative Law*, Portland, Hart, 2007.

TAFT, William Howard. The Jurisdiction of the Supreme Court Under the Act of February 13, 1925. *Yale Law Journal*, nov. 1925.

TIM, Elder. *Guia para a Suprema Corte dos EUA*. 2. ed. Trimestral do Congresso, 1989.

URUGUAI, Paulino José Soares de Sousa, Visconde do (org. José Murilo de Carvalho). *Ensaio sobre o direito administrativo*. São Paulo: Editora 34, 2002.

Informação bibliográfica deste texto, conforme a NBR 6023:2018 da Associação Brasileira de Normas Técnicas (ABNT):

GARCIA NETO, Paulo Macedo. O *certiorari* brasileiro e o sistema de regra do precedente: o caminho do Supremo Tribunal Federal brasileiro para administrar sua própria pauta. *In*: RODRIGUES, Dennys Albuquerque; CEZAR, Eduardo Barreto; OLIVEIRA, Marcelo Pimentel de (coord.). *Democracia, humanismo e jurisdição constitucional*: estudos em homenagem ao Ministro Ricardo Lewandowski. Belo Horizonte: Fórum, 2022. p. 411-433. ISBN 978-65-5518-402-0.

O *"BUEN VIVIR"* LATINO: PRIMEIROS LINEAMENTOS PARA A FUNCIONALIDADE DO *SUMAK KAWSAY* NA CONSTITUIÇÃO BRASILEIRA

VÍCTOR GABRIEL RODRÍGUEZ

1   Sobre o homenageado

Eu acabava de obter meu doutorado em Direito Penal quando fui convidado a uma entrevista para exercer o cargo de assessor do Min. Ricardo Lewandowski. Ele havia sido meu professor em Direitos Humanos, nos tempos da graduação, mas não houve entre nós nenhum contato naqueles tempos. Admiração, claro que sim, como tive a todos os professores dedicados, na Universidade ou fora dela.

Os tempos em que estive no gabinete do STF, claro, mudaram toda a visão que tinha do Direito e me presentearam, por assim dizer, com um norte em rumo absolutamente novo do que seja o Direito e a justiça. Isso não se deve, entretanto, apenas a uma visão interna do que é o trabalho de uma Suprema Corte, senão ao trabalho da Corte capitaneado pelo Ministro Lewandowski.

Nossas reuniões ocorriam já tarde da noite, quando acabavam as sessões colegiadas e, depois delas, o horário reservado no Gabinete para atender todos os advogados que ali se apresentavam. Só depois, com a noite já caída, discutíamos os casos, os votos, as diferentes visões sobre o que ele e eu havíamos lido. Nunca deixou passar um voto sem ler, um detalhe que pudesse dizer que ele delegava totalmente sua decisão a terceiros. No meu caso, que só trabalhava com Direito Penal, impressionava sua preocupação com a liberdade, de quem quer que fosse: todas as suas dúvidas eram centradas em que a jurisdição fosse prestada de forma íntegra e que acompanhasse seus próprios precedentes. Muito teria o que contar, mas não cabe aqui. Registro apenas nossa conversa, no meu primeiro dia de trabalho. Eu tinha em mãos duas cartas que haviam chegado, sob título de *habeas corpus*, de presos, de encarcerados. Eles, do desespero de sua prisão, simplesmente escreviam "ao Ministro", relatando violação à sua liberdade. Tecnicamente, claro, era algo absolutamente inviável de processar: pouco se relatava a constrição, a decisão coatora não estava documentada e, se estivesse, havia supressão de ao menos duas instâncias judiciais. Perguntei ao Ministro como se decidia aquilo.

Foi surpreendente a resposta do Ministro de que aquele cidadão encarcerado, que pouco sabia escrever, era o que necessitava a prestação jurisdicional mais atenta. E que eu me acostumasse, porque toda semana receberia um pedido assim. A instrução a mim passada era a de que lesse cada linha com atenção e, na impossibilidade de decidir, talvez redigisse uma minuta de ofício enviado ao juiz competente, para que avaliassem o relato do preso, já por mim relatado em termos técnicos. Acredito que, mais de uma vez, com esse ato de mero cumprimento de dever e diligência, tenhamos (perdoe pelo uso no plural) mais de um cidadão em liberdade, porque muitas eram as histórias de indivíduos que haviam cumprido sua pena fazia algum tempo. Uma carta simples, enviada pelo STF ao juiz, para que apenas averiguasse a veracidade do relato, decerto terá surtido algum efeito.

A síntese de minha convivência diária com o Ministro homenageado é a de que existe maneira de aproximar o Poder Judiciário do grito dos menos favorecidos. Ainda que se saiba de todas as dificuldades que passam os humildes para fazer com que o Judiciário os escute, especialmente em sua mais alta cúpula, é possível transformar algo da realidade, sem descumprir a lei, apenas olhando-a sob um espectro mais amplo. Típico, claro, de um catedrático de Direitos Humanos.

Assim, quando chamado pelo meu melhor homólogo de trabalho na alta Corte, o Dr. Dennys Albuquerque, para um texto homenageando ao Ministro, decidi por trasladar ao papel as conclusões parciais do que tenho estudado há alguns anos, no marco do Programa Integração Latino-Americana da USP: a aplicabilidade constitucional do *sumak kawsay*, o *buen vivir*, como uma possível regra hermenêutica para diminuir desigualdades e preservar direitos para as próximas gerações.

2 O *sumak kawsay*

Converge um par de forças para que a locução do *"buen vivir"*, que não é tão nova no contexto latino-americano, imponha-se como meio de enunciar um estilo de vida sustentável para o planeta. Frente a uma sociedade que busca alternativas quando reconhece que seu futuro está coletivamente ameaçado, a imposição jurídica do *sumak kawsay* tem o potencial de constituir uma parcial solução. Principalmente caso ela se possa inscrever nas Constituições dos países geopoliticamente centrais. Seu uso, claro, traz riscos importantes para o contexto latino-americano, e isso impõe que o tema seja estudado com algum distanciamento.

Do Norte do globo, eixo central da geopolítica, nasce a busca urgente por alguma alternativa ao sistema produtivo de acumulação de bens, que reconhecidamente conduz o planeta ao colapso. As nações europeias, com seu poder de ditar regras ideológicas, as quais passam inclusive pela exportação do que seja *politicamente correto*,[1] deram-se conta de que o meio ambiente exaure-se e assim existe o sério risco de que a raça humana não sobreviva por mais algumas gerações. Em outras palavras, por ali sedimentou-se a percepção de que o progresso econômico linear,[2] que deveria trazer um incremento incessante no conforto e no bem-estar da sociedade, foi todo um engodo, então há de encontrar-se uma alternativa para um elemento que não estava previsto: que o planeta, como um todo, entra em desgaste.[3] Tal consciência impôs ampliar o olhar à periferia do planeta para encontrar as construções coletivas que conseguiram resistir à ultraindustrializacção.

Em certa medida, como no tempo das navegações, em que queria atravessar o oceano para buscar mercados e riquezas, nestes

---

[1] Sobre a relação centro-periferia entre Europa e América, em um novo processo colonizatório, veja-se QUIJANO, Aníbal. *Colonialidad del poder, eurocentrismo y América Latina, cuestiones y horizontes*: de la dependencia histórico-estructural a la colonialidad/descolonialidad del poder. Buenos Aires: CLACSO, 2014, p. 778.

[2] Sobre as mudanças no conceito de desenvolvimento até o *buen vivir*, veja-se TORRES SOLÍS, Maurício; RAMÍREZ VALVERDE, Benito. *Buen vivir y vivir bien: alternativas al desarrollo en Latinoamérica*. Revista Latinoamérica, México, 2019-2, especialmente páginas 79 e ss.

[3] É o que explica Leonardo Boff ao dissertar sobre a primazia do capital material sobre o capital humano. Veja-se BOFF, Leonardo. *Sustentabilidade*: o que é e o que não é. Rio de Janeiro: Vozes, 2016, p. 80.

momentos se pode observar algo como uma viagem ao estilo de vida da América Latina para buscar as soluções que ali já havia antes de que esse sistema mercadológico pisasse seu território. Aprecia-se então o que as comunidades indígenas, os povos originários latino-americanos, têm a aportar, já que de alguma maneira conseguiram passar ao largo do modo de produção capitalista – ou a ele resistiram – para conseguir estabilizar-se em um modelo fortemente calcado na preservação do meio ambiente e do equilíbrio espiritual. Enquanto esse renascimento ocorre da Europa ao Novo Continente, internamente nossos governos mais progressistas, como era o equatoriano e é o boliviano, tiveram o valor de tentar captar a essência do estilo de vida de seus povos originários e alçá-lo ao seu ordenamento jurídico, a partir do ápice. E ali está o *buen vivir*, como princípio reitor das suas Constituições.

O presente texto, como mero elemento de ensaística[4] de ideias que ainda estão em progresso, ocupa-se de apresentar uma visão do instituto, com alguma crítica construtiva. Para tanto, ademais de todas as vantagens que o instituto possa trazer, nossa contribuição é a de identificar ao menos duas debilidades: (i) primeira, a de, ao ser muito genérica, especialmente em país de poucos recursos, transformar-se em uma norma programática, meramente nominal. Para solucioná-la, tentamos demonstrar quais são os pontos fortes que podem ser aproveitados numa hermenêutica constitucional do instituto; (ii) a segunda, de, ainda que se o negue, reforçar estigmas e preconceitos aos povos originários latinos, a incrementar ainda mais o abismo Centro-Periferia na geopolítica global. Essa é uma questão aqui apontada que se terminará em um próximo texto: o risco do *sumak kawsay* como nova *leyenda negra* da realidade latino-americana.

Ambos os aspectos, ainda *in fieri*, apresentam algumas novidades que, cremos, podem estar à altura de um Estudo para o nobre homenageado.

3   Civilização europeia e civilização latina

A distinção entre as sociedades originárias, ditas pré-colombianas, e a primeira colonização europeia já colocou em evidência a disparidade de sistema de vidas. Afastada qualquer visão romântica que possa

---

[4] Sobre o método ensaístico para a produção de textos em direito, usamos nosso RODRÍGUEZ, Victor Gabriel. O *Ensaio como tese*: estética e narrativa na composição do texto científico. São Paulo: Martins Fontes, 2016.

existir acerca dos povos autóctones, que também se dedicavam à guerra, mantinham a escravidão[5] e, mais que isso, cultivavam a terra em muito maior medida do que comumente se alardeia,[6] é fato que sua relação com a natureza era bastante diversa. Mais que isso, em termos algo mais abstratos, sua resignação à condição de fragmento da natureza e sua consequente *felicidade* eram notórias.

De nossa parte, após um estudo bastante exaustivo sobre o *defensor del Pueblo* Bartolomé de Las Casas,[7] pontuamos que seu *best seller* de denúncia sobre a carnificina[8] da colonização espanhola já observava o *buen vivir*, nesse aspecto subjetivo. Ao dissertar acerca dessa forma de colonização, Bartolomé já avistava existirem pueblos "harto más felices" que os espanhóis que buscavam sua conquista. Muito antes de que se criassem os chamados índices de felicidade, era perceptível a qualquer colonizador que dos povos autóctones irradiava uma satisfação maior com a condição humana, ainda que, como podemos depois pontuar, tudo isso também tenha relação com práticas religiosas.

A entrada da civilização europeia já implica o choque com o *buen vivir*: a necessidade de conquista, de pilhar, de enriquecer, de ir em busca de outras terras e novos mercados era já pujante no século XVI e, como se sabe, agrava-se com a Revolução Industrial. Sem querer dissertar sobre o obviamente já conhecido dos leitores,

---

5   Embora a escravidão dos povos originários não se assemelhe à escravidão de africanos no Brasil. Aquela tinha mais o caráter de servidão.
6   Veja-se estudo de Yoshi Mezumi, Exeter University, sobre Amazon Dark Earth. Eles comprovam que a terra fértil da Amazônia é fruto de intensos trabalho e tecnologia agrícola dos povos originários. Cf. MAEZUMI, S. Y.; ALVES, D.; ROBINSON, M.; DE SOUZA, J. G.; LEVIS, C.; BARNETT, R. L.; ALMEIDA DE OLIVEIRA, E.; URREGO, D.; SCHAAN, D.; IRIARTE, J. (2018). The legacy of 4,500 years of polyculture agroforestry in the eastern Amazon. Nature plants, 4(8), 540-547. Disponível em: https://doi.org/10.1038/s41477-018-0205-y.
7   Hoje objeto de revisão de muitos, inclusive por latino-americanistas que hostilizam o dominicano por sua origem religiosa, fato é, por exemplo, que Las Casas é invocado na Carta de Jamaica, de Bolívar, como o *"filantrópico obispo de Chiapas, el apóstol de la América"*, que haveria deixado à posteridade as atrocidades dos colonizadores. Veja-se a Carta de Jamaica disponível em: https://biblioteca.org.ar /libros/152.pdf.
8   Veja-se, entre outros, ABRIL CASTELLÓ, Vidal. Bartolomé de las Casas y la escuela de salamanca en la historia de los derechos humanos: la apología. *In*: LAS CASAS, Bartolomé de. *Apología o declaración y defensa universal de los derechos del hombre y de los pueblos*. Salamanca: Ed. Junta de Castilla y León, 2000, p. VIII; também PÉREZ FERNANDEZ, Isacio. *Fray Bartolomé de las Casas*: Brevísima Relación de su vida, diseño de su personalidad, síntesis de su doctrina. Burgos: Caleruega, 1984; ou LOSADA, Ángel. *Bartolomé de Las Casas a la luz de la Moderna Crítica Histórica*. Madrid: Tecnos, 1970, p. 64. Todos eles aparecem analisados no Capítulo 2.2.3.431 e ss. de nosso *Livre-Arbítrio e Direito Penal*. São Paulo: Marcial Pons, 2018.

incrementa a busca de novos mercados e agrava, após movimentos de colonização, escravidão, independências nos tempos mais diversos, a situação de dependência latino-americana, para conceder estabilidade a uma relação de centro-periferia, já exaustivamente estudada pelos economistas[9] a partir da década de 1960.

Essa relação centro-periferia, no entanto, está baseada em um sistema produtivo que deu mostras de colapso. A crise do meio ambiente que assola o planeta, e que encontra vozes entre os mais jovens,[10] além da notória frustração das gerações que possuem conforto material extremado e que quebram infelizes recordes de número de suicídios, lança a mirada aos modos de vida indicados como alternativos. A consequência mais imediata é a observação do continente que consegue, ainda que povoado, preservar grande parte do meio ambiente, conquanto lhe custe – também de modo visível – a dificuldade de alcançar os bens de consumo parelhos às sociedades do Norte.

Do outro lado, como dito, nessa convergência, alguns governos então progressistas, como na maravilhosa metáfora francesa de René Goscinny, conseguem resistir bravamente ao 'invasor' e voltar a reafirmar seu estilo de vida originário.

4 Buen vivir e Constituição

O *buen vivir* teve espaço mais relevante na Constituição do Equador, de 2008, e na Constituição da Bolívia,[11] em 2009, nesta sob o nome de Suma Qamaña.[12] A enunciação desse termo não advém de

---

[9] Veja-se, entre outros, PREBISCH, Raúl. Por uma dinâmica do desenvolvimento Latino-americano. In: *Cinquenta anos do pensamento da Cepal.* São Paulo: Record, 2000, p. 451 e ss.

[10] Não podemos deixar, em um texto ensaístico, de mostrar a aparente ironia, que para nós é apenas confirmação do que aqui está, de que a grande líder juvenil para o alerta acerca da preservação do planeta para as novas gerações venha da Finlândia. Sem adentrar as características éticas dessa figura, é clara a estabilidade da relação centro-periferia: ativistas latino-americanos, conhecedores profundos das causas da degradação ambiental (principalmente florestal) estão distantes de terem o mesmo protagonismo mundial, até mesmo para a proteção de suas próprias vidas.

[11] Art. 8º I. El Estado asume y promueve como principios ético-morales de la sociedad plural: ama qhilla, ama llulla, ama suwa (no seas flojo, no seas mentiroso ni seas ladrón), suma qamaña (vivir bien), ñandereko (vida armoniosa), teko kavi (vida buena), ivi maraei (tierra sin mal) y qhapaj ñan (camino o vida noble). II. El Estado se sustenta en los valores de unidad, igualdad, inclusión, dignidad, libertad, solidaridad, reciprocidad, respeto, complementariedad, armonía, transparencia, equilibrio, igualdad de oportunidades, equidad social y de género en la participación, bienestar común, responsabilidad, justicia social, distribución y redistribución de los productos y bienes sociales, para vivir bien.

[12] MEDINA, Javier. *Suma Qamaña.* Por una convivialidad postindustrial: Garza Azul Editores, 2006

uma simples técnica expansiva do neoconstitucionalismo, mas, dentre outros fatores que aqui não serão analisados, o reconhecimento dos povos originários como nações. A começar, certamente, pela grande característica identitária que é o seu próprio idioma, mas não só: elementos de sua cultura e espaço são antecedentes lógicos da aparição do *sumak kawsay* como ancoragem valorativa do texto magno. Assim, o tema aqui estudado é fruto da autoafirmação dos povos e, daí, das chamadas constituições plurinacionais.

A Constituição do Equador é mais ilustrativa. Nela, o *sumak kawsay* é um ponto central. O texto magno já afirma em seu preâmbulo que "celebrando la naturaleza, la Pacha Mama, de la que somos parte", "invocando el nombre de Dios y reconociendo nuestras diversas formas de religiosidad y espiritualidad" y "como herederos de las luchas sociales de liberación frente a todas las formas de dominación y colonialismo",[13] e com compromisso com o presente e o futuro, decidimos construir "una nueva forma de convivencia ciudadana, en diversidad y armonía con la naturaleza[14], para alcanzar el *buen vivir*, el sumak kawsay". E consagra todo um capítulo aos chamados "derechos del *buen vivir*", cuja topografia pode servir como elemento interpretativo de seu conteúdo: primeiro direito, nessa ordem, à água[15] e à alimentação,[16] comunicação, incluindo o "acceso universal a las tecnologías de información y comunicación",[17] cultura e ciência; educação,[18] com opção por diversidade de conteúdo; trabalho, e saúde.

---

[13] Note-se que aqui o Sumak Kawsay aparece como consequência do colonialismo, ainda que contrafática. É algo difícil de compreender, porque dá a ideia de que haja nascido como resistência, e não que anteceda qualquer colonialidade posterior.

[14] Muitos elementos da Constituição do Equador teriam que entrar aqui em discussão, a exemplo de ver que, em seu art. 10, se enuncia que "La naturaleza será sujeto de aquellos derechos que le reconozca la Constitución".

[15] Art. 12. El derecho humano al agua es fundamental e irrenunciable. El agua constituye patrimonio nacional estratégico de uso público, inalienable, imprescriptible, inembargable y esencial para la vida.

[16] Note-se também que alimentação del *buen vivir* significa acesso seguro e permanente a "alimentos sanos, suficientes y nutritivos; preferentemente producidos a nivel local y en correspondencia con sus diversas identidades y tradiciones culturales", além de o que chamam de "soberanía alimentaria". Notem-se, nesse art. 13, uma noção muito avançada da *food safety* que ainda se discute em países da Europa e Estados Unidos.

[17] Trata-se do art. 16.2. Talvez, nesse momento, ele se perca porque transforma o *buen vivir* no acesso tecnológico, o que importa reconhecer que estamos uma vez mais frente a uma norma programática, uma simples carta de intenção que traria à tona toda a discussão acerca da reserva do possível.

[18] Art. 29. El Estado garantizará la libertad de enseñanza, la libertad de cátedra en la educación superior, y el derecho de las personas de aprender en su propia lengua y ámbito cultural. Las madres y padres o sus representantes tendrán la libertad de escoger para sus hijas e hijos una educación acorde con sus principios, creencias y opciones pedagógicas.

Mas a opção do constituinte por considerar como "*derechos del buen vivir*" aqueles fundamentais de terceira e quarta geração, já clássicos do neoconstitucionalismo, talvez não tenha sido a melhor senda para conceder, no texto, *um sentido juridicamente funcional* ao *sumak kawsay*. Apenas uma leitura muito pormenorizada pode dar conta de que existem, na enunciação desses direitos, alguns poucos adendos que, sim, apontam uma dimensão mais avançada dos direitos coletivos e afirmativos, a exemplo do direito à água como fator essencial de vida e até mesmo de religiosidade, ao direito dos pais em buscar educação mais adequada às suas opções culturais ou o direito à alimentação que preserve, além do meio ambiente, as características culturais de cada povo. Algo, neste último sentido, que os representantes do *food law* ainda buscam em leis norte-americanas e europeias. Em outras palavras, o *sumak kawsay* pode ser valor muito genérico, mas, ainda assim, pode ter um *efeito transformador* para uma visão mais contemporânea, global, plural e ecológica de direitos.

Referidas características, entretanto, criam-nos uma condição tautológica no momento hermenêutico: de um lado, há que se aufeir o conceito de *sumak kawsay* a partir de suas consequências na Constituição. Ou seja, ele se coloca como um princípio reitor dos direitos coletivos e, a partir daí, *modifica* o sentido daqueles direitos já clássicos do neoconstitucionalismo latino-americano, direcionando-os para um "viver bem". Por essas modificações, pode depreender-se seu conceito; de outra parte, como o *sumak kawsay* encabeça todos esses direitos coletivos, sua carga semântica teria de espraiar-se a cada momento em que se reconhece a aplicação desses direitos tradicionais, apenas acrescentando-lhes um adendo de coletividade, sustentabilidade e justiça material.[19] Nesse caso, o *sumak kaway* é que emprestaria novo sentido a direitos consagrados ou às chamadas *normas programáticas*, aquelas cartas de intenções limitadas à reserva do possível.

Para encontrar uma significação jurídica funcional para o *sumak kawsay*, o estudioso saberá que não há uma via única: tanto é necessário compreender seu sentido a partir de elementos exofóricos, ou seja, externos à norma, como dentro do próprio texto constitucional, em uma relação interna, anafórica e catafórica, de delimitar sentido.[20]

---

[19] Caso contrário, a única alternativa seria interpretar o *sumak kawsay* a partir desses novos adendos que trazem à Constituição, como direito à água e à alimentação culturalmente adequada. Mas, se for assim, a enunciação do conceito é dispensável, pois ele já basta em suas derivações expressas no texto magno.

[20] Sobre essas formas de aquisição de sentido legal, veja-se nosso RODRÍGUEZ, Víctor Gabriel. *Argumentação Jurídica*: Técnicas de Persuasão e Lógica Informal, Martins Fontes, 7ª Edição no prelo.

Ambas demandariam um trabalho mais exaustivo do que o que podemos apresentar aqui, mas há como apontar delineamentos para sua significação jurídica. Esse processo seria algo como colocar a pergunta problema: quais seriam os efeitos que a inclusão do *sumak kawsay*, como princípio reitor constitucional, pode causar na esfera de direitos fundamentais? Havendo efeitos relevantes, interessa saber nossa segunda conclusão: que o *sumak kawsay* pode se integrar à constituição brasileira, pela via dos princípios fundamentais.

5 A força semântica da locução

Na Constituição equatoriana, escrita em castelhano, a expressão *"buen vivir"* aparece ladeada do original *sumak kawsay*. Tal fato, em termos de linguagem, indicia ao menos dois pontos relevantes: primeiro, que a correspondência entre as locuções não é perfeita; segundo, talvez corolário do anterior, é o fato de a locução trazer uma carga de sentido original muito mais densa, em medida social-antropológica, que não se possa exprimir em duas palavras latinas. O *sumak kaway* é o contingente de toda uma tradição cultural, que várias linhas de idioma estrangeiro, que não hajam nascido internamente nessa cultura, não serão capazes de exprimir.

Disso nasce o esforço, principalmente dos estudiosos locais, de infirmar ao *sumak kaway* um sentido que possa ser aplicado nos textos escritos, principalmente no idioma espanhol e, para nosso interesse, nos textos constitucionais. A tarefa não é simples e, claro, nela há que identificar-se o risco de que se dê lugar a uma *terceira* formação do conceito, quer dizer, que ele se transforme, na tradução, em algo muito mais amplo que o originário, importado como um sentido mágico,[21] como uma grande panaceia em que caibam todas as esperanças de um mundo melhor. Se é assim, ainda que com boa vontade humanista, a perversão de sentido causa problemas de aplicação jurídica.

A leitura dos documentos estatais sobre o conceito de *buen vivir*, nessa tentativa de dar-lhe sentido, infelizmente é desalentadora. Ainda que nosso julgamento possa ser precipitado, as explicações oficiais que

---

[21] Apoiamo-nos aqui, como já fizemos em outros textos, no pensamento de Eugenio Trías, que difere pensamento científico e pensamento mágico. Veja-se TRÍAS, Eugenio. *Metodología del Pensamiento Mágico*. Barcelona: Edhasa, 1970. Sabemos que Trías parte da ideia de James Frazer, o qual também vale consultar FRAZER, James George. *The Golden Bough*: a study in Magic and Religion. New York: The McMillan Company, 1947.

trasladam o *sumak kawsay* da sua dimensão pré-jurídica acabam por ser tão amplas que pouco se aproveitam, algo muito próximo ao que em retórica se chamaria "noção confusa". Basta notar-se que a definição introdutória do relatório 2009-2013 equatoriano do *buen-vivir* abarca, em um gigantesco documento, obrigações éticas, liberdades individuais, democracia, respeito ao meio ambiente, além de desenvolvimento e igualdade econômicos.[22] Nesse caso específico, trata-se, de modo muito próximo ao que comentamos no parágrafo anterior, de trasladar à locução um programa de bem-estar social que, em menor ou maior medida, é objetivo de todos os governos ocidentais.

Essa falta de definição específica não retira o mérito desses documentos de governo, como metas e programas de boas práticas, que, tal como nas empresas, contam com alguma eficácia. Não toda a prometida, claro, porém alguma. É no último programa de governo equatoriano, vigente até maio de 2021, que surge uma definição mais clara da locução, ainda que o *buen vivir* não intitule referido documento. Ainda que com a mesma inspiração política, não vigente na atualidade, o então governo de Lénin Moreno buscou incrementar o sentido à locução *porque* ela está na Constituição. Apoiado na doutrina local, o "Plan Nacional de Desarrollo 2017-2021" traz um resumo conceitual bastante mais apropriado, pelo qual se explica que o *buen vivir* recupera a cosmovisão dos povos originários e os agrega às ideias clássicas da antiguidade, deixando de lado um tipo de acumulação que vá em detrimento da justiça social e intergeracional.[23]

---

[22] "La combinación de las orientaciones éticas y programáticas apuntan a la articulación de las libertades democráticas con la posibilidad de construir un porvenir justo y compartido: sin actuar sobre las fuentes de la desigualdad económica y política no cabe pensar en una sociedad plenamente libre. El desenvolvimiento de tal sociedad depende del manejo sostenible de unos recursos naturales y productivos escasos y frágiles. El planeta no resistiría un nivel de consumo energético individual equivalente al de los ciudadanos de los países industrializados. El fin de la «sociedad de la abundancia» exige disposiciones individuales e intervenciones públicas que no ignoren las necesidades generales y cultiven proyectos personales y colectivos atentos a sus consecuencias sociales y ambientales globales". República de Ecuador: Plan Nacional del *Buen Vivir* – 2009-2013, p. 33. O texto do quadriênio seguinte identifica 12 objetivos, dentre os quais estão, além da democracia, sustentabilidade, entre outros, a "eficiência do setor estratégico para a transformação industrial e tecnológica", em que se promete uma maior atenção ao bioconhecimento local: El crecimiento sostenido del bienestar en función del *Buen Vivir* tiene su cimento en la transformación del modo cómo se aprovecha la riqueza natural y biológica del país, sujeto de derechos y actualmente principal ventaja comparativa nacional. Es tan importante el desarrollo del bioconocimiento que se requieren intervenciones públicas que contribuyan a sostener la ventaja competitiva nacional, basada en su riqueza natural y biológica, soportada por el desarrollo de redes productivas y de generación tecnológica local". República de Ecuador: Plan Nacional del *Buen Vivir* – 2013-2017, p. 370.

[23] El régimen del *Buen Vivir* planteado en la Constitución, por su parte, rebasa la comprensión occidental hegemónica del bienestar, y recupera tanto la cosmovisión de los pueblos

Tal documento traz uma proposta para a compreensão do *sumak kawsay* muito mais próxima do que cremos razoável e aceitável, a evidenciar o que ele tenha de inovador e aproveitável dentro de um texto constitucional. Nesse sentido, excluem-se elementos como "conduta ética", sempre perigosa em termos jurídicos, direitos democráticos, tão imprescindíveis e fundamentais como as liberdades primeiras de contenção do Estado, porém que não parecem ser de sua essência. Trazer à tradição dos povos originários o conceito de democracia e de liberdades individuais, advindas do liberalismo, significaria um enaltecimento pouco realista.

Proporíamos, conquanto de modo *sub* censura, para o *sumak kawsay* as seguintes dimensões, trazidas de modo muito sintético (a) fim da economia de consumo; (b) preservação ambiental; (c) dimensão espiritual; e (d) integração dos povos latino-americanos.

No presente texto, já se dissertou parcialmente sobre os dois primeiros, enquanto os dois últimos, a nosso ver, demandam outras linhas. Por isso, repassamos à dimensão espiritual do *buen vivir*, por sua novidade e, depois, passamos a sua profunda ligação com a integração latino-americana. Principalmente porque é ela que nos permite sustentar que o conceito, se funcional, é autoaplicável em nosso ordenamento.

6 A dimensão espiritual

Acreditamos ser impossível construir uma conceituação do *buen vivir* sem nele identificar uma dimensão espiritual. Sua base está na convivência como parte da natureza, com devoção a ela, e sabemos que isso não é o dogma ou princípio reitor da religião judaico-cristã, pela qual a atividade humana é diametralmente separada da convivência com a terra. A criação de todos os elementos da natureza antecede a criação do homem, este, sim, esculpido à imagem e semelhança de Deus. Ao ousar provar do fruto do bem e do mal, a humanidade é condenada ao trabalho e à produção, transformando aquela natureza posta.

---

originarios de nuestra América como otras ideas clásicas de la antigüedad. Su objetivo enfatiza que, si bien es cierto que las condiciones materiales son necesarias para una vida digna, el propósito de la vida no se halla en un tipo de acumulación que vaya en detrimento de la justicia social e intergeneracional; más bien abarca otro tipo de elementos: el saber, el reconocimiento de las diversidades en igualdad de condiciones, los códigos de conducta para la ética social y en relación con la naturaleza, los derechos humanos, un porvenir justo y compartido, el diálogo intercultural, entre otros (WALSH, 2009; ACOSTA, 2010; CAUDILLO, 2012), República de Ecuador, Plan Nacional de Desarrollo, 2017-2021 – Toda una Vida, p. 24

Mais ainda, como bem explica Weber, após a Revolução Industrial, o protestantismo conseguiu associar ainda mais o produtivismo aos preceitos bíblicos: o trabalho que Deus exigia, segundo o protestantismo mais fundamentalista, não era o esforço, mas a produção racional.[24] Assim, a religião ocidental cultua, tradicionalmente, o que identificamos como um binário antiecológico, a partir do próprio Gênese: (a) a natureza é criada como um entorno para servir ao homem, ao mesmo tempo em que (b) este tem no trabalho – posteriormente interpretado como 'produção' – a remissão de seu pecado original.

Com as revisões do catolicismo na América Latina, pela aproximação da doutrina e prática católicas aos povos originários, não é estranho que a religiosidade contemporânea se voltasse ao meio ambiente. É assim que, apenas a título de ilustração, Leonardo Boff é hoje o grande representante da Ecoteologia, a liderar o ideário da conexão do homem com a terra em sua dimensão espiritual. O ex-franciscano encontra, em "todas as partes da Terra", "povos originários que vivem a dimensão do sagrado e da religação com todas as coisas".[25] Estes povos seriam, então, "portadores de um significado importante e para animar alternativas ao tipo de relação que nós estabelecemos com a natureza". Assim, o autor observa a cultura dos povos originários e sua relação com o Deus que "não emerge no termo de um percurso angustiado de busca" e que "não ocupa alguns espaços e alguns tempos da vida e do mundo. Ele preenche tudo e empapa tudo".[26] Com razão, Boff identifica na crença dos povos originários seu respeito à natureza, que

---

[24] "Según la ética cuáquera, la vida profesional del hombre tiene que ser un ejercicio coherente de las virtudes ascéticas, una acreditación de su estado de gracia en un carácter concienzudo, el cual se traduce en el cuidado y en el método con los que desempeña su profesión. Lo que Dios exige no es el trabajo en sí mismo, sino el trabajo racional. Es en ese carácter metódico del ascetismo en el trabajo donde pone el énfasis en la idea puritana de la profesión, no como en Lutero, quien lo ponía en la resignación con la suerte asignada por Dios". WEBER, Max. *La ética protestante y el espíritu del capitalismo*. Trad. J. Abellán, Madrid: Alianza, 2012, p. 244

[25] O problema está, em nossa opinião, em que, como reconhece o próprio autor, trata-se de povos que "embora vivam em nosso tempo (sincronia), não se encontram no mesmo nível evolucionário que nós (contemporaneidade)". BOFF, Leonardo. *Ecologia*: grito da terra, grito dos pobres. Rio de Janeiro: Vozes, 2015, p. 241. Esse ponto traz realmente uma sensação de incompatibilidade entre essa conexão com a mãe terra e a contemporaneidade. Acreditamos nós que essa discrepância entre – para usar a expressão de Boff – nível evolutivo e preservação ecológica pode ser a origem de um grande argumento em desfavor da possibilidade de respeito à Mãe Terra pela sociedade atual ou, pior, de preconceito para com aqueles que vivem na conformidade da integração da natureza, porque estariam distantes do nível de contemporaneidade.

[26] BOFF, Leonardo. *Ecologia*: grito da terra, grito dos pobres. Rio de Janeiro: Vozes, 2015, p. 249.

pouco a pouco deve-se reconstruir, a partir do conhecimento de que o "Planeta Terra" se comporta como um organismo vivo, como também pelo resgate "das tradições Trasculturais, seja do Oriente, seja do Ocidente, que sempre consideraram a terra como Mãe, Mana Mater, n'Nana, Noantzin, Pachamama e outros nomes".[27] É claro que muitas linhas ainda serão escritas para tentar, dentro de uma visão cristã, desvincular-se da ideia da natureza como criada para total serviço do homem, e este para a produtividade, mas tais teólogos de vanguarda já abrem caminho para transformações desse estilo.

Não é difícil notar que esses câmbios da dimensão espiritual católica para uma vida menos voltada à produtividade e mais preocupada com a Mãe Terra refletem-se na cúpula da Igreja Católica, esta tão influente não apenas em nossa cultura, mas na própria geopolítica. O atual papa, Francisco, não perde oportunidade de remarcar sua preocupação com o ambiente, bem a partir de sua encíclica *Laudato Sí*, que faz um chamado direto à preservação do planeta, recordando diretamente a Francisco de Assis.[28] Muito mais recentemente, em discurso[29] aos movimentos populares, Jorge Bergoglio menciona o *buen vivir*, destacando-o como modo de vida não apenas capaz de preservar a natureza para as próximas gerações, mas também como forma de seguir os preceitos da Igreja que ele comanda. Evidentemente, esse seu giro à questão ecológica e ao respeito à Pacha Mama tem-lhe custado ampla oposição dentro do Vaticano, inclusive a partir dos chamados movimentos sedevacantistas, que querem negar-lhe a figura de Sumo Pontífice. Ponto, evidentemente, para discussão em outros momentos.

---

[27] BOFF, Leonardo. *Ecologia*: grito da terra, grito dos pobres. Rio de Janeiro: Vozes, 2015, p. 251.

[28] Claro que isso denota que a escolha de seu nome papal desde o início está vinculada à preservação ecológica.

[29] A los gobiernos en general, a los políticos de todos los partidos quiero pedirles, junto a los pobres de la tierra, que representen a sus pueblos y trabajen por el bien común. Quiero pedirles el coraje de mirar a sus pueblos, mirar a los ojos de la gente, y la valentía de saber que el bien de un pueblo es mucho más que un consenso entre las partes (cf. Exhort. ap. Evangelii gaudium, 218); cuídense de escuchar solamente a las elites económicas tantas veces portavoces de ideologías superficiales que eluden los verdaderos dilemas de la humanidad. Sean servidores de los pueblos que claman por tierra, techo, trabajo y una vida buena. Ese *"buen vivir"* aborigen que no es lo mismo que la "dolce vita" o el "dolce far niente", no. Ese *buen vivir* humano que nos pone en armonía con toda la humanidad, con toda la creación. (VIDEOMENSAJE DEL SANTO PADRE FRANCISCO PARA LOS MOVIMIENTOS POPULARES, 2021, disponível em: atican.va/content/francesco/es/messages/pont-messages/2021/documents/20211016-videomessaggio-movimentipopolari.html).

A dimensão espiritual do *buen vivir* exige essa flexibilização das religiões ocidentais, especialmente das vertentes do cristianismo, que segue como crença dominante na América Latina, apesar de todos os sincretismos. Ela, ainda que a aceite, não é a origem do *sumak kawsay*. Adotar o *buen vivir* latino significa aceitar e conhecer as crenças e religiões originárias, como aqui resenhamos através da interpretação de Boff, bem como – principalmente em países de maior histórico de tráfico de escravos negros, como Brasil, Colômbia, Cuba ou Haiti – as religiões de matriz africana. Por sorte, essas tradições religiosas têm sido estudadas com maior método e sobre elas nascem várias publicações tanto a partir de seus sacerdotes como a partir de não fiéis despidos de preconceitos, de modo que já é possível compreendê-las mais globalmente e com menos distorções.

Não nos escapa que se, de um lado, a multiplicidade de religiões, dentro do multiculturalismo, traga seus próprios desafios,[30] também o fato de impor um estilo de vida baseado em preceitos religiosos comporta seus próprios riscos. A conquista, tão enaltecida pelas forças progressistas, de um estado *laico* deve valer para todas as confissões. Nesse sentido, a dificuldade de delimitar o âmbito jurídico da trama: a inscrição do *sumak kawsay* na Constituição deve passar, obrigatoriamente, pelas garantias das constituições cidadãs, que apartam os temas espirituais, para além do respeito a todos os cultos. Racionalismo e laicidade devem encontrar o equilíbrio e a ponderação no momento da aplicação constitucional.

É, repita-se, evidente a tarefa constitucional de preservar o respeito a todas as religiões e de conceder efetiva liberdade de culto,[31] mas isso é bem diverso de impor uma dimensão espiritual a um texto

---

[30] "Negar las debilidades de los proyectos multiculturalistas que se postularon como un nuevo credo es ilusorio. Los dogmas interpuestos entre grupos diversos alzaron muros separatistas tan sólidos como los prejuicios que procuraban disolver (...) El segundo error, más peligroso aún, es consagrar la idea según la cual la violencia es constitutiva de las relaciones interétnicas, mito que nutre a quienes prefieren marcar las fronteras que aceptar las diferencias". SKEWES, Juan Carlos. Indigenizar el mundo. *In*: *El buen vivir*: interculturalidades y mundialización. Curitiba: Ed. UFPR, 2021, p. 184

[31] Caso do RE 494601 RS, que julga a incompatibilidade da norma que instituía o Código de Proteção aos Animais no Rio Grande do Sul, sem dispor sobre hipóteses de exclusão de crime, e o direito à liberdade religiosa, especialmente diante do sacrifício animal que ocorre em religiões de matriz afro: "2. A prática e os rituais relacionados ao sacrifício animal são patrimônio cultural imaterial e constituem os modos de criar, fazer e viver de diversas comunidades religiosas, particularmente das que vivenciam a liberdade religiosa a partir de práticas não institucionais". RE 494601/RS, redator do acórdão min. Edson Fachin.

da Constituição. Não há dúvida de que o *buen vivir*, nascendo da um verdadeiro espírito do povo,[32] traz esse risco.

7 A integração latino-americana

Não pode caber dúvida de que o *buen vivir*, ainda que encontre diferenças nas suas conceituações em povos originários, não pertence às fronteiras políticas que estão agora vigentes no Continente. A divisão da nação latino-americana em diversos países houve por contingências históricas, mas remanesce um sentimento comunitário que não existe em outras regiões, sequer a Europa. Claro que há alguns países culturalmente mais refratários ao conceito, a exemplo do próprio Brasil, e essa é uma peculiaridade que agora assume maior relevância.

Talvez por alguns poucos episódios de guerras ou de disputa de fronteiras, em alguma medida por sua colonização provir de outra Coroa, mas, principalmente, pela autossuficiência de suas dimensões continentais, o Brasil não guarda o sentimento de latinidade aflorado. A surpresa é que essa característica cultural de alijamento dos povos hispano-americanos está distante de significar a vontade legal da nação.

A integração latino-americana é um mandato da nossa Carta Magna, que determina, logo em seus princípios fundamentais, que "a República Federativa do Brasil buscará a integração econômica, política, social e cultural dos povos da América Latina, visando à formação de uma comunidade latino-americana de nações".[33] A ordem de que se forme uma "comunidade latino-americana de nações" foi bastante forte nos momentos iniciais da nossa Constituição e, ainda que tenha perdido força política durante algum tempo, segue como fundamento, do qual não se pode desviar. Aliás, todos os países do nosso entorno, como Colômbia, que se declara um país "comprometido a impulsar la integración de la comunidad latino-americana", bem

---

[32] Sobre o tema, com grande profundidade, veja-se ASTUDILLO BANEGAS, j. *Buen vivir* para la superación de las desigualdades. Prácticas en las comunidades indígenas del Ecuador: Shuar, Manteña y Kichwa, Tesis Doctoral, Univ. Complutense de Madrid, 2018: "El *Buen Vivir* surge como una idea alternativa frente al modelo mal desarrollador. El sustento de esta idea, que se ha sido incluida en las constituciones de Bolivia y Ecuador, viene enriquecido de los saberes que perviven en las culturas ancestrales, andinas y amazónicas. Saber que se basa fundamentalmente en el equilibrio que existe entre los seres humanos y la naturaleza logrando una economía de la suficiencia, donde la cultura y la espiritualidad juegan un rol fundamental en la vida de las comunidades; cuya cosmovisión se basa en la armonía con uno mismo, con la comunidad, con la naturaleza y con el cosmos", p. 23.

[33] Artigo 4º, parágrafo único, da CF88.

como Bolívia,[34] Equador,[35] Uruguai[36] e até Argentina[37] fazem semelhante compromisso, mas aqui nos interessa principalmente o cânone latino.

O *sumak kawsay* é um preceito ligado ao estilo de vida latino-americano. Trata-se de um preceito que nasce do espírito da plurinacionalidade do continente, comum a todos os povos pré-colombianos, inclusive, embora com outra denominação, aos indígenas naturais da terra brasileira. Caso, portanto, que se identifique o *sumak kawsay* como a *forma de expressão contemporânea* da integração latino-americana, ele pode ser livremente aplicado a partir do Princípio Fundamental do art. 4º, paragrafo único, da Constituição Federal.

Claro que, para isso, ainda é necessário que seja suficientemente definido em suas metas, significados e limites, sempre com o cuidado para que não se transforme em um fator de preconceito externo ao estilo de vida latino, como improdutivo,[38] senão como respeitador do planeta, da isonomia, do sentimento supranacional e de uma espiritualidade que respeita todas as crenças.

8 Conclusões

01. O mundo necessita de soluções antropológicas e jurídicas para sair da perspectiva de colapso ambiental. Dentro de um contexto global de centro-periferia, pode-se dizer que a Europa deu-se conta do risco em que se encontra a humanidade, ao mesmo tempo em que reconheceu que a produção industrial de bens, por si mesma, não leva ao *welfare* geral das nações. Assim, lança-se o olhar às soluções latino-americanas;

---

[34] Art. 265. I. El Estado promoverá, sobre los principios de una relación justa, equitativa y con reconocimiento de las asimetrías, las relaciones de integración social, política, cultural y económica con los demás estados, naciones y pueblos del mundo y, en particular, *promoverá la integración latinoamericana*. II. El Estado fortalecerá la integración de sus naciones y pueblos indígena originario campesinos con los pueblos indígenas del mundo.

[35] Art. 276. 5. Garantizar la soberanía nacional, *promover la integración latinoamericana* e impulsar una inserción estratégica en el contexto internacional, que contribuya a la paz y a un sistema democrático y equitativo mundial.

[36] "La República procurará la integración social y económica de los Estados Latinoamericanos, especialmente en lo que se refiere a la defensa común de sus productos y materias primas".

[37] A Constituição argentina não cuida diretamente da integração latino-americana, mas determina trâmite preferencial para a aprovação de "Tratados com Estados da América Latina". Veja-se art. 75.24.

[38] "El *Buen Vivir* supone tener tiempo libre para la contemplación y la emancipación, y que las libertades, oportunidades, capacidades y potencialidades reales de los individuos se amplíen y florezcan de modo que permitan lograr simultáneamente aquello que la sociedad, los territorios, las diversas identidades colectivas y cada uno -visto como un ser humano universal y particular a la vez- valora como objetivo de vida deseable (tanto material como subjetivamente y sin producir ningún tipo de dominación a un otro)".

02. Governos progressistas como os então do Equador e da Bolívia fizeram constar o *buen vivir* como constitucional. No Equador, o *sumak kawsay*. Na Bolívia, o Suma Qamaña. O Brasil ainda não o adotou, mas há formas, se assim interessar, de invocá-lo como princípio fundamental do Estado. Essa é a tese deste texto;

03. A formulação muito genérica do conceito faz com que seja necessário depurá-lo de outras elementares já contidas nos direitos fundamentais já sedimentados. Isso permitirá que o *sumak kawsay* adquira funcionalidade, para além de uma simples carta de intenções;

04. Não nos escapa um primeiro perigo, de que o *sumak kawsay* seja um mero discurso para uma felicidade que jamais se alcance, em um estilo, por assim dizer, "gatopardista", ou seja, que enuncie mudanças para que elas não ocorram. Não são necessários grandes dados científicos para notar que os países onde o princípio se enuncia – à semelhança do Brasil – são notórios negligenciadores de direitos fundamentais à população em geral;

05. O risco de que o *sumak kawsay*, por mais que se diga o revés, transforme-se em um ratificador de preconceitos contra os povos originários e *criollos* da América Latina é enorme, embora não pareça evidenciado à maioria dos estudiosos. É o que se poderia chamar de *nueva leyenda negra*, que será apresentada em outro estudo de nossa autoria. Assumir um discurso de não produtividade é arriscado, caso a geopolítica dos países centrais se volte a um discurso reacionário. Assim, a condição de *periferia* ainda é determinante na exportação do conceito;

06. Há portanto de tomar-se o cuidado para que novamente a solução para nosso anunciado colapso ambiental não passe de uma nova mera matéria-prima, bruta, um produto de exportação não manufaturado da América Latina. Produto que somente seria lapidado, aprimorado, compreendido e inserto na civilização ocidental pelos mesmos donos do conhecimento de sempre. Logo, em lugar de ser um diminuidor da diferença, é uma incrementador do hiato centro-periferia, do papel de exportador de matéria bruta e importador de produtos refinados;

07. Analisando os pontos fortes do *sumak kawsay*, a partir da Constituição da Bolívia e principalmente do Equador, encontramos quatro elementos estruturais para sua definição funcional: (a) fim da economia de consumo; (b) preservação ambiental; (c) dimensão espiritual; e (d) integração dos povos latino-americanos;

08. Pela estrutura constitucional brasileira, a integração latino-americana é princípio fundamental. Ao identificar-se o *sumak kawsay*

como expressão mais contemporânea do espírito regional, ele pode ser utilizado como princípio reitor hermenêutico constitucional. Para tanto, há que definir sua funcionalidade e medir seus riscos, como aqui fizemos.

Nosso estudo seguirá, dentro do tema, para novos rumos. Porém, dada a oportunidade de escrever algumas linhas ao Ministro Lewandowski, acreditamos que refletir sobre essa potencial ferramenta para a humanização de nossa jurisprudência seja algo interessante. Como cidadão, nosso eterno reconhecimento ao homenageado pelo serviço ao País; como discípulo, minha incessante gratidão pelos ensinamentos que tento replicar em minha profissão atual.

Informação bibliográfica deste texto, conforme a NBR 6023:2018 da Associação Brasileira de Normas Técnicas (ABNT):

RODRÍGUEZ, Víctor Gabriel. O *"buen vivir"* latino: primeiros lineamentos para a funcionalidade do *sumak kawsay* na Constituição brasileira. In: RODRIGUES, Dennys Albuquerque; CEZAR, Eduardo Barreto; OLIVEIRA, Marcelo Pimentel de (coord.). *Democracia, humanismo e jurisdição constitucional*: estudos em homenagem ao Ministro Ricardo Lewandowski. Belo Horizonte: Fórum, 2022. p. 435-452. ISBN 978-65-5518-402-0.

JUÍZO DE CINDIBILIDADE DA COLABORAÇÃO PREMIADA

WALTER GODOY DOS SANTOS JUNIOR

EDUARDO BARRETO CEZAR

O Ministro Ricardo Lewandowski reúne todos os atributos de um notável homem público, não apenas pela sólida formação acadêmica, que o alçou à condição de Professor Titular de Direito do Estado na prestigiosa Universidade de São Paulo, na qual leciona há quase quatro décadas, mas também por ter adquirido ao longo dos anos uma vasta cultura geral, perceptível na sua natural elegância no trato pessoal, assim como no profundo conhecimento jurídico, que se reflete nos debates por ele travados e nas sensíveis decisões proferidas ao longo de sua também longeva carreira de mais de três décadas na Magistratura, cujo início remonta ao extinto Tribunal de Alçada Criminal do Estado de São Paulo, com escala no Tribunal de Justiça daquele Estado e, finalmente, no Supremo Tribunal Federal, do qual foi presidente no biênio compreendido entre os anos de 2014 e 2016.

Trata-se de um exímio e admirável estrategista, que sabe identificar como poucos os debates mais impactantes no cenário jurídico nacional e redirecionar, de forma absolutamente democrática e republicana, os rumos do país, utilizando-se do vasto arsenal jurídico, já referido, permeado por rara sensibilidade política.

No presente livro, cujo escopo é justamente o de homenagear o profícuo e dedicado exercício da Magistratura por sua Excelência, optamos por apresentar, na íntegra, a decisão paradigmática por ele exarada quando da análise do pedido de homologação de colaboração premiada deduzido pelo Ministério Público Federal, nos autos da Petição (PET) nº 7.265/DF.

Naquela oportunidade, de forma inédita na Suprema Corte, o Ministro Ricardo Lewandowski realizou o juízo de cindibilidade da colaboração premiada em apreço, com fundamento na Constituição da República e nas leis de regência, estabelecendo verdadeiro norte para as decisões que se seguiram sobre a matéria.

Com efeito, ao analisar o requerimento constante da referida PET, sua Excelência ressaltou, de início, na esteira do voto por ele proferido há quase uma década nos autos do *Habeas Corpus* (HC) nº 90.688/PR, que a colaboração premiada constitui um meio de obtenção de prova introduzido na legislação brasileira por inspiração do sistema anglo-saxão de justiça negociada.

Todavia, ponderou que o arcabouço processual penal brasileiro, de matriz romano-germânica, guarda profundas diferenças estruturais em comparação com seu equivalente, anteriormente referido.

Nesse sentido, relembrou que a estruturação dos sistemas romano-germânico e anglo-saxão remonta, historicamente, ao século XIII, quando a Inglaterra e a Europa continental desenvolveram diferentes sistemas jurídicos no lugar das práticas prevalentes no Império Romano do Ocidente.

O ilustre Ministro ressaltou ainda que, com a evolução em separado, e também sob o influxo de diferentes colonizações, esses sistemas passaram a se diferenciar não apenas quanto à distribuição de poderes e responsabilidades entre seus principais atores, o juiz ou júri, o promotor e o defensor, mas, de forma diametralmente oposta, como duas culturas legais diversas, com concepções distintas sobre como os casos criminais devem ser processados e julgados, além de apresentarem diferentes estruturas de interpretação e significado.

Nessa perspectiva, asseverou que uma das diferenças centrais desses sistemas consiste em que o anglo-saxão concebe o processo criminal como um instrumento para reger disputas entre duas partes (a acusação e a defesa), perante um juiz, cujo papel é eminentemente passivo, ao passo que o romano-germânico entende a ação penal como uma forma de apuração oficial dos fatos, a qual tem por finalidade lograr a apuração da verdade. Neste último, tradicionalmente, o responsável pela acusação também é visto como um guardião da lei e do interesse público, e não como mero agente estatal interessado na condenação.

O referido modelo, nas palavras do Relator, estruturou-se sobre uma profunda crença no papel do juiz como responsável pela busca da verdade real. Por isso, institutos arraigados no sistema anglo-saxão, como a admissão de culpa (*guilty plea*), não encontram amparo no sistema romano-germânico, no qual a confissão do acusado é possível, porém não sua admissão de culpa, como forma de finalização do processo.

Assim, ponderou que a ampla discricionariedade do titular da ação penal mostra-se mais compatível com o sistema anglo-saxão do que com o modelo romano-germânico, porque, naquele, a acusação, como parte interessada, pode entender que determinada controvérsia não é digna de uma persecução penal.

De outro lado, afirmou que, na metodologia romano-germânica, o núcleo essencial do processo consiste em apurar, por meio de uma investigação oficial e imparcial, se um determinado crime ocorreu e se o acusado foi o responsável por sua prática. Nesta sistemática, não há lugar para a ampla discricionariedade por parte do órgão acusador.

Ressaltou, ainda, que as crenças e disposições individuais ou coletivas de determinado sistema jurídico têm papel importante quando se analisa um instituto de inspiração estrangeira, porquanto existem interações de tais elementos, no interior de cada sistema, que não podem ser ignoradas, sob pena de prejuízo à sua coerência. Os fundamentos de um dado sistema equivalem, portanto, a verdadeiras lentes hermenêuticas, mediante as quais os seus institutos jurídicos devem ser interpretados.

Em continuação, o Ministro Ricardo Lewandowski relembrou que é do Supremo Tribunal Federal a competência para a homologação de acordo de colaboração premiada quando envolver autoridade com foro por prerrogativa de função (art. 102, I, "b", da CF), como se deu na espécie, uma vez que se trata, como salientado no referido acórdão do ano de 2007, de um meio de obtenção de prova.

Com efeito, com relação ao procedimento, anotou, em conformidade com o art. 4º, §7º, da Lei nº 12.850/2013, que, realizado o acordo na forma do §6º, o respectivo termo, acompanhado das declarações do colaborador, assim como de cópia da investigação, será remetido ao juiz para homologação, o qual deverá verificar sua regularidade, legalidade e voluntariedade, podendo, para este fim, ouvir, sigilosamente, o colaborador, na presença de seu defensor.

Naquela análise, então, reconheceu que a voluntariedade do acordo originário foi devidamente atestada pelo colaborador, perante o Magistrado Instrutor designado para a realização da audiência de que trata o art. 4º, §7º, da Lei nº 12.850/2013. Constatou, ainda, que o colaborador tomou, livremente, a iniciativa de propor o acordo de colaboração, e que não sofreu qualquer coação ou ameaça para firmá-lo.

Verificou, ainda, que a referida voluntariedade pode ser inferida dos documentos que instruíram os autos, particularmente porque o colaborador contou com a permanente assistência de defensor devidamente constituído.

Já no que se refere aos requisitos de regularidade e legalidade, e mais especificamente quanto ao conteúdo das cláusulas acordadas, lembrou o Ministro Ricardo Lewandowski que ao Poder Judiciário cabe apenas o juízo de compatibilidade entre a avença pactuada entre as partes com o sistema normativo vigente, conforme decidido na PET nº 5.952/DF, de relatoria do Ministro Teori Zavascki.

Nesse sentido, sua Excelência identificou, a partir do confronto mencionado, que se mostrava inviável homologar o acordo tal como entabulado pelo *Parquet* Federal.

Nesse sentido, observou, primeiramente, que não é lícito às partes contratantes fixar, em substituição ao Poder Judiciário, e de forma antecipada, a pena privativa de liberdade e o perdão de crimes ao colaborador. Naquela oportunidade, o Ministério Público ofereceu ao colaborador os seguintes prêmios legais:

> [...] o perdão judicial de todos os crimes, à exceção daqueles praticados por ocasião da campanha eleitoral [suprimido] no ano de 2014, consubstanciados nos tipos penais descritos no art. 350 do Código Eleitoral, no art. 1º, §2º, inciso I, §2º, inciso I da Lei 9.613/98 e art. 22, parágrafo único da Lei nº 7.492/86, pelos quais a pena acordada é a condenação à pena unificada de 4 anos de reclusão, nos processos penais que vierem a ser instaurados [...] (fl. 14).

No entanto, ressaltou o ilustre professor das Arcadas que o Poder Judiciário detém, por força de disposição constitucional, o monopólio da jurisdição, sendo certo que somente por meio de sentença penal condenatória, proferida por magistrado competente, afigura-se possível fixar ou perdoar penas privativas de liberdade relativamente a qualquer jurisdicionado.

Nesse espectro, sublinhou que a Lei nº 12.850/2013 confere ao juiz a faculdade de, a requerimento das partes, conceder o perdão judicial, reduzir em até 2/3 a pena privativa de liberdade ou substituí-la por restritiva de direitos daquele que tenha colaborado efetiva e voluntariamente com a investigação e com o processo criminal, desde que dessa colaboração advenha um ou mais dos resultados descritos nos incisos do art. 4º do diploma legal em questão.

Salientou, ainda, que a própria Constituição Federal estabeleceu que ninguém será privado da liberdade ou de seus bens sem o devido processo legal, assim como ninguém será preso senão em flagrante delito ou por ordem escrita e fundamentada de autoridade judiciária competente (art. 5º, LIV e LXI, da CF).

O mesmo se diga em relação ao regime de cumprimento da pena, o qual deve ser estabelecido pelo magistrado competente, nos termos do disposto no art. 33 e seguintes do Código Penal, como também no art. 387 do Código de Processo Penal, os quais configuram normas de caráter cogente, que não admitem estipulação em contrário por obra da vontade das partes do acordo de colaboração.

Nesse diapasão, ressaltou o Ministro Ricardo Lewandowski que sequer havia processo judicial em andamento, não sendo possível tratar-se, desde logo, dessa matéria, de resto disciplinada no acordo de colaboração de maneira incompatível com o que dispõe a legislação aplicável. Isso porque, concluiu, o regime acordado pelas partes é o fechado (cláusula 5ª, item 1), mitigado, conforme pretendiam estas, pelo recolhimento domiciliar noturno (cláusula 5ª, item 2, "a"), acrescido da prestação de serviços à comunidade (cláusula 5ª, item 2, "b").

Assim, para o ilustre Relator e ora homenageado, validar tal aspecto do acordo, corresponderia a permitir ao Ministério Público atuar como legislador. Em outras palavras, disse, seria permitir que o órgão acusador pudesse estabelecer, antecipadamente, ao acusado, sanções criminais não previstas em nosso ordenamento jurídico, ademais de caráter híbrido.

Com efeito, assentou que, no limite, cabe ao *Parquet*, tão apenas e desde que observadas as balizas legais –, deixar de oferecer denúncia contra o colaborador, na hipótese de não ser ele o líder da organização criminosa e se for o primeiro a prestar efetiva colaboração, nos termos do que estabelece o §4º do art. 4º da Lei de regência.

Assim, concluiu que não havia autorização legal para que as partes convencionassem, na espécie, o patamar e o regime de cumprimento de pena. Em razão disso, ressaltou não ser possível a homologação de um acordo com tais previsões, uma vez que o ato jamais poderia sobrepor-se ao que estabelecem a Constituição Federal e as leis do País, cujas interpretação e aplicação – convém sempre relembrar, alertou – configuram atribuição privativa dos magistrados integrantes do Poder Judiciário, órgão que, ao lado do Executivo e Legislativo, é um dos Poderes do Estado, conforme consigna expressamente o art. 3º do texto magno.

Simetricamente ao que ocorre com a fixação da pena e o seu regime de cumprimento, o Ministro Ricardo Lewandowski elucidou que também não caberia às partes contratantes estabelecer novas hipóteses de suspensão do processo criminal ou fixar prazos e marcos legais de fluência da prescrição de diversos daqueles estabelecidos pelo legislador, sob pena de o negociado passar a valer mais do que o legislado na esfera penal.

Igualmente, pronunciou que não operaria nenhum efeito perante o Poder Judiciário a renúncia geral e irrestrita à garantia contra a autoincriminação e ao direito ao silêncio, da mesma forma que não produziria efeitos jurídicos a desistência antecipada de apresentação de recursos, porquanto tais renúncias, a toda evidência, vulneram direitos e garantias fundamentais do colaborador.

Nessa direção, indicou o entendimento exarado pelo Ministro Teori Zavascki, na PET nº 5.245/DF, ao homologar o respectivo acordo de colaboração:

> [...] com exceção do compromisso assumido pelo colaborador, constante da Cláusula 10, k, exclusivamente no que possa ser interpretado como renúncia, de sua parte, ao pleno exercício, no futuro, do direito fundamental de acesso à Justiça, assegurado pelo art. 5º, XXXV, da Constituição.

E concluiu sua Excelência, o Ministro Ricardo Lewandowski, que não haveria, naquela ressalva criticada, nada que pudesse franquear ao colaborador o descumprimento do acordado sem sujeitar-se à perda dos benefícios nele previstos. O contrário, todavia, não seria verdadeiro: as cláusulas do acordo, assim, não podem servir como renúncia, prévia e definitiva, ao pleno exercício de direitos fundamentais.

Ao analisar os demais pedidos, sobretudo quanto à autorização para viagens internacionais, ponderou que incumbiria exclusivamente ao magistrado responsável pelo caso avaliar, consoante o seu prudente arbítrio, e diante da realidade dos autos, se deveria ou não autorizar a saída do investigado do Brasil.

Quanto à fixação de multa, consignou que, às partes, apenas seria lícito sugerir valor que, a princípio, lhes pareça adequado para a reparação das ofensas perpetradas, competindo exclusivamente ao magistrado responsável pela condução do feito apreciar se o montante estimado é suficiente para a indenização dos danos causados pela infração, considerados os prejuízos sofridos pelo ofendido, a teor do art. 387, IV, do Código de Processo Penal.

Verificou, ainda, que no caso analisado havia outras cláusulas frontalmente conflitantes com o disposto no art. 7º, §3º, da Lei nº 12.850/2013, o qual estabelece a regra aplicável para a preservação do sigilo sobre o acordo, seus anexos, depoimentos e provas obtidas durante a sua execução até o recebimento da denúncia.

Nesse passo, aduziu que o levantamento do sigilo dependeria, em todos os casos, de provimento judicial motivado, na esteira de diversos precedentes do Supremo Tribunal Federal, dentre os quais destacou a PET nº 6.164-AgR, Relator o Ministro Teori Zavascki.

Mais, sobre o sigilo necessário à delação, ponderou que, embora aquele feito estivesse tramitando em segredo de justiça desde o seu nascedouro, diversos vazamentos teriam ocorrido por meio de matérias jornalísticas, tendo sido a primeira publicada antes mesmo de o feito ter aportado àquela Suprema Corte.

Ademais, observou que o compartilhamento e a remessa de informações sigilosas decorrentes da colaboração somente poderiam ser autorizados mediante decisão judicial.

Por essa razão e arrimado no referido precedente, assentou que permitir ao colaborador que entregue documentos reveladores de dados sigilosos referentes a terceiros configura, em tese, burla à necessidade de ordem judicial para tanto, razão pela qual também esse capítulo do acordo não foi ratificado.

E, para que não restassem dúvidas, registrou que o Ministério Público pode, a qualquer momento, requerer, fundamentadamente, ao juiz competente o levantamento do sigilo de quaisquer informações ou documentos de terceiros.

Dito de outro modo, explicou que não poderia o colaborador, validamente, abrir mão do sigilo de contas bancárias ou de cartões de titularidade de terceiros.

Por todas essas razões, com fundamento no art. 4º, §8º, da Lei nº 12.850/2013, deixou de homologar o acordo de colaboração premiada constante da PET nº 7.265/DF, tendo sido aqueles autos devolvidos à Procuradoria-Geral da República para que adequasse o acordo de colaboração ao que dispõem a Constituição Federal e as leis que disciplinam a matéria em questão, o que foi realizado integralmente.

Em síntese, o caso objeto do presente ensaio bem ilustra a precisa atuação do Ministro Lewandowski em matéria até então inexplorada pelo Supremo Tribunal Federal, oferecendo balizas técnicas e sólidas para a higidez da atuação do Ministério Público e dos colaboradores, expungindo dos autos qualquer nulidade a partir da fiel observância do que se contém no ordenamento jurídico pátrio, bem como seguindo princípios constitucionais fundamentais como a garantia da ampla defesa e do devido processo legal.

Referências

BRASIL. *Constituição da República Federativa do Brasil de 1988*. Brasília, DF: Presidência da República, 2021. Disponível em: http://www.planalto.gov.br/ccivil_03/constituicao/ConstituicaoCompilado.Htm. Acesso em: 5 jan. 2022.

BRASIL. Supremo Tribunal Federal. *Petição nº 5.245/DF*. Requerente: Ministério Público Federal – Procurador-Geral da República. Relator: Min. Edson Fachin. Relator de origem: Min. Teori Zavascki, 5 de maio de 2015. Disponível em: http://portal.stf.jus.br/processos/detalhe.asp?incidente=4689981. Acesso em: 5 jan. 2022.

BRASIL. Supremo Tribunal Federal. *Petição nº 5.952/DF*. Requerente: Ministério Público Federal – Procurador-Geral da República. Relator: Min. Edson Fachin. Relator de origem: Min. Teori Zavascki, 14 de março de 2016. Disponível em: http://portal.stf.jus.br/processos/downloadPeca.asp?id=308950479&ext=.pdf. Acesso em: 5 jan. 2022.

BRASIL. Supremo Tribunal Federal (Segunda Turma). *Petição nº 6.164-AgR/DF*. Requerente: Aloizio Mercadante Oliva. Relator: Min. Teori Zavascki, 6 de setembro de 2016. Disponível em: http://portal.stf.jus.br/processos/downloadPeca.asp?id=310330067&ext=.pdf. Acesso em: 5 jan. 2022.

DAMASKA, Miriam R. *The faces of justice and state authority*: a comparative approach to the legal process. New Haven: Yale University Press, 1986.

LANGER, Máximo. From legal transplants to legal translations: the globalization of plea bargaining and the Americanization thesis in criminal procedure. *Harvard International Law Journal*, Cambridge, v. 45, 2004.

Informação bibliográfica deste texto, conforme a NBR 6023:2018 da Associação Brasileira de Normas Técnicas (ABNT):

SANTOS JUNIOR, Walter Godoy dos; CEZAR, Eduardo Barreto. Juízo de cindibilidade da colaboração premiada. *In*: RODRIGUES, Dennys Albuquerque; CEZAR, Eduardo Barreto; OLIVEIRA, Marcelo Pimentel de (coord.). *Democracia, humanismo e jurisdição constitucional*: estudos em homenagem ao Ministro Ricardo Lewandowski. Belo Horizonte: Fórum, 2022. p. 453-460. ISBN 978-65-5518-402-0.

SOBRE OS AUTORES

Alfredo Renan Dimas de Oliveira
Analista Judiciário do TSE cedido à Liderança do PSD na Câmara dos Deputados (atuação na CCJ). Ex-Secretário-Geral do TSE. Especialista em Direito Eleitoral.

Ana Maria Alvarenga Mamede Neves
Chefe de Gabinete do Ministro Menezes Direito no STJ e STF. Chefe de Gabinete da Presidência do Tribunal Superior Eleitoral (TSE) - Gestão do Ministro Ricardo Lewandowski (2010-2012). Chefe de Gabinete da Presidência do Supremo Tribunal Federal (STF) – Gestão do Ministro Ricardo Lewandowski (2014-2016). Chefe de Gabinete do Ministro Ricardo Lewandowski do STF. Especialista em Direito Processual Penal.

Bruno Ronchetti de Castro
Juiz de Direito do Tribunal de Justiça do Estado de São Paulo (TJSP). Exerceu a função de Juiz Auxiliar da Presidência e Secretário-Geral Adjunto do Conselho Nacional de Justiça na gestão do Ministro Ricardo Lewandowski (2014/2015). Foi Conselheiro do Conselho Nacional de Justiça (2015/2017). Atuou como Juiz Auxiliar e Juiz Instrutor no Gabinete do Ministro Ricardo Lewandowski no Supremo Tribunal Federal (2017/2019). Desde 2020, exerce o cargo de Juiz Assessor da Presidência da Seção de Direito Criminal do TJSP.

Carlos Eduardo Delgado
Desembargador Federal do Tribunal Regional da 3ª Região. Foi juiz auxiliar e instrutor no gabinete do Ministro Ricardo Lewandowski, do Supremo Tribunal Federal. Diretor Acadêmico da Escola de Magistrados da Justiça Federal da 3ª Região e Professor de Processo Civil.

Davi de Paiva Costa Tangerino
Doutor em Direito Penal (USP), com estágio doutoral na Universidade Humboldt em Berlim. Professor Adjunto da UERJ. Foi Assessor do Ministro Lewandowski.

Dennys Albuquerque Rodrigues
Advogado. Foi Secretário Judiciário e de Documentação do STF, Assessor de Ministros do STF e Conselheiro do Conselho Nacional de Arquivos (2015/2016).

Eduardo Barreto Cezar
Servidor Público Federal. Ex-Assessor Especial da Presidência do Supremo Tribunal Federal (STF) – Gestão do Ministro Ricardo Lewandowski. Assessor do Ministro Ricardo Lewandowski. Pesquisador Bolsista do Doutorado em Direito Empresarial da Universidade Nove de Julho.

Fabiane Pereira de Oliveira
Mestra e Doutoranda em Direito pela USP. Ex-Secretária-Geral do STF e Assessora-Chefe do Senado para fins do *impeachment* de 2016. Assessora do Ministro Ricardo Lewandowski.

Fabrício Bittencourt da Cruz
Doutor pela Faculdade de Direito da Universidade de São Paulo (USP). Professor na Universidade Estadual de Ponta Grossa (doutorado, mestrado e graduação). Juiz Federal. Secretário-Geral do CNJ (2014-2016). Magistrado Instrutor no STF (2013-2014).

Fabyano Alberto Stalschmidt Prestes
Mestre pela Universidade Católica de Brasília. MBA em Gestão Pública pela FGV. Diretor-Geral do CNJ (2015-2016). Diretor-Executivo do Departamento de Pesquisas Judiciárias no CNJ (2014-2015). Assessor no STF. Analista no TRE/PR.

Helena Campos Refosco
Doutora em Direito (USP, 2017). Bacharel em Direito (USP, 2004). Pesquisadora Visitante na Faculdade de Direito de Harvard (2015/2016). Juíza de Direito do Estado de São Paulo (2006-presente). Juíza Auxiliar e Instrutora no Supremo Tribunal Federal (2017-presente) – Gabinete do Ministro Ricardo Lewandowski.

Larissa Arutim Adamo
Analista Judiciário. Assessora de Ministro.

Lílian M. Cintra de Melo
Professora Doutora Substituta de Direito Comercial na Universidade de Brasília (UnB). Doutora (2018) e bacharel em Direito pela Universidade de São Paulo (2012), com período de mobilidade internacional no Institut d'Études Politiques de Paris (Sciences-Po, 2009/2010). Foi pesquisadora visitante (*visiting reseacher*) do Institute for Global Law and Policy da Faculdade de Direito de Harvard (IGLP, 2016). É Assessora de Ministro do Supremo Tribunal Federal – Gabinete do Ministro Ricardo Lewandowski.

Luís Geraldo S. Lanfredi
Juiz de Direito do Tribunal de Justiça do Estado de São Paulo.

Luiz Felipe de Casrilevitz Rebuelta Neves
Assessor do Ministro Ricardo Lewandowski. Técnico Judiciário do Supremo Tribunal Federal. Especialista em Gestão da Comunicação. Especialista em Direito, Constituição e Sociedade.

SOBRE OS AUTORES | 463

Luiz Gustavo Bambini de Assis
Mestre e Doutor em Direito do Estado pela Faculdade de Direito da Universidade de São Paulo. Professor Doutor da USP. Leciona matérias relacionadas ao processo legislativo em diferentes unidades daquela Instituição. Foi secretário parlamentar no Senado Federal, Assessor para assuntos jurídicos da Casa Civil da Presidência da República e Assessor do Ministro Ricardo Lewandowski no Supremo Tribunal Federal e no Tribunal Superior Eleitoral.

Manoel Carlos de Almeida Neto
Pós-Doutor e Doutor em Direito pela USP, grau obtido *Summa Cum Laude*. Professor da Faculdade de Direito da USP, Largo São Francisco (2020-2022), foi Secretário-Geral da Presidência do Supremo Tribunal Federal (STF) e do Tribunal Superior Eleitoral (TSE) nas gestões do então Presidente Enrique Ricardo Lewandowski.

Marcelo Guerra Martins
Juiz Federal em São Paulo. Foi juiz auxiliar e instrutor no gabinete do Ministro Ricardo Lewandowski, do Supremo Tribunal Federal. Mestre e Doutor em Direito pela Universidade de São Paulo. Professor de Direito Tributário e de Análise Econômica do Direito.

Marcelo Pimentel de Oliveira
Assessor Especial da Presidência do Supremo Tribunal Federal – Gestão do Ministro Ricardo Lewandowski (2014-2016). Secretário da Segunda Turma do – STF – Presidência do Ministro Ricardo Lewandowski (2018/2019). Assessor do Ministro Ricardo Lewandowski. Mestrando em Direito e Políticas Públicas no Centro de Ensino Unificado de Brasília – UNICEUB.

Marco Aurélio Sampaio
Juiz de Direito no Estado de São Paulo. Doutor em Direito pela Universidade de São Paulo. Foi Juiz Assessor do Ministro Ricardo Lewandowski junto ao TSE (2009/2010). Membro associado da ALACIP – Asociación Latinoamericana de Ciencia Política. Durante o biênio 2012/2014, desenvolveu as funções de Coordenador Adjunto na Área de Direito Público da Escola Paulista da Magistratura (onde também era professor e juiz formador), em auxílio ao coordenador, Desembargador Ferraz de Arruda. Foi professor de Ciência Política e Direito Constitucional na Faculdade de Direito da Universidade São Judas Tadeu e Ciência Política na Faculdade de direito da UNIP (campus de Ribeirão Preto). Autor do livro "A Medida Provisória no Presidencialismo Brasileiro", além de artigos na área de relação entre poderes.

Marcos Duque Gadelho Júnior
Doutor e Mestre em Direito do Estado pela USP. Juiz de Direito pelo Tribunal de Justiça do Estado de São Paulo. Juiz Instrutor no STF e autor de livro e artigos jurídicos. E-mail: gadelho@hotmail.com.

Marcos Soares
Analista Judiciário do Supremo Tribunal Federal e Assessor de Ministro do STF.

Marilda Silveira
Mestra e Doutora em Direto Público pela UFMG. Professora de Direito Administrativo e Eleitoral da graduação e do programa de pós-graduação *stricto sensu* IDP/EDB. Ex-Assessora do Tribunal Superior Eleitoral. Coordenadora acadêmica da pós-graduação *lato sensu* em Direito Eleitoral da mesma instituição. Membra fundadora da ABRADEP e membro do IBRADE. Pesquisadora líder do Observatório Eleitoral – LiderA IDP/EDB e Pesquisadora membro do CEDAU/USP. Coordenadora da Transparência Eleitoral Regional Brasil. Advogada sócia da Silveira e Unes Advogados Associados.

Mário Henrique Ditticio
Assessor jurídico do Programa Fazendo Justiça (PNUD/CNJ).

Murilo Salmito Noleto
Analista Judiciário do TSE. Assessor de Ministro do TSE. Ex-Assessor Especial da Presidência do TSE. Especialista em Direito Eleitoral e Direito Processual Civil.

Octavio Augusto da Silva Orzari
Graduado, Mestre e Doutorando pela Faculdade de Direito da Universidade de São Paulo. Ex-Assessor da presidência do Tribunal Superior Eleitoral. Ex-delegado da Polícia Federal. Professor voluntário na Universidade de Brasília. Advogado do Senado.

Paulo Cesar Batista dos Santos
Juiz do Tribunal de Justiça de São Paulo. Pós-graduado em Direito Constitucional pela Escola Superior do Ministério Público Federal-DF. Especialista e professor de Direito Notarial e Registral pela Escola Paulista da Magistratura/SP. Mestre em Direito Comparado pela Cumberland School of Law: Universidade de Samford, EUA. Juiz Assessor do Ministro Ricardo Lewandowski desde 2019.

Paulo Macedo Garcia Neto
Sócio de MAMG Advogados. Doutor, Mestre e Bacharel em Direito pela Universidade de São Paulo (USP). LL.M pela Universidade de Columbia (CUNY). Ex-Assessor do Ministro Ricardo Lewandowski do Supremo Tribunal Federal (2008-2010).

Paulo Ronaldo Ceo de Carvalho
Bacharel em Direito pela Universidade Federal de Alagoas (UFAL). Pós-graduado em Direito Público pela Universidade de Brasília (UnB). Procurador Federal. Assessor de Ministro do Supremo Tribunal Federal.

Renata Aguiar Ferreira Monfardini
Analista Judiciária do Conselho Nacional de Justiça. Especialista em Gestão Estratégica de Organizações com ênfase no Balanced Scorecard pela Universidade Católica de Brasília e em Direito Processual pela Pontifícia Universidade Católica de Minas Gerais. Exerceu a função de assistente do Gabinete da Secretaria-Geral do CNJ na gestão do Ministro Ricardo Lewandowski (2015). Desde 2015, exerce o cargo de Assessora de Gabinete de Conselheiro do CNJ.

Víctor Gabriel Rodríguez
Professor livre-docente de Direito Penal da USP/FDRP. Professor do Prolam/USP. Foi professor visitante na Universidade de Granada, bolsista pela Fundación Carolina e pesquisador visitante na Universidad Autónoma de Madrid, Universidad Católica de Colombia, entre outras. Foi Assessor do Ministro no Supremo Tribunal Federal.

Walter Godoy dos Santos Junior
Juiz de Direito do Tribunal de Justiça do Estado de São Paulo. Juiz Auxiliar no Supremo Tribunal Federal. Graduado, Mestre e Doutor em Direito pela Universidade de São Paulo (USP).

Esta obra foi composta em fonte Palatino Linotype, corpo 10
e impressa em papel Pólen Bold 70g (miolo) e Supremo 300g (capa)
pela Gráfica Formato, em Belo Horizonte/MG.